U0103343
JPC

樊樹志　著

國史概要

SUMMARY OF CHINESE HISTORY

插圖修訂本

責任編輯　俞　笛　　李　斌
版式設計　彭若東
封面設計　吳丹娜

書　　名　國史概要（插圖修訂本）
著　　者　樊樹志
出　　版　三聯書店（香港）有限公司
香港北角英皇道 499 號北角工業大廈 20 樓
Joint Publishing (Hong Kong) Co., Ltd.
20/F., North Point Industrial Building,
499 King's Road, North Point, Hong Kong
香港發行　香港聯合書刊物流有限公司
香港新界荃灣德士古道 220-248 號 16 樓
印　　刷　美雅印刷製本有限公司
香港九龍觀塘榮業街 6 號 4 樓 A 室
版　　次　2006 年 6 月香港第一版第一次印刷
2017 年 11 月香港第二版第一次印刷
2022 年 5 月香港第二版第二次印刷
規　　格　16 開（178 mm × 254 mm）512 面
國際書號　ISBN 978-962-04-4045-8

Published & Printed in Hong Kong

目錄

七·北朝與南朝——走向再統一

八·從隋到盛唐——統一王朝的再建

九·從唐的衰落到五代十國的割據

十·北宋——劃時代的新階段

導言

什麼是歷史？

這是一個既簡單而又複雜的問題。給歷史下定義，就好比給文化下定義，可以有五花八門的說法。

不妨看看大師們是如何說的。

英國歷史學家湯因比（Arnold Joseph Toynbee）說："歷史是勝利者的宣傳。我本人是經常意識到有必要降低勝利者宣傳的重要性。"此話不能說沒有道理，但太過於情緒化，失之偏頗。

英國歷史學家卡爾（Edward Hallett Carr）說："歷史是現在與過去之間永無止境的問答交談。"這種說法，與荷蘭歷史學家蓋爾（Pieter Geyl）所說"歷史是一場永無休止的辯論"，同樣不失機智與精闢。卡爾如此解釋他的觀點：只有借助於現在，我們才能理解過去；也只有借助於過去，我們才能充分理解現在。此話言之有理，蘊含着相當深刻的哲學思辨，但作為歷史的定義，似乎不能令人滿意。

於是，只能求助於學究式的定義。《大英百科全書》（1980年版）說："歷史一詞在使用中有兩種完全不同的含義：第一，指構成人類往事的事件和行動；第二，指對此種往事的記述及其研究模式。前者是指實際發生的事情，後者是對發生的事件進行的研究和描述。"這個定義說明了歷史與歷史學的聯繫與區別，無疑是正確的。

在古希臘文中，"歷史"最初的含義是詢問或調查，後來引伸為"作為詢問結果而獲取的知識"。顯然這是上述定義中的第二含義。比利時歷史學家皮朗（Henri

Pirenne）說："歷史研究的對象是人類社會在空間和時間上的發展"。把歷史的雙重含義包含在一起，"人類社會在空間和時間上的發展"指的是歷史自身，而對"人類社會在空間和時間上的發展"的描述、研究，便是歷史學。

這些明白淺顯的道理，到了"後現代"的歷史學家那裡，就變得複雜多了，因為他們不滿足於淺表層次的理解。

當代美國學者凱利（Donald R.Kelley）在《多面的歷史》（*Faces of History*）一書中說：歷史作為一個術語和概念，在歐洲人看來，是希臘人的產物，當然這並不是否認在有文字之前（Ante Litteram）就已存在歷史實踐，我們進入了各種觀念詮釋和利益互相衝突的危險地帶。困難產生於"什麼是歷史"這一問題。他接着指出：歷史的時空是無限的。那麼，歷史探詢的本質又是什麼呢？另外，豐富的形形色色的人類經驗為歷史學家從事職業提供了材料，用泰倫斯（Terence）的話來說，對於人類歷史學家而言，"沒有什麼是陌生的"。此外，似乎存在着源自人類知覺的視野結構的傳統二元論，即私人空間和公共空間的明顯區別——一方面處於生活中心的家庭，人際關係和家庭經濟，另一方面則是集市和廣場的世界，法律的世界和政治的世界，乃至戰爭的世界。因此，歷史既涵蓋了權力的實用主義的關注，也包含了對趣聞軼事的興趣——從要事到瑣事、從高貴的（或低劣的）政治到低下的（或高貴的）文化。這樣，歷史的興趣涵蓋搖籃到墳墓，是一個完整的周期，從家庭生活一直擴展到探險和殖民可及之處，局限只存在於後發之中——材料的可理解性以及歷史學家的想像力之中。

德國學者耶格爾（Friedrich Jaeger）在《德國歷史中的記憶文化》（*The Memory Culture History of the Germany*）中指出，歷史意識並非只瞄向過去，歷史恰恰是為了未來而回顧往事。"歷史"這個意義構造物具有人的時間意識的雙重意向延伸，一是經歷和期待的延伸，一是保留和要求的延伸。通過歷史的意義形成的心理實踐，即歷史的敘述，過去就獲得向未來邁進的當前歷史的這個特性。只有當敘述把在過去形成的體驗這樣展現出來，使之在一個具有重要意義的現實關聯中與當前結合在一起時，它才是歷史的，才能通過對過去的體驗的解說，實現時間定向的特殊功能。經過這樣的歷史，傳統被傳授下來，或者繼續發生效力，或者受到批判。

當代西方學者對歷史和歷史學的重新思考，並非故作深沉，恰恰相反，它是有感而發的，反映了近年來史學理論的前沿探索，對於我們或許不無啟迪。

歷史學是一門歷史悠久的學科，可以說

自從有了文字記載的歷史以來，便有了歷史學。商朝甲骨文中就有“史”字，其字形彷彿人手握筆記事。這個“史”，就是商朝專門掌管祭祀和記事的官員，即所謂史官。以後，西周時的太史、內史，春秋時的外史、左史、南史，都是專掌記事的史官。正如《禮記·玉藻》所說：“動則左史書之，言則右史書之。”史官們為後人留下了歷史記錄或歷史著作。孔子說他“述而不作，信而好古”，其本意就是說他一生只整理歷史而不創作，《詩》、《書》、《禮》、《樂》、《易》、《春秋》，便是孔子學習和整理歷史的產物，也是孔門講學的教材。其中最具歷史學意味的著作當推《春秋》，它是孔子依據當時魯國史官所編《春秋》加以整理修訂而成的一本春秋時代的編年史，成為後世編年史的濫觴。當《春秋》由“史”升格為“經”以後，又派生出注釋《春秋》的“三傳”：《左傳》、《公羊傳》、《穀梁傳》，大大豐富了這部春秋時代編年史的內涵。

西漢時司馬遷所寫的第一部紀傳體通史《史記》出現後，中國的歷史學進入了一個新階段，史學成為顯學，蔚為大觀。從此連綿不絕，留下了號稱“汗牛充棟”的歷史著作，其規模之宏大、品種之豐富、卷帙之浩繁、銜接之緊密，在世界文明史上絕無僅有。每個中國人應該為此而感到慶幸和榮耀。

與此形成強烈反差的是，在當代中國，歷史學受到了空前的冷落，社會上出現了輕視與鄙薄歷史的風氣。在“高考指揮棒”的影響下，中學教育中，歷史久已成為一門不被重視的課程。大學的情況也不容樂觀。以復旦大學論，只有文史哲三系有中國歷史課程，其他各系均付闕如。這與半個世紀前，中國通史是大學一年級（不分文理科）必修課的狀況，不可同日而語。難道隨着科學技術現代化，人們就可以不必學歷史了？非也！

越來越多的事實表明，在新聞傳媒（報刊、廣播、電視等）中，缺乏歷史素養的知識性錯誤比比皆是，已經成了有識之士無法容忍的“公害”。滬上一家大報，竟然堂而皇之誤導讀者：北宋的徽宗、欽宗死於漠北。實在令人驚詫莫名！徽欽二帝的死地五國城，即今黑龍江依蘭縣，與“漠北”（蒙古）風馬牛不相及。一些政府官員、企事業負責人出於對歷史的輕視或無知，已經或正在製造一起又一起“建設性破壞”，毫無顧忌地拆毀、摧殘文物古蹟、近代優秀建築。作家馮驥才十分感慨地對記者發表談話：“我們960萬平方公里土地上的文化遺存，正經歷着一場大規模的一次性破壞，這種破壞與‘文革’中不一樣，‘文革’時是當作‘壞’的東西惡狠狠地破壞，現在是當作‘舊’的東西，用新的、更美好的東西替代，是樂呵呵地破壞。”

輕視歷史所帶來的惡果，或者說是對社會的一種懲罰，現在已經屢見不鮮了。在一個有着悠久歷史傳統的國度裡，輕視歷史實在是不可思議的！

更加使人感到憂患的是，大批在外國大學留學的中國學子，當外國學者與之談起中國歷史與傳統文化時，居然一問三不知。“數典忘祖”在這批未來的學界精英身上，已經不再是一個形容詞，而是一個嚴酷的現實。這種不正常狀況，難道還不值得有關方面深刻反省嗎？

輕視歷史，不僅意味着數典忘祖，而且意味着否定自身存在的價值。因為現在正發生的一切，即將成為歷史，而載入史冊。如果我們的後人也以輕視歷史的態度來對待我們這個時代，那麼我們這一代人所作出的艱苦卓絕的貢獻，就將變得毫無意義。

凱利在《多面的歷史》中說，歷史學家最後所面臨的是歷史的目的性問題：研究往昔的益處何在？在過去的很長一段時間裡，有關這種問題的各種答案一直在不斷出現。歷史保存或銘記了那些重大事件和人物，尤其是民族傳統中重大的事件和人物，因此它是譜系學的一種比喻形式的具體體現。與這種狹隘的關注主題相分離的是，歷史需要一種說教功能作為特別的道德或政治教訓資源。但是，更應強調的是，歷史是一種自知的形式，或者說是探尋自知的形式，它不滿意於狹隘的“滿意”，並且不期待具體問題的答案。它是一種智慧形式，即是一種在時間上拓展人類視野並超越地方經驗和注意力的一種形式。在這種程度上，歷史將始終成為人類生存環境的一個組成部份。這話說得多麼精彩！

歷史給人以智慧，教人以具有歷史縱深感的深邃眼光去看待過去、現在、將來，而不被眼前方寸之地所局限，不至於成為鼠目寸光的庸碌之輩。只有深刻地認識過去，才能理解現在發生的一切，才有助於選擇一條正確前進的道路，才能展望美好的未來。歷史並不是一些人眼中所謂“老古董”。歷史是常學常新的。歷史學家的職責並非簡單地復原歷史，而是對歷史不斷作出新的解釋，為當代人提供足資借鑒的“鏡子”，或一種考慮全局、展望未來的思路。從這個意義上講，意大利歷史哲學家克羅齊（Benedetto Croce）的名言：“一切歷史都是當代史”，實在是意味深長的。

一·史前史與傳說時代

1.古人類的起源

人類有文字記載的歷史不過幾千年，但是，有文字記載以前的歷史，即史前史，卻非常漫長。

人類的起源是史前史首要的重大課題。人類是由一種古猿演變而成的。人類從古猿分化出來，大約經歷了1,000萬年的時間。1,000萬年前，地球上有很多猿類；500萬年前，有了人類家庭中原始人類的留世遺存。在古人類的考古史上，1,000萬年和500萬年這兩個基本分界之間的時期，人類始祖與猿分離，向原始人類演進。然而，這只是古人類學家和考古學家的推論，有關這一演進過程的實物證據十分罕見。

上個世紀，在非洲發現的南方古猿化石，距今約400萬年到100萬年，雖然還保留若干似猿的原始特徵，但已經清楚地顯示了向人類進化的趨勢，它已能直立行走。

上個世紀發現的最早人類是"東非能人"。它是肯尼亞考古學和古人類學家路易斯·利基（Louis Leakey, 1903～1972年）在東非坦桑尼亞的奧杜瓦峽谷發現的。"東非能人"的體質形態比南方古猿顯得進步，但比以後的直立人顯得原始。它能兩足直立行走，並能製作石器工具，因此被判定為最早的人類。

路易斯·利基出生於英國傳教士家庭，從小就到非洲的肯尼亞，在內羅畢附近一個非洲人部落長大。有志於證明人類起源於非洲這一科學假說的他，1931年在坦桑尼亞北部的奧杜瓦峽谷發現了古人類骨架，當時斷定為非洲最早的人類。1959年，他的夫人瑪麗·利基在奧杜瓦峽谷又發現了舉世聞名的"津吉人"的頭蓋骨，它的年代距今約175萬年。

這一發現不僅使利基夫婦成為家喻戶曉的名人，而且推進了古人類學和人類起源的研究。1978年，瑪麗·利基在坦桑尼亞的臘妥利發現了距今約380萬年到359萬年的原始人腳印。利基夫婦的次子理查德·利基則於1972年發現了距今約180萬年的直立人骨架；以後又發現了距今約160萬年的直立人骨架和頭蓋骨。1994年，理查德的妻子米芙·利基在距今410萬年的遺址中找到了最早的原始人的遺跡。利基家族為證明人類起源於非洲的科學假說，付出了兩代人的努力。

2002年，一支由多國科學家組成的聯合考古隊，在中非國家乍得發現了距今700萬年左右的最早的人類頭骨化石，被命名為"圖邁人"。根據專家的研究，"圖邁人"明顯地表現出原始人類和現代人類的雙重特徵：它的腦殼仍然像猿類，不過臉形短，牙齒尤其是犬齒比較小，類似現代人的牙齒。由此，專家們推論，它或許就是人類的直接祖先。

眾所周知，中國境內發現的直立人是元謀人，還有藍田人和北京人。雖然時間晚於非洲，但是科學界對於中國古人類是否起源於非洲，頗有爭議。

中國古人類學家吳汝康院士和吳新智院士，20世紀90年代在《人類學學報》發表一系列論文，探討這一問題。他們認為，目前國際學術界較為普遍的看法是：大約距今700萬年以前的非洲，開始出現了人的系統和猿的系統的分離；大約在距今250萬年前，在非洲誕生了最早的人類——“能人”；大約在距今200萬年前，出現了直立人，它的化石在非洲和亞洲都有發現。

在中國的大地上，至今還沒有發現“能人”的化石；所發現的最早人類屬於直立人——即通常所說的元謀人、藍田人、北京人及和縣人等。當然，至今還有不少疑問，例如，一般認為元謀人的年代約為距今170萬年，但也有人認為它的年代不會超過距今73萬年。而近年來某些學者提出的“東方人”、“蝴蝶人”、“竹棚能人”、“中國古猿”等新名稱，乃至倡導“雲南是人類發源地”之類說法，是缺乏科學根據、難以成立的推論。

可以確定的是，大約距今20萬年前，出現了“智人”。與歐洲的尼安德特人同屬於早期智人的，是中國的大荔人、金牛山人、丁村人、許家窯人以及馬壩人等。與歐洲的克魯馬努人同屬於晚期智人的，是中國的柳江人、資陽人和山頂洞人等。晚期智人即通常所說的“現代人類”。此前的直立人和早期智人大都滅絕，只有晚期智人在地球上繁衍生息，形成了現代人類的三大人種：歐羅巴人種，尼格羅人種，蒙古人種。

關於“現代人類”的產生，國際人類學界有兩個學派、兩種理論，即“多區起源論”和“單一起源論”。

多區起源論認為，地球上各地區的現代人類是從各地區的早期智人進化而來的，當然也不否認，在各自的進化過程中存在着不同地區的人類基因交流。

單一起源論是近年來呼聲很高的一種理論，它主要依據分子生物學的研究，主張現代人類起源於非洲，稱為現代人類起源的“夏娃理論”。簡言之，目前地球上各個人種都是20萬年前某一非洲女性祖先的後代，這個非洲女性祖先就被稱為“夏娃”。這種理論認為，“夏娃”的後代離開非洲，擴散到歐洲和亞洲等地，取代了當地原有的早期智人；而歐洲和亞洲的早期智人並非現代人類的祖先，它們與現代人類之間沒有什麼關係。

復旦大學生命科學院的研究人員及其全

北京猿人揹鹿像

球合作夥伴，2001年在美國《科學》雜誌上，披露他們對12,000條染色體的研究成果，在東亞人身上發現了79,000年前非洲人特有的遺傳標記。這一課題的負責人金力認為，這是目前支持"東亞人非洲起源說"的最有力的證據，它進一步表明來源於非洲的人群完全取代了原來居住在亞洲的古人類。他們推論，東亞人的祖先大約是在6萬年前從非洲到達東南亞一帶，然後向北遷移至中國。

對於上述理論，可謂仁者見仁、智者見智，眾說紛紜。1988年美國《新聞週刊》把"夏娃理論"作為封面，引起轟動，成為該年度最暢銷的一期。1993年，"夏娃理論"作為最新研究成果，在日本專門舉行了國際學術討論會。但是，它也遭到西方一些學者的非議。他們指出，現代中國人和大洋洲人乃至歐洲人，都分別類似於本地區的古人類，而並不類似於非洲古人類。更重要的是，在地球的每個地區，都已經找到這個地區現代人類與該地區古人類之間的聯繫。

"夏娃理論"在中國也遭到古人類學家和考古學家的質疑。最有代表性的是吳新智院士，他指出：在中國大地上，從直立人到早期智人再到現代人類，眾多的出土化石表明，存在明顯的連續進化，東亞的蒙古人種是從當地的古人類發展而來的，並非來自非洲。例如，蒙古人種在頭骨形態上，從直立人到現代人都存在着矢狀脊和印加骨，都表現出上面部低矮，鼻區扁塌，上頜顴突等性狀；在牙齒形態上，都具有鏟形門齒與雙鏟形門齒，以及上頜門齒中斷溝與下頜臼齒轉向紋，還有第三臼齒先天缺失等特徵。此外，從中國的舊石器文化（與直立人及智人相對應）的發展過程來看，也存在着明顯的前後連續性，根本沒有出現過文化中斷，根本不存在外來文化大規模取代當地原有文化

藍田猿人復原頭蓋骨

的跡象。因此說非洲人取代了中國大地上的早期智人，成為中國人的祖先的推論是難以成立的。

當然，吳新智等學者也不否認人種之間存在互相交流的現象。從直立人開始的中國史前人類及其文化，是在與外界相對隔離的狀態下自成一體地發展起來的，但也不完全排斥中國與其他地區的人類基因交流及文化往來。因此，在中國的晚期智人的體質特徵或石器文化上，都可以看到外來影響的證據。例如，中國南方的柳江和資陽等地發現的人類化石，它們的頭部枕骨的髮髻狀構造，可能來源於歐洲的尼安德特人；山頂洞102號頭骨的顴骨額蝶突的外側面比較朝向外側，與歐洲的尼安德特人相似；中國古人類特有的扁平的面部也表現於歐洲的斯坦海姆人和阿拉戈人。所有這些現象，都可能是東西方人類基因及文化交流的結果。但這並不表明現代中國人的祖先是非洲人。

2002年，中國科學家對柳江人年代進行重新測定，結果表明，柳江人生活在距今約7萬～13萬年之間，而不是原先所認知的3萬年。這意味着，具有解剖學上現代人特徵的柳江人——現代中國人的祖先，比人類學家原先所認知的更早地生活在華南地區。同時表明，中國的現代人類的起源不晚於非洲和西亞，這就顯然不支持中國現代人類起源於非洲的說法。美國《科學》雜誌於2001年5月刊登由中國和外國科學家共同撰寫的論文宣稱，通過基因研究得出結論，東亞人的祖先不是四五十萬年前的北京人，而是來源於非洲的現代人，他們於3.5萬～8.9萬年前，從非洲遷移到東亞地區。中國科學院古脊椎動物與古人類研究所研究員黃慰文認為，用基因研究結果推測人類進化過程，無論如何是間接的，而來自化石的證據是直接的。柳江人化石年代的測定，直接證明了在7萬～13萬年前或更早，柳江人已經在華南地區生活了，不可能是在這之後才從非洲遷移而來。

在中國境內，幾十個地點發現的包括直立人以及早期智人和晚期智人的化石，構成了一條完整的中國古人類進化鏈，證明中國古人類體質特徵發展的連續性。可以說，中國人的主體部份是東亞大陸的土著居民。“人類起源非洲說”日益面臨“多區起源論”的挑戰。科學的真相究竟如何，人們將拭目以待。

2.石器時代

考古學者按照人類使用工具的器質，把人類早期的歷史區分為石器時代、青銅時代、鐵器時代。

1836年，丹麥學者C．J．湯姆森首先提出了石器時代、青銅時代、鐵器時代的分期，奠定了史前考古學的基礎。

1865年，英國學者J．盧伯克又把石器時代區分為舊石器時代和新石器時代。

1892年，英國學者A．布朗在舊石器時代和新石器時代之間劃分了一個過渡時期——中石器時代。

1877年，意大利學者G．基耶里克在新石器時代和青銅時代之間劃分了一個過渡時期——銅石並用時代。

對於這種時代劃分方法，中國古代學者早就有樸素的認識。東漢袁康撰寫的《越絕書》，引用戰國時代風胡子的話："軒轅、神農、赫胥之時，以石為兵，斷樹木為宮室"；"至黃帝之時，以玉為兵，以伐樹木為宮室，斫地"；"禹穴之時，以銅為兵，以斫伊闕，通龍門，決江導河"；"當此之時（按：指風胡子所處的春秋戰國時代），作鐵兵，威服三軍"。這段話把傳說的三皇時代作為石器時代，從黃帝開始的五帝時代作為玉器時代，禹以後的夏商周三代作為銅器時代，春秋戰國作為鐵器時代。大量考古資料表明風胡子關於石器、玉器、銅器、鐵器使用時代的看法是符合中國歷史狀況的。張光直在《中國青銅時代》（二集）中說：《越絕書》的這個分期法，正確地將中國古代文明演進經過的本質變化撮要出來，在歷史現實中具有堅實可靠的基礎。

石器時代一般區分為舊石器時代和新石器時代。

舊石器時代，人類開始出現，生產工具以打擊石器為標誌，地質時代屬於更新世，從二三百萬年前開始，到一萬年前為止。在舊石器時代的大部份時間裡，工具的製作一般是把一塊大石頭或燧石打成石片，所剩的石核用來作為石斧。到舊石器時代末期，石片被用作石刀或矛頭。舊石器時代文化在世界範圍內廣泛分佈，由於地域或時代的不同，文化面貌有相當大的差異。舊石器時代又可劃分為早期、中期、晚期，分別與直立人、早期智人、晚期智人等3個階段相對應。

發現於山西芮城縣西侯度村附近的西侯度文化，距今約180萬年，是中國目前已知最早的舊石器時代遺存。西侯度遺址位於黃

丁村人文化三棱尖狀器

河中游左岸高出河面約170米的古老階地上。出土的石器包括石核、石片和經過加工的石器，其製作方法包括錘擊、砸擊、碰砧，石器種類有刮削器、砍斫器、三棱大尖狀器。西侯度文化的發現，提早了中國舊石器時代的歷史，以及人類用火的歷史。

發現於貴州黔西縣沙井觀音洞的觀音洞文化，與北京人文化有明顯的差別，但在個別因素上又有相似之處。華南舊石器時代晚期的一些遺存，如貴州桐梓岩灰洞、興義貓貓洞的石器都可能與觀音洞文化存在一定的

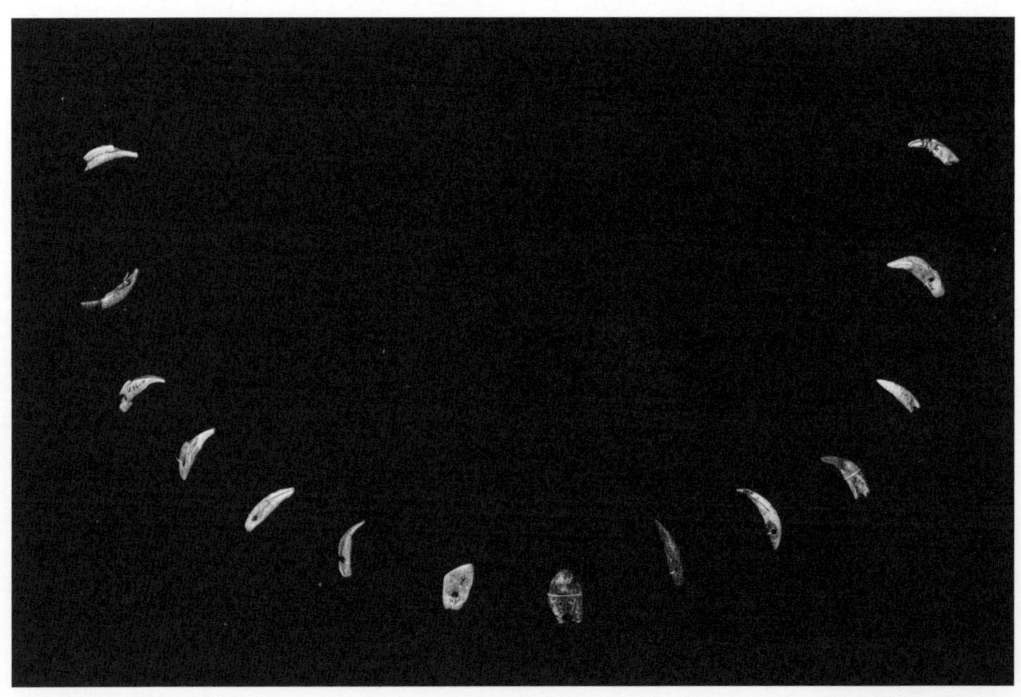
山頂洞人的裝飾品

聯繫。觀音洞文化與北京人文化分別是中國南方、北方舊石器時代早期有代表性的重要文化。兩者之間的差別表明，早在舊石器時代早期，不同地區的文化已顯示出複雜化、多樣化的趨勢。

舊石器時代中期可以丁村人文化為代表。生活在汾河流域的丁村人，使用的生產工具仍是木器和石器。他們從河谷和山溝裡採集礫石，用交互打擊的方法，製成各種砍砸用的石器。他們把石灰岩的厚而平的礫石，打製成大大小小的球形投擲器，以供打獵之用。丁村人所使用的大部份是石片石器，除單邊刃和多邊刃的砍砸器，還有尖狀器、刮削器。丁村人的石器和西侯度遺址的石器有某些共同點，表明了兩者之間的發展聯繫，但是，從石器的種類來說，丁村人的石器有了顯著的增加，製作技術也有大幅度提高。丁村人不僅在體質上比北京人有了相當的發展，在石器製作上也比北京人有了相當的提高。

舊石器時代後期可以山頂洞文化為代表。從山頂洞人製作的裝飾品，可以推測他們已經使用相當進步的石器，因為這些裝飾品的製作必須經過選材、打製、鑽孔、研磨、着色等工序。尤其值得注意的是，山頂洞人已能製作骨針，針身圓滑，針尖鋒芒畢露，針眼窄小。骨針的出現表明，當時的人類已能縫製獸皮衣服。山頂洞人的主要經濟部門是漁獵，以採集作為輔助手段。他們獲得食物後帶回洞穴，燃起篝火，禦寒並燒烤食物。山頂洞人的裝飾品——小石珠，五顏六色，反映了原始藝術所達到的水平。山頂洞人的社會組織是母系氏族公社，婦女是氏族的組織者和領導者。他們還沒有私有財產觀念，他們共有的財產就是周圍可供狩獵、捕魚、採集的自然界，就是他們的集團自身。山頂洞人居住的洞穴分為“上室”和“下室”，上室是公共住地，下室是公共墓地。墓地死者身上的赤鐵礦粉粒和隨葬品，反映了當時人們的原始宗教信仰——對生命和靈魂的一種虛幻認識。

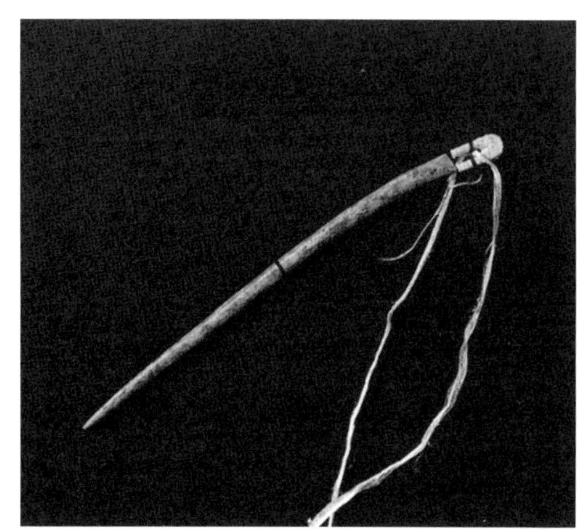

山頂洞人磨製的骨針

在人類早期歷史上，最後的10萬年尤為重要，技術的進步是根本性關鍵。集中表現為石器刃部的細加工，從安把到鑲嵌裝柄一系列複合工具的出現：帶柄斧、梭鏢、弓箭，延長了人的手臂，人類進入了一個新時代。以骨針為代表的縫紉技術的發明，不僅解決了皮衣的縫製問題，而且可以禦寒，人們才可能離開洞穴走向平原，走向寒冷的北方，越過白令海峽走向另一個大陸，走向世界各地。

由舊石器時代向新石器時代過渡，出現了人類文明的曙光：農業起源，農牧業的分工，以及農牧業代替漁獵而成為社會經濟的主要部份，隨之出現了定居的村落——人類最早的聚落。進而發展到陶器的製作，家畜的飼養，半地穴式建築和地面建築的出現。

大量考古成果表明，中國史前農業是獨立起源、自成一體的。黃河流域是以粟為主的旱地農業的發源地，長江流域是以稻為主的水田農業的發源地。

3.史前文化的各種類型——中華文明起源的多元化

大約距今1萬年，人類進入新石器時代，農業、畜牧業產生，磨製石器以及陶器、紡織的出現，標誌着人類進入到生產經濟階段。在此以前人類只是食物的採集者，而新石器時代的人類是食物的生產者。耕種土地、飼養禽畜為人們提供了可靠的食物來源，間或還有剩餘。這種生態環境使人口可以較快增加，生活比較穩定，各種社會制度得以形成。這是一場巨大的社會和經濟革命，這場革命的重要性與深遠影響無論如何估價都不會過分。由採集食物發展到生產食物，考古學家稱為“產食革命”（Food Producing revolution），或者稱為“農業革命”，與後來的工業革命相比擬。這場革命最明顯的影響便是形成定居這種生活方式，以及製陶、紡織、建築等生產方式。考古學家伍德（R.Braid Wood）根據碳十四測定，推測農業的誕生時間距今約1.2萬年～1萬年之間，其發生地點在近東的兩河流域。近人的研究證實，中國農業的起源，具有特殊的區域性和獨立性，並非兩河流域傳入。

七八千年前的人類聚落在各大文化區都有所發現，它們同中有異，顯示了中華文明起源的多元化。

1977年首次發現於河南省新鄭縣裴李崗的裴李崗文化，約為公元前5500年～公元前4900年的農業聚落遺址，有房基、灰坑、陶窯，有石器、陶器、骨器工具及生活用品。石器以農具為主，包括耕作、收割工具——石斧、石鏟、石鐮，糧食加工工具——石磨盤、磨棒。陶窯的發現足以證明，製陶業已有一定的規模。以泥質紅陶為主，夾沙紅陶次之。陶器有杯、碗、盤缽、雙足缽、雙耳壺、三足壺、深腹罐等。由此可見，七八千年前，中原地區已經出現了比較穩定的農業定居生活，已進入了以栽培粟為主的旱地農耕階段。

1973年，首次發現於河北省武安縣磁山的磁山文化遺址，約公元前5400年～公元前5100年，有半地穴式的房基以及堆積糧食的窖穴，有石斧、石刀、石鐮、石鏟、石磨盤等農具，充分表明農業已成為主要經濟部門。人們在飼養豬、狗的同時，還從事漁獵和採集。

1986年在河北省徐水縣發現的南莊頭遺址，發現了一條小灰陶和草木灰層，出土了獸骨、禽骨、鹿角、螺蚌殼、木炭、石料，以及石器、骨角器、木板、木棒、夾沙紅陶片。尤其引人注目的是穀物加工工具——石磨盤、石磨棒在遺址中的存在，說明當時已有農作物栽培。據碳十四測定，它的年代為距今10,510 ± 110年～9,690 ± 95年（未作校正），把中國農業的起源上推到距今1萬年左右。

1973年，在浙江省餘姚縣河姆渡遺址中發現了豐富的稻作遺存；稻穀、稻稈、稻葉、穀殼堆積一般厚達20厘米～50厘米，最厚的地方超過1米。出土時，稻穀色澤金黃，穀芒挺直，隆脈清晰可辨。經鑒定，這些稻穀是人工栽培的晚稻型水稻。據碳十四測定，河姆渡遺址第四層的年代大約距今約7,000年。同時出土的用水牛、鹿的肩胛骨製成的農具——骨耜，證明早在7,000年前河姆渡的原始農業已進入耜耕生產階段。

無獨有偶，1988年在湖南省澧縣彭山頭遺址中，也發現了稻穀和稻殼，經碳十四測定，距今約8,200年～7,800年，把中國稻作農業的起源又向前推進了一千多年。

太湖平原及其附近地區，從新石器時代以來，一直是水稻的主要栽培地區。因首次發現於浙江省嘉興市馬家浜而得名的馬家浜文化，約存在於公元前4300年～公元前2200年，屬於這一文化的遺址如吳縣草鞋山、青浦縣崧澤，都有碳化的稻穀出土，既有秈稻，也有粳稻。草鞋山還出土了用野生纖維為原料的織物殘片，這是中國已發現的最古老的紡織品實物。稍後的良渚文化（年代約為公元前3300年～公元前2200年）的居民又開闢了飼養家蠶和生產絲織品的新領域。吳江縣（今改制為市）梅堰遺址出土的黑陶器上有淺刻蠶紋圖案，表明當地人已從事養蠶。湖州市錢山漾遺址中出土的絲織品如絹片、絲帶、絲線，經鑒定，原料都是家蠶絲。可見良渚文化時期，絲織業已達到相當高的水平了。鄒身城在《良渚文化源流探索》中說：良渚文化的主流流向中原，建造了中華第一個王朝“夏”，他的根據是，《越絕書》、《吳越春秋》記載，大禹是錢塘江兩岸許多部落的聯盟酋長，在會稽山西北50里左右處的塗山（今紹興鄰近處）娶塗山氏為妻，夏朝是以大禹為代表的錢塘江人所建。這當然是對於傳說的一種詮釋，未必就是定論。

黃河流域是中華文明的搖籃，因而分佈在這裡的仰韶文化、龍山文化最為引人注目。

仰韶文化因 1921 年首次發現於河南省澠池縣仰韶村而得名，現已發現屬於這一文化的大量遺址，以關中、豫西、晉南一帶為中心，延伸至附近地區。西安郊區的半坡遺址，是公元前4800年～公元前4200年間的仰韶文化典型。遺址的總面積約 5 萬平方米，包括居住區、製陶窯場和公共墓地。居住區周圍有一條寬深各 5 米～ 6 米的壕溝，用於防衛。溝北邊是村落的公共墓地，東邊是窯場。在居住區和溝外的空地上，分佈着各種形式的窖穴，是村落的公共倉庫。在居住區大量房屋群中，有一座規模很大的長方形房屋，是公共活動場所，節日和宗教性活動都在此舉行。村落中的成員共同生產、共同消費、互相協作，一起作息，過着平等而和睦的生活。

陶器是繼原始農業出現之後發明的，農耕與陶器有着相互依賴的關係。有的學者推論，西安半坡遺址出土的陶缽口沿上有符號二三十種，這些刻劃符號，可能是中國文字（漢字）的起源，或者是中國原始文字的孑遺。從陶器上的圖形紋飾推斷，當時可能已有象形文字。

陝西省臨潼縣的姜寨遺址是仰韶文化的另一典型。姜寨村落遺址呈橢圓形，東西長 210 米，南北寬 160 米，面積 33,600 平方米。中心部位是500平方米的廣場，兩側邊緣有南北對應的兩個牲畜夜宿場。廣場周圍是門都面向廣場的房屋群，其外環以既可排水又可防衛的壕溝；溝東是三片墓地，溝西位於臨河東岸是燒陶器的窯場。顯然，佈局如此規正有序的村落，必定先有規劃，且具備嚴格執行規劃的保障措施。由此可見，居住在這一村落中的人群，是由一定規範維繫起來的統一群體。與這種社會組織的嚴密性相呼應的是，社會生產也進入一個新階段，姜寨遺址出土兩塊小銅片，經鑒定為黃銅。這一發現說明，仰韶文化階段已經出現了金屬銅的冶煉，由石器時代向銅石並用時代過渡。人們把仰韶文化作為炎黃時代相對應的考古文化，不是沒有一定道理的。

龍山文化因 1928 年首次發現於山東省章丘縣龍山鎮城子崖而得名，年代約為公元前 2800 年。龍山文化分佈很廣，因此同樣是龍山文化，彼此間的地域性差異相當顯著，特別是到了龍山文化的晚期，這種特點更為突出。以山東為中心的龍山文化是在大汶口文化的基礎上發展起來的；中原龍山文化是繼承仰韶文化而來的一個文化系統。

龍山文化是一個非常龐雜的複合體，其中包含着許多具有自己特徵和文化領域的考

河姆渡遺址的稻穀遺存

裴李崗遺址的石磨盤和磨棒

仰韶文化的陶缸

龍山文化的紅陶鬲

古學文化，大體而言，有以下幾種：山東龍山文化，約公元前 2500 年～公元前 2000 年；廟底溝二期文化（主要分佈於豫西），由仰韶文化發展而來，約公元前 2900 年～公元前 2800 年；河南龍山文化（主要分佈於豫西、豫北、豫東），上承廟底溝二期文化，約公元前2600年～公元前2000年；龍山文化陶寺類型（主要分佈於晉西南），約公元前2500年～公元前1900年。因此，與其稱為“龍山文化”，不如稱為“龍山時代”，更為合適。

人類於龍山時代的發明與成就，超越了前一時代，以下幾方面是最值得注意的。首先是銅器的製造。中國發明銅器的時代也許早於龍山時代，但比較普及是在龍山時代。河北唐山大城的兩件穿孔小鏟，甘肅武威娘娘台的銅刀、銅錐，永靖大何莊一件殘銅片，都是標準的紅銅器。龍山時代仍處在銅石並用時代。其次是水井的開鑿。河南洛陽矬李、河北邯鄲澗溝、江蘇吳縣澄湖等龍山文化遺址中都發現了土井，河南湯陰白營還發現了深達11米的木結構水井，反映了人類在飲水和灌溉方面所作的新努力。再次是城防設施的出現。早年發現的歷城城子崖、安陽後崗的夯土城牆，近年在河南登封王城崗、淮陽平糧台又連續發現夯土城牆，反映了人類由村落向城邦的過渡，在這一時代已初露端倪。

人類遠古文明的搖籃遍佈於世界各地。中國的黃河、長江兩大流域得天獨厚，幾乎佈滿了文明起源的遺跡。因而中華文明的起源不是由一個中心向外擴散、傳播的，而是萌發於多個中心。從這個意義上說，它是多元的。著名學者安特生（J.G.Anderson）稱新石器時代的中國人為“黃土的兒女”，他的著作即以此為名（*Children of the Yellow Earth*）。以往學者在探討中國文明發源時，多歸功於陝甘高原的“原生黃土”和黃淮平原的“次生黃土”的因素。誠然，黃土地帶的土壤具有許多優越條件，有利於農作物成長，因此可以說，黃土培育了黃河文明。但是其他地區的文明起源卻與黃土無關，稱新石器時代的中國人為“黃土的兒女”，至少是片面的。

4.炎帝、黃帝與傳說時代

世界上各民族的遠古先民中普遍流行太陽神崇拜，中國也不例外。中國遠古的華夏先民也崇拜太陽神，或以太陽族自命，昊、皇、太昊、少昊、炎帝、黃帝，似乎都與太陽或太陽神有着密切的關係，在大汶口文化圈發現大量太陽族的族徽，便是一個有力的佐證。神話傳說的魅力顯露無遺。

由於東西方文化的差異，人們對待先人的神話傳說的態度截然不同。西方學者批評中國的歷史教科書在講史前史時注重考古資料，忽視對神話傳說的發掘，是切中要害的。

其根本的原因在於，中國近代疑古思潮氾濫，對歷史上的傳說時代採取虛無主義的懷疑態度。要恢復傳說時代的歷史真面目，必須消除疑古思潮的影響。在文字發明之前，口耳相傳的神話傳說，是先民們對上古洪荒時代歷史的一種誇張的記述，只要加以科學分析，便不難發現其中所蘊含的可靠歷史資料。考古發現已日漸清晰地揭示出古史傳說中“三皇”、“五帝”的活動背景，為復原傳說時代的歷史提供了條件。

戰國時代諸子百家的著作中出現了有巢氏、燧人氏、伏羲氏、神農氏的傳說。有巢氏“構木為巢，以避群害”；燧人氏“鑽燧取火，以化腥臊”，“教民熟食”；伏羲氏“作結繩而為網罟，以佃以漁”；神農氏“因天之時，分地之利，製耒耜，教民農耕”，反映了遠古人類從建房、熟食到漁獵、農耕的發展過程。

傳說中，伏羲氏與女媧是兄妹相婚而產生人類，以後他們禁止兄妹通婚，反映了原始血緣婚向族外婚的過渡。據說伏羲氏還發明了八卦——一種原始的記事方法。伏羲、女媧、神農是傳說中“三皇”最流行的一種說法。傳說中的“五帝”也有多種說法，黃帝、顓頊、帝嚳、唐堯、虞舜便是其中的一種。

現時流行的“炎黃子孫”云云，其實是人們對中華文明始祖炎帝和黃帝的追溯與尊奉。

傳說中的炎帝，號神農氏，生於姜水（今陝西岐山東，渭河的支流）。他和他所領導的氏族部落，發明了農業、醫藥、陶器。《易・繫辭》說：“神農氏作，斫木為耜，揉木為耒，耒耜之利，以教天下。”《白虎通》說：“古之人皆食禽獸肉。至於神農，人民眾多，禽獸不足，於是神農因天之時，分地之利，製耒耜，教民農耕。”自漢以來，一般學者都認為神農即炎帝，有炎帝神農之稱，首創木製的耒耜，被認為農業發明之始。傳說中，炎帝發明了醫藥。《史記・補三皇本紀》說“神農始嚐百草，始有醫藥”，《世本》說“神農和藥濟人”。《淮南子》還說到神農為了蒐尋治病草藥，“嚐百草之滋味，水泉之甘苦”，結果“一日而遇七十毒”。炎帝還發明了陶器，《太平御覽》引《周書》說“神農耕而作陶”。陶器是與農耕同時出現的，被譽為繼火的使用之後的又一大創舉。

由於生產工具的局限，當時還不能大規模“伐林啟壤”，開墾耕作，開闢土地的方法，大抵是先在土地上放火焚燒，用簡單的

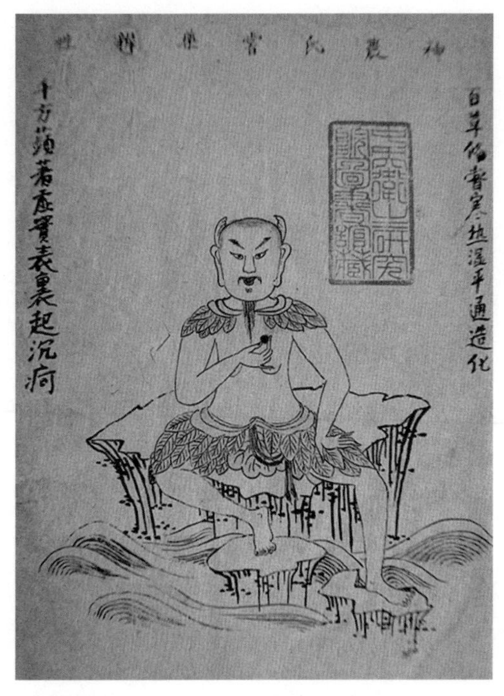

神農氏

木製農具耒耜鬆土，然後撒播種子，任其自然生長。古籍中有所謂“燒山林”、“烈山澤而焚之”的記載，便是當時的寫照。神農氏之所以稱為炎帝，其族民稱“烈山氏”，都反映了原始農業與火有密切的關係。因此之故，傳說中神農氏時代的原始農業是一種游移性農業，由於土地肥力遞減，必須不斷更換耕地，經常遷徙。神農氏的這種游移性在傳說中也有所反映，據說他起於厲山（即今湖北隨縣北之厲鄉），後遷徙至河南，再遷至山東。

炎帝的後裔中，一支是烈山氏，其子名柱，會種穀物和蔬菜，被後人尊奉為稷神——穀物神。“烈山”的本義就是燒山種田，可見他們處在刀耕火種階段。柱在此基礎上發明深耕種植，收穫豐盛，過着立柱定居的生活。所謂立柱定居，即用木柱標誌農耕區，氏族的生產生活區，故以柱為名，以後發展為圖騰柱的崇拜。炎帝的另一支後裔是共工氏，其子后土，治理洪水成功，被後人尊奉為社神——土地神。水利是農業的命脈，原始農業時代更是如此。這種傳說與農業文明密切相關，西周以後人們祭祀社神、稷神，以後又把社稷引伸為天下、國家，其源蓋出於此。

傳說中的黃帝，比炎帝要晚。黃帝號有熊氏，相傳他作戰時，曾訓練熊、羆、貔、貅、貙、虎等六種野獸參戰，從文化人類學的視角看來，其實是以六種野獸為圖騰的氏族部落參加戰鬥。圖騰（totem）是印第安語，意為他的親族。原始人相信每個氏族都與某種動物、植物或其他無生物有親族或其他關係，便把它作為保護者或象徵。這種早期的宗教信仰稱為圖騰崇拜（totemism）。

黃帝部落從北方南下到達黃河流域時，已發展成擁有 6 個部落的巨大部落聯盟了。

傳說中，黃帝時代發明了銅器。《史記·封禪書》說：“黃帝采首陽山之銅，鑄鼎於荊山之下。”黃帝不僅發明了銅器，而且以銅編鐘作為樂器演奏音樂，《呂氏春秋》說：“黃帝又命伶倫與榮將鑄十二鐘以和五音。”黃帝時代發明了舟車，《易・繫辭》說：“黃帝、堯、舜垂衣裳而天下治……刳木為舟，剡木為楫；舟楫之利，以濟不通……服牛乘馬，引重致遠，以利天下。”《古史考》說：“黃帝作車，引重致遠。”黃帝時代出現了文字。《世本》說：“倉頡作書。”“作書”就是創造文字，而“作書”者倉頡是黃帝的史官，《說文解字・敘》說：“黃帝之史倉頡，見鳥獸跡遠之跡，知分理之可相別異也，初造書契。”王仲孚在《黃帝制器傳說試釋》中指出：杵臼釜甑的製作，反映了穀物加工與熟食器皿的進步，衣冠扉屨的製作，以衣裳別尊卑的傳說，反映了原始的紡織與縫紉，也顯示了社會組織的意義，舟車的製作，反映了原始的交通與社會交往。

黃帝時代比神農時代的農業有所發展，最突出的標誌是，黃帝時代已發明了曆法，使農業生產能適應季節與氣候的變化。《史記・五帝本紀》說黃帝“時播百穀草木”，《史記正義》對此作這樣的解釋：“言順四時之所宜而佈種百穀草木也”。這一點也可以從《尚書・堯典》找到印證：堯在位時，曾命人分別到四境實地觀測星象，以定春、夏、秋、冬，隨四季變化安排農業生產，所以播種收穫皆有定時。傳說中黃帝與蚩尤大戰於涿鹿之野，反映了各農業部落初次聯合起來共同對付草原遊牧部落南侵的史實。

炎帝、黃帝時代的這些傳說，並非穿鑿附會的想像或虛構，它已被裴李崗文化、仰韶文化的考古發掘所證實，人們把仰韶作為炎帝、黃帝時代相對應的考古學文化，是不無道理的。

據說黃帝部落有姬、酉、祁、己、滕、葴、任、荀、僖、姞、儇、依等十二姓，其中比較突出的有姬、祁、任、姞等四姓。姬姓相傳為黃帝的嫡系，後來發展成相當大的一支。祁姓有傳說中的陶唐氏，即唐堯所屬的氏族部落。傳說中黃帝的後裔夏后氏，是夏朝創立者的祖先；而黃帝後裔姬姓一支，則成了周朝的創建者。值得注意的是黃帝部落的十二姓中有一些北方的氏族部落——戎人、狄人，後來融合於華夏族。由於這些緣故，黃帝被尊奉為華夏族的始祖。

從黃帝時代到堯、舜、禹時代，持續了數百年。黃帝後裔進入黃河流域後，吸收夷人部落和羌人部落一部份結成新的部落聯盟。這種部落聯盟已經超出了血緣關係，而成為地緣關係的共同體，具備了國家的雛形。《尚書・堯典》說堯舜的“朝廷”有“九官”，誠然是後人的傳說，但是反映了隨着社會的進步，分工愈細，需要有人出來維持物質生活與精神生活的大趨勢，是大體可信的。

部落聯盟由參加聯盟的各氏族部落的首領組成聯盟議事會，討論重大事務，推舉聯盟首領。堯、舜、禹就是由聯盟議事會民主推舉產生的。

黃帝

堯年老時，在聯盟議事會上提出繼任人選問題，讓人家討論，眾人推舉了舜。舜繼位後，徵得聯盟議事會同意，任命八元管土地，八愷管教化，契管人民，伯益管山林川澤，伯夷管祭祀，皋陶管刑法。國家的雛形更加明朗化了。由於禹治理洪水有功，當舜年老讓位時，聯盟議事會一致推舉禹擔任首領。

《尚書・堯典》記載，堯在位時曾派官員到各地去觀察星象，指導農業生產，因此播種收穫都有定時。舜在未被推舉為領袖時，帶領氏族社會的人民披荊斬棘，開墾農田，建設聚落。堯舜時代，努力整治水患，減少自然災害，在與其他部落對抗中，屢次獲勝，保障了安全，發展了農業。有鑒於此，王仲孚《堯舜傳說試釋》認為，關於堯舜的傳說具有“農神性”——早期農業領袖的性質。堯舜禪讓的傳說，由此可以得到一個新的解釋。

傳說中堯、舜的“禪讓”傳統，被後人引為美談。這就是“天下為公，選賢與能”的大同社會，儒家津津樂道的理想社會。孔子說：“大哉，堯之為君也，惟天為大，惟堯則之，蕩蕩乎民無能名焉”；孟子則“言必稱堯舜”。在人們心目中，堯舜是道德完美的先聖先王。清末民初的疑古派宣稱，堯舜是“無是公”、“烏有先生”，顯然偏激得太過分了。當然今人不必拘泥於《大戴禮記・帝系篇》或《史記・五帝本紀》所說，堯為黃帝四世孫，舜為黃帝八世孫，但黃帝、顓頊、帝嚳、堯、舜都是遠古時代的部落盟主，是毫無疑問的。對照考古發掘的資料，堯舜時代大約相當於新石器時代晚期，當時黃河流域已是氏族社會活動頻繁的地區，文明的萌芽已相當可觀。

如果把視野放寬一點，那麼傳說時代的內涵將會十分豐富多彩。比如說，發明八卦的伏羲氏的後裔太皞集團，居住於山東半島至薊遼一帶，是一群以鳥為圖騰的先民，由於祖先伏羲氏“作結繩而為網罟，以佃以漁”，所以他們以漁業為生計。鳳姓的太皋的後裔以鳳鳥為圖騰，其後居住於此的少皋承襲了這一傳統。少皋集團中有鳳鳥氏、玄鳥氏、伯趙氏、青鳥氏、丹鳥氏、五鳩、五雉、九扈，都以鳥為圖騰。這一部落據說發明了弓箭，他們的英雄人物伯益、皋陶在歷史上聲名顯赫。再比如說，生活於太行山以東的祝融八姓，北以衛為中心，南以鄭為中心，據說虞以前的陶唐氏就是祝融八姓之一。到了夏商兩代，祝融受夏族、夷族兩面夾擊，被消滅過半，只有偏居南方的一支，成為春秋時代楚文化的締造者。前輩史家張蔭麟筆下的這段傳說竟是如此動人："楚人的生活充滿了優遊閒適的空氣，和北人的嚴肅緊張的態度成為對照。這種差異從他們的神話可以看出。楚國全族的始祖不是胼手胝足的農神，而是飛揚縹緲的火神；楚人想像中的河神不是治水平土的工程師，而是含睇宜笑的美女。楚人神話裡沒有人面虎爪、遍身白毛、手執斧鉞的蓐收（上帝的刑神）；而是披着荷衣，繫着蕙帶，張着孔雀蓋和翡翠鉞的司命（主持命運的神）。適宜於楚國的神祇不是牛羊犬豕的膻腥，而是蕙餚蘭藉和桂酒椒漿的芳烈；不是蒼髯皓首的祝史，而是彩衣姣服的巫女。再從文學上看，後來戰國時楚人所作的《楚辭》也以委婉的音節、纏綿的情緒、繽紛的詞藻，而別於樸素、質直、單調的《詩》三百篇。"

大舜耕田

二・夏與商

——歷史時期的開端

5.世界文明史上的中華文明

在考古學、歷史學中，學者們通常用某某文化（如河姆渡文化、仰韶文化等）來標誌一個時期。在這裡的“文化”一詞，帶有特定的含義（與廣義文化有別），通常是指還沒有文字，社會發展水平較低的時期。當文字發明並被廣泛使用，科學技術已有所進步，社會經濟進入一個新階段，學者們便把那個文化稱為“文明”（civilization）。“文明”一詞，古已有之，《周易》有“天下文明”，《尚書》有“浚哲文明”，《禮記》有“情深而文明”云云，其本義為文采、光明，延伸為文德、文教。現在所說的文明，顯然超出了上述層面上的意義，它是指人類社會發展中的一個階段，物質與精神方面的新成就。

埃及文明、美索不達米亞文明、印度文明、中華文明，是世界文明史上出現最早的四大文明。大體而言，在傳說中的炎帝、黃帝時代之前，出現了埃及文明、美索不達米亞文明，在傳說中的堯、舜、禹時代之前，出現了印度文明。

在哪個文明更為古老的問題上，學者們眾說紛紜，莫衷一是。有的說埃及文明最早，有的說美索不達米亞文明更早，各有各的根據。我們寧可說兩個文明都很古老，它們並不是交替發展而是並行發展的，有着各自的軌跡。這兩個文明都可以追溯到公元前4000年～公元前3000年，其藝術與科技成

古埃及的象形文字

蘇美爾人的楔形文字

就已達到令人驚訝的高度。

這兩個地區成為世界文明的最早發源地，是與其獨特的自然環境密切相關的。這兩個地區都位於所謂"新月沃地"——從波斯灣向西北延伸然後沿地中海海岸幾乎到達埃及的廣袤富饒地帶。位於這一地帶的底格里斯—幼發拉底河流域和尼羅河流域，都有一大片極其肥沃的可供農耕的土地。尼羅河切割出一條大峽谷式深溝，兩邊是懸崖峭壁，峽谷底部覆蓋着一層肥沃的沖積土層，一年可以三熟。底格里斯河—幼發拉底河的河谷平原，也是一片肥沃的可耕地。值得注意的是，這兩個河谷平原以外是一望無際的沙漠，乾燥少雨的氣候條件，迫使人們精心設計堤壩和灌溉系統。狹長的生存環境使人們沒有分散到過於廣闊的領域，居民們便於交換思想、交換發現和發明，結成一個嚴密的社會，於是有了文字的發明，也有了金屬的熔煉、數字的演算、天文學和物理學的萌芽。

印度次大陸則是另一個文明發源地。印度文明可以追溯到公元前3000年，到公元前2500年～公元前2000年之間已達到鼎盛狀態，與稍早的埃及文明、美索不達米亞文明相比，毫不遜色。印度斯坦平原，有印度河和恆河兩大水系，水量充沛、土壤肥沃，印度文明的幾個最有影響的中心出現在這裡決不是偶然的。印度河下游的摩亨佐—達羅和印度河上游的哈拉帕，是印度文明的兩個主要遺址。哈拉帕的青銅時代文明，大約相當於公元前2500年～公元前1750年。迄今發現有文字的遺物達2,000件以上，除印章銅板外，有些陶器和金屬器上也有銘文。

文字的發明和使用是文明的標誌，也是史前時期與歷史時期的區分標誌，學者們對此給予高度重視。美國人類學家摩爾根（Lewis Henry Morgan）在《古代社會》中說："文字的使用，是文明伊始的一個最準確的標誌"，"沒有文字記載，就沒有歷史也沒有文明。"

古埃及的象形文字從公元前3500年逐漸形成，一直使用到公元2世紀。這種文字通常被刻在廟牆和宗教紀念物上，因而在古希臘文中稱為"神聖的雕刻"或"聖書"。這種象形文字由原始的圖畫符號演變而來，形成表意文字（意符）和表音文字（音符）。當時經常使用的文字符號約700個。中王國時代（公元前2052年～公元前786年）開始以蘆葦筆作為書寫工具。因而從象形文字中演變出一種簡化的速寫體——僧侶體。公元前7世紀，又演變出草書體——世俗體。

美索不達米亞文明中，定居於底格里斯河—幼發拉底河下游的蘇美爾人是比較先進的。他們在公元前3500年～公元前2600年之間發明、使用象形文字，此後發展成為記寫蘇美爾語的楔形文字——音節符號和音素符號的集合體。蘇美爾人用當地的平頭蘆稈在黏土泥板上壓寫字符，筆畫呈楔形，所以叫作"楔形文字"。蘇美爾文字後來為西亞各古代民族所採用。塞姆語系的阿卡得人、迦南人、巴比倫人、亞述人，印歐語系的赫梯人、波斯人等，都用蘇美爾文字來記寫自己的語言，形成不同的楔形文字。

印度早在哈拉帕文明時期就產生了象形文字，這是一種音節字，可以從右到左或從左到右書寫。它們是寫在印章銅板、陶器、金屬器上的銘文，約有500個文字符號，其中許多是兩個以上符號合成的字符。研究者認為，這種銘文的語言可以定為原始達羅毗荼語。遺憾的是，這種文字隨着哈拉帕文明的結束而絕跡。此後一直要到雅利安人遷入印度之後大約過了1,000年才有文字系統。這種字母系統的文字記述的語言，主要是雅利安語的梵語和俗語。

中國有文字可考的歷史始於公元前16世紀，因為這時有了成熟的足夠數量的文字

古印度的象形文字

——甲骨文。但是，文字的產生和發展是一個長期的過程。所以學者們孜孜不倦地從考古發掘的遺物中探尋中國文字（漢字）的起源。西安半坡遺址出土的陶缽口沿上有二三十種刻畫符號，這是可以確知的最古的一種具有表意作用的文字符號。有的學者認為可能是"中國原始文字的孑遺"，因而推測中國文字已經有了6,000年的歷史。介於仰韶文化與龍山文化之間的大汶口文化（距今約五六千年），也發現一些文字符號，距今約4,000年前的龍山文化，已經出現了用3個偏旁構成的會意字，可以設想，當時已經出現了由更早的簡單獨體字演化成的複體字。裘錫圭對此持審慎的態度，一方面指出："大汶口文化象形符號跟古漢字相似的程度是非常高的，它們之間似乎存在着一脈相承的關係"；另一方面指出："就漢字形成的歷史來說，在大汶口文化原始文字和商代文字之間還存在一些重要的缺失環節。並且已發現的大汶口文化原始文字只是用作族名的一些單字，因此我們對當時的原始文字的全貌還是不清楚的。"晚近發掘的二里頭文化，據考古學界和歷史學界較普遍的見解，可能是夏文化。從其中出土的陶器上發現二十多種刻畫符號，有的學者推斷：估計夏朝的文字很快就會破土而出的。

大汶口文化陶尊上的文字符號

這種願望是可以理解的，想把中國有文字的文明時代提到四五千年以前。但目前畢竟缺乏確鑿的證據。何況，存在或發現一些文字是一回事，這些文字是否足以構成歷史記載又是一回事。

雖然中華文明晚於埃及文明、美索不達米亞文明、印度文明，但後先輝映，依然光彩照人。美國歷史學家所寫的《世界文明史》說得好：大約在印度的印度河流域文明繁榮了1,000年之後，中國才開始出現高度的文明。然而，當這個遠東文明一旦出現，它就延續到20世紀。中國文明儘管其形成較埃及、美索不達米亞或印度晚得多，但仍然是現存的最古老的文明之一。

中國的青銅時代大約從公元前2000年到公元前500年，這期間青銅器（主要是禮器與兵器）在考古遺物中佔有顯著的重要位置，而且可想而知是上層階級生活中的一種中心事務。這也是區域性的王朝競爭顯要權位的時期，即夏商周三代，西方學者們稱為"中國文明的形成期"。

與埃及、美索不達米亞、印度等文明有着明顯的不同，中華文明的搖籃是半乾旱的黃土高原，而不是河流下游的沖積平原。夏商周三代的活動中心區域都在黃河中游一帶，便是一個明證。何炳棣在《黃土和中國農業的起源》中指出：靠近黃河中游的高原上覆蓋黃土——顆粒細小的肥土，土壤鬆軟，使用原始的耒耜（木製農具）即可不費力地耕作，並且可以避免洪水的禍患。所以中國農業的起源是旱地農作。誠然，長江以南的河姆渡文化早有水稻種植的輝煌業績，但這種文化的沿襲目前仍不清楚——它與以後長江流域的文明之間的關係，似乎還是一個有待解析的謎。

6.探索中的夏文化

傳說中，黃帝的後裔夏后氏，是夏部落聯盟的創始者。夏部落聯盟發展為中國歷史上第一個王朝——夏，當時大約是公元前21世紀（約公元前2070年）。從傳說中的禹開始，到桀滅亡，共傳十四世、十七王，約四百多年。由於缺乏文字記載，這一切顯得撲朔迷離，引來後人持續不斷的探索。

對於夏文化的探索，可以追溯到漢朝的歷史學家司馬遷，他為了寫《史記·夏本紀》，作了實地考察。在《史記·太史公自序》中，他如此回憶道："年二十而南遊江淮，上會稽，探禹穴。"鑒於《史記·殷本紀》關於商朝世系的記載，已被安陽殷墟出土的甲骨文證實為信史，由此推斷，《史記·夏本紀》關於夏朝歷史的記載，肯定是有所根據的。但這必須由考古發掘予以證實。

20世紀20年代，以田野發掘為基礎的近代中國考古學的形成，為探索夏文化奠定了科學基礎。30年代初，徐中舒首先根據仰韶文化分佈地域與傳說中夏代活動地域互相重疊，推測仰韶文化便是夏文化的考古表現。他在《安陽發掘報告》第三期（1931年）上發表了《再論小屯與仰韶》，提出仰韶文化為夏文化說。40年代末，范文瀾又提出龍山文化為夏文化說。50年代末，徐旭生根據

《左傳》、《國語》、古本《竹書紀年》等文獻中，有關夏后氏都邑的記載，對分佈於豫西、晉南的“夏墟”進行了實地考察調查，從而揭開了以田野工作為重點的探索夏文化的序幕。徐旭生發表了《1959年豫西調查“夏墟”的初步報告》，指出豫西二里頭遺跡是夏王朝或夏文化的留存。這一推斷引起了很大的反響，確定了此後夏文化考古的方向。

夏人活動的地區，西起今河南西部和山西南部，沿黃河東至今河南、河北、山東三省交界的地方，南接湖北、北入河北。今河南西部的河、洛流域是夏人居住的中心，夏的重要都城斟尋，就在嵩山西北的洛陽平原東部。夏人聚居的另一個地區，是今山西南部，特別是汾水以東今翼城附近，後世稱為“夏墟”。

考古學家在今河南西部發現了“二里頭文化”，它分佈於豫西黃河南岸的陝縣、滎陽、鄭州，及洛河流域的洛寧、宜陽、洛陽、偃師、鞏縣等地。二里頭文化介於龍山文化和商代前期文化之間，學者們傾向於認為，二里頭文化從分佈地區和時間序列來看，同傳說中的夏朝所在的中心地區大致相符。據測定，偃師二里頭文化第一期為公元前2080年～公元前1690年，在時間上也大體相當。

有的學者認為，偃師二里頭文化的一二期為夏文化，三四期代表夏末的都邑文化。照目前資料來看，二里頭類型文化便是夏文化的可能性，在空間上是全合的，在時間上是很可以說得通的。夏文化的來源是河南龍山文化，已有的考古發掘顯示了向夏朝這一類父權國家發展的強烈跡象。在好幾個遺址裡出土的陶祖是男性祖先崇拜的很好證據；骨卜的流行也對當時的宗教信仰和政教性質有相當的啟示。河南龍山文化的社會已經達到了內部分化外用甲兵的階段，為進一步的二里頭類型的夏代文明鋪了基礎。河南龍山文化向二里頭類型文化發展是一個合理的假設，二里頭類型文化中若干重要的新文化特徵的來源還有待進一步的研究；這中間最要緊的自然是青銅器。二里頭遺址第三期文化中迄今已出土了青銅禮器3件，它們的製造雖然相當原始，而且樸實無文，卻不像青銅器發明的最早階段。這個問題的進一步瞭解，還要靠二里頭類型文化早期和河南龍山文化遺址中青銅器的發現。二里頭遺址三期文化開始大量出現的陶文的早期歷史，與其在中國文字發展上的地位，也是需要進一步研究的問題。如果二里頭遺址的宮殿基址與夏末的桀都（斟尋）有關，那麼夏代諸王的其他都城，將來在二里頭類型文化分佈地域之內會有新的發現。夏朝的考古目前還只是開了個頭。

偃師二里頭文化第三期為最輝煌者，至今已發現兩座宮殿遺址，這裡可能是夏桀的

大禹治水圖

都城斟尋。古本《竹書紀年》說“桀居斟尋”。學者們考證斟尋在今偃師縣東北、鞏縣西南，或徑直判定二里頭就是夏都斟尋。歷史地理學單純孤立地論證斟尋地望，無法絕對解決二里頭是不是夏都，但一結合商湯都城尸鄉，論證就堅強了。因為尸鄉溝與二里頭相距很近，商湯與夏桀又是並世之人，如果尸鄉溝古城是商湯都城，二里頭的宮殿遺址大概不可能也是商湯所建的都城。

諸如此類發現很多。1976年在河南登封告成鎮王城崗遺址發掘後，有學者推論登封告成鎮就是歷史文獻所說“禹居陽城”的陽城。1978年起，對山西襄汾陶寺遺址的發掘，為瞭解“堯都平陽”，提供了實物資料。

總之，到目前為止，已經從考古發掘中找到了探索中的夏文化，它的上限可以定為河南龍山文化和山西龍山文化的晚期，偃師二里頭遺址則屬於夏文化的中晚期。夏朝的存在已在考古學上得到確證，不是某些疑古派學者所宣揚的夏王朝純屬子虛烏有的虛構。出土的不少銅塊、煉銅渣、青銅器殘片表明，夏朝已進入青銅時代。

然而，問題並沒有解決，學者們仍在不斷地提出質疑。

第一，禹治洪水究竟在什麼地方？不可能在吳越、江漢、江淮一帶，而豫西、晉東南都是山地，不可能發生洪水。按當時的形勢，洪水只可能發生在河、濟之間的豫東平原。禹治水後，河、濟之間乃至整個豫東平原成為夏商周三代人口最稠密、經濟最發達的地區之一，這就為夏王朝奠定了基礎。因此，夏后氏的淵源不應在豫西、晉南，而應在豫東一帶。

第二，二里頭文化的時間跨度，據最新的碳十四測定，大約在公元前1900年～公元前1500年之間。按學術界通行的說法，夏存在於公元前21世紀～公元前17世紀，因此二里頭文化只相當於夏的後期，難以涵蓋整個夏文化。

考古學者已把以濮陽為中心的地區（與山東相近的河南東北部）作為夏文化探索的新焦點。

禹治洪水，是夏文化探索中一個引人注目的問題。顧頡剛於1923年5月在《努力》增刊《讀書雜誌》上發表《與錢玄同先生論古史書》，認為禹是"蜥蜴之類"的蟲。他說：時代愈後，傳說的古史期愈長。時代愈後，傳說中的中心人物愈放愈大。禹是上帝派下來的神不是人。以蟲而有足蹂地，大約是蜥蜴之類。我以為禹或是九鼎上鑄的一種動物。遭到魯迅的批駁，成為轟動一時的文壇奇聞軼事。按照文化人類學的觀點看來，把一個民族或部族的首領人物，與該民族或部族所崇拜的圖騰，混為一談，顯然是荒謬的。禹作為夏部族的首領，經過13年艱苦卓絕的奮鬥，率領民眾治服了肆虐的洪水，因而受到民眾的崇拜，把他看作神靈的化身——水中之王龍的化身，從此龍就成了夏部族崇拜的圖騰。但是，這並不意味着禹就是龍或"蜥蜴之類"的蟲。

因為這個緣故，後世的文獻稱禹為"句龍"。《左傳》說"共工氏有子曰句龍"，據學者們考證，共工是禹的父親鯀，句龍就是禹。在原始的萬物有靈論支配下，人們認為洪水是水妖作怪，能戰勝水妖的，無疑是水中之王——龍。《楚辭·天問》中就有這樣的神話傳說：禹治水時，"有神龍以尾劃地，導水所注當決者，因而治之"。不過，夏人所崇拜的龍圖騰，並不像後世的龍那樣複雜、神秘，還帶着較多的原始性。這從河南濮陽出土的蚌殼龍圖案，可以得到佐證。從"禹"字的甲骨文字形可以看出，這個字彷彿一條三足支地、尾巴上翹、張口反噬的鱷魚形狀。這正是夏人崇拜的龍圖騰。據傳說，禹長期跋涉於泥水之中，得了偏枯病，走路一跛一跳。夏人龍圖騰的"三足"，隱含了這種腿足殘疾的意思。

禹治洪水的傳說，經過學者們的考證，已可看作信史。夏朝或夏朝以前，中原大地上確曾不止一次地洪水氾濫。甲骨文中的"昔"字，作會意結構，意為洪水之日；

二里頭文化遺物乳釘紋青銅爵

“災”字也是會意結構，意為河流被壅為害。徐旭生的《中國古史的傳說時代》從中國最早的地理書《禹貢》中，在“兗州”條下發現兩處講洪水的記載。一是“桑土既蠶，是降丘宅土”，是說洪水治平後，原來栽桑的土地又可以養蠶，人們從高地上下來，住到了平地上，可以印證禹治洪水以後的情況。另一是“作十有三載”，與傳說中“禹湮洪水十三年”相呼應。因此他的結論是：“洪水發生及大禹所施工的地域，主要是在兗州。”

經過幾代人的探索，夏文化已經日趨明朗化了。

7.從“大同”到“小康”

儒家典籍把夏朝建立之前稱為“大同之世”，把夏朝建立之後稱為“小康之世”，其根本區別就在於：前者是“天下為公”的社會，後者是“天下為家”的社會。

《禮記・禮運》說：“孔子曰：‘大道之行也，天下為公。選賢與能，講信修睦。故人不獨親其親，不獨子其子，使老有所終，壯有所用，幼有所長，鰥、寡、孤、獨、廢疾者皆有所養。男有分，女有歸。貨惡其棄於地也，不必藏於己；力惡其不出於身也，不必為己。是故謀閉而不興，盜竊亂賊而不作，故外戶而不閉，是謂大同。’”它描繪了一個不分彼此、沒有爭鬥的和諧而溫馨的社會圖景。自從禹建立夏王朝之後，情況便發生了根本的變化，由大同之世進入了小康之世。《禮記・禮運》說：“今大道既隱，天下為家。各親其親，各子其子，貨力為己。大人世及以為禮，城郭溝池以為固，禮義以為紀。以正君臣，以篤父子，以睦兄弟，以和夫婦，以設制度，以立田里，以賢勇知，以功為己。故謀用是作，而兵由此起。禹、湯、文、武、成王、周公，由此其選也。此六君子者，未有不謹於禮者也。以著其義，以考其信。著有過，刑仁講讓，示民有常。如有不由此者，在埶者去，眾以為殃，是為小康。”

蒙文通《論墨學源流與儒墨匯合》，闡明了《禮記・禮運》的大同說，與墨子大義多相符合，天下為公是尚同，選賢與能是尚賢，講信修睦是非攻，不獨親其親、子其子是兼愛，貨惡其棄於地、力惡其不出於身是節用、非命。“總觀全文，大抵摭拾《墨子》之文，其為墨家思想甚為顯著”。這種看法是精闢的。即使撇開儒墨合流問題不論，至少可以看到儒墨顯學雖然互相辯難，但在“大同之世”的看法上是所見略同的。這就讓人們更加深信，夏朝以前確實存在過這樣的“大同之世”，夏朝建立後轉變為“小康之世”了。

這種轉變的關鍵，就是夏朝的建立者禹在移交王位時，傳子而不傳賢，從此“天下為公”變為“天下為家”，公天下變為家天下。在傳說中，堯、舜時有“禪讓”的傳統，堯老傳位於舜，舜老又傳位於禹，都是傳賢不傳子，即“選賢與能”。禹在年老時，在部落聯盟議事會上提議討論繼任人選，大家先舉薦皋陶，皋陶死後又舉薦伯益。但禹在暗中培植他兒子啟的勢力，企圖由兒子繼位，果然禹死後啟殺了伯益，繼承了禹的職位，從此出現了“家天下”的夏王朝。這是私有制、階級分化、國家機器出現之後的必然現象。

《史記・五帝本紀》把堯描述為聖明之君，他發現舜精於農耕、善於製作陶器，有組織、領導才能，確認舜可託付重任，便命他攝政輔佐，自己告老，臨終前把王位讓給了舜，而不傳無能的兒子。舜謙辭不就，避居別地。由於各路諸侯的擁戴，舜才返回，繼承王位。舜到了晚年，發現禹治洪水有功，倣傚堯的做法，讓禹攝政，自己告老。到了臨終之前，舜因兒子無能，命禹繼承王位。禹也同樣謙辭不就，避居別地，在諸侯的擁戴下才登上王位。這顯然是後世學者對“五帝”時代清平盛世的美化，反映了春秋戰國時代你爭我奪、爾虞我詐的政治鬥爭形勢下，人們對五帝時代的大同社會的無限嚮往之情。然而“大同”時代的王位繼承制是禪讓而不是世襲，是有歷史依據的事實，決非虛構，卻是可以肯定的。楊希枚在《再論堯舜禪讓傳說》中指出：“傳說，甚至神話，無論其內容如何怪誕，多少反映着某些社會背景，或者說，可以從其內容來瞭解它所涉及的某些社會制度、思想或信仰。堯、舜傳說自不例外。”他還說，堯舜禪讓傳說至遲在春秋時代已經流傳，因而普見於《論語》及儒、道、墨、法各學派的論著，絕非出於某一學派的偽託。他引徵法國漢學家葛蘭奈（Marcel Granet）在《中國文明》一書中的意見，根據中國古代陰陽頡頏而更迭消長的學說，以及母系家族制與父系家族制先後演變的理論，對禪讓傳說提出了變相二頭酋長制的解釋。楊氏認為葛氏所說缺乏依據，是無中生有的推測。

道家典籍對於這種社會變革也有所描

二里頭文化遺物玉刀

二里頭文化遺物鑲綠松石青銅飾牌

繪。《抱朴子·詰鮑》說："曩古之世，無君無臣，穿井而飲，耕田而食；日出而作，日入而息。泛然不繫，恢爾自得；不競不營，無榮無辱。山無蹊徑，澤無舟梁。川谷不通，則不相併兼；士眾不聚，則不相攻伐。""勢利不萌，禍亂不作；干戈不用，城池不設。""身無在公之役，家無輸調之費，安土樂業，順天分地，內足衣食之用，外無勢利之爭。"出現了私有制、階級分化、國家機器之後，一切社會關係都顛倒過來了："智用巧生，道德既衰，尊卑有序"；"強者凌弱"，"智者詐愚"；"見可欲，則真正之心亂；勢利陳，則劫奪之塗開"；"有司設則百姓困，奉上厚則下民貧"；"閑之以禮度，整之以刑罰"。

夏王朝就是這種付出了沉重代價而取得社會進步的"小康之世"的開端。考古發掘大體可以印證傳說中的這種變化。

偃師二里頭遺址發掘出不少銅渣、坩鍋殘片、陶範殘片和小件銅器鑿、錐、刀、魚鉤、銅鏃等。經過化學分析，證明這些小件銅器已是青銅器，雖然帶有某些原始性，但已反映了農業、手工業的發展。陶器中酒器的發現，說明當時已有一定數量的剩餘農產品，可以用於釀酒。墓葬和灰坑中出土的貝、玉、綠松石等，反映了商品交換已經盛行，貝已具有貨幣的職能。房基和墓葬情況，反映了基於私有制的貧富分化、階級分化。有的房基長達 9 米～ 10 米，寬 5 米左右，地面堅硬，鋪有薄層料薑石面。有的居址還發現了四邊磨光的石柱礎和柱子洞，這與地穴式半地穴式的房屋不可同日而語。尤其值得注意的是標誌着國家機器的宮殿遺址的出現。這座宮殿遺址處於遺址中部，洛河自北流過，面積約1萬平方米，有厚約1米～2米的夯土台基，高出地面約80厘米，上面是排列有序的柱子洞和完整的牆基。台基中部偏北地方有一塊高起部份，呈長方形，是一座面闊八間、進深三間、四坡出簷的殿堂，堂前是平坦的庭院，四周有彼此相連的廊廡。在殿堂對面，發現了東西向排列的柱子洞，是宮殿的大門。如果復原的話，一座規模宏大、氣勢莊嚴的宮殿建築，巍然屹立，夏王朝的威儀便躍然而出了。

夏已進入了青銅時代，考古發掘證實了傳說中禹的時代“以銅為兵”，以及禹鑄九鼎等，是可信的。但銅器用於農業生產的可能性很小。當時主要的農具還是木器、石器和一部份骨器、蚌器。農具有耒、耜、鍤等，耒是一根前端彎曲、有雙尖的木棒；如果在耒柄的前端綁上一塊石質尖頭，就成為耜；耒、耜用來耕地起土，鍤用來挖土。從禹治洪水的傳說中可以看到當時已有原始的灌溉技術。《論語・泰伯》說，禹“盡力乎溝洫”；《孟子・滕文公上》說，“禹疏九河”，“然後中國可得而食也”。表明當時已知道開通溝洫、排洪洩澇是農業生產的命脈。

夏人在不斷積累農業生產經驗的同時，天文曆法知識也逐漸豐富。當時已有了明確的日、月、年的概念，把一年分為12個月，以冬至後兩個月的孟春之日作為一年的開始。同時還出現了以六十甲子（干支）記日的方法，夏朝後期的幾個王，如胤甲、孔甲、履癸（桀），都以甲、癸等日干為名，便可窺知一斑。《左傳・昭公十七年》引用《夏書》中的一段記載：“辰不集於房，瞽奏鼓，嗇夫馳，庶人走”，表明夏人觀測到發生於房宿位置上的一次日蝕時擊鼓奔走的情景。這是見於記載的世界上最早的日蝕記錄。《竹書紀年》中有“夏帝十五年，夜中星隕如雨”的記載，是夏人觀測到流星雨的最早記錄。

孔子說：“殷因於夏禮，所損益可知也；周因於殷禮，所損益可知也。”孟子說：“夏后氏五十而貢，殷人七十而助，周人百畝而徹，其實皆什一也。”這兩句話表明了一個意思：夏商周三代的制度雖有所損益，但也有所繼承。周的田賦制度與夏有一脈相承的關係，顧炎武在《日知錄》中說：“古來田賦之制實始於禹”，“周之疆里，猶禹之遺法也”。周的“疆里”，也就是孟子所說的“經界”——井田上的土地劃分，所以馬端臨在《文獻通考》中推論“井田創造於禹”。禹在農田上開溝洫，把它與《考工記・匠人》所描繪的井田上的溝洫制度相對照，似乎可以推測：西周那種井田式樣的溝洫其實肇始於夏。

從夏與商、周之間如此緊密的承襲關係來看，不僅表明夏已從野蠻時代走向文明時代，而且表明夏在中華文明發展史上具有不容忽視的重要地位。

8.商的起源與盤庚遷殷

中國有文字可考的歷史是從商開始的，大約是在商朝建立的公元前1600年，迄今為止，已有3,600年有文字可考的歷史了。如果把商朝建立前的早商（或先商）時期包括在內，那麼有文字可考的歷史還可以上溯四五百年。

商，是一個有着悠久歷史的子姓部落，長期居住在黃河下游。商的始祖名契，傳說其母簡狄吞吃了玄鳥（燕子）的蛋而生下了契。《史記·殷本紀》說："殷契母曰簡狄，有娀（讀sōng）氏之女……三人行浴，見玄鳥墮其卵，簡狄取吞之，因孕生契。"這種神話傳說，包含兩層歷史意義：第一，商族把玄鳥作為自己的圖騰；第二，當時商族還處在只知其母不知其父的母系社會。商朝晚期銅器"玄鳥婦壺"，壺口上有"玄鳥壺"三字，是商族以玄鳥為圖騰的有力證據。甲骨文中祭祀高祖王亥的卜辭，在"亥"字上加了鳥圖騰符號，寫作"𩿇"，可作為一個旁證。

商與夏同時並存於世。依照神話傳說，夏的始祖禹源於黃帝子孫顓頊這一支，而商的始祖契源於黃帝子孫帝嚳這一支。依照《史記》的說法，夏商周三代的祖先禹、契、后稷，都在堯、舜的朝廷裡服務。這樣看來，夏商周都是自黃帝下來一直平行存在的幾個集團。從比較可靠的歷史資料來看，商在滅夏以前，早已有了他們自己轟轟烈烈的歷史，即所謂先公先王時代。《詩·商頌·長發》說："相土烈烈，海外有截"，表明商人曾在海外打過勝仗。據說，契曾隨禹治水，後來商人冥又作了夏的水官，表明夏朝統治黃河中下游時，商一直臣服於夏。

從契到湯，傳了十四世，正相當於夏朝。由湯完成了滅夏的事業，建立了商朝，共傳十七世，三十一王，約六百年。

商人從事農業生產的同時，維持了強勁的遊牧傳統，從契到湯的四五百年中，他們集體遷徙了8次，足以證明他們是逐水草而居的，頻繁地不斷更換放牧家畜的地區，大抵從山東到河北到河南。

商建都於亳（今河南商丘），為翦除夏的屏障，按照丞相伊尹的謀畫，停止對夏的貢納。夏的統治者桀大怒，發兵征討。夏商兩軍大戰於鳴條（今河南封丘）之野，桀大敗，湯乘勝追擊，滅亡夏。

商朝建立後，一度中衰，王室內部連續發生爭奪王位的紛爭，“兄終弟及”制度遭到破壞，都城也幾經遷徙，統治很不穩定。到商王盤庚的時候，為了扭轉局面，遷都於殷（今河南安陽西北），進行改革，“行湯之政”，政治中興。商的歷史以此為轉折點，《竹書紀年》說：“自盤庚遷殷，至紂之滅，二百七十三年，更不徙都。”這至少有兩層意義：第一，表明統治日趨穩定；第二，表明定居農業已佔主導地位。黎東方認為，盤庚的盤字，是寫錯的，應該是般字，意即搬家的搬。盤庚，是一位搬家的國王，本名叫做庚，後世稱他為“般庚”，以區別於大庚、祖庚等。這種解釋，在諧謔中蘊含着睿智，不無啟迪意義。

玄鳥賜喜圖

盤庚所遷的殷地，無論對於經濟、軍事抑或社會生活，都具有優越的地理條件。殷都是沿洹水而建的，它便於用水和防衛。緊靠洹水南面是宮殿、宗廟區，迄今考古發掘了五十多座宮殿、宗廟遺址，比較集中地分佈在小屯東北。它的東面、北面毗鄰洹水，且地勢較高，不僅在水源上佔有利地位，而且可以防禦洹水氾濫。宮殿區的西面、南面挖掘了環繞宮殿的壕溝，既可以分流洹水，又可與洹水連成一體作為防禦設施。

時隔三千多年後，這一般商古都——殷墟的發現，堪稱本世紀田野考古的一大盛舉。自從甲骨文最初在光緒二十五年（公元1899年）於河南安陽小屯村（即殷墟）發現之後，殷墟成為學者們關注的焦點。羅振玉確認今日之安陽河即酈道元《水經注》中的洹水，安陽河南岸的小屯，即《史記・項羽本紀》所說的“洹水南殷墟”。這一考定，為殷墟的發掘奠定了基礎。

從 1928 年至 1937 年，在李濟、董作賓、梁思永、郭寶鈞、石璋如等學者主持下，共計進行了15次殷墟遺址發掘工作。陸續發現大批甲骨、宮室、陵墓、宗廟，瞭解到殷人營造宗廟的隆重儀式（包括人祭人殉）。1950年～1977年，又在殷墟遺址進行了十多次發掘。持續半個世紀的殷墟發掘工作，使湮沒了三千多年的宮殿建築基址、商王陵墓、貴族或平民墓葬，各種作坊、倉窖、工具、武器、禮器，先後重見天日。殷墟的範圍很大，其總面積在24平方公里以上。洹河南岸，大體上以商朝王宮（今小屯村附近）為中心，周圍環繞着手工業作坊、居民點和墓葬等；洹河北岸，以王陵（今武官村、侯家莊一帶）為中心，有商王及貴族的陵墓和數以千計的人殉祭祀坑，周圍有聚落和平民的墓葬，顯示了不同階級不同待遇的懸殊地位，這給研究商朝都城及商朝社會各個側面，都提供了寫實的依據。

盤庚遷殷後，商朝政治、經濟各方面都有所發展，特別是到武丁統治時期，達到了鼎盛時期，《詩經》中的"玄鳥"篇、"殷武"篇，便是對武丁的頌歌。武丁不斷對外用兵，使商朝的疆域日趨擴大。

商朝行政制度，以及貴族官吏，有"內服"、"外服"之分。"內服"指王朝而言，"外服"指諸侯而言，表明當時的政治地理結構中，存在着商王直接管轄區和通過貴族官吏的間接管轄區。甲骨卜辭中，把直接管轄區稱為"天邑商"、"大邑商"或"大邑"；間接管轄區稱為"四方"、"四土"。所謂"大邑商"，大體包括今河南省大部、山西省南部、河北省北部及山東省西南部。所謂"四土"，大體位於幽燕以南、漢水淮水以北、甘肅以東、蘇皖以西。所謂"四方"，是指邊疆地區的方國、部落，如西北舌方、土方、馬方，西面的羌、氐，南面的楚、百越，東面的人方（東夷、淮夷）。

商朝歷史中有兩件起着負面影響的事，即人祭人殉和酗酒。

商王要向他的祖先和神靈"獻俘"，各地貴族要向王廷"獻俘"，透過商王供獻給他們的祖宗和神靈。這種"獻俘"便是人祭，通常一次要殺數十人到數百人。人祭的方式，或以戈鉤頸而死，或剖腹陳屍，或割取人頭祭神。安陽小屯宗廟宮寢遺址南部的祭壇，就有用人、畜作為犧牲的遺跡。建造宗廟時，要活埋幼兒來奠基。每座宗廟的大門口，都活埋人殉。在宗廟的前面，有成排的活人連同車馬一起殉葬。一些大墓往往要幾十個上百個被殺殉葬的人。武官村的一座大墓，據碳十四測定為距今3,050±100年前所建，生殉、殺殉、殺祭的男女侍從達三四百人。

商朝貴族飲酒成風，而且愈演愈烈，不但消耗大量糧食，而且導致政治腐敗。紂王帝辛在邢台以南、朝歌以北修建許多離宮別館，有"酒池"、"肉林"，飲酒作樂，通宵達旦。西周時的銅器銘文說，大小官僚"率肆於酒"，個人嗜酒成癖。甚至平民也不例外，出現了"庶群自酒，腥聞在上"的怪

安陽殷墟遺址分佈示意圖
小營
三家莊
花園莊
韓王渡
前小營
王陵區
京
范家莊
小司空村
武官村
侯家莊
北辛莊
孝民屯
廣
大
宗廟宮殿區
大司空村
豫北紗廠
婦好墓
四盤磨
小屯村
灰
鐵
郭家灣村
小莊
花園莊
白家墳
溝
王裕口
高樓莊
薛家莊
郗家店
梅園莊
鐵路苗圃
路
鐵佛寺
郭莊
戚家莊
郭莊
劉家莊
邵家柵
安陽市
三家莊
梯家村
圖例
鑄銅或製骨作坊遺址
墓葬區
居住遺址
祭祀坑
其他遺址

殷墟遺址分佈圖

安陽小屯祭壇

現象。到商朝末年，酗酒的風氣發展到不可收拾的地步，以致周滅商後，專門頒佈了禁酒的政令，其嚴重性於此可見一斑。

僅此兩點，人們不難悟出商朝滅亡的原因來了。

1990年代中葉，任教於美國奧克拉荷馬中央州立大學的許輝教授，在《奧爾梅克文明的起源》一書中，令人震驚地指出：當年中美洲第一個燦爛的古文明，有可能是殷商末年一批渡海逃難的中國人協助建立起來的。就時間上說，奧爾梅克文明在公元前1200年前崛起，正好呼應了當年武王伐紂、殷商王朝終結的年代。許輝的爆炸性證據是古文字，他從奧爾梅克的陶器、玉器、石雕上找到150個文字符號，請中國古文字專家鑒定，大都肯定十分近似中國的甲骨文或金文。這個千古之謎的大膽推論，我們不妨姑妄聽之。

9.青銅時代

青銅時代是區別於此前的石器時代以及此後的鐵器時代的一個歷史階段。在中國，它大體是指公元前2000年～公元前500年這一歷史時期。

青銅時代這個概念，最初是由丹麥國家博物館保管員湯姆森（Christian Jurgensen Thomsen, 公元1788年～公元1865年）所創用的。其後，英國考古學家柴爾德（Gordon Childe, 公元1892年～公元1957年）在《青銅時代》一書裡，對此作了科學的界定。

在青銅時代之前，中國遠古先民已有使用金屬的歷史。在西安半坡的仰韶文化遺址曾發現一小片金屬，在姜寨的仰韶文化遺址也發現過一塊小金屬圓片，它的成份：65% 紅銅，25% 鋅。在山東的一個龍山文化遺址中發現一件銅鋅合金物。這些發現表明，在史前時期燒製陶器的陶窯中，溫度達到金屬礦石的熔點時，金屬銅及其化合物的出現與使用，是完全可能的。

最早的青銅器（禮器、兵器）發現於河南西部的二里頭文化遺址中。4件禮器都是酒器中的爵，小型、薄體、素面、平底，其中一件用攝譜儀分析的結果是：92% 含紅銅，7% 含錫。與爵一起，還發現了青銅的戈頭。它們已經具備中國古代青銅器的特徵：塊範鑄造、銅錫合金，有特徵的器物類型。

商王武丁的婦好墓中，出土了兩百多件青銅禮器、5件大青銅鐃和16件小青銅鈴，44件青銅器具（包括27件青銅刀）、4個青銅鏡、1件青銅勺、130多件青銅兵器、4個青銅虎或虎頭、20餘件其他青銅器，令人歎為觀止。

商朝的青銅冶煉鑄造工藝已達到相當純熟的程度，有規模宏大的銅器作坊，有集中居住的煉銅工匠。冶煉青銅的主要原料是孔雀石，加入適當比例的錫和少量的鉛。根據對司母戊大方鼎的化學分析，其成份是：84.77% 含銅，11.64% 含錫，2.79% 含鉛。由於錫和鉛的熔點較低，和銅熔合後，不但降低了熔點，而且鑄造出來的器物比純銅更為堅實耐用。

青銅器的種類很多，數量最多的是禮器，有爵、鼎、彝、盤、盂等二十餘種，象徵器主的身份和等級；其次是兵器，有戈、矛、戚、鉞、刀、箭鏃等；還有車馬的青銅部件和佩飾。青銅器常鑄有銘文，或標明器主的族氏和祭祀對象，或記載商王和貴族對器主的恩賜，或說明器物的用途。從社會學、政治學角度考察青銅器，它扮演着政治權力的角色，用來保障物質財富的分配方式。商王賞賜海貝或銅錫常常導致禮器的紀念性鑄造，在銘文中留下了記錄。在一本包含四千多件有銘文的商周青銅器圖錄裡，有這種紀念商王賞賜的銘文的器物達50件之多。顯然，這反映了國家財富在社會上層的再分配。青銅文化的意義，也許正在於強化國家的機能。

青銅器尤其是禮器主要是王室與貴族使

商代青銅象尊

用的，製作很講究，上面有淺浮雕的花紋，大多是動物紋樣。用作銅器紋樣的動物有兩類：一類是自然界存在的動物，如鳳鳥、象、虎、龜、熊、犀、鴞、牛、馬等；另一類是自然界不存在的動物，亦即神話中的動物，如饕餮、肥遺、夔、龍、虬等。這後一類動物紋樣自然最引人注目，古往今來的學者都對它們作過探究。所謂"饕餮"，據說是一種"有首無身，食人未嚥，害及其身"的怪形野獸。所謂"肥遺"，據說是"一首兩身"蛇。所謂"夔"，據說是一足龍——頭尾橫列中有一足的龍形獸。所謂"龍"，是古人最尊崇的神話動物。形狀描述各異。所謂"虬"，據說是有角龍。不過銅器上的饕餮紋、肥遺紋、夔紋、龍紋、虬紋，只是一種約定俗成的指稱或描述。

問題的關鍵在於，銅器上的這些紋樣究竟有什麼意義。張光直研究後作這樣的推測：神話中動物的功能，是把人的世界與祖先、神靈的世界相互溝通。當時流行的與祖先、神靈溝通的巫師占卜術，就是以動物的骨骼為媒介的。青銅禮器在當時用於崇拜、祭祀祖先與神靈的儀式，而且與死者一起埋葬。因此，銅器上的神話動物紋樣，體現了器主這樣一種意識：溝通人的世界與祖先、神靈的世界，以庇祐他們在人世間的權力和財產。

既然青銅禮器是協助巫師溝通神與人、天與地的，那麼它上面的動物紋樣便與通天地有關。《左傳》記載楚莊王向王孫滿問鼎的大小輕重，王孫滿回答得很妙："在德不在鼎。昔夏之方有德也，遠方圖物，貢金九枚，鑄鼎象物，百物而為之備，使民知神奸。故民入川澤山林，不逢不若，螭魅魍魎，莫能逢之。用能協於上下，以承天休。"那意思是說：關鍵在於德而不在鼎。以前夏朝有德的時代，遠近各地把動物繪成圖畫，九州獻來青銅，於是鑄造了銅鼎，上面刻畫了物的形象，百物具備，使人民知道了什麼是助人的神什麼是害人的奸。人民進入川澤山林，不會遇到不適合的神，不會遇到螭魅魍魎。因此便能上下（天地）相協，人民承受天的福祉。把這段話的精髓概括地表述出來，那便是：鑄造銅鼎的目的，是透過上面刻畫的像物紋樣，使人知道哪些動物是助人的神，可以助人溝通天地。

商代青銅四羊首瓿

商朝青銅器上動物紋樣的含義，於此可見一斑。它與王室、貴族的祖先、神靈崇拜有關，更與王室、貴族的權力、財產有關。

由此，人們也就可以理解：為何發掘出如此眾多的青銅禮器、兵器，惟獨沒有青銅農具！

雖然已經進入了青銅時代，但商朝的農業生產還沒有超越原始的粗放耕作階段，農業生產的工具還是木器、石器、蚌器，銅器農具迄今仍未發現。農具的原始，決定了耕作方法的原始。火耕是常用的方法，卜辭中"貞焚"、"卜焚"就是火耕的記錄。《說文解字》對"焚"字作這樣的解釋："焚，燒田也，從火燒林意。"每到春耕時，農民便放火燒荒，然後用耒耜耕種。耒是木製雙齒耕具，耜是木柄劃。甲骨文中"耤"字，表示一人手扶耒柄，用足踏耒而耕。甲骨文中"劦田"，是許多人在一塊田地上集體耕作的意思，由於工具落後，大規模簡單協作是惟一的選擇。

不過，農業生產技術也有明顯的進步。從甲骨卜辭反映的情況來看，當時已有耨田和施肥。武丁時卜辭中有"貴田"的說法。《漢書．食貨志》說："苗生葉以上，稍耨隴草，因隤其土，以附其根。"貴田正與隤土同義；所謂“賁田”，就是耨田——除草。

根據胡厚宣的研究，卜辭裡有施人工糞肥的記載。武丁時一條卜辭說：在閏十三月的庚辰這一天占卜，問：由庚辰起到第四天癸未，打算在西單平野的田地上，施用糞肥，將來就能得到豐收麼？這條卜辭中的“㞙西單田”的“㞙”字，即“屎”字，意為人工糞肥。可見當時已從燒田進入到人工施肥的階段了。

商朝的農民還有儲藏糞肥的地方。甲骨文中的“圂”字，《說文解字》作這樣的解釋：“圂，豕廁也。從囗，像豕在囗中也。”《廣雅釋宮》也說：“圂，廁也。”廁，就是豬圈、廁所，是儲藏糞便的地方。

由於農業是主要經濟部門，也是主要財源，商王很重視農業生產。甲骨卜辭中常有祈求禾、黍、稷、麥、秜（稻）獲得好收成的記錄，也有向上帝、祖先、神靈祈求降雨、得到好年成的記錄，又有督促“小耤臣”、“多尹”等官員去指揮田間生產的記錄，以及商王本人參加耤田活動的記錄。

商代青銅鴞尊

作為商品交換的商業在當時已有了萌芽。商王和貴族經常以海貝賞賜臣下僚屬，這種貝就是原始的貨幣，以“朋”為單位——10個貝一串，就是朋。商朝後期出現的銅貝，是中國最早的金屬貨幣。商人較之其他附近地區的人更精通於商業，據《尚書》說，周滅商後，朝歌一帶的商朝遺民“肇牽車牛遠服賈”，從事長途販賣。後來把從事商品販賣行業的人稱為“商人”（即商朝人與經商的人），可能與此有關。徐中舒在《殷周文化之蠡測》中說：“商人國亡以後，轉而為商賈，必為異族壓迫所致，與今之猶太民族相似。”徐氏幾十年前的分析妙不可言，大有助於對“商人”的理解。

10.商文明：甲骨文，宗教觀念，科學

文字是人類文明的標誌。中國的漢字發展到商朝後期已基本成熟，甲骨卜器和青銅器上出現的文字數以千計。足夠數量的文字，使歷史進入了有文字可考的時代。

甲骨文是我們祖先的天才發明，具有不朽的品質和價值，無論怎樣讚譽都不嫌過分，至今仍是東亞漢字文化圈的共同財富。

甲骨文最初是在光緒二十五年（公元1899年）於河南安陽小屯村（殷墟）被發現。1904年，孫詒讓著《契文舉例》，始作考釋。1928年以後，又有多次發掘，先後出土骨甲十餘萬件，為盤庚遷殷至紂亡273年間的遺物。這十餘萬件甲骨上共有4,500字，目前已可解讀的有1,700字。

將近一個世紀來，中國內地共藏甲骨97,611件，台灣、香港共藏甲骨30,293件；國外（12個國家）共藏甲骨26,700件。國內外收藏甲骨合計達154,604件。迄今為止研究甲骨學和殷商史的論著已有五千多種，其中最主要的是：

郭沫若主編、胡厚宣總編輯的《甲骨文合集》；

考古研究所編輯的《小屯南地甲骨》；

李學勤、齊文心等編輯的《英國所藏甲骨集》；

姚孝遂主編的《殷墟甲骨刻辭摹釋總集》。

從甲骨文的結構來考察，它已具備了漢字的象形、指事、假借、形聲、會意、轉注，所謂“六書”的規律。

象形 像（日）、（月）、（土）、（田）、（木）、（禾）、（人）、（蟲）、（羊）等。象形字是人類發明文字的最初階段，日、月取天象，土、田取地理，木、禾象徵植物枝幹，人象徵人體，蟲象徵其博首宛身，羊象徵其角曲。所以許慎《說文解字》說：“象形者，畫成其物，隨體詰詘，日、月是也。”

指事 文字不單表實，而且表意。《說文解字》說：“指事者，視而可識，察而可見，上、下是也。”甲骨文的“上”，寫作、，“下”寫作、，指示一短劃的位置以表示方位。此外如“天”寫作，指人頭頂是巔，即天，“末”寫作，指明樹梢在哪裡；“本”寫作，指明樹根在哪裡。

假借 象形、指事的文字不夠用時，便“依聲託事”，即假借象形字之聲，來表示同音的其他事物或動作的符號。如甲骨文之“父”寫作，表示斧拿在手裡，以斧借為父；又如甲骨文之“來”（），初為小麥名，後假借為往來之來。

形聲　假借一多，同音字易混淆，於是添加偏旁，一半形符（意符）一半聲符。如“盂”字寫作，下為形，上為聲；“祀”寫作，左為意，右為聲。

會意　二字意會，合成一字。如“明”寫作，意為日月相照；也寫作，意為月光照在窗上。又如“東”寫作，意為太陽從樹後昇起，即旭日東昇。

把上述方法擴大，或部份採用、近似變形，造就了後世約兩萬個漢字，成為世界上適用最廣的文字。甲骨文在商文明中的地位，實在是不容低估的。

值得注意的是，當時已有毛筆書寫的習慣，一些甲骨和陶器上都可以看到毛筆書寫的朱墨之跡。周朝人追述：“惟殷先人有冊有典”，可見當時已有書寫的典籍——用索帶串編起來的簡冊（竹簡），上面寫着文字。“冊”字的象形，本意指此。

宗教雖然晚出，但宗教觀念由來已久。商人的宗教觀念是萬物有靈論。甲骨卜辭中有祈禱儀式與祭祀儀式的記錄，反映了商人觀念中，自然天象具有超自然的神靈，這種神靈直接對自然現象，間接對人事現象，具有影響乃至控制力量。諸神之中，有帝或上帝，此外有日神、月神、雲神、風神、雨神、雪神、土（社）神、方神（四方之神）、山（岳）神、河神等。這些神，並非人格神，即使帝或上帝，在商人觀念中，本意是

記錄了日蝕的甲骨文

記錄了月蝕的甲骨文

帝在天上，即天神之意；至於土神、方神之類則是自然神，山神、河神則是帶有自然神色彩的祖神。在商人看來，這些神都有靈（spirit）。帝或上帝主要具有自然權能與戰爭權能，在人事權能上僅作用於商王本身，而不作用於王以外的其他人。自然神基本上只具有自然權能；帶有自然神色彩的祖神，具有自然和戰爭兩種權能。

商人尚鬼，《禮記》說："殷人尊神，率民以事神，先鬼而後禮。"所謂"先鬼而後禮"，是指優先處理人與神鬼的關係，而後處理人際關係（禮是人際關係的規範）。死去的先人在他們心目中佔有極重要的地位，因此事無大小，都求告於祖先，他們用龜甲、獸骨進行占卜，就是溝通人與神（或祖先）之間的關係，占卜的結果體現了神和祖先的意旨。甲骨文之所以稱為"卜辭"就是占卜吉凶時刻寫在龜甲、獸骨上的文字，它與宗教觀念有着直接的關係。

卜辭中的帝或上帝是天地與人間禍福的主宰，是決定農業收成、戰爭勝敗、商王禍福的至高無上的權威，又有降饑、降疾、降洪水的本事。上帝有自己的帝廷，其中有自然神（如日、月、風、雨）充當的官吏，帝廷的官吏接受帝命，行施帝的意旨。商王對帝有所請求時，決不直接祭祀上帝，而是以他的官吏（廷正）作為祭祀媒介；商王也可以把祈豐年、祈天氣的請求先告訴死去的祖先，由祖先賓（晉謁）於上帝，轉達商王的祈求。事實上，卜辭中上帝與祖先並無嚴格的界限，或許可以說，"帝"或"上帝"是商王祖先的統稱或祖先觀念的一個抽象。

萬物有靈論是一種原始的宗教觀念，是文明開始以前人類泛靈信仰的遺留與進一步發展。周朝繼承了商朝不少制度，也有很多不同之處，其中之一便是以祖先崇拜取代萬物有靈論，形成中國傳統的足以與任何外來宗教相抗衡的一種信仰。

既然在商人觀念中自然天象具有超自然的神靈，因此他們對自然天象的變化特別關注。甲骨卜辭中有日蝕的記錄：“日有蝕”、“日夕有蝕”；也有月蝕的記錄：“月有蝕”，表明當時已有比較完善的天文曆法知識。董作賓根據甲骨卜辭著《殷曆譜》，揭示了當時使用的陰陽合曆，1年分為12個月，小月29日，大月30日，閏月稱為十三月，全年平均365.25日。居然能使孔子已不甚了了的殷曆重見於今日，而且殷商史事如帝辛征伐之事竟可按日排比，加以復原，令學術界推崇備至。

1973年，在河北藁城台西村商朝遺址中，發現二三十枚桃仁、杏仁、李仁，及石鐮（砭鐮）一把。據專家考證，前者是醫藥，後者是醫具（外科手術刀）。甲骨文中的“疾”字，有兩種寫法，一個像人臥在床上，一個像人臥在床上冒汗，可知當時人已知道疾病。把上述發現與此相聯繫，當時醫藥知識的面貌已隱約可見了。

三・西周與春秋
——Feudalism時代

11.周的起源與周朝的建立

周是一個古老的部落，大約夏朝末年活動於現今陝西、甘肅一帶。傳說中周的始祖棄做過夏朝的農官，可見它是一個精通農業的部落。周人是一個姬姓部落，和姜姓部落世代通婚，周的始祖棄就是有邰氏的女子姜嫄所生。姬姓的周人和以羊為圖騰的姜姓，也許是一族的兩部，他們居住在渭水流域，離"夏墟"不遠。傳說中，姜嫄在曠野裡踏了巨人的足跡後懷孕，生下了棄，反映此時周人處於由母系社會向父系社會的過渡階段。聞一多《姜嫄履大人跡考》，認為周人姬姓之姬，從臣，即取義於巨人足跡，周人就因為姜嫄履大人跡所以姓姬。這是一個天才的考證。古人傳說，修已因吞薏苡而生禹，苡與姒音同，故禹為姒姓；簡狄因吞燕卵而生契，俗語卵為子，故契為子姓。夏、商如此，周也不例外，大體反映了上古先民對於人類起源的共同看法。

其實，從伏羲、神農以下，都有"感天而生"的故事。梁啟超認為："無父感天"說之由來，是由於"當婚姻制度未興以前，只能知母為誰氏，不知父為誰氏，此則母系時代自然之數也。"現代考古學家都認為人類遠古時代曾經有過一個母系制時代。姓名的姓字，據許慎《說文解字》說："姓，人所生也，古之神聖人母感天而生子，故稱天子，因生以為姓，從女生。"母系社會的人們從母得姓，所以"姓"字要從女從生。

棄善於經營農業，後來被尊奉為農神后稷。相傳烈山氏之子柱，又名"農"，能種植五穀，被尊奉為稷（五穀之神），棄繼承了這一傳統，"教民稼穡"，被後人祀為農神后稷。他們在適合於生產黍、稷的黃土高原上經營農業，達到了前所未有的高度。

其間因為受到遊牧部落戎狄的逼迫，周人一度放棄農業，到了后稷三世孫公劉時，"復修后稷之業，務耕種"，定居於豳（今陝西旬邑）。從《詩經》的《大雅》、《公劉》篇可以看到，公劉領導族人，憑藉農業的積儲，不斷開疆拓土，是一位成功的部族移殖領袖。自公劉起又傳了九世，到了古公亶父時代，周人又受戎狄逼迫，從豳遷居到岐山之南的周原。可見周人長期徘徊於農業與遊牧經濟圈的邊緣。關於這一系列遷徙的背景，據竺可楨研究，公元前1000年左右，中國地區有一段寒冷時期，寒冷的移動由東亞太平洋岸邊開始向西漸進至歐亞大陸，同時又有由北而南的趨勢。由竺氏的曲線，大致可以推測漠北與西北遊牧民族為嚴寒所驅而南下的可能。黃土高原北面的遊牧民族戎狄在商末周初大為活躍，導致周人為戎狄所迫而南遷，反映了氣候條件的變化導致遊牧與農業界線的南移。

周原土地肥沃，適宜農耕，周人在此定居下來，從此他們自稱為“周人”。古公亶父在周原建都設官，所以後來的周人稱他為“太王”，推崇他為周朝的奠基人。

岐山是古公亶父以來周人的都城，近年在那裡的鳳雛村發掘了早周遺址，反映了當時大型建築的情形。這個宮殿遺址以門道前堂和過廊構成中軸線，東西兩邊配置門房廂房，左右對稱，整齊有序。堂前有大院，由三列台階登堂，左右各有台階登東西迴廊。前堂是主體建築，台基最高面寬六間。整個建築有良好的排水設施，構成四合院的基本框架，開後世中國建築的正統佈局。

到古公亶父幼子季歷即位時，周人已發展為以農耕為主要經濟部門，並有宮室宗廟及比較制度化政治組織的階段了。周人不僅在關中涇、渭流域建立了國家，而且光復舊域，把山西汾水流域的故地重新收入勢力範圍，諸戎的聽命，使周人在今山西、陝西一帶建立了威權，循黃河北岸東達殷商所在的華北平原已無大障礙。當時正當商王武乙時代。商周關係有同舅甥，文王的母、妻都來自商王室，周人接受商政治文化的影響由此可見一斑。周人一方面接受商政治文化的影響，另一方面，社會組織上自出機杼，保留自己的特色，使蕞爾小邦得以崛起於西隅。

商王文丁為了遏制周的勢力，殺了季

周原遺址

歷。季歷之子昌——即後來的周文王——繼位，在他治理的50年中，一方面名義上保持商朝屬國的地位，另一方面積極擴充實力作滅商的準備。在一系列戰爭之後，把勢力深入到商朝的中心地區，繼續向東發展，在灃水西岸建造了新的都城——豐京(今陝西西安西南)。文王遷都豐京後，對商轉而採取進攻態勢。文王遷都於豐，是頗有戰略意義的舉措，他們一面瀕水高築城牆，一面宣揚這裡原本是夏禹的故土，打出禹的旗號，自詡為夏王朝的繼承者與復仇者，為討伐殷商找到了最佳的藉口。文王臨死前囑咐太子發——即後來的周武王，準備取商朝而代之。

后稷像

周武王繼位後，在盟津大會諸侯，檢閱軍隊，作伐商前的大規模軍事演習。商朝貴族微子、箕子和王子比干等人，對商紂王反復進諫，遭紂拒絕，比干被殺，箕子被囚，微子逃亡，商朝土崩瓦解。武王見時機成熟，率軍渡過盟津，進抵牧野(今河南淇縣南)，距離商朝末年的都城朝歌僅70里。沉迷於歌舞酒筵的紂王倉促應戰，在牧野慘敗逃回，登鹿台自焚而死。周武王乘勝佔領朝歌，宣告商朝滅亡、周朝建立，時約公元前1046年。

許倬雲《西周史》說：周以蕞爾小邦，國力遠遜於商，居然在牧野一戰而克商，一方面反映了商朝已腐朽透頂，不堪一擊；另一方面也反映了周在克商過程中戰略運用得當，順應了民心。周人對如此迅速到來的戰果有不可思議的感覺，必須從“上帝”、“天命”方面得到解釋，說明商人獨有的“上帝”居然會放棄對商的庇護，在血緣與族群關係以外的理由中闡明周膺受“天命”的原因。這就是，由於商王失德，上帝賜周以天命。《詩經》中有的篇章專門揭露商王罪惡：聚斂、強暴、酗酒、不用善人、不用舊人，以致內外怨憤；並指出：天命無常，能使國家興起，興國卻未必善終，夏失天命而亡，商不以夏為鑒，也亡了。《詩經》的《大雅》、《皇矣》篇說：“皇矣上帝，臨下有赫，監觀四方，求民之莫。維此二國，其政不獲；維彼四國，爰究爰度。上帝耆之，憎其式廓。乃眷西顧，此維與宅。”周人自稱從“上帝”

那裡得到特別的眷顧，周的天命是上帝棄商而給予西方新國（周）的。遠古時代的“上帝”原是部落神，是商人尊崇的偶像，周人把它借用過來，作為政治宣傳工具，從此“上帝”由部落神轉化為中國的道德神。

徐中舒的《殷周文化之蠡測》說：周之代殷，不但承襲其統治權，並其文化都完全承襲了。例如，殷周兩代用同一種文字，銅器形制大多相同，都用貝朋為貨幣。再如，甲骨文及銅器銘文中的“坐”字，都是畫人坐的象形，可見席地而坐是殷周一致的習慣。

從武王開始到幽王，共傳十二王（約公元前 1046 年～公元前 770 年），史稱“西周”。

12.周公“制禮作樂”

周公，文王之子，武王之弟，名旦，因采邑在周（今陝西岐山），稱為“周公”。

武王在克商不久重病，逝世前遺命由周公繼位。周公向天禱告，請代武王死，告天策文藏於金滕箱內。武王死後，各地紛紛叛亂，周公為了扭轉危難局面，立武王幼子誦為周成王，引起內亂。周公調動軍隊東征，平定武庚和管、蔡的叛亂。周公東征之後，周人的勢力才達到他們的“遠東”。就周人向外發展的步驟而論，周公東征比武王克商還要重要。他東征班師後，賦詩一首，即《詩經》的“東山”篇。此後，周公在分治殷民的同時，分封諸侯，大抵姬、姜兩族進佔膏腴、衝要之地，殷商遺民及其聯盟各族則被趕到落後偏僻地區，造成周初一次民族大遷移。

周公鑒於武庚和管、蔡的叛亂，認為聽任商遺民留在原地是危險的，於是決定營建洛邑，把“殷頑民”遷到那裡，派軍隊鎮懾。從此，周朝有了兩個都城：西部的鎬京稱為“宗周”，東部的洛邑稱為“成周”。周公請成王到新都舉行首次祀典，並開始親政。此後周公歸政於成王，自己留守成周。

周公在攝政七年中成績斐然，影響最為深遠的是制禮作樂。

“周公制禮”一說始見於《左傳》：“先君周公制周禮”；以後，漢朝伏勝在《尚書大傳》中說：“周公攝政，一年救亂，二年克殷，三年踐奄，四年建侯衛，五年營成周，六年制禮作樂，七年致政成王。”《禮記》也說：“武王崩，成王幼弱，周公踐天子之位以治天下。六年，朝諸侯於明堂，制禮作樂，頒度量，而天下大服。”從“周因於殷禮”的記載看來，周公在繼承殷禮的基礎上有所發展、創造，是毫無疑問的。

禮起源於原始先民的儀式活動，但最初

周公輔成王像

的儀式活動並不是禮。在儀式活動發展成為禮的過程中，有一個重要環節——出現了一批專門掌管儀式活動的人員，儀式活動變為少數人壟斷，成為體現少數人意志的一種活動。正如《國語》所說，顓頊以前"人人祭神，家家有巫史"，從顓頊開始，任命少昊氏的大巫重為"南正"——專職"司天以屬神"，也就是說只有他和顓頊才管得天上的事情。於是，原始的宗教儀式活動便開始轉化為禮。顯然，禮的起源是以貧富分化、等級分化為前提的，反過來，禮的起源又促進了這種分化與文明的形成。由於特定的親屬制度和發達的祖先崇拜，禮一經產生便具有重視現實和人倫的特質，並因此而與其他民族的宗教儀式，形成一種文化內蘊上的差別。

孔子說："殷因於夏禮，所損益可知也；周因於殷禮，所損益可知也"，講到了夏、商、周三代禮的承襲與變化。孔子又說："周監於二代，郁郁乎文哉，吾從周"，並對春秋時代的"禮崩樂壞"極為不滿。可以推知周公所制定的禮樂制度是一個處理等級社會人際關係的新倫理規範體系。所謂"禮崩樂壞"是指諸侯僭用天子之禮，各國卿大夫僭用諸侯之禮、天子之禮，以祭祀為例，依禮只有天子才能舉行郊祭（祭天），諸侯只能祭其封國境內的名山大川，然而魯國從僖公開始也舉行郊祭，而季氏也舉行旅祭（祭泰山）。祭祀用的樂舞，本來只有天子才可以用"八佾"（佾，讀 yì，行列），諸侯用"六佾"，大夫用"四佾"，後來不僅魯公"八佾以舞大武"，連季氏也"八佾舞於庭"了，無怪乎孔子要高喊："是可忍也，孰不可忍也！"

由此可見，禮的本質或確切含義是"異"，既差異，用來確定社會中各等級之間——貴與賤、尊與卑、長與幼、親與疏之間各有各的特殊行為規範，以顯示貴賤、尊卑、長幼、親疏之間的差異：貴有貴之禮，賤有賤之禮；尊有尊之禮，卑有卑之禮；長有長之禮，幼有幼之禮；親有親之禮，疏有疏之禮。這樣，禮就規定了君臣、父子、兄弟、夫婦、朋友之間上下尊卑的關係，不得有所逾越。周禮十分繁瑣，至今我們仍可從《禮記》中看到它的影子。相傳周禮有5類：吉禮（講祭祀）、凶禮（講喪葬）、賓禮（講交際）、軍禮（講征戰）、嘉禮（講吉慶）。每個貴族從出生到死亡，從人事到祭祀，從日常生活到政治活動，都處在與其身份相合適的禮之中。

士大夫階層從出生、婚嫁到死亡，都有相關的禮儀。男子長大到青年時，要舉行象徵成年的冠禮。冠禮中，加冠三次，一次是爵弁，一次是皮弁，一次是玄端，分別是男子參加祭祀、視朔、朝會的首服。婚禮是生命禮儀。第一步是訂婚，由男子用雁納采，然後問名、納吉、納徵、請期。喪禮是極為複雜的禮儀。喪禮的等級，因親疏遠近而有嚴格的區別，因此，喪禮也是確認社會關係的場合，喪禮所反映的社會關係意義遠遠大於個人情感意義，它一方面表現縱的社會等級，另一方面表現橫的宗族聯繫。

周公像

周人的生命禮儀，都由族群人員共同參加，是一種群體性的行為規範，體現了社會等級所制約的人際關係，而禮便是這種人際關係的準繩。

周公把“尊禮”看作統治者行“德政”的重要內容，“德”是“小邦周”取代“大邑商”的合法依據，只有行“德政”才能“祈天永命”。這樣至高無上的“天”變成了受道德支配、能為人事感應的“天”，成為一種道德性監護力量。於是，對“天”的信仰也就轉化為對“德”的追求。周公要求成王到新都洛邑舉行祭祀、即位大典，然後主持政務。在即將還政的時刻，周公語重心長地說：王啊！你開始用禮節接見諸侯，在新都祭祀文王，這些禮節是非常有秩序而不紊亂的。我整齊地帶領百官，使他們在舊都熟習儀禮之後，再跟從王前往新邑……你要仔細察看諸侯的貢享，也要記下那些未曾貢享的諸侯。貢享應以禮儀為重……如果人民不重禮儀，這樣他們就會輕慢你的號令，使事錯亂。

周公把禮關注的重心從神事轉向人事。與殷人尊神尚鬼的做法不同，周人對鬼神採取敬而遠之的態度，把注意力集中到現世人間，通過禮的實踐以行人事。譬如說，周王自稱“天子”——天帝之子，壟斷對天的祭禮，用祭天的禮儀表明自己存在的合法性，並顯示其威儀。周王的祭天禮儀是用以強化王權，天帝及其他受祭祀的神鬼的存在真實性，逐漸為周人所漠視。譬如說，周人祀奉的社神、稷神，已遠遠超出了土地神、穀物神的範圍，舉凡軍國大事，如征伐、獻俘、結盟以至禳災，都要祭祀社神、稷神，因為社稷在周人心目中，已由土地神、穀物神演化成民族守護神，對它們的祭祀禮儀，其人事方面的內涵明顯增強。

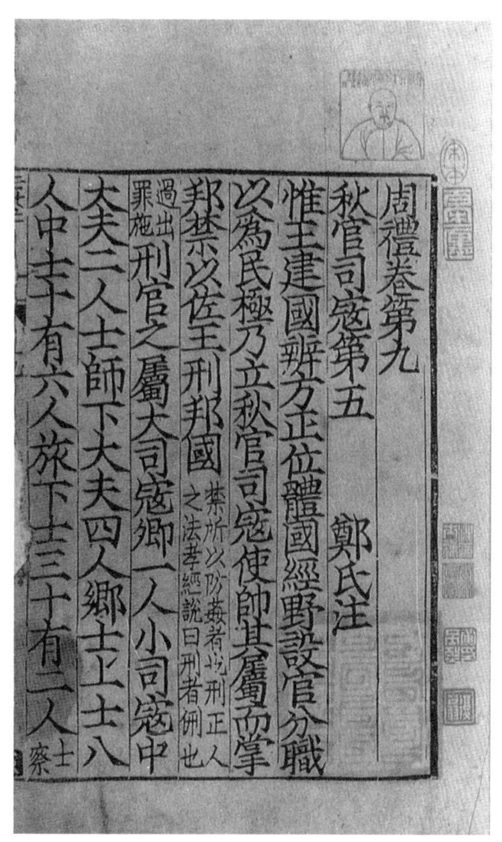

周禮卷第九

秋官司寇第五　鄭氏注

惟王建國辨方正位體國經野設官分職以為民極乃立秋官司寇使帥其屬而掌邦禁以佐王刑邦國禁所以防姦者也刑正人之法孝經說曰刑者侀也過出罪施刑官之屬大司寇卿一人小司寇中大夫二人士師下大夫四人鄉士上士八人中士十有六人旅下士三十有二人士察

《周禮》書影

與禮相輔相成的是樂。禮講差異，樂則講和同。樂以音樂節奏激起人們相同的情緒——喜怒哀樂，產生同類感。《樂記》說：“樂在宗廟之中，君臣上下同聽之，則莫不和敬；在族長鄉里之中，長幼同聽之，則莫不和順；在閨門之內，父子兄弟同聽之，則莫不和親……所以和合父子君臣，附親萬民也”。其作用是維繫社會的團結。禮和樂兩得不可或缺，否則社會就失衡。所以《樂記》說：“同則相親，異則相敬……禮義立則貴賤等矣，樂文同則上下和矣……樂至則無怨，禮至則不爭。”

周樂離不開《詩經》。《呂氏春秋》說，武王即位，命周公作《大武》。《大武》樂舞就是《詩經．周頌》的一部份。據專家考證，《大武》有舞有歌，舞分六場，歌分六章。舞的內容：第一場象徵武王帶兵出征，第二場象徵滅亡殷國，第三場象徵伐南國，第四場象徵平服南國，第五場象徵周公統治東方，召公統治西方，第六場象徵班師還朝。它們分別是《詩經．周頌》中的《我將》篇、《武》篇、《賚》篇、《般》篇、《酌》篇。《詩經．周頌》屬於神巫舞樂、史詩，創作者是周公，這也是周公“制禮作樂”的輝煌成果。

楊向奎在《宗周社會與禮樂文明》中，意味深長地指出：沒有周公不會有武王滅殷後的一統天下，沒有周公不會有傳世的禮樂文明，沒有周公就沒有儒家的歷史淵源，沒有儒家，中國傳統的文明可能是另一種精神狀態。此所以孔子要夢見周公，並稱讚說："郁郁乎文哉，吾從周。"

13."封邦建國"與宗法制度

周克商時，各部落方國向武王臣服的據說有六百五十二國。為了穩定被征服的地區，周朝實行大規模的分封制，當時稱為"封建"，即"封邦建國"或"封建親戚"。這種做法從武王時開始，到武王子成王時，由輔佐成王的叔叔周公旦進一步推行，共分封了七十一國，其中多數是周王室的同姓（姬姓）諸侯，少數是異姓諸侯，目的是"封建親戚，以藩屏周"。這就是當時所謂"封建"。

100年前，日本學者在翻譯feudal system或feudalism時，借用了周朝的"封建"一詞，把上述西文譯為封建制度、封建主義。西方學者認為，周朝建立以後的四五個世紀，與歐洲的feudalism時代十分相似。因此，本書的編者把西周與春秋稱為feudalism時代。

周公營建洛邑，遷移殷和方國遺民到洛邑，只解決了部份問題；為了根本解決問題，他把殷和方國的貴族——"士"一級成員，分批配給一些主要封君，讓封君帶到遠處封國去，使他們成為封國的"國人"。這是一種進步措施，可以擴大周的統治地區，特別是邊緣落後地區，分派封君到那裡創建新的封國，是符合歷史發展趨勢的。

周王分封諸侯有一套隆重的策命禮。策命，又稱"錫（即賜）命"或"冊命"，表示王與萬邦的聯繫。策命禮在太廟進行，由周王向諸侯授予載有王命的文書（即策、冊），文書記載了對受命者的封贈、任命。然後還有司空"授土"，司徒"授民"的儀式。策命禮成之後，王與諸侯雙方之間便在權利與義務方面形成一種制度，它包括：周王有權對諸侯國進行巡狩、賞罰，諸侯國有義務向周王述職，並向周王繳納貢賦，而當諸侯國受到外來侵襲或發生內訌時，周王要給予保護或進行調解。

周公推行的分封制，既消解了殷遺民的勢力，翦除了再次發生叛亂的潛在危險，又有效地建立了受中央政府調控的行政機構。分封制不僅達到了周人統治天下的目的，還在中國政治制度史上留下極其深遠的影響，它意味着一種新國家政體在歷史舞台上登場了。

"封邦建國"既是鞏固和擴大周朝統治的手段，又是貴族內部財產和權力再分配的方式。《荀子》說：周公"兼制天下，立七十一國，姬姓獨居五十三人"。雖然以姬姓貴族為主，但為了穩定大局，也分封一些異姓貴族，不過對他們是有所控制的。例如，周公把商朝早期國都商丘周圍地區分封給商貴族微子啟，稱之為"宋"，成為當時一個較大的異姓諸侯。與此同時，分封了許多諸侯對宋形成內外兩個包圍圈，從西、北、南三面加以監督。內層包圍圈主要是異姓諸侯：姒姓的杞、嬴姓的葛、妘姓的鄢、姜姓的許、媯姓的陳等等；外層包圍圈主要是姬姓諸侯：曹、郜、茅、蔡等等。據伊籐道治研究，西周封建的諸國，主要分佈於七個地區。其一為王朝首都所在的渭水流域，其二為黃河汾水地區，其三為洛陽、開封、安陽三角地帶，其四為成周的近畿，其五為魯南、蘇北、豫、皖一帶，其六為豫南、鄂北一帶，其七為鄂南、湘、贛至浙江。值得注意的是，姬姓諸侯的封國沿着殷周交通路線分佈，大體與黃河流域主要農業生產區相吻合，反映了西周的東進目標是控制農業生產區。此外，這一舉措帶有明顯的戰略意義。營建成周以控禦東方，對宗周起到拱衛作用，分封諸國則把這種拱衛作用向外延伸，築城扼守，彼此呼應。

周對異姓諸侯的分封，一方面是為了安撫這些有功的，或是有親戚關係的，或是有傳統勢力的異姓貴族，另一方面是為了利用異姓諸侯作為姬姓諸侯的屏障，控制東、北、南三方的戎狄蠻夷部落，從而鞏固和擴大周朝的統治地區。周朝也分封了一些旁系姬姓貴族到較遠地區，如漢陽的隨、唐、曾等國，薊的燕國，丹徒的宜侯等，深入到原來少數部族居住的地區，擴大中原文化的影響。

因此，我們不能因為後來秦始皇順應歷史潮流廢除分封制，而否定分封制建立時期所具有的進步意義。

這種分封或封建的本質是分土分人民，周王把土地和人民分給諸侯，叫做"建國"；諸侯再把土地和人民分給卿、大夫，叫做"立家"。這樣就形成了金字塔形的封建體制。在這個體制中等級森嚴，一般說來分為六等：天子（周王）、諸侯、卿、大夫、士、庶人。這種封建體制與宗法有着密切的關係。

宗法制度是從氏族組織蛻變而來的血緣宗族關係基礎上發展而成的，把貴族區分為"大宗"、"小宗"。周王自稱為"王子"，既是政治上的共主（王），又是天下的大宗，王位由嫡長子繼承，世代保持大宗的地位（此點與商的"兄終弟及"不同）。嫡長

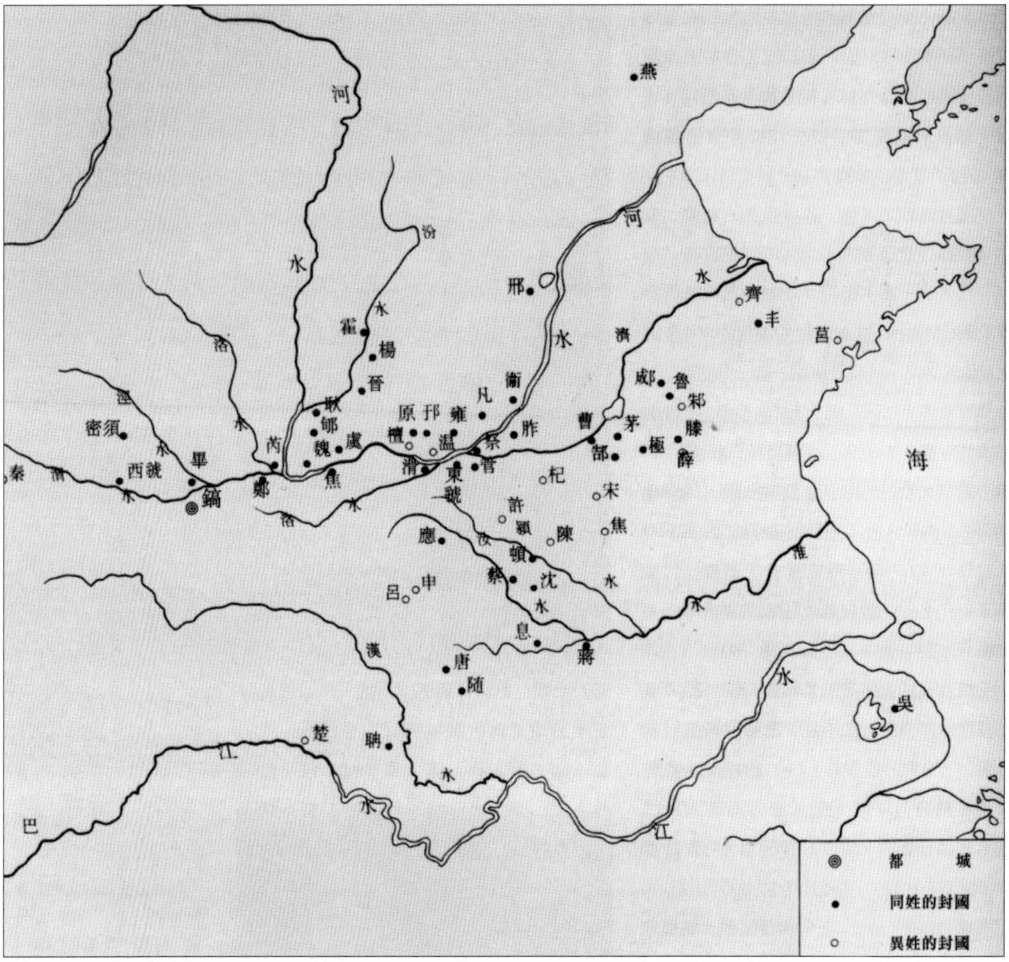

西周分封諸侯圖

子的兄弟們受封為諸侯，對周王而言處於小宗的地位。諸侯在其封國內又為大宗，其君位也由嫡長子繼承，嫡長子的兄弟們分封為卿、大夫，又各為小宗。而卿、大夫在其本宗內的各個分支中又處於大宗的地位。政治上的共主與血緣上的大宗，緊密結合，形成了封建體制。其精髓一直成為中國的傳統被繼承下來，雖然形式有所變化，但實質始終如一。

周朝的宗法制度，還保存在《儀禮》和《禮經》中，並能在先秦其他典籍中得到印證。

丁山《宗法考源》指出：“宗法者，辨

先祖宗廟昭穆親疏之法也。”所謂“昭穆”，指宗廟安排的次序。宗族的每個成員除對大宗有尊奉和服從的關係外，還對一定近親範圍內的某些親屬有尊奉和服從關係。大宗或小宗權力的象徵是他們主持的宗廟。普通族人祭祀祖先，一般須在大宗或小宗所主持的各級宗廟中進行，並由大宗或小宗主持祭祀儀式。除祭祀外，許多日常禮儀、社會活動也在宗廟中進行，如冠禮（男子成年禮）、婚禮、宗族成員的盟誓等。張蔭麟說：宗廟的供祭最為頻繁，蔚為壯觀：在丹柱刻椽的宗廟裡，陳列着傳為國寶的鼎彝，趨跑着黼黻皇華的縉紳，舞着羽翰翩躚的萬舞，奏着表現民族精神的音樂，排演着繁複到非專家不能記憶的禮儀。

相對於周王（大宗）而言，處於小宗地位的宗子們，既是族人依賴和服從的權威，也是國家藉以管轄宗族人口的中介。宗子在宗族內部的廣泛權力，已具有國家基層行政與司法權能的性質，他們普遍擁有自己的家臣，掌管宗族內部事務、治理所轄地區。既然周王授土授民給諸侯叫做“建國”，諸侯授土授民給卿、大夫叫做“立家”，當時人便稱宗族為“家”，意為與“國”相對立的團體，因而宗族成員常常只知效忠於“家”，而不知效忠於“國”。“家”與“國”的對立，顯然是一種具有離心力的負面因素，這已為後來的歷史所證實。

周天子作為天下的共主，要治理天下，必須有一個強有力的中央政府。這個中央政府由三公、六卿組成。三公即太師、太傅、太保，六卿即太史、太祝、太卜、太宰、太宗、太士。三公類似後世的宰相，六卿大多與宗教事務有關，如太祝管祭祀，太卜管占卜，太士管神職，太史管記錄（史官），太宰管財務，太宗管宗族。六卿之外有五官：管農業的司徒，管工業的司空，管軍事的司馬，管爵祿的司士，管法律的司寇。後世的職官制度雖有變化，但往往保留這些稱呼作為別名。

14.農村公社與井田

農村公社是歷史發展到特定階段出現的。農村公社階段，耕地或者以公社為單位共同耕種，或者分成小塊，由公社在一定時間內分配給各個家庭去耕種。農村公社的土地是公有的，每年正月都重新分配一次，由各個家庭耕種，另一部份屬於農村公社的公地，則由農村公社成員共同耕種。

西周時的邑、里，就是農村公社。邑、里所奉祀的社神，最早是與祖先崇拜聯繫在一起的，後來社神作為土地神，即按地緣而不是按血緣結成的農村公社的保護神。邑、里奉祀社神的地方稱為“社”，於是農村公社的組織也稱為“社”。社神是邑、里中最重要的神祇，每年春秋及歲終舉行隆重的祀典，用以祈年報功。平時遇有大事，祈禱豐收，消除災害，也要祭社。社就成了人們公共宗教活動的場所，祭祀社（土地神）和稷（穀物神）。在社的祭場，有松、柏等大樹，除了定期祭祀與求雨止雨、禳救日蝕等農事祭祀之外，還舉行其他的公社內部公共性集會。張蔭麟筆下的社祭是極有魅力的：“諸神中最與民眾接近的是社。每年春間有一次社祭的賽會。這時候鼓樂歌舞、優妓、酒肉或鄉下的俏姑娘，引誘得舉國若狂。在齊國，也許因為民庶物豐，禮教的束縛又輕，社祭特別使人迷戀，連輕易不出都城的魯君有時也忍不住要去看看。”

邑與社在先秦文獻中是同義語。邑又和井田相關聯，“四井為邑”是當時很普遍的現象，表明公社的土地分配方式就是井田制。《周禮》說：“九夫為井，四井為邑。”

甲骨文與金文的周字像疆域整齊的田

關於井田，最具權威性的最早的追述者是孟子。當有人問及已經消失的井田時，孟子說：“夫仁政必自經界始，經界不正，井田不均，穀祿不平，是故暴君污吏必慢其經界。”根據他的追述，井田的模式大致是這樣的：“方里而井，井九百畝，其中為公田，八家皆私百畝，同養公田。公事畢，然後敢治私事。”

孟子的井田說，並不像漢儒所講的那樣刻板。人們從中大略可以體會到，它是領主給他的領民分配土地，並驅使他們代耕公田的一種方式。這種土地分配，一定要有整片領地，用農村公社組織形式，把若干家庭劃分為一個單位，成為農村公社的基層組織。孟子所處的時代領主土地關係已經崩潰，經界既已不正，井田當然無以自存，所以孟子對井田的追述帶有理想主義的復古色彩。儘管如此，孟子的這一段話還是人們理解井田的最重要依據。他以後的學者對井田的描寫，都沒有越出這個框架。相傳是秦孝公時人穀梁赤在解釋《春秋》中“初稅畝”三字時指出：“古者三百步為里，名曰井田，井田者九百畝，公田居一。私田稼不善，則非吏；公田稼不善，則非民。”足以與孟子所說互相參證。

西周的井田制，根據後人的追述，農村公社氣息是相當濃厚的，它是歷史的傳承。

在領主土地上的農奴一組一組地耕種公地，這種編制便帶有農村公社傳統。農村公社定期分配份地的習慣，也繼續保持着，稱為“換土易居”。所以井田就有一定的疆界劃分，井田四周有封疆，井田之內有阡陌，這種封疆阡陌就是為了便於定期分配土地、區別份地與公地而形成的。這種濃厚的公社氣息還表現在生產、生活方面，據何休《春秋公羊傳何氏解詁》說，“田作之時，春，父老及里正旦開門，坐塾上，晏出後時者不得出”，“五穀畢入，民皆居宅，里正趨緝績，男女同巷，相從夜績，至於夜中”。公社除了組織生產之外，還保留着“出入相友，疾病相扶助”的互助習尚。韓嬰《韓詩外傳》在談到井田中八家的關係時，也這樣說：“八家相保，出入更守，疾病相憂，患難相救，有無相貸，飲食相召，嫁娶相謀，漁獵相得，仁恩施行，是以其民和親而相好。”這種描述，固然表現了儒家對井田的美化，但也反映了井田中農村公社傳統的遺存。

西周時代的井田已經發生了變化，具有農村公社土地關係與領主土地關係的雙重色彩。所謂“公田”，是指屬於領主的土地；所謂“私田”，是指領主分給農奴的份地。“公事畢，然後敢治私事”，即農奴必須先給領主無償代耕公田，然後才可以經營自己的小塊份地。民族學家對於現代西雙版納傣族的研究可以作為一個佐證。傣族的農村公

西周青銅斧

社，表現在土地關係方面，是寨公田的佔有與分配使用。寨公田，即寨內大家的田，凡在村社共同體內生活的人都可以分得一塊份地。村社分田的時間，一般在備耕前。當權頭人——村社成員稱為“寨公”、“寨母”，也就是領主加封的“叭”、“鮓”、“先”，負責管理村社成員遷移、管理土地、接納新成員、代表領主攤派勞役、徵收貢賦，相當於何休所說的那種父老、里正。村社內部還保留着村社議事會和村社民眾會的殘餘，以及各種公共事務活動。但是農村公社原先“集體所有，私人佔有”的土地，已經改變為領主所有的土地，農村公社成員變為農奴，由領主授予份地，農奴接受份地後，要負擔勞役、官租。西周的井田，作為領主土地關係的體現形式，與上述西雙版納傣族土地關

采字的甲骨文及金文

係是比較接近的。

周天子分封的諸侯，實際就是一批大領主。諸侯在其領地中拿出一部份土地分賜給自己的臣屬，使之成為采邑主，即卿大夫階層，是一批小領主，於是形成了土地的各級領主所有制，各諸侯邦國的土地所有權由諸侯（國君）與各級采邑主分割。采邑的“采”字，原為採取果實的象形，引伸為從這片土地的居民那裡獲取貢物，當然這項權利被認為是天子徵收貢納權利的轉讓，並不意味着對采邑的所有權。

一些學者常以“普天之下，莫非王土”為依據，說明西周盛行土地國有制，這是一種臆測。所謂“普天之下，莫非王土”云云，只是形容周天子作為中央共主的崇高政治地位，有向諸侯徵收貢納的權利。事實上，各諸侯邦國的土地所有權不屬於周天子，而屬於諸侯。《左傳》所說“封略之內，何非君土”，比“普天之下，莫非王土”更真實地反映了當時的土地關係。然而周天子憑藉崇高的政治地位，把全部土地和人民都視作上天賜予的財產，並據此制訂了一套封賜制度，對諸侯的土地所有權是很大的制約，給土地關係蒙上了等級結構的色彩。

領主土地關係的特徵，是農奴無償地替領主代耕公田，然後才可以把自己那塊份地上的收穫歸於己有。這種方式當時叫做“藉”或“助”。《春秋》魯宣公十五年“初稅畝”，左氏、穀梁、公羊三家的注釋都說，在此之前並無“稅畝”這種剝削形態，而是“藉而不稅”。所謂“藉”，是“藉民力而耕公田”。充分表明，“初稅畝”之前，實行的“助”法，是一種勞役地租。隨着農業生產的發展，農奴助耕公田、無償為公田服勞役越來越缺乏積極性，公田上的莊稼萎靡不振，私田上的莊稼肥美茂盛。助法已經不再適應生產的發展了。“宣王即位，不藉千畝”，“初稅畝”出現，實物地租取代了勞役地租。井田制走到了它的盡頭。

15.春秋時代的列國爭霸

周朝從成王、康王、昭王、穆王到共王，出現了太平盛世，以後逐漸衰微。公元前841年，國人暴動，厲王逃亡，朝政由諸侯共管，史稱“共和行政”。這一年就成為共和元年（即公元前841年），是中國歷史有準確紀年的開始。厲王死，第十一代宣王即位，出現了短暫的中興時代，很快就衰落於第十二代幽王手裡。

公元前770年，周平王在一些貴族和諸侯護衛下，從鎬京（今陝西長安）東遷到洛邑（今河南洛陽）。周初建立東都（即所謂“成周”），原是為了控禦東方，周朝的真正基地仍在鎬京（即所謂“宗周”）。西周末年宗周舊地天災人禍不斷，人心惶惶，而以洛邑為中心的東土有發展餘地。東遷之初，宗周故地並未完全喪失，到後來周室衰微，號令不行，周王成了徒有其名的共主——其實力已不足以維持封建制度中的天下共主的地位。歷史學家把這一年之後的周朝叫做“東周”，以區別於此前的西周。從此周朝失去了控制四方諸侯的力量，進入了一個動亂時期，即春秋（公元前770年～公元前476年）。春秋時代共有一百四十多國，其中大的也有十幾國。

春秋時代的列國，並不是嚴格意義上的國家，而是西周國家瓦解後的殘餘。因此，春秋列國在國家功能與結構方面，反而不如西周國家。西周時國家主權屬於王室（周天子），列國都沒有完整的主權。於是，從春秋到戰國的發展過程中，列國必須逐步肯定自己的主權，到各自稱王稱霸時，各國才能完全不承認周王室的宗主權。

西周之世，列國封君已久居封地，國人與土著民的結合早已構成各地的新族群，承受了各地原有文化傳統的影響，發展成相對獨立的地方勢力。平王東遷之後，原有王權失去了約束力，於是各國受當地文化及利益的驅使，紛紛產生離心傾向。同時列國內部要充實國家的要素，必須在主權方面多所更張，加強了各國的離心力。這兩股力量交互作用，是春秋時代形成列國體系的主要原因。

春秋時代的列國爭霸，從本質上講，是諸侯爭當周王的代替者，爭當中心或中央。在這一過渡時期，霸主制度為中國維持了相當程度的秩序，避免了無中心（中央）後的大混亂。因此，爭霸並非壞事，而是好事。所謂“春秋無義戰”的觀點是片面的，因為它沒有擺脫周天子正統的立場。爭霸的結果，一方面國家形態由西周瓦解後出現的不完整功能、結構，轉變為完整的主權國家；另一方面國家形態擺脫了血緣組織的殘餘，轉變為領土國家。這是瞭解列國爭霸的關鍵，或一種思路。

爭霸的形式大抵是“挾天子以令諸侯”——打着周天子的旗號，積極發展自己的勢力。其實周天子的天下共主地位早已名存實亡，先前的“禮樂、征伐自天子出”，一變

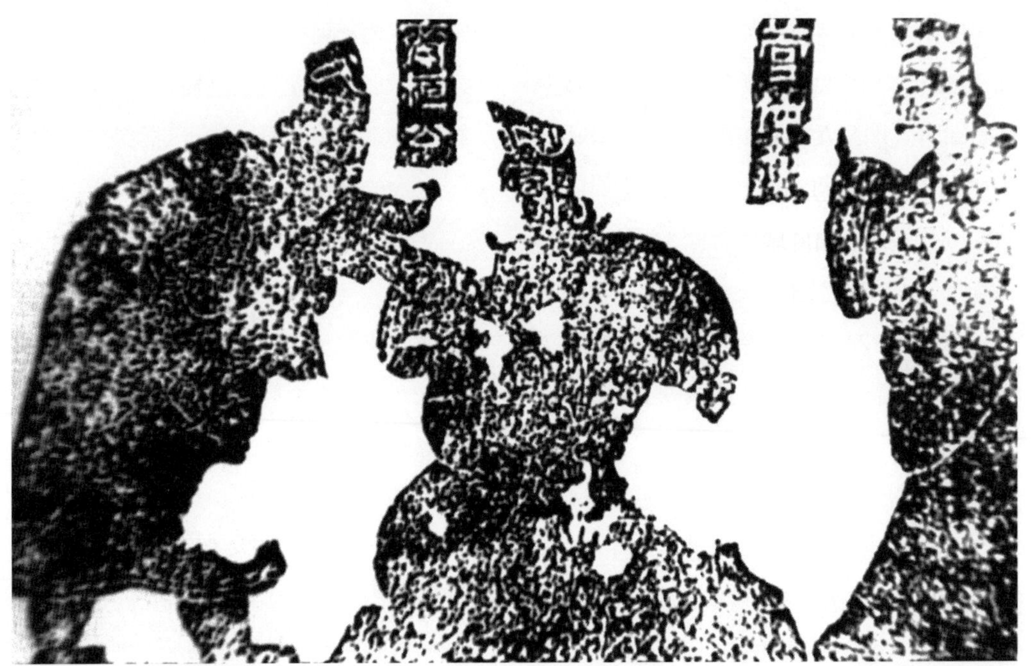

齊桓公與管仲畫像磚

而為“禮樂、征伐自諸侯出”，周天子不過是爭霸的一個幌子而已。

首先建立霸業的是齊桓公。他任用管仲，改革內政，國力日趨強盛，吞併了一些小國。又以“尊王攘夷”相號召，打擊夷狄。公元前651年，齊桓公大會諸侯於葵丘（今河南蘭考），參加盟會的有魯、宋、鄭、衛等國的代表，周天子也派官員赴會。這次盟會規定，凡同盟之國，互不侵伐，必須共同對付外敵。齊桓公由此成為中原霸主。

在齊國稱霸中原時，楚國向東擴展，滅了一些小國，轉向北方，爭霸中原，控制黃河流域一些小國。楚莊王是一位雄才大略的君主，改革內政，國力大振。公元前606年，楚莊王征伐陸渾之戎，觀兵於周郊，並派人向周王問九鼎之輕重，意欲吞併周室。此後幾年中，楚莊王先後發兵擊敗陳國、鄭國、宋國，晉國因派兵救鄭時遭到慘敗，當宋國求救時，畏縮不敢出兵。楚莊王因而成為中原霸主。

正當楚國爭霸中原時，晉國勃興。公元前636年，流亡在外19年的晉公子重耳回國繼位，是為晉文公。他整頓內政，發展經濟，增強軍備，爭取霸業。這時周王室發生了王子帶之亂，周襄王流亡外地。晉文公認為這是“取威定霸”的好機會，便聯合其他諸侯，出兵擊敗王子帶，護送襄王回國，於是晉國抓到了“襄王”這張王牌。公元前632年，晉與楚在城濮(今山東鄄城臨濮集)發生大戰，這就是春秋時期最大的一次戰爭。《左傳》中關於城濮之戰有十分生動的描述：晉軍看到楚軍來勢兇猛，故意退避三舍(90里)。楚軍中許多人看到晉軍撤退，也停止前進。楚將子玉剛愎自用，盲目冒進，士氣大為低落。晉軍抓住楚方將驕兵疲的弱點，首先集中兵力殲其右翼，然後吃掉其左翼，取得大勝。戰後，晉文公在踐土(今河南原陽西南)會盟諸侯，參加會盟的有齊、魯、宋、衛等七國，周天子也被召來參加，並冊命晉文公為“侯伯”。晉國因而成為中原霸主。

秦國在滅掉一些西方小國後發展起來，到秦穆公時向東爭取霸業，遭到晉國的抑止，轉而向西發展，成為西方一霸。

於是形成了這樣的格局：西面是秦，東面是齊，長期爭霸中原的主要是晉、楚。雙方勢均力敵，終於出現了結束大國爭霸的“弭兵”局面。所謂“弭兵”，就是雙方妥協並劃分勢力範圍，平分霸權。

在“弭兵”之後，爭霸已近尾聲，長江下游崛起了對立的兩國——吳、越。吳王夫差擊敗越王勾踐，然而越王勾踐在卑身事吳時，下定決心東山再起，“十年生聚，十年教訓”，一舉擊敗吳國，一時號稱霸主，不過已是強弩之末了。

爭霸的結果，種種政治力量分化改組，最後只剩下了燕、趙、韓、魏、齊、楚、秦等七個大國和十幾個小國，歷史進入了戰國時代。

從主流上看，這是一個進步過程。一方面新舊勢力鬥爭中，舊勢力不斷削弱，新勢力不斷壯大；另一方面各族人民互相融合，蠻夷戎狄與華夏的界限逐漸消失。

由於各地區經濟文化發展的不平衡，各

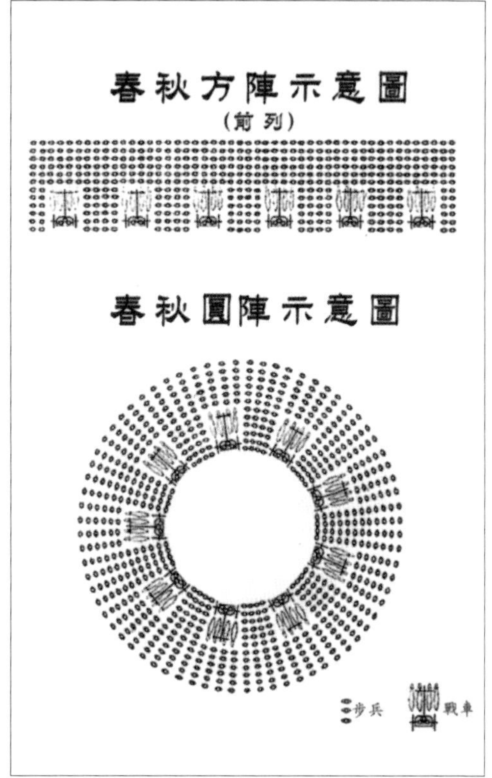

春秋交戰方陣、圓陣示意圖

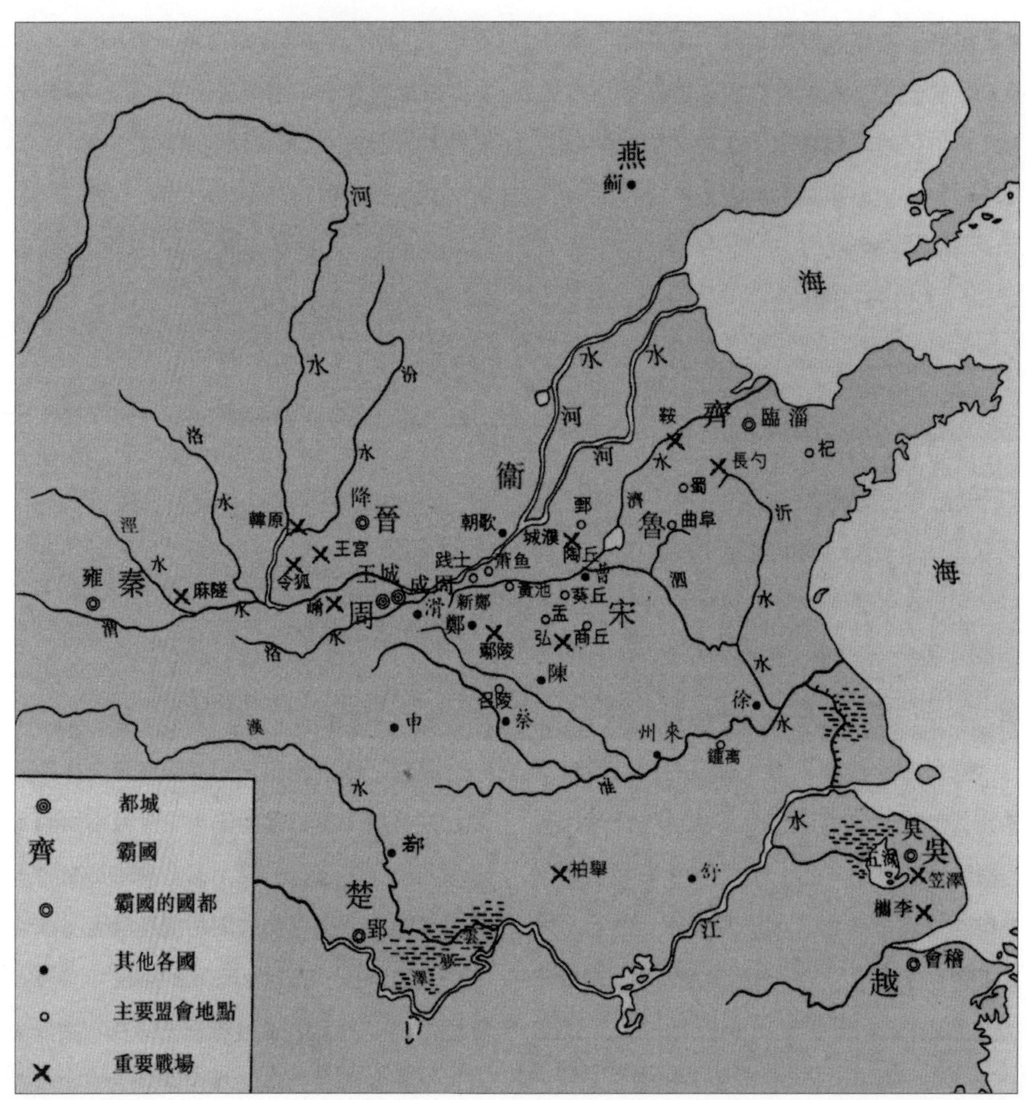
燕
薊
海
河
水
汾
洛
水
降
晉
韓原
王宮
令狐
涇
水
雍
秦
麻隧
渭
殽
王城
周
成周
衛
朝歌
鄄
城濮
陶丘
踐土
黃池
葵丘
曹
宋
新鄭
鄭
鄢陵
盂
弘
商丘
陳
召陵
蔡
齊
臨淄
鞌
長勺
杞
濟
魯
曲阜
沂
泗
徐
州來
鍾離
漢
申
淮
都
楚
郢
柏舉
舒
江
吳
五湖
笠澤
檇李
會稽
越
都城
齊 霸國
霸國的國都
其他各國
主要盟會地點
重要戰場

春秋形勢圖

諸侯國經濟文化先進而自稱"華夏"，他們把落後的小國或部族稱為"戎"、"狄"、"蠻"、"夷"。戎、狄主要分佈在黃河流域以北和西北地區，夷分佈在今山東、安徽、江蘇北部一帶，群蠻和百濮分佈於楚國南面。

據古籍記載，中原束髮，戎狄披髮，吳越斷髮文身，戎狄"披髮左衽"(左衽，前襟向左掩，異於中原人的右衽)，"飲食衣服不與華同"。這種生活習慣、禮俗、語言的差異，把戎狄和華夏區分開來。但戎人中有姜姓、姬姓之戎，顯然他們與周人本是同族人，只是由於歷史原因，才分道揚鑣。儘管戎狄和華夏在文明程度上有差距，但彼此仍有交往，如周王曾娶狄女為后，晉獻公、文公都娶戎女為妻。

春秋中期，隨着中原各國的強大與爭霸，戎狄蠻夷先後被征服、吞併，如西戎為秦所滅，赤狄、白狄為晉所滅，萊夷為齊所滅，濮夷為楚、魯所滅，蠻為楚所滅。到春秋末年，戎狄蠻夷逐步被華夏所同化，華夷差別慢慢地消失了。

還有一點頗值得注意。東周的550年間，戰爭性質發生了巨大的變化。春秋時代軍隊規模小，戰鬥每每一天就結束。交戰雙方都很注意禮儀(軍禮為五禮之一)，戰爭成了藝術化的操練，顯示出強烈的騎士風度。這樣的美風，戰國時代消失得無影無蹤。戰爭變成了現代人理解的那樣殘忍，幾十萬大軍對峙，野戰的包圍攻擊持續幾個月。一部份進入總動員體制，凡15歲以上的男子都被徵發到前線。陣亡與俘虜數量之多前所未見，活埋戰俘常達幾萬，甚至十幾萬，實在令人戰慄。由此反映出，春秋時代的列國爭霸主要是政治較量。

16.步入鐵器時代

人類由青銅時代進入鐵器時代是一大飛躍。中國在西周、春秋之際步入鐵器時代，大大領先於世界各國。

可以肯定，商、周時代青銅冶煉和鑄造技術的高水平發展，為此後冶鐵技術的發明，提供了基本的技術與工藝基礎。

商朝青銅器冶鑄工藝已達到相當高度，出現了特別巨大而精細的青銅器物，從繁縟華麗的紋飾可以看出其技術與工藝水平之高超。西周青銅冶鑄工場分佈的廣度超過了商朝，周王和各諸侯乃至一般貴族都有數量不等的大小銅器工場，因而青銅器的產量遠遠超過了商朝。西周青銅器上的銘文字數很多，宣王時的毛公鼎銘文長達497字，這需要極其精細的工藝水平為保障。春秋時代青銅器的紋飾雕鏤趨向工整細緻，一些美麗的新紋飾取代了呆板的舊紋飾，造型也日趨清新，青銅兵器更加輕便靈巧。

成熟的青銅文明呼喚新的鐵器文明問世。

根據《左傳》的記載，公元前513年，晉國的趙鞅、荀寅帶了軍隊在汝水旁築城，藉此機會向國中徵收軍賦——“一鼓鐵”，用來鑄造刑鼎，著錄范宣子所撰寫的《刑書》。從這一史實可以推知兩點：其一，要鑄造如此龐大的鐵鼎，一定要有較大的冶鐵爐，並使用鼓風設備不斷地把空氣壓送到冶鐵爐裡，才能使鐵熔化成鐵水，用來鑄造鐵器；其二，從這時把鐵作為軍賦徵收的事實看來，鐵在晉國已是普遍存在之物，當時已把鐵看得同青銅一樣，當作鑄鼎的原料。要使冶鐵技術達到這種水平，冶鐵業一定有一段歷史了，從而可以推測，中國冶鐵技術的發明應該遠在這時以前。

春秋時期的鐵劍

傳說中，春秋末年吳國的“干將”、“莫邪”寶劍，是用“鐵精”作原料，以“金英”作滲碳劑，並且用含有磷質的頭髮和爪作催化劑而煉成的，可以肯定是鋼劍。從已發現的考古資料來看，當時南方吳、越、楚等國的冶煉技術，是可能煉製鋼劍的。1964年，江蘇六合縣程橋鎮1號東周墓出土了一個鐵丸。1972年，程橋鎮2號東周墓又出土一條兩端已殘損的彎曲鐵條。經過檢測，鐵條是用“塊煉法”煉出的熟鐵塊鍛製的，鐵丸是用生鐵鑄造的。1975年，湖南長沙楊家山65號墓出土一把鋼劍，屬於春秋晚期，含碳0.5%，在劍身斷面上用放大鏡可以看出反復鍛打的層次。這時楚國既然已經能利用熟鐵塊滲碳製鋼，反復鍛打，製造鋼劍，那麼，與楚國相鄰的吳國，在能夠冶煉熟鐵塊、用生鐵鑄造器物的同時，能夠煉製“干將”、“莫邪”之類的鋼劍，就不足為奇了。由此可見，春秋末年吳、楚等國的冶鐵技術已達到相當高的水平，有理由推論，中國冶鐵技術的發展必然在這以前。

從商代中期和西周初期銅兵器用隕鐵鍛造刃部看來，當時應該還沒有發明人工煉鐵技術。目前考古發掘出土的鐵器，最早的是春秋末期和戰國早期的。儘管目前發現的春秋晚期和春秋、戰國之際的鐵器不多，儘管這時鐵工具還和青銅工具甚至木、石工具同時應用，但鐵器製作已達到較高水平，具有下列三個特點：(一)鐵已被廣泛應用於各個方面，如製作農具：鐽、鏟、钁；製作工具：削、鑿、斧、錘，製作兵器：劍等；(二)已能根據不同用途，採用各種冶煉技術和工藝，如用"塊煉法"煉出熟鐵塊鍛造鐵器，生鐵鑄造鐵器等；(三)當時冶鐵業發展於南方和中原地區。

值得注意的是，商、周時代青銅冶煉和鑄造技術的進步，大大提前了冶鑄生鐵技術的發明。楊寬的《中國古代冶鐵技術發展史》認為，從西周初期還使用隕鐵製作銅兵器刃部來看，那時還沒有發明塊煉法。因此塊煉法的發明，當在西周中期以後、春秋中期以前。很可能，西周、東周之交是"塊煉法"的發明期而不是發展期。從春秋末年已有較高的冶鑄生鐵技術水平，以及春秋、戰國之際已發明生鐵柔化處理技術來看，冶鑄生鐵技術的發明至少在春秋中期。這一發明比歐洲提早了一千九百多年。

鐵器逐步推廣到各個生產領域，特別是農業生產領域大量鐵製農具的使用，引來了農業生產技術的一場革命。《管子》說："農之事，必有一耜、一銚、一鎒、一推、一銍，然後成為農。"可見當時一戶農民必備五種鐵製農具。考古發現表明，當時鐵製農具如鐽、鏟、鍤、钁已很普遍。鐵製農具使用後，可以深耕，為牛耕的推廣創造了條件。孔子的學生冉伯牛名"耕"、司馬耕字"子牛"；晉國有力士名"牛子耕"。牛與耕相連，用作人名，可見當時用牛耕田早已司空見慣。鐵製農具和牛耕標誌農業生產技術的飛躍，使農業生產由集體共同經營發展為個別零細經營，使一家一戶為單位的小農經濟逐步形成，這是中國農業史上劃時代的大變革。它的直接後果，是土地的私有化，以及井田制的瓦解。

工商業也發生了變化。先前"工商食官"

戰國時期的鐵農具

的格局被衝破，在官手工業之外，出現了私手工業。宋國的個體手工業者，有固定的住址、常來的主顧，操着世代相襲的職業。春秋戰國之際，個體手工業者公輸般（魯班）以精湛的技藝聞名遐邇，被奉為木匠的祖師。

伴隨手工業的私有化，商業也開始私有化，官商已不能壟斷貿易，私商出現了。鄭國的商人和政府約定：商人不背叛公家，公家不得干涉商人營業。鄭商的足跡遍於黃河、長江。這種私商似乎頗有社會地位，孔子的學生子貢，周遊列國做生意，並參與各國政治活動，能和諸侯們"分庭抗禮"。孔子能順利地周遊列國，子貢的經濟資助起了很大作用。越國的大夫范蠡，棄官從商，定居於陶，成為"三致千金"的富商，號稱"陶朱公"，被後世商人引為楷模，"陶朱公"因而成為富商大賈的代名詞。

上述一系列變革表明，步入鐵器時代之後，一個新的文明已經在華夏大地上放射出燦爛的異彩了。

17.老子與孔子

美國的伯恩斯（Edward McNall Burns）和拉爾夫（Philip Lee Palph）合編的《世界文明史》指出："由於一些無法解釋的原因——或許僅僅由於巧合——在古代世界的3個相隔很遠的地區，在大約同一時候都開展着高度的哲學活動。當希臘人正在探討物質世界的性質、印度思想家正在思考靈魂和神的關係時，中國的聖人正試圖去發現人類社會和賢明政治的根本原則。"他們還指出："中國的思想家對自然科學和玄學都沒有多少興趣，他們提供討論的哲學是社會的、政治的和倫理的。從規勸和改良的語氣來看，這種哲學無疑反映了一個屢起衝突、政治混亂的時期……哲學家們在晚周時期大動亂的形勢下，力圖提出穩定社會和安撫人心的原則。"這種極富哲學思辨的評述，對於理解老子與道家、孔子與儒家是有啟迪意義的。

春秋時代社會劇烈變動，各派政治力量大分化大改組，社會中不盡人意的弊端暴露無遺，思想家們力圖提出穩定社會和安撫人心的原則，出於對現實的不滿，他們不是向前看而是向後看，復古與懷舊成為一股思潮。老子和孔子便是這種思潮的代表。

老子即老聃，生卒年不可考，大約比孔子早幾十年。他做過周的史官，見聞廣博，熟悉種種典章制度；由於對世事感到厭倦，便西行出關去西部山中尋求清靜。他應關令尹之請，寫成《道德經》(即《老子》)。這是文字簡略、字義晦澀、似是而非的著作，頌揚"道"而貶低"人"，充滿了浪漫的、

老子像

神秘的、反理智的精神。他不但把"道"說得盡善盡美，而且把遠古先民的原始生活理想化，認為沒有文明，用結繩記事而不是用文字，極樂無知的生活遠比現在美好。他鼓吹"無為"，是針對當時社會變革中的"有為"而發的。他認為任何進步都會招致禍亂，生產發展會增長人們的貪慾，而貪慾是爭鬥的根源；文化提高會增長人們的智慧，而智慧是爭鬥的工具。因此他主張取消一切物質文明與精神文明，回到渾渾噩噩的"小國寡民"世界，"老死不相往來"的"無為"狀態，即無是非無知識的人類童年時代。這顯然是一種對現實絕望的復古主義。

然而老子在闡述其"無為"思想時，閃現出前所未見的哲學思辨火花。他指出世上的萬事萬物都是對立統一的，如正與奇、福與禍、剛與柔、強與弱、多與少、上與下、先與後、實與虛、榮與辱、智與拙、巧與愚。對立的雙方不僅矛盾，而且可以互相轉化，他說："有無相生，難易相成，長短相形，高下相盈"；又說："禍兮福之所倚，福兮禍之所伏"。他以這種方式闡述的"道"，給中國傳統文化帶來了深遠的影響，因此後人把他創立的學派稱為"道家"。西方哲學常探討"你是誰？""世界從何而來？"這個話題在《老子》中概括為："無，名天地之始；有，名萬物之母。""天下萬物生於有，有生於無。""道生一，一生二，二生三，三生萬物。萬物負陰而抱陽，沖氣以為和。"這種對宇宙、自然如此精深的分析，引來後世思想家無窮無盡的詮釋。

和老子主張"無為"截然相反，孔子主張"有為"。孔子名"丘"，字"仲尼"，約公元前551年～公元前479年時人。他祖上原是宋國貴族，因內訌逃到魯國。司馬遷在《史記》中說："紇與顏氏女野合而生孔子"。孔子的父親叔梁紇於64歲時與顏家少女"野合"，生下了他，可見是個私生子。歷代儒家學者本着為尊者諱的原則，千方百

《道德經》書影

計否認這點，編造孔子出生來歷。現代人似乎大可不必對此諱莫如深。孔丘少年時代，家境破落，所以他自稱“吾少也賤”。他20歲當上了魯國貴族季氏的家臣，擔任管理倉庫（委吏）、管理牛羊（乘田）的小差使。他受到良好的傳統武士教育，熟悉禮、樂、射、御、書、數六藝，因此從小喜歡祭祀禮儀，長大善於射箭駕車，勇武有力。由於他通曉禮儀，30歲時，開始招收學生講學；50歲以後，出任過魯國的官職：工業部長（司空）、司法部長（司寇），總共不過3年左右，以後一直從事教育。

孔子雖然從政時間不長，但一直熱衷於政治，總想當官，只是不合時宜，未能如願以償。因此他把鬱積於心中的政見在講學時抒發出來，不斷評論時事，獨抒己見。從他身上折射出中國歷史上知識份子的普遍心態。

春秋時代，魯國是一個弱國，但文化發展超過各國，當時人說，周禮、周樂盡在魯國。周圍許多國家早已淡忘了周的禮樂，魯國仍小心翼翼地遵守着，並把它當作一門重大的學問去研究。當時魯國有一班人，專以傳授禮文、導演禮儀為職業，這種人叫做“儒”。孔子便是他們當中的一員，他苦心鑽研，沉醉於西周的禮樂文明之中，非常崇拜“制禮作樂”的周公，自命為當代周公。他十分不滿於當時的“禮崩樂壞”，對違反周禮的行為以及改革舊制度的舉措，多持反對態度，明確提出：“非禮勿視，非禮勿聽，非禮勿言，非禮勿動。”齊景公向他問政，他回答：“君君，臣臣，父父，子子”，以貴賤尊卑之禮抨擊奪取政權的田氏。晉國鑄刑鼎，他反對說：“晉其亡乎！失其度矣。”這個“度”，就是周禮的貴賤有序，晉國鑄刑鼎，以法治國，就是“貴賤無序”。魯國貴族季氏用了周天子的樂舞，他認為是“僭越”；季氏推行“田賦”（徵收土地稅），他認為這違反了“周公之典”（井田制“藉而不稅”）。他一再表示：“郁郁乎文哉，吾從周。”這種捍衛禮樂文明的向後看的政治觀點和思想方法，滲透了懷舊的保守主義傾向，給後世儒家以深遠影響。與此相聯繫，孔子是畏天命的，他說：“君子有三畏：畏天命，畏大人，畏聖人之言。”基於這種觀念，他對社會變革的態度必然是守舊的。在他看來，天命是不可違抗的，這就是他為什麼要說“五十而知天命”的原因。因此他主張：“不怨天，不尤人，下學而上達，知我者其天乎。”

孔子是儒家的創始者，但儒或儒者早在孔子之前就已存在。根據許慎《說文解字》的解釋，儒的本義是柔，是“術士之稱”。墨子說，儒者特重禮儀、聲樂，特別是喪禮，他們有一套繁雜的儀節與學問，又自視甚高，不從流俗。孔子在回答魯哀公的諮詢時，一口氣列舉了16種“儒行”，如“儒有席上之珍以待聘，夙夜強學以待問，懷忠信以待舉，力行以待取……”最後總結說：“儒者有不隕獲於貧賤，不充詘於富貴，不慁君王，不累長上，不閔有司，故曰儒。”由此可見，儒與儒家不是一個概念。馮友蘭在《原儒墨》裡說：“儒家與儒兩名，並不是同一的意義。儒指以教書相禮等為職業之一種人，儒家指先秦諸子中的一學派。儒為儒家所自出，儒家之人或亦仍操儒之職業，但兩者並不是一回事”；“孔子不是儒之創始者，但乃是儒家的創始者”。錢穆說：原來的士是文武兼備的有知識才藝的人，以後發生了分化，文者稱“儒”，武者稱“俠”。儒為術士，即通習六藝之士。郭沫若說：古之人稱“儒”，大約猶今之人稱“文縐縐”、“酸溜溜”，起初當是俗話而兼有輕蔑意的稱呼。

孔子像

孔子為儒家構建了一個體大思精的政治倫理思想體系，具有普遍的永恆的價值，影響之深遠，是中國任何一個思想家或學派所無法比擬的。

孔子主張“仁”，“仁者愛人”，是他的思想核心。“克己復禮為仁”，是政治理想；“己所不欲，勿施於人”，是處理人際關係的準則；“節用而愛人，使民以時”，是對執政者的要求。

他長期從事教育，弟子三千，精通六藝者七十二人。他的教育思想已越出教育的範疇，而成為一種道德規範。如“學而不厭，誨人不倦”；“三人行，必有我師焉，擇其善者而從之，擇其不善者而改之”；“有教無類”等等。孔子是主張教育平民化的創始人，由於他的努力，使得布衣卿相成為可能。

他主張學生要學社會、學歷史，所以他說自己“述而不作，信而好古”。近則夏商周三代，遠至大同之世，無所不學。他整理的源自周朝巫史所掌的典冊——《詩》、《書》、《禮》、《樂》、《易》、《春秋》，既是他學習歷史的憑藉，也是孔門講學的教材，成為後世的儒家經典（即所謂“六經”），功不可沒。

《詩》即《詩經》，包括風、雅、頌三部份。就其製作之初而言，與宗廟祭祀的樂舞有密切關係。今《詩》三百篇中，以《周頌》為最早，它原為宗廟祭祀時所唱樂歌，可能出自巫史之筆。而《玄鳥》、《長發》、《生民》、《公劉》等篇，作為商周史詩，則可能出於史官之手。據說原有三千多篇，孔子作了刪削。

《書》即《尚書》或《書經》，是古代歷史文獻彙編。就其內容而言，是史官所記錄保存的政府檔案，孔子採集了這些講演、詔命、誓詞等文獻，經過整理編纂，改造成突出儒家民本主義精神的經典。

《禮》包括《周禮》、《儀禮》、《禮記》。《周禮》由孔門學者編纂而成，《禮記》（包括《大戴禮記》）是孔門後學討論禮制的論文集。孔子處在“禮崩樂壞”時代，對禮加以改造，使禮、儀由外在的規範轉為人心內在的要求，把強制性規定提升為自覺的理念，使倫理規範與心理欲求融為一體。

《樂》即《樂經》，已失傳。

《易》即《周易》或《易經》，是一部巫史的占卜用書，藉以預卜吉凶休咎。此書是周朝史官為斷筮卦之凶吉逐漸集結而成的，也可以說是巫史們在占卜時所留下的記錄。孔子對於《易》的貢獻在於，把巫術占卜之書變為一部道德、政治、哲學之書，賦予了思辨色彩。

《春秋》是魯國的編年史《魯春秋》，孔子作了刪削修改。孔子在作《春秋》時，蒐集了周朝與春秋列國的史書，編年紀事，迥然不同於以前的《春秋》，其目的不是交通人神，而是突出政治，正如他自己所說：“我欲載之空言，不如見之行事之深切著明也。”後來解釋《春秋》的有《左傳》、《公羊傳》、《穀梁傳》。

孔子與儒家是一個老話題，也是一個新

話題，恐怕值得永遠探討下去。

孔子死後，葬在曲阜城北的泗水旁。不少弟子為他服喪3年，然後離去，子貢在墓旁築了茅舍，繼續守喪3年。此後，他的學生各奔前程，周遊各地。學生們敬仰他的道德學問，但並不都跟他走一條道路。曾子、子思、孟子是把孔子學說發揚光大的弟子或再傳弟子，他們的著作《大學》、《中庸》、《孟子》，發揮了誠心、正意、修身、齊家、治國、平天下之道，歷久而不衰。

四．從戰國到秦

——大一統中華帝國的建立

18.各國的變法

“高岸為谷，深谷為陵”——《詩經·十月》中的這句話，早就被人引用來形容春秋時代社會的翻天覆地的變化，春秋末期“君子”陵夷，政權易手，先前的封建秩序早已蕩然無存。這一點當時人已有深切的認識，《左傳》的昭公三十二年（公元前510年），史墨對趙簡子說：“社稷無常奉，君臣無常位，自古已然。故《詩》曰：‘高岸為谷，深谷為陵。’三后之姓，於今為庶，主所知也。”所謂“三后”，杜預解釋為虞、夏、商。其實豈止“三后之姓”是如此，春秋時代的貴族在激烈動蕩中淪為庶民的，比比皆是。社會結構的變化不能不引起政治制度、經濟體制、觀念形態等方面的相應變化。繼春秋之後，中國歷史進入了戰國時代（公元前476年～公元前221年）。這是一個社會大變動時期。春秋時代的世家大族幾乎都已煙消雲散，作為一個社會階層而消失了，新的階層取而代之。戰國時代各國新興的統治者，無不關注如何維護自己的威權。這一時代，縱橫捭闔，波詭雲譎，兼併戰爭不斷，各國都必須集中一切力量為生存而奮鬥。於是各諸侯國為了適應社會的大變動，紛紛進行變法。

魏國

公元前445年，魏文侯即位，任用李悝為相國，主持變法。李悝是法家的創始人，主張以法治國。他收集各國現行法律，編成《法經》。這是中國第一部系統的法典，共分6編：盜法、賊法、囚法、捕法、雜法、具法。盜法針對侵犯私有財產，賊法針對侵犯人身（包括殺傷），囚法用於斷獄，捕法用於捕亡，雜法用於懲罰輕狡、越城、博戲（賭博）、借假（欺詐）、不廉、淫侈、逾制等6種違法行為，具法是根據具體情況加重或減輕刑罰的規定。《法經》的本意是以法治來保障社會變革的有序進行，然而它的影響超越了魏國。商鞅從魏入秦，幫助秦孝公實行變法，便是依據這部《法經》行事的；以後的《秦律》、《漢律》都是在《法經》的基礎上逐步擴充而成的。

李悝一方面是法家，另一方面又是農家，他在變法時很注意開墾荒地、興修水利、發展農業生產，為此必須鏟除舊的領主土地關係。孟子說“善戰者服上刑”，“闢草萊任土地者次之”，是針對李悝的。李悝主張“盡地力之教”——派官員督責農民加緊生產，增產者賞，減產者罰。為此必須雜種五穀：稷（小米）、黍（黍子）、麥、菽（大豆）、麻，充分利用空閒土地，多種蔬菜瓜果，栽樹種桑，擴大副業生產。李悝還實行“平糴法”，目的在於防止糧價太貴太賤，因為“糴甚貴傷民，甚賤傷農”。他主張採用“取有餘以補不足”的手段，“使民適足，價平而止”。

人們從李悝所說的五口之家治百畝之田承擔什一稅這點，已明晰可見這種農民不再是領主土地上的農奴了；從“糴賤傷農”這點，約略可見小農經濟已初步形成了。

趙國

山東臨沂銀雀山出土的竹簡表明，早在春秋末年趙國就把百步為畝改為 240 步為畝，這種新畝制有利於生產力的發展和小農

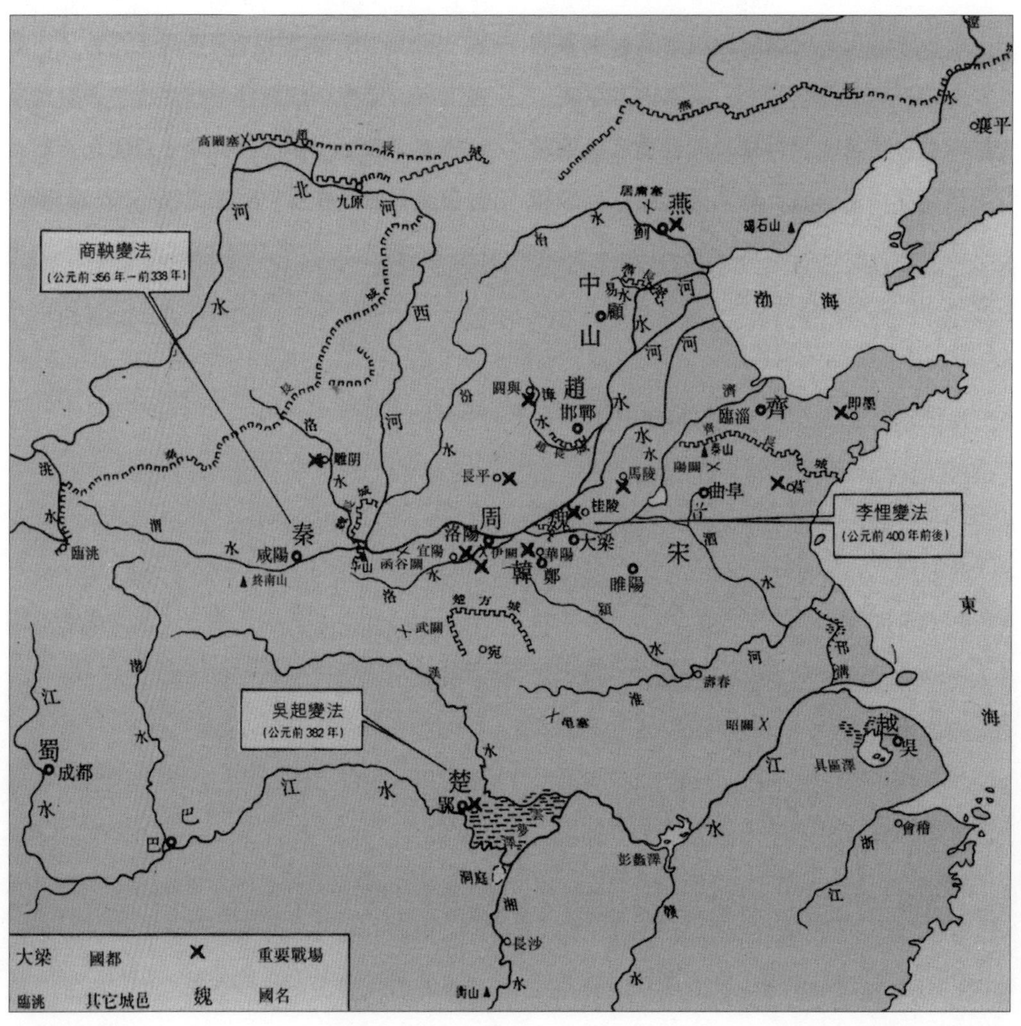

戰國形勢圖

經濟的形成。

公元前 403 年，趙烈侯用公仲連為相國，進行改革，在“選練舉賢，任官使能”、“節財儉用，察度功德”的同時，“以仁義，約以王道”。也就是說，按照法家的理論選拔人才、處理財政、考核臣下，按照儒家的理論教化民眾。

此後，趙武靈王為了加強軍力，改革軍制——“胡服騎射”，建立騎兵。他學習胡人的騎射與服式，並駁斥反對派說：“夫服者，所以便用也；禮者，所以便事也”，“法度制令各順其宜，衣服器械各便其用”。這種因時制宜的改革，使趙國由此而日趨強盛。

楚國

公元前402年，楚悼王即位後，啟用法家吳起，實行變法。吳起變法的指導思想是“損其有餘而繼其不足”，即剝奪舊貴族的權力和財產，扶植新興勢力。凡封君子孫已傳三代以上的，收回爵祿；裁汰無能無用之官，節約開支，供養“選練之士”；把舊貴族遷移到荒涼地區，充實與開發那些地區。

吳起針對楚國官場的歪風邪氣，大力整頓，明確規定：“使私不害公，讒不蔽忠，言不取苟合，行不取苟容，行義不顧毀譽”；“塞私門之請，一楚國之俗”；“破橫散縱，使馳說之士無所開其口”。目的在於提倡公而忘私，禁止私門請託，不准縱橫家進行游說，擾亂視聽。

吳起變法使楚國迅速強盛，成效卓著。由於損害了以舊貴族為首的既得利益集團的利益，遭到了猛烈的反對，攻擊吳起是“禍人”，楚悼王“逆天道”。一時間反對變法的輿論甚囂塵上。楚悼王一死，守舊派發動叛亂，吳起被車裂肢解而死。

吳起的死，顯示了涉及社會制度各個方面的改革，阻力之大是難以想像的，改革家往往遭到不公平待遇，甚至沒有好下場。守舊派的反撲，使變法的成就逐漸化為烏有。韓非說：“楚不用吳起而削亂，秦行商君而富強”，殊不知，商鞅為此也付出生命的代價。

秦國

公元前361年，秦孝公即位，發佈求賢詔令，徵求“能出奇計”使秦強盛的賢才。商鞅就在此時從魏國前往秦國。

商鞅，本名“衛鞅”，也稱“公孫鞅”，因在秦國變法有功，被封於商（陝西商縣東南商洛鎮），號為“商君”，故後人稱為“商鞅”。

商鞅帶了李悝《法經》，在秦國進行了兩次變法，使秦國一躍而為強國。

他首先反駁了守舊派“法古”、“循禮”的主張，提倡“治世不一道，便國不法古”；“當時而立法，因事而制禮”。經過3年準備，於公元前356年進行第一次變法：(一)商鞅把李悝《法經》在秦國公佈、實施，增加了連坐法——相互告發與同罪連坐。他還主張對輕罪用重刑，稱為“以刑去刑”，目的在於張揚法律的威懾力；(二)商鞅廢除舊的世卿世祿制度，實行依軍功授田宅的新法，把軍功分為20等，論功行賞，授官賜田宅；(三)商鞅鑒於秦國地廣人稀，實行獎勵墾荒、重農抑商、獎勵耕織的政策。凡從事耕織成效顯著的人，可以免徭役；凡是從事商業、手工業不力而破產的人，連同其妻子兒女一同罰作奴隸；(四)焚燒儒家經典，禁止私門請託、游說求官。

公元前350年，商鞅進行第二次變法，涉及面更深更廣：(一)廢除秦國境內的井田制，把原來“百步為畝”的阡陌和百畝為頃的封疆統統破除，開拓為240步為1畝，重新設置阡陌、封疆，並且正式承認土地私有和買賣的合法性；(二)把秦國的鄉、邑、聚(村落)合併為縣，作為地方一級行政機構；(三)為爭取中原，向東發展，而把都城從雍遷到咸陽；(四)統一度量衡，頒佈度量衡標準器；(五)開始按戶按人口徵收軍賦，一家有兩個成年男子必須分家另立戶口，否則要加倍徵賦，刺激一夫一婦為生產單位的小農經濟。

商鞅變法是各國變法中最全面最徹底最有成效的，秦國從此富強，奠定了此後統一全國的基礎。正如漢朝人王充在《論衡》中所說：“商鞅相孝公，為秦開帝業。”

商鞅變法剝奪了舊貴族的特權，損害了他們的利益，遭到忌恨，一場殊死的較量勢不可免。因為太子犯法，商鞅對太子的師傅公子虔予以嚴懲，以示法不阿貴的嚴肅性，使矛盾更趨激化。公元前338年秦孝公死，太子即位為秦惠王。公子虔等人見時機成熟，誣告商鞅謀反，迫使他回到封地商邑，舉兵抵抗。商鞅被秦兵殺死後，又處以車裂的極刑。商鞅的悲劇性結局，與秦國因商鞅變法而振興，形成強烈的反差，令人深思。

與商鞅變法差不多同一時候，韓國任用申不害，齊國任用鄒忌，先後變法，都取得了成效。尤其值得注意的是，齊國鄒忌變法中，稷下學宮起到了決策諮詢、輿論先行的作用。齊威王還任用軍事家孫臏，講求練兵，重振武備，收到明顯的效果，齊和秦曾一度互相稱帝(東帝、西帝)，成為東西兩強。

19.百家爭鳴：群星燦爛的時代

伴隨着政治、經濟方面激烈而深刻的變革，思想文化領域出現了各種思潮、學派的交鋒與激蕩，百家爭鳴的繁榮局面。這是中國歷史上一個群星燦爛的時代。

所謂“百家爭鳴”，指的是兩種社會現象：一種是各個學派獨立地闡述自己的學說思想，學派之間相互問難，進行辯論；另一種是游說諸侯。戰國的諸子百家主張學以致用，為了救世，必須以其所學去游說諸侯，推出自己的政策主張、治國方略，不可避免與諸侯及其官員發生爭鳴。因而各學派的巨子幾乎都是伶牙俐齒、口若懸河的雄辯家，像韓非那樣口吃，只是個別特例。孟子口才極好，能言善辯，有人問他為什麼喜歡辯論，他說：我是不得不辯論，因為世道衰微、學說荒謬、行為殘暴、臣子殺君、兒子殺父，我是要端正人心，消滅邪說，才不得已出來辯論的。

當時文人學士游說之風很盛，一個很平凡的士，通過游說，一經國君賞識，便可提拔為執政大臣。例如商鞅本是魏相國公叔痤的家臣，入秦游說秦孝公，做到了秦國最高官職大良造；張儀本是魏人，入秦游說，做到了秦惠王的相。商鞅入秦後與甘龍、杜摯關於“法古”與“反古”的辯論，便是一種“爭鳴”。商鞅針對甘龍、杜摯“法古無過，循禮無邪”的主張，駁斥道：“前世不同教，何古之法？帝王不相復，何禮之循？”“治世不一道，便國不法古”，“反古者未必可非，循禮者未足多”，從而提出自己的主張：“當時而立法，因事而制禮”。這顯然是用既反對復古又反對安於現狀的法家思想，批判儒、道兩家的“法古”、“循禮”觀點。孟子曾游說於齊、魏、滕、薛、宋、鄒、梁等國，慷慨陳詞，闡述儒家的理論和政見。他到魏國，惠王對他優禮有加，並向他請教治國之道。當魏惠王問他“何以利我國”時，孟子答：“王何必曰利，亦有仁義而已矣！”實際上是在用儒家的義利觀批判

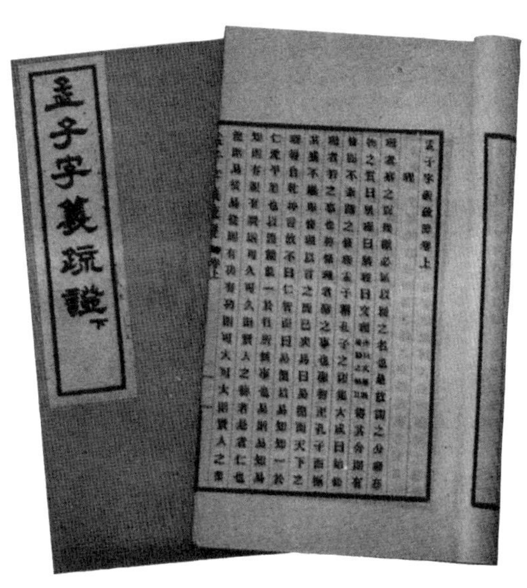

《孟子》書影

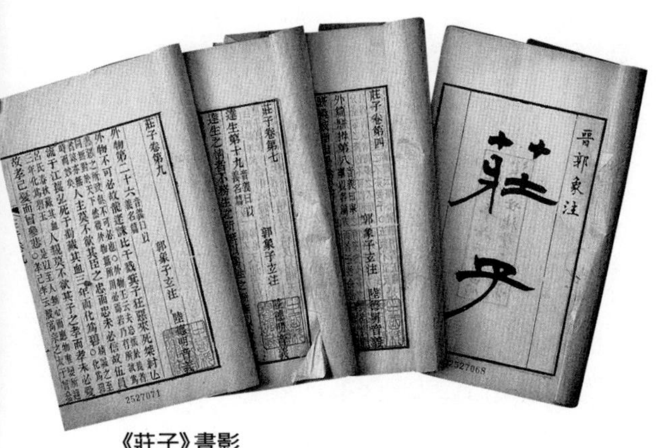

《莊子》書影

法家的義利觀。孟子在齊國，宣王任他為上卿，據說，他有車數十乘，隨從數百人。這都是游說的結果，使當政者能採用其學說與主張，故能顯赫一時。

百家爭鳴的形成，與各國寬容的學術政策有很大關係，這在齊國的稷下學宮表現得最為突出。

齊國都城臨淄是春秋戰國時代首屈一指的大城市，城週五十里，有十三門。據《史記·蘇秦列傳》說，臨淄有居民7萬戶，"其民無不吹竽鼓瑟，彈琴擊筑，鬥雞走狗，六博蹹鞠者。臨淄之途車轂擊，人肩摩，連衽成帷，舉袂成幕，揮汗成雨，家殷人足，志高氣揚。"從齊威王的父親田桓公開始，齊國在國都臨淄西邊稷門外的稷下，設立學宮，招徠各派學者前來著書立說，議論政治，稱為"稷下先生"，也稱為博士。到齊威王、齊宣王時代，稷下學宮出現了盛極一時的景況，聚集了一大批學者，有事跡可考者如淳于髡、慎到、鄒衍、宋鈃、尹文、接子、田駢、環淵、荀卿等。齊國雖崇尚黃老之學，但不主於一家，對各家各派兼容並蓄，採取"不治而議論"的方針，使稷下學宮成為諸子百家爭鳴和交流思想的中心。孟子與齊威王、宣王政見不同，還是受到禮遇，齊宣王曾多次向他問政，甚至像齊伐燕這樣重大的決策，也徵求孟子意見。後來孟子離開時，宣王還想挽留他，打算給他豪華的住宅和優厚的俸祿。鄒衍本是齊國人，因不滿於齊王，到了燕國，齊襄王當政時，他又回到稷下學宮。正是這種寬容的政策，使百家爭鳴蔚為大觀。

如果要深入追究的話，百家爭鳴之風與士的演變有很大的關係。

士原是貴族的最低階層，有一定數量的"食田"，受過"六藝"教育，能文能武，戰時可充當下級軍官，可做卿大夫的家臣。春秋、戰國之際，士發生了分化，既無田可食，又失去原來的職守，成為傳授知識的教師，或主持儀式的讚禮人，於是士就成為知識份子的通稱。當時的大氣候和小氣候都為學派的蓬勃發展和互相競爭提供了良好條件。官學壟斷的局面被打破，私學興起，聚徒講學成為一時風尚，著名學者無不聚徒講學，知識份子也把從師作為進入仕途的門徑。另一方面，各國有權勢的大臣都私家養士，培植學派。齊的孟嘗君田文、趙的平原君趙勝、魏的信陵君魏無忌、楚的春申君黃歇、秦的文信侯呂不韋，門下食客動輒幾千人。這些食客中，有各學派的士，為主人出謀劃策，奔走游說，著書立說。於是，各學派之間互相詰難辯論，形成了百家爭鳴的局面。

西漢初的司馬談把諸子百家概括為陰陽、儒、墨、名、法、道德等六家，西漢末的劉歆又概括為儒、墨、道、名、法、陰陽、農、縱橫、雜、小說等十家。這十家中，除了屬於文學的小說家、講合縱連橫的縱橫家、講君民併耕和農業技術的農家以及綜合各家學說的雜家，主要的是儒、墨、道、法、名、陰陽等六家，而尤以儒、墨、道、法對後世影響最大。

儒家

孔子死後，儒家的繼承人孟子最為引人注目。孟子，名軻，鄒人，生於公元前390年，卒於公元前305年。他是孔子的孫子子思的再傳弟子，故又稱"思孟學派"。他生活在中國歷史上最不安定的時代，有鑒於此，他的政治倫理學——治國方略極具雄辯力、說服力、影響力，為孔子所不及。由於當時各國都在謀求富國強兵之道，關注相互間攻伐的勝負，孟子仍一味大談夏商周三代的德政，不合時宜而鬱鬱不得志。孟子的說教幾乎得不到什麼響應。梁惠王聽不進他的話，以為他太迂闊；他對齊宣王大談"仁術"、"恆產"等統一天下的"王道"，齊宣王笑而不言，顧左右而言他。他所見到的梁惠王、齊宣王都是當時頗有權勢的王者，如果肯稍稍遷就，那麼立時便可成為卿相。一個布衣學者發表一番意見，可以影響一國之命運，使後世知識份子可望而不可及。無怪乎戰國一代最為後世文人學士所羨慕而津津樂道。明白了這一點，便可瞭解中國知識份子何以始終不走西方那種自然科學道路，何以總看不起天文曆算、醫藥、音樂這一類知識，以為是雕蟲小技，不肯潛心研究，因為他們有更大的追求——治國平天下。

孟子主張倣法先王，實行王道——仁政。他說，只有仁者才是人，仁是人的本性，人的本性就是親親。他的仁政是以夏商周三代為楷模的，在游說滕文公時，他指出："仁政必自經界始"——仁政應該從恢復西周的井田制着手，因為井田制下人人都有一塊份地，貧富分化不甚顯著，這是仁政的基礎。他認為能推行德治、仁政者就可以稱王於天下，他對各國以富國強兵為目的的變法持強烈反對的態度，說他們是"暴君污吏"，高唱"善戰者服上刑，連諸侯者次之"。

孟子這種仁政學說雖然迂闊、保守，卻顯露出可貴的尊重人權的傾向。他所渴望的是：農民每家都有百畝之田、五畝之宅，50歲可以"布帛"，70歲可以"食肉"，數口之家可以"無饑"。這種維持溫飽的生存

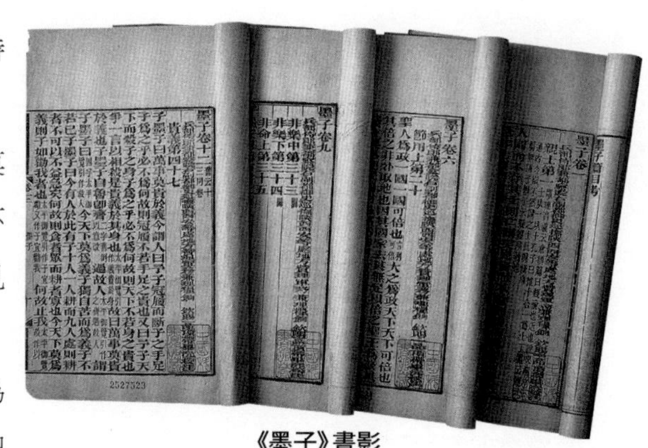

《墨子》書影

權，是最初步的人權。孟子在宣揚仁政時特別強調："民為貴，社稷次之，君為輕"；又說："君仁莫不仁，君義莫不義，君正莫不正"。民貴君輕，社會一切不仁不義不正，根源在於君主，這種帶有民主色彩的見解是相當高明的，為後世儒家所不及。

從北宋開始，《孟子》一書升格為"經"，取得儒家經典的地位，南宋朱熹把《孟子》和《論語》、《大學》、《中庸》合稱"四書"。

墨家

墨家和儒家當時都號稱"顯學"，儒、墨顯學之爭是百家爭鳴的發端。

墨子名翟，宋國人，長期居住於魯國，生卒年約為公元前467年～公元前376年。他出身貧賤，生活儉樸，所謂"量腹而食，度身而衣"，和孔子"食不厭精，膾不厭細"的態度截然不同。魯國是儒家的基地，墨翟最初從孔門弟子學習儒家之業，後來批判儒家，另創墨家。他一生中除了著書立說、教授門徒，也曾游說諸侯，一度成為宋國的大夫，還到過衛、齊、楚、越等國。

墨子提出了十大主張：兼愛、非攻、尚賢、尚同、尊天、事鬼、非樂、非命、節用、節葬。用兼相愛反對儒家的愛有差等，用交相利反對儒家的罕言利，用非命論反對儒家的天命論，用事神鬼反對儒家的不事神鬼，用節葬反對儒家的厚葬，用非樂反對儒家的禮樂。墨子的非命、非樂旨在強調人力的作用，在動亂的社會中，"賴其力者生，不賴其力者不生"；"強必飽不強必饑"。他不同意儒家的親親主張，提倡尚賢，即選拔賢人來治國，主張"不別貧富、貴賤、遠邇、親疏"，"雖在農與工肆之人，有能則舉之"，做到"官無常貴，而民無終賤"。他認為社會動亂的原因在於人與人之間不能互愛互利，因此提倡"兼相愛，交相利"，以緩和衝突。由"兼愛"發展到"非攻"，認為攻人之國最為不義。在這點上墨家與儒家是有共同語言的。

墨子不僅是思想家也是科學家，他的門徒在數學、物理學、醫學、邏輯學方面都有所建樹。後期墨家走向獨樹一幟的道路，放棄政治，埋首於科學，作出了引人注目的貢獻。令人不解的是，墨家因此不再成為顯學而日趨衰微，因為在知識份子心目中，它已逐漸遠離關注的焦點—治國平天下，理所當然地被人們淡忘、冷落。

關於儒墨的匯合，蒙文通有獨到的見解："儒墨同為魯人之學，誦《詩》、《書》，道仁義，則六經固儒墨之所共也。""以極端平等之思想，摧破周秦之貴族政治，墨家之要義，一變而為儒家之大經。自取墨以為儒，而儒之宏卓為不可及也。非入漢而墨翟之學失其傳，殆墨學之精入於儒，而儒道遂獨尊於百世也。"

道家

老子創立的道家，在齊國稷下各學派的交融中，分化改組，成為一個足以與儒、墨顯學相抗衡的學派。齊國的稷下之學，把道家創始人老子同齊國尊奉的始祖黃帝結合起來，稱為"稷下黃老之學"。所謂"黃老之學"是假託黃帝的名義，吸取老子的"虛靜"、"物極必反"等思想加以改造，形成一個思想流派。由於這個學派的著作久已失傳，人們對它的認識是模糊的。1973年，長沙馬王堆漢墓出土的帛書中，寫在《老子》乙卷前面的《經法》、《十大經》等四種書，大抵是黃老學派的代表作。

稷下道家的代表人物有宋鈃、尹文、田駢、慎到。宋鈃、尹文主張寬容，反對戰爭，國君必須做到"無為而能容天下"。田駢主張萬物是齊一的，應付的最好辦法是聽其自然。慎到主張國君"無為而治"的同時，極力提倡法治，尤其講求"勢"，以權勢制服臣民。他已經不是道家，而是從道家分化出來的法家。

真正發揮老子思想的是莊子。莊子，名周，約公元前369年至公元前280年時候的人。他在宋國家鄉做過漆園吏，拒絕楚莊王的聘請，過着隱居生活，莊子認為，道是宇宙萬物之源，是不可知的。世上本無事物，由道派生出天地、帝王、一切事物以及真偽是非。你有你的是非，他有他的是非，是非是難以分辨的。"彼亦一是非，此亦一是非"，就是他的名言。在莊子看來，世俗的見解如儒家、墨家所宣揚的學說，都只是相對的是非，相對的是非不能作為絕對判斷的標準。道是變幻不定的，分什麼彼此，分什麼是非，不如渾渾沌沌，一切聽其自然。這是一種與世無爭的消極思想，逃避現實，追求個人精神自由。必須做到無己、無名、無功，甚至忘記自身的存在，達到與天地萬物渾然一體的境界，才能獲得絕對的精神自由。這種"無差別境界"是可望而不可及的。

《莊子》十餘萬言，把五千言的《老子》那種簡約哲理，具體化為生動的哲學寓言。《莊子》一書不同於其他諸子典籍注重整體的傾向，非常注重個體，強調率性、適己，因而在汪洋恣肆、文采斐然的語言中展現出博大精深的思想，極易引起人們的共鳴。

法家

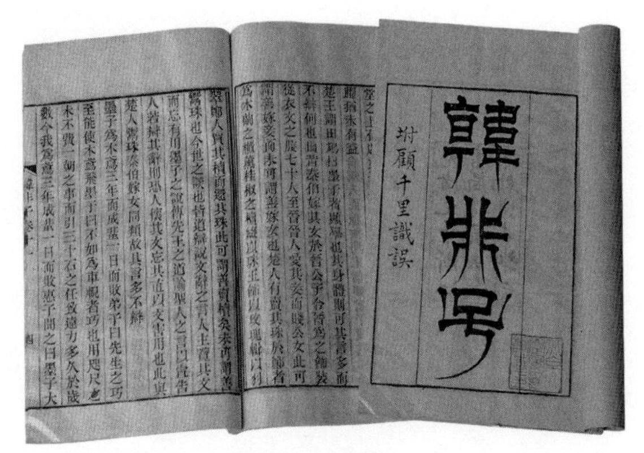

《韓非子》書影

法家由於其務實精神，主張以嚴刑峻法治亂世，對政學治術有精深的研究，深受各國統治者賞識。法家中任法一派以商鞅為代表，講究法律和賞罰的執行；用術一派以申不害為代表，講究對官吏選拔、監督、賞罰及駕馭的方法；重勢一派以慎到為代表，講究運用國君的權勢，保持國君的地位。韓非認為他們各有欠缺：秦用商鞅之"法"，國富兵強，但"無術以知奸"，因而秦強盛數十年而"不至於帝王"；韓昭侯用申不害之"術"，但法令不統一，使奸臣有機可乘，韓國"不至於霸王"。因此，韓非主張取長補短，把"法"、"術"、"勢"三者結合為一體，並由此制訂出治國方略。首先，要加強中央集權，"事在四方，要在中央。聖人執要，四方來傚"，必須用"術"剪除私門勢力，選拔法術之士，"因任而授官，循名而責實；操殺生之柄，課群臣之能"。其次，以法為教，以吏為師，禁止私學。再次，厲行賞罰，獎勵耕戰，謀求國家富強。

韓非是韓國的貴族，他和李斯都是荀子的學生，講究法家之學。他曾多次上書勸諫韓王，未被採納。秦王政(即後來的秦始皇)讀到他所著《孤憤》、《五蠹》等篇，極為讚賞。公元前234年，他替韓出使秦國，勸秦先伐趙而緩伐韓，遭李斯等人讒害，於次年被迫服毒而死。韓非雖死，他的理論實際成了秦的官學。

諸子百家中的墨家、名家、陰陽家在研究社會的同時，還研究了自然，令人刮目相看。在後期墨家與後期名家關於物質結構以及運動的討論中，後期墨家已經認識到時間和物質運動不可分割的關係，宇宙萬物由物質粒子所構成；《墨經》中的"端"，表示切割至最小單位的粒子，與此相類似，《墨經》中應用"端"的概念分解時間至最小單位，稱為"始"——當作時間的"點"。後期名家則進一步提出物質的無限可分性："一尺之棰，日取其半，萬世不竭。"陰陽家所倡導的陰陽五行學說把物質歸結為金、木、水、火、土等5種要素，並以陰陽二氣的矛盾來解釋事物的變化，它與當時天文、曆法、氣象、生物、醫藥等自然科學的發展有密切關係，因而十分流行。

百家爭鳴，演繹出歷史上罕見的群星燦爛的時代。

20.秦的大一統及其地理基礎

春秋的列國爭霸，戰國的七雄兼併，預示着統一的大趨勢。統一本身已無爭議。孟子在當時指出，整個局勢最後必定是“定於一”，只有“不嗜殺人者能一之”，這是針對兼併戰爭中“爭地以戰，殺人盈野；爭城以戰，殺人盈城”的情況而說的。顯然，這位“亞聖”主張以仁政來統一，反對以暴力來統一，這種善良的願望終於化作泡影。秦的大一統是由一系列充滿暴力的戰爭來實現的，在當時情勢下，這是實現統一的惟一途徑。

戰國初期的近百年中，秦國局處西方，不得參與中原各國之間的事務。商鞅變法後，秦一躍而成為七國中實力最強的國家。秦國的崛起引起了東方諸國的密切關注，聯手抵制，要打破這一格局，除了戰爭，別無他途。秦惠王、秦武王時初試牛刀，到秦昭王時，實際上已開始了統一戰爭。秦昭王用魏冉為相，白起為將，屢獲大勝。等到魏、趙、韓、楚、燕五國合縱攻秦時，由於燕將樂毅攻破齊國，秦、齊兩國對峙局面被打破，從此秦成為惟一強國，其勢一發而不可擋。

秦昭王時代的統一戰爭是殘酷無比的。公元前293年伊闕之戰，白起大勝韓、魏聯軍，斬首24萬；公元前279年鄢郢之戰，白起引水灌城，淹死楚國軍民數十萬；公元前273年華陽之戰，白起大勝趙、魏聯軍，斬首15萬；公元前260年長平之戰，白起坑殺趙軍主力45萬。正如孟子所說“殺人盈野”、“殺人盈城”，但是其直接後果是嚴重削弱了這些國家的戰鬥力，奠定了此後秦國取得統一戰爭勝利的基礎。

公元前237年，秦王政斥逐了相國呂不韋，重用尉繚和李斯，加緊了滅亡六國的戰爭步伐。從公元前230年到公元前221年，陸續滅亡了韓、趙、燕、魏、楚、齊等六國。從此“海內為郡縣，法令由一統”，中國歷史上第一次建立了大一統的中華帝國。

在這一過程中秦王政顯示了非凡的才能。秦王政之父秦莊襄王是秦孝文王的次子，由於大商人呂不韋的活動被立為太子。秦莊襄王即位後，呂不韋一躍而成為相國，封為文信侯，權勢盛極一時。公元前247年，秦王政即位，年僅13歲，一切由其母（即太后）作主，相國呂不韋繼續大權獨攬，並被尊稱為“仲父”。據說，秦王政是生母邯鄲姬與呂不韋私生子，他即位之初，邯鄲姬與呂不韋繼續私通，並豢養“大陰人”嫪毐（讀 lào ǎi），封為長信侯，門下賓客千餘，家僮數千，結黨營私，爭權奪利。公元前238年，22歲的秦王政從咸陽到舊都雍的宗廟舉行冠禮，嫪毐發動宮廷政變。秦王政平定叛亂，處死嫪毐，幽禁太后，免除呂不韋的職務，起用尉繚、李斯，發揚商鞅變法以來的政策，使統一大業有了成功的可能。這主要表現在以下 3 個方面。

第一，在商鞅廢除井田制，承認土地私有與買賣合法化的基礎上，於公元前216年頒佈"使黔首自實田"政策，要土地所有者自報田畝數字，以便徵收賦稅，進一步從法律上肯定土地私有制，繼續推行商鞅倡導的強本弱末（重農抑商）政策。

第二，在商鞅推行二十等爵制，獎勵軍功，推行縣制，加強中央集權的基礎上，在統一戰爭中兼併的新地區，普遍推行郡縣制，並推行二十等爵制。秦王政聽從李斯的主張，拒絕王綰、淳于越分封諸王的建議，以郡縣制取代分封制。

第三，在商鞅變法的基礎上，進一步統一法律、度量衡、貨幣、車軌、文字、曆法，基本上以秦法秦制作為統一標準，至於文字則採用小篆和民間流行的隸書為標準。為了統一交通，下令拆除戰國時代各大國在險要地區修建的關塞、堡壘和內地長城。

秦的大一統，反映了春秋戰國時代的歷史大趨勢，具有堅實的基礎。隨着商業和交通的發展，中原地區與周邊地區的聯繫與交往也比以往更為密切，正如《荀子》所說，當時已出現"四海之內若一家"的狀況。各國的變法雖有程度不同的差異，但總體目標是一致的，這種同一性為建立一個中央集權國家奠定了基礎。況且分裂割據不利於經濟、文化的交流，各國各階層都渴望統一。

除此之外，統一的地理基礎也不容忽視。黃仁宇（Ray Huang）在《中國大歷史》（*China, A Macro History*）中，專闢一章，從地理環境的角度來分析這個問題，其標題就是"土壤．風向．雨量"，給人以耳目一新之感。

黃仁宇認為，支持中央集權化的大一統的一個要素是土壤地理——黃土和黃河。像麵粉一樣細的黃土給耕作帶來了方便，也帶來了災難——黃河的泥沙沉積。一般說來，河流的泥沙沉積率達到5% 就是高的，亞馬遜河在夏季的泥沙沉積率高達12%，然而黃河的泥沙沉積率高達46%，其支流在夏季時泥沙沉積率達63%，令人震驚。河床不斷提高，決堤的危險不斷威脅兩岸，何況水量在雨季、旱季有大幅度變化，令人難以提防。這就需要強有力的中央集權的國家來統籌處理水利工程。《孟子》一書關於水利的談話有十一次，都涉及洪水氾濫殃及鄰國，暗示國家統一將帶來安定與安全，因為治理黃河不能由流域的各國各自為政，必須統盤考慮。

這種分析是有歷史根據的。戰國時代，各國割據稱雄，往往"壅防百川，各以為

秦朝疆域圖

利”。例如齊和趙、魏以黃河為界，趙、魏地勢高，齊地勢低，河水常氾濫，齊就在沿黃河25里處築了堤防，從此河水氾濫時“西泛趙、魏”，於是趙、魏也在沿黃河25里處築起堤防。在黃河兩岸50里間，河水時來時去，給人民生命財產帶來威脅。各自為政的結果，只顧自己的利益，遇到天旱就爭奪水源，故意阻塞別國水源；遇到洪水就放水到鄰國，這就是孟子所說的“以鄰國為壑”。處於戰爭狀態的各國，把決堤放水作為進攻或防禦的手段，造成嚴重後果。從公元前332年到公元前272年的60年間，黃河三度為災，便是明證。

黃仁宇認為，支持中央集權化大一統的另一要素是氣象地理——風向與雨量。對風向（季風：東南風、西北風）與雨量的研究表明，15英寸等降水量線，從中國的東北地區中部到中原地區，幾乎與長城平行，彎向西南時，又恰好在中原與青藏高原的分界線上。它大體反映了遊牧與農耕的邊界。北方諸國為了抗擊遊牧民族入侵而修築的土壘長城，以及秦統一後修築的長城，都體現了國防的需要。與15英寸等降水量線幾乎一致的國境線，是中國農業社會必須置於強有力的中央集權體制之下的一大標誌。

歷史事實表明，戰國時代秦、趙、燕三國以北強大的遊牧民族如林胡、樓煩、東胡、匈奴等不斷南下侵擾，對農業區形成極大的威脅。為了抵禦匈奴的侵擾，秦、趙、燕三國動用了50萬大軍駐紮北方邊境。由於各國忙於兼併戰爭，削弱了邊防，匈奴乘機向南移動，佔領了河套一帶的草原。因此迫切需要統一的中央集權國家集中力量，強化北方邊防。

葛劍雄的《論秦漢統一的地理基礎》，分析了黃河中下游能更早統一並進而成為統一周圍地區的核心的原因，與黃仁宇的論述遙相呼應，相得益彰。他指出，黃河流域很早就形成中國範圍內最大的農業區，春秋時期黃河流域還有不少殘餘的以遊牧為主或半農半牧民族，經過戰國時期的兼併與同化，這些民族不是遷出中原，就是留在原地被農業民族所同化。戰國後期各諸侯國無不以農立國，以農競爭，為統一奠定了經濟基礎。他還指出了氣候、地理方面的原因。據竺可楨等人的研究，三四千年前，中國的氣溫比現在要高，至秦漢時期，黃河流域的平均氣溫比現在高1℃～2℃。當時的黃河中下游地區氣候溫和，降水充沛，而長江流域還過於濕熱，雨水過多，加上地勢低下，茂密的原始植被還未曾被清除，疾疫流行，使中原人望而生畏。此外，黃河中下游是黃土高原或黃土沖積平原，結構疏鬆，在生產工具簡單的情況下，易於清除原始植被和開墾耕種，它比江南與近海地區更適合成為先民生存與繁衍的最佳環境。

地理環境對歷史的重要影響是不容忽視的。世界文明史表明，文明的起源、發展與地理、氣候有密切關係，尼羅河流域、兩河流域、印度河流域、黃河流域成為文明的搖籃便是顯著的例證。美洲瑪雅文明的衰落，則是地理環境變化對文明影響的一個反證。

21.秦始皇：皇帝與中央集權體制

公元前221年，秦王政結束了長期的割據局面，建立了歷史上第一個中央集權的統一王朝——秦。它是一個以咸陽為首都，東至大海，西至青藏高原邊緣，南至嶺南，北至河套、陰山、遼東的大一統王朝。他把傳說時代三皇、五帝尊號中的“皇”與“帝”結合起來，自稱“皇帝”，以顯示自己至高無上的地位。他利用了當時已具有濃厚的政治色彩，而又保持了與遠古神祇聖哲強烈聯想的這個稱呼，恰當地象徵了一個人的政治成就，這種成就幾乎是超人的。他自稱“始皇帝”，後世子孫世代相承，遞稱“二世皇帝”、“三世皇帝”……雖然秦二世而亡，以後歷代王朝統治者並沒有廢棄秦始皇創建的皇帝制度。

秦始皇把皇帝的“命”稱為“制”，“令”稱為“詔”，印稱為“璽”，皇帝自稱為“朕”。朕字在秦以前用為領格，一般人都可以用；用為主格，並限於帝王，始於秦始皇。他還制定了一套尊君抑臣的朝儀和文書制度。

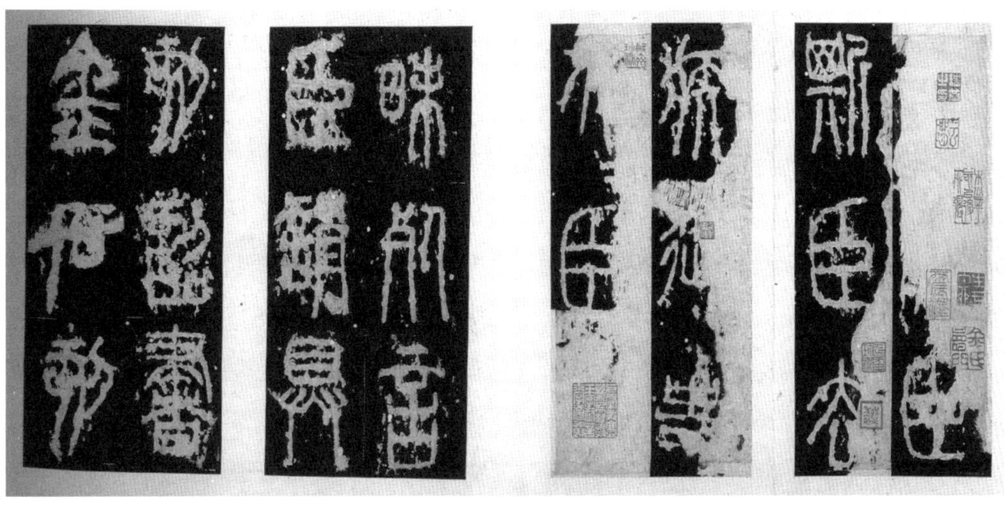

明拓本泰山刻石殘字冊頁

為了替皇帝制度尋找理論依據，秦始皇把陰陽家和法家結合起來。他採用鄒衍的五德始終說，自以為秦屬於水德，必然要取代屬於火德的周，並以十月為一年中的第一個月；用黑色為正色，禮服旌旗都用黑色；與水德相應的數是六，所以事物都用六來記數。秦始皇還確定了一套與皇帝地位相適應的祭典及封禪大典，不許臣民僭越。本來齊、魯兩國的儒生有一套"封禪"學說，到泰山頂上祭祀上帝叫做"封"，在泰山下小山（即梁父）祭祀叫做"禪"。泰山信仰的起源可以追溯到遠古先民的山岳崇拜，高聳入雲的山被看作上天之路，山上豐富的資源是人們生活所資，因此山就成了"萬民之所瞻仰"的聖地。泰山的祭祀早就出現，大抵有旅祭、柴祭、望祭、地主之祭等。封禪泰山與太陽神崇拜的傳統有關。泰山古稱崑崙山，有泰帝、泰皇，即太昊伏羲氏。伏羲氏是東方最早的太陽族，也許是最早封禪泰山的人。泰山的本義應是太陽神之山，因而也就成了華夏族的祖根之山。對泰山的封禪，包括封泰山與禪梁父這兩部份，合稱"封禪泰山"，以泰山為祭祀天地的場所和祭祀對象，來敬天神和地祇。

公元前219年，秦始皇出巡到泰山，召集儒生、博士議論"封禪"之事。秦始皇雖然沒有採用儒生擬議的祭禮，畢竟還是舉行了封禪禮，表示自己出於"天命"，成為儒家封禪學說的第一個實踐者。秦始皇在咸陽營建豪華的宮殿，不但是天下一統的象徵，而且模仿想像中的天上宮闕，儼然是人間上帝的居所。他還在驪山預建陵寢，用水銀製成百川、江河、大海模型，上具天文，下具地理，這和他採用皇帝名號一樣，要表示他在人間的權力無所不包，與上帝在天上的權力相當。

皇帝之下是由三公九卿組成的中央政府。三公即丞相、御史大夫、太尉。丞相協助皇帝處理全國政務；御史大夫是副丞相，協助皇帝掌管圖籍章奏、監察百官；太尉協助皇帝掌管全國軍事。三公之下有九卿：廷尉掌管司法，治粟內史掌管租稅收入和財政開支，奉常掌管宗廟祭祀禮儀，典客掌管民族事務與對外關係，郎中令掌管皇帝侍從，少府掌管皇室財政與官手工業，衛尉掌管宮廷警衛，太僕掌管宮廷車馬，宗正掌管皇室宗族事務。三公九卿分工負責，一切事由皇帝裁決。

地方實行郡縣制，把全國分為三十六郡，以後又增至四十餘郡。郡設郡守（行政長官）、郡尉（軍事長官）、郡監（監郡御史），郡尉是郡守的副職，郡監則直屬於中央的御史大夫。郡下轄若干縣，縣按大小設縣令或縣長。縣下有鄉，鄉設三老掌教化，嗇夫掌賦稅訴訟，游徼掌治安。鄉下有亭、里，亭設亭長，里有里正。皇帝的政令，通過三公九卿，直達於郡、縣、鄉、亭、里。

這是一種前所未有的中央集權化體制。為了鞏固這一體制，秦始皇採取了許多措施。

建造馳道與直道　從公元前220年開始建造以首都咸陽為中心的帝國公路——馳道，向東直通燕齊地區，向南直通吳楚地區。公元212年，又命將軍蒙恬建造強化北方邊防的公路——直道，它起於咸陽之北不遠的秦皇夏宮雲陽，朝北進入鄂爾多斯地區，然後跨越黃河的北部大彎道，以達九原（今內蒙古包頭西北）。

建築長城　為了抗擊匈奴的侵擾，秦始皇派蒙恬率三十萬大軍進攻匈奴，同時開始大規模地修建長城。它是在戰國時代，趙、燕、秦三國原有長城的基礎上連接而成的。這條在北方連綿延伸、雄姿挺拔的邊防工事，在當時或後世，無論在物質上抑或在精神上都具有無與倫比的價值。

開邊與移民　北征匈奴之後，在新開拓的黃河以南直到陰山的廣大地區內，設置三十四縣，歸三或四個郡管轄，陸續遷徙有罪官吏與內地民眾前往開墾。以開拓百越為目標的南征取勝之後，在那裡設置了閩中、南海、桂林、象等四郡，並把五十萬罪徒謫戍到那裡，戍邊開發。

焚書坑儒　焚書坑儒的直接起因是博士淳于越於公元前213年提出分封諸子的建議，秦始皇讓大臣們討論，於是引發了李斯與淳于越關於郡縣制與分封制孰優孰劣的一

位於今陝西臨潼洪慶堡村西南的坑儒谷

場大辯論。李斯認為搞“私學”的人“不師今而學古”，“道古以害今”，因而建議焚燒私人所藏《詩》、《書》等典籍，“以古非今者”要滅族。秦始皇批准了這一建議，其目的在於統一輿論，維護中央集權體制。所謂“焚書”，決沒有銷毀全部書籍的意圖，其實際損失也沒有歷來想像的那麼嚴重。所謂“坑儒”，是處死私下誹謗秦始皇的方士與儒生四百六十餘人，其本意在於維護皇帝制度的權威。

此外，還有在建立秦朝過程中已陸續推行的統一文字、度量衡等措施。所有這一切努力，終於使中央集權體制漸趨完備，秦雖國祚短促，中央集權化體制卻一直被歷代王朝所沿襲和發展。秦始皇開創了皇帝制度及中央集權化體制，在歷史上功不可沒。

秦的聲威遠播是與其名直接聯繫在一起的。《劍橋中國秦漢史》指出：“說明帝國的威名甚至遠揚於中華世界以外的例子是，秦（Chin）這一名稱很可能是英語‘中國’（China）及各種非漢語中其他同源名稱的原型。例如：‘Thinai’和‘Sinai’就作為這個國家的名稱出現於公元1世紀～2世紀的希臘和羅馬著作中。”關於這點，書中注釋道：1655年，耶穌會士衛匡國（P.Martinus Martini）首先在《中國新地輿圖》序言中指出，“中國”（China）一詞的淵源是“秦”（Chin）。1912年，洛佛爾（M.B.Laufer）在《通報》上著文——《支那名稱考》，認為衛匡國首倡Sina（支那）一字即“秦”的譯音。

22.秦始皇陵與“兵馬俑”

秦始皇顯然強烈地意識到，他作為一個史無前例的統一大帝國的創建者的非同尋常的作用，遂傾注全力勵精圖治，不敢稍有懈怠。《史記·秦始皇本紀》說：“天下之事無大小皆決於上，上至以衡石量書，日夜有呈，不中呈，不得休息。”這就是說，秦始皇作為歷史上第一個皇帝，事無巨細都要親自裁決，每天要批閱120斤（即1石）的公文，才能上床睡覺。公文之所以用重量計，是因為它們是寫在竹簡或木簡上的緣故。究竟有多少字數，不得而知，不過從上文的語氣中可以推測，這是一個超人的工作量，即此一端已可看出秦始皇勤於政事的程度了。

為了加強對帝國疆域的控制，炫耀皇帝至高無上的威權，他多次到東方、南方各地巡視，風塵僕僕四處奔走。翦伯贊說：秦始皇在統一中國以後的12年間（公元前221年～公元前210年），前後出巡5次，幾乎走遍了他的國土。看來，他的大部份時間都是在旅途中度過的。他最後一次巡視後，由海

兵馬俑軍陣

濱返抵京城咸陽的途中，突然在沙坵(今河北平鄉縣附近)患病身亡。時值公元前210年，是他即位的第三十七年，當皇帝的第十二年，終年50歲。他的遺體被秘密地護送回咸陽，與此同時一個政治陰謀正在悄然展開。陪同秦始皇巡視的宦官趙高、丞相李斯、秦始皇次子胡亥，扣下了秦始皇彌留之際所寫的遺詔——命正在北方邊陲的長子扶蘇立即返京繼位，另外偽造命胡亥繼位、指責扶蘇不忠命其自殺的假遺詔。於是，胡亥在咸陽即位，稱“二世皇帝”。

秦始皇的靈柩埋葬在離咸陽不遠的驪山宏偉陵墓裡，這就是舉世矚目的秦始皇陵。

據《史記．秦始皇本紀》記載，秦始皇即位之初，就下令在驪山預建他的陵寢，統一全國以後，建陵工程更加擴大，徵調70萬人，前後持續施工39年，直到秦亡，陵園還未全部竣工。墓高50餘丈，方圓5里，墓內有宮殿及百官位次，陳列各色“奇器珍異”，並“以水銀為百川江河大海，機相灌輸，上具天文，下具地理”。所謂“上具天文”，即秦陵地宮主宮室頂部有比較精確的天文星宿圖像；所謂“下具地理”，是模擬中國地貌及36郡的地理位置。為了防止盜

秦銅車馬

墓，特地命工匠製作了機關弩矢，有人接近，立即射擊；用“人魚膏”(鯨魚的油脂)為燭，製作長明燈，使地宮如同白晝。秦始皇把生前的威風搬到了死後的地下宮殿之中。

隨着20世紀70年代中期，秦始皇陵附近模擬軍陣送葬的兵馬俑坑的發掘，兵馬俑與秦始皇陵引起了全世界的關注，先後有七十多個國家元首或政府首腦參觀了秦兵馬俑坑，他們對這一“世界第八大奇跡”表示讚歎之後，站在高大雄偉的秦始皇陵的封土上浮想聯翩：“看來，世界第九大奇跡就在這秦陵的地宮裡。”國際上一些著名科學家對探索秦始皇陵地宮的結構產生了濃烈的興趣。位於瑞士日內瓦的歐洲核子研究中心，在丁肇中教授領導下的3名科學家寫了《應用於考古學的非破壞性探測和層析X線攝影學》論文，推測秦始皇陵地宮中有直徑為25米的青銅環狀物。

秦俑的發現震驚世界，令中外人士神往，人們像在對斯芬克司一樣探求它的謎底。秦俑的氣魄宏大，僅3個坑面積就達2萬多平方米，好大喜功的秦始皇不會放過任何一個能顯示皇帝尊嚴的機會，必然在地宮的營造上追求至高至大。據目前考古調查資料，秦始皇陵地宮上穴呈近似方形，東西寬485米，南北長515米，總面積達249,775平方米，相當於秦景公墓上穴面積的47倍多，實為古代帝王陵墓之冠。秦俑的寫實風格必然體現在地宮裡，一切都模擬生前，地宮象徵着生前的咸陽宮，一定有不少秦始皇生前喜愛的珍寶。隨着各項工作的深入展開，秦陵地宮的神秘面紗將會慢慢揭開。

秦始皇陵隨葬陶兵馬俑的地下坑道建築，位於陝西省臨潼縣西楊村西南，西邊距離秦始皇陵陵園東垣牆1公里，正當陵園東門大道北側。1974年春，當地農民在一個偶然的機會中發現了深埋於地下的兵馬俑，隨即開始了正規的發掘，1977年就地建成秦始皇兵馬俑博物館。現在已發現的1號俑坑是戰車與步兵混合排列，2號坑是戰車騎兵、步兵及弩兵組成；按照古代軍陣排列，1號坑為右軍，2號坑為左軍，未建成的4號坑為中軍，3號坑有鼓車、禮儀性長兵器及祭祀活動遺址，為指揮部，即古代的軍幕。這樣就組成了一個完整的軍陣編列體系，這組兵馬俑陣位於秦始皇陵東側，象徵着秦始皇生前的宿衛軍。

這三個坑共有陶俑陶馬8,000件，現已出土1,000件，包括武士俑八百多個、陶馬一百多匹，以及木質戰車、青銅兵器、車馬器等。它們形象地展現了秦朝軍隊的兵種、編制、武器裝備。主力是戰車兵和依附於它的步兵，騎兵處於從屬地位。木質戰車與商周以來的單轅駟馬戰車沒有明顯差異。車上一般有武士3人，分別配備遠射的弓箭、格鬥的短劍和護體的盾甲。戰車後面跟隨步兵，使用長木柄的戈、矛、鉞、戟。騎兵執劍或弓箭。這些與真人一般高大的兵馬俑，不僅從全景看規模宏大、氣勢磅礴，而且從細部看每個人的衣着表情各異，反映了秦的國力，也反映了當時達到的生產、科技、藝術水平足令今人歎服，讓人想到秦的統一决非偶然。

23.徐福東渡之謎

秦始皇服膺法家，也深受道家、陰陽家的影響，他強烈地感受到創建大一統王朝的重任與個人生命短暫的矛盾，祈求長生不老。公元前219年，他首次巡幸到山東海濱並在琅邪立碑時，遇到了鼓吹海上仙山可以找到令人萬壽無疆的仙藥的方士徐福（徐市），徐福請求派他去海上探險，尋找神仙居住的3個瓊島。於是出現了歷史上十分壯觀的一幕：徐福攜帶耕織冶煉等各種工匠，以及童男童女幾千人，跨海東渡，一去不復返——傳說他們在日本定居了下來。這是一個歷史之謎。

司馬遷在《史記》中提供了徐福實有其人，徐福東渡實有其事的記載，其中有兩處最值得注意。

其一，《史記．秦始皇本紀》："……齊人徐市（即徐福）等上書，言海中有三神山，名曰蓬萊、方丈、瀛洲，仙人居之。請得齋戒，與童男女求之。於是遣徐市發童男女數千人，入海求仙人。"

其二，《史記．淮南衡山列傳》："（始皇）又使徐福入海求神異物，還為偽辭曰：'臣見海中大神，言曰："汝西皇之使耶？"臣答曰："然。""汝何求？"曰："願請延年益壽藥。"神曰："汝秦王之禮薄，得觀而不得取。"……於是臣再拜問曰："宜何資以獻？"海神曰："以令名男子，若振女，與百工之事，即得之矣。"'秦皇帝大悅，遣振男女三千人，資之五穀種種，百工而行。徐福得平原廣澤，止王不來。"

與司馬遷同時代的桓寬在《鹽鐵論》中也有相似的記載："……及秦始皇覽怪迂，信禨祥，使盧生求羨門高、徐市等入海求不死之藥。當此之時，燕齊之士釋鋤耒，爭言神仙，方士於是趣咸陽者以千數，言仙人食金飲珠，然後壽與天地相保。於是數巡狩濱海之館，以求神仙蓬萊之屬，數幸至郡縣，富人以資佐，貧者築道旁……”兩人所見略同，可見此事決非子虛烏有。

《史記》所說徐福“止王不來”的“平原廣澤”，據近代學者考證，似為日本，即後世史書所說的“澶洲”(即亶洲)。《三國誌》記述黃龍二年(公元230年)，孫權派將軍衛溫、諸葛直率甲士萬人浮海至夷洲、亶洲，衛溫、諸葛直返回傳言：“亶洲在海中，長老傳言秦始皇帝遣方士徐福將童男女數千人入海，求蓬萊神山及仙藥，止此洲不還，世相承有數萬家。”《異稱日本傳》卷下摘抄《日本國紀》與新井白石《同文通考》，認為澶洲是指日本列島之一本洲島的中部，因為那裡是傳說中徐福祠、墓的所在。《日本國紀》說：“秦始皇遣徐福入海求仙，福遂至紀伊州居焉”；“相傳紀伊國熊野山下飛鳥之地，有徐福墳”。《同文通考》說：“現在熊野附近有個叫秦住的地方，據當地人傳說是徐福的故居。距該地七至八里處有個徐祠(新宮)，其間有古墳，屬家臣墳，古跡至今尚存。這裡既然住有秦的人，那麼他們之間的來往也是必然之事。”

五代後周時，日本僧人弘順來到中國，對僧人義楚說：“徐福他們在日本的富士山麓，現在的子孫自稱秦姓。”義楚把此事寫入了有名的《義楚六帖》之中：“日本亦名倭國，東海中。秦時，徐福將五百童男五百童女，止此國也。今人物一如長安。又東北千餘里有山，名富士，亦名蓬萊。其山峻，三面是海，一朵上聳，頂有火燒……徐福止此，謂蓬萊，至今子孫皆曰秦民。”

清末曾任駐日參贊的黃遵憲在《日本國誌》記錄了他在日本關於徐福遺跡的見聞：“今紀伊國有徐福祠，熊野山有徐福墓，其明證也。日本傳國重器三：曰劍，曰鏡，曰璽，皆秦制也；君曰尊，臣曰命，曰大夫，曰將軍，又周秦語也。”

這一切引起20世紀30年代以來學者的廣泛興趣，研究徐福的論著層出不窮，影響較大的當推梁嘉彬，他在論文《吳志孫權傳夷洲亶洲考證》中指出：“秦始皇之遣徐福入海，求蓬萊神山仙藥，事見史記秦始皇本紀、淮南王安傳及封禪書，其他漢人著作亦有記載，匹夫之事而得入帝皇本紀，自繫事實，非傳說。第其在秦始皇末年(始皇帝三十七年，公元前210年)入海後，在帝皇本紀內遂失其蹤跡，故後人每以‘傳說’視之。其實其人與秦始皇事跡關係密切，其事自秦至漢，乃至六朝唐宋，記之不絕。日本愈秘其事而其事愈彰，內而宮廷，外而邊徼，或留其跡，確有其人，確有其事，不可誣也。”據他考證，蓬萊即亶洲即今日本，徐福與日本開國關係密切，謂日本《新撰姓

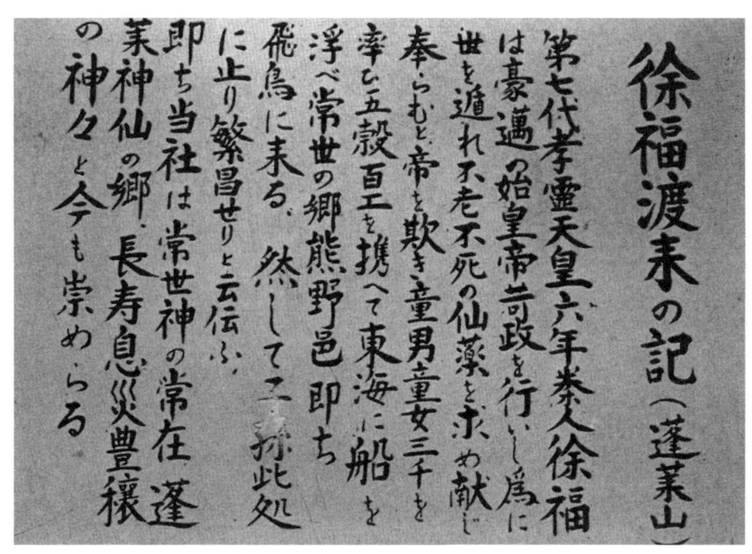

日本阿須賀神社的徐福東渡事跡說明牌

徐福上陸地

氏錄》中，秦氏最多，神武天皇之曾祖天孫氏之同胞長兄，也是秦氏。梁嘉彬還著有《關於徐福史料之觀察》、《中日先史關係的幾個問題》、《從徐福碑有真假追蹤蓬萊亶洲》等。關於徐福的研究，到20世紀80年代形成了一個新高潮。1982年，全國地名普查時，在江蘇省贛榆縣金山鄉發現了徐阜村；1984年4月18日，《光明日報》發表署名文章《秦代東渡日本的徐福故址之發現和考證》，引起海內外強烈反響。1984年4月19日，《朝日新聞》刊登記者橫堀克己從北京發回的報道：《傳說中來日尋求長生不老藥的道士徐福確有其人》，在日本引起轟動。日本新宮市市長以"徐福第二故鄉"身份，致信贛榆縣政府，要求結為友好城市，以徐福為紐帶進行文化經濟交流。

在日本熊野地方，對徐福的信仰歷時千年以上，從不間斷。即使在今天，新宮市每年2月和8月都要舉行盛大的祭奠，每次活動都與徐福有關。

日本的彌生文化是由繩紋時代進入文明時代的里程碑，其主要特徵是以漁獵採集為主的生產方式進化為以種植水稻為主的生產方式。日本考古學家根據大量的出土文物和遺址斷定，促成這一轉變的原因，是"秦漢歸化人"對文明的傳播。因此把徐福當"神"來祭祀，稱之為"彌生文化的旗手"。發現彌生文化遺址的佐賀縣的金立神社就是祭祀徐福的神廟，據說已有兩千年的歷史，每隔50年舉行一次徐福大祭，盛行不衰。中日兩國一衣帶水的關係可謂源遠流長。

五・西漢與東漢

——帝國規制的完備化

24.大一統帝國的重建

秦始皇的繼承者秦二世昏庸殘暴，"法令誅罰，日益刻深"，"賦斂愈重，戍徭無已"，人民怨聲載道；當時人稱："欲為亂者，十室而八"。秦王朝瀕臨崩潰的邊緣了。

公元前209年，擔任屯長的陳勝、吳廣等一行900人被徵發到漁陽（今北京密雲西南）屯戍，行至蘄縣大澤鄉（今安徽宿縣西南）遇上幾天的滂沱大雨，無法按期抵達漁陽，按律將處死刑。於是陳勝、吳廣鋌而走險，揭竿而起。不久，這支隊伍發展成擁有戰車六七百輛、騎兵上千人，步兵數萬人的大軍。反秦的洪流一時間泥沙俱下，魚龍混雜，被秦征服的六國舊貴族乘機而起，企圖"報父兄之怨，而成割地有土之業"。有的獨樹旗幟，如田儋之流；有的加入陳勝的隊伍，如張耳、陳餘之流。張耳、陳餘反對陳勝稱王，要他擁立六國的後裔；投奔陳勝的孔子八世孫孔鮒也主張恢復秦統一前的六國體制。陳勝沒有接受，自稱為王，立國號為張楚。但是，貴族割據的分封制正在死灰復燃，秦始皇創建的大一統中央集權體制經受着嚴峻的考驗。果然，不久武臣在張耳、陳餘鼓動下，自立為趙王；田儋自立為齊王。陳勝失敗後，秦嘉立楚國貴族景駒為楚王；響應陳勝起義的項梁，接受范增的建議，立戰國時楚懷王之孫熊心為楚懷王。種種跡象表明，秦統一後，雖然以郡縣制取代了分封制，確立了以皇帝制度為核心的中央集權體制，但基礎並不牢固，法律秩序與政治制度並未深入人心。被打敗的六國擁有各自的傳統勢力，在他們原先的轄區仍有相當大的生命力和號召力。

項梁的侄子項羽在反秦戰爭中充當了這種政治動向的代表人物。他為了給六國貴族復仇，挖了秦始皇的墳，放火焚燬咸陽，大火三月不熄。公元前206年，他自立為西楚霸王，把梁楚九郡作為自己的直屬領地，同時分封了18個諸侯王，大多是六國舊貴族和項羽部將。原先各路軍約定，先進咸陽者應封王於關中，項羽違反諾言，改封劉邦為漢中王，僅佔漢中、巴蜀一帶；另封秦朝降將章邯為雍王、董翳為翟王、司馬欣為塞王，號稱"三秦"，以牽制劉邦。

劉邦，沛縣（今江蘇沛縣）人，曾任秦朝的亭長。秦制，十里一亭，設亭長，掌治安警衛、治理民事，多以服兵役期滿者擔任。陳勝、吳廣起義後，劉邦在沛人的擁戴下聚眾起義，後來投奔了項梁。

在反秦戰爭席捲之下，秦朝危在旦夕，李斯上書秦二世，揭露趙高有"危反之行"。秦二世聽信趙高的誣告，把李斯腰

《霸王別姬》劇照

斬，並誅三族。趙高果然有“危反之行”，不久發動宮廷政變，強迫秦二世自殺，另立秦二世的兄子公子嬰為秦王。子嬰不願聽任趙高擺佈，殺了趙高。

劉邦就是這時率軍由武關進攻咸陽，於公元前206年進抵咸陽附近的灞上。剛當了四十幾天秦王的子嬰，在劉邦兵臨城下時，捧着皇帝的印璽投降。秦朝滅亡了。項羽對劉邦先他攻下咸陽心有不甘，依仗軍力優勢攻破函谷關，屯軍鴻門（今陝西臨潼東北），與劉邦直接對峙。劉邦聽取張良的建議，到鴻門與項羽言和求好。劉邦無力與項羽決戰，只得聽從蕭何建議暫時忍耐，先到漢中就王位，待機反攻“三秦”，可望進而統一天下。

項羽的分封，終於導致了割據戰爭。韓信向劉邦建議，利用將士“日夜企而望歸”的心情，率軍東向，與腹背受敵的項羽決一勝負。戰爭形勢有利於劉邦，項羽派人向劉邦求和，雙方約定以鴻溝為界：以西為漢，以東為楚。

公元前202年，劉邦大舉進攻，並約韓信、彭越會師。項羽兵敗，退至垓下（今安徽靈壁南沱河北岸），被漢軍包圍。夜深人靜，漢軍中高唱楚歌，項羽以為漢軍盡佔楚地，絕望地高歌：“力拔山兮氣蓋世，時不利兮騅不逝，騅不逝兮可奈何！虞兮虞兮奈若何！”然後率八百餘騎兵突圍，至烏江（今安徽和縣東北）自刎。

如果說項羽的分封是迎合六國貴族的復辟願望，倒行逆施，終於自食其果；那麼劉邦的分封異姓諸侯王是出於無奈，他為了擊敗項羽，分封了楚王韓信、淮南王英布、梁王彭越、趙王張敖、韓王信、燕王臧荼、衡山王（後改稱“長沙王”）吳芮。然而，這畢竟埋下分裂的潛在危險。公元前202年，劉邦重建大一統的帝國——漢，最初建都洛陽，不久遷至長安（今陝西西安西北），新王朝出現之後，這一矛盾日趨尖銳化。這七個異姓諸侯王的封地幾乎相當於戰國時期六國的全部疆域，他們自恃開國功臣，又擁有強大的兵力，與朝廷分庭抗禮。

燕王臧荼首先反叛。他是原燕國大將，迫於形勢助漢擊楚，但對於平民出身的劉邦稱帝並不心服，劉邦剛登上帝位，他就起兵反叛。第二個反叛的是韓王信。楚王韓信在封國陳兵出入，被人告發，劉邦把他貶為淮陰侯。後來韓信陰謀反叛，被處死並夷三族。彭越由於沒有檢舉勸他謀反的人，劉邦以“反形已具”，把他梟首示眾，夷三族。以後劉邦又把其他各王一一翦除，只有勢力最弱的長沙王得以保存。

班固在《漢書》中說，各諸侯王的反叛是劉邦逼出來的，他們“見疑強大，懷不自安，事窮勢迫，卒謀叛逆”。從韓信嘴裡說出：“狡兔死，走狗烹；高鳥盡，良弓藏；

敵國破，謀臣亡”，給漢高祖劉邦勾畫出一幅疑神疑鬼、寡恩刻薄的嘴臉。其實當時形勢對於剛建立的漢朝而言是十分嚴峻的，不翦除這些異姓諸侯王，後果不堪設想，正如劉邦在當時所說：“天下匈匈，勞苦數歲，成敗未可知。”劉邦的手段或許過於苛急，但不如此不足以穩定大局，不足以維護大一統的漢帝國。劉邦戰勝英布後，路過家鄉沛縣，約請故人、父老、子弟一同歡飲。劉邦在宴會上酒酣氣振，手舞足蹈，敲打樂器，引吭高歌：

大風起兮雲飛揚，
威加海內兮歸故鄉，
安得猛士兮守四方！

歌中反映出重建大一統帝國的志得意滿之情，也隱約流露出股肱之臣一個個被殺不免感慨繫之的內心不安之感。

劉邦對歷史的最大貢獻是漢承秦制，維護了秦始皇開創的大一統中央集權體制。漢朝是中國歷史上第一個由庶民建立的王朝，高祖劉邦是秦朝微賤的亭長，兩名相國蕭何、曹參不過是秦朝縣級政府中的低級小吏，大將軍陳平是屠夫出身，另一大將軍韓信年輕時做過乞丐，黥布、彭越則是盜賊出身。這種庶民皇帝、布衣將相的格局，與六國貴族迥然不同，為漢承秦制提供了可能。

劉邦接受了皇帝的稱號，皇帝之下設三公九卿與秦制完全一樣。地方行政系統仍是郡、縣、鄉、亭、里。郡有郡守（後更名為“太守”）、郡尉等，分掌政治、軍事、監察之權。縣分大小，萬戶以上設縣令，萬戶以下設縣長，下設丞、尉，分掌文書、治安之權。基層組織是里，十里為亭，有亭長；十亭為鄉，有三老（掌教化）、嗇夫（掌訴訟、收稅）、游徼（掌治安）。然而劉邦在繼承秦的郡縣制時，猶豫不決，進兩步退一步，在郡縣制與分封制之間採取折衷主義。這似乎是鑒於秦朝短期間內過度集權化導致“孤立而亡”，又要根絕戰國的地域紛爭溫床，不得已推行的一種郡縣與分封兼而有之的郡國制。在消滅了異姓諸侯王之後，分封了9個同姓諸侯王：燕、代、齊、趙、楚、梁、吳、淮南、淮陽，封地大，權力重，儼然獨立王國。這些王國與郡縣同時並存，形成了

“漢併天下”瓦當

奇特的郡國制。這種一國“兩制”，是歷史的倒退，不久就遭到吳楚七國之亂的懲罰。

然而漢高祖畢竟是一個成功的皇帝，他創建的漢朝，存在的時間大致與古羅馬帝國的鼎盛時期相同，在權力威望和歷史影響方面也與古羅馬並駕齊驅。今日中國人自稱為“漢人”，外國人稱中文為“漢字”，都和漢朝的威名有關。

25.黃老思想與文景之治

漢初庶民皇帝、布衣將相的格局，為政治革新提供了可能。

漢高祖劉邦鑒於秦朝用法家理論、政策治國，專任刑法，為政苛暴，導致二世而亡，當然不會繼續採用法家思想。但是，出身低微，憑藉武力打天下的他，一向對儒家持輕蔑態度，常罵儒生是“豎儒”、“腐儒”。秦末高陽儒生酈食其（讀 yìjī）懷才不遇，託沛公（劉邦）麾下騎士引薦，騎士對他說：“沛公不好儒，諸客冠儒冠來者，沛公輒解其冠，溲溺其中。”把儒生的帽子解下來當作夜壺，對儒生蔑視到這種程度，酈食其仍要去謁見他。劉邦在高陽傳舍召見酈食其時，正坐在床邊讓兩個婢女為他洗腳，極其倨傲不恭。戰敗項羽後，劉邦說：“為天下安用腐儒！”透露了他何以總是瞧不起儒生的原因。不過他身邊還是有一些並不死守儒家教條頗知變通的儒生，陸賈、叔孫通便是其中的佼佼者。

劉邦當了皇帝後，陸賈常在他面前稱讚《詩》、《書》，劉邦以為陸賈不明時勢：“乃公居馬上而得之，安事《詩》、《書》！”陸賈申辯道：“居馬上得之，寧可以馬上治之乎？”劉邦以為他言之有理，就讓陸賈總結秦朝之所以失天下的原因。陸賈寫成《新語》十二篇，說秦朝專任刑法是它迅速滅亡的主要原因，因而主張“行仁義，法先王”，其要旨在於以“教化”勸善，以“法令”誅惡，實行“無為”政治：穩定得像沒有什麼事那樣，安靜得像沒有什麼喧鬧聲那樣，有官府而不擾民像沒有官吏那樣，各村各戶過着恬靜的生活像沒有什麼人那樣。結果，劉邦對此十分欣賞。

叔孫通也是一個頗知變通的儒生，他為了不讓劉邦厭惡，放棄儒生的寬袖大袍改穿短裝。漢朝建立伊始，庶民皇帝與布衣將相不知君臣禮儀，諸將又和劉邦同起民間，屬於“腳碰腳”之流，常在大殿上飲酒喧嘩，拔劍擊柱，使劉邦感到“威重不行”，叔孫通就對劉邦說：“儒者難與進取，可與守成。”為此他制訂了一套兼併古禮和秦儀的朝儀制度。叔孫通的朝儀實施後，效果很好，劉邦作為皇帝威風凜凜，不無得意地說："吾乃今日知為皇帝之貴也。"

有鑒於此，漢初統治者需要兼容道、法、儒各家之長的治國理論，黃老之學適逢其會。

黃老之學本是戰國時齊國稷下學宮的一派，是以道為主兼有法、儒的複合思想。這個學派主張，道生法，守道就是遵法，法和禮並用，從而達到"清靜無為"。這種"無為而治"，反映了人民厭惡暴政，渴望寧靜安定的情緒。劉邦之所以欣賞陸賈的"無為"政治主張，原因就在於此。

推行黃老思想的著名人物是曹參。他在擔任齊國相時，謀士們議論紛紜，莫衷一是，聽說有一位蓋公專門研究黃老之學，便把他請來，蓋公說："治道貴清靜而民自定"，曹參照此辦理，齊國果然大治。蕭何死，曹參調到中央繼任丞相，奉行清靜無為思想，"蕭規曹隨"，"舉事無所變更"，"一遵蕭何約束"，無為而治。無為而治，並非無所作為，而是遵照劉邦、蕭何制定的制度、政策，不作更張。當時民謠說："蕭何為法，講若劃一；曹參代之，守而勿失。載其清靖，民以寧一。"劉邦死後，惠帝、呂后時期基本如此。

文帝、景帝時期仍一如既往。文帝本人"好刑名之言"，長期擔任丞相的陳平崇尚黃老之術，文帝的皇后竇氏也好黃老之學，強令其子景帝及其他子弟都讀黃老學派的著作。

曹參像

據《史記．樂毅列傳》說："河上老人教安期生，安期生教毛翕公，毛翕公教樂瑕公，樂瑕公教樂臣公，樂臣公教蓋公。"從河上老人傳到蓋公，已有五代。樂臣公是在趙將滅亡時到齊的高密傳授"黃帝老子之言"的。這個學派的著作久已失傳。1973 年，長沙馬王堆漢墓出土的帛書中，寫在《老子》乙卷前面的《經法》、《十大經》等4種書，就是戰國後期黃老學派的代表作。文帝與皇后竇氏、兒子景帝所讀的黃老著作，可能就是《經法》、《十大經》之類。

文景之治的出現，與黃老思想有着直接的聯繫，為政之道在於"禁網疏闊"、"務在寬厚"、"刑罰大省"。文景之治的另一特徵是輕徭薄賦、與民休息。賈誼和晁錯都認為農業生產沒有恢復和發展的原因有二：一是賦稅徭役太重；二是"背本趨末"。關鍵在於對農業的優惠不足，正如晁錯所說："今法律賤商人，商人已富貴矣；尊農夫，農夫已貧賤矣。"文帝採納他們的建議，在提倡農耕、抑制商人的同時，採取一些具體措施，把漢高祖規定的土地稅十五稅一（即十五分之一），減為三十稅一（即三十分之一），有十幾年還免收此類農田租稅；人口稅由每人一百二十錢減為四十錢；徭役從每年一次減為三年一次。農民得到休息，人口增加，家給人足，出現了前所未有的安定。景帝時依然遵循這種輕徭薄賦與民休息的政策。到景帝的晚年出現了空前富庶的景象——"京師之錢累百巨萬，貫朽而不可校。太倉之粟陳陳相因，充溢露積於外，腐敗不可食"。漢朝的統治之所以能沿襲這麼長，這是很重要的原因。

黃仁宇在《中國大歷史》中指出：中國從公元前一直到20世紀，中央政府能向每個農民直接徵稅，是世界上惟一的國家。這個說法很有意思地揭示了傳統中國社會與世界各國的不同之處，關鍵在於中央集權體制。但直接徵稅必須有一個度，超過這個度，中央集權的王朝就難以維持，從本質上講，輕徭薄賦應該是王朝中央政府的最佳選擇，因為它可以導致家給人足、社會穩定。

西漢前期各代皇帝的才幹、治績，大體是與社會發展狀況合拍的。創業的漢高祖劉邦，是流氓無賴出身的大英雄，豁達大度而又不脫秦漢之際社會下層人物特有的流氣，率領一批草莽好漢、布衣將相打下江山。無為而治的文帝、景帝節儉治國，嬪妃們衣不曳地，宮中帷帳不用紋繡，營建宮室不用金銀銅的裝飾，匈奴發兵進犯，只令邊兵固守，決不發兵追擊，怕打擾百姓。這都是從當時財力不豐、人民不富的實際情況出發的。景帝時寬刑法，減官吏，省徭賦，倡農

漢陶倉

桑，也是從連年遭災歉收，人民衣食困難的狀況着眼的。沒有漢初七十多年的休養生息、積累財富而形成的國力，就不可能有漢武帝的大展宏圖。從漢高祖到漢武帝，一直是在創業—守成—發展的上坡路上前進。

26.漢武帝：中央集權體制的強化

漢高祖在翦除異姓諸侯王之後，分封了9個同姓諸侯王，並且宣佈："非劉氏而立，天下共擊之"，其目的顯然想仰仗劉氏宗室的血緣關係，構築皇權的屏障。為了限制諸侯王國的權力，他規定王國的相、太傅、內史、中尉等官吏必須由皇帝委派。漢高祖逝世後，諸侯王國與中央的矛盾逐漸明朗化，給文帝、景帝帶來了很大的麻煩。這些王國的封地很大，最大的齊國領有七十三縣，而中央的直轄區不過十五郡。王國可以經營鹽鐵、徵改賦稅、鑄造錢幣、任免官吏，獨立傾向日益膨脹。文帝採納賈誼的意見，把一些王國分小，以削弱其勢力，又把自己的兒子封在梁國作為屏障。這當然不能解決問題。

御史大夫晁錯是一位很有遠見卓識的政治家，他向景帝提出"削藩"的主張。他說：現在削藩，諸侯王要反，不削也要反；削則反早禍小，不削則反遲禍大。景帝批准了晁錯的削藩策，採取斷然措施。於是，醞釀已久的諸侯王反叛終於以此為藉口爆發了。

公元前154年，漢高祖的侄子吳王劉濞糾集吳、楚、趙、膠東、膠西、濟南、淄川等七國，發動武裝叛亂。劉濞早就圖謀反叛，取而代之，這時便打出請誅晁錯，以清君側的旗號，向中央攤牌。

吳楚七國之亂被平定後，景帝把王國的行政權、官吏任免權收歸中央，王國的獨立地位被取消，諸侯王成為只有爵位而沒有實權的貴族，王國基本上相當於中央直轄的郡縣了。

漢武帝繼續實行景帝的削藩政策，頒佈"推恩令"，讓王國分割為許多侯國，只能衣食租稅，不能過問政事。從此王國的封地愈來愈小，中央統轄的地盤愈來愈大。漢初郡國制帶來的後果，至此終於消除。

漢武帝劉徹是秦始皇以來又一位雄才大略的皇帝，他的主要貢獻在於，把秦始皇創建、漢高祖重建的中央集權體制進一步強化、完善，建立起空前強大的統一的中央集權大帝國。

第一，漢武帝為了提高皇帝的威權，有意裁抑丞相的職權，提高太尉職權，改

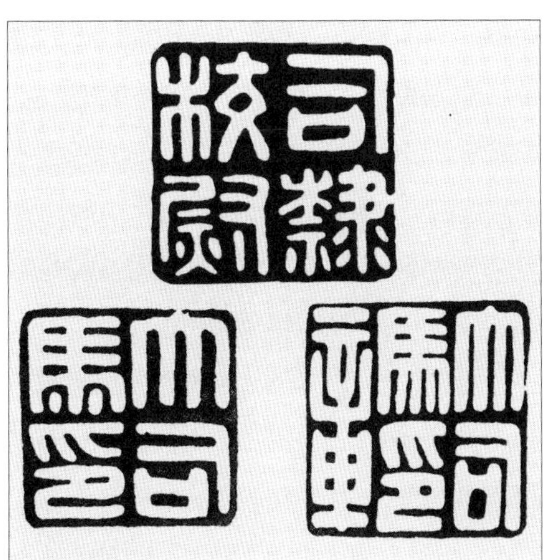

大司馬印

太尉為大司馬，又冠以大將軍稱號，大司馬大將軍分割了丞相的軍權。另一方面，又任命一些高級侍從——侍中、給事中，可以直接與皇帝討論國家大政方針；還參用宦官為中書，掌尚書之職——出納章奏，操持機柄。於是形成一個宮內決策機構，稱為“中朝”或“內朝”，以丞相為首的政府機關則稱為“外朝”，只不過是執行一般政務而已。

第二，漢武帝為了加強對地方的控制，創設了刺史制度，分全國為13部，每部派一名刺史，周行郡國，代表中央負監察之責。這種監察權包括“省察治狀，黜陟能否，斷治冤獄”，以督察郡國守相、強宗豪右為宗旨。秦的郡級政區只有49個（內史和四十八郡），西漢增至108個郡國，要中央直接管理太困難，刺史部的設置便成為解決這一難題最聰明的辦法。刺史部就是監察區，一個刺史部包括若干郡國。然而刺史是小官，俸祿僅六百石，郡國守相是高官，俸祿二千石，以小官監察大官，既防止監察區變成一級行政區，又收到中央管理之效，可謂一舉兩得。

第三，為了改變漢初軍隊分散於全國各地而首都內外並無重兵的狀況，漢武帝設立中央常備兵。先是設立期門軍、羽林軍，選拔隴西、天水等六郡的所謂“良家子”組成；後又訓練陣亡戰士子弟，稱為“羽林孤兒”。中央常備軍的建立，對於中央集權體制具有重要意義，它是歷代王朝“內重外輕”（重中央輕地方）兵制的開創。

第四，漢武帝任命桑弘羊為治粟都尉，實行鹽鐵官營，打擊少數地方豪強操縱鹽鐵經營，把生產與銷售鹽鐵的權利收歸國家壟斷，以加強中央集權的基礎。漢武帝採納桑弘羊的建議，實行平準均輸政策。平準法是由中央政府在首都長安設平準官，接受均輸貨物，按長安市場價格的波動情況，貴賣賤買，從而調劑供需、控制市場。均輸法是由中央政府在各地設均輸官，把應由各地運往首都的物資，由產地運往別處出售，再在別處收購物資易地出售，這樣輾轉販賣，把關中所需物資運至長安。均輸的功用，除了補給軍需供應，支持都市消費，維持倉庫積儲，還包括賑濟災區貧民等內容，即所謂

“流有餘而調不足”。平準均輸政策打擊了商人囤積居奇、哄抬物價，由國家統一調劑運輸，平抑物價。桑弘羊是當時一名理財家，他繼承並發揚了李悝的理論，解決了農產品的市場販賣，維護了農民的利益，而且有利於國家財政收入的增加，這就是所謂“民不益賦而天下用饒”。

由13萬名官員統治近6,000萬人口的漢朝，經過60年的休養生息和一系列改革，國力大增，進入了急劇擴張的時期。漢武帝是雄才大略的皇帝，他在位的半個多世紀，使漢朝登上了頂峰。帝國已強大到足以向邊陲地區及亞洲腹地不斷地發動軍事遠征。從公元前135年至公元前119年，主要的兵力用在對付匈奴的威脅方面，從公元前112年起，又向南方、西南方、東北方進軍。從公元前133年起，在名將李廣、衛青、霍去病等的指揮下向匈奴發起攻勢，不久在西北邊陲設置了朔方郡和五原郡。在此期間，張騫兩次出使西域，完成探索中亞的史詩般功業。秦朝原來的防線向西延伸到敦煌附近的玉門關，為了保衛西北邊境，防止突然襲擊，也為了通商路線得到有效防護，建造了新的長城，直至由酒泉、張掖兩郡組成的前沿陣地。快到武帝晚年時，已明顯地出現了過度使用武力的跡象。皇帝的內兄李廣利對大宛（費爾干納）的戰爭，以敗退敦煌而告終，其後以慘重代價才挽回了一點面子。以後，李陵在深入異域時幾經奮戰而兵敗，李廣利也被匈奴戰敗，像李陵那樣被迫向宿敵投降。

向其他方面的軍事行動顯得較為順利。公元前111年，在雲南和四川設立牂柯郡、越嶲郡；公元前108年，設立益州郡。遠征南越的結果，建立了9個新郡，其中2個在海南島；向東遠征的結果，在朝鮮半島設立了4個郡。

一系列的偉大成就使漢武帝躊躇滿志，忘乎所以，接連不斷地發動了十幾次戰爭，有些是必要的（如對匈奴），有些是不必要的（如對大宛）。大規模的戰爭，先後動員了二百多萬兵力，造成人民無法忍受的苦

馬踏匈奴石雕

難。漢樂府《戰城南》明顯地反映了人民的厭戰情緒。戰爭使國庫空虛，民力衰竭。漢武帝不僅好大喜功，而且奢侈無度，擴建上林苑（皇家花園），開鑿昆明池，建造宮殿幾十處；還不遠萬里率領大批隨從去祭泰山，為此修建了馳道、橋樑、離宮別館。漢武帝元封元年封禪泰山時，先在梁父禮祠地主，接着在泰山下向東方祭天，然後上泰山封祀，又下陰道，禪於泰山下的肅然山，既祭天又禪地。把泰山看作神仙世界的通道與死後世界的都城，反映了漢人對天上世界與地下世界的想像。他先後8次封禪泰山，當他登上泰山頂峰時，漢王朝也在這時登上了世界的頂峰。

27.“罷黜百家，獨尊儒術”

漢初奉行黃老思想，無為而治，最大的貢獻是培養國力，但不適合於統一大帝國的治理。漢武帝反對無為，主張有為。為了從意識形態方面維護中央集權體制，漢武帝採納儒家出身的官僚建議，罷黜百家，獨尊儒術。

文帝、景帝時期，由“無為”到“有為”，由道（黃老）到儒的轉化已在悄然進行。建元元年（公元前140年），漢武帝即位，這位年僅16歲的少年皇帝頗想有所作為，接連3次下詔向有識之士策問古今治亂之道和天人關係等。景帝時曾任博士的大儒董仲舒，援引《春秋》“大一統”理論，在三次上書對策——即所謂“天人三策”中，提倡以思想大一統來保持政治大一統。《春秋公羊傳》隱公元年條說：“何言乎王正月？大一統也。”（此處“大”是動詞，意為尊崇）董仲舒由此發揮道：“春秋大一統者，天地之常經，古今之通誼也。今師異道人異論，百家殊方，指意不同，是以上無以持一統，法制數變，下不知所守。”因此，他主張凡“不在六藝之科，孔子之術者，皆絕其道，勿使並進”。所謂“六藝之科”，就是儒家的《詩》、《書》、《禮》、《樂》、《易》、《春秋》，也就是“孔子之術”。董仲舒的意思是要運用政權力量禁止其他各家學說與儒家學說“並進”。漢武帝對此十分欣賞。丞相衛綰也上書，主張罷黜“治申、商、韓非、蘇秦、張儀之言”。由於崇尚黃老思想的竇太后（武帝祖母）極力反對，一時無法實施。

建元六年（公元前135年），竇太后死，在武帝的鼓勵下，儒家思想重新抬頭。武帝啟用“好儒術”的田蚡為相，放手讓田蚡把不研究儒家經典的太常博士一律罷黜，把黃老刑名等百家之言排斥於官學之外，以優厚

《劉邦祭孔圖》

待遇延攬儒生數百人進入政府，這就是所謂“罷黜百家，獨尊儒術”。武帝為了表彰儒學，立五經博士（專門研究《詩》、《書》、《禮》、《易》、《春秋》的博士），儒學從此成為官學。他根據董仲舒、公孫弘的建議，在首都長安建立太學（國立大學），教授五經，從學官弟子裡選拔官吏。凡郡國俊才年18歲以上，可保送至太學為博士弟子，學習1年以上可參加考試，甲科者為郎中，乙科者回原郡國為吏。他還令丞相設4科，來闢舉“異德名士”，試用合格即授予官職。此外又不定期地“舉賢良”，由他自己出題策問，應舉者如對策得當即可授予官職。衡量的標準當然是儒家的經典。後來，郡縣都設立學校，配備經師，教授儒家經典。經學成為“學而優則仕”的工具，經學特殊地位的確立，顯示儒學的官學化正在逐步形成。近年來，日本學者福井重雅在《董仲舒對策的基礎研究》等論文中，對傳統說法提出異議，認為董仲舒第三策答問中那一段話（即“不在六藝之科，孔子之術者，皆絕其道，勿使並進”），不可能在建元五年（前136年）春“置五經博士”之前提出，因此這個對策的尊儒政策與五經博士的設置是全無關係的。中國思想史上最著名的儒教國教化問題，必須從別的視角導出新的解釋。這是值得注意的新動向。

注釋與闡述儒家經典的經學作為一門政治色彩極為濃重的正統學問，成為知識份子關注的焦點。從漢武帝起，歷代帝王所需要的儒術或經術，主要是用儒家經典的語言包裝的統治術。他們只承認本朝開創或修訂的制度符合天道，留給經學家的任務只是對此加以論證，以符合孔子所憧憬的不變的天道。董仲舒在“天人三策”中就說天和道都不會變，需要尊崇的是孔子的術，因為孔子最反對變更現存的統治秩序。後來擔任宮廷首席教師的經學家夏侯勝說，通曉了經術，獲得高官厚祿就像從腳底下揀起一粒菜籽那樣容易。因為太學裡五經博士對弟子的教育，都把“通經”——通曉官方核准的經典及其標準詮釋看作實現“致用”的主要途徑，即把善於附會經典所記的聖賢言論，為現政權進行辯護、粉飾，當作明白“經術”的考試標準。

由於這種特殊的政治背景，漢武帝以來，經學日趨昌盛，太學中的博士就是專治一經的經師，他們以詮釋儒家經典為終身職業，皓首窮經，搞章句之學，一字一句的注解十分煩瑣，一部經典的正文篇幅不大，解釋它的文字竟長達百餘萬言。由於功名利祿之所在，人們樂此不疲。博士弟子由武帝時的50人，遞增至成帝時的3,000人、東漢順帝時的3萬人。經學內部也分化出不同的派別——經今文派與經古文派的爭論。原先博士講解儒家經典所用文本，是用“今文”——當時通行的文字(隸書)書寫的。漢武帝所立“五經”十四博士，都是今文經學家，由於當時通行全國，沒有必要標明“今文”的名稱。所謂古文，又稱籀文，也稱大篆，漢代已不通行。這些用古文書寫的儒家經典文本，是漢武帝末年魯共王劉餘為擴建宮殿拆毀孔子故宅，在孔府牆壁中發現的，有古文《尚書》、《禮記》、《論語》、《孝經》等，孔子的後代孔安國向漢武帝獻書，希望立於學官。到哀帝時，從事校勘群書的經學家劉歆向哀帝提出應當把古文經立於學官，作為太學中的教材，引起了一場爭論，形成了今文經學與古文經學兩大流派。今文經由官方在學校正式傳授，古文經則在民間私人傳授。

董仲舒是春秋公羊學大師，專門研究公羊高的《春秋公羊傳》，聲稱他的學說都是從這部經典中推導出來的。其實他所寫的《春秋繁露》一書，吸收了當時頗為流行的陰陽家的陰陽五行學說，重新解釋了《春秋》的微言大義，闡發“天人感應”思想。通過在天空或地上顯示奇異的天象，天能向它的兒子——天子即皇帝——指出他施政不當的性質和程度。因此地必須服從天，卑必須服從尊，下必須奉上，臣必須忠君，這就是“禮”。禮的原則主要是“以人隨君，以君隨天”，“屈民而伸君，屈君而伸天”。董仲舒的尊君與大一統主張，最直接地反映了漢武帝時代中央集權帝國的政治需求。具體化為倫理道德，便是“三綱”：君為臣綱、父為子綱、夫為妻綱，以及“五常”：仁、

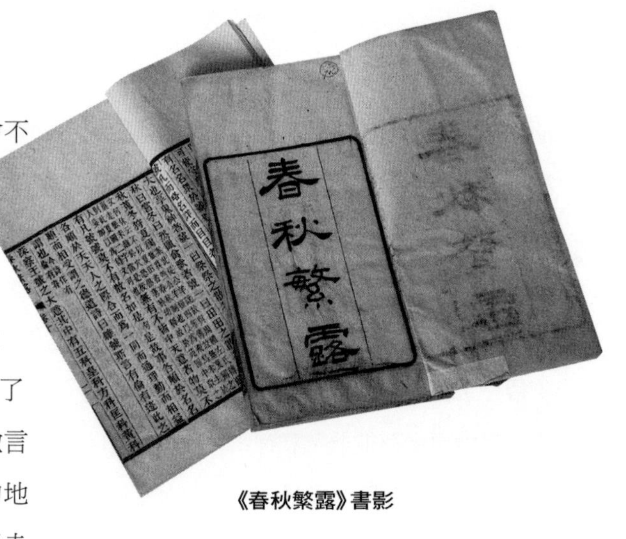
《春秋繁露》書影

義、禮、智、信。三綱五常對於整合社會不同階層的價值觀，對於農業社會人們的安身立命，提供一個可資利用的行為規範和心靈歸依。董仲舒認為儒家經典都是王道，而《春秋》則是“王道之大者”，包含了萬事萬物興衰的道理，規範了政治秩序、人倫道德。他把《春秋》的微言大義系統化，提高了《春秋公羊傳》的地位，神化孔子和《春秋》。董仲舒使儒學走上了宗教化的道路，成為儒教。西方漢學家稱董仲舒是“儒家的第一個神學家”，是不無道理的。

漢武帝獨尊儒術，其實是有保留的，對諸子百家也不是一概罷黜，《史記・龜策列傳》說：“今上（武帝）即位，博開藝能之路，悉延百端之學，通一伎之長，咸得自效，絕倫超奇者為右，無所阿私。”這段話反映了漢武帝對“百端之學”是寬容的。他所用的大臣，大多是既精通儒術又深知刑法的人。奉行黃老思想的汲黯曾當面揭穿武帝表彰儒術是“內多慾而外施仁義”，實際是儒表法裡。明末清初的思想家王夫之在《讀通鑒論》中對此作這樣的評論：汲黯“責武帝之崇儒以虛名而亡（無）實”。儒表法裡也是後世統治者的治國秘訣。漢元帝在做太子時，見其父宣帝“所用多文法吏，以刑名繩下”，便諫道：“陛下持刑太深，宜用儒生。”宣帝勃然變色斥責道：“漢家自有制度，本以霸王道雜之，奈何純任德教，用周政乎？”從中透露出所謂獨尊儒術的背後，“王道”與“霸道”即儒與法並用的秘密。個中奧妙頗堪尋味。運用政權力量控制意識形態，其實是法家的發明，商鞅、韓非、李斯都精於此道，秦始皇據此以鎮壓的手段控制意識形態，卻不成功。漢武帝則用另一種方式來統一思想——以仕宦之路來引誘，凡是不屬於“六藝之科，孔子之術”的，都杜絕其仕進之途，他立五經博士，開弟子員，設科射策，就是“勸以官祿”。此後一百多年，“傳業者寖盛，支葉蕃滋，一經說至百餘萬言，大師眾至千餘人，蓋祿利之路然也”。由於利祿之路的引誘，儒家教化逐漸普及，取得了極大的成功。

費正清、賴肖爾在《中國：傳統與變革》中對此也發表了中肯的評論：漢武帝差不多像秦始皇一樣是一個完全信奉法家的君主，可是人們一般認為在他統治時期儒學成為中國宮廷中佔統治地位的哲學。實際上儒學的勝利是一個延續整個漢代的緩慢過程，而獲勝的儒學是古代哲學和當時迷信的奇特混合物，根本不是孔子、孟子的純粹倫理說教。

28.王莽託古改制

好大喜功的漢武帝，轟轟烈烈的一生以悲劇告終，由於征伐匈奴的慘敗，國內又呈現饑饉動亂景象，他的晚年是在懺悔痛恨中度過的。公元前87年，漢武帝巡行到周至，一病不起，在他虛度70歲以後，永辭了他統治了54年的帝國，靜靜地躺在長安西北宏偉的茂陵地宮裡。繼位的是年僅8歲的昭帝劉弗陵，大司馬大將軍霍光等大臣按武帝遺詔輔政。由於同時輔政的金日磾（讀mì dí）之死、上官桀被處決，形成霍光一人代小皇帝攝政的局面。昭帝8歲即位，在位13年，死時還只有21歲，一切政務全由霍光裁決。當霍光的女兒成了昭帝的皇后之後，霍光不僅是大權獨攬的攝政大臣，而且是對內廷有舉足輕重影響的外戚，從此開啟了外戚干政的先例。不過，他與後世專擅朝政的外戚不同，頗有政治家的遠見卓識。他的攝政時代與好戰的武帝時代適成鮮明對照，以節約財政開支為特徵，20年間不斷減稅，對匈奴的政策由征戰轉變為和平交涉。

元平元年（公元前74年），昭帝去世，霍光擁立漢武帝的曾孫（武帝太子劉據的孫子）劉病已為帝，是為宣帝。霍光死後，宣帝親政，奉行王道與霸道並用的治術，一方面減免農業稅、人口稅，以及貧困戶的徭役，另一方面"信賞必罰，綜核名實"，以文法吏和刑名術監督各級官吏。他是武帝以後惟一能守成並稍有建樹的皇帝，一度曾出現了所謂小康中興局面。不過他也敏銳地預感到漢家天下將要敗在篤信儒術、優柔寡斷的兒子手裡。事實確實如此，昭宣時代尚能維持武帝時鼎盛局面，以後相繼即位的元帝、成帝、哀帝、平帝，一代不如一代，終於導致外戚在宮廷政治中作用逐漸擴大，王莽篡奪政權就是這種形勢的產物。霍光攝政時外戚已初露鋒芒，宣帝視霍氏家族如芒刺在背，霍光死後兩年，由於陰謀告發，奪去了其妻子、家族多人的性命，當時盛傳："威震主者不畜，霍氏之禍萌於驂乘。"但外戚在宮廷政治中的支配地位沿襲不變，不過由霍氏變為王氏而已。王氏的外戚地位源於漢元帝的皇后王政君，即王莽的姑母。元帝死後相繼即帝位的成帝、哀帝、平帝都是元帝之子，而成帝是王皇后所生，因此成帝時皇太后王氏的兄弟五人同日封侯，顯赫一時，擔任大司馬大將軍，輪流執政。王莽憑

王莽貨幣

藉王家聲勢，廣泛結交權貴和經師，顯出一副“謙恭儉樸”、“勤學博覽”的儒雅風度，博得人們的好感。他當了大司馬不久，哀帝即位，外戚丁、傅二家得勢，王莽罷官，閉門韜晦。哀帝死，幼小的平帝即位，王太后臨朝，王莽以大司馬大將軍身份掌握了大權，嗾使一些大臣建議立他的女兒為皇后，使他以大司馬大將軍兼國丈的特殊地位牢牢地控制了朝政。平帝死，王莽一手包辦，擁立2歲的孺子嬰當皇帝，自己稱為“攝皇帝”。公元8年，王莽篡位，自立為帝，改國號為“新”，從此新朝取代了漢朝。

王莽步入政壇到當上新朝的皇帝，花了31年時間，他取得了成功。由於《漢書》是東漢的官方欽定正史，把“篡漢”的王莽寫成亂臣賊子，把篡漢前的王莽言行一概斥為虛偽做作。其實王莽在攝政時的不少作為頗有可以圈點之處。例如，當時官場貪贓枉法成風，王莽非但不貪，還一次次把自己的錢財分給下屬、貧民，甚至連俸祿也常用於救困扶貧，自家生活很清苦，夫人穿得像僕人；又如他的兒子殺死一個奴婢，王莽竟逼他自殺，怎麼不令百姓感激涕零！王莽處處以周公為榜樣，國人也把他當作周公看待。

然而，漢朝遺留下來的社會問題十分嚴峻地擺在王莽面前，為了擺脫困境，他進行了一系列的改革。這種改革着眼點不是向前看而是向後看，被史家稱為“託古改制”，其一切理論根據就是一部儒家經典《周禮》。王莽言必稱三代，事必據《周禮》，為他提供經學依據的就是西漢末年經學大師劉向的兒子，後來成為新朝“國師公”的劉歆。還在平帝時，王莽就支持劉歆，把古文經立於學官，設博士官；又叫劉歆依據《周禮》建立明堂——一種用於“正四時，明教化”的上圓下方建築，還建立稱為“闢雍”的祭祀場所。王莽篡漢後，劉歆成為四輔臣之一，任為國師，位居上公，用古文經學為新朝建立一套不同於今文經學的理論，用來託古改制。

託古改制所面臨的首要問題便是長期困擾社會的土地問題和農民問題，即土地兼併及其所帶來的貧富兩極分化問題。早在漢武帝時董仲舒就把當時出現的“富者田連阡陌，貧者無立錐之地”的貧富兩極分化，歸結為井田制廢除後土地可以買賣的結果。他的理想是恢復井田制，鑒於井田制一時難以恢復，他提出一折衷方案——“限民名田”。所謂“名田”即“占田”，限民名田即限民占田，目的在於抑止土地兼併。在土地私有並可以買賣的前提下，企圖限民名田，不過是經學家閉門炮製的平均主義理想，化作泡影是必然的。哀帝時的輔政大臣師丹重複董仲舒的理論，再次提出限田建議，得到哀帝許可，丞相孔光、大司空何武制定了限田限奴婢的具體條例，引起一陣社會震動後，終於不了了之。

王莽改制的步伐比董仲舒、師丹、孔光之流更大，不僅是限田，而且是恢復井田

漢四神瓦當

制。他在始建國元年（公元9年）頒佈的詔令中，宣佈“更名天下田曰王田”，即取消土地私有制，一律收歸國有，按照《周禮》所描繪的井田制，重新平均分配，人均不得超過100畝，禁止買賣；並且嚴厲地規定：“敢有非井田聖制，非法惑眾者，投諸四裔，以禦魑魅”。這種倒退的主張本身就注定了它是沒有出路的，如果按照井田制重新分配土地，全國的耕地遠遠不夠分配，何況土地的私有和買賣是當時蓬勃發展的小農經濟的基礎，符合歷史前進的趨勢。倒行逆施得不到社會上任何階層的支持，王莽不得不在王田令頒佈的第三年再次頒佈詔令，宣告“王田”可以買賣，不再依法處理，實際是承認土地國有化改革的破產。

在土地國有化改革的第二年，王莽根據劉歆的建議，推行一系列政府控制工商業的改革，其理論根據依然是《周禮》。改革的具體措施是“五均六管”。所謂“五均”的要點是：在長安、洛陽、邯鄲、臨淄、宛、成都等大城市設五均官，代表國家對工商業經營和物價進行控制，包括平抑物價，用成本價收購滯銷農副產品，經營賒貸等。所謂“六管”的要點是：把鹽、鐵、酒、五均賒貸、名山大澤、鐵布（幣）銅冶等6種經濟事業改由政府經營，實即國家專賣。五均六管並不是新發明，它是漢武帝時代平準均輸、鹽鐵官營的擴大化，其本意是想重農抑商，但是官商行為違背市場規律，成為政府與商人爭利的手段。何況主持五均六管的都是大商人出身的官員，惟利是圖的本性促使他們營私舞弊，搞得一團糟，迫使王莽不得不在垮台前一年宣佈廢除這項改革。

此外，王莽按照《周禮》改革幣制，把早已失去貨幣功能的原始貨幣重新推向市場，把貨幣分成五物（指金、銀、銅、龜、貝等5種幣材）、六名（指黃金、銀貨、龜幣、貝幣、布、泉這6種名稱）、二十八品（指28種貨幣的交換幣值），一方面行不通，另一方面換算比值不合理，搞得幣制混亂不堪。他還按照《周禮》，大改官制、官名，甚至分封了兩千多個公、侯、伯、子、男，連官吏都搞不清楚那麼複雜的名稱，使政府機構難以動轉，貪污成風。

王莽企圖按照儒家經典重建一個“大同”世界，一勞永逸地解決長期棘手的土地兼併、貧富不均、商人盤剝農民等社會問題。然而，要解決社會問題，倒退是沒有出路的，倒行逆施的結果，不但無助於社會問題的解決，反而使它更加激化，加深了社會危機，引來了赤眉、綠林起義。王莽所建立的“新”朝，只存在了短短的十幾年，如同流星般迅即消逝。王莽的悲劇在於，“託古”與“改制”本身就是自相矛盾的，他把儒家經典中盡善盡美的理想主義當作改革社會的藍圖，必然要碰得頭破血流。值得深思的是，當他山窮水盡必死無疑時，竟然還有千餘人自願與他同歸於盡。光武中興後，在東漢史臣的筆下，王莽終於成了西漢腐敗政治的替罪羊。因此對於王莽的描繪眾說紛紜：帝位篡奪者，最大的偽善者，輿論的操縱者，理想主義者，改革者，革命家等等，莫衷一是。著名學者胡適甚至認為王莽是"一千九百年前的社會主義皇帝"，他的失敗是因為這樣的人過早地在中國出現。美國歷史學家畢漢斯（Hans Bielenstein）認為這是一種"浪漫主義的非歷史性的解釋"。他指出，王莽不是班固《漢書》所說的那個無能、狡猾、偽善和妄自尊大的蠢人，從積極方面衡量，王莽是機智而能幹的；從消極方面衡量，王莽不過是一個過分依賴古文經學的有點迂腐的儒生。

29.光武中興

當反對王莽的綠林軍起義後，身居南陽的皇族劉縯、劉秀打着"復高祖之業"的旗幟，組成一支舂陵軍，響應綠林起義。此後，又有一支赤眉軍起義。公元25年，赤眉軍逼近長安時，劉秀在鄗縣（今河北柏鄉北）縣城南面的千秋亭，即帝位（漢光武帝），宣告光復漢朝，以這一年為建武元年。不久，劉秀攻下洛陽，在此定都。史家把以長安為都的前漢稱為"西漢"，把以洛陽為都的後漢稱為"東漢"。

劉秀，字文叔，南陽郡蔡陽縣（今湖北棗陽西南）人，漢高祖八世孫，他的六世祖長沙王劉發是景帝之子，劉發子劉買封為舂陵侯。到他父親劉欽時，家道中衰，劉秀隻身闖蕩社會，進入太學，專心攻讀《尚書》，回鄉後又經歷了種種生活磨難，為他日後崛起提供了良好的基礎。劉秀重建漢朝，天下從亂走向治，從紛爭走向統一，江山依舊，景況大變。王莽改制留下一個爛攤子，加之連年的內戰，使元、成、哀、平以來不景氣的社會，至此變得凋敝不堪，重建的漢朝已今非昔比。劉秀原本是一個沒有太大理想的平庸之輩，他少年時代雖曾遊學京師，頗想躍登龍門，不過他的願望只是"作官當作執金吾，娶妻當娶陰麗華"。執金吾是督巡京師的治安長官，朝中的三流官而已。陰麗華是南陽富家女、絕色美人，後來真的成了他的結髮妻子。他起兵成功，當上了東漢的開國皇帝，是他自己也不曾料到的。因此鞏固權位便是他考慮的首要問題，顯示了他大智若愚的膽識才幹，遵循"以柔道治之"的方略，創造了光武中興的業績。劉修明《從崩潰到中興》把他的治術概括為：簡政以安民，進賢以勵治，集權以統

東漢牛耕畫像石拓片

一，是極其精當的。

所謂“簡政”，就是“解王莽之繁密，還漢世之輕法”，廢除王莽的繁苛法令，恢復漢初的法簡刑輕，以達到“務用安靜”的局面。為此，屢次發佈大赦令，平反冤獄，釋放犯人。光武一朝刑法寬鬆，社會安定。簡政另一方面是裁減機構與官員，裁減了十分之一的郡國，四分之一的縣級區劃，十分之九的官員，節省了財政開支，減輕了社會負擔。

所謂“進賢”，就是健全人才選拔制度。首先恢復漢初的賢良方正制度，選拔官吏；其次把徵闢制度加以發展，“徵”即皇帝下詔特徵某人為官，“闢”即地方官推薦某人為官。為了防止舞弊，下詔以“四科”取士，一為品德高尚，二為博通經史，三為熟悉法令，四為能力才幹。劉秀“理國以得賢才為本”的原則，為東漢王朝網羅了一批有用之才，他求賢若渴，誠意邀請隱居山野的老同學嚴光（字子陵）到京都洛陽擔任諫議大夫，嚴光不為所動，回到故鄉，在富春江畔垂釣，頤養餘年，一時傳為佳話。

所謂“集權”，就是繼承並發展漢武帝強化中央集權體制的方針。其一，西漢末年，把刺史改稱州牧，職權不變，仍無一定的治所，劉秀定制，州牧復稱“刺史”，且有固定的治所。為了澄清吏治以達到集權的目標，向12個州派出12名刺史，以“六條問事”，每年年底回京報告，中央據此對地方官作出升降任免的決定。但是刺史權力過大，並且有了固定的治所，使州成為一級政區，為日後地方割據埋下了禍根，是始料不及的；其二，通過尚書台控制中央政府，削弱三公（太尉、司徒、司空）的職權，使之成為虛位，不授予實權，日常政府事務由尚書台處理，直接對皇帝負責。因此仲長統說：“政不任下，雖置三公，備員而已”。不過三公仍享有秩祿萬石的優厚待遇，握有實權的尚書令秩祿只有千石，正所謂一個有位無權，一個有權無位，目的在於杜絕臣下作威作福。皇權的加強，相權的削弱，在東漢前期正面效應是明顯的，到了東漢後期皇帝無能，其負面效應便凸顯而出，終於導致外戚、宦官輪流挾主專權的後果，這也是當初始料不及的。

劉秀面臨西漢末年的棘手社會問題——限田限奴婢，也就是限制土地兼併以及農民淪為奴婢的問題，王莽作了嘗試沒有成功，他力圖以另一種方式來解決它。在東漢初建的十幾年中，他六次下詔解放奴婢，三次下詔禁止虐殺奴婢，收到了明顯的成效。但是在解決土地問題時卻遇到強大的阻力。建武十五年（公元39年），光武帝下詔"度田"，即命州郡地方官檢核墾田頃畝及農民戶口年紀，如地方官誇大報告戶口、墾田實績，坐度田不實之罪。這是鑒於當時"天下田多不以實，又戶口年紀互有增減"，致使國家賦稅收入受到損失這一實際情況，而制訂的一項抑制豪強地主的措施。很明顯，檢核墾田頃畝對豪強地主不利，他們百般阻撓；地方長官或懾於豪強的壓力，或出於自身利害的考慮，並不認真度田，故意擾亂，出現了地方官"優饒豪右，侵刻羸弱"的不公平現象，以及虛報度田實績的欺瞞現象。京師洛陽及皇室發祥地南陽抗拒度田的勢力最大，地方官束手無策。光武帝在批閱度田報告時，見陳留吏牘上寫道："潁川、弘農可問，河南、南陽不可問。"便詰問緣故，官員答道："河南（即洛陽）帝城多近臣，南陽帝鄉多近親，田宅逾制，不可為準。"一語道出了近親、近臣這些最大的豪強地主，儘管田宅逾制，但無法檢核的尖銳矛盾。光武帝頗不以為然，派遣官員考察屬實後，以

劉秀像

"坐度田不實罪"，處死了有關郡守十餘人。虎頭蛇尾，以後還是不了了之，墾田頃畝並未檢核清楚。度田雖然沒有根本解決土地問題，但對於促進荒地的開墾還是有作用的，建武十八年（公元42年）汝南太守開墾鴻卻陂數千頃，不僅郡內殷富，而且利及他郡，便是最顯著的事例。

"光武中興"還表現在文治上。文治的核心是對教育的重視，這使他成為中國歷史上少數幾個重視文治的帝王中的佼佼者。建國之初，他就下令恢復漢武帝的五經博士，《易》立四博士，《尚書》立三博士，《詩》立三博士，《禮》、《春秋》各立二博士，

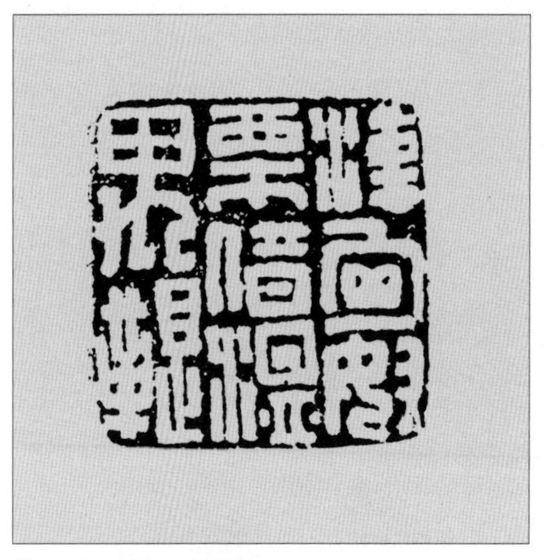

漢匈奴栗借溫禺鞮印章

共14博士，分別教授學生，並在洛陽建立大量圖書館，諸如闢雍、東觀、蘭台、石室等，營造文化氛圍。在此基礎上新建國立大學——太學。由國家獎勵學問是從西漢開始的，太學始建於漢武帝。光武帝新建太學，規模更大。今洛陽太學遺址有兩處：一處東西長200米，南北寬100米；與此鄰近的另一處南北長200米，東西寬150米，有內外講堂各1座，講堂長10丈、寬8丈，講堂附近建有太學生宿舍。太學生稱為"博士弟子"或"弟子"，也稱"諸生"，每年都要考試——射策和對策。與首都的太學相呼應，各地都辦了地方學校——郡國學。全國上下重視教育蔚然成風。

劉秀本人精通經學，也愛好讖緯。漢朝思想的主要特點是儒家學說與陰陽五行學說相結合，以一種神秘主義的方式解釋五經，於是形成了一種讖緯之學。讖是偽託神靈的預言，常附有圖，也稱圖讖；緯是與經相對而得名的，是假託神意解經的書。讖緯之學出現於西漢末年，當時流傳讖緯圖書35種，東漢初年更為盛行，讖緯圖書增至81種。劉秀不僅稱帝時利用讖緯《赤伏符》，證明做皇帝合乎天命，而且在施政用人時也要引用讖緯，幾乎言必稱讖，事必依緯。中元元年（公元56年），光武帝宣佈圖讖於天下，使讖緯成為與五經具有同等地位的法定經典。為此，他下令在洛陽建造宣揚讖緯之學的禮教性建築——明堂、靈台。明堂是宣明政教的場所，朝會、祭祀、慶賞、選士、養老等重大典禮都在此舉行，坐落於洛陽平城門外，建築呈上圓下方，有九室、三十六門、七十二窗。在這裡，自然宗教與國家禮儀互相融合，互為表裡。靈台是天文觀測台，在平城門外明堂大路西側，東對明堂，它的功能遠遠超越了觀測日月星象，而與國家命運相關連。

中元二年（公元57年），光武帝還沒有來得及祀明堂、登靈台，就與世長逝。他的中興大業為明帝、章帝所繼承，水利專家王景治理黃河，出現了八十多年沒有災害的盛況，又解決了匈奴侵擾問題，使南匈奴歸附中原；班超出使西域，穩定了邊境形勢。他開創的東漢王朝，延續了196年。

30.清議與太學生運動

明帝、章帝時代中興氣象繼續發展，和帝以後，中興氣象消失，由盛轉衰，外戚與宦官專權是一個關鍵。光武帝為了加強皇權、削弱相權，除了以尚書台控制中央機要，還在宮中任命一些宦官擔任中常侍、黃門侍郎、小黃門、中黃門等官職，傳達皇帝的詔旨，批閱尚書進呈的公文，使宦官權力陡然膨脹。從和帝以後，東漢的皇帝都是幼年繼位，由母后臨朝聽政，而皇權加強、相權削弱，恰恰為外戚、宦官挾主專權提供了方便。

和帝10歲即位，竇太后臨朝，她的哥哥竇憲以大將軍出任侍中，掌內廷和外朝大權，他的3個弟弟同時封侯，掌握機要，竇氏黨羽都成了朝官或守令，劉家天下幾乎成了竇家天下。深居宮中與內外臣僚隔絕的和帝，利用宦官鄭眾掌握的部份禁軍，翦除了竇氏勢力。和帝為了酬謝鄭眾，封他為侯，讓他參預朝政，開創了宦官封侯專權的先例。和帝死，臨朝稱制的鄧太后不立和帝長子劉勝，而立才1歲的劉隆為殤帝，不到一年殤帝死，鄧太后又立13歲的藩王劉祜為安帝，掌實權的是鄧太后和她的兄弟鄧騭。鄧太后死，安帝利用宦官李閏、江京翦除鄧氏勢力，而皇后閻氏的兄弟閻顯等人也身居要職，形成宦官與外戚共同專權的奇特局面。安帝死，宦官孫程等擁立11歲的濟陰王(被廢的太子）劉保為順帝，殺閻顯，把持朝政。順帝為了抑制宦官，先後任命皇后梁氏之父梁商及其子梁冀為大將軍。順帝死，梁太后與梁冀先後立沖帝、質帝、桓帝，梁冀專擅朝政達20年。桓帝利用宦官單超等人翦除梁氏之後，宦官獨攬朝政，“手握王爵，口含天憲”。

如此循環往復，外戚和宦官走馬燈似地交替把持朝政，結黨營私，謀取小集團的利益，政治日趨腐敗。外戚與宦官爭奪權力的爭鬥，都拉攏一批官僚為幫手，形成朋黨。當時的士人通過察舉、徵闢進入仕途，官僚利用察舉、徵闢的權力，與被舉、被闢的門生故吏結成集團。一些累世專攻一經的官僚世家，門生故吏遍天下。於是，外戚、宦官與世家大族糾合在一起，左右政局。

官僚士大夫中也有一批獨立不羈，不隨波逐流的人，他們品評人物、抨擊時弊，號稱“清議”，在腐敗成風的當時，起到了激濁揚清的作用。順帝陽嘉二年（公元133年），洛陽發生嚴重地震，順帝下詔求言，李固在對策中直陳外戚宦官專權之弊，批評梁氏家族的顯赫權勢，建議削奪外戚的權力，還政於帝；他還注意到宦官權力太大，應該防止他們利用權力達到營私的目的。太史令張衡也呼籲應把威權歸還給天子。順帝漢安元年（公元142年），御史張綱與其他7名官員奉命分巡州郡，檢查地方工作，其他7人皆出赴任，他獨埋其車輪於洛陽都亭，感歎道："豺狼當路，安問狐狸？"立即上疏奏劾大將軍梁冀及其弟河南尹梁不疑，京師為之震動。

順帝時太學生多至三萬餘人，他們熟讀經書，又關心時政，在輿論上支持清議派，因而太學自然成為清議的中心。桓帝永興元年（公元153年），冀州刺史朱穆彈劾貪污的地方官以及宦官黨羽，遭致貶官。太學生劉陶等數千人遊行到皇宮，上書請願，迫使桓帝赦免朱穆。兩年後，劉陶還上書把當前政治腐敗的原因部份地歸咎於皇帝本人，當今皇帝生活在閉塞狀態之中，完全不瞭解國情。他請求皇帝注意秦朝之所以滅亡是由於皇帝喪失了權力，為了扭轉局面，他建議讓正直的官員掌握中央的權力。他知道這種直言勸諫決不會被採納，不無感慨地寫道："臣敢吐不時之義於諱言之朝，猶冰霜見日，必至消滅。"靈帝時他出任諫議大夫，依然保持太學生時代的鋒芒，上疏直陳"當今要急八事"，認為"天下大亂，皆由宦官"，遭宦官詆毀，下獄而死。

在標榜名教的太學生看來，國家命運繫於閹宦之手是奇恥大辱。由於宦官專權，賄賂公行，原先的察舉徵闢制度遭到破壞，太學生、郡國生徒的陞官途徑受阻，使他們憤憤不平，抨擊諷刺道：

舉秀才，不知書；
察孝廉，父別居。
寒素清白濁如泥，
高第良將怯如雞。

太學生最為推崇的官僚，是敢於反對宦官的李膺、陳蕃、王暢等人，這從他們品評這些官僚的評語中流露得淋漓盡致："天下模楷李元禮（膺）"，"不畏強御陳仲舉（蕃）"，"天下俊秀王叔茂（暢）"。李膺作為"清議"派首領，抨擊弊政不避怨嫌，"自公卿以下莫不畏其貶議"，他與太學生領袖

《熹平石經》局部

郭泰等結交，反對宦官專政，被人誣告“養太學游士，交結諸郡生徒，更相馳驅，共為部黨，誹訕朝廷，疑亂風俗”。延熹九年（公元166年）桓帝按照宦官的要求，下令逮捕李膺及其“黨人”二百多人，由於外戚竇武出面援救才於次年赦免回鄉，但禁錮終身，不許為官。這是第一次“黨錮”。

當時社會輿論都同情“黨人”，清議派把那些遭迫害的仁人志士稱為“三君”、“八俊”、“八顧”、“八及”、“八廚”，引為社會楷模。史書上說：“海內希風之流遂共相標榜”。“黨人”范滂出獄還鄉，南陽士大夫都出城迎接，車輛達幾千輛之多，顯然把他視作衣錦榮歸的英雄。度遼將軍皇甫規以不在黨籍為恥，竟上表自請依“黨人”治罪。可見在昏天黑地的年代，社會的良知並未泯滅。

桓帝死，幼小的靈帝即位，竇太后臨朝，外戚竇武以大將軍身份掌權，與太傅陳蕃合作，起用被禁錮的“黨人”，企圖一舉消滅宦官勢力。宦官發動宮廷政變，劫持竇太后，挾制靈帝，竇武兵敗自殺。陳蕃率僚屬及太學生八十多人，衝入宮門，被捕後死於獄中。宦官乘機誣告“黨人”謀反，大肆逮捕，甚至牽連到妻子兄弟朋友，凡是“黨人”的門生、故吏、父子兄弟及其親屬，都免官禁錮。這是第二次黨錮。

上述中國歷史上第一次帶有黨派色彩的政治鬥爭，也是第一次出現的學生運動，李膺、陳蕃、劉陶等人不畏強暴、伸張正義的氣概為後人所景仰，正如《後漢書》所說：“咸能樹立風聲，抗論昏俗，而驅馳險厄之中，與刑人腐夫同朝爭衡。”

黨錮案毫無疑問是冤假錯案，“黨人”們的遭遇表明，早在1,800年前就存在權力與輿論、政治與道德的對立和背離。政治權力可以剝奪士人們的官職、財產、自由乃至生命，卻無法左右輿論，更無法改變士人們的信仰。在與強權鬥爭中，士人們的人格尊嚴、道德感召力，淋漓盡致地顯露無遺。

31.The Silk Road——絲綢之路

“絲綢之路”這一名稱，是德國地理學家李希霍芬在1877年出版的《中國》一書中首先提出的，譯成英文便是The Silk Road。1910年，德國歷史學家赫爾曼在《中國和敘利亞之間的古絲路》一書中，把絲綢之路延伸至地中海西岸。19世紀末～20世紀初，外國探險家在中國西北地區發現大量與此有關的遺跡、遺物，使研究絲綢之路成為一門專門學問。

漢朝不僅農業有長足進步，手工業也令

人刮目相看，紡織業尤其如此。男耕女織的農民家庭手工紡織業，多半生產蔴布、葛布、絹帛，產品部份自給，部份作為商品出售。一些城市有發達的手工業作坊，從事大規模生產，製作各種精美的絲織品。

長沙馬王堆發掘的軑（讀 dài）侯妻子的墓室，隨葬大量絲織品：絹、羅、紗、錦、繡、綺等，用織、繡、繪等花紋製作工藝，製作出動物紋、雲紋、變形雲紋、菱形幾何紋等鮮艷奪目的絲織品。其中的紗，料質輕而薄，一件用素色紗做成的禪(讀dān）衣(單衣)，衣長128厘米，袖長190厘米，但重量只有 49 克，令人歎為觀止。

中國是絲綢之國，絲織品產量很大，除國內服用外，還銷往匈奴、西域、中亞、西亞乃至歐洲。從那時起，從中國通向中亞、歐洲的商路，開始以絲綢而馳名世界。

西漢以來，人們把今甘肅玉門關、陽關以西的新疆、中亞以及更遠的地方統稱“西域”。狹義的西域則指天山南北，葱嶺以東，玉門關、陽關以西地區。為漢朝溝通西域的功臣是張騫。在漢以前，秦國故地與西方的聯繫可能已經存在，但沒有形成穩定的交通路線。張騫兩次出使，建立了漢朝與西域各國的直接聯繫，這一豐功偉績被稱為“鑿空”，足見其開拓性價值，在西域各國留下了巨大影響，無不知曉“博望侯”的大名。

漢朝向西域擴展是和匈奴對抗的直接後果。漢武帝時張騫兩次出使西域，第一次西使，旨在為漢聯結大月氏(今阿姆河流域、阿富汗北)夾擊匈奴；第二次西使，旨在為漢聯結烏孫(今新疆伊犂河和伊塞克湖一帶)

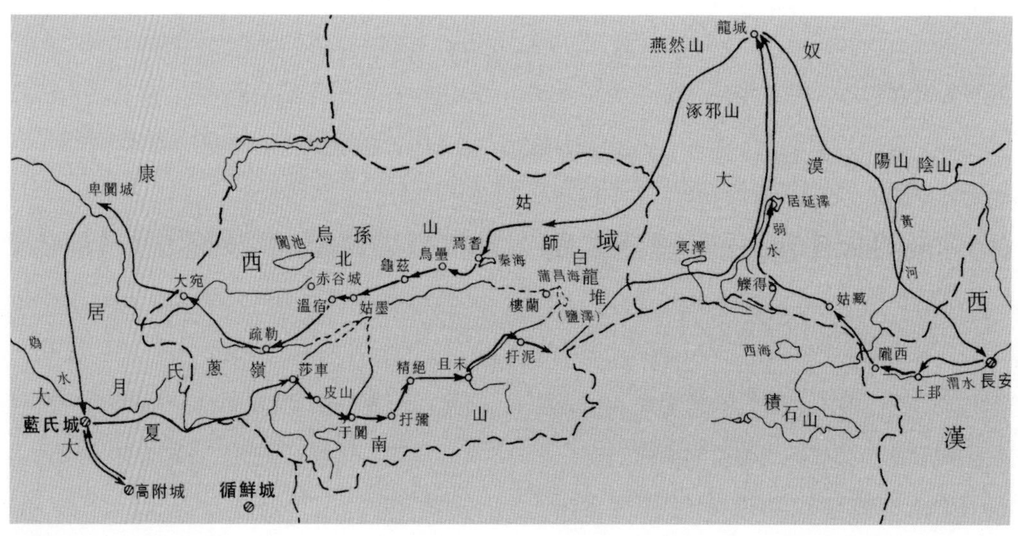

張騫出使西域路線圖

夾擊匈奴。目的都是為了"斷匈奴右臂"。

建元二年（公元前139年），張騫率一百多人的使團西行，被匈奴拘留達10年之久，終於抵達大月氏，並親歷了大宛（今烏茲別克費爾干納）、大夏（今阿姆河南）、康居（今烏茲別克撒馬爾罕）等地。當張騫返回首都長安時，使團只剩下了兩人。張騫向漢武帝建議與西域各國建立正式的聯繫，漢武帝欣然同意，於是張騫在元狩四年（公元前119年）奉命出使烏孫，隨行三百多人，帶去了給西域各國的禮物牛羊、黃金和絲織品。張騫成功地和烏孫、大宛、康居、大夏開始建立了聯繫，完成了探索溝通西域的史詩般功業。張騫歸國後向漢武帝所提供的報告，對上述各國作了描述，為瞭解當時中亞提供了寶貴的依據。今人仍可從《史記・大宛列傳》中看到當時的盛況。漢的使臣後來還到達奄蔡（今裡海東岸）、安息（波斯即今伊朗）、條支、黎軒（今地中海東岸）。中亞、西亞各國經常派人到長安訪問、貿易，漢朝為了發展同這些國家的往來與貿易，修築道路，設置驛站。漢朝絲綢的出口成為對外貿易的重要組成部份，由中亞、西亞運到羅馬帝國，成了羅馬元老院議員和其他貴族的夫人的珍貴服飾；羅馬的鐵製品、玻璃、金銀由西向東，流入了漢朝。漢朝用絲綢向中亞換回馬匹和玉器，並引進了新的作物和果品，如苜蓿、石榴、葡萄等。

羅馬金幣

漢朝為了開拓這條絲綢之路所花的代價是巨大的，據張春樹《漢代絲綢之路的開拓與發展》一文估計：僅漢武帝一代，對這些地區用兵，先後累計，騎兵120萬人次，步兵90萬人次，後勤補給人員1,000萬人次，簡直是令人難以置信的全國總動員。財力消耗更為驚人，單就開闢、經營河西來說，所費至少在1,000億錢上下，而當時國家全年收入僅40億錢。這樣地傾注全國人力財力作軍事擴張，開拓新地，而又持續如此之久，在中國歷史上是空前絕後的。從漢武帝開始對河西作系統的經營，先是軍事開拓，後是屯田開發，把屯墾與戍守合二為一。征伐大宛成功後，漢朝經營的地域已向西至蔥嶺以東一帶。都尉屯田區經過一段時間後變成後方已開發區，於是都尉區改制為縣，若干縣成為一郡，著名的"河西四郡"中的酒泉、張掖、敦煌等三郡就是這樣發展而成的。

新疆出土的東漢藍白印花棉布

從當時的首都長安西往河西走廊有北、中、南等3條路線，河西走廊西行的路線只有1條：由武威至張掖至酒泉，然後至敦煌。

從敦煌西去，經玉門關、陽關往西的商路有兩條：一條是從鄯善沿南山(今崑崙山)北麓至莎車，西越蔥嶺（今帕米爾）到大月氏、安息諸國，稱為南道，再西去可抵達大秦（羅馬）；另一條是沿北山（今天山）南麓西行，越蔥嶺的北部西向，可以到大宛、康居、奄蔡諸國，稱為北道，再往西可抵大秦。

這南北兩條商路，是當時中國和中亞、西亞經濟交流的大動脈，因為運往西方的貨物主要是絲綢，所以後來被稱為“絲綢之路”。羅馬帝國的人民把漢朝的絲綢當作珍貴的物品，對東方“絲國”充滿了憧憬和嚮往。

神爵二年（公元前60年），漢朝在西域設立都護，鄭吉被任命為首任西域都護，都護衙門是漢朝駐西域軍隊的總指揮部，也擁有控制和調節西域各國的廣泛政治權力。初元元年（公元前48年），漢朝在車師（今吐魯番）地區設立戌己校尉，管理屯田和防務，隸屬於西域都護。有了這種可靠的保障，漢朝與西域的經濟、文化交流日趨密切，西域的葡萄、石榴、苜蓿、胡豆、胡蔴、西瓜、蒜、金桃等，陸續被引往東土；

西域的馬、駱駝也源源東來；漢朝的絲綢、鐵器以及鑄鐵、鑿井技術傳到了西域。

東漢建立後，一方面由於忙於內部事務，另一方面為了節約財政開支，光武帝拒絕了西域各國重建西域都護的請求。漢與西域的通道被匈奴阻斷。明帝時東漢發動了對匈奴的征討。永平十六年（公元73年），班超隨統帥竇固出擊北匈奴，不久奉命率吏士36人赴西域。他攻殺匈奴派駐鄯善的人員，又廢親附匈奴的疏勒王，鞏固了漢在西域的統治。章帝初，北匈奴在西域反撲，他在疏勒等地堅守。從章和元年（公元87年）到永元六年（公元94年），陸續平定莎車、龜茲、焉耆，並擊退大月氏的入侵，保護了絲綢之路的暢通。永元三年（公元91年）以後，他任西域都護的10年中，東漢對西域的控制最為鞏固，五十餘國派遣質子帶着貢賦前往洛陽。永元九年（公元97年），班超派甘英出使大秦，甘英西行一直到達條支海邊（地中海）。那時中國的絲綢已輸入大秦，主要是由安息人（波斯人）轉運的，安息人恐怕開闢了從漢到大秦的通商道路，影響其傳統的商業利益，故意向甘英誇大海上交通的險惡，致使甘英沒有再向前進。甘英是歷史上第一個探闢歐亞交通的人，功不可沒。班超在西域奮鬥了30年，永元十四年（公元102年）回到洛陽，一個月後與世長辭。

西方學者指出：在公元的最初幾個世紀裡，古羅馬的塔斯丘斯街上有一個中國絲綢市場，這裡的絲綢交易乃是古代最具深遠影響的大規模商業。羅馬上流社會需求絲綢的風尚，也存在於西班牙、高盧和不列顛，所以這種絲綢貿易就曳着其精美料子的線頭，從太平洋到大西洋，橫越整個舊大陸，形成了一個共同經濟聯盟。沿着絲綢之路源源不斷西去的絲綢，在歷史上留下了明顯的影響。對於中亞諸國的首領們而言，擁有絲綢是高級地位的一種標誌；對於羅馬帝國而言，絲綢是一種奢侈的衣料，為了進口這些物品給羅馬經濟造成了相當大的負擔。上世紀末至本世紀在絲綢之路沿線的考古發現，不僅證實了當時存在的一些古國，大量精美的絲織品、刺繡服飾的出土，依稀可以看到當年絲綢之路的繁華狀況。在鄯善、車師、龜茲、烏孫、于闐以及尼雅河流域當地人的墓葬中，發現許多漢錦、絲綢、鐵器、妝飾品，表明當時中原與西域經濟聯繫的密切程度。

絲綢之路之得名，是因為中國所產絲綢最初是由這條道路運往地中海的西方世界，它的著名雖然由於通商，但它的更大貢獻卻是溝通東西文化交流，最顯著的例子便是，中國發明的造紙術是由這條絲路傳入近東再傳至歐洲的，後來印刷術、火藥的西傳也是如此；佛教、伊斯蘭教、基督教也由此路向東傳入中國。因此可以說，絲綢之路是地理大發現之前一條改變世界歷史與文明的大通道，它不僅溝通了東西方文明，而且促成了這兩個文明的互相滲透。西方學者斯文赫定、斯坦因等，先後在樓蘭廢墟、婼羌、尼雅、和闐一帶發現絲綢之路的遺跡、遺物，如毛筆、竹簡、木牘、紙、殘絹、古錢、漢鏡、陶器、《戰國策》殘卷，以及梵文貝葉、佉盧文、婆羅文、窣利文的文書等。經過中外專家長期研究，佉盧文書之謎得以揭開，它屬於拉美爾文的一個支系，是印歐語系中古印度雅利安語的一種方言，最早流行於古健陀羅地區（今巴基斯坦白沙瓦一帶），公元2世紀傳入大夏，以後傳入塔里木盆地一帶，成為那裡的通行文字。1940年，英國學者貝羅（T.Burrow）出版了《中國土耳其斯坦所出佉盧文書譯文集》；1988年，中國學者林梅村出版了《沙海古卷——中國所出佉盧文書（初集）》。

這一切都使絲綢之路的研究愈益趨向博大精深。

32.小農經濟的發展

漢朝小農經濟非常發達，有田自耕的小農是全國編戶齊民的基本部份。當時的編戶齊民有"大家"、"中家"、"小家"之別。"大家"也稱"上家"、"大姓"，崔寔《政論》所說"上家累鉅億之資，斥地侔封君之土"，大抵是豪強地主。"中家"是一些中小地主，當時有"百金，中人十家之產"的流行說法。居延漢簡所載，禮忠有田5頃，小奴2人，大婢1人，另有馬、牛、牛車、軺車等，家資約15萬錢，可算中家的一個典型。"小家"也稱"下戶"，即自耕農，擁有數十畝田地，耕作自給。

1973年9月，湖北江陵鳳凰山十號漢墓發掘出景帝二年南郡江陵縣鄭里廩簿，顯示了自耕農家庭結構與耕地狀況。該里25戶共計105口，平均每戶4口，能田成丁男女69口，合計耕地617畝，最多一戶有田54畝，最少一戶有田8畝，平均每戶24.7畝，平均每能田成丁佔田9畝。顯然，先秦時代"五口之家，百畝之田"已經不是漢代自耕農的真實寫照了。從上述鄭里廩簿看來，一般自耕農的耕地不超過50畝。居延漢簡所載農戶徐宗，有田50畝、牛2頭，可以看作較典型的自耕農。這種一家一戶就是一個生產單位的小農，構成了社會的基礎，不僅是國家租賦徭役（包括土地稅——田租和芻槀，人口稅——算賦和口賦，財產稅——算訾，代役稅——更賦）的主要承擔者，而且是農業生產的主要承擔者。

農業生產技術在漢朝有明顯的進步，耦

東漢陶城堡

犂與耬犂，代田法與區田法可以作為標誌。

據《漢書．食貨志》記載，漢武帝晚年悔征伐之事，封丞相為富民侯，又下詔說，方今之務在於力農，任命農學家趙過為搜粟都尉（掌管軍糧的官職）。趙過發明耦犂耕作法，“用耦犂，二牛，三人”，即兩犂並耕，前面兩人牽兩牛，後面一人掌犂，掘土可寬過一尺。耦犂的出現顯示了前所未見的人力、牛力協作的擴大，大幅度地提高了勞動生產率。趙過的另一發明是耕播合一的耬犂，用一牛牽三犂，一面犂田一面播種，是中國農業史上最早的播種器。這種新技術，對於擁有較大面積耕地、較多畜力與人力的農家，是極有利的。

與耦耕具有同樣意義的是代田法，《漢書．食貨志》說：“一畝三甽，歲代處，故曰代田”。這就是說，把1畝土地分成3條甽，寬1尺、深1尺，甽上是隴（壟），也寬1尺。甽隴相間，把種子播在甽裡，發芽長葉後，除去隴邊雜草，撥隴土培附苗根，既抗風又抗旱，是旱地農作的好方法。它的特點是在1畝土地上實現甽隴相代的間作休耕法，即今年的甽明年便是隴，今年的隴明年便是甽，1畝土地整體上並不休耕，局部上卻實現了休耕。代田法比不分甽隴的縵田法產量可以每畝多收一斛，理想的情況下可以增產1倍。

與代田法各有千秋的是區田法。它的優越性在於，在小面積土地上以精耕細作的方法提高產量。代田法必須使用兩牛三人的耦犂耕作，才能開出深寬各1尺的甽、隴，單靠人力不能勝任。區田法則不然，它對於缺乏耕牛或在發生牛疫時期，收效尤為明顯。《齊民要術》引《氾勝之書》詳細介紹了漢朝的區田法。氾勝之，西漢成帝時任議郎，在三輔地區教農耕作。此書僅佚文三千餘字，關於區田法的記載最有特色。坎種作為標準的區田法，是在1畝耕地上區劃成1尺5寸見方的棋盤狀，在1尺5寸見方的土地上，掘方6寸、深6寸、間隔9寸的“區”（讀ōu，坎之意）。1畝可作成3,840區或3,700區～1,072區不等，每區播種粟20粒，加美糞1升。秋收時每區可收粟3升，1畝即達百斛。這當然是一種理想化的估計，不過可以獲得高產是不成問題的。

關鍵在於它是一種高度集約化的經營方法，要求在小塊土地上投入密集的勞動，是缺乏耕牛的小農經營土地的標準技術。它的特點是不需牛犂，依靠人力深耕、密植、足肥、勤灌，在小面積土地上獲取高產，在防治牛疫、旱荒方面成效尤其顯著，所以為後世所沿用。《後漢書・劉般傳》說："明帝永平年間……以郡國牛疫，通使區種增耕。"《晉書・段灼傳》說："鄧艾欲積穀強兵，以待有事，是歲少雨，又為區種之法。"足見區田法經歷了實踐的考驗愈益顯示其優越性。

小農經濟是建立在土地私有制基礎之上的，它的每一步發展，必然伴隨着土地兼併，以及由此而來的貧富兩極分化。"富者田連阡陌，貧者無立錐之地"，乃是不可避免的正常現象，社會正是在這種矛盾運動中不斷發展的。

漢朝豪強地主有六國貴族後裔，也有各地的勢家大姓。前者雖然在政治變動中失去了貴族身份，但仍在地方上保持很大勢力，廣佔田產，稱富一方。後者則依靠經濟勢力而逐漸成為地方豪強的。秦至西漢前期，政府為了扶植自耕農經濟，穩定社會秩序，對豪強地主採取抑制政策。秦統一六國後，"徙天下豪富於咸陽十二萬戶"，漢初，"徙齊、楚六族昭氏、屈氏、景氏、懷氏、田氏五姓關中，與利田宅"，"徙者十萬餘口"，"邑里無營利之家，野澤無兼併之民"。西漢後期至東漢，情況不同了，政府對豪強地主採取妥協甚至縱容的政策，尤其是東漢初年度田遭到豪強抵制後，豪強勢力的發展完全無所顧忌了。

其實，政策的轉換乃是經濟發展的產物。漢武帝時代以耦犂、耬犂為主要形式的鐵農具與牛耕技術的發展，建立在兩牛三人的耦耕技術上的代田法的推廣，為豪強地主的大面積經營提供了強大的生產力。他們在土地、牲畜、勞動人手上的優勢，使他們比自耕農處於有利地位，可以裝備先進的耦犂、耬犂，實行兩牛三人的耦耕，可以墾闢大片土地。這是豪強地主在西漢中期以後獲得迅猛發展的重要經濟原因。

東漢建立後，封國封侯，王侯貴族橫行鄉里，強奪民產，在封地內開發私田，成為新貴出身的豪強地主。濟南安王康"多殖財貨，大修宮室，奴婢至千四百人，廄馬千二百匹，私田八百頃，奢侈恣淫，遊觀無

西漢鐵鏵

節”。劉康受封於建武十五年(公元39年)，建武二十八年就國，建武三十年增封六縣，私田800頃就是在就國後30年逐步開發、兼併到手的。豪強出身的外戚樊宏(其女為劉秀之母)家族，世代經營農業、商業兼營高利貸，“開廣田土三百餘頃”，為了經營其田莊，開鑿了池塘、陂渠，東西長10里，南北寬5里，名為樊陂。樊氏家族的田莊除農業外，還經營漁業、牧業、林業，一門幾代同居，結成宗族的強大勢力。

崔寔《四民月令》一卷，倣傚《禮記·月令》的體例，如實地記錄了當時豪強田莊內逐月的農事安排，提供了豪強田莊經營的實錄。崔寔，字子真，一名台，字元始，涿郡安平(今河北安平)人，桓帝、靈帝時代歷任五原太守、議郎、遼東太守，後升任尚書，退隱後撰寫了《四民月令》。

《四民月令》記述豪強地主的生活，把一年12個月中的農事和祭祀、禮儀活動，逐月予以記錄，涉及耕地、播種、育苗、收藏，也涉及織布、釀酒、製藥，以及販賣、收購，是研究東漢豪強田莊的寶貴資料。

田莊裡種植的糧食有麥、稻、豆、黍等，蔬菜有瓜、瓠、葵、韭、蔥、蒜、蕪菁、芥等，經濟作物有蔴、桑、藍等。家庭手工業主要是“治絲織帛”、“折蔴織布”，以及與此相關連的染色、縫紉，還有釀造、農具兵器製造、藥材採製等，形成一個基本自給自足的半封閉式經濟單位。在這裡，糧食生產是主要經濟部門，其次是桑蔴栽培，再次是畜牧業、果蔬業、竹木業。家庭手工業中的紡織、釀造的產品主要為了自給，而不是為了出賣。不過農副業的剩餘產品也進入商品流通領域。從月令中可以看到逐月進行的買賣記錄，賣出的有粟、麥、黍、豆、蔴、縑帛、弊絮、布之類，買進的有稻、粟米、小豆、蔴子之類。

“農人”是田莊裡的基本生產者，稱為“徒附”，是農村中的貧弱下戶，他們不同於奴婢，是傭耕——僱農，有自己的家庭和獨立的經濟。田莊裡也有少量奴婢，稱為“縫人”、“女工”、“蠶妾”，從事家庭手工業生產。

豪強在田莊裡聚族而居，宗族內有共同的活動，圍繞祖禰祭祀而展開。大祭是元旦之祭，族長在3天前作好準備，到了那天率族人祭祀祖禰，進酒降神。祭祀完畢，一族按尊卑大小在先祖前順序列坐，向族長祝壽。祖禰之祭還在正月上燈之日、二月大社之日、五月夏至之日、八月祀泰社之日、十一月冬至之日舉行，最後以十二月的臘祭而告終。此外還有墓祭、門祭、先穡(農業神)祭等。從祖禰之祭及與此相關的宗族公共活動來看，宗族聚族而居的紐帶是家族宗法觀念，從二月大社之日、八月泰社之日的社祭——祭祀土地神的活動，以及先穡祭這種祭祀農業神的活動中，可以窺知當時還殘留着先秦時代的習俗。同宗的人，有相恤相助之義，使同一宗族內的階級分化蒙上一層模糊色彩和溫情脈脈的面紗。

《四民月令》所反映的豪強田莊，從規模上看是一種大地產經營，涉及農、林、牧、副、漁各業，但從經濟學的視角加以審視，它依然是自給自足的小農經濟，與同時代的自耕農相比較，只有量的差異而無質的區別。

考古發掘也為今人瞭解當時農村實態提供了例證。20世紀70年代中期發現的內蒙古和林格爾東漢壁畫墓，墓主人是一個縣級官吏，他的田莊坐落於丘陵、森林地帶，有宅院、水井、車棚、打穀場、牛欄、羊欄、豬圈、馬廄，人們在從事各種勞作：採桑、耕田、鋤草，還有的在牧場上放牧馬、牛、羊。河南靈寶張灣東漢墓的壁畫上，畫着11口井、1個瞭望塔、4間倉庫、3間磨坊、5間豬圈、1間羊欄、2間廚房。這是墓主人生前田園生活的寫照。

正是這種蓬勃發展的小農經濟，奠定了兩漢時期繁榮盛世的堅實基礎。

33.科學技術新成就

日本的科學史權威藪內清精闢地指出："在古代文明中，天文學一直屬於高層次的科學，而且深深地染上了世界各種文明時代所具有的特色。構成中國天文學史主流的是曆法研究和以占星術為目的的天文觀測。"

自古以來，人們就關心宇宙形態、地球在天空的位置以及它與其他天體的關係。春秋戰國五百年間，政權更迭頻繁，星占家們各事其主，大行其道，引起統治者對天象觀測的重視。《春秋》記載，魯文公十四年（公元前613年）秋七月，"有星孛於北斗"，是世界上最早的關於哈雷彗星的記錄。哈雷彗星每76年回歸1次，從秦始皇七年（公元前240年）到清末，每次都有詳細記錄。近代西方天文學家曾利用這些連續觀測數據，來推算哈雷彗星的軌道。古人相信天象和人世間的政事是互動的，天象會干預人間，人事也會感應上天，因此對天文學的研究一直不曾間斷。

漢朝出現了解釋這些問題的不同學說。其一是公元前2世紀提出的一種理論——蓋天說，認為天是圓的，地是方的，天蓋在地，天像一個頂戴着的笠帽，地像一個倒伏的盆子；天每日旋轉一次，形成了地球之上的蒼穹；天有星座，北極星形成眾星座圍繞它轉動的中心。其二是大約公元1世紀以後提出的渾天說，天被設想為圍繞地球四周的空間的擴大，天的圓周可分成三百六十五又四分之一度，大地則是一個球形。在張衡看來，“渾天如雞子”，天和地的關係就像蛋殼包蛋黃那樣，天外地內。其三是漢末出現的宣夜說，認為地以外都是氣體，天之所以呈藍色，是距離我們太遠的緣故。認識到天是無邊無際的，各星座在它周圍隨意地、獨立地運動；天體是漂浮在無限空間中的氣球體，在沒有日月星辰的部份也不是真空，仍有氣體存在，不過不會發光而已。

這種天體學說，比流行於民間的天圓地方觀念——圓天覆蓋着方地，大大地前進一步。但天圓地方觀念仍牢固存在，東漢初年建造的宣揚政教的明堂，設計成上圓下方形的建築，就體現了圓穹包着方地的觀念。

由於天人感應思想的影響，對天象的觀測與王朝的政治密切相關，天象觀測的儀器日益精巧。漢武帝時，落下閎改進了渾儀中的赤道裝置，奠定古代渾儀的基本形式；以後，耿壽昌發展了“赤道儀”，和帝永元十四年（公元102年），賈逵製造了“黃道儀”，測定了二十八宿黃道距度和太陽月亮的運行度數；順帝陽嘉元年（公元132年）張衡製造了渾天儀，以銅質的空心圓球為主體，上刻日月星辰的位置，叫做“天球”，用水力運轉。

天象觀測的精確化，導致歷曆的修訂。至遲從公元前265年起秦國就已採用顓頊曆，秦統一後，全國通用顓頊曆。漢承秦制，西漢初期仍沿用顓頊曆，馬王堆漢墓出土的《五星占》殘篇記錄了以顓頊曆推算相符的部份五星會合周期；山東臨沂銀雀山漢墓出土的漢元光元年（公元前134年）曆譜也是用顓頊曆推算而得的。漢武帝元封七年（公元前104年），天文學家落下閎制定了新曆法——太初曆，把顓頊曆的一年從十月開始，改為一年從正月開始。東漢章帝元和二年（公元85年）改用四分曆，比以前的曆法更加準確。

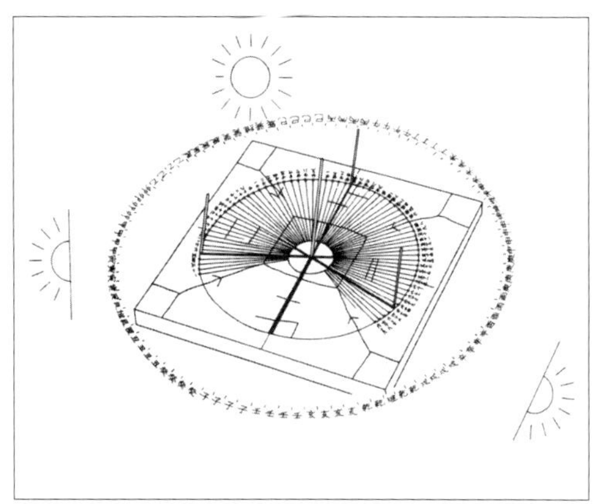
日晷使用示意圖

天文學的發展與數學密切相關，古代稱為“天文曆算學”。算經十書之一的《周髀算經》是西漢時代的天文曆算著作，即天文數學著作，主要目的是闡明當時的蓋天說與曆法，使用了相當繁複的分數算法和平方算法，最早引用勾股定理（勾方加股方等於弦方）。算經十書中最重要的一種是《九章算術》，系統總結了先秦至東漢初年的數學成就。古代數學叫做算學或算術，算的本意是指用於計算的算籌，從漢墓中出土的算籌，使人們對它有了直觀的認識。漢代已形成完整的算術體系，其代表作就是《九章算術》，至遲在公元1世紀時，已有了現存傳本的內容。全書分9章（即算術的9個類別——九數）：（一）方田——用分數四則算法和平面形求面積法計算田畝面積；（二）粟米——糧食的按比例交換的計算方法；（三）衰分——分配比例的算法；（四）少廣——開平方和開立方法；（五）商功——立體形求體積法；（六）均輸——管理糧食運輸均勻負擔的計算法；（七）盈不足——盈虧類問題解法；（八）方程——一次方程組解法；（九）勾股——勾股定理的應用和簡單的測量問題解法。其中負數、分數計算、聯立一次方程解法等，都是具有世界意義的成就。

在天文學上作出巨大貢獻的張衡，在地學方面也有引人注目的成就。張衡，字子平，南陽西鄂（今河南南召）人，通五經貫六藝，官至太史令。他發明渾天儀，以漏壺的流水為動力，通過齒輪系統帶動象徵天殼的渾象一天旋轉一周。他首次解釋月蝕的成因，說明月光是日光的反照，月蝕是由於月球進入地影而產生。東漢順帝陽嘉元年（公元132年），他發明了地動儀——世界上第一架測量地震方向的儀器。地動儀直徑約2米，用銅鑄成，像一個酒樽，中間有一個都柱（震擺），都柱周圍並列8個方向的機械，外面有8個銅龍，按8個方向排列，每個龍嘴裡銜着一枚銅丸，每個龍頭下蹲着一個張口上承的銅蟾蜍。哪個方向地震，那個方向的龍頭就吐了銅丸落在下面蟾蜍的嘴中，發出清脆的聲音，就可知道地震的方向。他生活在讖緯盛行的東漢，卻尖銳地抨擊讖緯之學，主張應予禁絕，他的科學成就與這種反對神學迷信的精神是密切相關的。

傳統醫學在漢朝達到了一個新高峰，其代表人物便是張仲景與華佗。

張仲景，名機，南陽人。學醫於同郡張伯祖，相傳曾任長沙太守。當時傷寒病流行，死者枕藉，為此他鑽研《內經》、《難經》（即《黃帝八十一難經》）、《胎臚藥錄》等醫書，廣泛收集有效方劑，撰寫《傷寒雜病論》。後人把它分為《傷寒論》和《金匱要略》兩書。《傷寒論》論述外感熱病的治療，包括397種方法、113種處方。《金匱要略》論述內科雜病的治療，間或涉及婦科、外科。張仲景把《內經》以來的病因學說和臟腑經絡學說加以發展，同四診（望、聞、問、切）、八綱（陰、陽、表、裡、虛、實、寒、熱）等相結合，辯證施治，包括汗、吐、下、和、溫、清、補、消八法，被醫家視為準繩。

華佗，又名"旉"，字"元化"，沛國譙（今安徽亳縣）人，精內、外、婦、兒、針灸各科，尤擅外科。對"腸胃積聚"等病創用麻沸散，給患者麻醉後施行腹部手術，聲譽鵲起。他還把西漢流行的強身除病養生法——導引（亦作道引，取"道氣令和，引體令柔"之意），加以發展，創"五禽戲"，作為養生祛病的鍛煉身體方法。他以為人體運動可使血脈流通，病不得生，"譬如戶樞，終不朽也"。

中國古代四大發明之一的造紙術出現在漢朝。在紙出現之前，書寫材料是竹簡、木牘、縑帛，價格昂貴且攜帶儲藏都不方便，制約了文化教育事業的發展。根據近幾十年的考古發現，漢武帝至漢宣帝時代，已有植物纖維紙。20世紀50年代在西安灞橋漢墓發現的植物纖維紙，是漢武帝時代的遺物。70年代以來，在居延、扶風、敦煌、天水等地都發現了植物纖維紙，敦煌烽燧遺址中發現粗糙的黃紙、細勻的白紙，表明至遲在漢宣帝時代已掌握了蔴紙的製作技術。東漢和帝時，擔任尚方令的宦官蔡倫指導工匠們用樹皮、蔴布等為原料，製作出更適合書寫的植物纖維紙，被稱為"蔡侯紙"（蔡倫被封為龍亭侯）。從此開創了一場書寫材料的革命，由紙取代了簡帛。中國的造紙術，此後東傳朝鮮、日本，西傳阿拉伯、歐洲，對世界文明作出了一大貢獻。法國學者布羅代爾（Fernand Braudel）說：紙來自遙遠的中國，伊斯蘭國家是向西傳播路上的中間站。最早的紙坊於12世紀初出現在西班牙，但歐洲造紙工業要到14世紀初才在意大利建立。

帛畫《導引圖》

六·三國與兩晉
——統一王朝消失的時代

34.從東漢末的割據到三國鼎立

靈帝中平元年（公元184年），爆發了以張角為首的黃巾起義。張角，冀州鉅鹿人，太平道首領，自稱“大賢良師”。太平道是道教中奉黃帝老子為教祖的一個派別。

道教源於古代巫術，是巫術與道家黃老學說相結合的產物。秦朝的神仙方士者流倡導的巫術，在民間獲得普遍的信仰，講究煉丹、長生，追求個人脫胎換骨。至遲在東漢初年巫術與道家已合二為一。先秦時代的巫，本來具有十分重要的地位，到漢代，巫已被排斥在“良家”之外，但在民間巫繼續得到人們的信奉。巫與道教難於區分，稱為“道巫”。東漢一代，讖緯迷信盛行，道教的各個派別正式形成。太平道教主張角與一般道士一樣，也是一名巫醫。在當時“巫”與“醫”是二位一體的，《後漢書》中“巫醫”一詞屢屢可見。張角學過道教經典《太平經》，熟悉醫學知識，精通醫術，他行醫的方法是巫術——手拿九節杖畫符咒，教病人叩頭思過，為之祈禱。所謂“九節杖”，是一種具有9節的竹杖，被道教視為靈物，是施行巫術的法器。張角原本精通醫術，他的兩個弟弟(張梁、張寶)都是“大醫事”——民間名醫，屢屢使病人痊癒。他利用治病進行傳教，假託符水咒語的奇效，使百姓相信他“託有神靈”。道教興盛最引人注意的方面是它發展成為一種有組織的宗教，其集體禮拜和宗教組織觀念，都迥然有別於佛教。

以往學者片面地把《太平經》與黃巾起義相聯繫，竟然認為它是“我國歷史上農民階級流傳下來的第一部理論作品”，實在是無稽之談；以為黃巾起義的口號——“蒼天已死，黃天當立，歲在甲子，天下大吉”，是從《太平經》中引伸出來的，也毫無根據。它其實是當時社會上廣泛流行的圖讖思想的產物，王莽代漢時就鼓吹“赤德氣盡”，“黃德當興”；桓帝、靈帝時出現了“漢行氣盡，黃家當興”的讖語，青州黃巾提

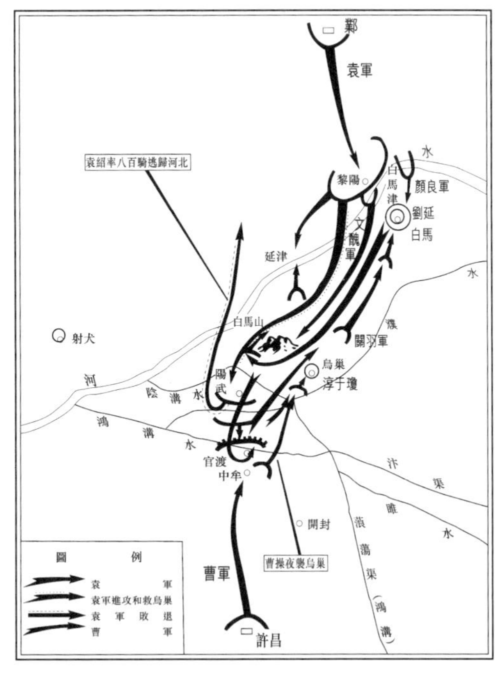

官渡之戰示意圖

出“漢行已盡，黃家當立”，與之如出一轍。“蒼天已死，黃天當立”不過如此而已，充其量只是一種宣揚改朝換代的讖語。如果要細究的話，“蒼天”影射漢朝，“黃天”即是道教所尊奉的“天帝”使者——“天帝神師黃神越章”，所謂“黃巾”、“黃衣”、“黃布褐”應是來自對“黃神越章”這位道教尊神的崇拜。作為使者的黃神越章將代表天帝成為人間主宰，可使“天下大吉”，讓人們過上美好生活，這是流行於民間的道教理想，與“革命”毫不相干。

當時以漢中為中心的三輔、巴蜀地區，流行“五斗米道”，是道教的另一流派，因為信教者要出五斗米而得名。當張角在中平元年（公元184年）發動起義時，張脩也在巴郡發動起義。五斗米道的另一支蜀郡的張魯，也以治病的方式傳教。由於五斗米道提倡在道徒間實行互相，信道的農民很多。張魯利用張脩起義的成果與影響，在漢中傳佈五斗米道，他自稱“師君”，下設“祭酒”。各部祭酒都在大路上建設公共宿舍，稱為“義舍”，內放米肉，稱為“義米義肉”，過路人住宿吃飯不要錢。這是一種近乎政教結合、勞武結合的以小農經濟為基礎的社會組織，在當時影響很大。原因在於東漢末年經濟凋敝、災害流行，人們生活無保障，五斗米道緩解了窮苦人民的生計問題，故而很受歡迎。這種現象源於道家的平均主義思潮——“損有餘以補不足”，在當時及後世都有很大影響。20世紀五六十年代之交，這種基於小農經濟的平均主義“大同”理想出現了迴光返照，便是一個明證。

黃巾起義沿續了二十多年，使腐朽的東漢王朝陷於名存實亡的狀態之中。但是他們要面臨政府軍與地方豪強的兩面夾擊，終於陸續失敗，“黃天當立”化作了泡影。起義的主力——青州黃巾幻想取得曹操的合作，曹操利用這種心理，迫使青州黃巾接受他的收編。

在鎮壓黃巾起義的過程中，各地的豪強紛紛組織武裝力量，修築塢堡，佔據地盤，形成了大大小小的割據勢力：

袁紹佔據冀、幽、并三州（今河北中南部、山東東北部、山西一帶）；

曹操佔據兗、豫、青三州（今山東西南部、河南一帶）；

陶謙佔據徐州（今山東南部、江蘇北部）；

袁術佔據揚州北部（今長江下游、淮河下游）；

劉表佔據荊州（今湖南、湖北）；

孫策佔據江東（今長江以南東部）；

韓遂、馬騰佔據涼州（今甘肅）；

公孫度佔據遼東。

東漢王朝四分五裂，宦官與外戚兩大集團矛盾鬥爭的結果，以同歸於盡而告終，地方軍閥董卓乘虛而入。董卓，并州牧，中平

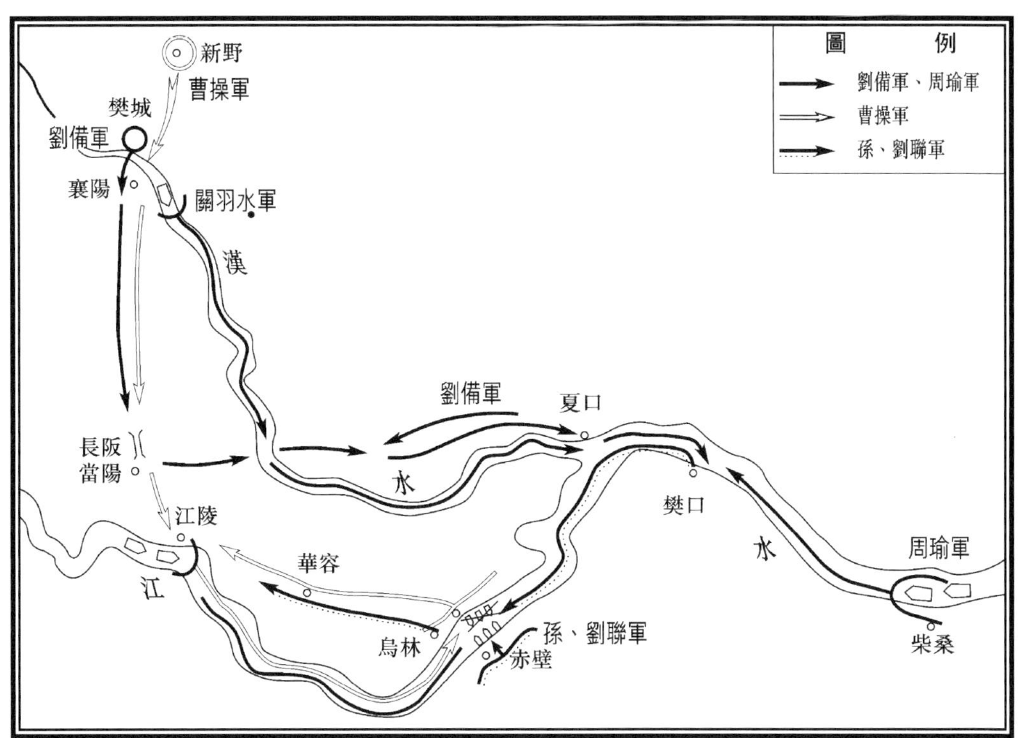

赤壁之戰示意圖

六年（公元189年）率兵入洛陽，廢少帝，立獻帝，專斷朝政。曹操、袁紹起兵反對，他挾獻帝西遷長安，自任太師（相國）。

曹操自從收編了30萬青州黃巾軍以後，軍事實力大增，以後又擊敗陶謙，把地盤擴展到海邊。他把從長安逃出來的漢獻帝迎到許昌，取得了"奉天子以令不臣"的地位，儼然成為名存實亡的東漢王朝的護法神。此後，又乘袁術與呂布互相攻擊之機，各個擊破。於是曹操成了在北方惟一能與兵多地廣的號稱"四世三公"而門生故吏遍天下的袁紹相抗衡的勢力。

曹操原本依賴袁紹，謀求自身發展。曹、袁矛盾的激化，是曹操把漢獻帝遷往許昌，"奉天子以令不臣"以後，逐步加劇的。曹操很早就有"奉天子以令不臣"的念頭，把漢獻帝控制在手，以他的名義發號施令，削平其他割據者。曹操要擺脫袁紹的控制，這是一個最好的途徑，因為曹可以利用皇帝名義對袁發號施令。袁紹對此十分惱怒，指斥曹操是"挾天子以令我"。雙方的較量不可避免。建安五年（公元200年），曹操在官渡（今河南中牟縣南）之戰中大敗袁紹，這次以少勝多的著名戰役對曹操統一北方起到了決定性作用。袁紹兵敗後不久死去，為了徹底消滅袁氏勢力，曹操乘勝出擊，直搗袁氏勢力投奔的烏桓，不僅鏟除了袁氏勢力，還改編了烏桓騎兵，成為他日後一支精銳部隊。曹操回師途經渤海邊時，賦詩明志，留下了千古傳誦的名句：

老驥伏櫪，
志在千里。
烈士暮年，
壯心不已。

躊躇滿志的曹操以為可以一舉統一南方，便揮師南下。江東的孫權與依附荊州劉表的劉備決定結盟，共禦曹軍。劉備派諸葛亮去柴桑（今江西九江）商議聯手抗曹事宜。諸葛亮分析當時形勢，指出：曹軍遠道而來，猶如強弩之末，又不習水戰，孫劉合作定能取勝；曹操敗後勢必北撤，三分天下的局面自然形成。

建安十三年（公元208年）冬，曹軍戰艦首尾相接，開到了赤壁（今湖北蒲圻，另有嘉魚赤壁說、黃州赤壁說、武昌赤壁說）。孫、劉聯軍不過5萬，與號稱80萬實際近20萬的曹軍相比，處於劣勢。但曹軍長途跋涉，又水土不服，軍中發生傳染病，士氣低落，初一交戰，即敗退到江北。曹操針對士兵不習水戰的弱點，把戰艦用鐵鏈鎖在一起，減少晃動。聯軍方面決定火攻，黃蓋巧施詐降計，用10艘戰艦滿載浸透膏油的柴草，藉着冬季少有的東南風向江北疾駛，接近曹營時，火燒油草，曹軍措手不及，一時火焰滾滾、濃煙瀰漫，鎖在一起的戰艦及岸上軍營很快葬身火海。聯軍水陸並進，曹操大敗而逃。這就是歷史上著名的以少勝多以弱勝強的又一著名戰役——赤壁之戰。當時諸葛亮只有28歲，周瑜比諸葛亮大6歲，兩人運籌帷幄，指揮得當，是取勝的關鍵。

赤壁之戰後，果然如諸葛亮所預言，出現了三足鼎立之勢。原先勢力最弱的劉備乘機攻佔湖南一帶，又派諸葛亮、關羽據守荊州，自己進兵四川。不久，諸葛亮率張飛、趙雲沿江而上，與劉備合圍成都，取得了益州的立足之地。

在此之前，曹操修棧道，由陝西入漢中。劉備入川後，與曹操在漢中對峙。曹操採納司馬懿的建議，要孫權襲取關羽後方，孫權果然派呂蒙進攻公安，關羽敗走麥城，被吳軍所殺，荊州失守。諸葛亮原計劃：一路從荊州北進南陽、洛陽，一路從漢中出關中，形成鉗形攻勢。這計劃被關羽敗走麥城、劉備傾全力攻吳所破壞。

孫權害怕遭劉備報復，上書向曹操稱臣，勸曹操代漢稱帝。曹操識破他的用心，對左右說：這小子是想把我放在爐火上烤啊！曹操不想成為矛盾焦點、眾矢之的，用厚禮安葬孫權送來的關羽首級。

建安二十五年(公元220年)，曹操死；其子曹丕廢漢獻帝，自立為帝，國號魏，建都洛陽。

第二年，劉備在成都稱帝，國號漢。

8年後，孫權稱帝，建都建業(南京)，國號吳。

三國鼎立局面至此正式形成。

曹操戰勝了袁紹，沒有復興漢室，也沒有自立為帝，統一的願望沒有實現，其繼承者也沒有成功。從此中原出現了許多短命王朝，導致了異民族的入侵。從公元220年到581年，是統一王朝消失的時代，是絕望與動亂的時代。

三國中，魏據中原，實力最強；漢所佔據的四川擁有持久作戰所需的足夠的人力和資源；吳所佔據的長江中下游是經濟勃興地域，又強化了都城的防備，今日南京城就是孫吳時代建成的石頭城基礎上發展起來的，又溝通了吳(蘇州)與會稽(紹興)的航道，成為江南運河的前身。這就注定三國鼎立要持續一段時間。

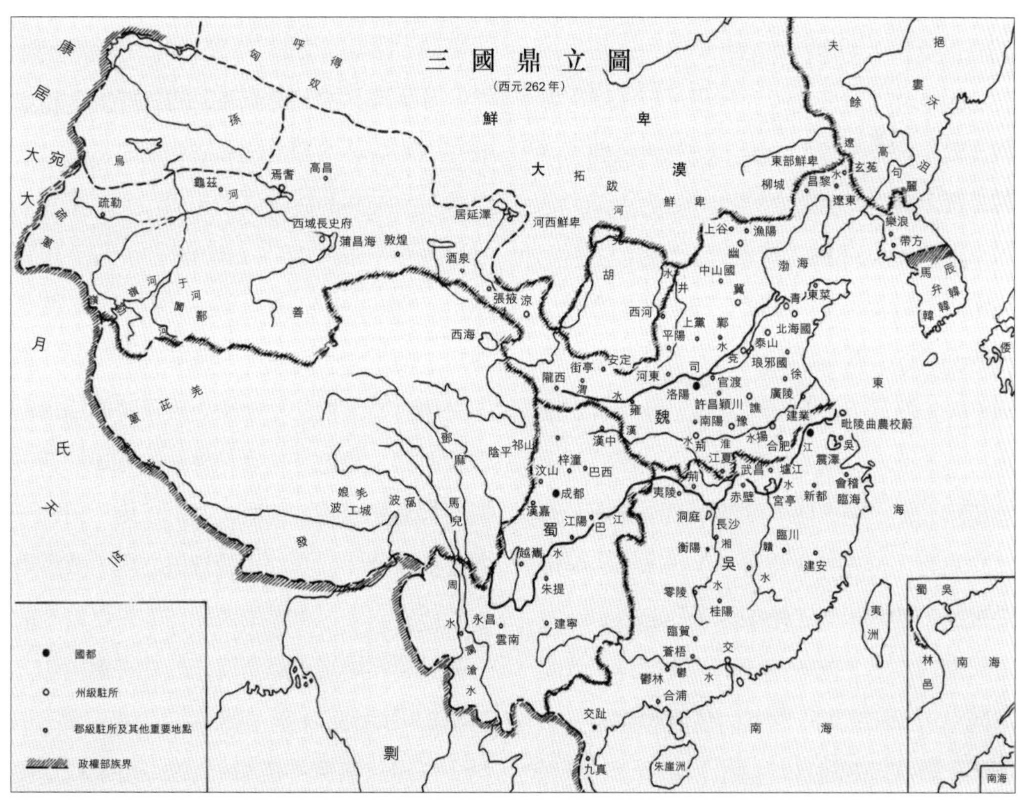

三國鼎立圖

35.曹操與諸葛亮

三國的政治家首推曹操。過去的傳統史家，把分裂與篡奪的罪名委之於他，雖然不能說毫無根據，但失之片面。其實曹操是主張統一的，他活着時始終不敢稱帝，他死後兒子稱帝，引起劉備、孫權相繼稱帝，復興漢室終於成為泡影。

舞台上的曹操與歷史上的曹操存在着極大的距離，甚至強烈的反差。這從社會學角度來研究，是小傳統與大傳統的區別。民間傳說、小說、戲曲反映了小傳統，包含着狹隘的正統論；大傳統則是歷史的發展趨勢，是功過是非的客觀評說。魯迅曾經說過，曹操其實是很有本事的，至少我很佩服他。這就是從大傳統來觀察的結果。

曹操（公元155年～公元220年），字孟德，沛國譙郡（今安徽亳州）人。他的父親曹嵩是宦官曹騰的養子，靈帝時曹騰任太尉（國防部長）。曹操的這種出身具有二重性：一方面，父親身居顯要之位，使他從小就接觸社會上層，眼界開闊；另一方面，祖父是宦官，父親"莫能審其生出本末"，是個來歷不明的人，"建安七子"之一的陳琳曾斥責曹嵩是"乞丐攜養"，曹操是"贅閹遺醜"，因而受到社會上的名流的輕視，名士們始終瞧不起他。

曹操其人很不尋常，生性機警狡譎，有權術而又任俠放蕩，從小到老，一直勤奮好學，博覽群書。他的兒子曹丕說他"雅好詩書文籍，雖在軍旅，手不釋卷"。他特別愛好兵法，曾注《孫子兵法》，他的《孫子兵法注》是今存第一個注本；此外另著兵書十萬餘言，"因事設奇，譎敵制勝，變化如神"。他兼具政治家、軍事家的素質，早年默默無聞，經過有影響的大人物、太尉橋玄引薦，得到了名士許劭的讚譽："清平之奸賊，亂世之英雄"（亦作"治世之能臣，亂世之奸雄"）。與太學生首領郭泰齊名的許劭專門品評人物，是"月旦評"的主持人，在當時很有影響。許劭對曹操的評語是"亂世之英雄"，李膺的兒子李瓚也說"天下英雄無過曹操"。按當時人的理解，所謂英雄是指："聰明秀出謂之英，膽力過人謂之雄"，即"文武茂異"。曹操善於用人。惟才是舉，知人善任。他反對東漢時徵闢察舉注重所謂名節德行、家世聲望的陳規陋習，只要有真才實學，什麼人都可以用。他的一些主要將領，或者提拔於行伍之間，或者發現於俘虜之中。曹操的將領基本來自揚州的丹陽、兗州的泰山以及河北的并、冀兩州，以富於戰鬥力著稱於世，手下五員名將（于禁、張遼、樂進、張郃、徐晃）也來自這些地區。他多次發佈求賢詔令，強調惟才是舉，強調要把那些有治國用兵之術的能人選拔出來，即使這些人有污辱之名、見笑之行，也在所不顧。

但曹操畢竟是曹操，愛才也忌才。一些名士瞧不起他，恃才傲物，不肯為他效力，他決不容忍。名士孔融就因為對他"多侮慢之辭"，被加上一個莫須有的罪名處死；崔琰（讀yǎn）是當時士大夫人望所歸，就因為對他不滿，被誣告為"腹誹心謗"，關進監獄，剃去頭髮，迫使他自殺；名士禰衡曾當眾辱罵曹操，曹操要殺他，又怕別人說自己不能容人，就借刀殺人，把他送到劉表那裡，被黃祖所殺。這種獨裁者的品格，頗為典型，在後世那些"亂世之英雄"身上時有所見。

曹操最大的政績是把北方地區治理得很好，使經濟得到明顯的恢復與發展。其中最值得一提的是採納棗祗、韓浩的建議，實行屯田，招募農民開墾荒地或讓軍隊耕戰結合。這是針對當時中原戰亂頻仍、災荒流行，土曠人稀日甚一日的狀況，而採取的惟一正確方案，解決了土地問題、糧食問題。在人口密度降低，生產力衰退，空荒地增多的情況下，屯田可以促進農業生產。因為屯田(無論民屯、軍屯)帶有某種的集體性，有利於集約化耕種和水利工程興建，漢代的區種法在屯田中得到推廣，單位面積產量明顯提高。

建安二十五年（公元220年），曹操病

曹操像

死，子曹丕（讀pī）繼承曹操遺志，按照既定方針，實行九品官人法，由中央政府派出賢能而有見識和鑒別能力的官員，到地方擔任"中正"，負責察訪士人，採擇輿論，根據家世、行狀定為九品，分別按照品第授官。從操作角度看，九品官人法包含兩個方面：一是對官員職位進行九品區分，即所謂"官品"；二是把人才的評判區分為九級，即所謂"資品"。九品官人法給每個官員職位規定了任職者的人才品級資格，任何人如果沒有資品就沒有入仕的資格。其實九品中正制只是九品官人法的一部份。這個辦法是漢朝的察舉制度與隋朝科舉制度之間的一種過渡的人才選拔制度，與察舉比前進了一步，用人漸上軌道，與科舉比則仍有局限。這和當時的社會狀況有關。因為當時地方動亂，交通梗阻，中央政府行使職權有限，全國選舉難於推行，才退而求其次，由中央指定各地域服務於中央政府的官員到地方上去採訪同鄉輿論，開列各地人才，造成表冊，送政府作為錄用之根據，其用意仍似漢朝的地方察舉。

可以與曹操相比擬的政治家是諸葛亮。小說中、舞台上的諸葛亮，羽扇綸（讀guān）巾，一派仙風道骨，不但足智多謀，而且能呼風喚雨，有點類乎神仙道士。其實是人民心目中對這位奇才的一種美好的誇張。諸葛亮（公元181年～公元234年）字孔明，琅邪陽都（今山東沂南縣）人，少有逸群之才，英霸之器。東漢末為避戰亂，隨叔父隱居於南陽隆中（今襄陽隆中），從事農業生產，不想在這個亂世出來做官，所謂"不求聞達於諸侯"。劉備屯駐新野時，經徐庶推薦，三顧茅廬，請諸葛亮出來幫助他爭奪天下。諸葛亮身在茅廬，其實對國家政治十分關心，對形勢瞭如指掌，他給劉備分析形勢作出決策的著名"隆中對"(《諸葛亮文集》稱為"草廬對")時指出：(一)對曹操，"不可與爭鋒"，因為他已擁有百萬之眾的軍隊，且又有"挾天子而令諸侯"那種聲勢；(二)對孫權，"可以為援而不可圖"，因為他三世據有江東，國險而民附；(三)對劉備，佔領荊州和益州，外結好孫權，內修政理，等待時機，可以成就霸業。這就為劉備及其政權規定了總的政治戰略。劉備從四處奔走，寄人籬下，發展到與曹、孫鼎足而立，完全是按照諸葛亮決策行事的結果。劉備是一個"賣履織蓆"出身的小人物，一躍而成為徐州牧是他一生的轉折點，反映了他是一名慣於反噬的"梟雄"。然而他缺乏政治與軍事的必要才能，使他"爭盟淮隅"不成，終於喪失了徐州。作為梟雄的劉備後來取得荊、益二州，完全仰仗了諸葛亮的策劃，至於三國鼎立的蜀國，更是諸葛亮所寫的歷史，與劉備毫不相干。

建興元年（公元223年）劉備死，子劉禪繼位，諸葛亮輔佐執政。劉禪雖然無能，卻很信任諸葛亮，一切政事全權託付於他。

諸葛亮信奉申、韓法術，治蜀注重法制，一方面對"專權自恣"的豪強"威之以法"、"限之以爵"；另一方面對下屬將領官吏"賞罰嚴明"，"任人惟賢"，不論何人犯法都嚴懲不怠。為了持久作戰，他重視經濟，主張"務農殖穀"，開展屯田，且耕且戰，四川地區出現了"田疇闢，倉廩實，器械利，蓄積饒"的景況。為了取勝，他注重兵器改革，對連弩（射箭機械）作了改進，一次可連發10支箭。1964年，在四川郫（讀pí）縣發現一件劉禪景耀四年（公元261年）製造的銅弩機，號稱"十石機"，有 600 公斤的射擊力。

在對待魏、吳兩國關係上，諸葛亮始終堅持聯吳攻魏。當劉備為了替關羽報仇欲攻江東時，他極力勸阻；劉備死後，他立即派使節到吳國，重新結盟。後來孫權稱帝，許多大臣主張與吳斷交，諸葛亮為了集中全力對付曹魏，顧全大局，還派人去祝賀。這是蜀漢政權能在危難形勢下得以維持的重要關鍵。

他在發兵攻魏的名篇《出師表》中，回顧了自己“受任於敗軍之際，奉命於危難之間”，對於劉備臨終託孤，常常抱着憂患心態，惟恐託付不效。在鞠躬盡瘁，死而後已心情的驅使下，他出師北伐，進兵漢中，率軍進攻祁山（今甘肅西和）取得勝利。當時魏與吳對峙，西方空虛，取勝的可能性是存在的。由於前鋒參軍馬謖違反節度，在街亭（今甘肅秦安）打了敗仗，喪失大好時機，諸葛亮只得退回漢中。

以後 3 年中，多次出兵，由於兵力不足，軍糧困難，都不支而退。他創製“木牛流馬”運糧車，開展山區運輸；並在渭水屯田，作持久打算。關於“木牛流馬”，學者們一向有兩種解釋。一派認為，木牛流馬就是獨輪推車，《三國演義》中說得神乎其神：“木牛流馬皆造完備，宛如活着一般，上山下嶺務盡其便”，是穿鑿附會的小說家言。連畢生研究中國科技史成就卓著的李約

明朝朱瞻基繪的《武侯高臥圖》

瑟也認為木牛流馬就是《天工開物》中的獨輪車。另一派認為，木牛流馬是一種能在崎嶇山路步行的機械裝置，木牛其形，流馬其勢，否則諸葛亮寫的“木牛流馬法”，就沒有必要說它“方腹曲頭，一腳四足”了。南朝的祖沖之首先把木牛流馬復原成功，《南齊書・祖沖之傳》說他“以諸葛亮有木牛流馬，乃造一器，不因風水，施機自運，不勞人力”。這是符合諸葛亮本意的。20世紀80年代～90年代，中國大陸和台灣省的學者，先後複製出利用連桿機械原理的木牛流馬模型，它是一種由人推動後便可自己行走的運載工具，適合於漢中運糧古道的特點，可以看作世界上第一批成功的機器人。

諸葛亮在距長安一百多里的五丈原（今陝西眉縣）與魏將司馬懿相持達一百多天。可惜，諸葛亮積勞成疾，於公元234年8月在軍中病逝，不過54歲，正當盛年。遵照諸葛亮遺命，為他葬於漢中定軍山（今陝西勉縣西南）。當蜀漢退兵後，司馬懿率軍巡視諸葛亮部置的營壘，歎道：“天下奇才也！”

錢穆在《國史新論》中說：三國儼然一段小春秋，曹操、諸葛亮、魯肅、周瑜，都以書生在大亂中躍登政治舞台，他們雖身居高職，依然儒雅風流，不脫書生面目。諸葛亮、司馬懿在五丈原，陸遜、羊祜在荊襄的對壘，成為歷史佳話，以前只有春秋時代有此高風雅趣。三國士大夫重朋友更重於君臣，諸葛亮肯為劉備鞠躬盡瘁，固然有“漢賊不兩立”的政治觀點，但更主要的是為三顧茅廬這段朋友間的肝膽真誠所激動，否則“苟全性命於亂世，不求聞達於諸侯”，這是道家態度，不是儒家精神。可見三國時代依然是道家作底、儒家作面。

36.西晉：從“禪讓”故事到“八王之亂”

歷史往往有驚人的相似之處。公元220年，曹操之子曹丕逼漢獻帝“禪讓”，自己稱帝（魏文帝）。沒有料到過了45年，在公元265年，司馬炎重演曹丕代漢的“禪讓”故事，廢魏元帝曹奐，自立為帝（晉武帝）。那些實力在握的權臣，要廢掉傀儡皇帝可以不費吹灰之力，但他們害怕揹上篡奪或弒君的罵名，如果幹得巧妙，讓皇帝主動下台，自己再假惺惺推辭一番，篡奪就變成禪讓，對立的雙方頓時成了堯舜般的聖君賢主。曹丕代漢，就是這種勾當。由於曹丕代漢的過程在《三國誌》中有詳細記錄，模仿起來很便當，所以禪讓故事或曰漢魏故事便成為後世篡權者的楷模。司馬炎代魏就是曹丕代漢的第一次翻版，以後這樣的翻版幾乎史不絕書。

而奠定這後一次“禪讓”基礎的人物，便是司馬懿。司馬懿，字仲達，河內溫縣(今河南溫縣西)人，以其多謀略，善權變，頗為曹丕所倚重。曹丕死，子曹睿(讀ruì)繼位，是為明帝。此人荒淫無恥，一點也不具備祖父、父親的才幹，受遺詔輔政的司馬懿乘機專權。

司馬氏是有名的世家大族，世代做東漢的將軍、太守。司馬懿則是一個極富謀略的能人，在對蜀、吳的戰爭中樹立了聲望。明帝臨死前託孤，要宗室曹爽與司馬懿一起輔佐 8 歲的曹芳。曹爽怕司馬懿權重難以控制，削奪其兵權，把他由太尉調為太傅。司馬懿裝病閉門不出，暗中窺測時機，乘曹芳、曹爽出城上墳之機，發動政變，把曹氏兄弟及重要官員一網打盡。從此魏國的權力完全落入司馬氏手中，魏帝成了司馬懿、司馬師父子任意擺佈的傀儡。司馬懿死後，司馬師掌權，曹芳想剝奪司馬師之權，反被司馬師廢掉，另立曹髦為帝。司馬師死，其弟司馬昭執政。曹髦不甘心受挾制，說：“司馬昭之心，路人所知也！”發兵攻司馬昭，結果被殺身死。司馬昭另立曹奐為傀儡皇帝。魏國的曹氏政權實際已成為司馬氏政權。

公元263年，司馬昭派鄧艾、鍾會、諸葛緒分兵三路大舉攻蜀漢。蜀漢方面毫無防禦準備，文臣武將束手無策，後主劉禪採納光祿大夫譙周的建議，向魏國投降，蜀漢政權至此滅亡。

司馬昭滅漢後，加緊了廢魏的進程。那時不少基於正統觀念的士人都對司馬氏的政治野心極為反感，又怕遭殺身之禍，不得已採取玩世不恭的態度，以逃避現實，明哲保身。所謂“竹林七賢”——嵇康、阮籍、山濤、阮咸、向秀、王戎、劉伶，便是其代表人物。他們有的崇尚虛無，輕視禮法；有的縱酒昏睡，放浪形骸。表面看來非常清高灑脫，內心卻極其痛苦。司馬氏分化瓦解，軟硬兼施，要他們公開表示合作的政治姿態，山濤、阮籍、向秀等人不得不先後順從司馬氏。山濤在曹爽被殺後，隱居不出，在司馬氏的壓力下只得出來做官；阮籍生性高傲，放蕩不羈，為了保全自己，故意裝作“不與世事”，終日酗酒，無奈司馬氏軟硬兼施之下，違心地寫了“勸進表”，替司馬昭歌功頌德。阮籍容貌奇偉，為人傲然獨立，任性不羈，卻又喜怒不形於色。他被司馬氏重用，又不甘心於被重用，心情矛盾，憂慮和憤恨宣洩為佯狂。魯迅說：“後來阮籍竟做到‘口不臧否人物’的地步，嵇康卻全然不變，結果阮得終其天年，而嵇康竟喪於司馬氏之手。”嵇康也有不得已的苦衷，因為與曹氏宗室聯姻，不肯倒向司馬氏。山濤引薦他出來做官，他憤然寫了一封絕交信，怒斥山濤，拒不接受：“但欲守陋巷，教養子

竹林七賢圖

孫，時時與親舊敘離闊，陳說平生，濁酒一杯，彈琴一曲，志意畢矣。”司馬昭捏造了罪名，把他殺死。嵇康死時才40歲，但死得很瀟灑，臨刑前還彈了一曲《廣陵散》。原先曾和嵇康一起打鐵（避禍的幌子）的向秀，見嵇康被殺，無可奈何地前往洛陽投靠司馬昭。

司馬昭苦心經營，取魏而代之的條件成熟了。公元265年，司馬昭死，其子司馬炎重演曹丕代漢的“禪讓”故事，廢魏帝曹奐，自立為帝，改國號為晉，史稱“西晉”。晉武帝司馬炎並不以取代魏國為滿足，他要統一全國。公元279年，他分兵六路大舉攻吳，益州刺史王濬率水師順流而下。此時的吳國在孫權之孫孫皓統治下，早已成強弩之末，根本不堪一擊。次年，晉軍攻下建業，孫皓投降，吳國滅亡。劉禹錫有詩曰：“王濬樓船下益州，金陵王氣黯然收。”三國鼎立的局面至此終於被統一的西晉王朝所代替。

從漢獻帝初平元年（公元190年）董卓之亂以後出現的分裂割據，延續了整整90年

（公元190年～公元280年），至此又重新歸於統一。然而這種統一是短暫的，到晉武帝的兒子惠帝統治的晚年，爆發了“八王之亂”，統一局面再次崩潰，北方又陷入了分裂割據之中。

統一之所以不能持久，原因是複雜的，多方面的。從客觀方面看，分裂的危機並沒有消失。或者說統一的社會基礎還不成熟，條件還不具備。曹氏代漢，司馬氏代魏，固然避免了全面崩潰的危險，但社會危機的根本原因並沒有矯正，社會依然是不安定的。

景元四年（公元263年），平蜀後魏蜀合計戶數僅九十多萬，當時食祿復除的特權階層為數不少，實際上政府所能控制的不過50萬戶左右，連漢朝一個大郡的戶數都不到。太康元年（公元280年）滅吳後，西晉全國編戶不到250萬，比三國時有所增加，但與漢朝相比少得多了。為了使國家控制的戶口與耕地有較大幅度的增加，西晉王朝實施了勸課農桑的政策，最大限度地動員人民開墾荒地，增加生產，在此基礎上使戶口逐漸增多，於是就形成了所謂“課田”制度。

課田的原則，在此以前的曹魏屯田中已有體現，淮南淮北的屯田，規定每個勞動力課田50畝。這意味着在當時條件下一個勞動力可以耕種的標準面積。西晉政府在公佈占田限額的同時，規定丁男課田50畝，次丁男課田25畝，丁女課田20畝，顯然是一種歷史的傳承。與課田相聯繫的田租（四斛）、戶調（絹3匹、綿3斤）當然也是這一傳承的產物。那就是說，丁男之戶必須耕種50畝土地，並課取與50畝土地相對應的田租、戶調，如怠惰不勤，耕種不足50畝，也得課取50畝土地的田租、戶調。

與課田令同時頒佈的占田令，與勸農課耕的本意相抵銷，甚至化為烏有。占田令規定國王公侯可占近郊田，大國50頃，次國10頃，小國7頃，此外還規定品官各以貴賤占田，一品占田50頃，二品占田45頃，依次遞減至九品占田10頃。品官占田，只是限制不得逾制多佔土地。實際上，制度本身就顯示了它是一紙具文：占田的限額只適用於占田令頒佈之後，不適用於這之前，恰恰是默認了大族已經佔有的土地的合法性；而那些占田不足限額的品官之家卻可據此補占。占田令不僅沒有限制他們的經濟勢力，反而

晉武帝像

陶騎馬俑

助長了他們的勢力繼續膨脹。占田令名義上也規定男子一人占田70畝、女子一人占田30畝，在世家大族普遍占田逾制的情況下，那是根本無法實現的，只是紙面上的規定，實際上是否佔有那麼多土地，政府並不負責。因此按課田50畝確定的田租（4斛）、戶調（絹3匹、綿3斤），對於普通農戶而言便是一種過於沉重的負擔。農民無力承擔，依然四出逃亡，當時人已經指出："計今地有餘羨而不農者眾"；"人多遊食，廢業占空，無田課之實"。西晉的土地問題較之王莽時代、東漢時代更加嚴重了，華北地區表面的平靜之下掩蓋着潛在的分裂危機。

從主觀方面看，以司馬氏為首的西晉統治集團，貪婪、荒淫、奢侈，野心勃勃又糜爛透頂，重建的統一局面遲早要敗壞在他們自己手上。晉武帝已有宮女數千，滅吳後又選取江南美女五千放入後宮。他的大臣都是貪鄙而矯情的兩面派偽君子，一面自恃清高，輕視商人，一面卻惟利是圖，貪得無厭。司徒王戎身居三公之高位，暗中還做生意，種李子出賣，又惟恐買者得到好種，鑽破李核才拿去上市。荊州刺史石崇靠劫奪行旅客商而成暴發戶，晉武帝的舅父王愷見了眼紅心嫉，要同石崇鬥富比奢。王戎用麥芽糖洗鍋，石崇用石蠟當柴燒，王愷用紫絲布做成40里的步障（步障，用以遮蔽風塵與視線的屏風），石崇用錦做步障長達50里；王愷拿出晉武帝賞賜的2尺高的珊瑚來炫耀，石崇不屑一顧地把它敲碎，拿出六七個三四尺高的珊瑚讓王愷挑選。晉武帝死，兒子惠帝繼位。惠帝司馬衷是個白癡，什麼都不懂。天下饑荒，有人告訴他百姓餓死很多，他竟反問："何不食肉糜？"素質如此卑劣低下的統治者如何能統一天下？

果然，晉惠帝時矛盾終於激化了。禍根是晉武帝種下的，他為了保持司馬氏的一統天下，恢復古代的分封制，大封司馬氏宗室27人為王。這些王公貴族都是野心家，只考慮小集團利益，置國家社會於不顧，網羅黨羽，擴充軍隊，鬧獨立，搞割據。白癡皇帝司馬衷剛一上台，就爆發了司馬氏家族的大內訌：汝南王、楚王、趙王、齊王、長沙王、成都王、河間王、東海王為了爭奪中央政權而刀兵相見，演出了一場持續16年之久的"八王之亂"(公元291年～公元306年)，又把中原地區引入了分裂割據之中。諸王在混戰中利用北方民族參加內戰，使匈奴、鮮卑等族武裝力量長驅直入中原，從此亂上加亂，北方地區出現了空前的大動亂。

北方大動亂，人民大批渡江南下。當時掌握朝廷大權的東海王司馬越派琅邪王司馬睿到建鄴(南京)做鎮撫南方的工作。此時匈奴人建立的漢國派兵攻入洛陽，俘虜西晉的第三個皇帝——懷帝司馬熾，不久又攻入長安，俘虜了西晉的第四個皇帝——愍帝司馬鄴。司馬懿的曾孫司馬睿便於317年在建鄴稱帝——晉元帝，建立偏安於江南的政權，延續晉的正統，史稱"東晉"。

西晉雖然在歷史上存在了半個世紀，但真正的統一局面只不過10年而已，短促得如同曇花一現。

37.東晉：北伐與偏安

北方士族的代表人物王導，很早就看出中原的政治危機，勸琅邪王司馬睿移鎮江南，這是日後晉朝以東晉的形式中興的關鍵之舉。王導以分享政權的代價使江南吳人能夠接納南下的中原士人，又使南下的中原士人消除惶恐不安的心情在江南安頓下來。東晉設置了所謂"僑州郡"，來安置從中原南下的"僑人"，讓他們佔山佔水而不必承擔賦役，成為有別於土著編戶的特權階層。南下的北方士族門第之家在取得了種種特權之後，逐漸忘卻了自己的責任與義務，滿足於偏安，逍遙度日。

東晉與先前的孫吳，都偏安於江南，但國策截然不同。吳國不願歸附於曹魏，也不奢望兼併蜀漢，但求割據江南，此一國策直至亡國未變。東晉則自命為中國的正統繼承者，絕不承認別的王朝與它並駕齊驅，但是事實上它們存在着，不過東晉皇帝把它們視作"僭"、"偽"，非正統。因此東晉的國策別無選擇，只能是北伐，以期光復，顯示其正統地位。然而這近乎癡人說夢，東晉社會缺乏光復的堅實基礎與動力。

一方面，江南的士族在孫吳滅亡後，依然擁有雄厚的政治、經濟實力，他們對南遷的西晉宗室很冷淡，在北方南下士族王導等的精心策劃下，才拉攏了一批江南士族的支持。這批南方士族在東晉偏安政權中分享到部份權力與光榮，得到事實上的獨立，他們對於北伐與光復沒有興趣。

另一方面，追隨西晉宗室南下的北方人民希望東晉能盡快北伐，收復故土，但掌權的北方士族到了富庶繁華的江南後，沉醉於驕奢淫逸的生活，並不打算有什麼作為。上流社會中洋溢着醉生夢死的氣氛和靡靡之音，男人崇尚化妝，文人竟相寫作駢儷對偶、空洞無物的文章，毫無風骨可言，從此開創了所謂“六朝金粉”的社會氛圍。這種絕望頹廢的風氣後來為南朝所繼承與發展。在這種背景之下，要想由正統的東晉來統一全國，幾乎是幻想。

東晉時代有過幾次北伐，都以失敗而告終，其根本原因就在於此。

首先北伐的是祖逖（讀 tì）。他本是范陽郡遒縣（今河北易縣東）人，在洛陽做官，洛陽淪陷後，率宗族部曲南下，寄居於京口（今江蘇鎮江）。建興元年（公元 313 年），他率眾渡江，在江中擊楫發誓：“祖逖不能清中原而復濟者，有如大江！”晉元帝司馬睿只給了他一些糧食、布匹，沒有給他武器裝備，讓他自己去招兵買馬，根本就沒有誠意，也沒有什麼期望。祖逖在淮陰打造兵器、招募士兵，在北方漢族塢堡武裝的支持下，打了一些勝仗，收復了黃河以南大片土地。當“光復”已初露希望時，晉元帝卻患得患失，怕他勢力太大難於控制，派戴淵總領北方六州軍事，箝制他的北伐，至使祖逖於大興四年（公元 321 年）憂憤而死，北伐半途而廢，收復的土地又相繼丟失。

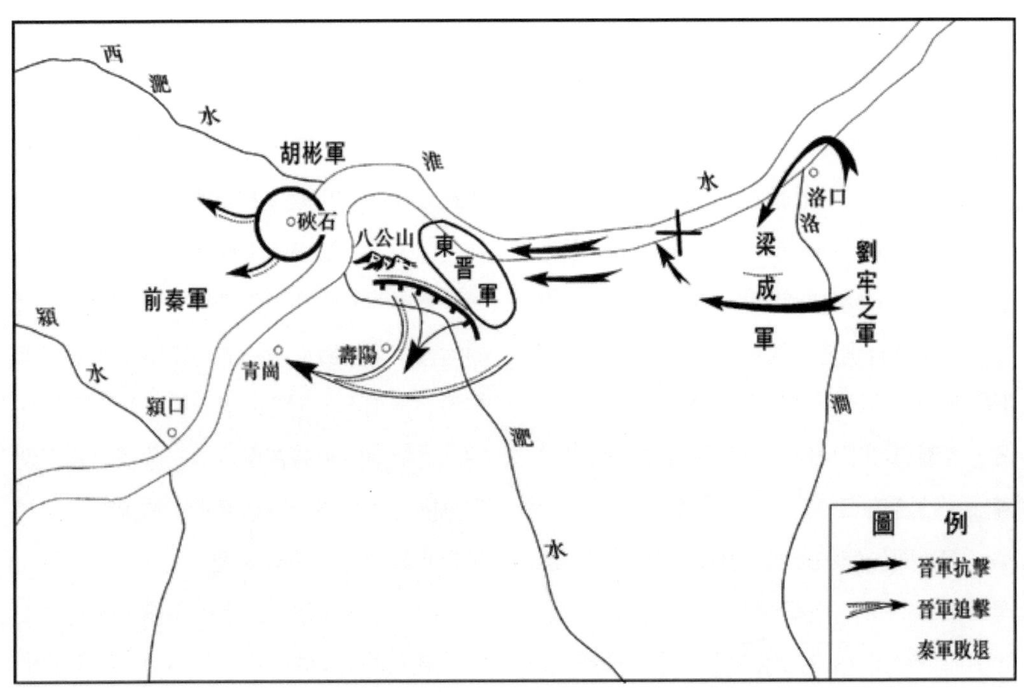

淝水之戰示意圖

晉顧愷之《列女仁智圖》

第二個打算北伐的是庾亮。他是東晉皇室的外戚，晉成帝即位後，利用外戚地位當政，與南下的北方士族王導、王敦為代表的王氏勢力爭權奪利。當時社會上流行“王與馬（司馬氏），共天下”的說法，東晉皇室對王氏頗為不滿。庾亮企圖排斥王氏勢力，想借北伐樹立自己的威信，擴大勢力。咸康五年（公元339年），鎮守荊州的庾亮請求北伐，由於內部矛盾重重，未能實現。庾亮死後，其弟庾翼調兵遣將，打算北伐，由於內部牽制，只得作罷。

第三個進行北伐的是桓溫。桓溫是東晉少有的名將，他任荊州刺吏時，率軍攻入成都，消滅了成漢政權，一時威名大揚。東晉朝廷為了抑制他，派外戚褚裒帶兵掣肘；桓溫多次提請北伐，都不予准許，卻派清談家殷浩貿然出師，一觸即敗，全軍覆沒。於是才有了桓溫的北伐。永和十年（公元354年），桓溫率軍由江陵出發進攻關中，很快進抵長安附近，由於給養供給不上，只得退兵。永和十二年（公元356年），桓溫第二次北伐，收復了洛陽，他上書晉哀帝，希望遷都洛陽，再圖進取。但東晉的上層份子久已安於江南的奢侈生活，根本無意遷回北方。在這種情況下，第三次北伐的失敗，便是注定了的。

歷史遠比這複雜得多。桓溫的崛起是由於軍權的膨脹，其兵力來源一是徐州方面郗氏部隊，郗超欲擁立桓溫為帝，便把郗氏部隊拱手相讓；二是荊州方面庾亮、庾翼的部隊。桓溫北伐業績雖輝煌，但心術可疑，名為北伐，實乃憑藉軍力以樹己威，為篡位奠基，王猛在關中與他捫虱而談時識破其心機。桓玄終於繼承父志走上篡位道路，以身敗名裂而告終。劉裕不但擊滅了桓玄，而且北伐業績更勝於桓溫一籌，入川、克陝、滅南燕，創造了東晉北進的新紀錄，然而這一切都是在為篡位作準備，所不同的是他竟然成功了。

東晉北伐的幾度失敗，誘使已經統一北方的氐族政權——前秦的苻（讀fú）堅發兵南下，打算一舉消滅東晉。公元383年，苻堅發兵90萬（到達前線的只有25萬），在兵力上佔絕對優勢，東晉方面謝石、謝玄只有8萬軍隊迎擊。然而奇跡出現了：晉軍在淮水與洛澗交會處的洛口大破秦軍前哨，乘勝前進，苻堅登壽陽城瞭望，見晉軍陣勢嚴整，前方的八公山上草木皆兵。先前口出狂言——投鞭可以斷流，此時士氣頓消。晉軍進至淝水，要求秦軍後退，以便渡河決戰，苻堅企圖乘晉軍渡河時攻其不備，不料一退便不可止，兵敗如山倒。淝水之戰，晉軍以少勝多，不但抵擋了前秦咄咄逼人的南下之勢，而且一戰而使前秦土崩瓦解。當時形勢對東晉很有利，如乘勝北伐，可能收復中原。但東晉統治者忙於內部爭權奪利，對"光復"毫無興趣，謝石、謝玄也志在保全東晉，並無北伐的雄心壯志。

東晉從建立到滅亡的百年間，始終以政治輿論上的北伐高調掩蓋其甘心偏安之實際。到後來，乾脆連北伐的高調也不願再唱下去了。歷史表明，由萎靡不振的南方來統一全國是不可能的，必須由強有力的北方來統一全國。

38.魏晉風度與玄學

魏晉是一個動亂而黑暗的時代，名士們思治而不得，苟全性命於亂世，心態發生了畸形的裂變，對文化、思想、社會風氣產生了巨大的影響。傳統的無形約束消失了，法律的明文制裁無效了，對天下對自己陷入了絕望，對人生對未來喪失了信心，擺脫名教而自命通達，成了當時的社會風氣。對魏晉風度沒有一個合理的詮釋，便不能理解這個時代的文化與思想，不能發現怪誕外表掩蓋下的閃光亮點。

《易經》講垂衣裳而天下治，《周禮》講服飾威儀與等級，因此，儒家一向講究儀表端莊，儒冠儒服，循規蹈矩，道貌岸然。魏晉名士卻一反常態，或者過分講究化妝，使男人女性化，或者不修邊幅、放浪形骸，走了兩個極端。當時的名士追求陰盛陽衰的病態美，"士大夫手持粉白，口習清言，綽約嫣然"，一副娘娘腔。玄學家何晏"粉白不去手，行步顧影"，還喜歡"服婦人之服"；詩人曹植洗澡之後都要塗脂抹粉，妝扮一番；書法家王羲之為女性化的杜弘治那種"天姿國色"所傾倒，歎道："此公面如凝脂，眼如點漆，真神仙中人也！"為此他刻意倣傚，使自己也"飄如遊雲，矯若驚

晉顧愷之《女史箴圖》

龍”。這種風氣一直延續到南朝，梁朝全盛時，貴族子弟無不“熏衣剃面，傅粉施朱”。與此形成強烈對照的是，一些名士放浪不羈，以醜為美，說醜話做醜事，不以為恥，反以為榮。他們接待賓客時故意穿破衣爛衫，“望客而喚狗”；參加宴會時，故意不拘禮節，“狐蹲牛飲，爭食競割”。更有甚者，接待來客時，赤身露體，一絲不掛，美其名曰“通達”。“竹林七賢”之一的阮籍酒醉之後，脫光衣褲，坐在床上，岔開雙腿，稱為“箕踞”（坐時兩腳伸直岔開，形似簸箕）。另一“竹林七賢”劉伶，在室內一絲不掛，面對來訪的友人，竟說：“我以天地為棟宇，屋室為褌衣，諸君何為入我褌中？”發展到後來，形成一種社會風氣，鄧粲《晉記》說：“謝鯤與王澄之徒，慕竹林諸人，散首披髮，裸袒箕踞，謂之八達”；有的人“故去巾幘，脫衣服，露醜惡，同禽獸”。凡此種種，都是對儒家禮教的背叛，其深層的原因在於不滿於黑暗的社會現實，又無力改變它，便佯狂而避世，當時人把他們看作瘋子、狂人，其實他們內心十分清醒又極其痛苦，以怪誕的言行來宣洩不願同流合污的心情。

這種心態的另一種表現形式是飲酒與服藥。魏晉時代飲酒是一種社會風氣，曹孟德的《短歌行》唱道：“對酒當歌，人生幾何？……何以解憂，惟有杜康。”《世說新語》說："名士不必須奇才，痛飲酒，熟讀《離騷》，便可稱名士。"然而魏晉名士的飲酒並非一味附庸風雅，而是為了避禍。如阮籍大醉60日，為女拒婚於司馬昭之子，使文帝欲殺不能；又"鍾會數以時事問之，欲因其可否而致之罪，皆以酣醉獲免"。阮籍經常酣醉的原因於此可見一斑，正如《晉書·阮籍傳》所說："籍本有濟世志，屬魏晉之際，天下多故，名士少有全者，籍由是不與世事，遂酣飲為常。"阮籍經常酣飲狂醉並非僅僅嗜酒成癖，其實是借醉逃避政治風險。他一方面無奈地向司馬昭上勸進表，阿諛奉迎，另一方面寫文章痛罵禮法之士，嚮往無君政治，處在這種矛盾之中，十分痛苦，只有一醉方休。又如劉伶也嗜酒如命，他自我表白："天生劉伶，以酒為名，一飲一斛，五斗解酲（讀chéng）"；他一生只寫了一篇《酒德頌》，透露了飲酒的原因是有人向他"陳說禮法，是非蜂起"，只有沉醉，才可無思無慮，依然是為避禍而飲酒。服藥與飲酒有異曲同工之妙，都是一種麻醉一種刺激。當時名士盛行服食寒石散（五石散），從眼前講，為了縱慾以忘卻人間煩惱；從遠處講，為了長生不老，嚮往神仙生活，追求超脫。何晏"耽好聲色，始服此藥，心力開朗，體力轉強"，然而它有毒性，長期服食後藥物反應強烈，內熱難耐，冬天也要用冷水澆身才能緩解。所以魏晉名士多穿寬大的舊衣服，腳拖木屐，為的是服藥後易於散熱又不損傷皮膚。名士們如此自討苦吃，目的無非是暫時忘卻社會的煩惱和精神的痛苦。

名士們逃避現實同時保全自己的最瀟灑又最安全的方式是山林隱逸，它以潔身自好的高士風範保持正直的人格和氣節，委婉地顯示了與當權者的不同政見以及不合作的態度。他們嚮往老子的"雞犬之聲相聞，民至老死不相往來"的小國寡民社會；嚮往莊子的"織而衣，耕而食"，"一而不黨"（無所偏私）、"命曰天放"（自然放任）的"至德之世"；嚮往無君無臣、無憂無慮、衣食溫飽的理想社會。陶淵明的《桃花源記》構建了一個具有詩情畫意的烏托邦，從另一個側面反映了這種傾向。當然它並非純屬虛構，而是當時中原地區佔據山險平敞之地的堡塢共同體的理想化。陳寅恪《桃花源記旁證》指出："陶淵明《桃花源記》寓意之文，亦紀實之文"，士人隱逸的目的"或隱居以求其志，或曲避以全其道，或靜己以鎮其躁，或去危以圖其安，或垢俗以動其概，或疵物以激其情"。社會的動亂不定，改朝換代的頻繁進行，令人無所適從，與世無爭的隱逸生活便成為士人的普遍追求。

上述三種消極形式表現出來的魏晉風度，體現對現實的不滿，從反傳統的意義上說，它是一種從不自覺到自覺的思想運動。

這是一個畸形時代的產物。由於思想的解放，造就了可與春秋戰國相比擬的群星燦爛的文化輝煌。玄學的出現是最值得注意的動向。

漢朝的經學，一失於迷信的讖緯，二失於煩瑣的傳注，三失於經生墨守家法，只以師傳之說為是；三者的共性是拘泥，是僵化，是教條。經學化的儒教作為一種社會規範，在動亂的時代，適用的範圍是極其狹窄的，既不能成為治國安邦的方略，也不能成為功名利祿的捷徑，更不能成為消災避禍的屏障，人們紛紛探尋代替它的東西，道教、佛教的興旺是一個方面，玄學的出現則是另一個方面。當時的文人想借助道家的老莊思想使自己回歸大自然，擺脫現實社會擾嚷紛爭，但又不可能徹底摒棄儒家的經學，於是就出現了用道家思想詮釋儒家經典的怪現象，援道入儒，儒道合流，形成了魏晉時期一種特殊的意識形態——玄學。何晏、王弼以老莊學說解釋《周易》、《論語》，是玄學的第一階段；阮籍、嵇康以老莊為師，反對儒家名教崇尚自然，是玄學的第二階段；向秀、郭象使儒道合而為一，主張名教即自然，是玄學的第三階段。玄學使僵化的儒學獲得了新的生命力。

魏晉名士喜好老莊，何晏有《無為論》，王弼有《老子注》，阮籍有《達莊論》，郭象有《莊子注》，嵇康則標榜“老子、莊周吾之師也”。他們以道家思想賦予儒家經典新的內涵，何晏的《論語集解》、《論語正義》、《論語義疏》，王弼的《論語釋疑》、《周易注》、《周易正義》、《易略例》，阮籍的《通易論》，郭象的《論語體略》等，莫不如此。至於研究途徑、教學方式也與兩漢時代大相徑庭。漢儒重家教、師法，注重家學淵源與宗派門戶之見，魏晉名士學從己

《淵明醉歸圖》

永和九年歲在癸丑暮春之初會于會稽山陰之蘭亭脩稧事也羣賢畢至少長咸集此地有崇山峻領茂林脩竹又有清流激湍暎帶左右引以為流觴曲水列坐其次雖無絲竹管弦之盛一觴一詠亦足以暢敘幽情

王羲之《蘭亭序》

出，喜歡獨立思考。王弼生長於正始年間，正是魏晉新思潮勃興之際，士人們固然可以自由思想，卻又倍感徬徨迷失和失去信仰的痛苦，便借談玄說道來抒解心中的鬱悶。這種大背景，使得才思敏捷的王弼，開魏晉玄學風氣之先，獨領一代風騷。於是披着儒家外衣的道家思想一時風靡天下，名士無不以談玄成名，哲理之闡揚，應對之標準，師友之講求，父兄之勸誡，無不以老莊思想為指針。魏晉玄學改變了兩漢經學缺少哲學思辨的缺陷，提出了一系列哲學命題，例如：有和無、動和靜、一和多、體和用、言和意、自然與名教等，排除兩漢經學的桎梏，探究深沉的哲理，注重義理分析、抽象思維。玄學取代經學，老子取代孔子，眾賢取代一聖，形成了一場思想解放運動。

魏晉玄學家注重內在精神的自我完善，輕視外在瞬逝的功名、富貴，普遍具有內心曠達、形跡放浪的風神，正是這個時代思辨哲理的具體化。《晉書・嵇康傳》說：嵇康"不涉經學，又讀《老》、《莊》，重增其放"，就是玄學哲理指導社會風氣，社會風氣又推動玄學發展的顯例。因此他敢於"非湯武而薄周孔"，指斥"六經未必為太陽"，高唱"越名教而任自然"，對儒家的政治倫理觀念進行公開的挑戰。高傲的阮籍會用青白眼看人，順心的用青眼（黑眼珠）瞧，不順心的則翻白眼，視而不見。《晉書・阮籍傳》說他"見禮俗之士，以白眼對之"，"由是禮法之士疾之若仇"。阮籍卻安之若素，這既出於對人生真諦的最終歸宿的通達理解，也出於對傳統禮俗惰性力量的挑戰，對禮法之士的蔑視，稱他們為"褌中之虱"。

魏晉名士的批判武器是道家的"無"，即自然主義。反映在文學上的建安文風是尚清峻、崇通脫，清峻即文章簡約、立意嚴明，通脫即隨心所欲、自然成篇，這便形成了"嵇康師心以遣論，阮籍使氣以命詩"的文風。文尚隨情顧忌就少，顯然是重自然、輕名教的一種表現。東晉畫師顧愷之不僅善寫丹青，而且擅長畫論，尤妙人物肖像，其神來之筆在於畫龍點睛，反映了繪畫中包含的哲學思辨，即末與本、形與神的辨證思維。書聖王羲之的行、草把書法藝術推向高峰，一掃漢隸沉穩、厚重的獃板筆法——這種筆法適應了儒家拘守家法的需要；王羲之崇尚老子的自然主義、莊子的達觀通脫，使書法藝術解脫了禮法的束縛，從玄學中得到啟發，形成柔媚矯健的風格，遒勁溫婉，舒捲自如，可謂得自然之精靈，融巧思之堂奧，被後世稱為"天下第一行書"。

東晉以後，玄學滲入了佛教教義；南朝以後，玄學與佛教結合得更加緊密，儒、道、佛三位一體了。

七・北朝與南朝

——走向再統一

39.五胡十六國時期的漢胡互化

西晉"八王之亂"以後，北方遊牧民族南下，紛紛建立割據政權，中原陷入分裂狀態，直到北魏統一，長達一百三四十年間，歷史上稱為"五胡十六國"時期（公元304年～公元439年）。

"五胡"即五個所謂"騎馬民族"：匈奴、鮮卑、羯、氐、羌。"十六國"即這些騎馬民族與漢族建立的政權：漢(其後是前趙)、後趙、前燕、成漢、前涼、前秦、後秦、後燕、西秦、後涼、南涼、西涼、北涼、南燕、北燕、夏。

匈奴人建立的有漢（前趙）、北涼、夏；

鮮卑人建立的有前燕、後燕、南燕、南涼、西秦；

氐人建立的有前秦、後涼、成漢；

羯人建立的有後趙；

氐人建立的有前秦、後涼、成漢；

羌人建立的有後秦；

漢人建立的有前涼、西涼、北燕。

五胡十六國，從表象上看是一個大分裂大動亂時期，深入探究起來，它其實應該說是由分裂走向再統一的時期。這一時期的第一次統一是後趙石勒實現的，他統一了除遼西和涼州之外的北方地區，是北方短期的小統一。石勒在河北地區勸課農桑，恢復經濟，建立學校，發展文化，都很有成效。第二次是前秦苻堅統一了整個北方，是北方短期的大統一。《晉書·苻堅載記》說："關隴清晏，百姓豐樂，自長安至於諸州，皆夾路樹槐柳，二十里一亭，四十里一驛，旅行者取給於途，工商販貿於道"，出現了一片昇平景象。淝水之戰後，前秦瓦解，北方出現了更大的分裂局面。但是由於長期的民族融合，胡人漢化與漢人胡化的同步進行，終於走向了北魏的第三次統一北方。

從這一視角觀察歷史，這一時期最值得稱道的就是胡人漢化與漢人胡化，即漢胡互化。

前秦瓦當

後趙“石安韓醜”磚

北方遊牧民族南下入居漢族農業區的過程是一個逐步漢化的過程，從東漢光武帝建武二十六年（公元50年），南匈奴開始入居山西，到西晉武帝泰始元年（公元265年），匈奴部眾南遷，整個過程持續了二百多年。期間，匈奴逐步漢化。最突出的例子是劉淵，匈奴族政權——漢的建立者。大約在曹操的晚年，匈奴貴族便因上代是漢朝皇帝的外孫，而改姓劉。劉淵在學習漢族傳統文化方面很下功夫，師事上黨崔游，學《毛詩》、《京氏易》、《馬氏尚書》，尤其愛好《春秋左氏傳》。太康末，他出任匈奴的北部都尉，“幽冀名儒，後門秀士，不遠千里，亦皆遊焉”。據說他能背誦孫、吳兵法，《史記》、《漢書》、諸子百家無不綜覽，自命為漢初辯士隨何、陸賈與名將周勃、灌嬰四人才略抱負集於一身。公元304年，他起兵反晉，為了爭取漢人支持，宣稱自己是“漢氏之甥，約為兄弟”，因此他立國號為漢，自稱漢王，追尊蜀漢後主劉禪為孝懷皇帝。劉淵即漢王位後，任用他的儒學老師上黨崔游為御史大夫，東漢大儒盧植的曾孫盧志出任其子劉聰的太師。由此不難看出十六國的第一個政權建立者劉淵漢化程度之深。漢後來演化為“趙”，史稱“前趙”。前趙的劉曜沿用劉淵之子劉聰的胡漢分治之制，他以皇帝的身份直接治理漢人，讓其子劉胤以大單于（匈奴首領的稱號）的身份治理本族，劉曜任命一批關中士族出任高官，又在長安設立太學和小學，招收匈奴、漢人子弟，年25歲以下，13歲以上神志可教者1,500人，選朝賢宿儒明經篤學者為老師，悉心培養。

羯人石勒脫離前趙，建立後趙。石勒漢化程度也很深，他認識到羯人力量有限，要鞏固後趙必須爭取漢人合作，盡量利用漢人的治理方略。他重用“博涉經史”的漢人張賓為謀主，言聽計從，顯示了很高的漢文化水平，他下令胡人不准欺凌衣冠華族（漢人），派人到各地勸課農桑；他不識字，卻喜歡聽人講書、誦讀史書，從中引以為鑒，雖在軍旅戎馬倥傯之中，也不稍懈怠；他設立太學和郡國學，培養包括胡羯將領子弟在內的人才；還立了秀才、孝廉試經之制，提倡儒學。

進入中原的氐族也深受漢文明的影響，

前秦的苻堅即位後，重用漢族寒門士人王猛，改革政治，發展經濟、文化，對王猛主張“宰寧國以禮，治亂邦以法”，十分欣賞。他廣修學宮，親臨太學考試學生經義優劣，獎勵儒生，以爭取漢族士大夫的支持。他對博士王寔說：“朕一月三臨太學，黜陟幽明，躬親獎勵……庶幾周孔微言不由朕而墜。漢之二武，其可追乎？”王寔回答：“陛下神武撥亂，道降虞夏，開庠序之美，弘儒教之風，化盛隆周，垂馨千祀。漢之二武焉足論哉！”

建立後秦的羌族，在關中與漢族長期雜居相處，姚萇起兵時得到漢人支持，後秦政權一建立就採用漢制。姚興繼位後，多方籠絡漢族士人，延攬名儒到長安講學，生徒多至萬餘；又經常和名儒們“講論道藝，錯綜名理”。姚興還招致龜茲高僧鳩摩羅什傳播佛教、翻譯佛經，並與鳩摩羅什互相考校佛經，佛教因此大為流行。在姚興治理下，後秦一度強盛，曾控制西起河西走廊東至兗州、徐州等地。

何茲全說：西晉末年，隨着士族上層的渡江，裝在他們頭腦裡的玄學也被帶過江去，原先影響甚微的經學士族留在北方，他們保持着漢朝講經學重禮儀的舊傳統。而胡族政權武力佔據北方，要立國中原，必須熟悉儒學傳統，崇尚中原文化，以漢法治漢人。胡族君主與漢人士族在這種背景下，進行了卓有成效的合作，儒學顯示了強大的生命力與同化作用。

以往史家把十六國的建立歸咎為“五胡亂華”，顯然是皮相之見。十六國的出現是北方民族大批人居內地，與漢族長期融合的結果。胡人的漢化與漢人的胡化是同步進行的。

十六國時期，隨着騎馬民族的南下，把畜牧及其他生產技術帶到了中原地區。據賈思勰《齊民要術》記載，牛、馬、騾、羊等牲畜飼養、役使方法，以及獸醫術、相馬

北齊舞蹈陶俑

術、畜產品加工術，如製作毛氈、奶酪、油酥，逐步為漢人所接受。鮮卑人叱干阿利製造“百煉鋼刀”，有龍雀大環，稱為“大夏龍雀”，十分鋒利。匈奴人綦母懷文製造的“宿鐵刀”，是“燒生鐵精以重柔鋌，數宿則成剛（鋼），以柔鐵為刀脊，溶以五牲之溺，淬以五牲之脂，斬甲過三十札”，鋒利無比，據說後世製作鋼刀乃其遺法。

隨着胡漢雜居，大量胡物胡俗在中原推廣。如胡床自北而南廣為流行，促使高足傢具的出現，改變了過去席地而坐的習慣。這是值得大書特書的變化。漢代以前中原人民習慣於席地而坐，即跪坐；若雙腳前伸，叫作“箕踞”，是極不恭敬的失禮行為。引進了稱為“胡床”的椅子，人們才逐漸改變席地而坐的習慣。《後漢書·五行志》說：“靈帝好胡服、胡帳、胡床、胡坐、胡飯、胡箜篌、胡笛、胡舞，京都貴戚皆競為之。”民風為之一變，這其中就包括“胡床”與“胡坐”。近代以來在羅布泊、尼雅等遺址，發現了漢晉時期雕有犍陀羅紋樣的椅子，就是所謂“胡床”。以後“胡床”不斷演化，有了各種各樣的名稱：繩床、交椅、交床、逍遙座、摺背樣、倚床等。

《齊民要術》中所記的胡物有胡餅、胡椒酒（蓽撥酒）、胡飯、胡羹、羌煮等。漢人逐步採用燒烤獸肉、用氈包頭、用奶酪為飲料的胡人習俗。

胡歌、胡樂、胡舞、胡戲的流行，給文化增添了新的活力和色彩。北方漢族子弟學習胡語成為當時的時髦之舉，久而久之，北方漢語中雜有“胡虜”之音。著名的《敕勒歌》唱道：

敕勒川，
陰山下，
天似穹廬，
籠蓋四野。
天蒼蒼，
野茫茫，
風吹草低見牛羊。

據《樂府廣題》記載，這首民歌是東魏時敕勒人斛律金奉高歡之命而唱的，“其歌本鮮卑語，易為齊語（漢語），故其長短不齊”。斛律金是敕勒斛律部人，該族早先說敕勒語，這首民歌早已廣為流傳，提煉加工而成《敕勒歌》，斛律金把它譯成漢語唱出來，其中充滿了民族融合的歷史滄桑感。

胡樂對中原音樂有深遠的影響，胡笳、羌笛、琵琶的廣為流行，與民族大遷徙有着密切的關係。隨着民族大遷徙，漠北、西域以及其他邊遠地區音樂大量輸入，鮮卑、吐谷渾、步落稽、高麗、龜茲、疏勒、西涼、高昌、康國、天竺等地的音樂，與中原漢族音樂交融匯合，使傳統音樂更趨豐富多彩。

西晉後期，天竺國送給涼州刺史張軌樂工22人，樂器一部，其中有笛子、琵琶、箜篌、五弦、銅鼓、皮鼓等，還帶來了天竺調。前秦末年，呂光遠征西域，又獲得篳篥、腰鼓、答臘鼓，以及龜茲樂曲。人們不難從中窺知，當年中原胡歌、胡樂盛行的斑斕景象。

漢胡互化滲透到政治、經濟、文化各個層面，縮小了民族差異，為鮮卑族建立的北魏統一北方奠定了基礎。

40.北魏文明太后、孝文帝的改革與漢化

建立北魏的拓跋氏，是承擔中國北方再統一使命的鮮卑族的傑出一部（即鮮卑拓跋部）。中國歷史上騎馬民族的影響是很不小的，鮮卑族便是其中之一。

拓跋部在中國北方邊境出現時，大約還處在原始社會末期，沒有房屋、文字，更沒有法律，在與漢族商人接觸之前也沒有私有財產觀念。魏晉之際，它們遊牧到了陰山以南的草原，成為36個鮮卑部族的首領，確立了領導權。 4 世紀初，他們自稱可以動員“控弦騎士四十餘萬”，而當時的全部人口還不到一百萬，堪稱全民皆兵了。西晉王朝為了利用拓跋部的力量抵禦北方遊牧民族，容許它進入今山西長城內側五縣（馬邑、陰館、樓煩、繁峙、崞縣）之地，從此開始了拓跋部的農業定居時期，其首領拓跋猗盧被晉朝封為代公和代王。拓跋什翼犍即王位後，用漢族士人為謀士，分置百官，以盛樂（今內蒙和林格爾）為都城，初具國家規模。公元 376 年，前秦苻堅攻滅了拓跋部的代國。淝水之戰後，前秦瓦解，拓跋珪於公元386年糾合舊部，在牛川（今呼和浩特東）即王位，改國號為魏，拓跋珪就成為魏道武帝。魏這個國號早已出現過，周朝時是一個諸侯國名，三國時又有魏國（曹魏），王朝史家為了區別於前者，稱拓跋氏建立的魏為北魏或拓跋魏。北魏道武帝定都平城（今山西大同）後，日趨強盛，到太武帝拓跋燾時結束了十六國混亂局面，於公元439年統一北方（黃河流域），與接替東晉的宋——南朝的第一個政權相對峙，歷史進入了南北朝時期。

北魏統治者面臨着這樣一個嚴峻的問題：曾經一度統一北方的前秦淝水一戰失敗後迅即崩潰，北魏應如何鞏固統治，而不至於重蹈覆轍，從道武帝到太武帝，都在為此而努力，矛盾的焦點集中在改革鮮卑舊俗和加速漢化上。在這方面作出重大貢獻的是文明太后馮氏和孝文帝拓跋宏。

文明太后是北魏第四代文成帝的皇后，

北魏文吏陶俑

第五代獻文帝在位時開始左右朝政，在她的控制下，鬱鬱不得志的獻文帝傳位給5歲的兒子拓跋宏。承明元年（公元476年），文明太后毒死獻文帝，以太皇太后的身份臨朝稱制，成為5世紀80年代改革的最重要決策人，這和她的漢族出身有着密切的關係。

文明太后馮氏是北燕王室的後裔，長樂信都（今河北冀縣）人，曾祖馮安於4世紀末遷徙至昌黎(今遼寧朝陽東南)。公元407年，馮安之子馮跋自立為北燕王，據有遼東一帶；公元429年，弟馮弘繼位。不久，馮弘之子馮崇、馮邈爭權，相率降於北魏。公元436年，北燕為北魏所吞併。馮氏之父馮朗因事被殺，馮氏被沒入宮中，由於其姑母已是魏太武帝的貴妃（左昭儀），馮氏才免於淪為奴婢。公元454年，馮氏被選為魏文成帝的貴人，兩年後立為皇后。公元465年，文成帝死，12歲的獻文帝繼位，馮氏成了太后。公元466年，她發動宮廷政變，殺了控制朝政的丞相乙渾，臨朝聽政。從公元476年文明太后專政到公元490年她死為止的十多年中，“事無巨細，一稟於太后。太后多智略，猜忌，能行大事，生殺賞罰，決之俄頃”。可見她是一個頗有政治才幹的女強人，堪與後來的武則天相媲美。

當她第一次臨朝聽政時，就下詔在全國各地普遍建立學校，不僅表現出對文治的重視，而且規定學生“先盡高門，次及中第”，正式承認漢人門第，邁開了漢化的第一步。公元476年，第二次臨朝聽政時，她以孝文帝（拓跋宏）名義發佈詔書：“自今已後，群官卿士下及吏民，各聽上書，直言極諫，勿有所隱。諸有便宜，益治利民，可以正風俗者，有司以聞，朕將親覽，與三事大夫論其可否，裁而用之。”表示要大張旗鼓地開展一場政治改革運動。

文明太后決策的改革有以下 4 項。

（一）正式頒佈官吏俸祿制度 北魏早期的官吏（無論中央或地方）無俸祿，弊端甚大。太和八年（公元 484 年），頒佈官吏俸祿制度，按季發給俸祿，並且規定：從此以後，再有貪贓絹一匹以上者，立即處以死刑。均田令頒佈後，又規定官吏按職級高低授予公田（俸田），作為俸祿的補充。這些舉措對於遏制貪污腐化起到重要作用。

（二）頒佈均田令 太和九年（公元 485 年）的均田令，旨在對無主荒地和所有權不確定的土地實行分配與調整（詳見下節）。

（三）實行三長制 太和十年（公元 486 年），文明太后根據漢人官員李沖的建議，在地方基層建立三長制，即五家立一鄰長，五鄰立一里長，五里立一黨長，以代替原先以宗教為單位的宗主督護制。如果從明元帝永興五年（公元 413 年）算起，到太和年間，宗主督護制已實行了七十多年。客觀地說，宗主督護制的實行一度緩和了鮮卑拓跋部與中原地區宗主豪強的矛盾，對北魏在中原的統治有利。但這是有限度的，正如李沖所說“舊無三長，惟立宗主督護，所以民多隱冒，五十、三十家方為一戶”，宗主蔭庇近支宗族及非同族的依附者，不利於中央對地方的控制。為了進一步鞏固北魏對中原的統治，必須擯棄這種落後的宗主督護制，建立完備的地方行政體制。當李沖提出廢除宗主督護制，建立三長制的建議時，文明太后大力支持，召見公卿百官前來議論，明確表態：“立三長，則課有常準，賦有恆分，苞蔭之戶可出，僥倖之人可止，何為而不可！”

（四）實行租調制 也是根據李沖的建議於太和十年頒佈的。規定一夫一婦（一戶）每年向政府繳納帛一匹（麻布之鄉則為布一匹）、粟二石，這是按均田令一夫一婦受田已足的假定前提為依據的。改變了過去按大

北魏“傳祚無窮”瓦當

戶徵收的方法，比較合理，負擔也較輕，由於許多蔭附戶口脫離了宗主，政府的租調收入反而有所增加。

太和十四年(公元490年)文明太后死，孝文帝親政，進一步強化改革，重點是改革鮮卑舊俗，全面漢化。

首先，孝文帝於太和十八年（公元494年)把首都從平城遷到洛陽，形成了鮮卑人一次大規模南遷。促使孝文帝遷都的原因很多，而平城地區災害頻繁糧食短缺是關鍵。根源在於鮮卑拓跋部從盛樂向平城的遷徙帶有相當的盲目性，要在塞上建都，必須用武力強徙大批人口充實這片久已荒蕪之地，而當時以平城為中心的代都地區的自然條件決定了它對人口的承載力是有限的。為了擺脫這一矛盾，熱衷於漢化的孝文帝便義無反顧地遷都洛陽。據專家推算，由平城一帶遷入洛陽的移民約108萬人左右，其中包括文武百官及鮮卑兵20萬人，以及這些人的家屬，此外也包括大批漢族百姓。這樣大規模的南遷，由於北魏給予“代遷之戶”許多優惠條件（如賜田、免租），進行得相當順利。為了緩和部份鮮卑貴族“難於移徙”的情緒，孝文帝特許他們“冬則居南，夏便居北”，於是出現了一批每年都如候鳥般南來北往的“雁臣”。然而，南遷與漢化畢竟是大勢所趨，孝文帝後來又規定，遷洛的鮮卑人，死後葬在洛陽，不許歸葬代北，逐漸以洛陽為籍貫，割斷與代北的聯繫。遷洛以後，鮮卑人分成遷洛陽、留住平城一帶和六鎮兩部份，遷洛部份到六鎮內遷時，大體上已漢化。一個統治民族經過30年，就融化在被統治民族裡，是孝文帝漢化政策的一大成功。

其次，改革鮮卑舊俗，推行全面漢化政策。孝文帝拓跋宏是引導鮮卑深入漢化的關鍵人物，他本人也是北魏諸帝中漢化色彩最濃的一位，漢文化修養很深，十分器重出身江南高門的王肅，認為鮮卑族必須漢化才能鞏固政權，統一南北。《魏書》說他：“雅好讀書，手不釋卷。‘五經’之義，覽之便講，學不師受，探其精奧……才藻富贍，好為文章，詩賦銘頌，任興而作，有大文筆，馬上口授，及其成也，不改一字。”他以大儒自居，以儒學治國，集中表現在以下三個方面。

一是恢復孔子的“素王”地位，尊孔祭孔活動逐步升級，迎合中原士大夫的夙願，籠絡大批漢族士人。

二是實行禮治，改革鮮卑舊俗。太和十九年（公元495年），下令進行語言改革，禁止30歲以下官員說鮮卑話，犯禁者一律降爵黜官。為此，他宣稱：“自上古以來及諸經籍，焉有不先正名而得行禮乎？今欲斷諸北語（鮮卑語），一從正音（漢語）。”可見禁鮮卑語是實行禮治的一步，其他方面莫不如此。例如把鮮卑複音的姓氏改為音近的單音漢姓，皇族拓跋改為元，此外丘穆陵改為穆，步六孤改為陸，賀賴改為賀，獨孤改為劉，賀樓改為樓，勿忸于改為于，紇奚改為嵇，尉遲改為尉，達奚改為奚等，一共118個複姓改為單姓。他還親自擬定條例，規定鮮卑的穆、陸、賀、劉、樓、于、嵇、尉等八姓，與漢人士族中范陽盧氏、清河崔氏、滎陽鄭氏、太原王氏等四姓門第相當，不得授予卑官，使鮮卑八姓也門閥化。再如孝文帝為了加速漢化，促使鮮卑人與漢人通婚，自己娶盧、崔、鄭、王及隴西李氏之女入宮，又強令6個兄弟聘漢人士族女為正妃，元禧聘隴西李輔女，元干聘代郡穆明安女，元習聘滎陽鄭平城女，元雍聘范陽盧神寶女，元勰聘隴西李沖女，元詳聘滎陽鄭懿女。皇族和漢人士族通婚，一般鮮卑人自然要倣法，入居中原的鮮卑人很快被漢化融合了。

北魏文官陶俑

三是提倡以孝治國。孝文帝獎勵天下孝悌，倡導尊老、養老風氣。孝文帝以後，以孝治國成為北魏的傳統，諸帝謚號多冠以“孝”，宗室學《孝經》，皇帝講《孝經》，成了每朝慣例。

孝文帝的全盤漢化政策，使胡族政權不但在政治上而且在文化上被中原文明所同化，《魏書》說：“禮儀之敘，粲然復興；河洛之間，重隆周道。”他以詔令的形式定四海士族，以法律規定士族制度，使胡漢的分野轉化為士庶的區別。孝文帝後期，漢人士族擔任將相的人數從不到四分之一，上升到三分之一，經過宣武、孝明兩帝的繼續扶植，幾乎達到胡漢各半的比例，不難看出華夷之別已非常淡漠。

北魏一代，從經學角度看，儒學無可稱道；從政治文化角度看，儒學作用非凡：大大加速了民族融合的進程，也使中原傳統文化得以發揚光大。在北方漢族士大夫眼中，割江而治的南朝已不再是正統所在了，只有北魏治下的中原才是傳統文化的中心。梁武帝派陳慶之護送魏北海王元顥回洛陽，在接風宴會上陳慶之振振有詞："魏朝甚盛，猶曰五胡。正朔相承，當在江左。"當他親眼目睹洛陽舊貌換新顏，一派欣欣向榮的氣象後，回到梁朝對人說："自晉、宋以來，號洛陽為荒土。此中謂長江以北，盡是夷狄。昨至洛陽，始知衣冠士族，並在中原。禮儀富盛，人物殷阜，目所不識，口不能傳。"

北魏改革的結果，促進了民族融合，為統一奠定了基礎。但是改革也引起鮮卑上層貴族相當大的敵意，他們對皇帝偏愛漢人士族有所反感，對削弱鮮卑貴族勢力有所不滿，宮廷政變與陰謀綿延了30年。到公元534年，北魏分裂為東魏、西魏。東魏延續16年，西魏延續21年，演化為北齊、北周。其後，北周吞併了北齊，隋又代周，繼而滅了南朝的最後王朝——陳，完成了中國的統一。統一局面形成於隋，基礎卻奠定於魏。

通向再統一的道路，是由強有力的西方合併東方，再由強有力的北方合併南方，再現了秦統一的軌跡，難道是偶然的嗎？

41.均田制與府兵制

公元485年，北魏頒佈了均田令，確定了一種被後人稱為"均田制"的土地關係。這一制度可以看作中國歷史上的一個里程碑，以後被北齊、北周所繼承，直到統一的隋、唐帝國，仍在實施這一制度，前後持續達兩個半世紀，僅就這一點就足以令人注目。

在傳統農業社會，土地問題始終是一個棘手問題。從西漢到魏晉，不斷有政治家思想家提出限制土地兼併、解決土地問題的方案，都不可避免地失敗了。

為什麼北魏的均田制能夠付諸實施呢？這與當時特定的歷史條件有關。西晉末年以來，北方長期戰亂人民流徙死亡，出現了大量無主荒地。北魏建立後，社會漸趨安定，流亡人口返回鄉里，一方面大量荒地無人耕種，另一方面許多農民無地可種。均田令就在這種情況下出現了。

這種制度與鮮卑族進入中原後實施的計口受田有着淵源關係。北魏以舊都盛樂、新都平城為中心的廣大地區，農業生產發展，畜牧業退居次要地位，需要大量移民。在這種背景下，按照勞動力分配土地，即計口受田，很自然地產生了。天興元年（公元398年）滅後燕，徙後燕民36萬、百工伎巧十餘萬到京城，“給內徙新民耕牛，計口受田”。以後徙民、計口受田的記載幾乎每年都有。徙民的作用在於爭取農業勞動力，適應從遊牧經濟向農業經濟過渡的特殊分工需要：鮮卑人進入中原，自己征戰，徙民生產。把徙民安置在京城近旁，按勞動力分配土地，即計口受田，其目的是“無令人有餘力，地有遺利”。

這種制度也與中原地區到處存在於堡塢共同體內部的農村公社式土地分配，有着淵源關係。這種“屯聚堡塢，據險自守”的共同體，位於空曠山險之處，宗主率宗族鄉黨避難於此，重新分配土地，乃是必不可少的措施。由於空曠山險之處存在大量無主荒地，而從別處遷來的宗族鄉黨離開了原籍，土地私有觀念淡薄，於是按照勞動力平均分配土地，共同生產，共同消費。這就從另一個側面為均田制提供了一種模式。《北史·李靈傳》說，趙郡李靈之孫李顯甫，“集諸李數千家於殷州西山，開李魚川方五六十里居之”。這是中原豪族為適應鮮卑南下引起社會動亂的一種變換手段。《關東風俗傳》指出，當時中原類乎趙郡李氏的情況很多，“一宗近萬室，煙火連接，比屋而居”。舉宗遷徙，屯聚於山險平敞之地，結成堡塢共同體，族長就是宗主，這就是當時盛行的宗主督護制的社會基礎。李顯甫為宗主，督護他的鄉黨，佔據空曠新闢土地，實行計口受田的土地分配方式。後來向北魏文明太后提出均田制方案的李安世，出於趙郡李氏家族，決不是偶然的巧合。他顯然受到當時普遍存在的堡塢共同體那種按勞動力分配土地的特殊背景的影響。李安世上

北魏騎士陶俑

疏時提及古老的井田制，認為按照井田的分配方式，可以使“土不曠功，民罔遊力”，沒有荒地，也沒有遊手好閒之徒，人人都有一塊耕地，國家也有租調可收。

於是有了太和九年（公元485年）頒佈的均田令：“今遣使者，循行州郡，與牧守均給天下之田，還受以生死為斷，勸課農桑，興富民之本。”所謂“均給天下之田”，即均田，並非不顧土地關係的現狀，重新分配土地，而是對荒地、無主地以及土地所有權不確定的土地，由政府按照勞動力加以分配。均田令的內容很複雜，最關鍵的要點是：15歲以上的男子可以受露田（不栽樹的土地）40畝，婦女20畝，男子每人還可受桑田（栽桑、棗、榆樹的土地）20畝，作為世業（可以世代相承）；不宜栽桑的地區，男子給蔴田10畝，婦女5畝。

從均田令的規定來看，有三點值得注意：第一，耕地按勞動力（15歲～70歲）及代勞家畜（丁牛）分配，奴婢與良人一樣分配土地；未到15歲不受田，超過70歲（謂之老）要退田；第二，桑田（或蔴田）可以繼承，也可以買賣；第三，買賣是有限制的，只有超過定額時才准出賣，不足時才可以買進；既不能以額內桑田出賣，也不能“買過所足”。

在地荒人少、生產力衰退的特定環境下，這種規定能使勞動者固着在土地上，有利於農業生產的恢復、發展，也有利於政府租調收入的增加，使北魏王朝在經濟上獲得成功。

但是，土地所有權是社會關係的產物，它不可能按照法令、制度的規定而一成不變。無主荒地或所有權不確定的土地經過分配，歸農家長期佔有、使用之後，其所有關係會逐漸發生變化。因而嚴格的還受制度是難以長期堅持的，此其一。其二，農家子孫的繁衍，按規定必須驗丁受田。問題在於一個地區的耕地是有限的，當新增人丁達到一定限度時，就無法繼續按照規定數量受田。其三，法令既然規定桑田可以買賣，必然要衝擊露田不能買賣的規定。因此，均田令的條文，是對既有土地關係的反映，隨着時間的推移，它與現實狀況之間的差距會日趨明顯，人們絕對不能把它刻板化，它本身也不可能持久不變地保持下去。

倫敦大英圖書館收藏的西魏大統十三年（公元547年）計帳（不作“賬”）文書，向人們透露了從北魏至西魏時期均田令實施的具體情況。西魏規定的受田標準與北魏稍有不同：丁男（18歲～64歲）蔴田10畝，正田（即露田）20畝；丁妻（結婚至64歲）蔴田5畝；癃、老男（65歲以上）、中男（10歲～17歲）、小男（4歲～9歲）及老女（65歲以上）為戶主者，受田與丁妻同；丁奴與丁男同，丁婢蔴田5畝，正田10畝，丁牛正

北魏武士陶俑

田20畝（無麻田）。但計帳文書所反映的實際情況，卻與上述規定有着很大的差距。且舉數例如下：（一）叩延天富一戶的受田情況：該戶有一丁男、一丁妻，按規定可以受麻田15畝、正田30畝，實際上僅受田25畝，戶主叩延天富受麻田10畝、正田10畝，麻田已足，正田少10畝；妻劉吐歸受麻田5畝（已足）、正田未受。該戶應受麻田15畝，已受足；應受正田30畝，只受10畝。值得注意的是，在受田不足的情況下，先滿足可以繼承、買賣的麻田，而將不足之數全劃入應該還受的正田額中；（二）王皮亂一戶的受田情況：與叩延天富基本相似，應受田45畝，實受田22畝，23畝未受；實受田22畝，包括麻田15畝、正田7畝；麻田已受足，正田缺23畝；（三）侯老生一戶的受田情況：應受田口有二丁男、一丁妻，另有一丁牛，應受田100畝，已受田64畝，戶主及妻麻田、正田均已受足，子麻田受足，正田少12畝，牛一頭未受田。

從殘存的西魏大統十三年計帳文書看來，在均田制實施中，實受田數與應受田數有很大差距，並未完全按照法令條文規定辦理，受田不足是當時一個帶普遍性的問題。日本學者池田溫在《中國古代籍帳研究》中，對西魏計帳文書中33戶的受田情況分析統計表明：33戶中，受田足額的6戶，都是癃及老、小、中男為戶者，沒有丁男、丁妻，屬於不課戶，每戶平均受田49畝3分；其餘26戶，都是丁男丁妻為戶者，受田都不足，6戶已受率達72.5%，13戶已受率達51.1%，7戶已受率達33.2%，平均已受率為52.2%。因此僅僅從法令條文去認識均田制顯然有片面性。

然而與均田制同時實行的租調制，卻是以每戶受田已足的假定前提為依據的。西魏大統十三年計帳文書中，課戶分為上、中、下，調的負擔一樣，無論上中下戶都是布2丈（1匹）、蔴1斤，租則上戶2石、中戶1石7斗5升、下戶1石。上戶一夫一婦（即丁男丁妻）的租調負擔為布1匹、蔴2斤、租4石；下戶一夫一婦，布1匹、蔴2斤、租2石。戶內如有丁婢（丁奴），應納布1丈、蔴8兩、租4斗5升；戶內如有耕牛，應納布2尺、租1斗5升。這種租調徵收率，與各戶實際受田狀況無關，也就是說，同一戶等的丁男或丁妻，不論受田已足、未足，都是課取劃一的租調。由此可見，均田制的實施致力於調整土地關係，但根本的出發點是便於政府向農戶徵收劃一的租調。

府兵是兵農合一的軍隊。西魏宇文泰把十二軍鮮卑禁旅改為六軍，六軍分別由六柱國率領。宇文泰本人和西魏宗室元欣名義上也是柱國，加上實際統兵的六柱國，共為八柱國。這是鮮卑早期八部君長大人統領的部落兵制的沿襲。

遊牧族入居中原，把軍隊分佈於各地，強佔土地，一部份經營畜牧業，一部份經營種植業，把土地隸屬於軍府，形成領主式土地關係。兵農合一的府兵制就是這種特定土地關係的產物。其後由於大量漢族農業人口加入府兵，使之發生一系列變化。隋統一後，於開皇十年（公元590年）下詔：“凡是軍人可悉屬州縣，墾田籍帳，一與民同。軍府統領，宜依舊式。”促使部落兵制非部落化，趨向於兵農合一的徵兵制，進而與均田制結合起來，以受田方式維持一支兵農合一的軍隊。在此以前的府兵，一般是家屬隨營，列於軍戶；此後，軍人編為民戶，改屬於州縣管轄，政府可以隨時點徵民戶從軍，軍人及家屬都可以照均田令受田，但不納租調。均田制和府兵制都是一種不穩定的過渡形態，難以持久。

府兵以受田為保障，受田既不足，府兵的維持就大成問題了。一般而論，一個府兵受田一百畝，雖無租調負擔，但府兵自備兵甲衣糧，其兵役負擔遠遠超過一個受田百畝的普通丁男。按照規定，租庸調全額相當於歲役五十日，衛士一年當兵兩個月，超過了租庸調，何況還得自備戎具、資糧！因此，唐中葉由僱傭兵取代府兵，是大勢所趨。

南朝畫像磚

42.門閥政治

東晉的將領劉裕，在兩次北伐中先後滅掉南燕、後秦，成為一個最有權勢的人物。公元420年，他逼晉恭帝讓位，自立為帝，改國號為宋，建立了南朝的第一個政權。東晉王朝存在了103年(公元317年～公元420年)，被宋所取代。

南朝的宋、齊、梁、陳繼承了東晉的正統，與北朝相抗衡，從公元420年到公元589年，存在了169年。作為中原王朝正統的南朝，繼承了東晉以來門閥政治的一切腐朽方面，那些帝王們幾乎都是荒淫無恥之徒。例如宋的第五代皇帝劉子業，在位不過18個月，便打破了一項歷史紀錄——給他的異母姐山陰公主賞賜了30個男妾。因為山陰公主曾對這個當皇帝的弟弟說：為什麼陛下可以有後宮數百，我只有一個駙馬？太不公平了。又如齊的第六代皇帝蕭寶卷，為了追求幸福，用金箔製成象徵佛教的荷花，貼在床上，讓他的寵妃潘氏在上面以三寸金蓮輕移舞步，彷佛觀世音菩薩一樣。據說中國歷史上婦女纏足，始於這個蕭寶卷的倡導。隋煬帝在談及南朝時對大臣們說："江東諸帝多傅脂粉，坐深宮，不與百姓相見，此何理？"大臣們說："此其所以不能長世。"

這種無能的邪惡的君主，就是門閥政治的產物。所謂門閥政治，是講究門第閥閱的貴族政治，是東晉以來政治上的傳統。日本的東洋史學先驅內籐湖南認為，六朝（吳、東晉、宋、齊、梁、陳）是貴族政治時代，六朝的貴族不是上古的氏族貴族，也不是歐洲中世紀的領主貴族，只是一種具有地方名門出身的貴族。由漢朝官僚經過多次蛻變而成長起來的六朝貴族，是士大夫集團——以儒學為核心的漢文化向地方普及而形成的新興士大夫集團，累世為官而形成望族，其基礎是門第。

田餘慶在《東晉門閥政治》中指出：沒有東漢的世家大族就不可能出現魏晉的士族。世家大族雖然帶有世代承襲的性質，但其身份地位與具有法律保障的世襲封君畢竟有所不同。無論東漢的世家大族，抑或魏晉的士族，其成員大多已經變換。促成這一變換的原因主要在政治方面：一是社會大動亂，二是頻繁的易代糾紛。東晉士族——門閥士族的當權門戶，有琅邪王氏、潁川庾氏、譙國桓氏、陳郡謝氏、太原王氏。門閥政治作為皇權政治在特定條件下的變態而出現於東晉一朝，具有三個條件：一個成熟的有力量、有影響的社會階層即士族的存在；一個喪失了權威但尚餘一定號召力的皇統的存在；一個民族矛盾外部條件的存在。因此，東晉只有皇權與士族共治天下，平衡和秩序才得以維持，於是乎形成了"王與馬，共天下"的暫時局面，並被皇室與士族共同接受，成為東晉一朝門閥政治的模式。此後執政的庾氏、桓氏、謝氏，背景不同，都必須與司馬氏共天下。

所謂"門閥"，有門與閥這兩層意思，門即門第、門戶，閥即閥閱——"明其等曰閥，積其功曰閱"，門閥即門第等級。當時又有"門地"之說，地指地望，即宗族的籍貫；以地望別姓氏，以地望別貴族，是當時社會等級結構的一個外部特徵。例如西晉士族高門王氏，有太原王氏與琅邪王氏之分，當時太原王氏累世身居高官，成為首屈一指的高門，到了東晉，琅邪王氏有開國之功，歷任宰輔，一躍而為僑姓士族之領袖、第一流的高門。這兩個王氏的區別就在於地望，進入南朝，地望的劃分更趨嚴格。

門閥政治的特點是，士族高門的子弟，憑藉家世的顯貴，可以坐至公卿。王遐出身太原王氏，"少以華族，仕至光祿勳"；庾冰出身潁川庾氏，自稱"因恃家寵，冠冕當世（當宰相）"；陳郡謝混，"任借世資，超蒙殊遇（任尚書僕射）"；至於琅邪王氏中王導這一支，到南齊王儉為止，"六世名德，海內冠冕"，當宰相的接二連三。只要是士族高門，甚至白癡也可出任高官，當時有所謂"門地二品"之說，其意為單憑"門地"（門閥、地望）就可獲得九品中正制中的高品——二品，由此進一步仕進、升遷。這種門閥政治帶來了嚴重的弊端：一方面，高級士

南朝畫像磚

族憑門第而不必憑才能就可以成為高官，於是沉湎於清閒、放蕩的生活，而不關心政治，拒絕擔任繁雜而辛苦的官職，特別是軍職，政治、軍事才能日趨削弱；另一方面，只要門第不垮，榮華富貴唾手可得，養成了高級士族在王朝更迭的激烈鬥爭中，畏葸退縮，明哲保身，甚至見風使舵，隨聲附和，至南朝時登峰造極。

無論北方士族或南方士族，都縱情聲色，過着驕奢淫逸的生活。他們把持高官顯位，卻崇尚清談，對實際事務一無所知。某官負責管理騎兵，有人問他管多少馬匹，他答道："不知馬，何由知數。"又問他近來馬死了多少，他答道："未知生，焉知死。"便是極典型的事例。從東晉到宋、齊三代，一百五十多年的悠閒生活，把那些號稱"江南冠帶"的士族高門劣根性發揮到無以復加的地步。他們"處廟堂之下，不知有戰陣之急；保俸祿之資，不知有耕稼之苦；肆吏民之上，不知有勞役之勤"。士族風氣愈來愈文弱，寬衣、博帶、高冠、大履，優哉遊哉。許多人"出則車輿，入則扶持"，一刻也離不開別人的侍候。梁朝的建康令王復從未見過馬，見馬嘶跳，竟誤認為虎，驚恐萬狀。別人說這是馬不是虎，他偏說："正是虎，何故名為馬乎？"士族子弟終日追求打扮，"熏衣剃面，傅粉施朱"，不男不女，心態畸形。他們飽食終日，無所事事，"駕長簷車，跟高齒屐，坐棋子方褥，憑斑絲隱囊，列器玩於左右"，甚至連漢魏以來士大夫必須掌握的一套傳統文化知識也完全荒廢了，成了高級文盲，提筆只能寫姓名，宴會上別人吟誦詩賦，他們只能"塞默低頭，欠伸而已"。

士族為了維護其社會地位和特權，不僅把持官位不讓庶族寒門插手，而且在婚姻上也有嚴格限制。士族高門只能和士族高門通婚，如果和士族以外人通婚，就被視為婚姻失類——門不當戶不對，遭到輿論非難。因此士族非常重視家譜，講究郡望，譜學成了一門新興的學問。官吏職位高低，由士族家譜來遴選。宋文帝時，劉湛為選官而撰《百家譜》2卷；南齊時，王儉職掌吏部，又把它擴充為《百家集譜》10卷。從此，凡出任吏部官員者，都必須精通譜學，否則便難以稱職。梁人徐勉撰《百家譜》20卷，主持人事工作時能做到"彝倫有序"。陳朝吏部尚書孔奐，由於精通譜學，"詳練姓氏"，"凡所甄拔，衣冠縉紳莫不悅伏"。在這種政治氣候下，出現了譜學巨擘賈、王二氏。東晉武帝命河東賈弼之撰《姓氏簿狀》712篇，集18州116郡士姓。自東晉歷宋、齊、梁共4朝，賈氏世傳譜學，6代人中，5代都有譜學著作。梁武帝命王僧儒在賈弼之《姓氏簿狀》基礎上撰成《十八州譜》（後改稱《梁武帝總集境內十八州譜》）710卷，成為門閥政治集大成之作。

然而，門閥政治在南朝畢竟已是強弩之末，日趨衰微。士族腐朽不堪，不能擔任武職，掌管軍事，庶族出身的人便以武職為升官階梯。南朝的四個開國皇帝——宋武帝劉裕、齊高帝蕭道成、梁武帝蕭衍、陳武帝陳霸先，都是庶族出身，先掌握軍權而後取得政權。庶族出身的皇帝當然要提拔庶族官吏作為自己的輔佐，因為士族沒有處理實際政務的能力，只能擔任清閒之職享受高官厚祿。劉宋時期，出身農家，“手不知書，眼不識字”的沈慶之官至侍中，都督南兗、徐、兗等三州的軍事；小販出身的戴法興成了宋孝武帝的南台侍御史兼中書通事舍人，專管朝廷內務，權傾一時。蕭齊和劉宋一樣，任用寒人掌機要，中書通事舍人成為要職。出身寒微的紀僧真當了中書舍人，齊武帝為此對別人說：“人生何必計門戶，紀僧真堂堂，貴人所不及也。”梁武帝雖然對士族十分寬容，給他們高官厚祿，還專設譜局，改訂士族百家譜，但士族門閥已經無可奈何花落去，他也和宋、齊諸帝一樣，在實際政務中不得不大批起用寒門庶人。

南朝寒人掌機要，對門閥政治是一大衝擊，但它難以改變長期以來形成的頹靡局面。梁武帝醉心於崇佛，替僧尼們建造華麗的寺廟，為了在京城建康（今南京）的鐘山建造大愛敬寺，一次施捨給寺院良田八十餘頃。建康一地就有佛寺五百多所、僧尼十萬多人。他為了倡導佛教，3次捨身同泰寺，每次都讓臣下以億萬錢財贖他回宮。佛教的畸形繁榮，帶來了嚴重的社會問題，男僧可收“白徒”，女尼可收“養女”，都不入戶籍，不少農民為逃避賦役，紛紛投身佛寺，以致形成“天下戶口，幾亡其半”的狀況。不久，腐朽的梁朝在侯景之亂中覆亡。梁武帝被侯景軟禁，活活餓死。那些“膚脆骨柔”、“體羸氣弱”的士族，在動亂中大批死去。“侯景之亂”使門閥政治遭到致命的打擊，早已敗象叢生的門閥政治迅速衰微。史籍如此描述當時的情況：“梁朝全盛時，貴遊子弟多無學術”，“明經求第，則僱人答策；三九公讌，則假手賦詩”，“及侯景之亂，膚脆骨柔，不堪行步，體羸氣弱，不耐寒暑，坐死倉猝者，往往而然”。昔日瀰漫頹廢氣氛，號稱“六朝金粉之地”的南朝都城建康，在侯景之亂中被燒掠一空，富庶的三吳地區，“千里絕煙，人跡罕見”。梁武帝的子孫們分別投靠西魏、北齊，相互火併。陳霸先取而代之，建立南朝的最後一個政權——陳，所能控制的地區僅限於江陵以東、長江以南的狹小地區，南朝已經搖搖欲墜了。要依靠正統的南朝來統一全國，豈非白日做夢！

敦煌壁畫《九色鹿本生》

43.藝術與科學

西晉末年，中原上層社會開始接受佛教，佛教教義在世族豪門中廣為流傳。北方騎馬民族的統治者也非常欣賞佛教，因為佛教倡言世界大同，並不歧視他們這些"蠻族"。於是佛教在中華大地上蓬勃發展，佛教藝術燦爛奪目。

南北朝時期的漢胡互化、民族融合，為藝術的發展提供了馳騁的空間和滋生的土壤。藝術成就集中地體現在與佛教密切相關的石窟造像壁畫中。佛教在西漢末傳入中國內地，南北朝時廣為流傳。中國人皈依佛教是複雜而有興味的話題。佛教虛構出一個幻想世界，同現實世界對立；又臆造出人死後的靈魂生活，同人世間的生活對立。佛教關於"天國三十三階"、"地獄十八層"的說法，體現了它的來世觀，讓那些受苦受難的人們把希望寄託於來世，因而不僅統治者大力提倡，一般百姓也自願信奉。北魏末年，北方各地有佛寺3萬多所，僧尼200萬人。形成於這一時期的雲岡石窟、龍門石窟、敦煌石窟，至今仍在向人們顯示，那個時代佛教對中國人生活的廣泛滲透，令人吃驚。

雲岡石窟在大同西北武州山，是北魏興安二年（公元453年）開始建造的，前後歷時100多年，有大小40多個石窟，10萬個佛像，最大的佛像高達7丈，最小的佛像不到1寸。雲岡的石刻造像氣勢雄健、質樸，有寫實風格。雲岡第十二窟佛籟洞，主題是慶祝釋迦牟尼成道，塑造了釋迦成道"四相"（四尊坐像）。第一尊是"出家相"——19歲時出離王宮，入山修道；第二尊是"苦行相"——赤身露體瘦骨嶙峋，修婆羅門的苦行道；第三尊是"成道相"——在菩提樹下，坐金剛寶座，悟四諦真義，終於成佛；第四尊是"轉法輪相"——成道後50年中，說法講道、普度眾生、弘揚佛法。為慶祝釋迦成道的音樂舞蹈大典，藝術形象與實物素材都取之於現實生活，再現了1,500年前鮮卑族的文化景觀：人是鮮卑人，服是鮮卑服，舞是鮮卑舞，樂器也是遊牧民族常用的"馬上樂器"，充分反映了北魏在平城極盛時期的文化面貌，藝術價值與歷史價值都極高。

龍門石窟在洛陽城南的西山即龍門山，從北魏太和十八年（公元494年）遷都洛陽後開始在此建造石窟，延續達400多年之久。現存石窟1,352個，佛龕750個，造像10萬餘尊，造像題記和碑碣3,000餘塊，佛塔40餘座。顧炎武《金石文字記》說："後魏胡太后崇信浮圖，鑿崖為窟，中刻佛像，大者丈餘，凡十餘處，後人踵而為之，尺寸可磨，悉鐫佛像。"北魏開鑿的石窟以古陽

雲岡石窟大佛

洞、賓陽洞、石窟寺、蓮花洞為代表。古陽洞中，趺坐釋迦世尊像，衣紋細薄貼肉；彌勒菩薩像龕口裝飾的飛天，線條流暢；造像銘記字體遒勁，是書法珍品，現在流傳的"龍門二十品"有十九品出於古陽洞。龍門古陽洞早期，列龕多有戴鳳帽、身穿袂領小袖胡服、腳着渾筒靴的鮮卑供養人形象，與雲岡石窟頗為相似，反映了北魏遷都洛陽前的文化風尚。後期列龕中供養人造像已改穿漢人傳統服飾——褒衣博帶，反映了鮮卑的漢化趨勢。賓陽三洞中，以賓陽中洞最為富麗堂皇，後壁的主像釋迦牟尼佛，身穿褒衣博帶式袈裟，面部修長，眉呈月牙形，鼻垂直，嘴角上翹含有慈祥微笑。旁有迦葉、阿難二弟子，文殊、普賢二菩薩侍立，迦葉形象嚴謹持重，阿難形象活潑開朗，極其生動自然。前壁入口的“帝后禮佛圖”浮雕，分別以孝文帝和文明皇太后為中心，組成南北相對的禮佛行進隊列，構圖嚴謹，雕刻生動。這兩幅雕刻藝術傑作於1934年被盜，現分別藏於美國堪薩斯城納爾遜藝術館和紐約市藝術博物館。

敦煌石窟開鑿在敦煌東南25公里處的莫高窟鳴沙山上，在綿延1,600米的崖壁上，迄今保存了4世紀～14世紀歷經千餘年修建的各類洞窟700多個，壁畫45,000平方米，彩塑2,400多身。規模宏大，內容豐富，藝術精湛的敦煌藝術寶庫具有珍貴的歷史、藝術、科技價值，1987年被聯合國教科文組織確認為世界文化遺產。敦煌石窟是從前秦建元二年（公元366年）開始修建的，北朝時已輝煌無比。由於這裡的石質比較鬆脆，不適於雕刻，所以石窟藝術表現為另一種形式——壁畫和塑像。壁畫的題材主要是佛說法圖和佛本生（前生）故事。第二百五十七窟西壁的北魏“鹿王本生”壁畫，講述一個美麗的寓言故事：九色鹿從恆河中救起溺水的人，畫的結構是由左右兩端向中間發展，這種奇特的構圖方法，具有戲劇高潮的效果，突出了善有善報、惡有惡報的主題。第二百五十四窟南壁的北魏“薩埵太子本生”壁畫，描繪了早期佛教藝術中薩埵飼虎的故事，把不同空間發生的不同情節濃縮於同一畫面，構圖嚴密，造型生動，具有強烈的悲劇氣氛。這幅壁畫中的飛天，是北魏飛天的代表作，上身裸露，體格健壯，腿部修長，頗有“天花亂墜滿天虛空”的詩意。飛天原為古印度神話中的娛樂神和歌舞神，到了佛國世界作為佛的侍從、護法出現於天空。敦煌飛天不靠翅膀，沒生羽毛，僅憑飄曳的衣裙、飛舞的彩帶就凌空翱翔。第四百二十八窟北壁的北周“降魔變”壁畫，釋迦牟尼被魔王驅使的妖魔和魔女包圍，鎮定自若，不為所動，以強烈對比的手法，表現出正義與邪惡的鬥爭，烘托出釋迦牟尼的莊嚴、平靜和慈悲。第二百五十九窟的北魏彩塑“佛”，造型古樸凝重，體態健碩，文靜端莊，眉目口角處怡然自得，流露出一種淡淡的神秘莫測而又難以言喻的微笑，使作品有一種含蓄的美感，透露出一種深睿大度、豐神超逸的風骨。莫高窟被人們譽為“世界最大的天然美術館”是當之無愧的。隨着時光的流逝，絲綢之路已被埋沒在莽莽黃沙之中，莫高窟卻因為乾燥的沙漠氣候被完好地封存起來，今日的人們才有幸瞻仰這個夢幻般的藝術殿堂。

與藝術奇葩相輝映的是科學成就，其傑出代表是祖沖之與賈思勰。

祖沖之（公元429年～公元500年），南朝的宋及齊時候的人，原籍范陽遒縣（今河北淶水縣北），字文遠。他在曹魏數學家劉徽割圓術的基礎上推算圓周率。劉徽認為，當圓內接多邊形邊數無限增加時，其周長愈益接近圓周長，圓內接多邊形邊數無限多時，其周長的極限即為圓周長。在這種思想指導下，他創立了割圓術——“割之彌細，所失彌小，割之又割，以至於不可割，則與圓合體而無所失矣”。他據此推算出圓周率值：$\pi = 3.14$，後世稱為“徽率”。祖沖之在此基礎上繼續推算，求出精確到第七位有效數字的圓周率值：

$$3.1415926 < \pi < 3.1415927$$

這遠遠走在世界前列。一千年後，15世紀的阿拉伯數學家阿爾－卡西（Al－Kashi）以及16世紀法國數學家韋達（Viete），才求出更精確的數值。為了計算方便，祖沖之還求出用分數表示的兩個圓周數值，一個是$\frac{355}{113}$，稱為“密率”；一個是$\frac{22}{7}$，稱為“約率”。16世紀的歐洲數學家鄂圖（Valenfinus Otto）和安托尼茲（Ariaen Anthonis）才得出這個密率數值。

祖沖之指出劉歆、張衡、劉徽、何承天的不足，改革曆法，在宋大明六年（公元462年）完成了大明曆。他首先把歲差的存在應用到曆法中，這對曆法推算精度的提高有重要作用。所謂“歲差”，是指由於太陽、月亮和行星對地球赤道突出部份的攝引，使地球自轉軸的方向不斷發生微小變化，這也就使冬至點在恆星間的位置逐年西移，每年的移動值就叫做“歲差”。雖然他所用的歲差常數比較粗略，但自此以後回歸年和恆星年兩個概念漸次為人們所接受，成為制定曆法時必須考慮的因素之一。祖沖之完成大明曆後，上表給宋孝武帝，要求推行新曆，遭到寵臣戴法興的反對，他無視祖沖之提出的“冬至所在，歲歲微差”的事實，以冬至點是“萬世不易”的陳腐觀點，指責祖沖之“誣天背經”。經歷宋、齊兩朝，直到他死後10年，才在他的兒子祖暅的堅決請求下，於梁天監九年（公元510年）正式頒行大明曆。

賈思勰，山東益都人，曾任北魏高陽郡（治今山東淄博市臨淄西北）太守。他所寫的《齊民要術》大約成書於6世紀三四十年代之際，引用前人著作一百五十多種，總結了黃河中下游農業生產經驗，是農學史上的重要著作，全書共10卷92篇，約11萬字。此書不但輯錄了現已失傳的《氾勝之書》、《四民月令》等書，還着重總結了《氾勝之書》以後北方旱地農業的新經驗、新成就，標誌着北方旱地精耕細作體系的成熟。在這以後一千年間，北方旱地農業技術基本上沒有越出《齊民要術》所指出的方向和範圍。在精耕細作、園藝技術、林木的壓條與嫁接、家禽的

《齊民要術》插圖

飼養管理、良種選育與外形鑒定、農副產品的加工、微生物利用等方面，《齊民要術》都第一次作了全面的系統的總結。賈思勰主張："凡人家營田，須量己力，寧可少好不可多惡"，貫穿了精耕細作求高產的思想，體現了民間諺語所說"頃不比畝善"的真諦。他還強調："順天時，量地利，則用力少而成功多"，掌握農作物的生長規律，依據天時地利的具體特點，合理使用人力，謀求事半功倍。他總結了輪作方法，指出：穀子換茬是為了防雜草，穀用瓜茬是利用瓜地施肥多的餘力，把豆科作物和禾穀類作物、深根作物和淺根作物搭配起來，進行合理的複種和輪作，既可達到用地養地的目的，又可提高土地的複種指數。難能可貴的是，《齊民要術》首次說明了有性繁殖通過授粉來完成，類似的論述歐洲在17世紀90年代才出現。

八·從隋到盛唐

——統一王朝的再建

44.隋的統一與創制

從東漢末年以來，割據勢力不斷發展，國家由治到亂，由亂到治，正所謂“合久必分，分久必合”。這分合之間，包含着歷史發展的一種必然性。北魏太武帝掃清了十六國的殘餘，北周武帝又擴大了北朝的地域，這就為隋的統一奠定了基礎。歷史總是辯證發展的，統一中包含着分裂的因素，分裂中又孕育着統一的因素。從東漢末到隋初的四百年間，統一勢力一直在增長，不管割據勢力如何囂張、遊牧民族如何馳騁，最後還是歸於統一。這表明，秦漢以來以漢族為核心的中華民族，已形成一個相當穩定的政治共同體，隋的統一是大勢所趨。

歷史有驚人相似之處，秦與隋都由分裂到統一，國祚短促，二世而亡，在歷史上卻有不可磨滅的功績，漢承秦制與唐承隋制，便是明證。

公元577年，北周武帝宇文邕（讀yōng）滅北齊，分裂多年的北中國歸於一個政權統治之下。武帝死，宣帝宇文贇（讀yūn）繼位，荒淫暴虐，一年後傳位於其子靜帝宇文衍。楊堅以左大丞相、都督內外諸軍事名義，總攬朝政。楊堅是北周軍事貴族，有着漢族與鮮卑族混合血統，在他身上兼具漢人胡化與胡人漢化的二重性，其父楊忠是北周重臣，其妻獨孤氏是北方非漢族中勢力最大的門第出身，其女又是宣帝的皇后，這種特殊身份，使他無可避免地捲入權力鬥爭的漩渦之中。他由隋國公一躍而為隋王，於公元581年廢靜帝自立，建立隋朝，取而代之猶如水到渠成，改朝換代在平靜之中實現，這在中國歷史上頻繁的改朝換代中是不多見的。唐太宗曾說，楊堅是“欺孤兒寡母以得天下”。清朝歷史學家趙翼也說，“古來得天下之易，未有如隋文帝者”。儘管他是篡立，但使全面統一獲得實現，功不可沒。開皇九年（公元589年）正月，伐陳成功，統一南北，結束了自東漢末年以來整整400年的大分裂局面。

《劍橋中國隋唐史》認為，隋文帝開創了統一局面，又成功地鞏固了統一局面，關鍵在於他發揮了混合意識形態的作用。從十六國到北朝，南下的北方民族的漢化過程中，儒家思想起到了無可替代的作用，隋文帝致力於提高儒家思想的地位，以維護統一，提倡漢儒的思想、習俗、禮儀，包括帝王正統化的禮儀程序、恪守孝道的儒家倫理以及經學教育，使南北都能達成共識。與此相輔相成的是法家思想。隋文帝認識到治亂世必須用法，他的重要輔佐大臣高熲（讀jiōng）被《通典》的作者杜佑讚譽為管仲、商鞅一類的人物，以法治國，進行制度改革與建設，成效卓著。他推薦給文帝的另一輔佐大臣蘇威，其父蘇綽是西魏建國者宇文泰的主要文職顧問，引用申不害、韓非的法家理論，使集權模式具體化，他制訂了“六條詔書”，以便“革易時政，務弘強國富民之道”。楊堅及其主要大臣都在北周當過官，受到蘇綽改革與“六條詔書”的影響，蘇威在隋初法律與制度建設中，貫徹了其父蘇綽的法家主張。混合意識形態的另一方面是佛教思想。楊堅出生於寺廟，由一個尼姑養大，後來楊堅稱她為阿闍梨（梵文音譯，意為導師），其妻獨孤氏一家也是虔誠的佛教徒。隋文帝楊堅的崇佛，不是個人的信仰，而是針對北周武帝滅佛引起百姓反感而採取的政治手段，他的許多與佛教有關的活動都突出了他作為理想的君主和佛的捍衛者（轉輪王）的作用，以及向臣民示範的樂善好施

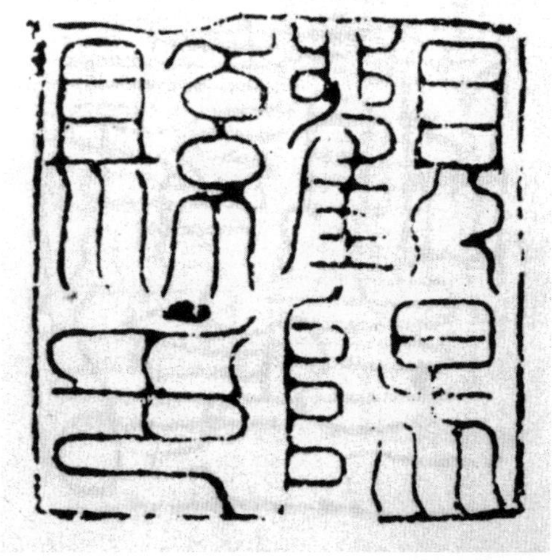

隋觀陽縣印

的施主（大檀越）的作用。鑒於南北朝時期無論北方與南方佛教信仰都風靡一時，隋文帝的這種舉措，顯然有助於漫長的分裂局面的結束與統一局面的形成，正如他在一個詔書中所說：“朕皈依三寶，重興聖教，思與四海之內一切人民俱發菩提，共修福業。”

在這種混合意識形態指導下，隋文帝推行廉潔政治、溫和政治。所謂廉潔政治，就是政府要厲行節儉，不使財政開支過大，百姓負擔過重。《隋書》說他：“躬節儉，平徭賦，倉廩實，法令行，君子咸樂其生，小人各安其業。”他提倡官吏廉潔奉公，嚴懲貪污，發現貪污，或示意別人行賄，一經查實，立即處以死刑。他以身作則，發現兒子秦王楊俊生活奢侈，勒令禁閉；太子楊勇奢侈好色，便改立楊廣為太子。隋文帝看到百姓吃糠渣而流淚，命令文武百官穿粗布袍服，還要親信以賄賂引誘部下，以整肅腐敗，他充分認識到，再統一需要建立以紀律為重的官僚體制。所謂溫和政治，即法律要寬輕、疏簡，主張立法要體現“以輕代重，化死為生”的原則，不搞嚴刑峻法，不使百姓處於高壓之下。北周後期，刑罰苛濫，以致“上下愁怨”“內外離心”，楊堅下令“行寬大之典”，刪略舊律，作《刑書要制》。建立隋朝後，他下令更定新律，廢除鞭刑、梟首、車裂；開皇三年（公元583年）編定《開皇律》，總結漢魏律法，在北齊律基礎上

《隋文帝祈雨圖》

進行補充調整，形成完整的體系，曾經被東亞各國所倣傚的唐律就是《開皇律》的繼承與發展。在《開皇律》制訂中，裴政（先後任梁、北周的司法官吏）起了重要作用，他把北朝與南朝的法律綜合成隋律，新穎而簡化，一共只有500條，僅是南梁律的四分之一，北周律的二分之一。王夫之《讀通鑒論》中說："今之律大略皆隋裴政之所定也，政之澤遠矣。千餘年間，非無暴君酷吏，而不能逞其淫虐，法定故也。"

隋朝建立後，為了鞏固統一局面，加強中央集權，對政治制度、經濟制度作了一系列改革和創建。

（一） 三省六部制 開皇元年（公元581年），隋文帝一即位，就採納大臣崔仲方建議，廢除北周官制，恢復漢魏舊制。事實上，隋的大部份官署和職稱都模倣北齊，而北齊制度則是北魏全面漢化政策的反映。不過恢復漢魏舊制的命令，表明隋朝有雄心使自己成為一個比南北朝割據政權更偉大的統一政權。中央設立內史省（中書省）、門下省、尚書省作為最高政務機關，內史省即中書省是決策機構，門下省是審議機構，尚書省是行政機構。尚書省長官是尚書令，副長官是僕射（yè），下設吏部（掌銓選）、禮部（掌禮儀）、兵部（掌軍事）、都官部

社倉納粟磚

（刑部，掌刑法）、度支部（民部，掌戶口錢穀）、工部（掌營建）。這種三省六部的中央政權體制，為後世所沿用。地方的州、郡、縣三級改為州、縣二級。不過隋初還沿用舊制，在重要的州及其鄰近地區設置總管，有并州（太原）、揚州、荊州、益州（成都）四大總管，到隋煬帝時才廢除了總管，加強中央集權。

（二）科舉制 為了削弱門閥政治，廢除了地方長官闢舉本地人士擔任官吏的制度，明確規定九品以上地方官一律由尚書省所屬吏部任免，每年由吏部進行考核。以後又規定，州縣官吏三年一換，不得重任，不許本地人擔任本地官吏。這樣就把官吏的任用權集中到中央，改變了長期以來士族控制地方政權的局面。與此同時，選舉權也集中到中央。隨着士族門閥的衰落，九品官人法不再適應形勢，於是廢除了按照門第高低選用官吏的九品官人法，代之以科舉制。科舉制的特點是通過考試來選拔人才，首先設立秀才、明經等科，參加考試的有國子學、州縣學的生徒，也有各州按規定舉送的貢士，一律按才學標準錄取，錄取與任用權完全掌握在吏部手中。秀才科顯然需要廣泛的一般學識，除試策外加試各體文章，錄取標準很高；隋朝三十多年中，一共才錄取了十多人。隋煬帝時增設進士科，放寬錄取標準。明經科主要測試對某一儒家經典的熟悉程度，進士科只試策，主要考文才。一般士人可以通過明經、進士兩科考試而進入仕途。科舉制的設立開創了文官考試制度的歷史，經過唐朝的發展，一直沿用到清朝。

（三）戶籍制 隋朝建立伊始，戶籍極為混亂，一方面存在"詐老詐小，規免租賦"的現象，另一方面存在強宗大族隱庇戶口的現象，於是整頓地方基層組織，設保、里、黨，由里正、黨長負責檢查戶口，進行戶籍整理。開皇二年（公元582年）以北齊、北周舊制為基礎，制訂戶籍新法，把人口按年齡區分為黃（3歲以下）、小（3歲～10歲）、中（10歲～17歲）、丁（18歲～60歲）、老（60歲以上）。次年，把成丁由18歲改為21歲，有家室的丁男每年服役20日，納租粟3石、絹絹2丈、綿3兩。戶口不實便成為一個尖銳問題提上了議事日程。開皇三年下令，州縣官吏檢查隱漏戶口，稱為"大索貌閱"，即為了編定戶籍，地方官每年要親自查驗戶口、年齡、疾狀，稱為"貌閱"（或貌定、團貌），對戶主的手實（申報）加以核對。大索貌閱為的是把隱漏戶口檢括了來，還要把成丁"詐老詐小"者清查出來，把大功以下（堂兄弟以下）從戶籍中分離出來，使大戶分析為小戶，增加賦役的承擔對象。但大索貌閱成效有限，對於大批依附於強宗大族的隱庇戶口仍無能為力。隋文帝便採納尚書左僕射高熲的建議，實行輸籍法——由中央政府制定"輸籍定樣"，即劃分戶等的標準，發到州縣，每年正月初五，縣令派人下鄉，依樣確定戶籍，強制隱庇戶口向政府登記，旨在拆散大戶，從中析出若干小戶。經過歷年檢括，開皇九年（公元599年），隋朝舊境之內的民戶由隋初的四五百萬戶增加到六七百萬戶，大業二年（公元606年），又增加到890萬戶。

隋朝創建的一系列制度，大多為唐朝所繼承，其影響是深遠的。

45.隋的"國富"與"國祚短促"

開皇二十年（公元600年）十月，隋文帝廢太子楊勇，十一月立楊廣為太子。仁壽四年（公元604年），楊廣繼位，是為隋煬帝，改年號為"大業"。大業前期，隋朝進入了極盛時期。

隋煬帝楊廣是一位極有才華的統治者。他早年作為遠征軍統帥，在征服陳朝的戰爭中初露頭角。在舊陳率土皆反時，他作為東南總管駐營江都（今揚州），在消除南朝對北朝的隔閡與偏見方面取得了成功，並且在東南地區另建一個可以取代建康的政治、文化、經濟中心——江都。江都的迅速崛起，標誌着再統一的成功，在這方面，楊廣本人的文化素養是一個很重要的因素。他喜歡讀書著述，常同文人學士一起交流，任揚州總管時，網羅王府學士近百人，從事文化工作，一直到他即帝位的近20年間，編纂著述未嘗稍停，共成書131部，17,000多卷。楊廣擅長詩文，堪稱有成就的詩人和獨具風格的散文家，頗為自負。他愛好圖書字畫，西京長安嘉則殿藏書37萬卷，營建東都洛陽後，又命秘書監挑選37,000多卷移至東都洛陽修文殿，另寫副本50套，分別送至西京、東都的宮廷官署，顯示了統一王朝在文治方面的雍容大度。

隋煬帝從他父親手中繼承了一個統一和繁榮的帝國，傾全力於鞏固帝國版圖與擴大帝國影響，為此採取一系列舉措。

（一）營建東都洛陽 隋文帝以漢朝古都長安為首都，在這塊古老而破落的土地上重新建造一個碩大無比的大興城，是世界罕見的都城。但是要由它來控制統一帝國，似乎有鞭長莫及之感。隋煬帝即位後，決定從長安遷都洛陽。遷都洛陽的主要原因是以洛陽為中心最便於控制全國，因為它是水陸運輸的自然中心、儲藏與轉運物資的樞紐，以後成為溝通南北的大運河的交匯點與輻射點，便顯示了它的這一優越性。洛陽因此成為隋朝最大的商業城市，有東市（豐都市）、南市（大同市）、北市（通遠市）等商業區，如豐都市有一百二十行，三千餘肆，市上“重樓延閣，互相臨映，招致商旅，珍奇山積”。唐朝在將近三百年間也以洛陽為東都，更加證明營建東都洛陽在當時不失為一個明智遠見之舉。

《隋煬帝遊幸江都圖》

（二）開鑿以洛陽為中心的大運河 運河的開鑿從隋文帝時代已經開始，開皇四年，從潼關到長安，引渭水開鑿廣通渠，便利漕運，以充實京師倉廩；開皇七年，在揚州開山陽瀆，為伐陳作準備。不過這些小規模運河對於統一大帝國而言，顯然是不相稱的。隋煬帝從大業元年到大業六年連續開鑿了 4 條以洛陽為中心貫通全國的大運河：

通濟渠——自洛陽西苑引谷、洛二水入黃河，自黃河（板渚）入汴水，引汴水達淮水（盱眙）；

邗溝——自山陽（淮安）至於江都（揚州），入長江；

江南河——自京口（鎮江）至餘杭（杭州）；

永濟渠——引沁水至黃河，東入衛河，北至涿郡（北京西南）。

運河的開鑿，把由西向東的五大水系——沽水（海河）、河水（黃河）、淮水（淮河）、江水（長江）、浙江（錢塘江）加以貫通，形成了南北向的人造運河與東西向的自然河流相互連接的水運體系，對於加強歷經數百年開發已成為全國經濟重心的江淮、江南地區的聯繫，加強北方邊防的控制，具有深遠的歷史意義。這一運河網絡把長江流域黃河流域和今北京附近地區連成一體，從而使隋朝能夠以南方的糧食和其他物資供養宏大的都城長安、洛陽，並給北方邊境提供戰略後勤保障，為南北的統一提供了具體而堅實的物質基礎。

（三）經營西域 北朝胡人的統治給中國帶來了新鮮血液，以及慓悍的尚武精神，刺激了新王朝開疆拓土的強烈慾望。大業三年（公元607年），隋煬帝派吏部侍郎裴矩駐紮張掖，負責西域事務。裴矩根據見聞寫成《西域圖記》3卷，介紹西域政治、經濟、交通情況，指出北道出伊吾（哈密），中道出高昌（吐魯番），南道出鄯善（若羌），作為西域門戶的重要地位，描述了四十多個地區的特點與貿易路線，希望利用隋朝的財富和威望盡量爭取這些地區臣服。大業五年，隋煬帝親自領兵擊敗吐谷渾，在今青海及新疆一帶設置西海（治伏俟城，今青海湖西端）、河源（治赤水，今青海興海縣東南）、鄯善（今新疆若羌）、且末（今新疆且末南）等4郡。原來受突厥控制的伊吾吐屯設內附，在其地設置伊吾郡。高昌（今新疆吐魯番東南）國王麴伯雅到張掖朝見隋煬

東羅馬金幣

帝。這樣，通往西域的南、中、北三道的門戶全在隋朝掌握之中。當年六月，隋煬帝在巡遊用的"觀風行殿"（下有車輪的巨型活動房屋）上設宴招待伊吾吐屯設、高昌王和其他來朝的各族首領三十多人。

經過文帝、煬帝兩代的發展，隋朝呈現出一派富庶強盛之勢。人們或許會因為隋二世而亡，國祚短促，而斷定它既貧且弱，其實不然。隋的"國富"歷來為傳統史家所津津樂道，最有代表性的要數馬端臨在《文獻通考》所說"古今國計之富莫如隋"，"隋煬帝積米其多至二千六百餘萬石"。馬端臨並未誇大其辭。隋文帝在衛州（今河南汲縣）置黎陽倉，洛州（洛陽）置河陽倉，陝州（今河南陝縣）置常平倉，華州（今陝西華陰）置廣通倉，屯儲從各地運來的糧食物資。隋煬帝又在洛陽附近置洛口（興洛）倉及回洛倉。洛口倉周圍20多里，有3,000個地窖，每窖可藏糧8,000石；回洛倉周圍10里，有300個地窖，每窖可藏糧8,000石。僅此兩倉所儲糧食即達2,600多萬石，此外太倉、永豐倉、太原倉所儲糧食也在數百萬石以

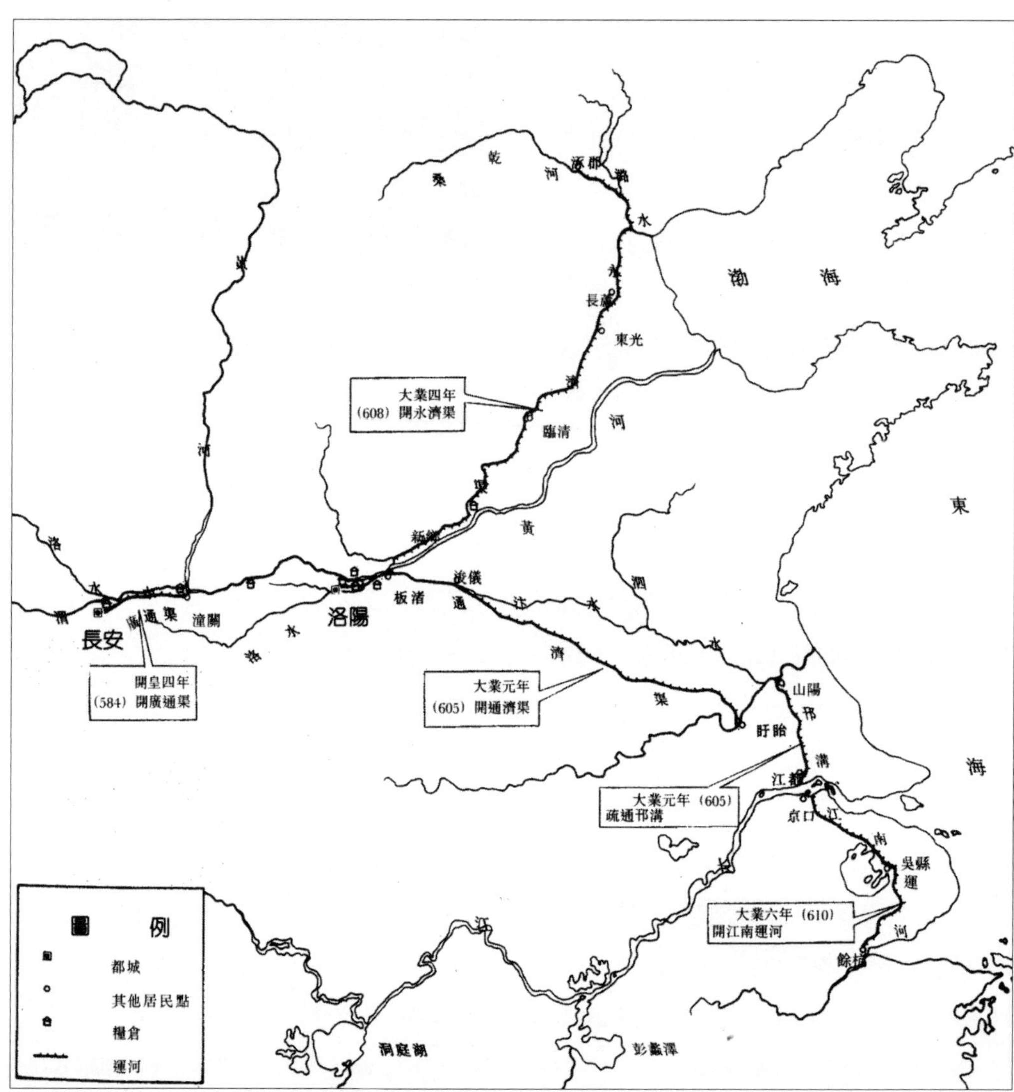

大業四年
（608）開永濟渠
開皇四年
（584）開廣通渠
大業元年
（605）開通濟渠
大業元年（605）
疏通邗溝
大業六年（610）
開江南運河
長安
洛陽
渤海
東海
洞庭湖
彭蠡澤
圖例
都城
其他居民點
糧倉
運河

隋運河圖

上，各地遍佈的以積穀備荒為職責的義倉（社倉）也儲存不少糧食。長安、洛陽、太原等地的倉庫中還儲存了幾千萬匹布帛。到唐朝初年，這些倉庫中的糧食布帛還未用盡，如并州（太原）在隋亡後第四年還存放10萬匹布帛，以及可供幾萬軍隊吃10年的糧食；長安的儲藏直到貞觀十一年（公元637年）還沒有用完。

隋何以能在短期內迅速致富，原因也許是複雜的，不過以下三方面顯然最值得重視。

其一，北魏至北齊、北周時期均田制的實施對農業生產的發展起到了相當積極的作用，它不僅使農業勞動者固着於土地，而且牛耕也獲得明顯的進展。均田令規定耕牛可以受田，刺激了農家飼養耕牛、使用牛耕的積極性。牛耕的發展又促進了農具的一系列革新，形成了牛耕的完整體系：犂、耙、耮、耬犂、鋒、耩，出現了"具牛"的耕作形式，一具牛"兩個月秋耕，計得小畝三頃"。在中國農學史上具有重要地位的《齊民要術》一書的問世，本身就意味着北方農業生產已達到了一個新水平。

其二，大索貌閱和輸籍之法的實行，使魏晉以來大族蔭庇民戶的現象基本消除，社會勞動人手重新編入國家戶籍，政府直接控制的納稅人口和納稅耕地驟然增加。隋取代北周時，在籍民戶450萬戶，大業二年（公元606年）增至800萬戶；開皇九年（公元589年），耕地近2億畝，大業五年（公元609年）增至5億多畝。杜佑在《通典》中說，隋朝的繁盛是由於實行了輸籍之法，每年幾百萬匹絹帛大多由關東地區提供，而關東地區編戶的增多，為絹帛糧食徵收提供了更多的來源，這是形成"庫藏皆滿"的一個重要原因。

其三，江淮以南經過三國以來幾百年的發展，逐漸成為經濟重心，南朝宋時，江淮以南已呈現富庶景象："地廣野豐，民勤本業，一歲或稔，數郡忘饑"，"絲綿布帛之饒，覆衣天下"。大運河的開鑿，把政治中心長安、洛陽與江淮以南財富之地聯繫起來，在轉輸物資方面起了很大的作用。《通典》說："西通河洛，南達於淮"；"交、廣、荊、益、揚、越等州，運漕商旅往來不絕"。皮日休《汴河銘》說："北通涿郡之漁商，南運江都之轉輸，其為利也博哉。"運河保證隋朝能獲取最富饒地區的資源，洛陽附近倉庫儲藏的豐富，足以證明這一點，其後唐朝的繁榮在很大程度上可以歸因於這一運河體系。

既然"古今國計之富莫如隋"，那麼為何隋朝只存在了37年便滅亡了呢？古往今來的史家都在探究其中的奧秘。

值得注意的是，隋的國富，一方面固然反映了經濟的發展，另一方面也反映了統治者面對經濟的發展而忘乎所以，推行過分聚斂財富的政策。這種聚斂財富的政策忽視藏富於民而只注意藏富於國，形成了“國富民窮”的虛假富庶景象。開皇十四年(公元594年)，關中大旱，百姓以豆屑雜糠充饑，政府“不憐百姓而惜倉庫”，為了聚斂財富而不顧百姓死活，便是典型的事例。

明末清初，思想家王夫之在《讀通鑒論》中總結歷史時，十分反對國家聚斂財富，而主張“藏富於民”。他說：“財散則民聚”，“財聚則民散”；“大損於國者”，“莫甚於聚財於天子”；“聚錢布金銀於上者，其民貧，其國危；聚五穀於上者，其民死，其國速亡”。這是很精闢的見解，從中也揭示了隋雖富而短命的道理——國富民窮，基礎是脆弱的，一旦動亂，立刻崩潰。何況隋煬帝自恃國富而濫用民力，加速了崩潰的進程。《隋書》說：“(煬帝)自恃富強，外思廣地，以驕取怨，以怨興師，若此而不亡，自古未之聞也。”

隋煬帝這個人自負才學比別人高，剛愎自用，從來聽不得批評，容不得不同意見。他常說，我生性不喜歡人諫，如果是達官貴人還想進諫以求名，我更不能饒他。功臣高熲私下議論煬帝縱情聲色，被人告發，遭殺身之禍；身握禁兵的李渾，被人誣告“圖謀不軌”，一門族誅。於是乎形成了這樣的局面：“朝臣有不合意者，必構其罪而族滅之。”大臣們怕遭殺身之禍，偷安高位，阿諛奉承，助長了煬帝的剛愎自用。

隋煬帝剛愎自用的最大危害，是好大喜功，炫耀國威，濫用民力。營建東都洛陽本是好事，但為了滿足其追求豪華奢侈的虛榮心，每月役使丁男多達200萬人，從江南徵調木、石、花、草、禽、獸，運至洛陽，佈置宮苑。所造西苑，周圍長達200里，極盡奢華之能事，煬帝月夜騎馬帶宮女數千人遊玩。開鑿大運河本是好事，但為了滿足其對江南富庶生活的嚮往，他率一二十萬人出遊江都，乘坐四層龍舟，揹縴的壯丁多至八萬餘人，船隊數千艘前後相接，長達二百多里。所到之處，五百里內百姓得貢獻食物。到了江都，每次出遊的儀仗隊長達二十多里。經營西域本是好事，但為了炫耀國威邀請西域各國前往洛陽，沿途郡縣對國賓招待備至，耗費巨資，無所顧惜。大業六年(公元610年)，他在洛陽接見西域各國使節和商人，正月十五夜，在皇城端門外大街上設置規模巨大的戲場，演出百戲，戲場周圍燈火輝煌，如同白晝。這種盛大的招待國賓的文娛活動持續了半個月。外賓在市肆上吃喝不必付錢，還誇耀說：中國富饒，酒食照例不要錢。

炫耀國威、濫用民力的最大危害是對外發動侵略戰爭，其中最突出的是攻打高句麗。高句麗的統治者高湯，北周武帝封為東郡公、遼東王，隋文帝封為高麗王，視為藩屬。7世紀初，高麗國佔有今遼河東部和朝鮮半島北部，國都平壤，朝鮮半島的西南部是百濟，東南部是新羅。

隋文帝晚年就已表現出開疆拓土的願望，開皇十八年（公元598年）出兵高句麗，就是這種擴張主義的集中體現。隋煬帝的侵略高句麗，是文帝開疆拓土方針的繼承與發展。本來煬帝出兵高句麗是為了挽回文帝兵敗高句麗的面子，結果適得其反，大業八年（公元612年），隋朝大軍在煬帝率領下分水陸兩路進攻高句麗，渡過鴨綠江的隋軍主力30萬，在薩水（清川江）大敗，逃回遼東城（今遼陽）只剩下3,700人，進攻平壤的四萬水軍也全軍覆沒。煬帝惱羞成怒，不顧一切地再次發動更大規模的戰爭，終於釀成不可收拾的後果。大業九年（公元613年），煬帝下詔大規模徵兵，發動第二次侵略高句麗的戰爭，適逢農民起義和貴族楊玄感兵變，半途而廢。次年發動了第三次侵略高句麗的戰爭。當時農民起義蓬勃發展，被徵調的軍隊多失期不至，困難重重。煬帝一意孤行，總算撈回了一點面子：在高句麗國王求和的情況下，班師回朝。然而戰爭給人民帶來巨大的災難，真所謂“天下死於役，而家傷於財”，使正在振興的社會很快瀕於絕境，特別是山東、河北、河南和江淮一帶，受破壞更甚：“黃河以北則千里無煙，江淮之間則鞠為茂草”。

齊郡鄒平（今山東鄒平縣）人王薄聚眾佔據長白山（今山東長山縣），自稱知世郎，作“無向遼東浪死歌”，利用百姓的反戰情緒號召起義：“譬如遼東死，斬頭何所傷！”幾年之間，各地大小起義軍增至一百三十多支，義軍人數達三四百萬，隋王朝土崩瓦解了。武德元年（公元618年）三月，禁軍將軍宇文化及發動兵變，在江都拿獲隋煬帝，指責他輕動干戈、遊玩不息、窮奢極慾、專任奸邪、拒聽忠言、使萬民失業死亡溝壑等罪狀，把他處死。

從公元581年到公元618年，僅37年，隋朝在歷史上匆匆一現迅即消逝。何以隋朝在經濟發展、府庫充實、國力強盛的鼎盛時代，會猝然滅亡呢？其中蘊含着深刻的歷史教訓，而隋煬帝“負其富強之資，思逞無厭之慾”則是最值得注意的。

隋嵌珍珠寶石頭飾

46.唐太宗與貞觀之治

建立唐朝的李淵，是西魏貴族李虎之孫，本人又世襲唐國公，他憑藉自己的政治優勢，利用隋末動亂的形勢，取而代之，重建新朝。西魏宇文泰創府兵制時，最高軍事長官有八柱國、十二大將軍，楊堅父楊忠為十二大將軍之一，李淵祖父李虎是八柱國之一。而且這三者透過突厥望族獨孤信維繫着一種聯姻關係：獨孤信的大女兒嫁給了宇文泰之子（即北周明帝），四女兒嫁給了李虎之子李昞，七女兒嫁給了楊忠之子楊堅（即隋文帝）。李淵透過其母獨孤氏，與北周及隋兩家皇室有着緊密的關係。所以李淵的取代隋，猶如楊堅的取代北周，是貴族政治的產物。

李淵世襲唐國公，大業十二年（公元616年）任太原留守（指揮部設在晉陽），執掌軍政大權。次年，他見隋已無可挽救，便率部從太原起兵，南下佔據長安及渭水一帶。這就是歷史上所謂太原起兵（或晉陽起兵）。舊史所說，李世民暗中在晉陽部署賓客，準備起兵，而李淵不知此事，等到李世民以計劃相告，李淵大為驚駭，甚至要執李世民送朝廷治罪，不足為信。由於李世民是殺兄逼父取得帝位，不合乎倫理，即位後便致力於修改國史，為自己辯護，御用文人把太原起兵時的李淵寫成無所作為，李世民成了唐朝的締造者。其實李淵決不是庸碌之輩，而是一個有政治遠見和軍事才能的開國君主。

李淵從太原起兵到佔領長安、關中，僅120天，一個重要原因是隋朝主力軍被起義軍吸引在東方，關中兵力空虛。為了把貴族團聚到自己的旗幟下，李淵暫時捧出隋煬帝的孫子作傀儡，以掩人耳目。進入長安後，李淵迎代王侑即皇帝位，遙尊隋煬帝為太上皇，李淵則成為事實上的皇帝。在貴族政治時代，他的這種策略很容易奏效："三秦士庶，衣冠子弟，郡縣長吏，豪族兄弟老幼，相攜來者如市。"第二年（公元618年），隋煬帝被處死，李淵便正式稱帝，建立了以自己的封號唐國公命名的唐朝。李淵是建立唐朝在先，兼併各割據勢力在後，唐朝實際上並不是作為隋朝的對立面出現的，而是作為其繼承者出現的。

新王朝的首要任務是建立一統之基，在這一過程中，李淵之子李世民起了重要作用。

唐高祖李淵的皇后竇氏生有四子，三子李元霸早死；長子李建成通常留居長安，協助高祖處理軍國大事；次子秦王李世民領兵出征，統一全國。隨着李世民在征戰中屢建功勳，威望日增，李世民與李建成兄弟二人爭奪皇位的鬥爭日趨明朗化。在這場鬥爭中，四子齊王李元吉一直站在李建成一邊。

李建成與李元吉企圖除掉李世民，高祖同意這一預謀，由於軍事行動未停，不便下手。武德九年（公元626年），李建成、李元吉加劇了預謀活動，想以李元吉做出征元帥，削奪李世民的兵權，然後除去李世民。李世民獲悉後，與他的親密顧問、內兄(妻兄)長孫無忌等人商量，採取先發制人的對策，發動玄武門之變(因發生在長安宮城北門玄武門，故稱"玄武門之變")。李世民親自用弓箭射死了李建成，李元吉則死於埋伏之手，他們二人的兒子也都牽連被殺。到了葬禮之日，李世民卻假惺惺地痛哭流涕。政治鬥爭的險惡，政治家的虛偽，於此可見一斑。殺死李建成、李元吉，逼唐高祖立自己為太子。兩個月後，唐高祖可能是由於被脅迫而放棄皇位，李世民成了唐朝第二個皇帝——唐太宗，改年號為貞觀，唐高祖被尊為太上皇。

唐太宗即位後，鑒於隋亡於暴政的教訓，採取與民休息，不得罪民眾的明智政策，這是取得為史家所稱道的"貞觀之治"的根本原因，也是他成為歷史上屈指可數的英明君主的根本原因。他一即位就聲明，要"去奢省費，輕徭薄賦，選用廉吏，使民衣食有餘"。他對隋亡引為鑒戒，他說："天子者，有道則人推而為主，無道則人棄而不用，誠可畏也"；"為君之道，必須先存百姓，若損百姓以奉其身，猶割股以啖（讀dàn)腹，腹飽而身斃"。他的謀士魏徵(諫議大夫)認為，大亂以後可致大治，民眾遭戰亂之苦，教化容易奏效。唐太宗根據魏徵的政治見解，偃武修文，使政治安定，百姓樂業。貞觀時期君臣的納諫和直諫，是中國歷史上少見的良好政治風氣，唐太宗以隋煬帝拒諫飾非為鑒，虛懷博納，從諫如流，大臣們多能直言極諫，面折廷諍。魏徵向他諫

唐太宗李世民

諍二百多次，言辭尖銳，直言無忌，每每觸犯龍顏，都被唐太宗優容，這種肝膽相照的君臣關係令人不可思議。正是在這種良好的政治氛圍中，唐太宗與他的大臣長孫無忌、房玄齡、杜如晦、魏徵、蕭瑀、褚遂良、李靖、李世勣，聯手締造了持續二三十年的太平盛世——貞觀之治（公元 627 年～公元 649 年）。這一政績記錄於《貞觀政要》一書，它摘編了貞觀年間太宗與大臣的政論，讚頌太宗的德政和治術，告誡後人"克遵前軌，擇善而從"。

唐太宗在太祖創業的基礎上，強化王朝的制度建設。

（一）加強官僚機構，提高政治效能

唐承隋制，中央設三省六部。全國軍政大權集中於三省，皇帝頒佈政令，需要通過中書省和門下省付署才算合法。凡國家大政方針，先由中書省研究，作出決定；再由門下省審核，如有差失，可以駁回；尚書省下轄吏、戶、禮、兵、刑、工等六部，執行中書省和門下省通過的政令。中央政府設立政事堂，作為宰相的議事機構，一切重大事務，包括五品以上官員的任免，都要由政事堂會議討論，經皇帝批准後頒行。三省的首長：中書令（中書省）、侍中（門下省）、左右僕射（尚書省），都是宰相，以後凡參加政事堂會議的其他官員也是宰相，他們都帶有參知機務、參知政事等銜，所以參加政事堂會議的宰相多至一二十人。錢穆在《國史新論》中說："漢代宰相是首長制，唐代宰相是委員制。最高議事機關稱政事堂，一切政府法令，須用皇帝詔書名義頒佈者，事先由政事堂開會議決，送進皇宮劃一敕字，然後由政事堂蓋印中書門下之章發下。沒有政事堂蓋印，即算不得詔書，在法律上沒有合法地位……在唐代，凡遇軍國大事，照例先由中書省中書舍人（中書省屬官）各擬意見（五花判事），再由宰相（中書省）審核裁定，送經皇帝畫敕後，再須送門下省，由給事中（門下省屬官）一番複審，若門下省不同意，還得退回重擬。因此必得中書、門下兩省共同認可，那道敕書才算合法……皇帝不能獨裁，宰相同樣不能獨裁。"這是很獨到的見解。唐代中央官制的特點在於相權較重，在一定程度上限制了君主專制；又因宰相是政事堂集體議事，三省又互相牽制，避免了個別宰相專權。

監察機關是御史台，長官是御史大夫，糾察內外百官軍民。御史台與刑部（司法行政機構）、大理寺（最高審判機構），合稱三司。每遇重大案件，大理寺卿會同刑部尚書和御史中丞共同審理，稱"三司推事"，即後世"三法司"會審的前身。

地方行政機構也沿襲隋制，分州縣兩級，共三百餘州，一千五百餘縣。唐太宗為了加強對地方的控制，把全國分為十個監察

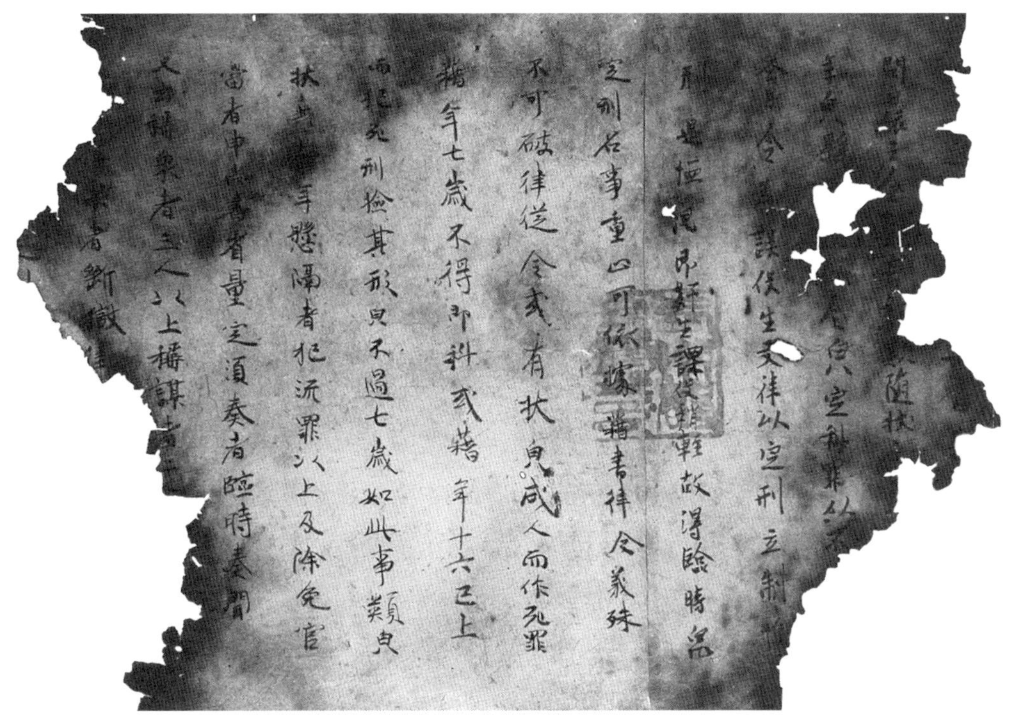

《唐律》殘片

區，即十道：關內、河南、河東、河北、山南、隴右、淮南、江南、劍南、嶺南。道不是一個新的行政單位，沒有常設機構和常任官員，只是便於皇帝派出觀察使不定期地視察道內各州地方行政工作的巡行區或監察區，與漢朝的刺史部約略相當。

（二）重視官員的培養與選拔 唐太宗注意按照“才行兼備”的標準選用官員，而不拘關係的親疏和資格的深淺，科舉制度正在逐漸衝破傳統的貴族政治格局。貞觀元年，唐太宗“盛開選舉”，此後又通過科舉考試選取才士。常舉的科目有秀才、進士、明經、明法、明書、明算等6科。明法、明書、明算是關於法律、書法、算學的專門科目，取士有限，而且難以進入政界；秀才科須高才博學的人才能應考，唐太宗時此科幾乎瀕於廢除；真正成為常舉科目的，是明經與進士兩科。明經科主要考帖經、經義及時務策；進士科主要考時務策、經義，唐高宗時加試雜文（詩賦），至玄宗時改為考詩賦為主。進士科日益受到重視，大官多出身於進士科，故多擅長詩賦文章。《唐摭言》說：“進士科始於隋大業中，盛於貞觀、永徽之際，縉紳雖位極人臣，不由進士者，終不為美。”貞觀晚年，唐太宗擴大進士科，提高了進士的進身之階，起到了推動作用。唐人趙嘏有詩曰：“太宗皇帝真長策，賺得英雄盡白頭”，反映了進士科登第之難。士子考取進士後，還需由吏部複試，複試合格，才可授官充當州縣長官的幕僚，或經朝官推薦，以候補官員的資格正式入仕。

科舉考試的發展與健全，是歷史的進步。它原則上規定，除了宮戶、部曲、雜戶等賤民階層，一般平民都可以參加考試，這就改變了魏晉以來州郡中正官壟斷選士的狀況，把選人、用人權收歸中央，打破了士族門閥把持政權的局面，它為才士開闢了入仕的途徑。唐太宗在金殿端門看到新進士魚貫而出的盛況時，情不自禁地說：“天下英雄，入吾彀中矣。”儘管當時科舉考試仍然講究門第，但隨着考試制度推行日久，平民社會的清寒子弟，棲身僧寺，十年寒窗，也可躍登上第。

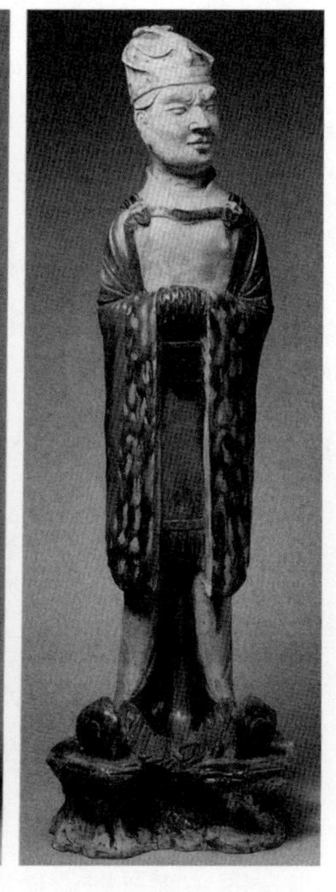
三彩文武官俑

唐朝用人，並不全憑考試，仍有學校出身一途。在唐太宗的重視下，學校教育制度逐漸完備。國子監作為全國最高學府，下設6種學校：國子學、太學、四門學、律學、書學、算學。前3種學校接納三品、五品、七品以上的官僚子弟入學；後3種學校接納八品以下的官吏子弟及平民子弟。此外還有弘文館、崇文館，專門招收皇親國戚、高級官僚子弟入學。地方則有州縣學。各級學校都以儒家經典作為必讀教科書，學習成績優良者，送往吏部參加科舉考試。貞觀時期教育發展，文治勃興，杜佑《通典》如此寫道：“貞觀五年，太宗數幸國學，遂增築學舍千二百間。國學、太學、四門亦增生員，其書、算各置博士，凡三千二百六十一員。其屯營飛騎亦給博士，授以經業，無何高句麗、百濟、新羅、高昌、吐蕃諸國酋長，亦遣子弟請入國學之內八千餘人，國學之盛，近古未有。”

（三） 完善寬簡的法制建設 武德元年，唐高祖鑒於隋煬帝法煩刑苛導致的嚴重後果，宣佈廢除《大業律令》，命大臣依照《開皇律》重修訂新法，於武德七年（公元

624年）頒佈以寬簡為原則的《武德律》。唐太宗即位後，多次組織名臣研究立法的方針，並採納魏徵的建議，確立寬仁、慎刑的宗旨，命長孫無忌、房玄齡等修訂法律，經過10年，於貞觀十年（公元637年）正式公佈《唐律》（即貞觀律）500條，基本內容有名例、衛禁、職制、戶婚、廄庫、擅興、賊盜、鬥訟、詐偽、雜律、捕亡、斷獄等。唐高宗時，由長孫無忌領銜，對唐律條文加以注疏，編成《唐律疏議》12編30卷，對當時高句麗、日本、安南等國有重大影響，也是宋、明各朝法典的範本。

唐律體現了唐太宗再三強調的法律的劃一性、穩定性、簡約性，以死刑條目為例，比前朝法律幾乎刪減了一半，也比號稱"寬簡"的《開皇律》更為寬簡，減斬刑為流刑92條，減流刑為徒刑71條，還廢除了鞭背酷刑與斷趾等肉刑。斷獄律還規定，徒刑以上罪斷案後犯者不服，可以提出再審，死罪要經三覆奏，三日後才可執行。據說，貞觀四年全國斷死刑才29人。法簡刑輕，往往是太平盛世的一個標誌。貞觀一代，君臣上下守法成風，出現了治世，《貞觀政要》說："……由是官吏多自清謹。制馭王公、妃主之家，大姓豪猾之伍，皆畏威屏跡，無敢侵欺細人。商旅野次，無復盜賊，囹圄常空，馬牛佈野，外戶不閉。"

由於輕徭薄賦，與民休息，政治清明，社會安定，貞觀二三十年間，出現了天下大治的盛況。《新唐書》說："至四年，斗米四五錢，外戶不閉者數月，馬牛被野，人行數千里不賫糧，民物蕃息。"《通典》說："自貞觀以後，太宗勵精為理。至八年、九年，頻至豐稔，斗米四五錢，馬牛佈野，外戶動則數月不閉。至十五年，米每斗值兩錢。"

西方漢學家對中國歷史上的皇帝向來貶多褒少，惟獨對於唐太宗是一致恭維。原因在於當時中世紀歐洲已進入了所謂"黑暗時代"，而貞觀之治所體現的政治體系及其效率，當日世界上堪稱獨一無二。

47.從武則天到唐玄宗

雄才大略的唐太宗為安排他的接班人而煞費苦心，終不能如意。太宗的長孫皇后生三子：長子承乾有足疾，第九子晉王治軟弱無能，太宗都不滿意；第四子魏王泰愛好文學，深得太宗寵愛。魏王泰謀作皇統繼承人，承乾力圖保持太子地位，矛盾尖銳化。後來承乾以"謀反"被廢，太宗雖不滿意晉王治軟弱無能，但不得不立他為太子。因為魏王泰圖謀奪太子位，如立他恐為後世倣傚。

貞觀二十三年（公元649年），李治繼

武則天像

位，是為唐高宗。母舅長孫無忌、老臣褚遂良等遵守貞觀遺規，執掌朝政。唐高宗是優柔寡斷的庸才，臣下奏事，他“端拱無言”，都須宰相出主意。幸虧前有貞觀老臣輔佐，後有皇后武則天參預朝政，政治並未倒退，貞觀之治仍得以繼續。

武則天是中國歷史上罕見其匹的女政治家。她於貞觀十一年（14歲時）成為唐太宗的才人（嬪妃），太宗死，她依例出宮到感業寺削髮為尼，本應與世隔絕渡過一生。早已為其美貌所吸引的唐高宗即位不久，把她召入宮中，成為他的昭儀（嬪妃），不僅改變了她的命運，而且使她成為父子兩代皇帝的妻子，因而不斷遭到非議。比高宗大4歲的武則天素多智計，精通文史，在與王皇后、蕭淑妃爭寵中，漸佔上風，頗得高宗寵信，立為皇后。在立她為后的過程中，朝廷內外鬥爭激烈，以長孫無忌、褚遂良為首的一派認為武氏出身不是名門大族，不配冊封為皇后。後來駱賓王代徐敬業寫《討武氏檄》，劈頭就說：“偽臨朝武氏者，性非和順，地實寒微。”顯然，出身寒微是反對派攻擊的主要把柄，因為武則天父武士彠做過木材商人，後來雖然當過工部尚書，但在貴族們眼中仍是寒門出身。其實她的出身並不寒微，其父是太原地方的望族，其母是關隴貴族中顯赫的隋皇室楊氏家族的後裔。近代史家把反對或擁護武則天的兩派定為關隴集團與非關隴集團，或貴族集團與新興地主、商人集團，似乎有點簡單化。

為了鞏固自己的政治地位，武則天嚴酷無情地打擊反對派。顯慶五年（公元660年），苦於高血壓影響視力的高宗委託她處理朝政，從此政權落入皇后武則天之手，“天下大權，悉歸中宮，黜陟殺生，決於其口，天子拱手而已，中外謂之二聖”。高宗想禪位給太子李弘（武則天所生長子），武則天不顧母子之情，用毒酒殺害李弘，改立次子李賢為太子。李賢有才幹又有文采，在士人中有聲望，武則天又把他廢為庶人，立第三子李顯為太子（即後來的中宗）。高宗死，中宗即位，武則天以皇太后名義臨朝稱制，次年廢中宗為廬陵王，立第四子李旦為睿宗。武則天以"革命"、"維新"為旗號，借助佛教宣揚她受命於天，唆使一批人上表"勸進"，於公元690年，正式宣佈廢睿宗，改唐朝為周朝，號稱"聖神皇帝"。她那鐵腕政治家本色顯示得淋漓盡致，先後以果斷手段鎮壓了徐敬業的揚州叛亂、琅邪王李沖的聊城叛亂、越王李貞的汝南叛亂。為了大權獨攬，她乾脆摒斥宰相議政，依靠寵臣和女兒太平公主，以及號稱"北門學士"的顧問集團，任用索元禮、周興、來俊臣等酷吏主持司法部門，以嚴刑苛法對付反對派。不過平心而論，所殺的都是官僚，打擊最重的是貴族的頭面人物，很難稱為"暴政"，反而在歷史上留下了積極的影響，西魏以來壟斷中央政權的關隴貴族完全失勢了。

武則天反對貴族政治，大力發展科舉制度，採用"糊名"方式來確保科舉考試的客觀性，使候選人的身份和社會出身不致影響選拔的結果，使更多的寒族參與政治。她特重進士科，為了表示對選拔人才的重視，親自策問舉人，開創了殿試的先例。武則天注意選拔人才，《資治通鑑》說："挾刑賞之

《唐明皇調馬圖》

柄以駕御天下，政由己出，明察善斷，故當時英賢亦競為之用。”玄宗時期的名相，如姚崇、宋璟等，就是這一時期發現並選拔的人才。她的政敵的代言人駱賓王，寫檄文攻擊她，言辭極其刻薄，什麼“穢亂春宮，潛隱先帝之私，陰圖後房之嬖”，什麼“掩袖工讒，狐媚偏能惑主”。她卻不加計較，很讚賞駱賓王的文才，說不用此人是宰相的過失。政論家陸贄說她“知人善任”，是客觀公允的評價。

武則天雖篡唐改周，但貞觀之治仍得以延續，社會經濟仍是向上發展的。她的最大貢獻在於，順應歷史潮流，打擊貴族壟斷政治的局面，把政權向一般庶人開放，魏晉以來崇尚門第的貴族政治，從此一蹶不振，在歷史發展中是有進步意義的。

公元705年，宰相張柬之等利用武則天老病的機會，發動宮廷政變，迫使武則天退位，扶助她的兒子中宗李顯復位，復國號唐。唐中宗封她一個尊號“則天大聖帝”。82歲的武則天就在這一年死去，在遺囑中說：“去帝號，稱則天大聖皇后”，表示還政於唐，她本人仍是大唐的皇后，頗有一點自知之明的政治家風度。

從武則天之死到唐玄宗即位，前後不過八年半，政變不斷。唐中宗昏庸，皇后韋氏殘暴、淫蕩而又野心勃勃，她與安樂公主、武氏近親結成一個集團，控制朝政。景龍四年（公元710年），韋后毒死中宗，竊取政權，妄圖模倣武則天，然而此人不及武氏遠甚，把朝政弄得腐敗不堪，“公私俱竭”、“十室九空”。睿宗之子李隆基是個頗有政治眼光的人，利用禁軍的不滿情緒，發動軍事政變，殺韋后、安樂公主及武氏宗族，恢復睿宗李旦的帝位。睿宗無能，其妹太平公主把持朝政，欲除掉太子李隆基；公元712年，李隆基合法繼位，是為唐玄宗。次年太平公主發動政變，失敗後賜死，至此政局才趨穩定。

28歲登上皇位的唐玄宗李隆基，善騎射，通音律、曆象之學，擅長書法，多才多藝。他在開元年間（公元713年～公元741年）勵精圖治，把唐朝的繁榮盛世推進到了頂點。唐玄宗為求國內政治的安定，表現出卓越的政治才幹，所用宰相，先後有姚崇、宋璟、張嘉貞、張說、李元紘、杜暹、韓休、張九齡等，堪稱一時名流，各有所長，都能直言諫諍，富有革新精神，因而開元時期政治清明、經濟繁榮，被後人譽為盛世。

開元前期，唐玄宗求治心切，重用賢相姚崇、宋璟，求諫納諫，革除弊政，抑制奢靡，取得了所謂“貞觀之風，一朝復振”的業績。姚崇提出抑權幸、愛爵賞、納諫諍、卻貢獻、禮大臣；宋璟善擇人才，刑賞無私，又敢於犯顏直諫。姚宋執政時期賦役寬平，刑罰清省，天下富庶。從政治上看，開

唐敦煌《耕稼圖》壁畫

元之治不過是對貞觀之治的學步而已。

首先，恢復貞觀時期"以寬仁為理本"的法治原則，把行仁義作為治理天下的第一要務，廢止武則天時期的酷吏政治和嚴刑峻法，表彰用法平直的官員，禁止酷刑和濫刑。據記載，開元二十五年(公元737年)，全國判死刑僅59人，大理寺獄院裡一片冷落景象，烏鵲竟在樹上築了巢。可見"以寬仁為理本"取得了類似貞觀之治的成效。在法制建設中最值得注意的是，唐玄宗下令編纂《唐六典》——中國現存最早的行政法典，這部35卷的巨著，歷時16年，於開元二十六年編成，成為開元盛世政治體制完備化的集中反映。

其次，體現貞觀時期輕徭薄賦原則的檢括戶口和賦役改革。唐承隋制，繼續實行均田制以及與此相配套的租庸調制。租庸調是一種以人丁為對象的賦役制度，因而政府對戶籍、丁口極為重視。由於社會條件的變化，均田制在唐朝逐漸成為一紙具文。《資治通鑒》的編者之一劉恕說："魏、齊、周、隋，兵革不息，農民少而曠土多，故均田之制存。至唐承平日久，丁口滋眾，官無閒田，不復給授，故田制為空文。"依附於均田的租庸調便發生問題，首當其衝的是逃戶增多。唐玄宗試圖在局部地區對逃戶採取檢括措施，並且輔之以恢復常平倉、義倉的積穀備荒動能，以緩解這個社會問題。監察御史宇文融擬議檢括逃戶的具體方法，唐玄宗任他為推勾使，依據簿籍檢括逃戶，並且公佈優惠條例——免徵6年徭役、租庸調，使逃戶重新附籍。這一舉措使近百萬逃戶重新成為國家的編戶齊民，為開元盛世奠定了基礎，杜佑《通典》把括戶的成功與開元盛世聯繫起來，是獨具卓識的。

再次，在政治方面推行一系列改革。例如，皇室宗親及功臣被封為親王、郡王之類，雖不實得封地，卻可"食實封戶"，此類封戶在中宗末年已達140萬戶以上，造成"國家租賦大半入於私門"的反常現象。開元三年下令不准貴族、功臣直接向封戶索討租調，改由政府統一徵收，封主向政府領取。又如，由於韋后和太平公主干政，官僚機構臃腫，玄宗即位後，裁汰機構，精簡官員。最引人注目的舉措，是開元十一年改政事堂為中書門下，內置吏房、樞機房、兵房、戶房、刑禮房，增置翰林學士，選心腹官員充任，專掌"內命"，使中央政府顯得精幹、有效。

開元時期政治的清明與安定，導致經濟發展，形成唐朝的黃金時代。杜甫在《憶昔》中描繪開元盛世的狀況：

憶昔開元全盛日，小邑猶藏萬家室。
稻米流脂粟米白，公私倉廩俱豐實。
九州道路無豺虎，遠行不勞吉日出。
齊紈魯縞絲班班，男耕女桑不相失。

這並非誇張之詞，而是實錄。武德中期，全國在籍編戶僅200萬戶，貞觀初期也不滿300萬戶，不及隋朝最高戶數的三分之一；到開元二十八年（公元740年）增至841萬戶、4,814萬口，天寶十三年（公元754年）增至906.9萬戶，5,288萬口。武德、貞觀時期，"土曠人稀"、"率土荒儉"，到開元、天寶時期，"耕者益力，四海之內，有山絕壑，耒耜亦滿"，耕地面積達8億畝左右。天寶八年（公元749年）中央政府直屬的北倉、含嘉倉，儲存糧食達1,245萬石。考古發掘表明，這些糧食來自蘇州、徐州、德州、邢州、冀州等地。開元年間，人說："人家糧儲皆及數萬"，可見民間藏糧也極豐富。這是連年豐收所帶來的一派富庶景象。據杜佑《通典》記載，當時天下無貴物，兩京（長安、洛陽）米價每斗不過二十文，麵粉每斗三十二文，青、齊等州穀每斗五文，絹每匹二百一十文。按唐初一匹絹換一斗粟的比價來衡量，反映了糧食價格的大幅下跌趨勢，因此"海內富安，行者雖萬里，不持寸兵"。

長安有人口百萬，不僅是全國的政治中心，也是商業中心，它有東西兩市，是商販店肆集中的區域。兩市各有220行（行業），西市又是胡商（外商）聚集之地。洛陽是運河的起點，設有三市（南市、北市、西市），南市有120行，3,000餘店肆；北市“天下之舟船所集，常萬餘艘，填滿河路，商販貿易，車馬填塞”，是洛陽最繁華的地方。長江流域的揚州、成都是東西兩個商業中心。揚州位於長江與運河交叉點上，是東西與南北的交通要衝，也是外貿港口，日本及南海來船可直抵揚州。隨着經濟重心的南移，揚州在商業上的地位更加突出，號稱“富甲天下”，超過了長安、洛陽。《唐闕文》說：“揚州，勝地也。每重城向夕，倡樓之上，常有絳燈萬數，輝羅耀烈空中，九里三十步。街中珠翠填嚥，貌若仙境。”王建《夜看揚州市》說：“夜市千燈照碧雲，高樓紅袖客紛紛。”揚州夜市的興旺是長安、洛陽望塵莫及的。成都在商業上的地位僅次於揚州，民間諺語說：“揚一益二”，即“天下之盛，揚（州）為首，而蜀（成都）次之”。此外，廣州自漢代以來就是與海外通商的城市，唐代對外貿易更加興旺，當時大食、波斯、天竺、崑崙等地大批海船來到廣州，廣州成為南方重要外貿中心。東南沿

含嘉倉銘磚拓片

海的泉州、明州，北方沿海的登州，是與新羅、日本的貿易口岸。

由於商業的發展，出現了櫃坊，又稱“僦櫃”，或稱“寄附鋪”、質庫、質舍，類似後世的當鋪，又有點類似後世錢莊的功能。由於經濟交往的加深，鑄錢轉送不便，於是出現了匯兌票證——飛錢，在長安出售貨物的商人，把貨物交給進奏院、諸軍、諸使或富家，以他們開給的交券在本地提款。這種飛錢（又稱“便”）盛行於長安及揚州、成都之間，反映了商業繁榮的一個側面。

48.盛唐氣象

唐人既不是魏晉以前漢人的簡單延續，也不是胡人單向地融入漢族，而是漢胡互化產生的民族共同體。這個民族共同體在唐朝近300年中，又繼續不斷地與域內和周邊的

胡人，以及來唐的外國人混融互化，不斷汲取新鮮血液，因而更加生機勃勃，充滿活力，從而以氣吞日月的磅礴聲勢，海納百川的博大胸懷，刻意求新的獨創精神，締造出中華文明史上光彩奪目的業績。

唐文化特別是盛唐文化的繁榮昌盛，離不開當時奉行立足於我、夷為我用的文化開放政策，在繼承傳統文化的基礎上，大量吸收外來文化，為唐文化提供了融合的廣度與深度，在這方面以樂舞、服飾的引進與更新最為突出。

唐初的祖孝孫融合南樂與北曲，協調"吳楚之聲"和"周齊之音"，作《大唐雅樂》。唐太宗平定高昌，引進高昌樂，成為唐的十部樂，其中燕樂、清商樂是傳統的雅樂、古樂，其餘如龜茲樂、天竺樂、西涼樂、高昌樂、安國樂、疏勒樂、康國樂、高麗樂都是從邊疆或域外引進的。開盛唐音樂風氣之先的是《秦王破陣樂》，奏樂時，"擂大鼓，雜以龜茲之樂，聲震百里，動蕩山嶽"。

唐玄宗是個音樂皇帝，元稹、白居易都推崇他"雅好度曲"，一生作曲制譜為盛唐之冠。他嗜好樂舞大曲及法曲，進一步吸收來自西域的胡樂，稱胡部新聲，加速了華夷之音的滲透與胡音唐化的步伐。唐玄宗不僅完成了佛曲的改制，而且發展為舞曲，使唐代的胡音一躍而為純粹的唐舞。千古傳頌的《霓裳羽衣曲》便是其代表作。它源於《婆羅門曲》(印度佛曲)，開元間由邊將引進，玄宗立足於傳統的清商樂，對原曲進行改編，形成了唐樂舞的傑構。《霓裳羽衣曲》描寫仙女奔向人間，把天上與人間、神話與現實融為一體，創造了格調極美的仙境，使人有親臨天宮的藝術感受。如果說從《婆羅門曲》到《霓裳羽衣曲》是唐玄宗的創作，那麼從樂曲到舞蹈則要歸功於楊貴妃。據舞蹈史專家的研究，楊貴妃是《霓裳羽衣曲》的編舞者。舞姿極為優美，正如白居易《霓裳羽衣歌》所描繪的那樣：

飄然轉旋回雪輕，嫣然縱送游龍驚。
小垂手後柳無力，斜曳裙時雲欲生。
煙蛾斂略不勝態，風袖低昂如有情。

傳說楊貴妃的侍女張雲容，"善為霓裳舞"，貴妃讚頌備至，贈詩一首：

羅袖動香香不已，紅蕖裊裊秋煙裡。
輕雲嶺下乍搖風，嫩柳池塘初拂水。

當時盛行來自西域的"胡舞"，舞步輕快，旋律活潑，風靡一時。例如出於西域康國的胡旋舞，以迅急旋轉而著稱。楊貴妃與安祿山都擅跳此舞，安祿山體重三百多斤，腹垂過膝，跳起胡旋舞來，捷如旋風。白居

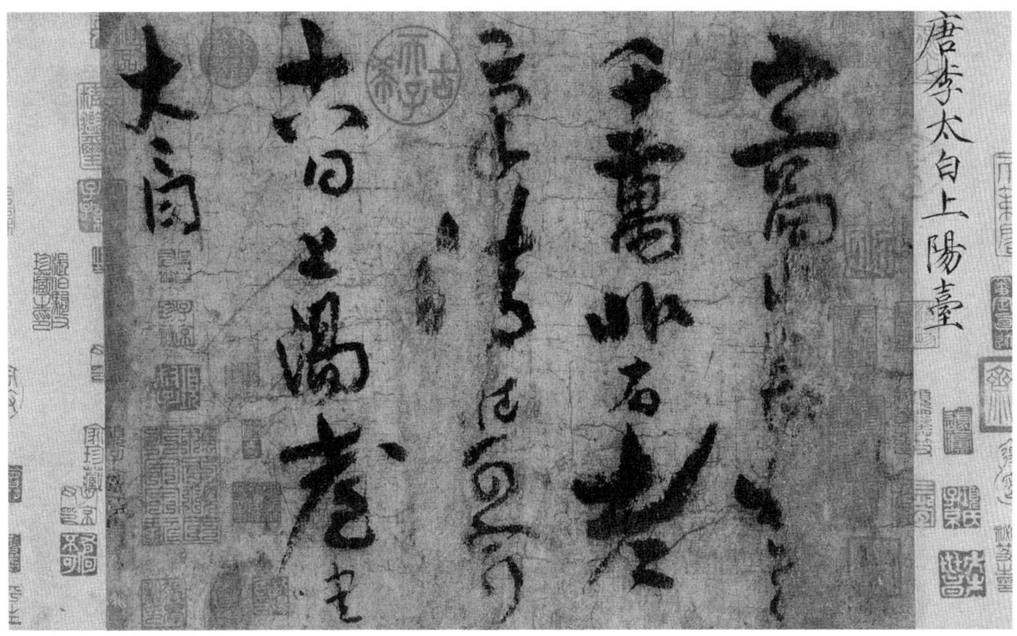

李白《上陽台》

易《胡旋女》說："天寶季年時欲變，臣妾人人學圓轉；中有太真外祿山，二人最道能胡旋。"

唐朝音樂舞蹈集前代之大成，並吸收西域、中亞、印度之精華，達到前所未有的高度。敦煌莫高窟壁畫反映的樂舞極多，相當部份從外國傳入，如第二百二十窟的樂舞是阿彌陀淨土變，所跳的胡騰舞來自中亞，天女們佩纓珞，纏飄帶，上身半裸，微扭腰身，舞姿曼妙之極。莫高窟壁畫所繪樂器達四十多種，打擊、吹奏、彈撥、拉弦樂器種類俱全，琵琶、阮咸（彈撥樂器）、箜篌（彈撥樂器）、篳篥（簧管樂器）、塤（吹奏樂器）、羯鼓、答臘鼓等，或自古有之，或從西域傳入。

長安、洛陽等地胡風盛行，元稹有詩曰："女為胡婦學胡妝，伎進胡音務胡樂。"盛唐引進外來文化，胡服與胡妝也是一個重要方面。這股胡化浪潮沿續達半個世紀之久。天寶九年（公元740年），高仙芝遠征中亞，傳入柘枝舞，舞女服飾是"香衫窄袖裁"，入唐的胡旋舞女穿窄口褲，腳着"小頭鞋履"，這更促使貴族和士民"好為胡服及胡帽"。隨着"天寶末年時世妝"風行一時，時髦人士崇尚中亞的"小頭鞋履窄衣裳"。唐玄宗並不停留在服飾的胡化上，進

唐敦煌《舞蹈圖》

而支持胡服唐化的變革，楊貴妃喜歡“披紫綃”，其姐虢國夫人也愛穿“羅帔衫”，袒肩露頸，一變初唐宮人掩蔽全身的裝束，使中原服飾趨向開放。楊貴妃有“鴛鴦並頭蓮錦褲襪”，又名“藕覆”，是時髦打扮，類似今日的連褲襪。一時間，從上到下，新潮服飾大為流行。

這種對外來文化兼收並蓄、為我所用的胸襟與氣度，是唐朝有別於其他朝代的高明之處。正如魯迅所說：“那時我們的祖先們，對於自己的文化抱有極堅強的把握，決不輕易動搖他們的自信力；同時對於別系的文化抱有恢廓的胸襟與極精嚴的抉擇，決不輕易地崇拜或輕易地唾棄。”“凡取用外來事物的時候，就如將彼俘來一樣，自由驅使，絕不介懷。”

唐朝是古典詩歌的繁榮時代。唐以進士科取士，作詩成為獲取功名的正路。唐詩與詩賦取士同步並盛，高宗時進士科加試“雜文”（詩賦），是以詩文茂美者入選之始。中宗時進士科有策論試、經義試、詩賦試，及至盛唐詩賦取士更見推重，玄宗朝的進士及第者或位極卿相者，如蘇頲、張說、張嘉貞、張九齡等，都是精於詩賦的。唐朝的文人幾乎無一不是詩人，詩作數量之多實在驚人，清康熙時曹寅輯《全唐詩》，有詩四萬八千九百多首，作者達二千三百多人。

詩賦可以作為士子入仕的敲門磚，李白剛從四川來到京城，沒有什麼名氣，便把他的詩作帶去晉謁禮部侍郎兼集賢院學士賀知章，賀知章看了他的《蜀道難》：“噫吁戲，危乎高哉，蜀道之難難於上青天……”揚眉讚道：“公非人世之人，可不是太白星精耶？”於是把他推薦給玄宗，得以“供奉翰林”，從此名滿天下，慕名者接踵而至，以得李白品題為進士中舉之捷徑。有個叫魏萬的人從河南跟蹤李白，奔波三千里，終於得到李白的《還山詩》一首，魏萬沾光，考官賣名，居然金榜題名。

唐朝前期的皇帝幾乎都擅長詩賦，有作品傳世。玄宗的祖母武則天與伯父中宗倡導宴飲賦詩，群臣應制，有時一次多至百篇。不能作應制詩，便難參預朝會。武則天本人是一位詩人、書法家。武則天的私人秘書、專掌制命實擁宰相權力的上官婉兒，是聞名的女詩人，《全唐詩》中有她的32首作品，五言律詩在她的倡導下，趨於定形，成為考試體裁、正統格式。通過策論入仕的高官，即使逃脫了詩賦試這一關，也難蒙混應制詩這一關，這就迫使不善詩賦的朝臣非工詩不可。

開元時期天下安定，有人寫出好詩，立即四方傳抄誦唱，有的還被採入樂府，名登朝廷，作詩愈加成為得名的途徑，幾乎全部文人都用全力作詩，大詩人接踵而出，每位詩人都得到社會的尊重和優厚的生活待遇。開元、天寶年間一切都達到極盛階段，詩也不例外，成為唐詩的高峰，詩人輩出，而以李白、杜甫為佼佼者。

李白離蜀入長安，詩名大振，他並無官職，但士人經他品題，便能進士及第。他娶四妻，晚年又有歌妓金陵子和歌奴丹砂為伴，生活優哉遊哉。他是反映道家思想的傑出詩人，追求長生不死，以仙人自詡，詩作往往飄飄欲仙，天真而放蕩不羈。道家名士讚許他“有仙風道骨，可與神遊八極之表”，用他自己的詩句來說，就是“恍恍與之去，駕鴻凌紫冥”。道家的返璞歸真、師法自然、自由自在、無拘無束，為李白的仙氣化帶來了靈感，其藝術特徵是內容溢出形式，不受形式的任何束縛拘限，是一種還沒有確定形式，無可模倣的天才抒發。就此而言，盛唐乃至整個古代只出了一個李白，無人可以倣傚。

杜甫和李白不一樣，可學可倣，有法可循，成為唐詩的宗師，促成七律成熟，樹立可供倣傚的典範。他是正統儒家思想的信奉者、捍衛者，他的政治抱負是“致君堯舜上，再使風俗淳”。但是40歲以前應試屢次落第，40歲以後也不過當了幾回閒官散吏，一生困頓，沒有“立登要路津”，當然無法“致君堯舜上”了，大抱負無法施展的矛盾成了他詩歌的豐富內容。從治亂角度來看，李白的佳作多在開元治世，杜甫的名篇則在天寶亂世，《羌村》、《北征》、《三吏》、

顏真卿書法

吳道子《釋迦降生圖卷》

《三別》和歌頌開元盛世的《憶昔》形成鮮明對照。儒家美學思想指導下的杜詩，以"應須飽經術"為準繩，要求形式服從內容，形式與內容嚴格統一，為盛唐詩歌創作的規範化、嚴密化奠定了基礎。

書法在盛唐時代也登上了藝術的高峰。初唐書壇極力推崇王羲之的瘦硬俊俏筆法，出現了歐（陽詢）、虞（世南）、褚（遂良）、薛（稷）四大家，都從師法王書入手，融會貫通。唐太宗激勵人們學習王羲之的真、行、楷書體，簡化筆畫，書寫省力，使王書從藝術鑒賞品擴散到文牘部門，進而流佈於市井社會，這是唐初簡化書體的一次大普及。

及至盛唐，書法為之一變。張旭、顏真卿的書法創新，形成本朝一代新風。張旭，字伯高，吳（今江蘇蘇州）人；他的草書與李白的詩歌、裴旻的劍舞，時稱"三絕"，大約都以狂放恣肆為特徵。張旭師法張芝的草書——"世上謂之一筆書"，推陳出新，其書法放浪恣張，乘勢連筆，一氣呵成，一派飛動，宛如天馬行空，縱橫馳騁，被譽為草聖。顏真卿，字清臣，京兆萬年（今陝西西安）人，官至吏部尚書、太子太師，封魯郡公，人稱顏魯公。顏真卿的書法破舊立新，融篆、隸法入行、楷，方正雄健、渾雄莊嚴，一掃唐前期虞、褚娟媚之習，變娟為工，易媚為拙，改瘦為肥，創造了盛唐的新書體。由於顏字立有法度，有法可循，比學王書、張草的神來之筆只可意會"不可端倪"，來得容易，適應了社會發展的需求。不僅終唐之世盛行不衰，而且宋元明清都奉為正統書體。

唐代畫苑彩色繽紛，名家輩出，有姓名可考的畫家達400人之多，其中尤以盛唐吳道子最為出色。吳道子，又名道玄，陽翟（今河南禹縣）人，曾向張旭、賀知章學習書法，後專工畫。開元間被召入宮中為宮廷畫師，在長安洛陽作壁畫，觀者如堵，聲名遠播。吳道子生活在文學藝術空前繁榮的盛唐，為他的藝術成就提供了良好的社會條件。張彥遠《歷代名畫記》讚揚他"古今獨步，前不見顧（愷之）、陸（探微），後無來者"，他畫的人物，"虬鬚雲鬢，數尺飛動，毛根出肉，力健有餘"。蘇東坡推崇吳道子的畫"出新意於法度之中，寄妙理於豪放之外"，並把他與詩人杜甫，散文家韓愈、書法家顏真卿並立，反映了盛唐時代生氣勃勃的藝術作風。吳畫的真跡宋朝已罕見，流傳至今的《送子天王圖卷》、《道子墨寶》、《寶積賓伽羅佛像》，多為摹本。

盛唐社會的自由開放、放任自流，藝壇的思想奔湧、百花齊放，培育了一大批藝術天才，這個時代的詩歌、音樂、舞蹈、書法、繪畫都是空前絕後的，它們交相輝映，勾勒出美妙絕倫的盛唐氣象。

49.佛教的全盛時代

佛教認為人生是個生、老、病、死的過程，自始至終貫穿了一個“苦”字，一切皆苦，人世間是苦海，是火宅，是穢土。芸芸眾生都按照前世自業的高下優劣，在苦海中無止境地六道輪迴。佛經指出脫離苦海的道路是苦、集、滅、道的“四聖諦”，其中最重要的是滅諦，又叫“涅槃”，即無苦地、安寧地、對來世充滿希望地死去，叫人們安於今世寄希望於來世，因而受到各色人等的普遍信仰。個人主義者希冀一種超世宗教來逃避現實，寄託心神；集體主義者希冀一種超世宗教來刺激新生，恢復力量。南北朝時期，南方佛教與南朝玄學相適應，重視義理；北方佛教與北朝經學相適應，重視戒行和禪定。隋統一後，南北融通，形成重視教理與實踐的風氣。佛教在唐朝進入了全盛時代，其標誌便是佛經的翻譯與佛教宗派的形成。

佛經翻譯首推玄奘。玄奘（公元602年～公元664年），俗姓陳，名禕，洛州緱氏（今河南偃師縣南緱氏鎮）人。13歲出家於洛陽淨土寺，法名玄奘。貞觀元年（公元627年），他從長安出發，經涼州，越玉門關，到達高昌，取道焉耆、龜茲，過鐵門（今烏茲別克南部布茲嘎拉山口），入吐火羅（今阿富汗北部），最終抵達佛教發源地印度，先後巡禮佛教的六大聖地，在那爛陀寺拜戒賢為師，學習5年。以後遍訪各地，講習佛法。貞觀十五年春，他攜帶657部佛經回國，於貞觀十九年初回到長安。唐太宗命宰相率朝臣前往迎接，並在洛陽接見他，隨後下令組織規模宏大的譯場，調集高僧協助玄奘翻譯佛經。玄奘先後共譯佛經74部，1,335卷。在譯經過程中，玄奘培養出了一批弟子，如圓測（新羅人）、窺基、慧立、玄應等。

唐朝政府非常重視譯經，譯場由官方主持，從唐初到元和年間的近兩百年中，譯經工作不曾間斷。玄奘以外，還有義淨、實叉難陀、菩提流志、金剛智、不空、般若等著名譯經家。

唐朝佛教，師徒之間不僅傳習本派佛學，廟產也由嫡系門徒繼承，形成宗法式的嗣法世系，結成佛教宗派。它們各有自己的宗教理論體系、宗教規範制度，有自己的寺產所有權和宗內繼承權，每宗各有自己的勢力範圍和傳法世系，並且都憑藉一所大寺院作為該宗派的傳教中心。主要宗派有淨土宗、天台宗、唯識宗、華嚴宗、禪宗。

淨土宗

淨土宗的創始人是善導（公元613年～

《玄奘取經圖》

公元681年）。這一宗派認為，靠個人的力量企圖解脫現實世界的苦難是不可能的，必須依靠佛力的接引、援救，才能脫離現世的穢土，往生西方淨土。這是鼓吹成佛最容易的一個法門，它宣稱：若一念稱阿彌陀佛，即能除卻八十億劫生死之罪，即得八十億微妙功德。因為簡易，在民間下層廣為流行。它宣稱人世為穢土，阿彌陀佛世界是極樂世界，無有一切身心憂苦，惟有無量清淨喜樂，這就是西方淨土。它還宣稱人世間窮苦人今生有聾啞盲癡之苦，是前世不肯為善的報應，而有錢人享受優越生活，都是前世慈孝、修善積德所致；提倡大修功德，營造塔廟，往生西方淨土。善導之師道綽傳淨土宗教義於玄中寺（在今山西交城縣），玄中寺後來成為淨土宗的祖庭。日本圓仁和尚入唐求法，把淨土宗傳入日本。

天台宗

天台宗的實際創始人是陳、隋之際的智顗（公元531年～公元597年），因常住浙江境內的天台山，故名“天台宗”。該宗派以《法華經》為主要經典，又稱“法華宗”。其教義主張一切事物都是法性真如的體現，以中、假、空的觀點解釋世界，認為一切事物都沒有客觀存在的物質基礎，只是因緣和合的假想。例如說：“一空一切空，假中皆空；一假一切假，空中皆假；一中一切中，空假皆中。”彷佛是文字遊戲，是戲論，是詭辯。它提倡止（坐禪）、觀（理論）並重，止是定，觀是慧，定慧雙修，便可以見佛性，入涅槃。修止的方法是把心繫在鼻端或肚臍（丹田）處，使心靜止，無思無慮，進入半睡眠狀態（入定），但又不完全睡熟（癡定）。日本最澄和尚入唐求法，把天台宗介紹到日本，成為後來日蓮宗的前身。

寫經紙

唯識宗

唯識宗的創始人是玄奘。它以闡明“萬法唯識”、“心外無法”為宗旨，世俗人所謂外界事物為真實存在，其實那不過是“識”所變現出來的，宇宙萬物不過是由心識之動搖所現出之影像，內界與外界、物質與非物質，無一非“識”所變現。認識，不是主觀與客觀發生關係，只是人們的心認識自己的過程。因此，稱為“唯識宗”。由於此宗以分析法相入手，以表達“唯識真性”，故又稱“法相宗”；人們也因玄奘弟子窺基常住長安慈恩寺，通稱此宗為“慈恩宗”。該宗認為，用唯識觀（萬法唯是識所變現）的方法，可以洞察三相，即“依他起相”（萬法皆依他種種因緣而起）、“遍計所執相”（凡夫普遍妄計所迷執為有）、“圓成實相”（圓滿成就的真實體現），達到轉染（識）成淨（智）而成佛。這種過分玄虛深奧的教義，不易為一般人所接受，三傳即衰微。日本道昭和尚、玄昉和尚入唐求法，法相宗由此傳入日本，一直存在至今。

華嚴宗

華嚴宗的實際創始人是法藏（公元643年～公元712年），受武則天賞識，被賜號為“賢首大師”。此宗以《華嚴經》為最高經典，故名“華嚴宗”，自稱為“一乘圓教”，超越當時一切宗派。它強調宗教靈異，鼓吹人人都能進入宗教幻想的極樂世界，又說天國並非渺茫之幻影，而是在現世，如果人們能夠改變看法，就能進入天國。其教義煩瑣，如提出“六相”、“十玄”、“四法界”等，闡明法界緣起——從“理體”和“事相”兩方面觀察宇宙萬物的互融、互具，並彼此互相為緣，因此流傳一百七十多年即趨衰微。它強調“理為性”、“事為相”的觀點，對宋朝的理學有一定影響。華嚴第二祖智儼門下新羅和尚義湘把華嚴宗傳到朝鮮，被稱為海東華嚴初祖。

禪宗

禪宗的創始人是從南印度來到北魏的菩提達摩，但影響不大，禪宗真正形成是在唐朝，實際創始人是慧能（公元638年～公元713年）。據說其師弘忍選擇傳人，神秀作偈曰：“身是菩提樹，心為明鏡台，時時勤拂拭，勿使惹塵埃。”慧能以為神秀對佛的真諦理解不深，請人代筆一偈曰：“菩提本無樹，明鏡亦非台，本來無一物，何處惹塵埃。”深得弘忍賞識。慧能宣稱，佛性即在心中，心外本無一物，不必修行、佈施，便可頓悟成佛。慧能以下的禪宗，在精神上、在意志上改造佛教，實在算得上是一場宗教革命。它在各宗派中特別具有中國特色，適合士大夫口味，以專修禪定為主，故名禪宗。禪定，是佛教修行法之一。禪，是梵文Dhyana（禪那）的略稱，禪定就是安靜而止息雜慮之意。以靜坐斂心，專注一境，久而久之達到身心輕安、觀照明淨的狀態，即成禪定。禪宗分為北派漸悟說、南派頓悟說，後世南派頓悟說盛行，主張不立文字，教外別傳，直指人心，見性成佛。它把佛教的“空”與魏晉玄學的“無”相結合，使佛教儒學化。范文瀾說，禪宗僧徒所作語錄，除去佛徒必須的門面語，思想與儒學少有區別。另一方面，禪宗以典型的中國方式把信徒引入佛界，不必寺院，不必經文，崇尚自然和簡樸，明顯地滲入了道家的傳統。禪宗比較徹底地變成中國化、世俗化的佛教，教門興旺，流行日廣，影響及於宋朝理學，所謂“佛向性中作，莫向身外求”，以及“淨心”、“自悟”，與理學極相近似。淨心即心絕妄念，不染塵埃；自悟即一切皆空，無有煩惱。能淨，能悟，頓時成佛。以為佛性即在心中，心外本無一物，只要有堅定的主觀信仰，相信自己內心，即可解脫苦難，有此覺悟，自然立地成佛。新羅信行和尚入唐求法，北派禪宗傳入朝鮮；以後新羅道義和尚入唐求法，傳回南派禪宗，成為朝鮮禪宗的主流。

由於佛教的興盛，石窟藝術得到大發展。雲岡石窟和龍門石窟中最大的洞窟，都開鑿於唐朝。坐落於敦煌鳴沙山斷崖上的莫高窟，其中大部份洞窟也開鑿於這一時期。唐朝是莫高窟建窟最多的時代，有232個之

唐敦煌壁畫《西方淨土變圖》

多，幾乎佔了現存洞窟的一半。著名畫家吳道子、閻立本、李思訓、周昉等畫派的作品，在莫高窟壁畫中都有反映。其彩塑佛像更加寫實、優美。唐朝的敦煌佛教藝術呈現出豐盛、博大、雄渾的氣勢，反映出健康的精神狀態和寬廣的文化胸懷。

50.長安：東西方文明的交匯

費正清與賴肖爾在《中國：傳統與變革》中說：長安城是高度集權的唐帝國的中心和象徵。作為橫跨中亞陸上商路的東端終點以及有史以來世界上最大帝國的都城，長安城擠滿了來自亞洲各地的人。長安的整個規劃和結構表現出唐朝對社會的嚴密控制，城市的規模和壯麗體現了唐王朝的力量和財富。7世紀的中國雄踞於當時其他國家之上，超過了漢朝，當時中國與地中海世界並駕齊驅，而這時的中國開始了它一千年的盛世，是世界上最強大、最富裕，在許多方面也是最先進的國家。唐朝作為當時最大帝國受到許多鄰近民族的極力倣傚。人類中有如此大比例的人注意中國，不僅把它視為當時首屈一指的軍事強國，而且視為政治和文化的楷模，這在唐以前從未有過，以後也不曾再有。

唐朝的首都長安，是在隋朝的大興城基礎上擴建而成的，包括宮城、皇城和郭城三部份。宮城居北，為皇宮所在地；皇城位於宮城之南，為中央政府機構所在地；郭城位於宮城、皇城的東、南、西三面，為官民住宅及工商市肆所在地。全城呈規整的長方形，周長36.7公里，南北長8.6公里，東西寬9.7公里，面積為84平方公里。其規模之大，在當時世界上堪稱首屈一指。

整個郭城有13座城門。東、南、西三面各有3座城門，南面正門明德門最大，有5

個門道，其他城門均為3個門道。全城有南北向街道11條，東西向街道14條，其中貫穿東南西三面城門的有6條主要大街，南北向的正中朱雀大街最寬，達150米～155米，為整個城郭的中軸線，把郭區劃分為東西兩半，東半區有54個坊和東市，西半區有55個坊和西市。

坊的制度沿襲漢魏以來傳統，是居民住宅區。多數的坊都是四面各開一門，坊內有十字街，分成4個區，每區又有十字形小巷。不是三品以上的大官或特殊身份的人家，不准鑿開坊牆，向大街開門。街上設有街鼓，天明和日暮時分，坊門隨鼓聲而開闔。坊內除官民住宅外，還有官衙和寺觀。天寶年間以前，共有僧寺64座，尼庵27座，道觀16座，胡祆寺4座，波斯寺2座。一些大的寺觀獨佔一坊之地，如保寧坊的昊天觀、靖善坊的大興善寺。

市的制度也沿襲漢魏以來傳統。長安的東市和西市，分設在皇城的東南和西南，各佔兩坊之地，面積都為1平方公里左右。四面圍牆各開兩門，內有東西向、南北向大街各兩條，形成交叉的井字形格局，把全市劃分為9區，每區四面臨街設置各種店舖，中間有管理市場和物價的市署和平準局。東市內商業門類有220行之多，由於東市周圍的坊大多居住達官貴人，又與尚書省的選院相近，應選的人每多在此停憩，因此春明門大街一帶，"晝夜喧呼，燈火不絕"。西市周圍居住着大批西域胡商，其繁榮程度超過東市，有波斯人開的酒店，胡姬當壚沽酒，詩人李白經常"笑入胡姬酒肆中"。他有詩曰："胡姬貌如花，當壚笑春風，笑春風，舞羅衣，君今不醉將安歸？"

長安不僅是唐朝的首都，全國的政治、經濟、文化中心，而且是一個舉世聞名的國際都會，東西方文明的交匯中心。這與它的特殊地位密切相關：它是東西方交通的樞紐，西域各國和唐朝來往，必經長安；東亞、南亞各國經陸路與西域交往，也必經長安；它是首都，各國使節頻繁來此進行政治活動，向這裡傳播域外文化，又從這裡帶回唐朝文化；它作為文化中心，四方儒士雲會於此，又有左右兩教坊，善歌工舞，域外傳來新聲佳曲，經教坊上演，傳遍京城，影響全國。

由4萬餘里的驛道和1,639所驛站編織成的交通運輸網絡，其輻射中心是長安。向東出潼關，經洛陽、開封、齊州達河北或泛海至遼東；向東南經商州、均州、荊州、鄂州、江州、洪州以達廣州；向北經太原、娘子關、范陽到北方各地；向西南出鳳翔、漢中以達成都；向西經蘭州、敦煌以達西域。各國的使節、商人、僧侶憑藉這個交通網絡經常往來於長安，周邊鄰國派學生來長安留學，於是在長安出現了東西方文明交匯的燦

唐《宮樂圖》

爛圖景。

絲綢之路在唐朝進入了全盛時期。唐朝的西部疆域超過了漢朝，在伊州、西州、庭州設置了相當於內地的州縣，在碎葉、龜茲、疏勒、于闐設置了所謂安西四鎮，駐兵防守，由安西都護府管轄；以後又分置北庭都護府，統轄西域各地的羈縻州府，為絲綢之路的暢通提供了有力的保障。絲綢之路東起長安，西到地中海以達歐洲，東段自玉門關或陽關至蔥嶺（今帕米爾），西段自蔥嶺往西。高宗至玄宗時期，從事國際商貿的昭武九姓，承擔着東西方交流的中介使命。

所謂“昭武九姓”，是中亞粟特地區來到中原的粟特人或其後裔的泛稱，有康、安、曹、石、米、史、何、穆等姓。粟特人素以經商著稱，長期操縱着絲綢之路上的轉運貿易。當時的碎葉、蒲昌海（羅布泊）、西州、伊州、敦煌、肅州（酒泉）、涼州（武威）、長安、洛陽等地都有昭武九姓的聚落。他們不僅在經濟交流而且在文化交流中都起着重要作用，祆教、摩尼教以及中亞音樂舞蹈與曆法的傳入中原，中原絲綢、造紙術的傳入西方，昭武九姓是重要媒介。他們中不少人久居長安，帶來了深受中原人喜愛的音樂舞蹈，隋朝的七部樂中的安國樂，唐朝的十部樂中的安國樂、康國樂，石國的胡騰舞、柘枝舞，康國、米國、史國的胡旋舞，都是經由他們之手，盛行於長安的。

當時世界上的許多國家都與唐朝長安有頻繁的交往。美國學者謝弗（C.H.Schafer）在《唐代的外來文明》中說："在唐朝統治的萬花筒般的三個世紀中，幾乎亞洲的每個國家都有人曾經進入過唐朝這片神奇的土地……前來朝唐的外國人中，主要有使臣、僧侶和商人這三類人。"他還說，在長安城的外來居民的數量相當大，主要是北方人和西方人，即突厥人、回鶻人、吐火羅人和粟特人，也有許多大食人、波斯人、天竺人。

阿拉伯人的大食帝國與唐朝大致建於同時，永徽三年（公元651年），阿拉伯帝國的第三任哈理發奧斯曼派使節來到長安，朝見唐高宗，這是伊斯蘭國家和中國的第一次正式外交往來。伊斯蘭教隨之傳入中國。東羅馬帝國（拜占庭帝國）唐朝稱為拂菻，唐朝長安與拂菻之間，西突厥汗廷與拂菻之間，都有使節和商旅往來，景教（基督教聶斯脫利派）隨之傳入中國。貞觀九年（公元635年），景教僧侶阿羅本將此教傳入唐

《大秦景教流行中國碑》拓片

朝，唐太宗詔書中說："波斯僧阿羅本，遠將經教來獻上京"，並下令在長安城中義寧坊為之建立寺院。當時稱景教寺為波斯寺，唐玄宗時改稱為大秦寺。建中二年（公元781年），吐火羅人伊斯出資在長安義寧坊大秦寺建立《大秦景教流行中國碑》，為歷史留下了寶貴的一頁。7世紀中葉，波斯為大食佔領，薩珊朝波斯王伊嗣俟為大食所殺，其子卑路斯棲身於吐火羅（位於今阿富汗北部），求援於唐，唐朝皇帝任命他為波斯都督府都督。7世紀70年代，卑路斯來到長安，唐高宗授予他武衛將軍銜。長安醴泉坊的波斯胡寺，就是應卑路斯請求而建立的，成為在長安的波斯人禮拜集會的場所。卑路斯後來客死長安，譜寫了中波交往史上一段佳話。源出於波斯瑣羅亞斯德教的祆教，又稱"火教"、"火祆教"、"拜火教"，波斯薩珊朝時被奉為國教，南北朝時已傳入中原。唐朝前期中期，來經商的胡商日益增多，長安、洛陽兩京都有火祆祠——祆教寺院，供胡商從事宗教活動。

貞元十年（公元794年），南詔歸服於唐，驃國（緬甸）王雍羌幾度派遣使節來唐朝。貞元十七年，驃國王由南詔王引薦，派遣其子率樂隊和舞蹈團抵長安表演，據《新唐書．驃國傳》記載，樂舞有十二曲名：佛印、讚娑羅花、白鴿、白鶴遊、斗米勝、龍首獨琴、禪定、甘蔗王、孔雀王、野鵝、宴樂、滌煩（笙舞）。白居易《驃國樂》詩，對此有形象的描繪。

據謝弗《唐代的外來文明》說，唐朝長安的官方天文曆算學，實際上被印度的專家所壟斷，最著名的是在玄宗時擔任過太史監的瞿曇悉達，他把印度的《九執曆》翻譯成中文，而且把更精確的預測日蝕、月蝕的方法，即零符號的使用以及正弦函數表介紹到唐朝。唐朝通行的許多天文曆算著作也都以西方的分類體系為根據。天文學家一行和尚——他曾參與過水力渾天儀的建造，這種渾天儀的擺輪結構能夠顯示天體運動——在他的天文著作中使用了近東的行星名稱。

唐朝與東鄰朝鮮、日本的交往顯得更為密切。朝鮮半島長期分裂為高麗、百濟、新羅等三國。7世紀中葉，新羅先後滅掉百濟、高麗，建立統一國家。唐文化東傳朝鮮，佛教起了媒介作用，其中圓光和尚的貢獻最值得注意。他俗姓朴，在南朝梁敬帝太平元年（公元556年）來到金陵受戒，隋時至長安，逗留40年。回國後，他深得新羅國王信任，傳播佛教，被尊為聖人。他主張五戒（事君以忠，奉親以孝，交友以信，臨陣勿退，慎於殺生），把儒家政治倫理融入佛教教義之中。佛教盛行，原先的花郎（貴族少年）深受影響，身體力行"世俗五戒"，形成影響後世的"花郎魂"。唐朝和新羅之間互遣使節，不僅在史籍中留下了記錄，而且也在詩人們的酬唱中留下了痕跡。錢起《送陸侍御使新羅》詩有"受命辭雲陛，傾城送使臣"句，張籍《送金少副使歸新羅》詩有"久為侍子承恩重，今佐使臣銜命歸"句，反映兩國頻繁交往中結下的深厚情誼。新羅不斷派遣留學生來唐，據估計，新羅先後派遣到唐朝來留學的學生，達兩千人之多，而同一時期在唐之留學生也多達一二百人，如開成二年（公元837年）來唐留學的新羅學生就達二百多人，從長慶元年（公元821年）到唐末的幾十年中，在長安的科舉考試中金榜題名的新羅學生有58人，"登唐科第語唐音"，歸國後在新羅傳播唐文化。新羅積極吸收唐朝律令、科技、佛教、儒學、學校、科舉等政治文化之精髓，例如模倣唐國子監，建立國學制度，兼及經學與專業教育（算學），借鑒唐制而予以簡化，並且與傳統的花郎教育相結合。新羅成了唐朝的微型翻版。新羅與唐朝的民間商業交往也十分興旺，因而在沿海地區形成了新羅僑民的聚居地，以經商與運輸為業。據日本圓仁和尚所著《入唐求法巡禮行記》，唐朝後期的登州、萊州、密州、青州、泗州、海州、楚州、揚州、長安，都有新羅僑民居留，在這些地方分別存在新羅村、新羅院、新羅坊、新羅館等。唐朝政府對他們採取優惠政策，規定"化外人於寬鄉附貫安置"，可免去十年賦稅；還規定"諸化外人，同類相犯者，各依本俗法；異類相犯者，以法律論"。這顯然是對外國僑民的保護性措施。

與新羅成為唐朝的微型翻版一樣，7～8世紀的日本人創建了另一個微型唐朝翻版，再一次證明了唐朝對周邊地區的巨大影響。日本的遣唐使、留學生、學問僧前往長安，更是不絕於途。早在隋朝，日本已有"遣隋使"前來，著名的小野妹子使團，有隨行的學問僧、留學生多人，於唐初學成歸國，成為孝德天皇大化二年（公元646年）下詔革新的中堅力量，模倣隋唐政治制度。其後為進一步漢化，大規模派出遣唐使。據日本學者研究，日本曾派出19批遣唐使，其中兩次任命遣唐使，一次任命"送唐客使"，僅限於任命而未成行，餘下的16批中，又有3批是"送唐客使"，一批是"迎入唐大使"，因此正式遣唐使為12批。遣唐的正使、副使等官員，隨行的有水手、神職人員、醫師、畫師、樂師、翻譯，還有學問僧、留學生。從舒明天皇二年（公元630年）第一次遣唐使到天智天皇八年（公元669年）第五次遣唐使，隨團的留學生、學問僧等專業人員前往長安學習唐朝的政治制度、文化及佛法。從文武天皇大定二年（公元702年）到孝謙天皇天平勝寶四年（公元752年），第六次遣唐使到第九次遣唐使，正值開元盛世，大唐帝國成為亞洲乃至世界矚目的大國。日本在政治上倣傚唐朝的三省六部設二

《鑒真第六次東渡圖》

官八省，根據唐律制訂《大寶律令》，參照唐朝的均田和租庸調，實行“班田收授法”。遣唐使的隨員學習唐朝文化，吸收天文、曆法、音樂、美術、建築、雕刻以及生產技術，形成天平時代唐文化輸入的極盛期。公元709年，日本遷都奈良，倣照唐朝都城長安設計建築，也有朱雀大街、東市、西市等。以後遷都平安，仍倣照長安的街市佈局。源於印度的“迦陵頻伽”樂舞，在長安頗為流行，通過遣唐使的船隊帶到了日本。公元861年，在奈良東大寺為毗盧遮那佛舉行開光儀式時，表演了迦陵頻伽樂舞。從唐朝傳入日本的樂舞中最新穎最有趣的是“潑胡乞寒戲”。這種冬至時節表演的舞蹈，在喧鬧的音樂聲中，戴着古怪面具的舞者互相用冷水潑灑，透露出一絲原始的粗獷氣息。

入唐留學生有姓名可考的二十餘人，學問僧見於文獻的多達九十餘人。吉備真備，在唐學習17年，由留學生而任遣唐使，回國後官至右大臣，致力於推廣唐文化。留學生阿倍仲麻呂，他的中國名字叫晁衡，在唐朝擔任官職，與李白、王維等詩歌唱和。唐玄宗時，隨遣唐使藤原清和回國。學問僧空海，在長安3年，潛心學習，回國後採用漢字偏旁創造日本字母（片假名）。他們的事跡，被後人傳為佳話。

當時，和唐朝交往的國家有七十多個。唐朝在世界上享有盛譽，後世外國稱中國人為“唐人”。北宋朱彧《萍州可談》說“蠻夷呼中國為唐”。《明史・真臘傳》說：“唐人者，諸蕃呼華人之稱，凡海外諸國皆然。”這種傳統一直延續到近代，迄今，仍見把海外華人聚居的地方稱為“唐人街”。

九・從唐的衰落到五代十國的割據

51.由盛轉衰的各個側面

開元之治“依貞觀故事”，但唐玄宗不如唐太宗，不知“守成難”，不知“慎終如始”，一旦取得了盛世的成就，便忘乎所以，在一片“萬歲”聲中，忙於封禪泰山，大搞“乖於禮度”的“千秋節”（唐玄宗的生日節慶）。他身邊的宰輔大臣，一味諂諛奉承，推波助瀾，使他逐步走上驕縱昏庸的道路。正如《資治通鑒》所說，開元晚期，唐玄宗“在位歲久，漸肆奢慾，怠於政事”，至於天寶時期，無非是開元晚期政治的繼續惡化。唐玄宗由“明”趨“昏”的轉折點，以重用奸相李林甫為標誌。

出身於李唐宗室的李林甫，小名歌奴，年輕時品行不佳，但機靈乖巧、善於鑽營，由御史中丞、刑部侍郎步步高升。當時人人皆知李林甫口蜜腹劍、陰險奸詐，而又“巧言似忠”，唐玄宗卻忠奸莫辨。開元二十二年（公元734年）李林甫拜相，任禮部尚書、同中書門下三品，兩年後，他整垮了張九齡，登上了中書令要職，直到天寶十一載（公元752年）病死，專擅朝政達16年之久。唐朝由盛轉衰，急劇滑坡，李林甫難辭其咎，唐玄宗更難辭其咎。當了二十多年皇帝的唐玄宗，暮氣沉沉，不肯親理朝政，一心想縱慾享樂。李林甫一味迎合上意，杜絕言路，排抑異己，使玄宗由驕縱而昏庸。一言以蔽之，唐玄宗的驕縱助長了李林甫的奸惡，李林甫的奸惡助長了唐玄宗的昏庸。唐玄宗有子女59人，在長安西北角建立“十三宅”和“百孫院”，讓他揮金如土。李林甫也有子女50人，在長安有無數的邸第田園，車馬衣食無不侈靡之極。

此時唐玄宗身邊又出現了絕代佳人楊玉環。楊玉環的高祖父是隋朝名臣楊汪，是名門望族弘農楊氏的後裔，由山西徙居四川又來到洛陽。唐玄宗第五次巡幸東都洛陽，為其子壽王李瑁選妃，選中了芳齡十六的美女楊玉環，不僅轟動洛陽，而且成為楊玉環一生的重大轉機。壽王李瑁不僅是玄宗的親生兒子，而且是他所寵愛的武惠妃所生，曾一度有被立為太子的可能。楊玉環被玄宗寵愛之前卻是他名正言順的兒媳婦。開元二十八年（公元740年），22歲的楊玉環與56歲的唐玄宗在驪山溫泉宮相會，一見鍾情。唐玄宗為了跨越公公與兒媳這一難關，別出心裁地把壽王妃楊玉環度為道士，道號太真。此後，她以女道士或女官身份出入宮闈，不到一年，就成為玄宗寵愛的太真妃。天寶四載（公元745年）剛過61歲生日的唐玄宗宣佈把27歲的楊玉環冊立為貴妃。楊貴妃的嬌艷玉容、雍容大度博得了玄宗的傾心，共同的音樂歌舞素養、愛好又使他們情趣相投。

蓮花湯

正如白居易《長恨歌》所吟詠的那樣："回眸一笑百媚生，六宮粉黛無顏色"；"春宵苦短日高起，從此君王不早朝"；"承歡侍宴無閒暇，春從春遊夜專夜；後宮佳麗三千人，三千寵愛在一身"。雖然楊貴妃並不曾干預朝政，但她的特殊地位所形成的裙帶風，使其遠房堂兄楊國忠得以脫穎而出。天寶十一載（公元752年），李林甫死，唐玄宗用楊國忠填補了這個空缺。

楊國忠，原名楊釗，他的祖父與楊玉環祖父是兄弟，他與楊玉環是從祖兄妹。此人從小行為放蕩，品行惡劣，他的踏上仕途，一方面固然是"因緣椒房之親"——得益於楊貴妃的裙帶關係，另一方面也由於他本人頗有聚斂財富的手段，深得唐玄宗賞識。天寶十一載，他成為右相，取代李林甫，一步登天。這個政治暴發戶當了宰相後，身兼四十餘職，常對人說：我偶爾碰上這個機會，誰知日後是什麼下場，不如眼前享受極樂。他善於迎合上意，又精於搜刮民脂民膏，很受玄宗信任，朝政一天比一天敗壞。如果說李林甫是"養成天下之亂"，那麼楊國忠便是"終成其亂"。他為人強辯而輕躁，專擅朝政，一個人說了算，"公卿以下，頤指氣使，莫不震慴"。他迎合玄宗旨意，用他善於"鉤校"的手段，奉行刻剝百姓、聚斂天下財富的政策，使正在蓬勃發展的經濟，埋下了既深且廣的隱患。宋人蘇轍在議論歷代興亡時指出："（宇文）融既死，而言利者爭進。韋溫、楊慎矜、王鉷日以益甚，至楊國忠而聚斂極矣。故天寶之亂，海內分裂，不可復合。"李林甫專權時聚斂之風已愈演愈烈，出現了韋溫、楊慎矜、王鉷這些聚斂之臣，到楊國忠專權時，聚斂趨於極端，終於導致天寶之亂後"海內分裂，不可復合"的後果。

唐初，完備了隋朝的三省制度，皇帝與三省互相制約，共同治政，構成了相對和諧的政治體制。唐初宰相多至一二十人，重大事務都由政事堂會議討論，何以開元、天寶之際會形成李林甫、楊國忠擅權的局面？變亂制度的正是唐玄宗。史載，玄宗即位之後"尤注意於姚崇、宋璟，引見便殿，皆為之興。去輒臨軒以送。其他宰臣優寵莫及"，唐前期的三省長官合議制，至此向宰相專權化方向發展。玄宗用姚崇、宋璟而成開元之治，是選相和專委成功的統一；此後，只專委而不重選相，終於造成李林甫、楊國忠專權用事之弊。唐崔群說得極為精當："臣以為開元二十年罷賢相張九齡，專任奸臣李林甫，理亂自此已分矣。"出現了宰相的宰相（或曰當國宰相、宰相之長），使宰相制度發生變化，正如杜佑所說，"備位者眾，然其秉鈞持衡，亦一二人而已"，終於使皇權跌落和三省制度變形，一方面皇帝不親理朝政，另一方面又捨棄三省合議制原則，轉而委用個別親信宰相裁決政事。如委用得賢，固然無妨，一旦委用得奸，必然導致政局敗壞。

唐玄宗自以為國力雄厚、軍隊強盛，一味追求開邊擴張，不斷挑起邊境戰爭，為此目的，不斷加強邊鎮節度使的軍備。唐初為了控制邊境，先後設立若干大都督，統率精兵屯戍鎮守。高宗以後，大都督並可帶使持節，代表皇帝的威權，稱"節度使"，其職權限於兵馬戰守。以後節度使逐漸增置，職權一再擴大。到開元年間，邊境共設10個節度使：

平盧節度使，設於營州（今遼寧朝陽）；

范陽節度使，設於幽州（今北京）；

河東節度使，設於太原；

朔方節度使，設於靈州（今寧夏靈武）；

河西節度使，設於涼州（今甘肅武威）；

隴右節度使，設於鄯州（今青海樂都）；

北庭節度使，設於庭州（今新疆吉木薩爾）；

安西節度使，設於龜茲（今新疆庫車）；

劍南節度使，設於益州（今四川成都）；

嶺南節度使，設於廣州。

他們不僅兼統幾個州郡，而且大多兼任按察、安撫、度支等使，"既有其土地，又有其人民，又有其甲兵，又有其財賦"，政權、軍權、財權統於一身，形成半獨立的地方割據勢力。

范陽一鎮兵力最強，主動出擊臣屬唐朝的奚、契丹；隴右、河西兩鎮兵力僅次於范陽，多次挑起對吐蕃的戰爭。杜甫《兵車行》詩說："邊庭流血成海水，武皇開邊意未已"；"縱有健婦把鋤犂，禾生隴畝無東西"，寫的正是這個時代窮兵黷武的實況。

開元、天寶之際，國家殷富，西京長安，東都洛陽以及各地州縣倉庫都堆滿了糧食布帛。唐玄宗被這種畸形繁榮衝昏頭腦，從倡導節儉轉變為奢侈浪費，揮金如土。《資治通鑑》說他"視金帛如糞壤，賞賜貴寵之家，無有限極"，曾把全國各地一年進貢的物品全部賞給李林甫；楊國忠則猶有過之而無不及，史稱"開元已來，豪貴雄盛，無如楊氏之比"。唐玄宗開邊求功，消耗軍費節節上升，在所不惜。由於府兵制的崩潰，開元十一年改行募兵制，實行募士宿衛的新

《虢國夫人遊春圖》

辦法，召募來的職業兵稱“長從宿衛”，不久改稱“彍騎”，這種僱傭兵，官給資糧，軍費成為一項重要負擔。開元初軍費200萬貫，開元末軍費增至1,000萬貫，天寶末軍費增至1,500萬貫。一個“盛世”如何禁得起幾次三番的折騰！

外患伴隨着內憂悄悄襲來，天寶年間邊患一天比一天嚴重。天寶十載（公元751年），唐朝軍隊在怛羅斯河畔被大食軍隊打敗，中亞各國全為大食控制，唐朝在西域的威信頓時一落千丈。唐朝為了應付日益嚴峻的邊防危機，在中央兵力不足的情況下，勢必仰賴邊鎮節度使的重兵，節度使漸漸尾大不掉、驕橫跋扈。中央與邊鎮的力量對比發生了劇變。唐初的方針是內重外輕，以關中制馭四方；高宗以後邊鎮軍隊不斷增加；開元、天寶年間邊軍佔全國總兵力的85%以上，東北、西北更是猛將精兵集中之地。

唐初，蕃將是不委以統帥重任的。天寶初年，唐朝傾全力對付吐蕃，分不出兵力來對付東北的奚、契丹，於是用蕃將安祿山為平盧節度使。到天寶十年，安祿山已是一身兼平盧、范陽、河東三鎮節度使，率二十萬精兵的邊鎮統帥。另一方面，最初的節度使一般由文官擔任，他們在邊境任職期滿（正常任期為3年）之後，即返回朝廷升任高官。這就是所謂“不久任，不遙領，不兼統”原則。戰功卓著者往往入朝為相。口蜜腹劍的李林甫惟恐大臣“出將入相”，與己不利，而蕃將不識漢文，不能任相，不會危及自己的權位，便大量以蕃將任節度使，如哥舒翰、高仙芝、安思順、史思明之流，因而邊鎮蕃將勢力愈加膨脹。西北軍閥以哥舒翰為首，東北軍閥以安祿山為首，不斷發生傾軋、摩擦。李林甫、楊國忠各自勾結親信藩鎮為援，使軍閥之間的爭鬥更加激烈。藩鎮尾大不掉之勢終於形成，安祿山、史思明利用這一形勢發動兵變，有其必然性。

52.安祿山與全盛時代的消失

安祿山是營州柳城（今遼寧朝陽）混血胡人，生父是康姓粟特族人，生母是突厥族巫師阿史德，因祈禱於戰神軋犖山而生此子，故取名為軋犖山（一作阿犖山）；後因母改嫁突厥人安延偃，改姓安，名祿山。初任幽州節度使帳下"捉生將"（驍將的稱號），以驍勇善戰著稱。他雖出身行伍，又是胡人，卻精通升官訣竅：賄賂與取媚。開元二十九年（公元741年）他升任營州都督，賄賂李林甫，巴結楊貴妃，進貢奇珍異寶，博得唐玄宗的寵信。

安祿山深得唐玄宗的信任與重用，自有其緣故。一是他善於獻忠心以取媚。此人官運亨通身體發胖，腹垂過膝，唐玄宗問："此胡腹中何所有？其大乃爾！"安祿山答："更無餘物，正是赤心耳！"如此阿諛奉承地表忠心，唐玄宗當然舒坦得很。為了獲得皇帝的寵信，安祿山在楊貴妃身上下功夫，最突出的一例就是45歲的他竟成為29歲的楊貴妃的"養兒"（義子）。這是"外若癡直，內實狡黠"的安祿山極高明的手腕；二是東北邊疆的奚、契丹時服時叛，唐玄宗束手無策，安祿山出兵平定了奚、契丹，唐玄宗喜出望外，多次嘉獎，還說"不示殊恩，孰彰茂績？"稱讚他為"萬里長城，鎮清邊裔"。自稱"年事漸高"的唐玄宗追求逍遙，一手把朝廷政務"委以宰臣"，另一手把邊防軍務"付之邊將"，與宰相李林甫、楊國忠獲寵的同時，安祿山成了邊將中最得寵的人。在唐玄宗心目中，這個胡人邊將的地位與宰臣不相上下，故而可以常常從邊關來到京都，出入宮禁。

由於這種緣故，安祿山天寶元年任平盧節度使，兩年後兼任范陽節度使，七年後又兼任河東節度使，佔全國節度使的近三分之一。此外，他又兼任尚書左僕射，升驃騎大將軍，管轄今河北、山西、內蒙、東北廣大地區，號稱"兵雄天下"。據天寶初年的統計，河東節度使兵力5.5萬，范陽節度使兵力9.14萬，平盧節度使兵力3.75萬，三鎮兵力合計18.39萬，當安祿山於天寶十載身兼三鎮節度使時，兵力可能已超過20萬。而當時十鎮兵力約49萬，中央直轄軍不過10萬而已，安祿山的地位已經舉足輕重了。史稱："祿山恃此，日增驕恣"，"包藏禍心，將生逆節"。他大肆囤貯武器、馬匹、糧草，還蓄養了一支由八千胡人壯士組成的私家部隊，名曰“曳落河”，絕對效忠於他個人。李林甫死後，安祿山加緊了謀叛的步伐。楊國忠便拉攏另一胡人邊將哥舒翰，讓他以隴右節度使兼任河西節度使，賜爵西平郡王，以與東平郡王安祿山相抗衡。楊國忠多次向唐玄宗指出，安祿山必反，唐玄宗根本不信，天寶十四載（公元755年）七月還派中使帶“璽書”給安祿山：“朕與卿修得一湯（溫泉）故召卿。至十月，朕待卿於華清宮。”邀請他來華清宮同洗溫泉浴，以示對他寵信如故。好昏庸的快活天子，大禍臨頭還渾然不覺。

天寶十四載十一月初九，安祿山率領15萬大軍，在薊城（今北京西南）南郊誓師，舉起叛旗。他利用楊國忠發動對南詔的兩次戰爭的失敗，以“憂國之危”，“奉密詔討楊國忠”之名，在范陽起兵南下“平禍亂”。特鑿湯池要為安祿山洗塵的唐玄宗於十一月十五日得到安祿山反叛的消息，既震驚又憤怒，立即任命安西節度使封常清為范陽、平盧節度使，作守禦準備；緊接着任命他的第六皇子、榮王李琬為元帥，右金吾大將軍高仙芝為副元帥，率師東征。

然而，河北州縣望風瓦解，守令或逃或降，河南三道防線頃刻瓦解。安祿山從范陽起兵，到攻陷洛陽，只花了短短34天，十二月十二日，東都洛陽陷落，遭到了一百幾十年來未曾有過的浩劫。守衛洛陽的封常清與駐屯陝州的高仙芝一起退守潼關。唐玄宗聽信監軍宦官的誣告，以“失律喪師”罪，在潼關處斬高仙芝、封常清。臨陣斬帥的嚴重失誤，是平叛戰爭的不祥之兆。唐軍兵敗如山倒，叛軍如秋風掃落葉般節節勝利，正如白居易《長恨歌》所說：“漁陽鼙鼓動地來，驚破霓裳羽衣曲。”

天寶十五載正月初一，安祿山在洛陽稱帝，國號“大燕”，改元“聖武”。這一下叛亂謀反的面目大暴露，先前所謂奉密旨征討楊國忠云云，不過是騙人的幌子，因此攻陷洛陽以後便停滯不前了。一方面，顏杲卿、顏真卿兄弟在河北聯絡各地忠義之士，抗擊叛軍，切斷了從洛陽到范陽的驛路，給安祿山帶來後顧之憂；另一方面，朔方節度使郭子儀、河東節度使兼河北節度使李光弼奉朝廷調遣，出兵平叛，取得嘉山戰役的大捷，再次切斷安祿山大本營洛陽與根據地范陽之間的通道，使其軍心動搖。

這就為唐朝方面取得喘息的時機。唐玄宗在處死高仙芝、封常清之後，任命哥舒翰為統帥，鎮守潼關。哥舒翰出身於突騎施部落，此時身兼河西、隴後節度使，威名顯赫，且與安祿山、安思順兄弟素有宿怨，由他鎮守潼關，足以與安祿山相抗衡。然而唐玄宗的戰略指導思想有問題，他想盡快平定叛亂，哥舒翰赴潼關時，發去的敕令是“天

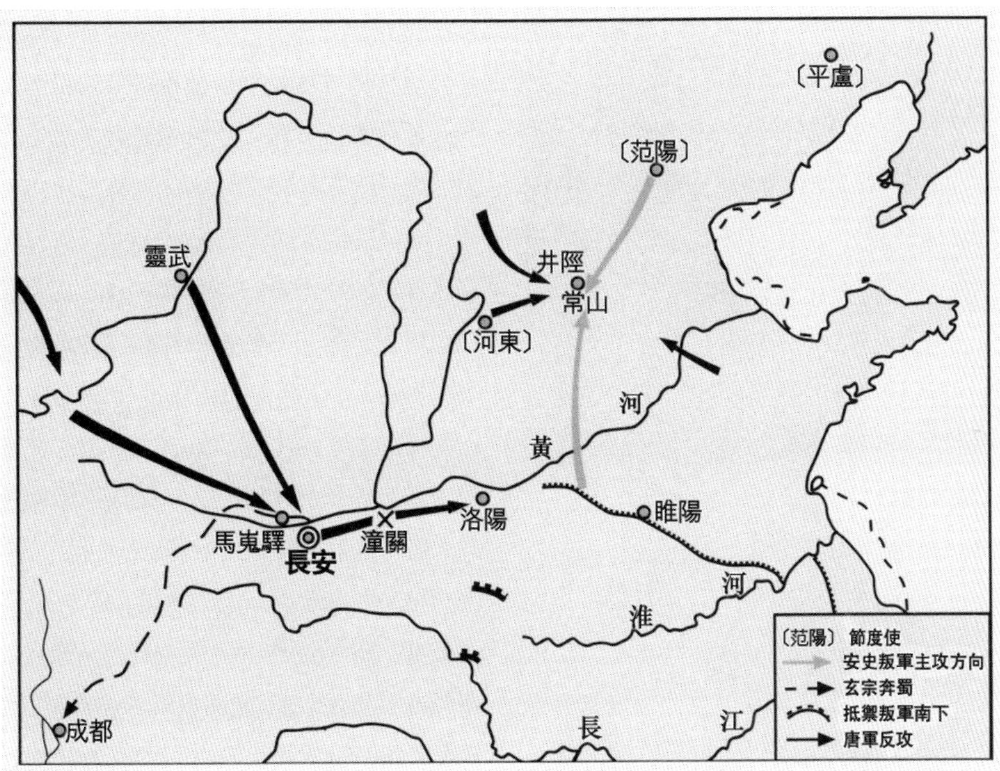

安史之亂形勢圖

下四面進兵，會攻洛陽”；給郭子儀、李光弼的敕令也是“發兵進取東京”。到六月初，潼關已穩守半年，唐玄宗更加迫不及待地要哥舒翰出潼關，進攻洛陽。在當時形勢下，潼關宜守不宜出。在河北戰場的郭子儀、李光弼向唐玄宗指出：“若潼關出師，有戰必敗。關城不守，京室有變，天下之亂，何可平之！”他們主張直搗安祿山的范陽老巢，才是出奇制勝妙策，唐玄宗拒不接受。楊國忠出於對哥舒翰的猜忌，一反原先主張固守潼關的態度，極力慫恿唐玄宗命令哥舒翰出關東征。這一錯誤決策，無異於自投羅網，20萬大軍一戰即潰，以致全盤皆輸。當哥舒翰狼狽地逃回潼關西驛時，被部將抓獲，獻給叛軍，哥舒翰鑒於高仙芝、封常清兵敗被殺的先例，在洛陽向當面罵過“野孤”的安祿山投降。

潼關陷落，長安震驚，唐玄宗精神全面崩潰，於六月十三日凌晨逃離長安。次日中午抵達馬嵬驛（今陝西興平縣西北23里），皇帝的扈從部隊發動兵變，殺死奸相楊國忠，迫使唐玄宗命太監高力士在佛堂縊死楊

楊貴妃之墓

貴妃。這就是“馬嵬事變”。其時唐玄宗已72歲，楊貴妃才38歲。舊史家渲染楊貴妃是政治敗壞的禍水，意在為唐玄宗開脫，其實天寶變亂責任全在唐玄宗。當地父老希望唐玄宗不要西行，擔負起征討逆賊的責任，唐玄宗置之不理。太子李亨看到人心所向，與父皇分道揚鑣，在太監李輔國的扈從下，奔往朔方節度使所在的靈武（今寧夏靈武西南）。七月十三日，李亨即皇帝位，是為唐肅宗，改元至德，遙尊唐玄宗為太上皇。

長安陷落後，郭子儀、李光弼率5萬步騎兵從河北趕赴靈武，壯大朝廷聲勢；河西、北庭、安西節度使也派兵前來會合。叛軍內部則明爭暗鬥，分崩離析，至德二年(公元757年)正月，雙目失明的安祿山被兒子安慶緒收買的宦官砍殺。安祿山從范陽起兵至此不過14個月，落得這樣的下場，可謂咎由自取。安慶緒即帝位後，只知縱酒為樂，給唐軍反攻提供了可乘之機。同年九月，廣平王李俶與郭子儀統率各路大軍15萬之眾，攻克長安，淪陷達一年多的長安百姓夾道歡呼。郭子儀揮師出潼關東征，於十月收復東都洛陽，安慶緒率殘部逃往鄴城(今河南安陽）。

就在這時，留守范陽的安祿山部將史思明不願受安慶緒的節制，以所部8萬兵降唐，唐朝封他為歸義王，任范陽節度使。時隔半年(乾元元年〔公元758年〕)，史思明在范陽反叛，安慶緒與他遙向聲援，戰火重新燃起。十月，唐軍包圍鄴城，安慶緒以讓皇位為條件向史思明求援。史思明解鄴城之圍後，設計殺死安慶緒，留下兒子史朝義守鄴城，自己引兵北還，乾元二年四月在范陽稱“大燕皇帝”。以史思明稱帝為標誌，安史之亂進入了新階段。經過半年的準備，史思明發動新的攻勢，攻佔洛陽。東都洛陽再度淪陷，形勢又趨嚴峻。上元二年（公元761年）三月，叛軍內訌，史朝義殺死其父史思明。唐軍乘叛亂集團分崩離析之機，於寶應元年（公元762年）十月收復洛陽。史朝義逃至范陽，為守將所拒。廣德元年(公元763年)正月，走投無路的史朝義，自縊而死。長達七年零三個月的安史之亂終於平息。

安史之亂的爆發，是開元、天寶之際政治腐敗的必然產物。它帶來的巨大破壞，使百姓人心思唐，促成了平叛戰爭的勝利。但是叛亂並不是在決定性戰役取勝的情況下結束的，肅宗和代宗都積極鼓勵叛軍首領自動投降，准許他們繼續為唐朝效力，在原轄地任官。因此，與其說是中央政府鎮壓叛亂，不如說是以妥協方式結束叛亂。這種妥協的代價是昂貴的，它使全國處於混亂多事和分裂的狀態之中。軍事化已經大規模實行，武將支配地方行政；地方行政結構改組，節度使成為中央政府與州縣之間的常設權力紐帶；國家的財政結構已經崩潰。"安史之亂"是唐朝由盛轉衰的關鍵，戰亂雖然平息，但安、史部將依然存在，藩鎮割據局面以此為契機而形成不可逆轉之勢，迭經戰爭騷亂破壞的中原地區經濟急劇衰落，唐朝的國力大大削弱，全盛時代一去不復返了。

53.劉晏與楊炎的財政改革

"安史之亂"爆發後，為了抵禦叛軍進攻，邊地軍鎮制度擴展到了內地，重要的州設立節度使，指揮幾個州的軍事；次要的州設立防禦使或團練使，扼守軍事要地。於是中原地區出現了不少的節度使、防禦使、團練使等大小軍鎮，以後又擴展到全國各地。這些軍事官職成為地方上的軍政長官，是州以上一級權力機構，即所謂"藩鎮"（亦稱"方鎮"）。藩鎮並非全是割據勢力，在今陝西、四川以及江淮以南的藩鎮大多服從朝廷指揮，向中央貢納賦稅，但在今河北地區的所謂"河朔三鎮"，割據一方，不受朝命，不納賦稅；在今山東、河南、湖北、山西一帶也有類似河朔三鎮的割據勢力。這就是所謂"藩鎮割據"。

藩鎮割據，本質上是"安史之亂"的延續與發展。"安史之亂"是邊地藩鎮反對中央的鬥爭，"安史之亂"平定後，那些參加平叛戰爭的藩鎮擁兵自重，有意保存安、史舊部，與中央討價還價。中央無力收回兵權，只好接受安、史部將名義上的歸降。中央既想削平藩鎮，又苦於沒有兵力，只能玩弄策略，藉此削彼。各藩鎮也看清了這種形勢，除非聯合抗命，否則就可能被各個擊破，於是互相聯手共同對付中央。另一方面內亂造成人力物力的巨大損失，加劇了國力的空虛，邊患乘虛而起，吐蕃佔領了隴右、河西之地，威脅長安。中央既無力消滅安、史餘部，又不得不把原來邊地節度使擴大到內地，以致藩鎮相望，"大者連州十餘，小者猶兼三四"。這就嚴重影響中央的財政收入，而主要依賴於江淮一帶。於是迫切需要整頓財政、改革稅收制度，在這方面起了重要作用的是劉晏。

劉晏，字士安，曹州南華（今山東明縣東北）人，唐肅宗、代宗時期長期擔任有關財政的度支使、鹽鐵使、轉運使，先後與第五錡、韓滉分掌全國財政。他在二十多年中作了一系列改革。

（一）關於鹽法 肅宗時鹽鐵使第五錡改食鹽徵稅為官賣，有利於財政收入的增加，卻產生鹽吏擾民的弊端。代宗上元元年（公元760年），劉晏任鹽鐵使兼任轉運使，在產鹽地區設官，把鹽加價賣給商人，再由商人轉銷各地；在距產鹽區較遠的地方設常平鹽倉，調劑鹽價；又在各地設巡院十三所，查禁私鹽。鹽稅從原來的四十餘萬緡上升到六百餘萬緡，居國庫收入的一半。

（二）關於漕運 "安史之亂"後，唐朝財政仰賴江淮。為了解決轉輸問題，劉晏視察運河，疏浚河道，並按江、淮、河、渭各段水力特點，建造合適的運船，分段轉運，10艘為綱，派軍將督率，降低運費，提高效率，每年運到長安的糧食達數10萬石，多時超過100萬石。

（三）關於平抑物價 劉晏以13處巡院為據點，召募大批幹練的"疾足"，置驛相望，及時報告各地物價動向，"四方物價之上下，雖極遠不四五日知"，以便及時採取措施，保持物價基本穩定。他還在各地設立"豐則貴取，饑則賤與"的常平倉，以調節豐歉，平抑糧價。

劉晏的改革旨在擴大稅收，緩解中央政府的財政困難，收到了明顯的成效。全面的賦稅制度改革，則是楊炎在唐德宗建中元年（公元780年）進行的。

楊炎，字公南，鳳翔天興（今陝西鳳翔）人，大曆十四年（公元779年），唐德宗即位，從貶所召回，出任門下侍郎、同中書門下平章事（即宰相），對賦稅制度進行全面改革。唐朝中央財賦本來儲存於太府寺所屬的左藏庫。"安史之亂"後，移貯於宮廷的大盈內庫，由宦官掌管，賬目混亂，弊端百出。楊炎入相後，首先提出國家財賦不能變成皇帝私產，建議把大盈內庫財賦仍撥歸財政部門管理，蒙德宗採納。建中元年他進一步倡議廢除租庸調制，代之以兩稅法。兩稅法的主要內容為：

（一）凡百役之費，一錢之斂，先度其數而賦於人，量出以制入；

（二）戶無土（主）客，以見居為簿；人無丁中，以貧富為差；

（三）不居處而行商者，所在州縣三十而稅一；

（四）居人之稅，秋夏兩徵之；夏稅無過六月，秋稅無過十一月；

（五）其租庸雜徭悉省，而丁額不廢；

（六）其田畝之稅，率以大曆十四年墾田

之數為準，而均徵之。

兩稅法實行按資產徵稅的原則，徵稅對象一為戶二為土地，戶稅按資產定等級，地稅按畝數徵收。兩稅法以戶稅、地稅為內容，而其得名卻由於分夏、秋兩次徵收（後來宋朝的兩稅法，專指地稅，並無戶稅，仍分夏秋兩次徵收，故仍稱“兩稅”）。原先的租庸調實際已轉化為戶稅、地稅，按丁徵收的租併入按畝徵收的地稅之中，按丁徵收的庸調併入按戶徵收的戶稅之中，所以兩稅法實行時正式宣佈“其丁租庸調併入兩稅”。兩稅法的特點是簡單化與合理化，先前的租庸調本質上以人丁為本，兩稅法宣佈“人無丁中，以貧富為差”，以資產為本。賦稅由人丁向資產的轉移，是社會的一大進步。

當然，兩稅法決不僅僅限於賦稅制度的改革，它其實也是財政會計制度的改革，包含了重編國家預算，劃定地方預算收支的範圍與規模，建立預算管理體制等財政分配內容。兩稅徵收後，分成3個部份：留州、留使、上供，都要量出為入。中央採取以支定收的方法，嚴格核定州、使兩級地方預算的收入項目及數量，以滿足州、使兩級的行政與軍事的財政開支。中央財政完成了與地方

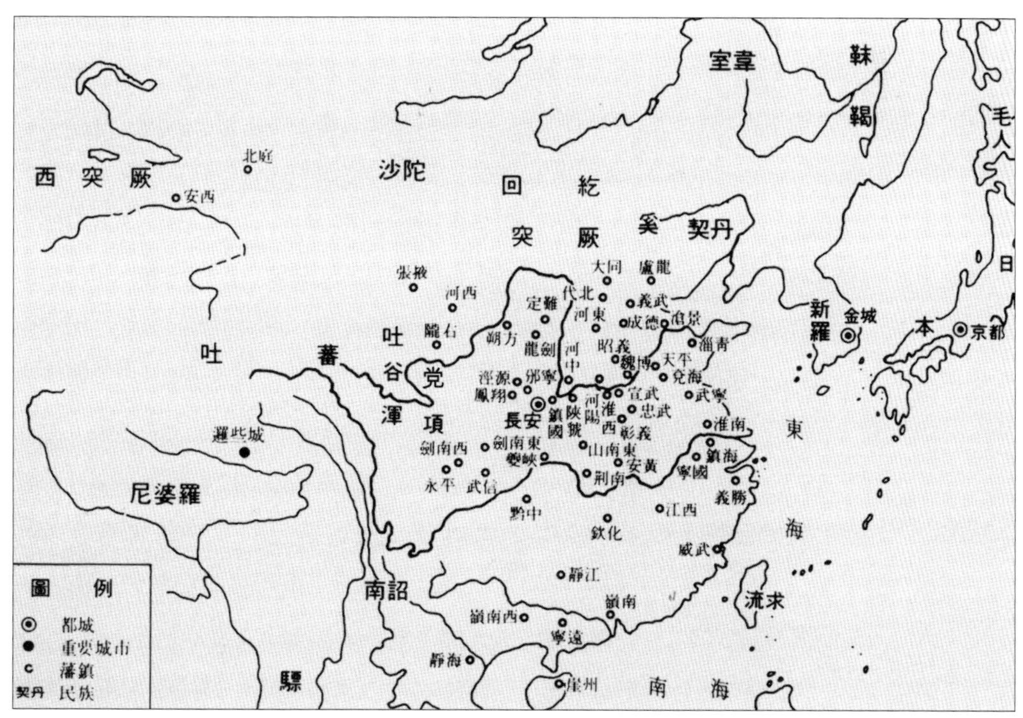

唐後期藩鎮割據圖

財政劃分收支的程序，理順了“安史之亂”以來中央與地方之間混亂不堪的財政收支關係，有利於削弱地方割據傾向。

“安史之亂”平定後，朝廷無力消滅安、史餘部及其黨羽，便以賞功為名，授以節度使名號，讓他們分統原安、史所佔之地，這就是李懷仙的幽州節度使、李寶臣的成德節度使、田承嗣的魏博節度使、薛嵩的相衛節度使。其後魏博鎮兼併了相衛鎮，於是形成了所謂“河朔三鎮”，割據今河北地區及山東、河南、山西一部份地區。唐德宗時，由於先前持續多年的財政改革，中央財力物力有所加強，便決心削藩。建中二年（公元781年）成德節度使李寶臣死，其子李惟岳要求繼任，遭到唐德宗斷然拒絕。李惟岳聯合魏博、淄青等發動四鎮叛亂。唐德宗派河東節度使、昭義節度使及神策軍(中央禁軍)聯手進剿。淄青節度使李正已死，子李納要求繼位，唐德宗堅決拒絕，並派宣武節度使等進剿。由於唐朝中央政府採取以藩鎮打藩鎮的策略，在河北、山東削藩取得勝利之後，引發了參與平叛戰爭的節度使之間的利害衝突，他們藉口朝廷處置不公，相互攜手共抗朝命，四鎮節度使公然稱王(幽州節度使朱滔稱“冀王”、成德節度使王武俊稱“趙王”、魏博節度使田悅稱“魏王”、淄青節度使李納稱“齊王”)，與朝廷分庭抗禮。淮西節度使李希烈以平叛有功，向朝廷討價還價，自稱“天下都元帥”。正當朝廷調兵進剿李希烈時，涇原節度使發動兵變，攻入長安，唐德宗逃往奉天（今陝西乾縣），叛兵擁立原涇原節度使朱泚為帝，不久李希烈也稱帝。一時間鬧得烏煙瘴氣。後來雖然平定了朱泚、李希烈之流，河北、山東四鎮也表示服從中央，但唐德宗經過這場危機後，放棄削藩政策，轉而採取姑息政策，求得暫時的安定。

唐憲宗即位後，由於兩稅法取得明顯成效，中央財政狀況有所好轉，從而可能擴大和強化中央禁軍，決心“以法度制裁藩鎮”，加強中央集權，形成“元和中興”(公元806年～公元820年）的局面。憲宗是唐朝後期幾乎重建貞觀之治的皇帝，他選拔的宰相如武元衡、李吉甫、裴垍、李絳、裴度，都有所建樹，一時朝廷鼎盛。憲宗鑒於德宗四面出擊方針的失敗，改變削藩策略，先弱後強，各個擊破，孤立元兇；選擇易於攻取、基礎薄弱的西川節度使、浙西節度使開刀，然後使“五十年不沾皇化”的魏博鎮表示歸順朝廷，接着集中全力對付強大的淮西節度使。由於名相裴度和名將李信運籌帷幄，使中央與藩鎮的大決戰取得最後勝利。平定淮西，引起強烈震動，諸鎮紛紛獻地獻質表示歸順。《資治通鑒》說：“自廣德以來，垂六十年，藩鎮跋扈河南、北三十餘州，自除官吏，不供貢賦，至是盡遵朝廷約束。”憲宗出色地達到了他的目的，成為唐朝後期惟一有成就的皇帝。這有主客觀兩方面的原因。客觀上，他從德宗那裡繼承了重新充實的國庫和一支強大的中央軍隊；主觀上，他深刻地瞭解全國的政治、軍事形勢，使他能制訂有效的策略，無怪乎後人要稱頌他“自古中興之主無人及之”了。

憲宗雖使藩鎮歸順中央，但並不能鏟除其根基，“盡遵朝廷約束”的局面是難以持久的。何況長期的戰爭，使中央財政狀況又趨惡化。穆宗即位以後，實行“銷兵”（裁減兵員）政策，以節省財政開支，被裁士兵無以為生，形成新的亂源。河北三鎮脫離中央控制，被裁士卒紛紛前往投奔。此後割據勢力愈演愈烈。藩鎮增加到61個，甚至長安附近也設置了鳳翔節度使，朝廷可控制的不過山南、劍南、嶺南、河西四道而已。

令人驚訝的是，在這種形勢之下，唐朝竟然還能延續達七八十年之久。

54.宦官與黨爭

唐初政治清明，宦官只能主管宮內守衛、灑掃等事，並無政治權力。唐太宗曾下詔規定，宦官任職不能超過三品。為時不久，宦官逐漸擴大權力範圍。唐玄宗晚年寵信宦官高力士，讓他審閱大臣送來的奏章。從此四方奏章必先經高力士過目，小事自行裁決。玄宗也心安理得，說：“力士當上（值日），我寢乃安。”李林甫、楊國忠、安祿山之流都與他勾結，高力士已炙手可熱，太子李亨（即後來的肅宗）叫他“二兄”，諸王公主叫他“阿翁”，駙馬叫他“爺”，非同一般。不過此時宦官勢力雖已抬頭，但對皇帝還是惟命是從，高力士在玄宗面前仍是一個“老奴”。

安史之亂後，宦官掌握了軍權、財權，逐漸尾大不掉，使皇帝大權旁落。宦官李輔國扶肅宗在靈武即位，由元帥府行軍司馬事升兵部尚書；宦官魚朝恩任觀軍容宣慰處置使，前線將領連著名的郭子儀、李光弼都受他節制，魚朝恩統率神策軍（中央禁軍）兼全國總監，軍權明顯落入宦官之手。“安史之亂”後，統兵將領在京師任意支用左藏庫（收藏朝廷財賦的機構）的錢財，主管機構無法約束。鹽鐵使第五錡向肅宗建議，把財權收歸皇帝，實際上由宦官掌握。從此以後，宦官控制了朝廷的財政大權。

唐朝宦官專權始於肅宗、代宗時期，其代表人物是李輔國和程元振。

李輔國本名靜忠，曾充當高力士的僕役，後入東宮侍候太子李亨。“安史之亂”

中，李靜忠扶助肅宗即位有功，升為太子家令、判元帥府行軍司馬，賜名為“護國”，四方奏事、御前符印軍號皆委其掌管；後隨肅宗至鳳翔，授太子詹事，改名“輔國”。肅宗返抵長安，拜李輔國為殿中監，身兼數職，後又加開府儀同三司，進封為郕國公。此時的李輔國不僅專掌禁軍，而且專擅朝中一切大權，百官奏事都由他上達裁決。以後肅宗又任命李輔國為兵部尚書，開創宦官正式擔任六部尚書的先例。肅宗病危，李輔國與另一宦官程元振合謀，擁立太子李豫即位（是為唐代宗），驕橫不可一世，公然對代宗說：“大家（指皇帝）但內裡坐，外事聽老奴處置。”代宗雖然怒其不遜，但因他手握兵權，奈何他不得，尊稱他為“尚父”，政無巨細都由他參預裁決。

宦官俑

唐代宗利用程元振除去了李輔國，不料繼之而起的程元振專權跋扈猶過之而無不及。他取代李輔國判元帥府行軍司馬，專制禁兵，加鎮東大將軍、右監門衛大將軍，封保定縣侯，充寶應軍使，不久又加驃騎大將軍，封邠國公，權勢遠遠超過李輔國。勳臣、宰相、名將屢遭程元振迫害，使朝廷文武百官人人自危，那些擁兵自重的節度使對朝廷存有戒心，不肯為朝廷出力。

唐德宗時，宦官不僅控制禁軍，而且藩鎮的節度使多從禁軍將領中擢用，朝廷的將相由宦官任免，各省的重要官職須買通宦官關節方能任命。德宗死，順宗即位，王叔文、王伾裁決宮中大事，引進柳宗元、劉禹錫、韓泰等人，着手革除弊政，企圖削奪宦官權力。由於宦官勢力已盤根錯節難以動搖，加之藩鎮與宦官相互勾結，導致改革中途夭折。宦官俱文珍、劉光琦與劍南西川節度使韋皋、荊南節度使裴均、河東節度使嚴綬串通，發動宮廷政變，廢順宗，立憲宗，王叔文、王伾被貶，柳宗元、劉禹錫、韓泰、陳諫、韓曄、凌準、程異、韋執誼等八人先後被貶往邊遠地區。

由於宦官掌握大權，藩鎮多引為內援；宦官為了增加自己的實力，以便控制皇帝，也多引藩鎮為外援。兩股勢力勾結的結果，從憲宗起到唐亡，皇帝都形同傀儡，10個皇帝除了最後一個是軍閥朱全忠所立，其餘9個都是宦官所立，有兩個為宦官所殺（憲宗、敬宗）。皇帝成了宦官的傀儡，宰相、大臣當然成了宦官的附庸，“南衙”（外朝）成為“北司”（內朝）的附屬機關。政見與利益的分歧，形成朝廷中的派系、集團，互相對立，這就是所謂朋黨。

《劍橋中國隋唐史》指出，所謂朋黨的“黨”（factions），決不是今天意義上政黨的“黨”（parties），它只是政治人物們的鬆散結合體，產生於難以確認的複雜的個人關係網絡，它沒有很強的核心結構，成員的屬性也不固定。中國傳統的政治理論通常都認為，如果准許在朝廷結成朋黨，那麼人們所期待的能實現長治久安的道德和社會秩序便要受到損害。因此，“黨”這個字表示道德敗壞，它對指控者和被指控者都有威力，都可能遭受貶謫。

晚唐時期的朋黨之爭，通常被史家們稱為“牛李黨爭”，即牛僧孺為首的“牛黨”與李德裕為首的“李黨”之間的政爭；兩黨之爭從穆宗朝開始，經敬宗朝、文宗朝、武宗朝，到宣宗朝持續達40年之久。鬥爭的形式是兩黨交替掌權，文宗時代兩黨參差並用，武宗時代是李黨全盛時期，宣宗時代是牛黨全盛時代。一黨掌權，不問敵黨有無人才，一律全盤排斥；不問敵黨政策是否可取，一律更張，完全是門戶之見，意氣用事，把朋黨利益置於國家社會利益之上。朋黨之爭的結果，是政治的越發腐敗。

所謂“牛李黨爭”，複雜微妙，史家在評述時眾說紛紜。

陳寅恪在《唐代政治史述論稿》中，很注意分析唐朝統治集團的社會背景，按照他的解說，牛黨的權力以通過科舉入仕為基礎，而李黨則是世家大族的堡壘，用世襲的蔭庇方式取得做官的資格。從表面上看，牛李兩黨似乎是重視進士科與反對進士科的鬥爭，是世家大族與非世家大族的鬥爭，其實不然。儘管上述假設頗有迷惑力，牛黨領袖牛僧孺、李宗閔都是進士出身，李黨領袖李德裕並非進士，而且嘲笑科舉取士。但是日本學者勵波護的實證研究《從牛李黨爭看中世貴族制的崩潰與闢召》指出，兩個朋黨在科舉出身和世家大族出身的人數上是旗鼓相當的，這就使朋黨雙方涇渭分明地有所謂擁護科舉的一方和反對科舉的一方的說法不攻自破了。

一種頗為流行的觀點認為，“不論牛

五公祠

黨或李黨當政，對於當時人民來說，都沒有什麼區別”，顯然過於偏激。牛李兩黨還是有所區別的。李黨領袖李德裕是晚唐時期有遠見的政治家，雖然他入仕初期就捲入了牛李黨爭，但他反對朋黨，甚至發誓說：“一旦觸群邪犯眾怒，為一孤臣，獨生正言，無避矣。”他主張打擊藩鎮並恢復中央集權；抗擊外族入侵，保衛邊疆安全；裁汰冗官，精簡官僚機構；贊成阻遏佛教勢力的氾濫，增加國家收入，都是從實際出發，於國於民有利的。對於科舉，他不主張取消，而主張針對考試中的弊端（如“關節”、“呈榜”、“溫卷”）加以改革，獎拔“孤寒”之士。

會昌六年（公元846年），武宗死，宣宗即位，用牛黨要員白敏中、馬植、周墀、令狐綯等為相。李德裕罷相，貶至崖州，大批與他政見一致的官員都被逐出朝廷，而牛僧孺、李宗閔、楊嗣復、李玨、崔珙等牛黨要員重新起用。牛李黨爭以牛黨最後勝利，李德裕一夥徹底失敗而告終。

基於上述原因，後人多對李德裕寄予同情。王士禛《香祖筆記》說：牛黨“皆小人”，李黨“皆君子”，並非毫無根據。李德裕在大和年間就建議文宗破除朋黨，任用中立無私之人，他在文宗、武宗時期兩度為相，都能把“中立無私”作為用人標準。無怪乎一些學者要說，李德裕不存在朋黨問題，故無所謂“李黨”。宋人李之儀說：“武宗立，專任德裕，而為一時名相，唐祚幾至中興，力去朋黨，卒為白敏中、令狐綯所中傷。”這種對歷史的反思，卓有見地。不過話得說回來，儘管李德裕自認為沒有朋黨，事實上還是捲進了朋黨之爭的漩渦，因為政治鬥爭不以個人意志為轉移。

宣宗以後，牛、李兩派的領袖人物相繼死去，朋黨之爭終於停息。官僚之間的派系傾軋以另一種形式展開，而且隨着政治腐敗而日益加深。本來朋黨之爭受到宦官派系的影響，宦官集團如兩派同時並進，則外朝大臣也兩派同時並進；宦官集團如一派進一派退，則外朝大臣也一派進一派退。宣宗以後，宦官因“甘露事變”，感到內部分裂容易受到外來打擊，便團結一致對付外朝大臣；內朝既“合為一片”，外朝大臣也相機應變，於是內朝外朝之爭便取朋黨之爭而代之。鬥爭的結果，宦官集團獲勝，從此，“天下事決於北司，宰相行文書而已”。這種混亂局面一直延續到唐末，到昭宗時採納宰相崔胤建議，借大軍閥汴州節度使朱全忠的力量鏟除宦官勢力，結果宦官雖除，中央軍政大權卻落入朱全忠之手，崔胤等外朝大臣和昭宗本人都相繼為朱全忠所殺，唐朝離開滅亡只有一步之遙了。

55.黃巢與唐朝的土崩瓦解

唐文宗時的劉蕡在賢良方正對策中指出當時的形勢是：“官亂人貧，盜賊並起，土崩之勢憂在旦夕。”唐僖宗時的翰林學士劉允章在《直諫書》中指出農民的“八苦”，使他們“凍無衣，饑無食”。社會危機以這種形式表現出來，預示着唐朝的統治已危在旦夕了。

長江下游的騷亂和反抗，一天比一天激烈，唐朝的地方政府仍然盡力在這一地區竭澤而漁，搜刮盡可能多的賦稅，使得這個原先最安定的地區變得越來越富有爆炸性，出現一次又一次武裝暴動。其中最為嚴重的是宣宗大中十二年（公元858年），宣州（今安徽宣城）康全泰的武裝暴動，迫使唐朝軍隊紛紛從淮南、浙東調來鎮壓，宣州的秩序才得以恢復。康全泰的暴動對於次年發生於浙東的更為嚴重的暴動來說，不過是一個序曲。

江浙一帶是唐朝後期財賦所出的重要地區，所謂“國家用度盡仰江南”，過度的搜刮，激化了社會矛盾，浙東裘甫起義是一個信號。裘甫是一個出身微賤的"盜匪"團夥的首領，他所領導的起義把大批農村"盜匪"團夥融合為一支統一的軍事政治力量，把被壓迫的農民組成一個戰鬥集體。宣宗大中十三年（公元859年），裘甫在浙東起義，攻下象山，次年攻下剡（讀shàn）縣（今浙江嵊縣）。消息傳開後，"山海之盜及他道無賴亡命之徒，四面雲集"，部眾增至3萬人。一名諫官向即位不久的懿宗解釋起義為何發展如此迅速的原因時指出："兵興以來（指安史之亂以來），賦斂無度，所在群盜，半是逃戶"，說明這是社會危機蓄積已久的一次爆發。唐朝對於這個財賦重地當然不會等閒視之，唐懿宗派王式為浙東觀察使率兵前往鎮壓。裘甫的部將建議，先奪取越州，再奪取浙西（今浙江西部和江蘇南部），進而攻佔揚州，把宣州、歙州（今安徽歙縣）以東的江南所謂"國家貢賦之地"置於義軍控制之下。裘甫猶豫不決，喪失時機，戰敗被俘，持續9個月的起義終於失敗。

咸通九年（公元868年）爆發的龐勳起義雖然遠在嶺南，但它的根源卻在連接政治中心長安、洛陽與江淮財賦重地的運河——汴渠（即通濟渠東段）流經的武寧，為了確保這條供應線，此地由重兵戍守。由於戍軍不斷發生兵變，武寧節度使束手無策，朝廷決定在那裡裁軍，把幾千名士兵調往嶺南戍邊。於是由徐州、泗州農民組成的戍軍被派往桂州（今廣西桂林），約定三年輪換，便可返回家鄉。但是政府違背承諾，到期不如約輪換，士兵們便在咸通九年譁變，推舉糧料判官龐勳為首領，結隊北還。龐勳一行攻佔宿州、徐州，附近農民應募參軍，部眾增至萬餘人；附近的小股暴動武裝力量，都前往歸附，聲勢大振，攻佔泗州、淮口，切斷了唐朝的經濟命脈——江淮漕運。唐軍統帥康承訓調集了沙陀（突厥）、吐谷渾等民族的軍隊前往鎮壓，並且讓沙陀首領朱邪赤心指揮十鎮節度使所提供的討伐軍。咸通十年九月，龐勳在撤往蘄州途中被唐軍追及，戰敗而死，起義失敗。在這場戰爭中沙陀（突厥）起了重要作用。朱邪赤心被皇帝賜名為李國昌，他的兒子李克用後來在鎮壓黃巢起義後，建立了割據政權——後唐。龐勳起義雖然失敗，卻暴露了最後導致唐朝崩潰的許多潛在危機，《新唐書》說得好："唐亡於黃巢，而禍基於桂林（指龐勳）。"

唐朝後期的財賦主要來自江淮、關東，成為矛盾的焦點，終於繼江淮之後，在關東爆發了更大規模的反抗。僖宗乾符二年（公元875年），濮州（今山東鄄城縣）王仙芝在濮陽縣起義，攻取濮州、曹州，部卒達數萬之眾。王仙芝發佈檄文，指責唐朝"吏貪沓，賦重，賞罰不平"，表明了起義的宗旨。冤句（今山東曹縣北）人黃巢聚眾數千

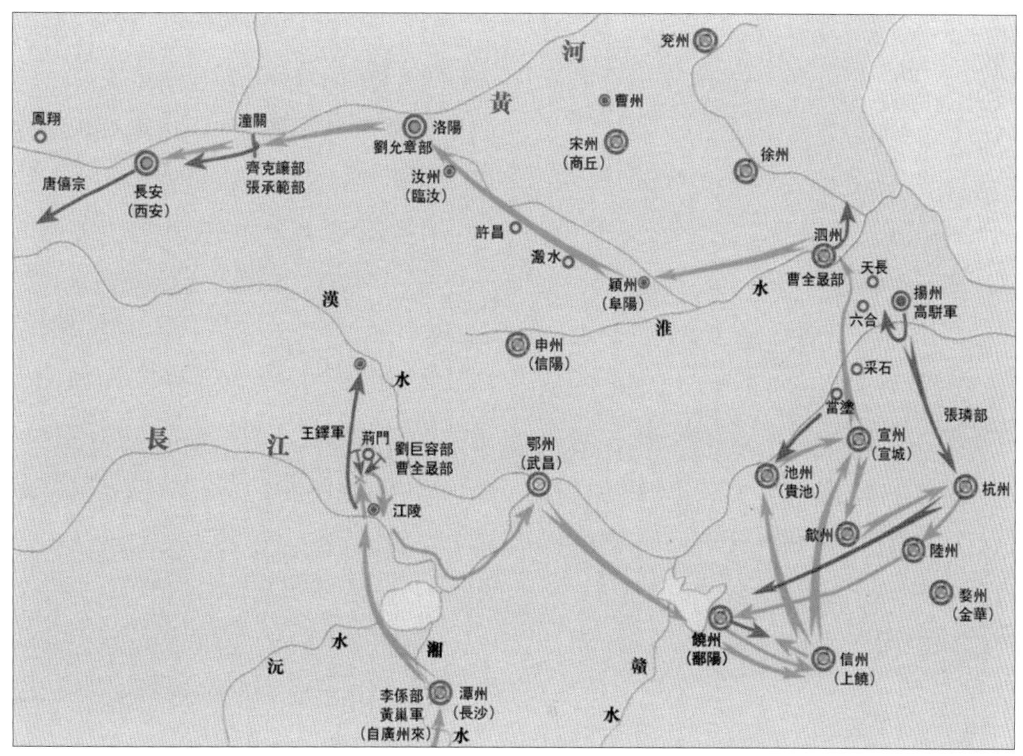

黃巢北伐奪取兩京之戰要圖

人，響應王仙芝，“民之困於重斂者爭歸之”。

王仙芝、黃巢都是“販鹽白丁”（私鹽販子），武裝販運私鹽，與長江流域的“茶鹽盜”關係密切。黃巢家有資財好騎射，略通詩書，起義前曾作《詠菊》詩抒發了他的霸氣：

待到秋來九月八，
我花開後百花殺。
衝天香陣透長安，
滿城盡帶黃金甲。

不久，王仙芝派部將尚君長向唐朝的招討都監請降，尚君長被殺，請降未成。乾符五年二月王仙芝在黃梅（今湖北黃梅西北）兵敗被殺。

尚讓率王仙芝餘部歸附黃巢。黃巢號稱“衝天大將軍”，橫掃各地，他採取避實搗虛戰術，流動作戰，打擊財賦重地。他在和州渡過長江，轉戰長江、閩江、珠江流域，先後攻佔杭州、越州、福州、泉州、潮州；乾符六年（公元879年）攻下廣州，俘獲了嶺南東道節度使李迢，試圖通過李迢與朝廷談判，以謀取節度使之職，遭到李迢拒絕。黃巢在暴怒之下殺死李迢，並洗劫了廣州，使這座富有活力的港口城市化為廢墟，大批來自東南亞、印度、波斯和阿拉伯的商人被殺。

不久黃巢揮師北上，攻下東都洛陽之後，又破潼關，攻佔長安，唐僖宗逃往成都。黃巢完全沒有能力控制他的部隊，失控的部隊連續幾天洗劫了這座世界上最富庶的城市。

廣明元年十二月十三日（公元881年1月16日），黃巢在長安含元殿登上皇帝寶座，改國號為"大齊"，年號為"金統"。在暴力的掃蕩下，公卿、達官、名門顯貴，死亡逃散，消滅殆盡，正如史籍所說："天街踏盡公卿骨"，"甲第朱門無一半"。五代時，後唐政權在北方尋找唐朝宗室、名門望族，竟無處尋覓，可見打擊之慘。黃巢佔領長安，稱大齊皇帝，是他的"造反"事業的高峰，也使他跌入了無法自拔的陷阱之中。

由於長安城內糧食嚴重不足，引起恐慌，加之黃巢部將同州（今陝西大荔縣）防禦使朱溫叛變（後改名為"朱全忠"），形勢陡變。唐朝方面招沙陀族李克用率兵從雁門（今山西代縣）南下，進攻長安。黃巢不得不放棄長安東撤。中和四年（公元884年），黃巢退至泰山狼虎谷（今山東萊蕪縣西南），被沙陀兵追擊，自殺而死。

黃巢橫渡長江4次、黃河2次，是歷史上空前的"流寇"，雖然這場延續9年的動亂隨着黃巢的死亡而結束，但其後果是嚴重的：導致了統一王朝的大分裂。黃巢雖沒有滅亡唐朝，卻使它土崩瓦解了。唐朝名義上還苟延殘喘地存在了二十多年，已名存實亡，唐朝的轄地幾乎全被各種割據勢力所分割：

羅紹威割據魏博（今河北大名北）；

王鎔割據鎮冀（今河北正定）；

劉仁恭割據盧龍（今北京）；

諸葛爽割據河陽（今河南孟縣東南）和洛陽；

孟方立割據邢（今河北邢台）、洛（今河北邯鄲東北）；

李克用割據太原、上黨（今山西長治）；

朱溫割據汴（今河南開封）、滑（今河南滑縣東）；

秦宗權割據許（今河南許昌）、蔡（今河南汝南）；

時溥割據徐（今江蘇徐州）、泗（今江蘇盱眙北）；

朱瑄割據鄆（今山東東平北）、曹（今山東定陶西）、齊（今山東濟南）、濮（今山東鄄城北）；

王敬武割據淄（今山東淄博南）、青（今山東益都）；

李茂貞割據鳳翔（今陝西鳳翔）；

高駢、楊行密割據淮南；

秦彥割據宣（今安徽宣城）、歙（今安徽歙縣）；

劉漢宏、董昌割據浙東；

錢鏐割據浙西；

王建割據四川；

王潮、王審知割據福建；

馬殷割據湖南；

劉隱、劉巖割據嶺南。

這些軍閥互相爭鬥、火併，終於形成3個最有勢力的集團：以汴州為中心的朱溫，以太原為中心的李克用，以鳳翔為中心的李茂貞。

天祐四年（公元907年），朱溫（即朱全忠）廢唐哀帝，自立為帝，改國號為“梁”，改元“開平”，歷史從此進入了五代十國時期。這一次的分裂遠遠超過於東漢末年，中央集權統治徹底瓦解了。

56.五代更迭，十國割據

從公元907年，朱溫滅唐建立梁，到公元960年，趙匡胤滅周建立宋，前後54年，是為五代十國時期。

所謂“五代”，是指在黃河流域地區相繼建立的梁、唐、晉、漢、周等五個王朝，為區別於先前已有的王朝，史稱“後梁、後唐、後晉、後漢、後周”。這五代政權以中原王朝的正統自居，後世史家也奉為正統，傳統史家寫五代史，有五代本紀、十國世家，即以五代為正統，十國為僭偽。其實所謂“正統”的五代，武夫專權，政治腐敗，除後周之外，一無可取之處；而所謂“僭偽”的十國，卻頗有起色，令人刮目相看。

梁

公元907年，朱溫在汴州（開封）建立梁王朝，除今山西大部和河北北部外，基本統一了黃河中下游地區。由於連年用兵，徵斂苛重，導致民眾暴動，梁漸趨衰微，河東的沙陀人李克用、李存勗父子，與梁對抗，終於取而代之。

唐

公元923年，李存勗在魏州（今河北大名北）建立後唐王朝，派兵南下，攻佔開封，梁末帝朱友貞自殺，存在了16年的後梁王朝滅亡，後唐統一了華北地區。不久，後唐遷都洛陽。隨着內部危機的加深，唐莊宗李存勗死於兵變，其養子李嗣源繼位（即唐明宗），推行與民休息政策，出現了五代少見的小康景象，然而也只是曇花一現，很快便消失在內亂之中。

晉

唐明宗的女婿，即河東節度使石敬瑭（沙陀人），乘後唐內亂，以割讓幽雲十六州（北京至山西北部一線）之地為代價，引契丹兵馬推翻存在了 13 年的後唐王朝，於公元 936 年建立後晉王朝，並從太原遷都於洛陽。45歲的石敬瑭為了奪取帝位，竟恬不知恥地稱34歲的契丹耶律德光為父皇帝，自稱"兒皇帝"。石敬瑭把包括北京在內的長城以南十六州割讓給契丹，使國境地帶門戶大開，左右了以後400年以上的中國命運，遊牧集團把這一地帶變成了農業訓練場，支持其南進擴張。"兒皇帝"的日子並不好過，石敬瑭死後，其繼承者石重貴稍有不恭，"父皇帝"耶律德光便發兵攻下開封，滅亡了存在11年的後晉王朝。次年，耶律德光在開封稱帝，改國號為"遼"，然後引兵北返。

漢

公元947年，後晉的河東節度使劉知遠（沙陀人）在遼太宗耶律德光引兵北返後，在太原稱帝，建立後漢王朝，隨後南下定都開封。

周

中原遭契丹擄掠，經濟凋敝，後漢朝廷內部又奪權內訌，隱帝劉承祐欲謀害鄴都（今河北大名東北）留守郭威。郭威帶兵南下，進入開封，隱帝被亂兵所殺，存在僅4年的後漢王朝滅亡。公元951年，郭威即帝位，改國號為周。周太祖郭威為了扭轉政治、經濟方面的頹勢，着手進行改革，局面為之一振。

以上為五代更迭的概況。

在五代的更迭中，有一個幾乎橫跨五代、歷仕後唐、後晉、後漢、後周和遼的人物，頗值得注意，那便是馮道。此人歷五朝八姓十一帝，不離將、相、三公等高位，晚年自稱"長樂老"，頗受傳統倫理道德的"忠節"觀所非議，以為他容身保位、八面玲瓏，毫無氣節可言。歐陽修在《新五代史》中斥馮道為"無廉恥者"——"不廉則無所不取，不恥則無所不為"。其實，大可不必以道德評價凌駕於歷史評價之上。在那樣一個"置君猶易吏，變國若傳舍"的時代，出現馮道式的大臣，並非咄咄怪事。他負命出使遼朝，契丹主欲郊迎，大臣勸阻道："天子無迎宰相之禮"。他死後，周世宗柴榮為之"輟視朝三日，冊贈尚書令，追封瀛王，謚曰文懿"。這些君主對他的看法，恐怕不是單憑馮道阿諛奉迎就能得到的，其中一定有才學與功業令人景仰的地方。簡而言之，一是沒有使已經混亂不堪的五代政治朝更加混亂的方向發展，二是忍辱負重地阻止了已進入汴梁的契丹軍隊的一場大屠殺。他的作用在當時是無人可以替代的。甚至連《新五代史》也不得不承認："道既卒，時人皆共稱歎，以謂與孔子同壽，其喜為之稱譽如此。"他的自況詩寫道："道德幾時曾去世，舟車何處不通津，但教方寸無諸惡，狼虎叢中也立身。"由此人們不難對他作出全面而寬容的評價了。

所謂"十國"，是指在南方建立的9個割據政權：吳、南唐、吳越、前蜀、後蜀、閩、南漢、楚、南平，以及在山西的北漢。十國之中，吳和南唐，前蜀與後蜀是前後相繼的。

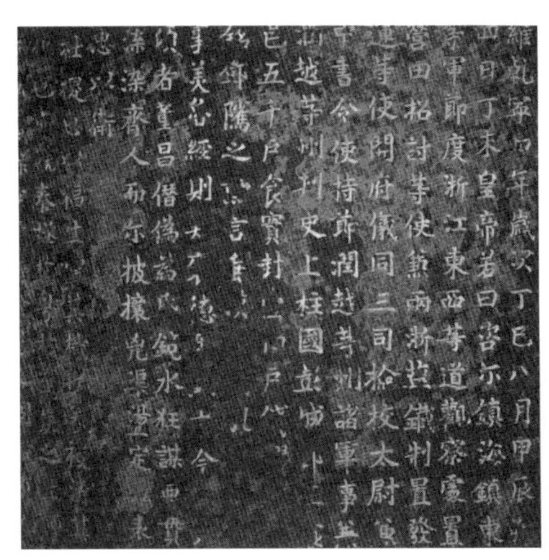

吳越錢鏐鐵券

吳

公元892年，據有長江下游與淮南的楊行密，被唐朝任命為淮南節度使，擁有淮南二十八州之地；公元902年，又被唐朝封為吳王，都城在廣陵（今江蘇揚州），勢力範圍為今江蘇、安徽、河南（淮河以南）、湖北（東部）、江西（大部）。

南唐

公元921年，楊行密子吳王楊溥稱帝。公元937年，大將徐知誥廢吳帝楊溥，自己稱帝，把國都遷至金陵（今江蘇南京），改姓名為李昪，改國號為唐，史稱南唐。吳、南唐是南方各割據政權中最強大的，號稱"地大力強，人才眾多"，經過二十多年與民休息、輕徭薄賦，經濟有所發展。公元943年，李昪死，其子李璟繼位，國力鼎盛，蔚為大國。而後由盛轉衰，公元958年，向後周稱臣。公元961年，李璟死，其子李煜即位。公元975年，被宋朝滅亡。南唐元宗李璟、後主李煜，都有極高的文學造詣。李後

南唐《韓熙載夜宴圖卷》

主亡國後當了俘虜，寫出絕妙好詞，而詞中往往隱約地透露出亡國的艾怨，像他的代表作《虞美人》寫道：

春花秋月何時了？往事知多少。小樓昨夜又東風，故國不堪回首月明中。

雕闌玉砌應猶在，只是朱顏改。問君能有幾多愁，恰似一江春水向東流。

吳越

唐末時，鎮海、鎮東兩鎮節度使錢鏐轄有浙東、浙西十一州之地。公元902年，被唐朝封為越王；公元904年，又被唐朝封為吳王；公元907年，被後梁封為吳越王。他以杭州為都城，據有太湖周邊十三州之地，即今浙江及江蘇南部地區，知小國處境危難，睡不安枕，以小圓木作枕，稍動即醒，稱為"警枕"。他發動民眾築捍海石塘，置龍山、浙江兩閘，以遏潮水內灌。著名的錢塘，從六和塔以下的錢塘江石堤，即興建於此時。他把都城杭州的城郭加以開拓，修築了周圍 70 里的羅城，西起今閘口以北的秦望山，沿錢塘江到今江干一帶，又沿西湖到寶石山，東北至今艮山門一帶，城內的街道、河流、市場、民居等也作了相應的擴建。隨着杭州城市的擴大，西湖成為城市不可分割的一部份，錢鏐組織了一千人的"撩湖兵"，從事西湖的疏浚工作。西湖風景區的開發也在此時初具規模，除了東晉創建的靈隱寺此時有所擴建，還新建了昭慶寺、淨慈寺，以及九溪的理安寺、靈峰的靈峰寺、雲棲的雲棲寺、赤山埠的六通寺、上天竺的法喜寺、月輪山的開化寺等。聞名遐邇的西關外雷峰塔、月輪山六和塔、閘口白塔、寶石山保俶塔，都興建於此時。杭州在吳越建都的幾十年中有了很大的發展，為一百多年後南宋在此建都奠定了基礎。

前蜀

黃巢攻佔長安，唐僖宗逃奔成都時，忠武軍將領王建隨駕入蜀，僖宗返回長安後，王建為神策軍（禁軍）將領。公元 887 年，王建再度入蜀，擊敗西川節度使陳敬瑄，據有四川之地。公元 903 年，被唐朝封為蜀王。公元907年，王建稱帝，改國號為蜀，以成都為國都，史稱“前蜀”。其轄境除四川外，兼及甘肅東南、陝西南部及湖北西部一帶。唐末動亂之世，大批文人學士投奔四川，王建多予以重用，社會治平，經濟穩定發展。公元 925 年，為後唐所滅。

前蜀鎏金銅輔手

後蜀

前蜀滅亡，後唐任命孟知祥為西川節度使。孟知祥整頓吏治，減少苛稅，社會安定，力量大增，於公元 932 年殺東川節度使，兼有東川之地。公元933年，後唐封孟知祥為蜀王；次年，孟知祥稱帝，國號蜀，史稱“後蜀”。孟知祥、孟昶父子統治時期，社會經濟穩定發展，成為五代十國時期可與南唐相媲美的兩大經濟文化發達地區。後蜀宰相毋昭裔自己出資營建學館、雕版刻印“九經”（儒家經典著作），他還與趙崇祚一起編輯唐五代詞《花間集》，史稱：“由是蜀中文學復盛”。公元 965 年，為宋所滅。

閩

唐末王潮率眾在南安（今福建南安東）發動兵變，漸次佔有泉州、福州、汀州、建州、漳州，形成武裝割據，唐朝封王潮為福建觀察使、威武軍節度使。王潮死後，其子王審知繼立，公元906年，後梁封王審知為閩王。王審知鑒於閩中五州之地，勢單力薄，難與吳、吳越等鄰國相抗衡，果斷採取保境息民的立國方針，對中原王朝稱臣納貢，對鄰國友好相處，致力於內部整頓，發展地區經濟文化，大力促進泉州、福州的海外貿易，打開海上門戶，為此後宋朝海外交通的發展奠定了基礎。史載，王審知的侄子王延彬在泉州任刺史三十年，“仍歲豐稔，每發蠻舶，無失附者，人因謂之招寶侍郎”，當時“陶器、銅鐵遠泛蕃國，取金貝而返，民甚稱便”。公元945年，閩為南唐所滅。

南漢

唐末清海軍（嶺南東道）節度使劉隱，後梁時被封為南平王、南海王。劉隱充分利用南下避難的各類人士，發展勢力，平定各割據集團，控制了嶺南東西兩道。劉隱死後，其弟劉龑於公元917年在番禺稱帝，國號大越，次年改為漢，史稱“南漢”。劉龑推行文人政治，各州刺史都由文官擔任，並開科取士，錄用進士、明經出身的人擔任官職，防止了武將跋扈割據之患，南漢政權一度頗有起色。由於統治者過分聚斂，激起民變，國勢漸衰，公元971年為宋所滅。

楚

唐末湖南節度使馬殷在公元907年被後梁封為楚王，在公元927年被後唐封為楚國王；以潭州（今湖南長沙）為國都，擁二十餘州之地，相當於今湖南全境、廣西東北、廣東西北以及貴州東部一帶。楚在吳（其後為南唐）的威脅中求生存，不得不向中原王朝稱臣納貢，並得到中原朝許可，在襄陽等地設置邸店，以茶葉換取中原的絲織品、戰馬；另一方面，楚國不徵商稅，吸引四方客商紛至沓來，物流暢通，不僅獲利可觀，而且刺激了境內經濟發展。為了增強國力，馬殷致力於開發湖南中部、西部，鼓勵種桑養蠶，農民可用絹帛代錢納稅，促進了絲織業的興盛。馬殷之子繼位後，政治漸趨腐敗，公元951年為南唐所滅。

南平

公元907年，朱溫即帝位後，派其部將高季興出任荊南節度使。荊南鎮原轄十州之地，唐末時被鄰鎮瓜分，高季興的荊南節度使僅轄荊州（江陵）一城而已。公元924年，後唐封他為南平王，此後陸續控制歸州、峽州，一度控制了夔州、忠州、萬州，又被南唐收回。南平的轄境只有荊州、歸州、峽州彈丸之地，是十國中最小最弱的一國。如此小國能在強國林立的時代安然無恙，是耐人尋味的。一方面，南平不僅尊奉中原王朝為正朔，而且對其他各國一概上表稱臣，保持低姿態，維持政治、經濟的正常關係；另一方面，南平地處南北與東西的要衝，是各國避免直接衝突的緩衝地帶，又是南方諸國向中原朝進貢、南北方陸上貿易的必經之地，所以它一直四面受敵，卻始終未被吞併。大量的貿易收入足以維持這個小國的生存，直到公元963年，南平才被宋所滅。

北漢

十國中惟一在北方建立的政權。郭威奪後漢建後周，後漢劉遠之弟劉崇割據山西，建號稱帝，以太原為國都，與後周對抗，史稱“北漢”。

以上是十國割據的概況。

從上面敘述中不難看出，五代十國是唐末藩鎮割據的繼續與發展。正當中原小朝廷忙於內戰、改朝換代之際，南方諸國卻處於相對和平狀態，它們的立國分治贏得了社會的穩定與經濟的發展。中唐以來南方經濟有所發展，使一個很小的地域有足夠的人力物力，為割據政權的生存提供了條件；各割據政權為維持生存，不被吞併，競相發展經濟，促使南方經濟獲得了前所未有的發展，與歷經戰爭摧殘、經濟嚴重衰退的北方形成強烈的反差。在中國歷史上，北方開始落後於南方，其轉折點就在五代十國這半個世紀。

南方各國經濟不受北方剝奪，有利於發展本地區經濟，割據局面則刺激了各自增強經濟實力的需求，有利於區域的開發，形成了以蘇州、杭州為中心的江浙地區、以成都為中心的四川地區、以揚州為中心的江淮地區等新興的蓬勃發展的經濟中心，福建、湖南、嶺南也在此時獲得顯著的開發。

57.從柴榮改革到趙匡胤統一

五代的統治腐敗不堪，後梁雖革除了唐朝的一些弊政，但戰亂不斷；後唐又恢復了先前的弊政，後晉、後漢兩朝武夫專斷朝政，一味蠻幹，亂成一團糟。後周取代後漢，黑暗的政治才透露出一線光明與轉機。

出身貧寒、頗知民間疾苦的周太祖郭威，改革以前各朝的苛政，給民眾一些好處，例如：停止各地貢獻珍貴食物與土產品，免除正稅以外的加派，以及長期存在的“牛租”；又如：廢除政府的營田，把田分給原先耕種營田的佃戶，充作永業；聽任農民開墾無主荒地為永業。繼任者周世宗柴榮進一步改革，一方面改善政治，一方面準備統一。

柴榮，邢州龍岡（今河北邢台）人，隨其姑母柴氏（即郭威之妻）長大於郭威家。

周世祖像

他以謹厚見愛於郭威，從內侄而成為養子。史稱其“器貌英奇，善騎射，略通書史黃老，性沉重寡言”，是五代亂世中難得的政治家。為了改善政治，周世宗柴榮首先整頓紀綱，嚴懲貪污，對貪官污吏施以重刑。與此同時，他針對五代時一面沿襲唐朝法律一面又新增許多條文，不僅重複而且前後矛盾，他下令對現行法律進行整理，刪繁就簡，編成《大周刑統》，使全國遵守統一的法律。《大周刑統》還成為宋朝初年所編律書《宋刑統》的藍本。此外，在經濟方面推行了一系列的改革措施。

第一，限制佛教勢力，一律廢除“賴額”(朝廷給予寺名)以外的寺院，禁止私自剃度僧尼，廢除了非朝廷特許的佛寺3,336所，使寺院僧尼還俗成為編戶齊民。

第二，獎勵開墾無主荒地，誰開墾歸誰所有，如果原業主在3年內回歸的，歸還一半耕地；5年內回歸的，歸還三分之一耕地；5年以外回歸的，除墳地外，一律不歸還。這一政策招徠大批外逃人口，開墾了大片荒地。

第三，改革中最有成效的是“均田”——實際是均稅。顯德五年(公元958年)，周世宗為了均稅，夜讀時見唐元稹《均田圖》，慨然歎道：“此致治之本也，王者之政自此始。”便下詔頒其圖法，使吏民習知此法，然後派遣34名官吏分行各地，均定田賦，查出不少隱匿的耕地，平均攤派田賦。

準備統一，是周世宗的政治目標。他自稱，做三十年皇帝，十年開拓疆土，十年休養百姓，十年致太平。然而他英年早逝，在位僅五年半，主要精力用於開疆拓土，為統一作準備。

周世宗即位之初，為了回擊北漢興兵進攻潞州，率軍親征，擊退了北漢與遼的聯軍。此後出兵攻後蜀，收秦（今甘肅秦安北）、鳳（今陝西鳳縣東）、成（今甘肅成縣）、階（今甘肅武都東）四州；又三次親征南唐，得江北、淮南十四州之地；隨後於顯德六年（公元959年）乘遼朝內部紛爭之機，率軍分水陸兩路北伐，收復瀛(今河北河間）、莫（今河北任丘北）、易（今河北易縣）三州及瓦橋、益津、淤口三關。這年五月，正當他乘勝向幽州挺進時，突患重病，被迫班師回朝，六月與世長逝，年僅39歲。

柴榮主張先取北方，直搗幽、燕，以遼為主要打擊目標，然後再回師統一南方。這是顯示雄才大略的決策，也是完成統一的正確戰略方針。不幸的是，他無法實現這一抱負。

柴榮死後，年僅7歲的兒子柴宗訓繼位，即周恭帝。後周的歸德軍節度使兼禁軍首領、殿前都點檢趙匡胤，製造遼與北漢合兵南下的假情報，後周宰相范質等人匆忙派遣趙匡胤率禁軍前往抵禦，行軍至開封北20里的陳橋驛（今河南封丘東南陳橋鎮）發動兵變。趙匡胤弟趙匡義（後改名"光義"）和歸德軍掌書記趙普授意將士把黃袍加在趙匡胤身上，擁立他為皇帝。顯德七年（公元960年）正月四日，趙匡胤率軍回到京城開封，逼周恭帝禪位，順利地改朝換代，建立宋朝。習慣上稱公元1127年前的宋朝為"北宋"，公元1127年後的宋朝為"南宋"。

趙匡胤，祖籍涿郡（今北京西南）。後唐天成二年（公元927年）生於洛陽夾馬營。其人容貌雄偉，器度豁如，學騎射輒出人上，曾馴劣馬，不用鞍，勒馬逸上城斜道，額觸門楣墜地，起身追馬，騰上一無所傷。應募至周太祖郭威帳下，逐步升為滑州副指揮，周世宗柴榮即位後升任禁軍指揮官——殿前都點檢。《宋史》對他讚頌備至："五季亂極，宋太祖起介冑之中，踐九五之位……及其發號施令，各藩大將俯首聽命，四方列國次第削平，此非人力所易致也。"此誠趙匡胤之英雄本色，然而在成就統一大業的謀略方面，他比柴榮略遜一籌。宋朝建立時，北方有強大的遼朝，以及與之聯手的北漢，南方分佈着南唐、吳越、後蜀、南漢、南平（荊南）等割據政權。宋太祖趙匡胤沒有周世宗柴榮的謀略與雄心，不敢與遼針鋒相對，奪回幽雲十六州。他放棄了柴榮的先北後南、先難後易的統一方針，而採取先南後北、先易後難的統一方針，使已成驚

趙匡胤像

陳橋驛

弓之鳥的遼獲得重整旗鼓的機會。從當時遼與中原力量對比的狀況估量，收復幽雲十六州之地的時機是存在的，而且宜速不宜緩，錯過時機，幽雲十六州之地終不可復，釀成華北平原上契丹鐵騎縱橫馳騁，汴梁以北無屏障可守的政治後遺症，趙匡胤難以辭其咎。

趙匡胤沒有乘勝北征遼朝，而是派少量兵將防禦遼與北漢，集中優勢兵力去統一經濟富庶的南方各國。

平荊湖　建隆三年（公元962年），湖南周行逢死，子周保權繼位，大將張文表起兵獨立。周保權向宋求援，正好給宋朝提供了出兵的藉口。乾德元年（公元963年），宋軍根據宋太祖的部署，假道荊南，攻取湖南，一舉平定荊湖。初戰獲勝，宋朝佔領了荊、湖這塊戰略要地，西進可逼後蜀，東進可脅南唐，南下可取南漢。

平後蜀　平荊湖後，宋太祖為平後蜀作了周密策劃，在截獲後蜀給北漢的密信（商約聯手對抗宋朝）後，於乾德二年（公元964年）十一月從鳳州、歸州兩路進攻後蜀，破夔峽、劍門天險，於次年平定後蜀，國君孟昶投降。

平南漢　開寶三年（公元970年），宋太祖發兵南下嶺南。“兵不識旗鼓，人主不知存亡”，南漢國此時正腐敗不堪。結果，宋軍連戰連捷，於次年兵臨南漢國都廣州城下，國君劉鋹出城投降，南漢滅亡。

平南唐　宋朝建立後，南唐主李璟派使臣帶厚禮向宋太祖祝賀，其子李煜繼位後，每年都向宋朝進貢。宋平南漢後，李煜向宋太祖上表，自動削去南唐國號，企圖以“江南國主”的稱號苟延殘喘。宋太祖要完成統一大業，豈能容忍“江南國主”的存在，於開寶七年（公元974年）發兵征伐江南。次年十一月，宋軍攻佔金陵，俘獲李煜，南唐滅亡。

平吳越　宋朝建立後，吳越王錢俶遣使祝賀，此後每年都朝貢不斷，並出兵助宋攻南唐。南唐滅亡後，錢俶奉命前往東京朝見宋太祖，實際上已納土歸附，只是名義上還保留吳越國王的稱號。

平福建　割據漳州、泉州等地的留從效死後，牙將陳洪進奪得兵權，遣使向宋朝進貢，被宋任命為平海軍節度使。南唐、吳越次第平定後，陳洪進納土歸附於宋。

宋太祖用了13年時間，統一了南方各個割據政權。他的繼承人宋太宗趙光義，繼續完成統一大業，在接受陳洪進納土歸附、削去吳越國號後，把統一的方向轉移到北方。太平興國四年（公元979年），宋太宗率軍親征山西，攻下太原，平定了最後一個割據政權——北漢。至此，延續了二百多年的割據分裂局面終於宣告結束，代之以新的統一局面。但是，幽雲十六州之地始終未能克復，留下了隱患。

十・北宋

——劃時代的新階段

58.趙匡胤與北宋的官僚政治

宋史專家鄧廣銘說："宋代物質文明和精神文明所達到的高度，在中國整個封建社會歷史時期之內，可以說是空前絕後的。"此話也許是一些歷史學家的共識。公元960年，宋朝勃興時，中國的物質文明進入了劃時代的新階段。貨幣流通（紙幣）的進一步擴大，火藥及火球投擲機的發明，羅盤針用於航海，煉鐵高爐的發明，利用水力的紡織機的發明，造船技術中防水隔壁的發明等，都出現在宋朝。這是中國歷史上光輝燦爛的一個時代。

宋朝確實是中國歷史的一個重要轉折時期，經濟迅猛發展，經濟重心南移，傳統的科學技術呈現出前所未有的巔峰狀態；反映在政治上，官僚政治取代了貴族政治。這不能不說是一大進步，然而也有它的新形勢與新問題。

一介武夫出身的趙匡胤，為了防止唐末五代藩鎮割據的重演，盡力削弱地方權力，一切收歸中央。矯枉過正，帶來了新的弊端，中央大權獨攬，統得過死，形成國家積貧積弱的負面效應。

唐末以來，一向是"兵權所在，則隨以興；兵權所去，則隨以亡"。五代軍閥公然聲稱兵強馬壯就做皇帝。即以趙匡胤而論，從軍校進而掌握禁軍大權，然後奪得帝位，也是如此。所以他即位後，第一步就是整頓禁軍，實際是剝奪為他打天下的將領們的兵權，又不想效法劉邦大殺功臣，而是用高官厚祿作為交換條件，一手策劃了所謂"杯酒釋兵權"的鬧劇。據史籍記載，這一鬧劇極富戲劇性："帝因晚朝，與（石）守信等飲酒。酒酣，帝曰：'我非爾曹不及此。然吾為天子，殊不若為節度使之樂。吾終夕未嘗安枕而臥。' 守信等頓首曰：'今天命已定，誰復敢有異心？陛下何為出此言耶？' 帝曰：'人孰不欲富貴？一旦有以黃袍加汝之身，雖欲不為，其可得乎？' 守信等謝曰：'臣愚不及此，惟陛下哀矜之。' 帝曰：'人生駒過隙爾，不如多積金帛以遺子孫，歌兒舞女以終天年。君臣之間無所猜嫌，不亦善乎！' 守信謝曰：'陛下念及此，所謂生死肉骨也。' 明日，皆稱病，乞解兵柄。帝從之，皆以散官就第，賞賚甚厚。" 把與他一道打天下的禁軍將領石守信、王審琦等人的兵權削奪乾淨，另換資望較低的人去統領禁軍。這還不夠，必須從制度上予以鞏固，從幾個方面對禁軍採取整頓措施。

降低禁軍統帥的地位　原來禁軍分殿前司與侍衛司，殿前司長官正副都點檢權力很大，於是罷免正副都點檢，以地位較低的正副都指揮使統轄；又把侍衛司分為侍衛馬軍司、侍衛步軍司，使禁軍統帥地位降低、權力分散。

削弱禁軍統帥職權 把禁軍的召募、屯戍、調發之權，劃歸樞密院的樞密使，使禁軍統帥只負訓練之職。

疏遠禁軍將兵關係 改變原先禁軍中將領與士兵關係密切的狀況，實行更戍制，輪番到各地戍守，經常換防，使將不專兵，兵無常將。

《雪夜訪普圖》

削弱地方軍事力量 在削弱禁軍統帥權力的同時，收地方精兵充實禁軍，盡力削弱地方兵力。全國軍隊分為 4 種：禁軍（中央軍）、廂軍（地方軍）、鄉軍（民兵）、蕃軍（邊境少數族兵）。禁軍多而強，待遇最好；廂軍待遇壞，從不訓練，鄉軍、蕃軍不是正規軍，更不如廂軍。重內輕外的結果，軍隊戰鬥力大大削弱，面臨不斷出現的外患時，暴露出始終無法解決的大問題——"積弱"。

宋朝又把過去的徵兵制改為募兵制，禁軍和廂軍的兵員是由政府召募來的職業兵。據鄧廣銘的統計，北宋建國初的90年中，兵員數量直線上升：

公元 968 年～公元 976 年　37.8 萬

公元 995 年～公元 997 年　66.6 萬

公元 1017 年～公元 1021 年 91.2 萬

公元 1041 年～公元 1048 年 125.9 萬

國家養兵百萬，消耗了財政收入的大部份，使財政狀況長期陷於拮据，是導致國家"積貧"的一個重要原因。這些招募來的士兵不乏遊手好閒、流氓無賴之徒，"仰食於官"，並無士氣。另一方面士兵待遇過差，只有上等士兵的收入可維持全家溫飽，廂軍士兵收入不足以餬口，不得不兼營他業。因此軍隊紀律鬆弛，驕惰成性，毫無戰鬥力可言。

趙匡胤的政策方針是"制其錢穀，收其精兵"，收精兵的基礎是制錢穀，即集中財權。晚唐以來，地方把正式稅收分為上供、送使、留州等3項，藩鎮往往扣押或多留，使自己經濟實力雄厚，養軍隊對抗中央；而中央財力漸少，無力養軍，於是形成地方強、中央弱的局面。宋初改制，把各地稅收機關收歸中央掌握，地方稅收除留一部份供地方開銷外，全部上繳。令人困惑的是，財權過分集中，並未造成"國富"，恰恰相反，由於挫傷了地方的積極性，帶來了普遍"積貧"的負面效應。

從北宋中期起，地方州縣的財政已呈現入不敷出的景象，並且日趨嚴重。其根源在於，中央政府向地方的徵調持續增長，地方的財政開支日益增大。中央政府一直沒有對中央與地方的財賦分配格局進行調整，於是乎只能默許州縣政府超越制度許可範圍開闢財稅來源，以致造成吏治敗壞與財政拮据的惡性循環。

最能反映北宋官僚政治特點的是行政權的集中。唐朝的宰相"事無不統"，權力很大，趙匡胤反其道而行之，分割宰相權力。以同中書門下平章事為宰相，又設參知政事為副宰相；並以樞密院（首長為樞密使）分其軍權，使宰相與樞密使文武分立，宰相的政事堂與樞密院號稱"二府"；又分其財權給三司（鹽鐵、度支、戶部合稱"三司"），號稱"計相"。宰相主政，樞密院主兵，三司主財，三權分離，各不相知，一切都要通過皇帝。同時又提高御史台、諫院等監察機構的權力和地位，糾舉、彈劾各級官員，迫使宰相不得不屈從於作為皇帝耳目的台諫官。

行政權的過分集中，形成了官僚政治體制的弊端——官僚機構空前龐大。

一方面，宋朝官僚制度中有"官"、"職"、"差遣"的區分。所謂"官"，實際是一種等級待遇，作為敘級、分等、定薪的依據，即"寓祿秩，序位品"。官稱與職務相脫離，上自僕射、尚書，下至員外郎，都不擔任與官稱相符的職務，官名只用來表示官位和俸祿的高低，稱為寄祿官。這些官並不管事，只依品級領取俸祿。所謂"職"，不是職務，而是加官，只是一種虛銜，授給某些有名望官員，例如學士、直學士、待制等清高頭銜。上述兩種官僚，"有官無權"，"有職無權"，真正負實際責任、有實際權力的是"差遣"。所謂"差遣"，也稱"職事官"，是官員們擔任的實際職務，如侍中、中書令為官，而同中門下平章事、參知政事為差遣，握相權；又如刺史為官，知州為差遣，握地方權。由於官僚制度的離奇，造成"居其官不知其職者，十常八九"的怪現象。

另一方面，宋太祖、太宗兩朝建立了新官制，並沒有全部消除舊官制，長期保留唐、五代遺留下來的許多官位職稱。集中權力的結果，大批官僚無所事事。中央三省六部二十四司，大多不管本司事務，只是領取高薪、享有崇高政治地位而已。在國家機器中，舊官和新官，有權的官和無權的官，朝廷派遣的官和地方的官，機構重疊、臃腫、龐大，效率又出奇的低下，官僚政治的一切弊端顯露得淋漓盡致。由恩蔭（任子）、科舉、進納、軍功、胥吏出職等途徑進入官僚隊伍的人不斷增多。宋真宗時，文武百官9,700人，宋仁宗時增至17,000人，宋英宗時增至24,000人，這還不包括正官之外等候差遣空缺的候補官僚，如果把他們也統計在內，那麼數量將猛增數倍，因為"一位未缺，十人競逐，紆朱滿路，襲紫成林"。蘇軾在當時尖銳地指出："國家自近歲以來，吏多而缺少，率一官而三人共之，居者一人，去者一人，而伺之者又一人，是一官而有二人者無事而食也。且其涖官之日淺，而閒居之日長，以其涖官之所得，而為閒居仰給之資，是以貪吏常多而不可禁，此用人之大弊也。"

《大駕鹵簿圖》

官不管事，卻享受極優厚的俸祿，有正俸、祿粟、職錢、春冬服、從人衣糧。例如正一品宰相每月有正俸錢300貫，每月祿粟100石，每年有綾40匹、絹60匹、綿100兩。除"職錢"、"從人衣糧"外，還有茶酒、廚料、薪蒿、炭鹽、飼馬芻粟、米麵等各項（包括每月薪柴1,200束，炭100秤，每年鹽7石），是薪給制與供給制的混合，甚至他們的隨從人員（70名）的衣糧也由國家包了下來，又有額外的賞賜及恩蔭。外官在正俸、職錢、祿粟之類以外，還有公使錢、公用錢（其實是私使錢、私用錢）、職田、茶湯錢等。這些官僚，在職時俸祿既厚，退職時又有祠祿，還有各種特權，形成一個特權階層，當時稱為"形勢戶"或"形勢之家"。

據宋朝法令彙編《慶元條法事類》，所謂"形勢戶"，除了品官之家外，還包括各路按察官司，即帥（安撫使）、漕（轉運使）、倉（提舉常平）、憲（提典刑獄）衙門的吏人，以及州役人、縣役人等。不過形勢戶的主體是品官之家（即官戶），是指一個或幾個品官為中心的聚居家族，如品官本人已死，他的品級、地位夠得上蔭及子孫，這個家族還可稱為"品官之家"。法律明文規定，品官自一品到九品，可以享有"議"、"請"、"減"、"贖"、"免"、"當"等特權，犯了法可以從輕發落或免予追究。不僅品官本人，而且其家庭成員都可以享有免役特權，不少地主詭稱把田產典賣給官戶，藉此逃避差役。當時入仕門徑有恩蔭一途，宋太祖起於民間，深知蔭補的弊端，他曾說："資蔭子弟但能在家彈琵琶、弄絲竹，豈能治民！"所以禁止蔭補入仕者出任地方官。到太宗、真宗時代，不斷擴大蔭補的範圍和名目，蔭補入仕大為氾濫，全由高級官僚包佔，一個官僚可以蔭補五六人至一二十人為官，於是一批又一批紈袴子弟，不論賢愚，都竊居祿位。約佔宋朝總戶數千分之一二的官戶，成了政治腐敗的淵藪。

"冗官"、"冗兵"、"冗費"與日俱增，國家越來越陷於"積貧"、"積弱"之中，不能自拔。

59.慶曆新政，王安石變法

由於豢養着龐大的官僚與軍隊，日久年深，財政不勝負荷，"積貧"初露端倪；由於一貫採取"守內虛外"的政策，與遼、夏的幾次戰爭，暴露了軍事上的無能，"積弱"也初露端倪。積貧積弱成為統治者憂心忡忡的潛伏危機，第三代皇帝真宗時，朝廷中關於挽救統治危機的主張已經議論紛紛。揚州知州王禹偁主張對遼和夏州（即後來的西夏）

李繼遷採取“謹邊防，通盟好”的政策，以緩和邊患；與此同時應改革內政、減少冗官、冗兵，減輕稅收，嚴格選舉，使官吏選拔不至於過濫。到仁宗時，這種議論更有所發展。就在慶曆新政的前四年，有個叫宋祁的官員上疏指出，國家財政虧空根源在於“三冗三費”。所謂“三冗”，一是有定官而無限額，官員比以前增加五倍；二是幾十萬廂軍坐耗軍餉；三是僧尼、道士無限增多。所謂“三費”，一是道場齋醮，百司供費無數；二是京師多建寺觀，多設徒卒，增加政府開支；三是大臣罷職後仍帶節度使銜，糜費公用錢。

慶曆三年（公元1043年），被內憂外患搞得束手無策的宋仁宗起用范仲淹為參知政事（副相），富弼、韓琦為樞密副使，歐陽修、蔡襄、王素、余靖等同為諫官，責成他們針對當世急務，進行改革，達到“興致太平”的局面。范仲淹等是作為集團而出現在慶曆新政的政治舞台上的，在他們看來，為了扭轉內外交困的局勢，只有從整頓官僚機構，完備官僚制度入手，進行廣泛的政治改革。范仲淹（公元989年～公元1052年），蘇州吳縣人，大中祥符八年（公元1015年）進士，歷任地方官，宋與西夏開戰後，任陝西帥臣，仕途坎坷不平，八九年間遭3次貶逐，然而其政治抱負與抗夏業績，使其聲望日隆，在士大夫群體中影響極大。慶曆三年，被仁宗召為樞密副使，不久改任參知政事。以“興致太平”為己任的范仲淹上任伊始便與富弼聯名向皇帝提出《答手詔條陳十事》的奏疏，指出當世急務十事：

（一）明黜陟 改革官員單純論資排輩升遷的磨勘法，注重以實際的功、善、才、行提拔官員。

（二）抑僥倖 限制“恩蔭”（官僚子弟不必通過科舉考試即可為官）、“任子”（官僚在重大節慶時可“蔭”子孫為官）特權，防止權勢子弟無能者佔據要津。

（三）精貢舉 改革科舉考試的內容與形式，把專以辭賦、墨義取士的舊制，改為着重策論（政治實務）與經義（政治理論）。

（四）擇官長 加強各路府州縣長官的選派，廢除循例差除制，改為逐級推薦制。

（五）均公田 把官吏職田加以調整，保證低級官吏的職田數量，以資養廉。

（六）厚農桑 興修水利，發展農業，以救水旱、豐稼穡、強國力。

（七）修武備 召募京畿衛士5萬人。

（八）減徭役 合併州縣建置，減輕民間徭役負擔，使人自耕作。

（九）覃恩信 督責地方官落實朝廷恩澤。

（十）重命令 嚴肅政令，改變朝令夕改舊習。

富弼向皇帝進呈當世之務十餘條及安邊

十三策，以進賢退不肖、止僥倖、除積弊為本。韓琦也向皇帝提出當先行者七事及救弊八事，大抵有關選拔人才、整頓邊防、節約財政、慎選將帥等。

宋仁宗採納後，著為詔令，頒行全國，號稱“新政”。新政的第一道詔令是把保守宰相呂夷簡革職，並派按察使赴各大行政區視察地方官的政績，革去不稱職官吏；第二道詔令是責令各縣查究逃稅；第三道詔令是改革論資排輩升遷官員的磨勘法（文武官員任職滿3年或5年給予磨勘遷秩）；第四道詔令是停止兩府（政府、樞府）、兩省（尚書省、門下省）以上大官子弟親戚“陳乞”館職（文學侍從）；第五道詔令是改革“恩蔭”制度，受恩蔭者一律在半年內到尚書省參加考試，中選後還須3名京官保舉，才可以出任地方低級官吏；第六道詔令是限制職田，把宗室貴族職田削減一半，撥給沒有職田的下級官吏；第七道詔令是各州縣都設立學校，規定士子必須在學校學習一定時間，才許參加科舉考試。

慶曆新政涉及官僚階層的財產、權力再分配問題，觸犯了既得利益集團，震動極大。這是一個文官群體試圖按照理想主義的政治設計，在皇帝授予的有限職權範圍內，實行革故鼎新的努力。由於他們對難度與阻力估計過低，操之過急，引來了一片反對聲浪，“任子恩薄，磨勘法密，僥倖者不

王安石像

便”，“論者藉藉”，“眾心不悅”。保守派猛烈反撲，對新政的謗議一時甚囂塵上，把范仲淹、韓琦、富弼、歐陽修等人斥為“朋黨”。原先寄希望於新政“興致太平”的宋仁宗動搖，於慶曆五年（公元1045年）初，把范、韓、富、歐陽等人相繼罷官，持續一年零幾個月的慶曆新政，猶如曇花一現，迅即凋零。到頭來，范仲淹除了高吟“先天下之憂而憂，後天下之樂而樂”的格言，替家鄉蘇州辦幾件善舉之外，已無所作為了。他所遺留下來未曾解決的政治問題，只得由王安石來接手了。

中國歷史上的改革運動，如果把當權者及其既得利益作為打擊對象，那麼無有不遭慘敗的，因為他們只能容忍不觸及自身根本利益的小改小革。慶曆新政夭折後，隨着社會危機的加深，有識之士的改革呼聲日趨高漲。在范仲淹等人被罷官十三年之後的嘉祐三年（公元 1058 年），由提點江東刑獄被召入朝的王安石向宋仁宗上萬言書，要求對宋初以來的法度進行全盤改革，以扭轉積貧積弱的局勢。他尖銳地指出："以古準今，則天下安危治亂尚可以有為，有為之時莫急於今日"，如不進行改革，漢亡於黃巾、唐亡於黃巢的歷史必將重演。王安石（公元1021年～公元1086年），字介甫，號半山，撫州臨川（今江西撫州）人。慶曆四年（公元1044年）進士，歷任淮南、鄞縣、舒州、常州等地方官。他在萬言書中大聲疾呼的改革主張在暮氣沉沉的朝廷中沒有引起什麼反響，仁宗及其繼承者英宗都不重視。英宗死，年輕的神宗即位，王安石以翰林學士侍從之臣的身份與神宗議論治國之道，君臣之間取得了共識，熙寧二年（公元1069年）神宗任命王安石為參知政事，讓他放手進行變法。王安石執政後，立即建立起一個主持變法的新機構——制置三司條例司，即皇帝特命設置的制定三司（戶部、度支、鹽鐵）條例的

王安石故居

專門機構，任用了一批新人，包括原真州推官呂惠卿、大名推官蘇轍，參與草擬新法。

首先推出的新法是均輸法和青苗法。

均輸法 頗類似於漢武帝時代桑弘羊的平準均輸法，基本精神是民不加賦而國用饒足。它針對民眾納稅增多，朝廷財政依然窘迫，富商大賈卻從中獲利的狀況，設發運使官，總管東南六路賦稅收入，凡糴買、稅斂、上供物品都可以“徙貴就賤，用近易遠”，做到“國用可足，民財不匱”。

青苗法 針對“兼併之家”趁農民青黃不接時發放高利貸，從中盤剝的狀況，由各縣政府每年分兩次貸款或糧食給農村主戶（自耕農），按戶等高低規定借貸數額，半年後加利息二分（20%）歸還。出發點是企圖以政府借貸抵制民間高利貸，但措施過於簡單化——採取“散俵”（散發）“抑配”辦法，帶有強制性，對於不想借貸的農戶而言，無形中多了一種變相的稅收，可謂利弊參半。

熙寧三年（公元1070年）十二月，王安石升任同中書門下平章事（宰相），此後變法達到高潮，先後推出的新法有免役法、市易法、方田均稅法等。

免役法 宋代職役名目繁多，有衙前（主典府庫輦運官物）、里正、戶長、鄉書手（課督賦稅）、耆老、弓手、壯丁（逐捕盜賊）、承符、人力、手力、散從（供官府驅使奔走），主要是主戶中的上三等戶承擔，然而實施中下等戶的稍富裕者無不充役，往往被職役壓得傾家蕩產，形成應役人戶千方百計逃避職役，“貧者不敢求富”的反常現象。免役法針對這種狀況，提出“使民出錢僱役”的改革方案：（一）凡當役人戶按戶等高低出錢——謂之“免役錢”；（二）凡有產業物力而不承擔職役的人戶出錢助役——謂之“助役錢”；（三）州縣所需役錢視僱役多少而定，在此數額外多徵二成（20%）——謂之“免役寬剩錢”。

元祐黨籍碑

這個方法有利於下等主戶，而不利於坊郭戶（主要是商人），因為他們原先不承擔職役；也不利於品官之家，因為他們可憑特權免役，所以引起這些人的強烈反對。馬端臨在《文獻通考》中說："助役法行，坊郭、品官之家盡令輸錢，坊場酒稅之入盡歸助役，故士夫豪右不能無怨，而實則農民之利。"這種評價是平直公允的，但反對派置此於不顧，抓住實施中出現的弊端（多斂役錢、廣積寬剩、超升戶等），拚命攻擊。

市易法　針對商業行為中存在的市無常價，富商大賈從中操縱取利的狀況，在京師開封設立市易務，管理市場，物價賤時增價收購，物價貴時減價出售，並要商人以產業作抵押向市易務貸款，年利二分（20%）。以後在幾十個大城市都設立了市易務，把開封市易務升格為都提舉市易司，作為市易務的總機構。這一辦法把富商大賈的商業利益加以分割，增加了政府收入。

方田均稅法　慶曆新政時，大理寺丞郭咨、秘書丞孫琳等奉命清查田畝稅收，在洺州肥鄉縣推行千步方田法，量括田地，"除無地之稅，正無稅之地"，查收了數額巨大的逋賦（逃欠稅收）。方田均稅法是千步方田法的繼續與發展，丈量田地面積後，根據田地肥瘠分五等均定土地稅，各種隱瞞面積、逃避賦稅的田地一併改正。方田均稅法在一部份地區實行後，成效顯著，納稅田地有大幅度增加（主要是新墾田地及隱匿田地被清查出來），據已方田的開封府、京東路、河北路、秦鳳路、永興軍路的統計，納稅田畝比原先增加達一倍多。這當然對於合理分攤土地稅（即所謂"均稅"）、保證政府的土地稅徵收，是有利的，但也使那些隱匿田畝、逃避賦稅的形勢之家極為反感。

此外，還有軍事方面的：**保甲法**——十戶一保、五十戶一大保、十大保一都保，由主戶上等戶為保長、大保長、都保正，訓練壯丁，成立地方武裝；**保馬法**——京東、京西、河北、河東、陝西五路，保甲養馬，襲逐盜賊；**將兵法**——置將練兵，將領統軍，自專軍政，改變將不知兵的舊制。並且輔之以裁軍併營、精兵簡政、改進武器裝備，推薦科學家沈括兼管軍器監。所有這一切，意在與新法相配合，達到富國強兵的目的。史載"熙寧、元豐之間，中外府庫無不充衍，小邑所積錢米亦不減二十萬"，富國的目的達到了，強兵的目的部份地達到了，一度扭轉了先前被動的局面。

由於變法的涉及面廣，阻力很大。熙寧七年（公元1074年），王安石被罷免宰相職務，次年復相；慶曆九年，再度罷相，退居江寧，直到病死。元豐八年（公元1085年），神宗死，哲宗即位，改元元祐，罷廢新法，史稱"元祐更化"。

"元祐更化"的關鍵人物是宰相司馬光，

他與呂公著、文彥博等元老大臣"以復祖宗法度為先務"，攻擊新法"捨是取非，興害除利，名為愛民，其實病民，名為益國，其實傷國"。然而元祐更化與熙豐新法是異中有同的，兩者之間存在着滲透、承襲的成份。司馬光與王安石的分歧，只是運用什麼手段擺脫積貧積弱的分歧。王安石說，他與司馬光"相好之日久，而議事每不合"，是由於"所操之術多異故也"；司馬光也說，他與王安石"趣向雖異，大歸則同"。《呂陶記聞》在談及元祐之政時說："元豐之法不便，即復嘉祐之法（即變法前的舊法）以救之，然不可以盡變，大率新舊二法並用，貴其便於民也。議者乃云：對鈞行法。"認為元祐時期"大率新舊二法並用"，是獨具隻眼的深刻見解，當時的實際情況正是如此："擇新法之便國益民者存之，病民傷國者悉除之。"

王安石主張"用於君則憂君之憂，食於民則患民之患"，用儒家的經術來處理世務，"損有餘以補不足"，"去重斂，寬農民"。他對《周禮》一書特別重視，說"一部《周禮》理財居其半"，不少新法都從《周禮》找到了理論根據，這與他以經濟管理手段處理國事並使之制度化的嘗試，不免自相矛盾。在變法時期，王安石所寫的詮釋《周禮》、《詩》、《書》的著作《三經新義》，以及所謂"荊公新學"風靡一時。如果說司馬光是一個保守的現實主義者，那麼王安石便是一個激進的理想主義者，他把實現儒家的道德理想作為追求的目標，因此後世對他的評價是分歧而變幻不定的。《世界文明史》的作者伯恩斯和拉爾夫甚至說，王安石的利農主張成為近代各國政府推行某些措施的先聲，他的總綱領接近於一種"國家社會主義"。

60."田制不立"與井田限田論

宋朝把全國的編戶齊民區分為主戶和客戶兩大類，但與前朝的主戶客戶概念頗不相同。

魏晉以來，已有"客戶"一詞，指戶口附着在世家大族戶籍中的"私屬"——佃客、部曲之類。中唐以後，客戶往往與主戶（或土戶）相對稱，其意已非"私屬"，而是"客籍戶"，以與"土著戶"的主戶相區別。主戶是編附本貫的有產戶，也叫編戶、居戶、實戶、正戶；客戶則是浮寄於本貫以外的人戶，其中有有產戶，但以無產戶居多，也叫浮寄戶、浮戶等。兩稅法施行後，規定戶不論主客，一律"以見居為簿"，在所在地編入戶籍，徵收兩稅。久而久之，客戶的客籍戶性質逐漸消失。到宋朝時，客戶與主戶的差別主要在於是否擁有土地和資產，主

《耕織圖·二耘》

戶不再是先前的土著戶而是有產戶。客戶不再是先前的客籍戶而是無產戶。客戶中坊郭客戶為數甚少，主要是鄉村客戶，而鄉村客戶又以佃客（佃戶）為主體的貧下農戶，所以當時人們常把“客戶”作為佃客的專稱。當然，細究起來客戶是不完全等同於佃客的。在宋朝戶口統計中，各地區的主客戶比例參差不齊，大體而言，客戶約佔總戶數的三分之一左右。

佔總戶數三分之二左右的主戶，一部份是坊郭主戶，大部份是鄉村主戶。鄉村主戶依據土地資產劃分為五等，大致一等戶是佔田幾百畝至幾千畝以上的大地主，二等戶是佔田幾百畝以下的中地主，三等戶是佔田100畝～50畝的小地主或自耕農，四等戶是佔田50畝以下、20畝以上的自耕農，五等戶是佔田20畝以下的自耕農。因此一至三等戶又稱“鄉村上戶”，四等及五等戶又稱“鄉村下戶”，鄉村下戶是主戶的主體，常佔十分之八九，他們是國家賦稅和傜役的主要承擔者，也是社會穩定的主要因素。神宗時呂大鈞說：“為國之計，莫急於保民，保民之要在於存恤主戶，又招誘客戶，使之置田以為主戶。主戶苟眾，邦本自固。今訪聞，主戶之田少者，往往盡賣其田，以依有力之家，既利其田，又輕其力，而臣僕之。若

《耕織圖·收刈》

此，則主戶日益耗，客戶日益多。客戶雖多而轉徙不定，終不為官府之用。”所以統治者盡力擴大主戶，使客戶轉化為主戶，頒佈法令，客戶只要置買田產，便可立為主戶。

然而這是不依人們意志為轉移的。伴隨着土地買賣與租佃關係的發展，兼併盛行，貧富分化，土地佔有不均的社會現象十分突出，不少下等主戶淪為客戶，引起有識之士的擔憂，他們把這種社會問題歸結為“田制不立”，意思是宋朝不像前朝，沒有確立一種如井田制、均田制之類的土地制度。在他們看來，如果人為地確立一種田制，以復古的手段把蓬勃發展的小農經濟限制在古老的模式中，那麼社會問題似乎就迎刃而解了。這當然是不切實際的。

然而，有宋一代，井田論、限田論如同沉渣泛起一般，幾乎連綿不斷。日本學者周藤吉之對此作了精深的研究。

北宋建立不久，太宗趙光義鑒於現存的土地問題而對井田制流露出無限羨慕之意。他對宰相說：“井田之制實為經國之要道，後世為天下者，不為井田，則貧富不均，王化何由而行！”太常博士直史館陳靖的方案就在這種背景下提了出來：計丁分配田地，上田每丁授田 100 畝，中田每丁授田 150 畝，下田每丁授田200畝；一家如有三丁，則三丁皆授田，五丁之家給三丁之田（300畝），七丁之家給五丁之田（500畝），十丁之家給七丁之田（700畝），以十丁為限，即最多一家700畝。寬鄉還給住宅地、桑田、菜田。這分明是雜糅了井田制與均田制的某些要素而制訂的理想化方案。太宗看了正中下懷，命陳靖為勸農使，在京西路推行他的方案。其失敗的後果是可想而知的。馬端臨在《文獻通考》中對此法未能實行深表惋惜，對李安世的方案在北魏可以實行，陳靖的方案在北宋不能實行，百思不得其解，以為是"費多而難行"。其實不然，兩者的社會背景根本不同，在小農經濟與租佃關係充分發展的時代，企圖人為地改變原有的土地關係，重新按丁分配，只能是一種不切實際的空想。

既然井田、均田行不通，於是人們就大談其限田。仁宗時有個官僚鑒於土地兼併的嚴重，指出：若不禁止，則天下田疇半為形勢（戶）所佔，因而主張罷任官僚購置田產不得超過5項（500畝），詭名佔田者，許他人告發。這頗有一點漢朝"限民名田"的意味。但這畢竟是紙面上的設想，在土地所有權的讓渡合法地、隨意地進行的時代，要想限制土地兼併肯定是徒勞的。然而人們對此卻津津樂道。歐陽修的《原弊》就是頗有代表性的議論，他在論及兼併之弊時說："古者計口而受田，家給而人足，井田既壞而兼併乃興。今大率一戶之田及百頃，養客數十家……夫百頃而出稅賦者一戶，盡力而輸一戶者數十家也，就使國家有寬徵薄賦之恩，是徒益一家之幸，而數十家者困苦常自如也。"顯然，歐陽修把土地兼併歸結為井田制崩潰的結果，於是他的主張便是"夫井田什一之法不可復用於今，為計者莫若就民而為之制"，仍然是井田不可行而行限田的老調重彈。

持這種見解的頗不乏其人。著名學者李覯在談到"貧民無立錐之地，而富者田連阡陌"的現象時說，"貧者則食不自足，或地非己有，雖欲用力未由也"，"地力不盡則米穀不多，田不墾闢則租稅不增"。而救弊之法在哪裡呢？限田，"限人佔田，各有頃數，不得過制"。

對田制甚有研究的蘇洵，在論及現實土地問題時，也把根源追溯到井田的廢止。他說："井田廢，田非耕者之所有，而有田者不耕也。耕者之田資於富民，富民之家地大業廣，阡陌連接，募召浮客分耕其中……有田者一人，而耕者十人，是以田主日累其半，以至於富強；耕者日食其半，以至於窮餓而無告。"他的醫治藥方是恢復井田制："井田復，則貧民有田以耕，穀食粟米不分於富民，可以無飢；富民不得多佔田以錮貧民，其勢不耕則無所得食。"他也深知一千年前王莽企圖恢復井田的託古改制已遭到慘敗，何況今日；他更深知時人所謂“奪富民之田以與無田之民”，是不可能的，惟一可行的還是限田。他的限田方案是一種溫和折衷的緩衝方案——“不禁其田嘗已過吾限者，但使後之人不敢多佔田以過吾限”，企圖以一種漸進的、聽其自然的辦法，使土地佔有趨於均勻化，在土地私有化、商品化程度日趨加深的時代，這顯然是可望而不可及的幻想。

井田限田論的氾濫一直持續到南宋。因為土地兼併較前更甚，淮西宣撫使張俊罷將歸家後，置買大量田產，“歲收租米六十萬斛”。以每畝租米一斛計，其所佔田地即達60萬畝。更有甚者，據淳祐六年（公元1246年），殿中侍御史兼侍講謝方叔說：“今百姓膏腴皆為貴勢之家，租米有及百萬石者”，即有佔田達100萬畝的“貴勢之家”。在這種背景下，一些憂國憂民之士再次高唱井田限田論，企圖從中尋求對策。

首倡此論的是廣州州學教授林勳。他在建炎三年（公元1129年）向朝廷上《本政書》十三篇，提出醫治社會問題的藥方——“宜仿古井田之制”。他的井田方案完全照抄西周，什麼“步百為畝，畝百為頃，頃九為井，井方一里”之類，以此為基本構架，制訂一個土地分配方案：一井九頃，以一頃為居宅場圃，其餘八頃每家一頃。顯然，這是一種過於迂腐的設想，他自己也知道無從下手：“貧富不齊，未易均齊，奪其有餘以補不足，則民駭矣。”於是他提出了一個折衷辦法，企圖在不改變土地私有及租佃關係的前提下，採取限制土地佔有數量，限制土地買賣，使土地佔有自然而然趨於平均，以達到一夫佔田50畝的理想模式。這並不比他的井田方案更現實些，當然無助於實際問題的解決。

但是令人不解的是，林勳的《本政書》居然獲得不少知名人士的喝彩。朱熹說，林勳“說得甚好”。張栻說，林勳《本政書》“其說亦着本可貴”，“殊惜其不得施用也”。薛季宣說，林勳“引古以驗今，即今以求古”，“居今之世，求古之制，識其真則難能矣”。陳亮說，林勳“考古驗今，思慮周密，世之為井牧之學，所見未有能易勳者”。可見林勳的藥方雖然脫離實際，但針對現實土地問題的弊端，所以在思想界引起了極大的反響。試圖尋找一個解決土地問題的方案，已成為思想界殫心竭慮的焦點，這是無可非議的，問題在於大家都不約而同地向後看，從恢復井田的思路上去尋找出路，必然於事無補。其實，以歷史的眼光看，田制不立，土地兼併，乃是小農經濟蓬勃發展的必然現象，傳統農業正是在這種矛盾運動中創造出驕人業績來的。

61.傳統農業的新發展

根據葛劍雄主編《中國人口史》的研究，北宋以前人口增長緩慢，西漢元始二年（公元2年）全國有6,000餘萬人，此後因分裂和戰亂，人口總數幾經起落，到唐朝人口峰值階段的天寶十四載（公元755年）約有7,000餘萬人。經過唐末五代的動亂，太平興國五年（公元980年）只有約3,540萬人。隨着經濟的發展，百餘年間人口迅速增長，到12世紀初的北宋末年進入峰值階段，當時在北宋、遼、西夏、大理等範圍內，總人口達1.4億。在人口增長與土地兼併日趨激烈的壓力下，農戶都為擴大耕地而努力，除了開墾荒地，還開山為田、圍湖為田；政府為了擴大課稅耕地，貴勢之家為了佔有更多田產，也多致力於各類田地的墾闢。

淤田　主要分佈於黃河流域，河水沖刷的淤泥，用決水法引入田內，使土質肥沃。仁宗嘉祐年間，河東路提點刑獄兼河渠事程師孟，勸絳州正平縣南董村民出錢買地開渠，引馬壁谷水淤瘠田五百餘頃。原來每畝收穀5～7斗，改為淤田後，每畝收穀二三石，地價猛漲3倍。因此程師孟又在其他九州26縣內開渠築堰，淤貧瘠田地，使之成為沃壤，造良田1萬頃。神宗熙寧二年（公元1069年），秘書丞侯叔獻鑒於汴河兩岸大片牧馬地及公私廢田約二萬餘頃，棄而不耕非常可惜，建議改造為淤田。神宗採納其議，命其從事淤田工作。此後，汴河兩岸的中牟、祥符、陳留、雍丘、商丘等地淤田大量出現，使瘠土變為良田。各地都起而倣傚，成效顯著，政府專設一個淤田司機構來負責此事。

沙田　多分佈於江淮間及浙東沿海一帶，由於江水或海水的頂托作用，沉積泥沙露出水面，附近農戶開墾為田。田土肥沃，產量頗高。為了鼓勵農戶開墾新漲沙田，政府實行短期免稅政策，使沙田日漸增多。到南宋時，沙田已成為一種頗具地位的農田，與高田、山地、陸地同時成為推廣種麥的田土，盛行稻麥二熟制。政府控制的沙田成為一個很重要的財源。

潮田　主要分佈於福建路、廣南東路、廣南西路沿海一帶。由於氣候炎熱，雨水充沛，種植早稻、晚稻，一年二熟，產量極為可觀。福州所屬閩、侯官、懷安三縣，有潮田大片，每歲早稻、晚稻兩熟，馬益《福州詩》說："兩熟潮田世獨無"；衛涇《福州勸農文》說："負山之田歲一收，瀕海之稻歲兩穫"。廣南東、西路也是如此，南海、番禺、增城、東莞、新會、香山等縣，大半為潮田，"潮田宜無荒歲"，"穀嘗再熟"。

山田　多在福建路、江南西路、荊湖南路、廣南東西路等地。唐朝農民在山地從事旱作，採用刀耕火種的原始耕作法，稱為“畬田”。范成大說：“畬田，峽中刀耕火種之地也。春初砍山，眾木盡蹶。至當種時，伺有雨候，則前一日火之，藉其灰以糞。明日雨作，乘熱土下種，即苗盛倍收。”隨着經濟開發的深入展開，農戶改變原先那種落後的耕種方法，築成梯田，或稱山田，引水灌溉，可以種植水稻。韓琦詩形象地描繪山田的耕作：“千峰疑絕路，一徑俯容車，山鳥過雲語，田夫半嶺鋤。”

圩田、圍田、湖田 圩田與圍田、湖田屬於同類型水利田，大抵因地區不同而有不同稱呼，江東路、淮西路多稱“圩田”，浙西路多稱“圍田”，浙東路多稱“湖田”，其實大同小異。楊萬里說：“江東水鄉，堤河兩涯，而田其中，謂之圩。農家云：圩者圍也，內以圍田，外以圍水。”

圩田始見於五代，太平州蕪湖縣有秦家圩，係土豪秦氏所築，南唐政權把它改為官田，宋仁宗時修復後，改名為“萬春圩”，堤岸寬6丈、高1丈2尺、長84里，圩中有田1,270頃。圩田有不怕旱澇、土質肥美的優點，隨着北方人口向南遷移，圩田大量構築，例如太平州當塗縣利國圩、廣濟圩，宣州宣城縣惠民圩，太平州蕪湖縣陶新圩、政和圩等。

江南各處低窪沼澤地圍墾後，即成圍田，有私田，也有官田。平江（即蘇州）城北民周氏，以賣麵營生致富後，買入沮洳陂澤，作圍田，便是私入圍田之例。大多是官府勒逼百姓圍田，設官莊經營。華亭縣圍田頗多，專設圍田局管理。此種圍田，土質肥沃，灌溉便利，種植水稻常獲豐收。

江南湖塘遍佈，農業經濟發達，人多田少，官府與形勢之家填湖造田，稱為“湖田”。例如：官府填越州（紹興）鑒湖，造低田二萬餘頃；官府填明州（寧波）廣德湖為田，從每年租米一萬九千餘石可以推知，面積當在二萬畝以上。湖田的大量墾闢，破

王 禎《農書》中的秧馬圖

王禎《農書》中的梯田圖

壞了水利灌溉系統與生態平衡，得不償失，政府不得不廢田復湖，修治湖塘。

各類田土墾闢，擴大耕地面積，是一種外延式的發展，與此相比，講究精耕細作、集約化經營這種內涵式發展顯得更為重要。

根據日本學者天野元之助的研究，作為主要糧食作物的水稻，在宋朝不僅種植地區擴大，而且耕作技術與經營方式有了長足的進步。這主要表現在以下三方面。

（一）占城稻的引進與推廣　作為旱稻優良品種的占城稻，宋初時引進，在福建路種植。真宗大中祥符三年（公元1011年），朝廷遣使至福建取占城稻種2萬斛，分送給江南、淮南、兩浙等路，在高仰易旱之田種植，並將種植法張榜公佈，予以推廣。占城稻色白味甘，耐旱、早熟，也稱旱稻、旱秈或早稻、早占城。經過一百多年的推廣，到南宋時江南各地十之八九種占城稻，普及於淮南、江南東西、兩浙、荊湖等路。由於早熟的占城稻的推廣，浙東路在南宋時已有早稻、中稻、晚稻的區分，顯示水稻栽培技術的明顯提高。

（二）從直播法到移植法　水稻的直播法是粗放的栽培方法，宋朝農民把直播法改造成移植法，是一大進步。它改變了過去那種直接把稻種撒播在田裡的做法，先把稻種在秧田上加以培育，然後移植（即插秧）到大田上栽培。移植法注重浸種、整治秧田、插秧幾個環節，民間有"浸種二月初，插秧四月中"的諺語。總結江南農業生產經驗的陳旉《農書》專門記述秧田的修治技術。朱熹在《勸農文》中也說："浸種下秧，深耕淺種，趁時早者，所得亦早，用力多者，所收亦多。"楊萬里詩《插秧歌》說："田夫拋秧田婦接，小兒拔秧大兒插。"為了減輕勞動程度，不少地方的農民製作了"秧馬"這種插秧工具，曹勳詩說："久習田間興益長，插秧方能騎快馬。"

（三）精耕細作　秋收後即耕田，務求再三深耕，過冬時讓霜雪凍結，使土壤疏鬆

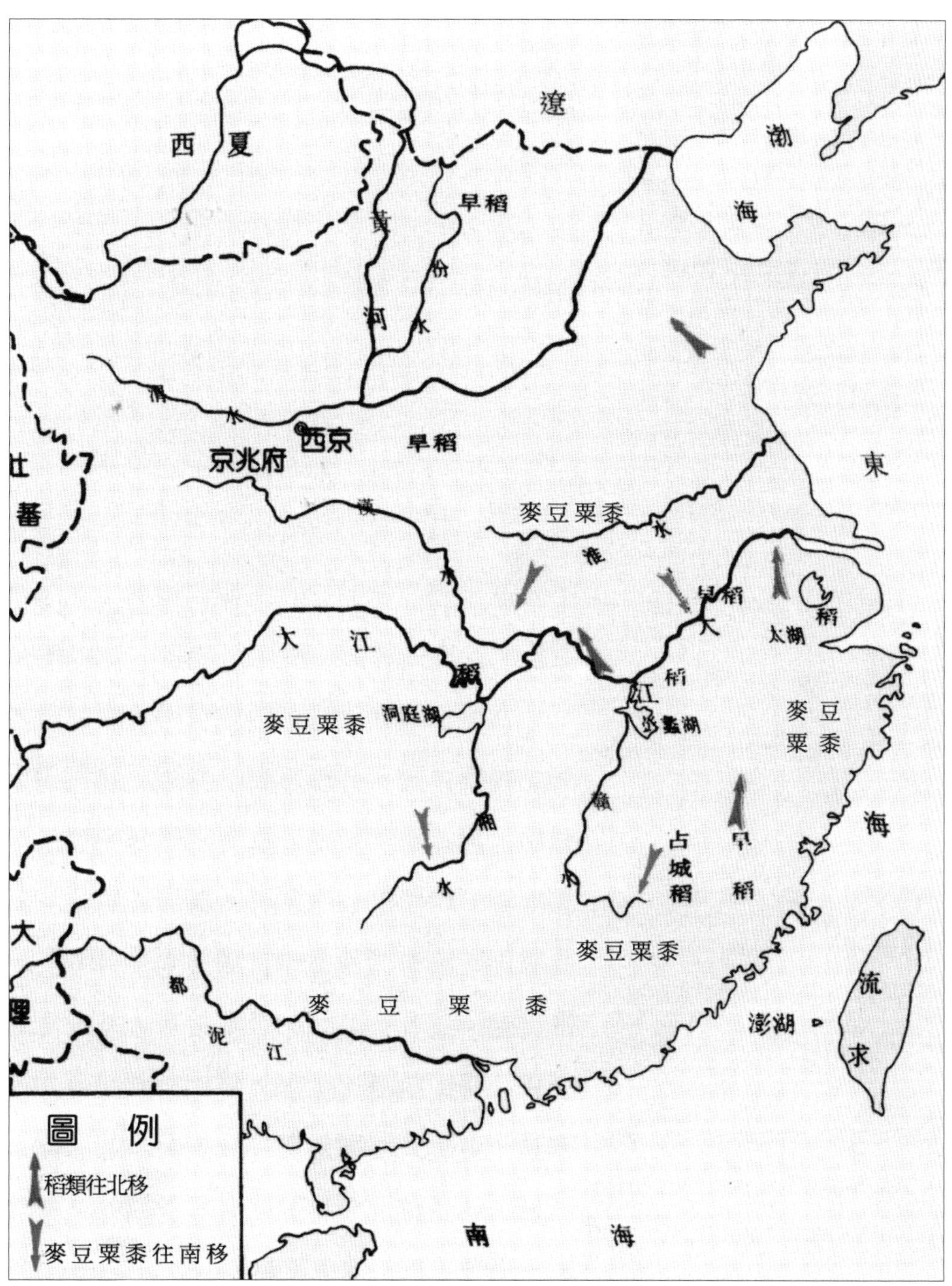

西夏
遼
渤海
東海
南海
吐蕃
大理
旱稻
黃河
汾水
渭水
西京
京兆府
漢水
麥豆粟黍
淮水
大江
洞庭湖
太湖
鄱陽湖
湘水
贛水
占城稻
都泥江
流求
澎湖
圖例
稻類往北移
麥豆粟黍往南移

宋代穀物移植圖

細碎，並積入腐草敗葉。第二年春，又再三耕、耙，土細如泥，且暖且爽。耕田，用牛犂也用踏犂。踏犂是耕牛缺乏地區所使用的人力耕具，北宋曾兩次推廣踏犂，以緩解發生牛疫地區的耕田困難，據說踏犂之用可代牛耕之半功。秧苗生長已高，便須耘草，出現了節省勞力的耘爪、耘蕩等工具。水稻的種植對水利灌溉要求很高，這一時期水利灌溉有較大發展。四川用筒車、橘槔、水梭等進行灌溉。江南、兩浙一帶隨着圩田、圍田、湖田的增多，原先的橘槔、戽斗受地勢拘束，普遍改用效率更大的龍骨車（翻車、踏車），可以把水抽到一二丈高的田中，范成大詩寫道："下田戽水出江流，高壠翻江逆上溝，地勢不齊人力盡，丁男長在踏車頭。"

精耕細作的結果，水稻的單位面積產量較前有明顯的增加。高斯得說：兩浙一帶的高產區，"上田一畝，收五六石。故諺曰：'蘇湖熟，天下足'。雖其田之膏腴，亦由人力之盡也。"

除水稻外，其他農作物的種植與加工也有了較快發展。

（一）江南麥作的推廣與稻麥二熟制 麥原以北方為主要栽培地區，唐至北宋間逐漸推廣至長江以南，到北宋中葉開始在江南出現稻麥二熟制，到了南宋，江南麥作有了更大的進展。北宋末南宋初，北方人口大量南下，帶來了麵食的習慣，一時間對小麥的需求量激增，價格日趨高昂，刺激了南方農民種麥的積極性。另一個值得注意的因素是，在稻麥二熟制的普及過程中，租佃契約仍按原先每年秋熟收租舊例，佃戶只在秋收稻米中按規定額繳租，而所種之麥並不徵租，全部歸佃戶所有。當時人黃震說："惟是種麥不用還租，種得一石是一石，種得十石是十石"。經濟的法則在江南麥作的普及中起了決定性的作用。麥的普遍種植，改變了過去單一種稻的耕作制度，確立了稻麥輪種的先進耕作制度，標誌着農業生產技術水平的一大進步。與此相呼應的是，水稻種植由南向北推廣，太宗時河北沿邊屯田使何承矩在雄州、莫州、霸州作水田，引種水稻。其後，河北路、河東路、京西路都有水田種植水稻。

（二）經濟作物的種植與加工 隨着糧食生產的增長以及商品經濟向農村的滲透，經濟作物的種植與加工有相當大的發展，農村中出現了專門經營蠶桑、茶、菜、漆、花、果、蔗等的專業戶，從事個體小商品生產，衝破了傳統農業的自給自足經濟模式。最值得注意的是蠶桑業。宋朝是桑蠶業重心南移的時代，新形成的南方蠶桑區在養蠶、繅絲、織造諸方面都遠遠超過了北方。這得歸功於蠶桑絲織業已從傳統的家庭副業中分離出來，形成了新的農業分支。樓璹《耕織圖詩》關於南方農村蠶桑經營有生動的記錄，畫中從事蠶桑絲職的人物74人，其中成年男子24人，少年男子3人，表明蠶桑絲織業已從農村家庭副業中獨立出來，形成專業化生產，男子才參與此業，與傳統的"男耕女織"截然不同。太湖流域的湖州在這方面遙遙領先，嘉泰《吳興誌》說："山鄉以蠶桑為歲計，富室育蠶有至數百箔，兼工機織"；陳旉《農書》記載湖州農家"惟藉蠶辦生事"，一方面表明蠶桑經營在農家經濟中已佔據了重要地位，另一方面表明農家養蠶後繅絲、織絹，作為商品投入市場，換回貨幣維持生計。陳澕指出："十口之家，養蠶十箔，每箔得繭一十二斤。每一斤取絲一兩三分，每五兩絲織小絹一匹，每一匹絹易米一石四斗，絹與米價相侔也。以此歲計衣食之給，極有準的也。以一月之勞，賢於終歲勤動，且無旱乾水溢之苦，豈不優裕哉！"按照陳旉的記載，十口之家養蠶10箔可以獲繭120斤，收絲156兩，可織小絹31匹，以1匹絹易米1石4斗的比價計算，31匹絹相當於43石4斗米，按當時最高畝產3石米計，需14畝4分7釐優質水田一熟的產量，才可與之相抵。無怪乎陳旉《農書》如此重視蠶桑經營，要說"惟藉蠶辦生事"了。

62.巔峰狀態的科學成就

李約瑟（Joseph Needham）的《中國科學與文明》指出，中國科學技術發展到宋朝，已呈現巔峰狀態，在許多方面實際已經超過了18世紀中葉工業革命前的英國或歐洲的水平。這確實是引人刮目相看的。

印刷術、指南針、火藥、造紙術這四大發明是中國對世界文明史作出的巨大貢獻，其中的3項——印刷術、指南針、火藥，在宋朝有了劃時代的發展。

唐、五代時期開始應用雕板印刷術印書，北宋時有了進一步的發展，國子監刻印的書稱為監本，各地民營書坊刻印的書稱為"坊本"。北宋初，成都刻《大藏經》13萬板，國子監刻印經史十多萬板，規模巨大，工程浩繁，印刷大部頭著作十分不便。沈括《夢溪筆談》記載，宋仁宗慶曆年間（公元1041年～公元1048年），布衣（平民）畢昇發明活字印刷術：用膠泥刻字，使字畫凸出，每字單獨成為一印，用火燒硬，製成字印；另用鐵板，上敷松脂、蠟、紙灰，印刷時把一顆顆字印排列、鑲嵌於鐵板，再用火烤板，使松脂、蠟熔化，用另一平板從上面壓平，便可刷墨印書。畢昇的這一發明，包含了製作活字、排版、印刷三道工序，成為近代活字印刷的先聲，後世的木活字、銅活字及鉛活字印刷術正是在這個基礎上發展起來的。活字印刷術既方便又省時，促進了文化的傳播，受到普遍的重視，後來陸續傳到朝鮮、日本、埃及和歐洲。布羅代爾（Fernand Braudel）在《15～18世紀的物質文明、經濟和資本主義》中指出：“中國於九世紀已發明了印刷術……畢昇於公元1040～公元1050年發明了活字印刷術使印刷面目一新。他用膠泥製成活字，藉助石蠟固定在金屬字盤這種活字幾乎未被推廣……但在14世紀初，使用活字已經流行，甚至傳到了土耳其斯坦。15世紀前半期金屬活字在中國和朝鮮均有改進，並且得到廣泛的傳播。西方出現活字印刷術是在15世紀中葉，其發明者可能是美因茨人谷登堡及其合作者。”

畢昇像

早在戰國時就有人利用磁石指南的特性，發明了“司南”，即“司南之勺”“其柄指南”。後來，人們又用鋼針在磁石上摩擦，使鋼針帶有磁性，製成指南針。這大概是兵家或陰陽家（方術之士）的發明。北宋慶曆年間成書的《武經總要》已記載“出指南車及指南魚以辨方向”的夜間行軍方法。沈括《夢溪筆談》記載了地磁偏角，用天然磁石摩擦鋼針，使之磁化為磁針，可以指南；並介紹了4種支掛磁針的辦法。宋軍用“指南魚”（磁化薄鐵片製成）在陰天和夜晚判斷行軍方向；後來又發展成磁針和方位盤的一體化裝置——羅經盤（即羅盤）。曾三異在《因話錄》中記載的“地螺”，是一種水羅盤。北宋宣和元年（公元1119年），朱彧（讀yù）寫成的《萍洲可談》，記載了當時海船上使用指南針的情況：“舟師識地理，夜則觀星，晝則觀日，陰晦觀指南針。”徐兢《宣和奉使高麗圖經》也說“若晦冥則用指南針以揆南北”。這種指南針，也是水羅盤。從中可以推斷，至遲在北宋後期，指南針已用於航海。南宋時，阿拉伯商人經常搭乘中國海船，學會了使用指南針，並把它傳入歐洲。

火藥是一項古老的發明，古代煉丹家發現硫磺、燄硝和木炭的混合物有爆炸能力。唐末開始把火藥用於戰爭，出現了“火藥箭”（箭頭上綁有火藥和引線的弓箭）、“發機飛火”（即投擲火藥包的拋石機）。北宋初火藥廣泛使用於戰爭，滅南唐時用過火炮、火箭，以後又有火球、火蒺藜（內裝有帶刺鐵片的火藥包）。曾公亮主編的《武經總要》，記載了火藥的3個詳細配方，可見當時軍事部門生產火藥已達到的規模。據此書記載，火箭是“施火藥於箭首”，火球、火鷂、煙球是點燃後用炮射出。當時出現了類似近代炮彈的鐵火炮，仍用拋石機投擲；以後又發明了突火槍（用粗毛竹製成，內裝火藥和“子窠”，火藥點燃後發出衝力，射出“子窠”），這是世界上最早的管形火器，為元、明時代出現的金屬管形火器——銃和炮，奠定了基礎。製造火藥的技術是在公元1230年由波斯傳入阿拉伯的，阿拉伯人稱火藥為“中國鹽”、“中國雪”、“巴魯德”。以後火藥又從穆斯林統治下的西班牙傳到歐洲。火藥和火藥武器廣泛使用，對歐洲歷史產生了深遠的影響。

對於印刷術、指南針、火藥的發明與傳入歐洲，近代“科學方法論之父”弗蘭西斯·培根（Francis Bacon）在17世紀初作了高度評價：“我們應當觀察各種發明的威力、效能與後果，最顯著的例子便是印刷

縷懸法指南針

火藥成分：硝石、硫磺、炭

術、火藥和指南針……這三種發明都曾改變了整個世界的全部面貌和狀態！第一種在（知識傳播的）文獻方面，第二種在戰爭上，第三種在航海上，並且隨着這些發明的利用又引起了無數的變遷。由此看來，世界上沒有一個帝國，沒有一個教派，沒有一個星宿比這三種發明，對於人類發生過更大的力量與影響了！”在培根看來，印刷術的利用使知識超越了中世紀經院教士的控制而趨於普及，從此改變了教育與知識生活的面貌。火藥的利用給戰爭製造了新工具（兵器），取代中世紀的戰爭工具與方式，使中世紀統治階級垮台，使社會結構發生根本變化。指南針的使用導致了航海技術革命，從此促成了15世紀及16世紀的地理大發現，使亞、非、美與歐洲連成了一體，改變了地理世界觀。簡言之，三大發明導致歐洲結束中世紀時代而進入近代文明時代。

三大發明之外，宋朝其他科學技術也有驕人的成就。

在天文學方面，仁宗朝編製的崇天曆，所取得的數據比較接近天文實際，至和元年（公元1054年）四月朔有一次日全蝕，用崇天曆推算蝕甚時間在申正一刻二十分，蝕分為九分半弱，與當時汴京觀測所得（“日蝕既，至申乃見，蝕九分之餘”）相差無幾。當時進行了多次較全面的恆星觀測，元豐年間觀測的結果，於元祐三年（公元1088年）繪成星圖。南宋淳祐七年（公元1247年），把黃裳的天文圖在平江府（今蘇州）刻石，稱為“天文圖”，這件保存至今的古代天文圖，對於研究天文學史有極高的價值。

元祐年間（公元1086年～公元1094年），蘇頌和韓公廉等人創造了世界上第一台天文鐘——水運儀象台，這是把測量儀器、表演儀器和計時儀器融為一體的劃時代創造。這個天文鐘分3層，高3丈，上層放渾儀，中層放渾象，下層是傳動機械裝置。最有創意的是報時裝置——5層木閣，當時一天有十二時辰共一百刻，一夜有五更，一更有五籌，都能準時報告出來，其中關於擒縱原理的發現與運用，與近代鐘錶構造極為近似。它以水力轉動，通過擒縱器使儀象台有節奏地按時轉動，把報時、觀象、測天同時表達出來。這個高約12米的龐然大物，十分精細，可以按時、刻、辰、更自動打鼓、搖鈴、擊鐘、鳴鑼，並舉木牌報時；其渾象儀通過齒輪和樞輪軸相連，使之轉運，與天體運動一致。這座天文鐘設在11世紀末的開封，是當時世界上首屈一指的傑作：一天24小時誤差小於100秒，並且有追蹤觀測天象的功能。500年以後，當公元1598年，耶穌會士利瑪竇（Matteo Ricci）把西洋的自鳴鐘獻給萬曆皇帝時，被視為新發明，殊不知我們的祖先早已發明了比它要複雜得多的天文鐘！蘇頌的“水運儀象台”完工後，寫了一部《新儀象法要》，書中雖然附了許多圖，但後人仍無法完全掌握其中關鍵。李約瑟早年嘗試復原水運儀象台的關鍵部位樞輪，沒有成功；日本筑波博覽會上只復原出樞輪及報時部份。台灣的科學博物館的專家不僅復原了水運儀象台，而且使它能在水力推動下，運轉龐大的渾儀、渾象以及報時系統。

在數學方面，北宋中葉的賈憲提出了"開方作法本源"圖，即指數為正數的二項式定理係數表，從商除、平方、立方、四次方至六次方的係數列成一個圖，世稱"賈憲三角形"，比西歐相同的帕斯卡三角形早了600年。他的"增乘開方法"，是解一元多次方程求正根的一種簡便方法，與西方數學家霍納的方法大致相同，但早了七百多年。南宋秦九韶在《數書九章》中發展了賈憲的增乘開方法，解一個一元十次方程式，並附有算圖。算圖中列算式井然有序，後人稱為"秦九韶程序"。他還發明了整數論中一次同餘式組的普遍解法——"大衍求一術"，成為聞名於世的中國剩餘定理。方豪在《宋代的科學》一文中指出：宋代數學家中，當以秦九韶為最突出。哈佛大學的科學史專家沙頓（G. Sarton）認為："在中國數學家中，不但是當時，就是永久，（秦九韶）也可算得是最傑出的一位。"

在宋朝科學家群體中，沈括是最為耀眼的一顆明星。沈括（公元1031年～公元1095年），字存中，浙江錢塘（今杭州）人。嘉祐八年（公元1063年）進士，曾參與王安石變法，後任延州（今陝西延安）知州。晚年移居潤州（今江蘇鎮江）夢溪園，撰寫《夢溪筆談》，涉獵天文、地理、物理、化學、生物、數學、醫學等。他提出了十二氣曆的編製方法（以立春為元旦，按節氣定月份，大月31天，小月30天，大小月相間），雖然沒有實行，但在曆法史上無疑是一項卓越成就，對農事安排十分有利，比英國類似的曆法早八百多年。他對公元1064年隕星的觀測，留下了翔實的記錄，並在歷史上第一次提出隕星為隕鐵的解釋。他是最早使用"石油"這一名稱，並意識到石油用途與價值的科學家。他發現陝北自古就有"石油"流出，當地人稱為"脂水"，用來燒煙製墨，他預言："此物後必大行於世"，因為"石油至多，生於地中無窮，不若松木有時而竭"。北宋時期許多科學發明，例如活字印刷、指南針應用等，都藉助他的著作記載而得以流傳，彪炳於史冊。為了紀念這位舉世聞名的科學家，1979年7月1日，中國科學院紫金山天文台把該台於1964年發現的一顆小行星（編號2027）命名為"沈括"。

技術科學與製造工藝也達到相當高的水平，不妨對發達的造船業作一剖析，舉一反三。北宋建都開封，通過大運河的漕運系統，把各地田賦與物資轉運至首都，因此，內河航行成為經濟命脈，造船業成為支柱產業，官營作坊製造漕船，民營作坊製造商船，浙江的明州(今寧波)、溫州、台州(今臨海)、婺州（今金華），江西的虔州（今贛州）、吉州（今吉安），湖南的潭州（今長沙）、鼎州（今常德）等地，都是著名的造船業中心。當時已有"萬石船"——即載重量為1萬石（約750噸）的巨船。南宋初年洞庭湖楊么義軍製造的"車船"令人耳目一新。這種"車船"其實是"輪船"，船的兩側裝置九輪、十三輪、二十二輪，由人在船前、船後踏車，使輪轉動，成為船的動力，進退皆可。一船可載千餘人，"以輪激水，其行如飛"。後來官府大量仿造，並加以改進，有長36丈、寬4丈1尺、高7丈2尺的巨大車船。後來池州製造的鐵壁鏵船、平面海鶻戰船，快速便捷，可能吸收了車船的某些功能。由於海外貿易的發展，明州、泉州、廣州不僅是海外貿易港口，而且是海船製造中心。海船有4～6個桅桿、12張風帆、4層甲板，碩大無比。尤其難能可貴的是，為了防止船艙破損而影響整體，海船中已發明了密封艙設備。公元1974年，在福建泉州灣後渚港西南海灘出土一艘南宋海船，夾底，有11個船艙，分艙密室的痕跡還清晰可見。這在世界造船史上具有領先意義。

63."商業革命"面面觀

宋朝經濟發展的水平在世界上處於領先地位，達到了前所未有的高峰。西方漢學家把宋朝的轉折點稱為一次"復興"或一次"商業革命"，是毫不為過的，特別是與同時代的歐洲相比，更顯現出開風氣之先的獨特風采。斯塔夫里阿諾斯的《全球通史》在"宋朝的黃金時代"的標題下寫道："除了文化上的成就外，宋朝時期值得注意的是，發生了一場名副其實的商業革命，對整個歐亞大陸有重大意義。"

北宋的首都東京（開封）與唐的首都長安在都城結構上有很多不同，根本的一點在於：不再有先前那種坊、市之間的嚴格區分。日本的中國經濟史專家加藤繁在幾十年前就指出了這一變化，他在《宋代都市的發展》中指出："坊的制度——就是用牆把坊圍起來，除了特定的高官等以外，不許向街路開門的制度——到了北宋末年已經完全崩潰，庶人也可以任意面街造屋開門了。"楊寬在《中國古代都城制度史研究》中進一步補充道："我們認為五代末年後周擴建東京外城的新規劃，已經承認沿街居民可以任意當街開門，如同坊中沿巷居民可以任意向巷開門一樣。"因此可以斷定，五代至宋初，

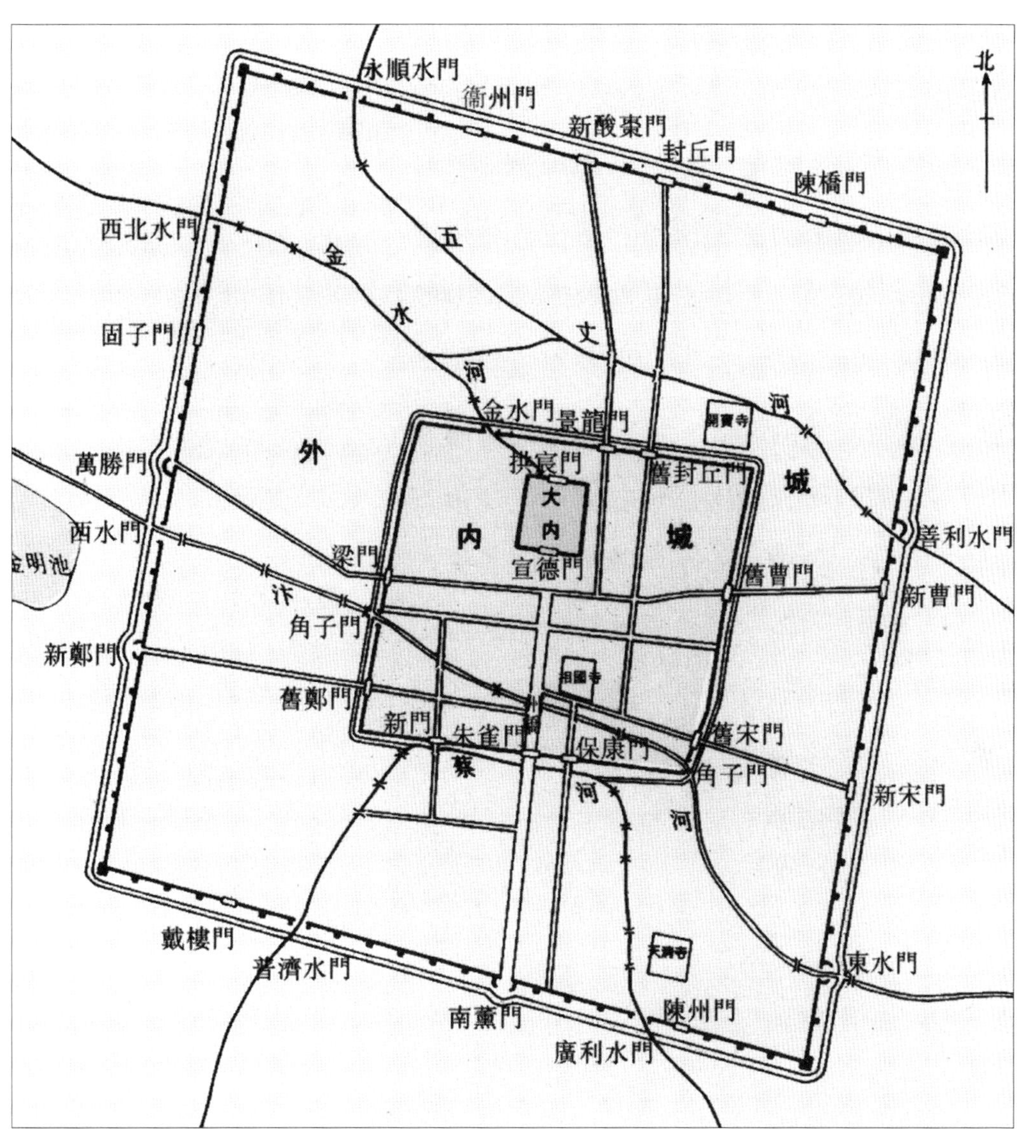
北
永順水門
衛州門
新酸棗門
封丘門
陳橋門
西北水門
金
五
水
丈
河
固子門
河
金水門
景龍門
外
拱宸門
大
內
舊封丘門
城
萬勝門
善利水門
內
城
西水門
梁門
金明池
宣德門
舊曹門
新曹門
汴
角子門
新鄭門
相國寺
舊鄭門
舊宋門
新門
朱雀門
保康門
蔡
角子門
新宋門
河
河
戴樓門
普濟水門
天清寺
東水門
南薰門
陳州門
廣利水門

北宋東京城圖

隨着東京的逐漸繁盛，不再有坊市之間的嚴格區分。這種變化在社會與經濟的發展中有着巨大的意義，它適應了商品經濟的趨勢，把商業活動從封閉的坊中解放出來，擴散到了大街小巷的沿線，形成了近代都市商業街的雛形，為都市商業拓展了新空間。於是出現了前所未有的商業新景觀：乾德三年（公元965年），宣佈不禁夜市，商業活動不再有時間限制，開封城內十字大街有所謂"鬼市"——五更點燈營業至天明；馬行街北至新封丘門大街，夜市營業至三更，到五更時分又再開張，至於"耍弄去處"（娛樂場所），營業"通宵不絕"。

東京開封街巷的格局，源於後周，宋初進一步作了規劃，四條大街作為御街，與南面的南薰門、西面的新鄭門（即順天門）、東面的新宋門（即朝陽門）、北面的新封丘門（即永泰門）相連接；此外還有東西向的橫街，如潘樓街、牛行街、踴路街、梁門大街，以及南北向的直街，如浚儀橋街、相國寺東門大街等。這些街都與巷連通，構成有規則的街巷網絡，把商業區與居民區打成一片，在許多交通便利的街巷中，都有繁華的"街市"，其中尤以東南西北四條御街最為熱鬧，由新興的行市、酒樓、茶坊、食店、瓦子以及日用品商店組成一個個摩肩接踵、晝夜喧鬧的商業中心。最為繁華的是北面御街的街市，從宮城南門（宣德門）東去，有東西向的潘樓街，從宮城東南角的東角樓向東，直到十字街頭，叫"土市子"，南有界身巷，是金銀綵帛的交易所，"屋宇雄壯，門面廣闊，望之森然。每一交易，動即千萬，駭人聞見"，是適應商業新發展而興起的貨幣金融交易中心。潘樓街既有集市性質的潘樓酒店，又有金銀行所在的界身巷，以及瓦子中最大的桑家瓦子。馬行街既有馬市和莊樓、楊樓、任店等酒樓，又有大小貨行所在的東西兩巷，以及醫行、藥行。新封丘門大街有州北瓦子和茶坊、酒肆、飲食店。

張擇端畫於公元1126年的《清明上河圖》，形象地再現了東京鼎盛時期的街市繁華景象。這幅長5.25米、寬0.255米的長卷，描繪清明時節前往汴河一帶遊覽的情景（所謂"上河"是東京的習俗，意為前往汴河遊覽）。畫卷由東水門外虹橋以東的田園起始，接着描繪汴河上的市橋及周圍街市，再描繪城門口的街市、十字街頭的街市，畫了各色人物七百七十多人、房屋樓閣一百多間、大小船舶二十多艘，蔚為壯觀，令人目不暇接。畫面上一座華麗高大的城門以內，有一隊滿載貨物的駱駝隊正從此門向東出城；城門內西面不遠處，有一座三層建築物——孫家正店，門前有彩樓歡門，十分富麗堂皇；街市上隨處可見商店的幌子，如"王家羅錦匹帛舖"、"劉家上色沉檀楝香"、"劉三叔精裝字畫"、"孫羊店"之類絲綢

《清明上河圖》

店、香藥店、裱畫店、飲食店，以及豪華的招商旅館——“久住王員外家”。值得注意的是，東京的大酒樓號稱正店，有72家之多，它們兼具商品交易的功能，有些就是商人同業組織開設的，如馬行開設的莊樓，牛行開設的牛樓，小貨行開設的時樓、礬行開設的白礬樓，作為同業商人看驗商品質量、商定價格、簽訂契約的場所，具有後世同業公所及交易所的性質。東京的酒樓、茶坊適應商業大潮，它們與娛樂場所——瓦子，都通宵營業，有“應招女郎” ——“濃妝妓女數百，聚於主廊簷面上，以待酒客呼喚”；有“陪酒女郎” ——“為酒客換酒斟酒”的，叫做“焌糟”；“有賣唱女郎”——叫做“扎客”或“打酒坐”。凡此種種，無不顯示東京開封迴然有別於昔日長安的新潮特色。

當時東京以經商為業的有兩萬多戶，其中640家資本雄厚的商戶，分屬160行，經營米、茶、鹽等商品貿易。各種商業中以金銀綵帛的交易額最大，而數量最多的是酒樓，除了上述號稱“正店”的72家大酒樓，還有3,000家左右稱號“腳店”的小酒樓，而更小規模的腳店則“不能遍數”。東京不但有數量眾多的商店、攤販，還有集中的貿易市場，以相國寺廟市最為著名，據《燕翼詒謀錄》說：“東京相國寺，乃瓦市也。僧房散處，而中庭兩廡可容萬人。凡商旅交易，皆萃其中。四方趨京師，以貨物求售，轉售他物者，必由於此。”這個市場每月開放5次：初一、初八、十五、十八、二十八，大抵是由廟會發展而成的。大三門內賣飛禽走獸，第二座三門內賣“動用雜物”；廣場上設彩幕、露屋、義舖，出售家用器物如蒲盒、簟蓆、屏幃、洗漱器皿、鞍轡、弓劍、時果、臘脯等。近大殿（彌勒殿）處，出售老字號名牌產品：王道人蜜餞、趙文秀筆、潘谷墨；兩廊出售繡作、領抹、花朵、珠翠首飾、幞頭帽子等。大殿後、資聖閣前，出售書籍、古玩、圖畫、土產、香藥之類。每逢廟市日子，萬商雲集，算命卜卦、雜技女樂也來此獻藝，相國寺成了一個大型百貨商場和遊樂場。此外，還有遍佈於全城的酒樓、茶坊集市（夜市）、城門口街頭和橋頭集市（早市）、瓦子集市等。

東京倚汴水建城，汴水北通黃河，南通淮河、長江，因此東京市場上有來自江淮的糧食、沿海各地的水產、遼與西夏的牛羊，以及來自全國各地的酒、果品、茶、絲絹、紙、書籍，還有日本的扇子、高麗的墨料、大食的香料與珍珠。東京濃厚的商業氣息，昭示着北宋的商業已進入一個新的歷史階段。據黃仁宇的《中國大歷史》說，當時商品交換的價值合計相當於1,500萬～1,800萬盎司黃金，折成現在的價值，約合60億～70億美元。如此龐大的財貨流通，在當時世界上是絕無僅有的。

在這種背景下，貨幣也發生了突破性的變革——出現了世界上最早的紙幣。

北宋貨幣以銅錢為主、鐵錢為輔，金銀作為貨幣的流通量不大。當時每年鑄造的銅錢已是唐朝的一二十倍，大約有一萬五千多噸，仍舊滿足不了日益增長的商品流通的需求，出現了“錢荒”。何況銅錢、鐵錢體積大、份量重，對於長途販運貿易或巨額批發交易，十分不便。於是紙幣應運而生，宋真宗初年，益州（今四川成都）16戶富商聯手發行一種錢券，稱為“交子”。這種交子是由商業中的信用關係（俗稱“賒”），孕育出來的一種容易攜帶的輕便貨幣。宋仁宗天聖元年（公元1023年）政府收回發行紙幣的權力，有益州設立“交子務”，負責印刷、發行交子，改變了先前私家發行時沒有固定面額和流通期限、沒有資金準備與兑現保障的缺點，規定每兩年一界，每界發行額為125萬餘貫，備本錢36萬貫鐵錢，以便持交子者在取現錢時兑取。這種政府發行的紙幣的特點是，面額固定並蓋有官印，用戶納入

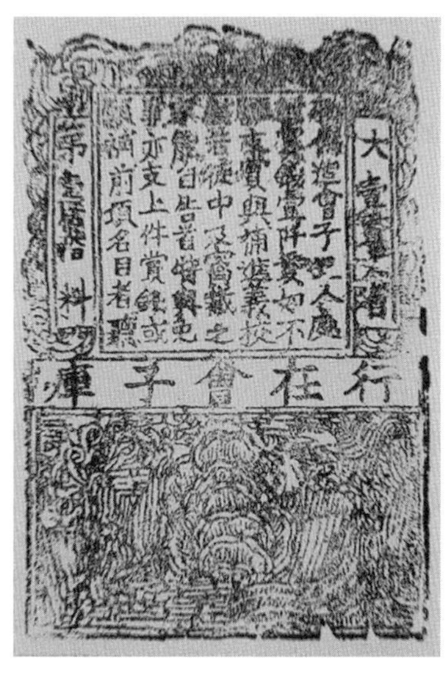

交子鈔版拓本

現錢換取交子時，要把商業字號登記入簿，兌現時按字號銷賬，以防偽造；用戶納入現錢兌換交子時，要扣下三十文錢入官，作為紙墨費，不同於民間交子兌現時才收利息；它有一定流通期限，有固定機構負責印刷，發行和回籠。起初交子只在川陝路流通，後來擴大到陝西路、河東路，政府便在開封設置交子務，負責面向全國的交子的發行事宜。南宋時由於銅錢大量外流，錢荒愈加嚴重，紙幣逐漸成為主要貨幣，有四川錢引、湖廣會子、兩淮交子（以鐵錢為本位）、東南會子（以銅錢為本位）。所謂"會子"，原先叫"便錢會子"，是市場金融關係中自發產生的，"便錢"即匯兌，"便錢會子"當是匯票、支票之類的票據，大約在12世紀四五十年代，才發展成為兼有流通手段職能的銅錢兌換券。

交子、會子由於機制的不完備，出現了許多弊端，但它作為最初的紙幣在商業和金融發展進程中的歷史意義是不容低估的。在歐洲，瑞典是發行紙幣最早國家，時間在公元 1661 年，比中國紙幣的出現晚了六百多年。

宋朝商業呈現"網絡狀"分佈格局，即以大都市為中心，城鎮市場為拱衛，鄉村集市墟場為外圍的分佈狀態。城鎮環繞都市，集市環繞城鎮，形成區域市場。漆俠《宋代經濟史》認為，宋朝商品流通有兩種運動形式：一是農副產品的"求心"運動，即糧食、布帛等來自農村的產品通過鎮市向城市集中；一是手工業產品的"輻射"運動，即手工業產品在某一產地大批量生產後，由商人運往各地經銷。商業與服務行業的發展，促使人口向城市集聚，坊郭戶在當時單列戶籍，標誌着城市經濟的發達和非農業人口的增加。有的學者指出：宋朝是中國歷史上城市人口比例最高的一個時代，北宋城市人口佔總人口的 20.1% ，南宋則高達 22.4% ，作為一家之言，不無啟發意義。人口向城市的集聚，既為農產品創造了市場，又刺激了農村商品生產。隨着商業的突飛猛進，宋朝商人人數增多，資金雄厚，開封城中，坊郭戶的資產"百萬者至多，十萬而上，比比皆是"。於是商人的社會地位明顯提高，商人可以入仕，致使官商一體。人們的觀念也在發生變化，范仲淹《四民詩》說："吾商則何罪，君子恥為鄰。"李覯在《富國策》中闡述了"商人眾則入稅多"的觀點，與荀子倡導的"工商眾則國貧"的傳統觀點截然相反。

以上關於商業革命的粗略一瞥，顯示了宋朝經濟發展水平在世界上的領先地位，由於契丹、女真、蒙古的相繼南下，連年不斷的戰爭阻斷了這一發展勢頭。

64.契丹的興起與遼的二元化體制

契丹族與秦漢時的東胡，魏晉南北朝的烏桓、鮮卑有着淵源關係，遊牧於遼河流域，東有高麗，西有突厥，南有強大的唐朝。安史之亂後，唐朝在北方的統治衰微，突厥也被回鶻取代，契丹趁機發展，9世紀後期日益強大。

當時契丹的社會是以地域關係為基礎的氏族聯合體，逐漸形成部落聯盟。聯盟首領是由部落酋長議事會選舉產生的。此後，又在聯盟首領外設立了軍事首領“夷離堇”。9世紀末，聯盟首領由遙輦氏世襲，軍事首領由耶律氏世襲。

世襲軍事首領耶律氏在對外征戰中擴大了權力，積累了財富，擁有大量人口、牲畜的耶律阿保機，在公元907年推翻了遙輦氏，任契丹部落聯盟首領。公元916年，耶律阿保機建立契丹國，稱帝建元，即後人所稱遼太祖，年號神冊，都城臨潢府（今內蒙巴林左旗），成為中原最大的威脅，左右五代興亡的重要外來因素。五代與契丹的對峙時期，石敬瑭把幽（今北京）雲（今大同）十六州割讓契丹，更加助長了契丹對土地的貪慾。公元944年，契丹從幽州、雲州兩路南下，公元946年再次南下，進佔後晉都城開封，耶律德光於公元947年在開封舉行即位儀式，改國號為大遼。一個北方民族皇帝的即位儀式選擇在中原的開封舉行，其意味是深長的。雖然耶律德光不久即北撤，但此後遼與中原王朝的對峙局面一直持續了很久。幽雲十六州的割讓對五代以後的一二百年歷史帶來了嚴重的後果，這一地區是北方邊防重鎮，沿線有燕山山脈，古長城，地勢險要，易守難攻；南面則是暴露無遺的平原，騎兵可長驅直入，石敬瑭的餘毒流害了幾百年。

鎏金銀雞冠壺

遼的版圖大約相當於今東北、蒙古、河北及山西北部一帶。契丹之名隨其勢力的西漸而遠揚，中世紀的西方人稱中國為Kitai，與此有密切的關係。

遼境內生產與生活方式不同的民族有兩

覆金面具

類：一類是"耕稼以食，城郭為家"的漢族和原渤海國人；一類是"漁獵以食，車馬為家"的契丹族和其他北方民族。為了適應這種情況，遼制定了蕃漢分治的二元化政治體制。遼的中央官制有南面、北面之分；"以國制治契丹，以漢制待漢人"。主管蕃事的北面官治契丹宮帳，部族、屬國之政，辦事衙門設在皇帝牙帳之北；主管漢事的南面官治漢人州縣軍馬租賦之事，辦事衙門設在皇帝牙帳之南。這就是《遼史·百官志》所說："蕃不治漢，漢不治蕃，蕃漢不同治。"

遼所統治的版圖，從經濟形態上分，大體是3個區域：遊牧區、遊牧農耕混合區、農耕區，遼的統治者採取以遊牧民族為主與農耕民族為輔的二元化體系，上述政治制度二元化就是以此為基礎的。遼的皇帝與統治中樞始終留在契丹興起的上京臨潢府一帶及中京大定府一帶；契丹民族長期保留遊牧民族的習氣，斡魯朵、捺缽的存在就反映了這種狀況。

遼君主的居所稱為斡魯朵。斡魯朵（Ordo）一詞，在突厥語、蒙古語、通古斯語中幾乎是共同的，意為帳篷。《金史》作斡里朵，《元史》作斡耳朵，《元朝秘史》作斡兒朵，《長春真人西遊記》作兀里朵、窩里朵，《黑韃事略》作窩里陀，都是同一詞的不同音譯法。北方遊牧民族居住氈帳，君主常居中央，所以君主的氈帳稱為"斡魯朵"，即宮帳、宮衛。《遼史·營衛志》說："有遼始大，設制尤密，居有宮衛，謂之斡魯朵。"斡魯朵是遼君主的常駐地，也是他死後陵寢的所在地，往往成為部落集團駐屯地的中心點。

君主的行營（或行在、行宮），稱為"捺缽"，它適應了遊牧遷移的需要，由氈帳、車輛構成。它是"四時行在之所"，春夏秋冬四時，皇帝率大臣、軍隊各處移動，有春捺缽、夏捺缽、秋捺缽、冬捺缽。

斡魯朵與捺缽所在之處，都必須佔地，不論俘掠戶還是軍隊都必須分配土地，由於流動性較大，所以土地關係是不固定的。斡魯朵領有的大量土地，構成皇帝及其后妃的私人領地，稱為“御莊”。在這些領地上服勞役的生產者是宮戶，宮戶包括契丹本部及漢人、渤海人及其他俘戶，進獻牲口或犯罪沒入人戶，還有自願加入宮籍的人戶。宮戶不僅是斡魯朵的一切經濟負擔的承當者，而且也是戰時編制宮衛騎兵的承當者。

在向南的擴張中，在由遊牧經濟向農耕經濟的過渡中，契丹貴族大量地俘掠人口，並把俘掠到的人口強制性地與土地結合起來，建立起屬於自己的私城，即頭下州軍。所謂“頭下”，也稱為“投下”，兩者同音同義。《遼史．地理志》說：契丹貴族“以征伐俘戶，建州襟要之地，多因舊居名之，加以私奴，置投下州”，成為他們的世襲領地，因大小不等而分別稱為頭下州、軍、城、堡，不能成州的稱為軍（縣），不能成軍（縣）的稱為城，不能成城的稱為堡。這種頭下，是諸王、后妃、公主、駙馬、外戚、功臣及諸部酋長的領地、領民。構成頭下州軍的主體，是俘掠來的奴婢化、部曲化的農民，即頭下主的私戶，契丹領主的依附領民——農奴，以其所提供的勞役來供養領主統率的各種軍隊。領主的領民既要承擔本主的課稅，又要承擔朝廷的課稅，於是頭下戶逐漸演變成二稅戶。

隨着聖宗、興宗、道宗統治時期（10世紀末～11世紀初）經濟的發展與民族的融合，農耕經濟日漸興旺而遊牧經濟日趨衰落，於是遼朝統治者為適應這一趨勢，把遊牧與農耕的二元化體制變為以農耕為主的一元化體制，契丹的部族制漸次消失，漢化趨於完成。

遼聖宗以後，漢族的高度文明為契丹貴族所接受，融入了遼的文化之中。遼聖宗時重修雲居寺（位於今北京房山縣），發現隋唐時代開鑿的石室、石經，遼聖宗命僧人繼續刊刻經板，補缺續新，刻完《大般若經》、《大寶積經》，與原存石經《涅槃經》、《華嚴經》合稱“四大部經”，是對佛教經典的一次校勘整理。興宗時開始校印佛經的總集《大藏經》，用木板雕印，共597帙，為與宋太宗時成都雕印的大藏經（宋藏）相區

契丹文字

別，遼印本通稱“丹藏”（契丹藏經）。現存薊縣獨樂寺觀音閣，建於遼聖宗統和二年（公元984年），是3層重疊的木構建築，繼承了唐的框架法建築傳統。現存北京天寧寺磚塔、寧城（遼中京）磚塔、山西應縣木塔，都是實體，八角層簷，是一種創新。

由於漢化程度的加深，見於記載的遼朝文學作品多用漢字書寫。但遼朝創造了契丹文字，稱為契丹大字、契丹小字，久已失傳。契丹大字和小字是根據漢字字體而改作的拼音字。大字是以幾個音符疊成契丹語的一個音綴，在形體上仍仿漢字合成一個方塊字；小字筆畫稍簡，又稱“小簡字”。公元1932年，在遼皇陵（今遼寧白塔子）出土道宗與宣懿皇后的哀冊刻石，是用契丹字寫的，於是契丹文字引起學者們的關注。近年來，又陸續發現了一些墓誌、銅鏡都有契丹文字，其中有一些目前還不能通解其含義。

65.党項羌與西夏

党項是羌族的一支，但並非純粹的羌族共同體，至少融合了鮮卑與羌兩個民族，所以文獻稱為“雜虜”。原先居住在今青海省東南部的黃河曲一帶，隋唐時期逐漸向外擴展，東及松州（今四川松潘北），西抵葉護（西突厥領地，位於今新疆境內），南鄰春桑、迷桑諸羌（今青海果洛藏族自治州），北接吐谷渾（今青海北部與甘肅南部）。八九世紀間，党項受吐蕃侵逼，逐步向甘肅東部、寧夏及陝西北部遷移，其中遷到夏州（今陝西橫山縣）的一部叫“拓跋部”，受唐朝賜姓李，從此夏州拓跋氏改稱“李氏”。宋朝建立後，加封夏州政權的掌權者李彝殷為太尉，死後又贈封夏王。銀州防禦史李光儼之子李繼遷，在勢力逐漸壯大之後，向遼聖宗稱臣請婚，遼朝冊封他為夏國王，從此李繼遷和遼結成犄角之勢，困擾宋朝。李繼遷之子李德明嗣位後，一面向宋朝納貢求和，一面向遼朝請求冊封。景德三年（公元1006年），宋真宗任命李德明為定難軍節度使，封西平王，並賜銀1萬兩、絹1萬匹、錢3萬貫、茶2萬斤。遼朝也封李德明為大夏國王。李德明之子李元昊嗣位後，不斷開疆拓土，於公元1038年正式稱帝，國號“大夏”，自稱“邦泥定圖兀卒”，按西夏語“邦泥定圖”意即“白上國”；“兀卒”意即“青天子”。這時夏國的疆域，東臨黃河，西盡玉門關（今甘肅敦煌西小方盤城），南迄蕭關（今甘肅環縣北），北抵大漠。景宗元昊完成了河西地區的統一，使疆域擴大為20個州；以後西夏疆域最後定型時，有22州之地，加上實際領有的若干州，共有32州之地。

元昊模仿宋朝制度建立政府機構，行政機關叫“中書”，軍事機關叫樞密，財政機關叫“三司”，監察機關叫“御史台”，此外，管理首都事務的叫“開封府”，管理宿衛的叫“翊衛司”，管理官吏任免的叫官計司，管理倉儲收支的叫受納司，管理農田水利的叫農田司等。夏的官制與遼一樣，也是蕃漢並行，蕃漢分治。

党項族男子15歲成丁，平時從事農牧業生產，戰時應徵入伍，堪稱全民皆兵，總計可徵兵額約五十餘萬。兵丁自備弓矢甲冑，自帶糧草，由官府發給馬、駝各一。每當徵發兵丁時國君以銀牌召部落首領面受約束，部落首領各統領本部兵應召；出征前各部落首領刺血盟誓，由國君率領他們進行射獵儀式，讓他們發表戰略戰術意見。元昊又設立十萬“擒行軍”——以俘獲人口為職責，是夏國的精銳武裝力量，裝備精良，把旋風炮置於駱駝鞍上，發射石彈攻擊敵人。這種軍隊戰鬥力十分強勁，宋與夏發生戰爭，每每夏方取勝，這是一個重要原因。

党項人一向從事遊牧業，自從李繼遷提倡農耕、興修水利以來，農業生產有所發展，河西、隴右地區農牧兩旺。夏的中央政府設有主管畜牧業的群牧司，官營的畜牧業是政府收入的重要來源。它的手工業很有特色，尤其是冶鐵業與兵器製造業十分發達，因此從夏輸入宋的物資中首推兵器。例如神宗熙寧年間傳入宋境內的“神臂弓”，製作精良，以優質木料製成弓身、弓鞘，還以“鐵為槍鐙，銅為機，蔴索繫紮絲為弦”，“能洞（穿）百扎”。以後韓世忠仿照“神臂弓”製造了“克敵弓”，威名蓋世。又如夏國製造的佩劍，被宋人譽為“天下第一”，宋欽宗曾“佩夏國寶劍”，於此可見一斑。它外表美觀，鋒利無比，“試人一縷立褫魄，戲客三招森動容”。

西夏統治西北地區，以其稱帝立國計，達190年，以“雖未稱國而王其土”計，則歷347年，在境內改年號、訂官制、建都府、更禮樂，儼然西陲一大國。西夏確有一批雄才大略的統治者，故能以西陲之地先後與遼、金、宋相抗衡，當時宋朝傾全力未能挫其鋒滅其銳。它在短暫的時期內，創造出的文化，有着獨特的意蘊，至今仍令世人矚目。

西夏文化深受漢文化影響，其統治者多喜愛漢文化，大量翻譯漢文典籍，或依據漢籍編譯新著，湧現出一批對漢文化頗有造詣的文人學士。如儒家斡道沖，詩人濮王仁忠，撰修夏國實錄的焦景顏、王劍，編纂《番漢合時掌中珠》（夏漢對照雙解詞集）的骨勒茂才，寫作《夏國譜》的羅世昌等。西夏從宋輸入“九經”（《易》、《書》、《詩》、《春秋》、《左傳》、《禮記》、《孝經》、《論語》、《孟子》），始終奉行宋朝曆法，

西夏文物

隨着漢化的加深，夏人“讀中國書籍，用中國東服”，宋朝“許夏國用漢衣冠”，每年十月派人“押時服賜夏國”。

西夏文化中最獨特之處是創造了自己的文字。夏景宗元昊和野利仁榮等創製的西夏文字稱為“國書”，模仿漢字，字形方整。字體的創製，多用漢字六書的會意法。西夏國書創製後，公私文書都用國書書寫，但漢字仍通行，夏給宋的公文，多用西夏文和漢文並列書寫。隨着西夏文字的廣泛應用，出現了不少說明西夏文字音韻、字義、結構的著作，以及譯成西夏文字的儒家經典，如《孝經》、《論語》、《孟子》等。蒙古滅亡西夏之後，曾輝煌一時的西夏文化遂湮沒無聞，600年後重見天日，引起了世界的驚歎。

公元1908年～公元1909年，俄羅斯探險家彼・庫・科茲洛夫一行受皇家地理學會委派，對淹沒於荒漠之中的昔日西夏王朝重鎮——黑水城故址進行考古發掘，發現了大批文物，特別是在西城外一座高約10米、底層面積約12平方米的佛塔內，發現了層層疊疊的書籍、簿冊、經卷、佛畫、塑像等，他們驚呼簡直是找到了一個中世紀的圖書館、博物館。公元1909年秋天，這批珍寶運抵聖彼得堡，藏入俄羅斯科學院東方研究所聖彼得堡分所。由於西夏王朝被蒙古所滅，西夏文字成為今人難識讀的死文字，十分慶幸的是在黑水城文獻中發現了西夏王朝後期學者骨勒茂才編的《番漢合時掌中珠》，以及另一本西夏著作《文海寶韻》，使識讀西夏文字成為可能。

黑水城文獻中西夏文典籍主要有以下一些：

（一）語言文字類　除了《番漢合時掌中珠》、《文海寶韻》，還有收錄6,000個西夏文字（全部）的字典《音同》，表示西夏語語音體系的《五音切韻》，同義詞詞典《義同》等；以及識字讀本《新集碎金置掌文》、《三才雜字》，仿《藝文類聚》體例的類書《聖立義海》等。

（二）政治法律類　有《天盛改舊新定律令》（簡稱《天盛律令》），繼承唐律、宋律並有所拓展；有《亥年新法》對《天盛律令》中關於佛教寺院的規定有所增補修訂。

（三）古籍譯文類　如宋人呂惠卿注《孝

經》，久已佚失，可由西夏文譯本窺其原貌；又如唐人于立政所編《類林》也已佚失，可由西夏文譯本恢復其原貌。

（四）佛教典籍類　西夏文佛典是黑水城文獻中數量最多的一種，有譯自漢文的佛經，也有譯自藏文的佛經，還有卷帙浩繁的西夏文大藏經。

值得注意的是，黑水城出土的漢文殘曆書，是活字印刷本。這是活字印刷術發明以後，留存於世最早的活字印刷書籍。

西夏滅亡後，大批文物毀而不存，海外學者驚歎絲綢之路上的一顆明珠消失了。隨着時間的推移，西夏王國之謎越積越多。近幾年來，《俄藏黑水城文獻》的陸續出版，現在終於可憑藉黑水城文獻去破譯早已消亡的西夏王國之謎了。

66.宋對遼、西夏的妥協

宋朝面臨北方的遊牧民族的威脅，始終一籌莫展，這一方面與宋朝的積貧積弱有關，另一方面也與遊牧民族的特殊優勢有關。西方學者說，遊牧民族的驚人力量來自結合在一起的許多因素。只舉一例便可知其威力，例如鐵馬鐙的採用，使騎兵有一個牢固的踏腳之處，可以站起來射箭，使遊牧民族在戰術上勝於中原農民組成的步兵。直到近代火器出現之前，騎兵比步兵佔有明顯的優勢。一個騎兵三匹馬（兩匹供換騎），穿上盔甲，使用兩把弓，帶一把斧、一柄劍、一根繩和一些乾糧。在開闊的平原上，契丹戰士發明了一種連鎖陣，有先鋒、兩翼、中心和皇帝衛隊組成。他們一般不用優勢兵力發起近戰，而是採用切斷敵方供給以及伏擊、誘敵的戰術，因此屢戰屢勝。

宋太祖曾兩次發兵進攻北漢，未能取勝。太平興國四年（公元979年），宋太宗又率軍攻北漢，包圍太原，擊敗前來援救的遼軍，迫使北漢投降。為了完成統一大業，收復石敬瑭割讓給契丹的幽雲十六州之地，宋太宗決定乘勝北伐遼國。雖然初戰告捷，連克易州（今河北易縣）、涿州（今河北涿縣），但在高梁河（今北京西直門外）一戰遭到慘敗，宋太宗中箭，乘驢車撤退，遼軍轉敗為勝。

雍熙三年（公元986年），宋軍再度北伐：東路軍由曹彬率領，由雄州（今河北雄縣）北攻涿州；中路軍由田重進率領，由飛狐（今河北淶源）北攻蔚州（今河北蔚縣）；西路軍由潘美、楊業率領，出雁門（今山西代縣），攻山後諸州。宋朝方面的作戰方針是一廂情願的，企圖以東路軍牽制遼的主力，使西路、中路能攻下山後諸州，然後合

宋太宗像

擊幽州。遼國方面卻始終把幽州作為戰略重點，制訂了重點防禦、伺機反擊的作戰方針。因此，宋西路軍攻下寰州（今山西朔縣東）、朔州（今山西朔縣）、應州（今山西應縣）、雲州（今山西大同），中路軍攻下蔚州，東路軍卻受到重創，慘敗於岐溝關（今河北淶水東），西路軍、中路軍被迫撤退。潘美、楊業奉命掩護雲、應、寰、朔四州民眾內遷，楊業提出了一個可保萬全的撤軍方案。據《楊家將史實考》說，按照楊業提出的這條路線，宋軍由代州經繁峙直插應州，切斷攻佔寰州遼軍的後路，必然迫使遼軍退兵爭寰州，雲、朔、應等三州民眾便可趁機撤離。但是監軍王侁等人反對這一方案，詆譭楊業有"他志"，迫使楊業冒險迎敵。楊業自知此戰必敗，臨行前泣求潘美等在陳家谷口（今山西朔縣南）佈置援兵接應，以防全軍覆沒。潘美等以為遼軍敗走，違約擅離陳家谷口。楊業遭遼軍伏擊，退回陳家谷口，不見援兵，拚死力戰，士兵死傷殆盡，他自己身負重傷，墜馬被俘。他堅貞不屈，絕食三日而死。

楊業（？～公元986年），原名重貴，麟州新秦（今陝西神木）人，青年時為後漢河東節度使劉崇部將，劉崇建北漢政權時，改名為"繼業"，賜姓劉，擢建雄軍（今山西代縣）節度使，與遼軍交戰屢建戰功，號稱"無敵"。宋太宗攻北漢時，隨北漢主降宋，復姓楊，名業，為左領軍衛大將軍。一代名將楊業之死，朝野震驚，宋太宗下令追贈他為太尉、大同軍節度使，並將潘美降三級，王侁除名編管。楊業之子楊延昭，號稱"六郎"，其孫楊文廣（延昭之子）繼承遺志，在抗擊遼、西夏的戰爭中，功勳顯赫。民間傳說中，延昭之子宗保，宗保之子文廣。楊氏四代英雄業績於當時即被傳頌，後經評話、戲曲、小說渲染成楊家將故事。

宋太宗兩次北伐失敗，放棄收復幽雲十

六州的計劃轉而對遼採取守勢。由於幽雲以南無險可守，只能在平原上疏浚沿邊河道，築堤貯水，種植榆柳，設置寨舖，抵禦遼軍南下。而遼方則由守勢轉為攻勢，從此契丹騎兵不斷南下縱橫馳騁，宋軍被動挨打，連遭敗績。

宋真宗景德元年（公元1004年），遼軍在承天皇太后和遼聖宗率領下，藉口收復瓦橋關（今河北雄縣舊南關）以南十縣之地，侵犯宋境。由於遼軍善於野戰，不善於攻城，繞開宋軍固守的城鎮，直撲黃河沿邊的澶州（今河南清豐西，古稱“澶淵”）城北，威脅東京開封。朝廷上下驚慌失措，有的主張遷都昇州（今江蘇南京），有的主張遷都益州（今四川成都），新任宰相寇準力排眾議，敦促宋真宗親往澶州前線督師。寇準起用在對遼戰爭中屢建戰功的楊嗣和楊延郎（即楊業之子楊延昭），宋軍在澶州前線用伏弩射死遼南京統軍使蕭撻覽，遼軍的囂張氣燄頓時受挫，雙方陷入相持局面。

遼軍此次南下，本意是掠奪財物、進行政治訛詐，無意於攻城掠地，一旦受挫便表示願與宋朝議和。宋真宗對於此次出兵抗擊原本缺乏信心，獲悉遼方的議和信息，正中下懷，立即派官員到澶州遼營求和，只要遼軍盡快北撤可以不惜任何代價。這次宋遼會盟史稱澶淵之盟，雙方約定：（一）宋朝方面每年向遼朝繳納銀10萬兩、絹20萬匹；（二）沿邊州軍各守疆界，兩方不得交侵，不得收容對方逃亡者；（三）雙方不得創建城堡、改移河道；（四）遼帝稱宋帝為兄，宋帝稱遼帝為弟。

宋方以如此沉重的代價換得遼方的撤兵，宋真宗還大喜過望，慶祝勝利。原先主張遷都昇州的王欽若，此時搖身一變，在宋真宗面前攻擊寇準把皇上當作“孤注”，訂立“城下之盟”，致使寇準罷官而去。真宗的繼承者仁宗仍然奉行屈辱求和方針，不修邊防，遼兵揚言南下立即派官求和，答應每年增加銀10萬兩、絹10萬匹，以此來謀求

寇準像

邊境的苟安。

宋對遼如此屈辱忍讓，反映了朝廷上下缺乏抗敵信心，深懼遼軍。仁宗時曾兩度赴遼交涉，堅拒割地的富弼也不得不承認："契丹委實強盛，兵馬略集，便得百萬，來則無以枝梧"；主張富國強兵的王安石也提醒神宗："今河北未有以應契丹，未宜輕絕和好"。澶淵之盟是宋對遼屈辱外交的開端，雖然換來了河北二十多年的和平，卻後患無窮。初時對遼是否能長期信守盟約疑慮不定，由於幾次邊界騷動後來都歸於無事，宋對盟約的疑慮漸釋，君臣邊將戒心日弛，防務荒廢。到了北宋末年，河北官兵士氣蕩然無存，一向視為天下根本的河北防務名存實亡，為日後的"靖康之變"埋下了禍根。

和遼成犄角之勢的西夏也是宋朝的一大威脅，宋朝把對遼妥協的手段運用到西夏，如法炮製。

李繼遷接受遼的冊封稱夏國王之後，宋太宗給賜姓李改名"保吉"，授予銀州觀察使官銜。李繼遷不接受，並不斷騷擾沿邊各州縣，奪取宋軍押赴靈州(今寧夏靈武西南)的糧草，並發兵攻打靈州。宋軍分五路解靈州之圍，始終不能取勝。李繼遷之子李德明嗣位後，傾全力向西攻取河西一帶，決定與宋朝改善關係。景德三年(公元1006年)，宋真宗冊封李德明為定難軍節度使、西平王，每年以"賞賜"名義給李德明銀1萬兩、絹1萬匹、錢3萬貫、茶2萬斤，換回西北邊界30年的安定。寶元元年（公元1038年），李元昊稱皇帝，建立大夏國，撕毀和約，向宋進攻，朝廷大臣面面相覷，無人肯表態。宋朝西北邊境三四十萬駐軍，在不佔優勢的夏軍衝擊下，全面崩潰。公元1040年延州之戰，公元1041年好水川之戰，公元1042年定州之戰，連連戰敗。

宋仁宗命延州知州龐籍與西夏求和，慶曆四年（公元1044年），雙方達成和議：宋冊封元昊為夏國主，宋夏名義上君臣相稱，宋每年以"賞賜"名義給夏銀5萬兩、絹13萬匹、茶2萬斤，此外還得在節日贈夏銀22,000兩、絹帛23,000匹、茶1萬斤。以妥協換取西北邊境的苟安。

宋對遼、西夏的妥協，反映了宋的積弱已相當嚴重了。斯塔夫里阿諾斯的《全球通史》戲稱：宋朝皇帝每年要向遊牧民"送禮"，是宋朝的一個致命弱點，遊牧民入侵十分容易，"送禮"政策實行了一個半世紀。

67.女真的興起與遼的滅亡

女真即隋唐時的靺鞨。粟末靺鞨建渤海國，五代時被契丹吞滅；黑水靺鞨也臣服於契丹。後來稱為女真的就是黑水靺鞨。

契丹為了加強對女真的統治，把生活在遼陽一帶逐漸接受遼文化的女真部落，編入遼的戶籍，稱為“熟女真”，又稱為“曷蘇館女真”（意為籬笆內的女真）；生活在松花江以北寧江州（今吉林扶餘）以東的女真部落，保持本族習俗，不編入遼戶籍，稱為“生女真”。他們向遼朝交納貢品，並以馬匹毛皮與遼人交換商品。生女真沒有文字曆法，依靠草木生長來計算季節的更替；沒有房屋，只是架木於崖坎上，用土覆蓋，“夏則出，隨水草以居；冬則入處其中，遷徙不常”。他們主要依靠狩獵和遊牧維持生活。

11 世紀初定居在黑龍江的支流阿什河（舊名按出虎水）流域的生女真完顏部，開始種植五穀，砍伐樹木，製造車船，修建房屋，又掌握了燒炭冶鐵等技術。完顏部運出砂金、東珠、馬匹、貂皮、人參等，換回武器，擴充軍備，勢力日漸強大，吞併了女真各部：白山部、耶悔部、統門部、耶懶部、土骨論部，以及“五國部”，組成部落聯盟，其他各部也陸續加入聯盟。完顏部的首領烏古乃死後，各部落間相互擄掠、爭鬥不斷，徒單部另組十四部聯盟，烏古論部組成十四部聯盟，蒲察部組成七部聯盟，這三個聯盟聯合攻打完顏部的十二部聯盟。完顏部的聯盟長盈歌、國相撒改、盈歌之侄阿骨打

大定通寶

起兵迎戰，擊敗了三聯盟，組成統一的部落聯盟，盈歌命阿骨打通告各部：此後不准再自稱“都部長”（聯盟長）。完顏部盈歌為首的聯盟成為女真各部統一的聯盟，盈歌按照阿骨打的建議，禁止各部自置牌號，統一於聯盟，以完顏部的法令作為聯盟各部落的統一法令，奠定了此後建立金朝的基礎。

完顏阿骨打（漢名完顏旻）是金朝的開國皇帝，祖父烏古迺、父劾里鉢是完顏部首領，叔父頗剌淑、盈歌是部落聯盟的聯盟長。盈歌死，阿骨打長兄烏雅束任聯盟長；烏雅束死，阿骨打繼任聯盟長，稱都勃極烈。當阿骨打瞭解遼朝內部虛弱的信息，決定起兵反遼，擺脫遼的控制，於公元 1114 年向遼統治下的寧江州（今吉林扶餘東南小城子）進攻，不久又在出河店（今黑龍江肇

源西南）大敗遼軍，乘勝攻佔賓州（今吉林農安東北紅石壘）、咸州（今遼寧開原老城鎮）等地，聲威大振。

遼天慶五年（公元1115年）正月初一，完顏阿骨打稱帝，建國號大金，立年號收國，定都於會寧府（今黑龍江阿城南白城子），正式建立了與遼朝相對抗的金朝。之後，阿骨打率軍攻克遼北重鎮黃龍府（今吉林農安），並在護步答岡（今黑龍江五常以西）大敗遼天祚帝的親征大軍。次年，奪取遼東半島以東地區，年底加號“大聖皇帝”（太祖）。

金朝建立後，阿骨打廢除原來的部落聯盟長制度，代之以皇帝制度，廢除部落聯盟時的“國相”制度，代之以勃極烈制度（勃極烈，女真語意為大臣）。中央由勃極烈四人組成輔政機構，阿骨打弟完顏晟（吳乞買）為大勃極烈，原國相撒改為諸部統帥勃極烈，辭不失為第一勃極烈，阿骨打弟完顏杲為第二勃極烈。

猛安謀克是女真社會中值得注意的一種組織形式，早期的猛安謀克與部落氏族關係極為密切。女真人平時在稱為“孛堇”的部長領導下從事生產，戰時這些“孛堇”帶上猛安或謀克的稱號，率其部出征。猛安，女真語的音譯，其意為“千”，故《金史》譯為千夫長；謀克，女真語的音譯，其意為“鄉里”，引伸為百夫長。女真人“壯者皆兵”，兵民合一，生產與保衛合一。阿骨打即位的第二年（公元1116年），始命以三百戶為謀克，十謀克為猛安。契丹人也編為猛安謀克，以後又把漢人、渤海人編入猛安謀克，這是為了經略南方在軍事上採取的權宜手段。這種部落兵戰鬥力極強，“遼人嘗言：‘女真兵若滿萬，則不可敵。’”

金朝建立後，繼續不斷地向腐敗不堪的遼朝發動攻擊，連連告捷。

宋朝方面見金戰勝遼，錯誤估計形勢，幻想“以夷制夷”，從中漁利。宋徽宗與大臣蔡京、童貫密謀，決定聯金滅遼，趁機收復幽雲十六州。公元1118年，武義大夫馬政帶着這一使命，以買馬為幌子，從海上乘船去金朝探聽虛實。此後，宋金使者頻繁接觸，終於在公元1120年簽訂了宋、金海上之盟，雙方約定：宋、金南北夾攻遼，金取長城以北的中京大定府（遼寧昭烏達盟寧縣城境），宋取長城以南的南京（燕京）析津府；遼滅亡後，宋把原來貢獻給遼的“歲幣”如數給金。

不久，金軍對遼展開了全面的攻勢，相繼攻克中京大定府、西京大同府以及南京（燕京）析津府。至於宋朝方面一心只想“以夷制夷”，根本沒有認真備戰。儘管這時的遼朝已陷入滅頂之災，由昏庸的童貫、蔡京為正副統帥的宋軍，依然不是遼軍的對手，根本不堪一擊，連戰連敗，把熙寧、元豐變法以來積存的軍需全部折損殆盡。金太祖阿骨打攻下燕京後，責備宋方不出兵夾攻的同時，提出交還燕京的條件：宋朝向金朝繳納燕京代租錢100萬貫。宋徽宗只得照辦，每年除向金繳納“歲幣”40萬以外，又增加了100萬貫“燕京代租錢”。金軍撤退時把燕京城內的財物人口擄掠一空，宋朝以如此沉重的代價換回來的是“城市丘墟，狐狸穴處”的一座空城，以及附近六州殘破之地。

令人啼笑皆非的是，宋徽宗和王黼、童貫之流竟把上述行徑吹噓成“不世之功”，是收復失地的大“凱旋”，自欺欺人地陶醉在雲裡霧裡。然而此時危機已經逼近，宋、金夾擊遼的過程把宋朝的虛弱暴露無遺。金太祖阿骨打死後，其弟——金太宗繼位，繼續發兵攻遼，公元1125年俘虜遼天祚帝，遼朝宣告滅亡。至此，宋、金之間的緩衝地帶已不復存在，宋就成為金的下一個侵略目標。宋、金海上之盟的教訓是深刻的，其中之一便是，把敵人的敵人視作朋友是危險的外交策略，往往玩火自焚。不料南宋時又重蹈了這樣的覆轍。

吹笛擊節板陶俑

十一．南宋與金的對峙時期

68.“靖康恥”與岳飛抗金

“元祐更化”後，變法與反變法的爭議演化為統治集團上層的朋黨之爭；敵對雙方彼此意氣用事，置國家社會利益於不顧。這種鬥爭一直持續到北宋的滅亡。

元符三年（公元1100年）七月，宋徽宗趙佶親政，打出恢復熙寧新法的旗號，改年號為“崇寧”，以示崇法熙寧。蔡京重返朝廷，受到徽宗重用，出任右相，與童貫、王黼、梁師成、楊戩、朱勔、李彥、高俅相勾結，專權跋扈，把朝政搞得一團糟。宋徽宗寵信蔡京之流，讓他們把持朝政，自己卻沉迷於道教與書畫之中，自稱為“教主道君皇帝”，是“神霄玉清府長生帝君”（上帝長子）降生，下令在開封及各地普建道觀，設26個等級的道官，人數近2萬，與官吏支領同樣的俸祿。此公擅長“瘦金書”及狂草，工筆花鳥畫也頗有水平。然而他做皇帝極不稱職，腐敗無能，禍國殃民，不但毀了自己，也使自己的書畫才華黯然失色。

蔡京以推行新法為幌子，大搞派系傾軋，打擊異己勢力。蔡京早年追隨變法派，司馬光“元祐更化”時，轉而反對新法，紹聖時章惇恢復新法，又轉而依附章惇。一旦大權在握，蔡京又以變法派面貌出現，把文彥博、呂公著、司馬光、蘇轍、程頤等120人定為“元祐奸黨”，又把元符三年向太后（宋神宗皇后）執政時主張維持新法與恢復舊法的官員分為正邪兩類，與之合為一籍，共計309人，由宋徽宗書寫後刻石立碑，稱為“元祐黨籍碑”，進行政治迫害，或流放，或罷官，或降職，其中包括與蔡京意見不合的變法派章惇等人。

蔡京之流藉口“不患無財，患不能理財”，以推行新法為名，行聚斂財富之實。恢復免役法，意在多徵役錢；恢復方田均稅法，意在額外增稅；大改茶法、鹽法，意在增加茶稅、鹽稅收入。因此宋徽宗頗為得意地說：“此太師（蔡京）送到朕添支也。”在杭州設造作局，由大宦官童貫主管，集中東南工匠幾千，製作奢侈品，上貢朝廷。在蘇州設應奉局，蒐集東南花石草木以滿足徽宗之愛好，由朱勔主管。以後規模擴大，從各地調集大批船隻，每十艘編為一綱，號稱“花石綱”，勞民傷財，流毒東南12年。宦官楊戩設京西路公田所、宦官李彥設西城括田所，名義上把無主荒地改為公田，由政府召人佃種，實際上專選肥沃良田強行佔奪，將原業主迫充佃戶。十年中，佔奪良田三萬四千多頃。

蔡京之流還運用職權公開賣官納賄，官位各有定價，當時諺語說：“三千貫，直秘閣；五千貫，擢通判。”由“花石綱”得勢的朱勔父子，“貨賂公行，其門如市”，中外官吏，“由其父子以進者甚眾”。

政治的腐敗導致民怨沸騰，民間流傳的歌謠一語雙關地唱道：“打破筒（童），潑了菜（蔡），便是人間好世界。”在這種背景下，出現了宋江起義和方臘起義。

宋江起義發生在山東鄆州壽張縣梁山泊，梁山泊在梁山之南，周圍數十里。當時大搞括公田，把梁山泊括歸政府所有，農民打魚採蒲葦都要按船向政府交租，“泊旁之人無所衣食，強者結集為寇盜，弱者轉徙乎溝壑”。宣和元年（公元 1119 年），宋江等36人率眾在梁山泊起義，轉戰河北、山東一帶。

岳飛像

方臘起義發生在浙江西路的睦州(建德）青溪縣（淳安）。此地接近徽州，是商賈輻輳之地，盛產林木、竹、漆，造作局、應奉局每年苛索不斷。宣和二年（公元 1120 年），方臘以聲討朱勔為名發動起義，宋徽宗不得不一面下令撤銷造作局、停運花石綱，並把朱勔父子罷官，一面命令童貫率15萬精兵前往征討。

宋朝陷入了內外交困之中。宋金海上之盟及以後發生的宋金交涉，充分暴露了宋朝的政治腐敗與軍事無能。金朝在滅遼後，立即掉轉鋒芒，直逼宋朝。宣和七年（公元 1125年)十一月，金軍兩路南下：西路軍由完顏宗翰（粘罕）率領，從雲中府（今山西大同）直插太原府；東路軍由完顏宗望（斡離不）率領，從平州（今河北盧龍）直插燕山府，然後合師圍攻東京開封府。西路軍被阻於太原城下，東路軍攻下燕山府，長驅南下，渡過黃河，矛頭直指東京開封府。宋人以為澶淵之盟可恃，河北毫無防務可言，金兵南下所向披靡，斡離不十一月十九日發兵，十二月十日攻陷燕京，不過二十餘天，次年正月初三日渡過黃河兵臨東京城下，距燕京陷落也不過二十餘天。

宋徽宗聽到金兵南下的消息後，不敢親自承擔抵抗的重任，匆忙傳位給他的太子趙桓（即宋欽宗）。宋欽宗即位，改年號為靖康，尊徽宗為太上皇。太學生陳東等上書，指責蔡京、王黼、童貫、梁師成、李彥、朱勔“六賊異名同罪”，應“傳首四方，以謝天下”，朝野輿論紛紛揭露“六賊”的滔天罪行，宋欽宗不得不下旨，王、童、朱斬首，李、梁賜死，蔡流放嶺南。欽宗倉促即位，毫無政治經驗，全憑朝議左右。當時廷臣分化為兩派：一派以宰相白時中、李邦彥為首，主張避敵鋒芒，藉口京城難守，欽宗應出避襄陽、鄧州一帶，徐圖恢復；另一派以太常少卿李綱為首，主張迎戰禦敵，認為天下城池未有如京城之堅固者，且為宗廟、社稷、百官、萬民所在，捨之何往？他引證澶淵之盟的歷史經驗說：“昔者契丹擁百萬之師，直抵澶淵，當時若從避幸之請，堅壁之言，豈得天下太平百有餘年！”

靖康元年（公元1126年）正月，宋欽宗下詔親征，任命李綱為兵部侍郎、親征行營使，部署京城防禦。完顏宗望兵臨東京城下，要宋朝派親王、宰相前往議和。李綱奉命主持京城防務，卻無兵可調，只得臨時張榜召募敢死隊，但兵力不敷分配，當金兵攻城時，令百姓上城協助守禦。在這種情況下，守城禦敵的李綱無可奈何地感歎道：“吾大兵未集，固不可以不和”。勉強留在京城的欽宗，派鄭望之等赴金營求和。欽宗給議和使者的條件是：增加歲幣三五百萬兩、犒軍銀三五百萬兩，孰料完顏宗望向宋使提出，以金500萬兩、銀5,000萬兩、牛馬各萬匹、綢緞百萬匹，割讓太原、中山、河間三鎮，以親王、宰相為人質，作為議和條件。宋欽宗答應了賠款、割地的要求。金軍見東京備戰氣氛高漲，各路勤王軍又陸續趕來，便撤軍北歸。這時各路勤王之師已到達，面對孤軍深入的金軍，完全可以決一死戰，居然讓金軍從容北撤。這種懦弱的表現，助長了金軍的囂張氣燄。靖康元年八月，金軍再次南下。此時政府中主和派佔上風，不僅主張割地，而且主張遣返各地勤王軍，撤除東京外圍的防禦工事。金方得寸進尺，提出宋、金以黃河為界，宋欽宗全盤接受，親自下詔給河北、河東兩路臣民，要他們“歸於大金”，企圖以此來保住東京。然而事與願違，金軍乘虛而下，一舉攻破京城，宋欽宗親自前往金營求和，降表上寫着：“微臣（欽宗自稱）捐軀而聽命”。金軍在京城內大肆擄掠，於靖康二年（公元1127年）四月初一日俘虜徽、欽二帝和后妃、皇子、宗室貴戚、以及朝廷寶璽、輿服、禮器等，一起挾帶北去。北宋覆滅了。這就是所謂“靖康恥”。徽欽二帝後來死於五國城（今黑龍江依蘭縣）。

黃仁宇撰寫的《赫遜河畔談中國歷史》

李綱像

有一篇題為“靖康恥”，以為宋如此慘敗於金，頗為“違反情理”。一是北宋的人口即使極粗略的估計也應當在1億以上，常備兵員經常在百萬以上，金朝無論人力、兵力都不及宋朝；二是宋朝經過一段“文藝復興”與“商業革命”，國力大於金朝，所謂“歲幣”即使達150萬時仍只是政府財政收入的2%。他認為，原因在於官僚主義作祟而導致軍威不振，即政府組織與作風，妨礙軍事機構發揮其應有的力量。中國歷史上類似這樣的“違反情理”之事，屢屢再現，確實值得認真檢討。

金軍北撤時，宋皇室成員全被俘虜，僅徽宗第九子康王趙構以兵馬大元帥身份在河北部署軍事，得以僥倖漏網，宋廷舊臣擁戴趙構於公元1127年5月在南京應天府（今河南商丘）即位（宋高宗），改元建炎，這一年以後的宋朝，史稱“南宋”。

宋高宗對金極度恐慌，雖然起用了李綱為相，任命李綱推薦的宗澤為東京留守、張所為河北西路招撫使、王瓔為河東經制使，但並不想收復河北、河東失地，拒絕宗澤的出兵北伐、遷都開封的建議，倚重投降派黃潛善、汪伯彥之流，在金兵毫無南下跡象時，放棄南京應天府，南遷揚州。這一退，反而招致金兵的追擊，直逼揚州。高宗倉皇渡江，逃往杭州，金兵又進逼杭州。高宗又奔越州（紹興）、明州（寧波），逃往定海。建炎四年（公元1130年）春，金兵在搶掠以後北撤。退保長江口一帶的御營左軍統制韓世忠，在金兵北撤時，率水軍8,000人重返鎮江江面狙擊，把金兵逼進黃天蕩（今南京東北江邊），與金將完顏宗弼激戰，其妻梁氏擊鼓助戰，一時傳為佳話。金兵被堵四十餘天，才得以退回建康（今江蘇南京）。岳飛率部攻克建康，金兵退至長江以北，以宋高宗為首的南宋朝廷才得以在杭州（臨安）苟安下來。把杭州改為臨安，作為“行在”，而並非國都。

宋高宗為了苟安於東南半壁江山，回到杭州之初，一年之內就幾次向金朝上書乞哀，說什麼“前者連奉書，願削去舊號，是天地之間皆大金之國而尊無二主，亦何必勞師遠涉而後快哉！”金置之不理，長驅南下。當金兵在江南受挫北歸後，改用“以和議佐攻戰”的辦法。建炎四年（公元1130年），金朝把秦檜放回，意欲利用他起到內奸的作用。

秦檜（公元1090年～公元1155年），字會之，江寧（今江蘇南京）人，徽宗政和五年（公元1115年）進士，官至御史中丞，靖康之變時隨徽、欽二帝被俘虜北去，屈膝投降，大倡和議，故被放回南宋。秦檜到了杭州，幾個月後就受到高宗信任，官至宰相。他為了瓦解南宋政府與軍隊，提出“南人歸南，北人歸北”主張，引起朝野震動，群情激憤，欲“食其肉而寢其皮”。高宗也大為不快，說：“檜言‘南人歸南，北人歸北’，朕北人，將安歸？”便把秦檜逐出政府。

紹興元年（公元1131年），宋將吳玠在大散關附近的和尚原，重創金兵，金將完顏宗弼身中兩箭。紹興四年，吳玠又在仙人關（今甘肅徽縣南），再次大敗完顏宗弼。與此同時，岳飛率部連克郢州（今湖北鍾祥）、隨州（今湖北隨縣）和襄陽府（今湖北襄樊），又攻克鄧州（今河南鄧縣）、唐州（今河南唐河）、信陽軍（今河南信陽），屯兵鄂州（今湖北武昌），南宋建立以來第一次大規模收復失地。之後，岳飛又率軍連破河南許多州縣，兵臨蔡州（今河南汝南）。紹興七年（公元1137年），高宗重新起用秦檜，出任樞密使，秦檜與宰相張濬勸說高宗收回由岳飛並統淮西軍的成命，招致淮西軍譁變投敵，致使朝野震驚，形勢急轉直下，金朝向宋高宗誘降。次年，高宗任用秦檜為相，力主和議，以迎請徽宗屍體為名，表示向金投降之意。金朝使節抵達杭州，要宋朝取消國號、帝號，稱藩屬，方可允許送回徽宗屍體。秦檜力主“屈己就和”，代表皇帝在金使面前跪拜，全盤接受各項條件。

此時金朝內部發生政變，強硬派完顏宗弼（即兀朮，一作烏珠）得勢，撕毀條約，於紹興十年（公元1140年）夏大舉南侵。岳飛不顧秦檜阻撓，率軍北上，迎擊金軍，連戰連捷。岳飛率領岳家軍從湖北出發，很快進入河南中部。收復了穎昌府（今河南許昌）、淮寧府（今河南淮陽）、鄭州、西京河南府（今河南洛陽），並派遣梁興等深入黃河以北，襲擊金軍後方。金朝都元帥完顏宗弼乘岳家軍兵力分散之機，率精銳騎兵直插岳飛駐地郾城。岳飛令其子岳雲率輕騎攻入敵陣，往來衝殺，又遣背嵬親軍和游奕軍騎兵迎戰正面重甲騎兵“鐵浮圖”，以及左右兩翼騎兵“拐子馬”，並派步兵手持麻扎刀、大斧，上砍敵兵，下砍馬足，使“鐵浮圖”、“拐子馬”遭到慘敗。岳飛部

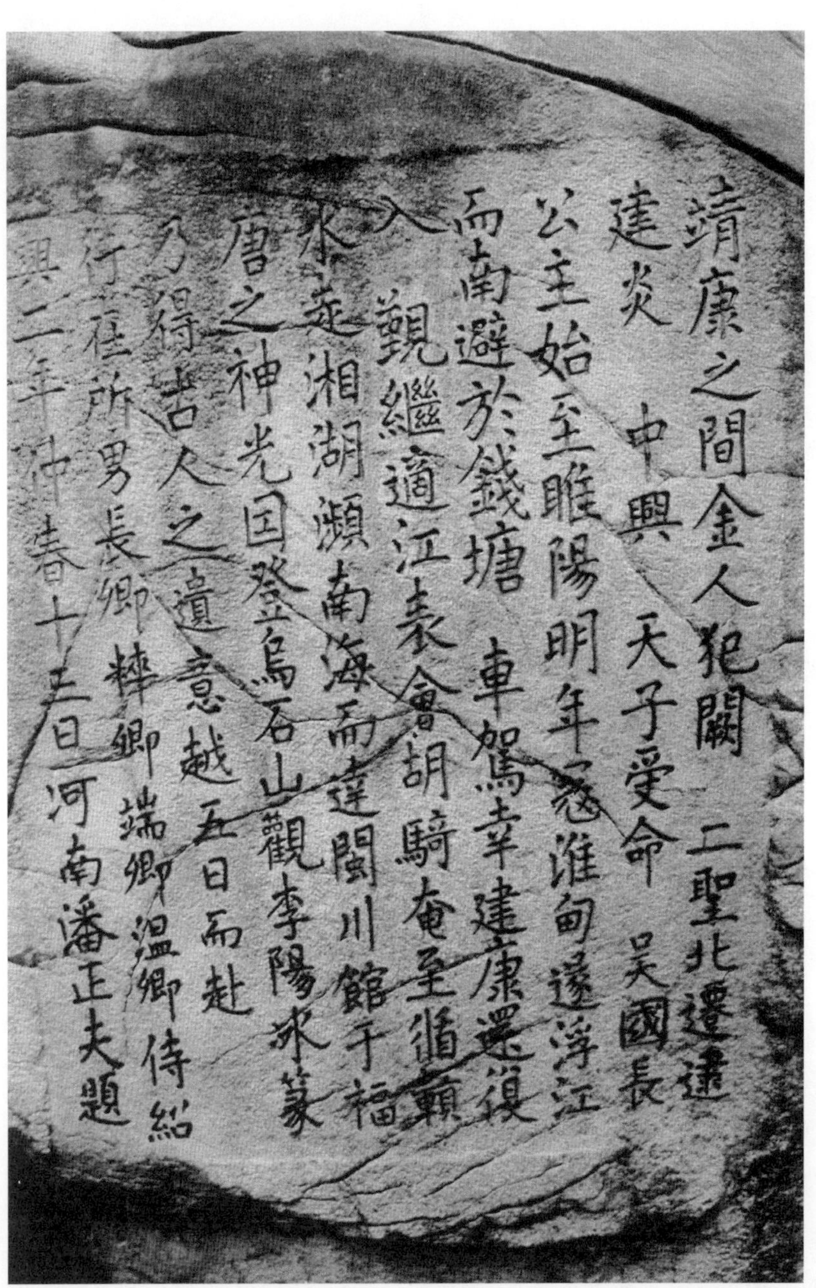

記述靖康之難的福建鼓山石刻

將楊再興單騎突入敵陣，打算活捉完顏宗弼。完顏宗弼大敗而逃，膽戰心驚地說：自我起兵北方以來，沒有像今日這樣挫敗過。"撼山易，撼岳家軍難"，金軍從此聞風喪膽。

正當完顏宗弼打算從河南撤軍時，宋高宗下令要岳飛班師回朝，並且撤回了兩翼的軍隊，使岳家軍陷於兩面受敵的困境，岳飛眼看着"十年之功廢於一旦"，班師回朝。隨後，宋高宗又解除了岳飛、韓世忠、張俊三將的兵權，徹底解除武裝，向金獻媚。金乘機要挾：必須割讓淮水以北大片土地，殺岳飛，方可談判。紹興十一年（公元 1141 年）十一月，宋金雙方達成和議：（一）宋向金稱臣，"世世子孫，謹守臣節"；（二）劃定邊界：東以淮水為界，西以大散關（今陝西寶雞西南）為界，宋朝割唐、鄧二州全部及商、秦二州大半給金朝；（三）宋每年向金納銀 25 萬兩、絹 25 萬匹。

這就是所謂"紹興和議"。在議和的過程中，一個陷害岳飛的陰謀正在悄然展開。早在這年七月，秦檜指使右諫議大夫万俟卨（讀 mò qí xié）首先向高宗上疏誣陷岳飛不戰棄地，致使岳飛罷官。秦檜又指使岳飛的部下王俊誣告岳飛部將張憲、兒子岳雲謀反，張憲、岳雲被逮捕入獄，然後又把岳飛從廬山騙到杭州，以謀反罪關入監獄。紹興十一年十二月二十九日（公元1142年1月27日），在沒有任何證據的情況下，岳飛、岳雲父子及張憲以謀反罪處死。據宋人杜大珪的《名臣琬琰集》卷十三所載"韓忠武王世忠中興佐命定國元勳之碑"記載，在處死前，已罷官的韓世忠質問秦檜，秦檜回答說："飛子雲與張憲書雖不明，其事體莫須有。"韓世忠怫然變色說："相公，莫須有三字何以服天下！"

岳飛竟如此這般以"莫須有"的罪名被處死，當時年僅39歲。岳飛（公元1103年～1142年），字鵬舉，河北西路相州湯陰（今屬河南）人，宣和四年（公元1122年）參軍。宋高宗在南京應天府即位時，上萬言書反對南遷，被削奪軍職，後隨宗澤守開封。此後歷任江淮宣撫使司右軍統制、通泰鎮撫使、承宣使、節度使、宣撫使、樞密副使，在抗金戰爭中功勳卓著。在攻克襄陽等六郡，屯兵鄂州時，作《滿江紅・黃鶴樓》詞，其末尾幾句為："何日請纓提銳旅，一鞭直渡清河洛。卻歸來，再續漢陽遊，騎黃鶴。"他的《滿江紅・寫懷》詞中的名句"三十功名塵與土，八千里路雲和月"，"駕長車，踏破賀蘭山缺"，"待從頭，收拾舊山河，朝天闕"，一直為人們所傳誦。他那精忠報國的赤膽忠心，永遠彪炳於史冊，成為民族危難時期鼓舞人民的崇高精神力量。

69.金朝統治下的北中國

公元 1127 年，金滅亡北宋後，立宋宰相張邦昌為傀儡，建楚國，作為收拾時局的方案，但這個傀儡政權很快自行瓦解。公元1130年，金朝又立宋朝降將劉豫，建齊國，作為金朝屬邦，以大名府（今河北大名）為首都，以後遷都於開封。

隨着版圖的不斷擴大，金朝統治下的居民有女真人、契丹人、渤海人和漢人，原先中央的勃極烈制度、地方的猛安謀克制度，已不能適應形勢的需要。金熙宗在朝廷設立尚書、中書、門下等三省，綜理政務。公元1137年，他又廢除了傀儡政權齊國，在汴京開封設行台尚書省，次年又把燕京樞密院改為行台尚書省，由兩行台尚書省負責對北中國的統治。這種行台制度是金朝的獨創，就是把舊領土與新領土加以區別，分作兩部份加以統治。所謂“行台制度”，是設置與中央的尚書省平行的行台尚書省，治理新的領土。金熙宗又把會寧府(今黑龍江阿城南白城子)作為都城，修建宮殿，號稱“上京”，並制定了朝儀制度，頒佈了新文字——女真小字。

海陵王即位後，對政治制度加以改革：廢除了汴京行台尚書省，政令統一於中央；廢除了形同虛設的中書省、門下省，由尚書省總理政務；廢除了軍事機構都元帥府，改為樞密院，尚書省與樞密院成為中央最高政治、軍事機構。與此同時，海陵王派人到燕京營建都城，在公元 1153 年把首都從上京會寧府遷至燕京，號稱“中都”。為了加緊消滅南宋，海陵王又在公元 1161 年把首都從燕京遷至南京開封府。當海陵王率兵大舉南下時，金朝內部發生政變，擁立完顏雍為帝（金世宗）。金世宗仍以中都燕京為首都，繼續推行海陵王制定的各項制度，大批任用非皇室的女真人和契丹人、渤海人、漢人參政，在30年中不再發動戰爭，因此金世宗被稱為“小堯舜”。

隨着女真人漢化的逐漸加深，金朝逐步走上了由盛轉衰的進程。

金太宗以來，女真民戶不斷南遷，猛安謀克進入中原地區後，土地關係發生了變化。金熙宗皇統五年（公元 1145 年）建立了屯田軍制度，對猛安謀克分配土地的原則是“計口授地”——“與百姓雜處，計其戶口，給以官田，使自播種以充口糧”。海陵王遷都於燕京以後，上京一帶的女真人大批南下，分佈於燕山以南、淮水以北的廣大地區，散處於漢人村落之間。隨之而來的便是猛安謀克土地中租佃關係的出現，正如世宗於大定二十一年(公元1181年)所說：“山東、大名等路猛安謀克之民，往往驕縱不親稼穡，不令家人農作，盡令漢人佃種，取租而已。”於是出現了猛安謀克戶多不自種，“悉租與民”的現象，甚至“有一家百口，壠無一苗”。

由於經濟關係與階級地位的變化，女真統治集團逐漸由原先生氣勃勃的征服者向腐朽衰頹的寄生者道路上走去，長期不耕不戰，耕稼技術未能學得，作戰能力卻喪失了，失去了原先全民皆兵、兵民合一的社會基礎，驍勇善戰的女真軍隊也失去了它賴以生存的土壤。海陵王時代女真朝野上下先前那種尚武質實的習俗已日益衰退。世宗即位後，企圖改變這一趨勢，採取了一系列措施，強調“女真、漢人其實則二”，反對學習漢人風俗，主張“依國家舊風”。大定二十四年（公元1184年）五月，世宗率領皇室子弟和文武百官回到他們的發祥地上京會寧府，召集女真族故老演習女真歌舞，並親自以女真語歌唱祖先創業的艱難。金章宗即位後，一反世宗所為，大力倡導漢化，他本人酷愛漢字書法、繪畫、圖書，成為金朝漢文化素養最高的一個皇帝。在他的倡導下，女真貴族醉心於研習漢文化，猛安謀克戶耽於享樂，尚武之風消失，作戰能力削弱。

由於猛安謀克戰鬥力降低，在征戰時不得不發給豐厚的賞賜，以鼓舞士氣。政府藉口“官田多為民所冒佔”，派官吏到各地“括

正隆元寶

籍”，共括得三十多萬頃，把這些括得的民田賞給猛安謀克軍人。括地的結果，造成了極大的社會問題，不僅大批民田被奪，而且還得“空輸稅賦，虛搶物力”，於是釀成“兵日益驕，民日益困，養成癰疽，計日而潰”的社會危機。宣宗時，有所謂“貞祐之亂”，那時“盜賊滿野，向之倚國威以為重者，人視之以為血仇骨怨，必報而後已，一顧盼之間，皆狼狽於鋒鏑之下”。金朝敗亡的原因之一，就是土地問題處理失當，激化了北方漢人與女真統治者的矛盾。

金朝的經濟基礎是極其薄弱的。黃河下游遷入大量猛安謀克戶，從漢人手中奪取土地，作為牛頭地和其他官田，因而使納稅民田大多減少，影響了金朝的財政收入。僅佔全部耕地一半的民田，由於軍費激增而負擔過重的課稅，成為一個很尖銳的矛盾。金宣宗時遙領隴州防禦使王擴指出：“久不改圖，徒使農民重困，而軍戶亦不得妥帖”，“彼皆落薄失歡，無所營為，惟有張口待哺而已”。這樣一個脆弱的政權，是難以長期維

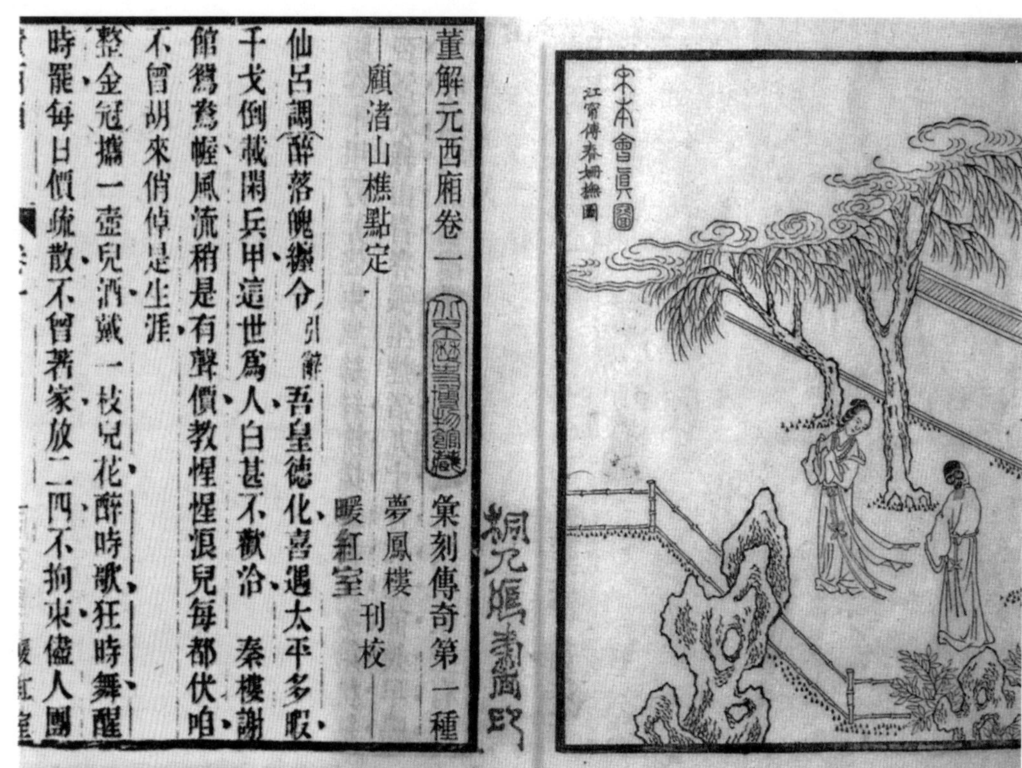

董解元《西廂記諸宮調》

持的。

在這戰亂不息的時代，原先北宋發達的經濟文化的發展勢頭受到影響，在某些方面得以延續，實屬不易。河北東路、河北西路北宋時號稱“衣被天下之地”，金朝統治下，這些地方名牌優質紡織品依然相當有名，例如相州的“相纈”、河間的“無縫綿”、大名的皺縠和絹、平陽的卷子布，此外還有東平的綾錦和絹、遼陽的師姑布、平州的綾、涿州的羅。北宋發達的印刷業，此時仍在各地延續，中都、南京、平陽、寧晉是刻書中心，官營或民營的刻書作坊遍佈各地，著名的趙城《大藏經》七千一百多卷，由民間集資雕版印刷，持續達二十多年，堪稱巨大文化工程。由於戰爭的頻繁，火藥應用與火器製造在北宋基礎上有所發展。有所謂“鐵火炮”，這些用生鐵鑄成的炮，發射時聲如霹靂，後來又改進為“震天雷”，用鐵罐裝上火藥，“炮起火發，其聲如雷”。又有所謂“飛火槍”，用16層紙做槍筒，筒內裝上火藥、鐵屑，作戰時噴出火燄，遠達十多步。在文化方面，北宋流行的“說話”與“諸宮調”，此時廣為流行。其代表作有董解元的《西廂記諸宮調》，用琵琶伴奏說唱，標誌着“諸宮調”的成熟。此外又出現了“院本”，作為一種戲曲樣式，與諸宮調一起孕育了北曲雜劇，是金朝文化的一大創造。

70.舉棋不定的和與戰

“紹興和議”成功，秦檜以左相加封太師，又排擠了掌樞密院大權的張浚，獨攬軍政大權，進而打擊抗戰派將領。張浚被免去節度使之職，閒居家中。韓世忠罷官後，自稱“清涼居士”，唸經誦佛。岳飛部將牛皋對和議不滿，秦檜指使黨羽把他毒死。順昌大捷戰功顯赫的劉億，被秦檜削奪兵權後又遭罷官處分。秦檜其人賣國求榮的同時還不忘圖謀私利，命考官將其子秦熺錄取為狀元，升禮部侍郎，升知樞密院事；又命考官將其孫秦塤錄取為狀元，任禮部侍郎，頗有點想搞家天下的架勢。此人貪污賄賂無所不為，每年貪贓達幾十萬貫之巨，據說他的家財比朝廷的國庫還要多。

紹興二十五年（公元1155年），秦檜病死。宋高宗的表現令人不解，他一方面在秦檜病危時下令秦檜祖孫三代退閒，使秦檜企圖由兒子秦熺繼承相位的野心化作泡影；另一方面又接受秦檜在遺表中提出的主張：“固鄰國之歡盟”，“杜邪黨之窺覦”，還為死去的秦檜賜謚號“忠獻”，並任命秦檜的黨羽万俟卨為相，湯思退為知樞密院事，推行沒有秦檜的秦檜主義。高宗還欲蓋彌彰地下詔聲明：與金和議“斷自朕志”，“故相秦檜但能贊朕而已”，“近者無知之輩遂以為盡出於檜，不知悉由朕衷”，今後“如敢妄議，當置重典”。

然而和議是不可靠的，當宋高宗君臣一意信守紹興和議時，金朝海陵王徵調40萬大軍，於紹興三十一年（公元1161年），兵分四路南下：一路由海上攻臨安，一路由宿、亳攻淮泗，一路由唐、鄧攻荊襄，一路由秦、鳳攻四川，企圖一舉滅宋。金軍從海上攻臨安的艦隊，在山東沿海遭到宋朝水軍的抗擊，宋軍首次把火箭用於海戰，全殲金朝艦隊。由海陵王親率的主力在渡長江時，在採石（今安徽馬鞍山境內）遭到宋朝水軍狙擊，宋軍在船上施放霹靂炮，煙霧和石灰瀰漫江面，金軍無法抵擋，又遭宋軍快速的車船（輪船）追擊，只得敗退江北。金軍的失敗，激發了金朝又一次政變，東京留守完顏雍南下奪取政權，自立為帝（金世宗），海陵王在揚州被部將殺死。

在這有利形勢下，宋高宗仍一味主張乘

勝求和，不惜繼續對金稱臣，以換取河南的皇室陵寢之地，而又無法實現。紹興三十二年（公元 1162 年），宋高宗不得不宣佈退位，讓太子趙昚（讀shèn）繼位（宋孝宗）。

宋孝宗即位後，面臨宋金對峙的新形勢，金朝國力由盛轉衰，不再發動大規模的南侵戰爭。南宋君臣在戰與和的兩難選擇中舉棋不定，一派主張北伐收復失地，另一派主張維持現狀苟安江南。孝宗決意抗戰，召見抗戰派將領張浚，任命他為江淮東西兩路宣撫使，都督江淮軍馬，以後又提升為樞密使。與此同時，孝宗毅然為岳飛平反昭雪，追復岳飛、岳雲的官爵，依禮改葬；並且斥逐朝中的秦檜餘黨，召回受秦檜誣陷的官員。一時間朝廷內外正氣為之一振，令人耳目一新。

樞密使張浚出師江淮，準備北上抗戰，宰相史浩反對出擊，被孝宗罷官。隆興元年（公元1163年），張浚派濠州李顯忠、泗州邵宏淵分兵出擊，李顯忠收復靈壁、宿州。初戰告捷，孝宗大喜過望，寫信給張浚說："近日邊報，中外鼓舞，十年來無此克捷"，孝宗論功行賞，任命李顯忠為淮南京東河北招討使，邵宏淵為副使。邵宏淵因無戰功，對李顯忠起妒忌心。當金軍向宿州反撲時，李要邵夾擊再次來攻的金軍，邵卻按兵不動。金軍攻至宿州城下，李全力抵抗，邵擅自撤退，迫使李率軍敗退。宋軍在符離（今宿縣符離集）被金軍追及，全軍覆沒。

符離戰敗使先前的大好形勢發生劇變，孝宗動搖，起用秦檜餘黨湯思退為右相，同金議和。湯思退派秦檜餘黨王之望出使金朝，割地求和，遭到抗戰派官員強烈反對。孝宗任命張浚為右相兼樞密使，湯思退為左相，張浚回到江淮整軍備戰，迫使金軍撤退。湯思退指使黨羽攻擊張浚，孝宗再次動搖，罷免了張浚。湯思退下令解散萬弩營，停造戰船，拆除張浚修築的防禦工事，撤退海州（今江蘇連雲港）、泗州（今江蘇盱眙）宋軍，並暗通消息，要金軍南下脅迫議和。金軍再度南下，連陷楚州、濠州、滁州等地，朝野輿論譁然，孝宗撤去湯思退職務。太學生七十多人聯名上書，要求斬湯思退及求和使節王之望、尹穡等3人。湯思退在去永州途中路過信州，獲悉這一消息，心驚膽戰，一命嗚呼。然而孝宗並無意抗戰，派使節到金營，答應割讓商州、秦州，之後又派使節渡過淮河向金朝求和。隆興二年（公元1164年）簽訂的宋金和約規定：宋對金不再稱臣，改稱侄皇帝；宋金之間仍維持紹興和議確定的疆界，宋每年給金的"歲貢"改稱"歲幣"，銀25萬兩、絹25萬匹各減為銀20萬兩、絹 20 萬匹；宋割商州（今陝西商縣）、秦州（今甘肅天水）給金。這就是所謂"隆興和議"。此後，宋金休戰 30 年。

隆興和議後，宋孝宗不安於現狀，起用主張抗戰的虞允文為右相兼樞密使，虞允文

《中興四將圖》

向孝宗推薦范成大出使金朝，向金方索取北宋皇帝陵寢之地，金方斷然拒絕。宋孝宗要虞允文積極策劃北伐，後因虞允文病死，北伐計劃中途夭折。此後，宋孝宗雖然在整軍和理財方面有所建樹，但積重難返，難以有所作為，在當了27年皇帝後，傳位給兒子宋光宗趙惇。孝宗死後，宗室趙汝愚和外戚韓侂（讀 tuō）胄共同策劃，請太皇太后（孝宗母）下詔，迫使患精神病的光宗退位，立其次子趙擴為帝（即宋寧宗）。

韓侂胄（公元1152年～公元1207年），字節夫，相州安陽人，北宋名臣韓琦曾孫，父娶宋高宗皇后之妹，他以恩蔭人仕，宋孝宗末年官至汝州防禦使。寧宗即位後，他把趙汝愚逐出朝廷，從此掌握朝廷軍政大權13年，由樞密都承旨步步高陞，成為太師、平章軍國事，立班丞相之上。韓侂胄在寧宗的支持下，繼孝宗給岳飛加謚號武穆之後，追封岳飛為鄂王，並削去秦檜的王爵，把他的謚號改為繆醜，在聲討秦檜的制詞中指出："一日縱敵，遂貽數世之憂；百年為墟，誰任諸人之責？"成為大快人心之舉。

韓侂胄為了"立蓋世功名以自固"，發動了著名的"開禧北伐"。開禧二年（公元1206年），韓侂胄在準備不充分的基礎上命軍隊渡淮北伐，鎮守四川的吳曦在此時叛宋降金，使金軍東下無西顧之憂，集中優勢兵力於兩淮，宋軍連戰連敗，金軍反守為攻，淮西全被金軍攻佔。督視江淮兵馬丘崇與金軍秘密和談，金方提出宋稱臣、割地、殺韓等條件，暫時停戰。當韓侂胄籌劃再次出兵時，禮部侍郎史彌遠（史浩之子）與寧宗皇后楊氏、后兄楊次山合謀，突然襲擊，殺死韓侂胄，把他的頭顱送到金朝，簽訂和約，全部接受金方條件：增歲幣為30萬，犒師銀（賠款）300萬兩。這種無恥行徑引起輿論界極大反響，太學生作詩諷刺朝廷：

自古和戎有大權，未聞函首可安邊。
生靈肝腦空塗地，祖父冤仇共戴天。
鼂錯已誅終叛漢，于期未遣尚存燕。
廟堂自謂萬全策，卻恐防胡未必然。

此後形勢急轉直下，於宋更不利了。

71.經濟重心南移的最終完成

江南經濟的發展是一個漫長的過程。東漢以來長江流域的社會經濟已呈現上升趨勢。昔日地曠人稀的面貌正在逐漸改變。從永嘉之亂、十六國到南朝時期，長江中下游社會經濟在原有基礎上迅速發展。北方移民的南下為擴大江南的耕地面積提供了有利條件，江南湖泊縱橫的自然條件為擴大耕地提供了來源。陂、塘、渠、堰的興修，生產技術的改進，使火耕水耨的粗放耕作向精耕細作邁進。隋唐時期繼承南朝以來的發展趨勢，江南經濟有了較快的增長，成為重要農業生產區域。唐朝後期，當時人已說："軍國大計，仰於江淮"，可見這一帶已成為糧食生產基地。五代十國的割據局面，刺激了區域經濟的開發與進展，江南的吳越尤其如此，太湖流域的農業生產得到顯著的發展。北宋時，"國家根本，仰給東南"，已成定局。到了南宋，江南農業經濟有了突飛猛進的發展。其最明顯的標誌便是"蘇湖熟，天下足"格局的形成。

關於"蘇湖熟，天下足"，幾乎是南宋人士的普遍共識，人們異口同聲地指出了這一經濟現象。范成大的《吳郡誌》說：民間諺語曰"蘇湖熟，天下足"；陸游的《渭南文集》說："吳中又為東南根柢，語曰：'蘇湖熟，天下足'"；高斯得的《恥堂存稿》則說得更為清楚而深刻：兩浙一帶高產區，"上田一畝，收五六石，故諺曰：'蘇湖熟，天下足'。雖其田之膏腴，亦由人力之盡也。"顯然這與人口增加、集約化經營有着密切的關係。美國經濟學家珀金斯（Dwight H. Perkins）所寫的《中國農業的發展（1368～1968）》，結論之一是：人類農業史是一個從粗放走向集約的過程，從多年一收的刀

《耕獲圖》

耕火種農業發展到一年三收的水稻經濟，便是一個因人口因素而集約化的例子。

宋金對峙時期，北方人民大量南遷，他們與南方人民一起，共同促進南方經濟重心的南移。靖康之亂後北方人口南遷，是繼永嘉之亂、安史之亂兩次南遷高潮之後的第三次高潮。靖康之亂對黃河中下游造成了慘重的破壞，當時人說：此後六七年間，“山東、京西、淮南等路荊榛千里，斗米至數十千，且不可得”，在這種背景下，北方人民自發地向秦嶺——淮水以南的南方地區遷移。南宋政府也多次號召北方人民南下，加以安置。據葛劍雄等著《簡明中國移民史》的研究，靖康之亂後出現第三次人口南遷高潮，僅兩浙路、江西路、江東路，紹興三十二年（公元1162年）已有移民及其後裔約581.2萬，估計在紹興和議簽訂前（即1141年前）大約有500萬北方移民遷入並定居南方。如此大量的北方移民遷入南方，對南方經濟發展起了巨大作用。南方開發進入新階段，經濟發展較前加快，與北方因戰爭破壞、人口減少而經濟發展緩慢，形成強烈反差。南宋初年，兩浙路、江南東路、福建等地因有大批北方人口遷入，很快彌補了因戰亂造成的人口損失，經濟得到恢復與發展，當時人說："閩浙之邦，土狹人稠，田無不耕"；"江東、西無曠土"。原先比較後進的湖南中部和洞庭湖西岸農業興旺，有的地方墾殖程度與集約化經營程度都很高。

偏安於江南的南宋，為了維持與北方的金朝對峙的局面，必須致力於農業資源的開發，以及農業技術的提高，因此勸農政策便成為當務之急，提上議事日程。在這種形勢下，從朝廷到地方政府都十分重視農業技術的總結、推廣與指導，形成了歷史上罕見的刊印農書與勸農文的熱潮。當時印刷出版了北魏賈思勰的《齊民要術》和唐韓鄂的《四時纂要》，編纂了反映當時農業生產新水平的農書，其中陳旉的《農書》與樓璹的《耕織圖詩》至今仍有流傳，曾安止的《禾譜》、曾之謹的《農器譜》等均已失傳，僅在王禎的《農書》中保留了一小部份。與農書大量刊印相配合的是地方官頒發的以宣傳農業科技為宗旨的勸農文。如朱熹在淳熙六年（公元1179年）為南康軍所寫勸農文，宣傳秋收後應犂田翻土，越冬後再犂耙平細，以及稻秧長高後耘草與靠田（排水曬田）的重要性。又如黃震在咸淳九年（公元1273年）為撫州寫的勸農文，着重介紹水稻高產區的經驗：田須秋耕春耙，並勤於灌溉排水，要求撫州農民改變"耙輕無力"及"一切靠天"的舊習俗。顯然，農書與勸農文旨在提倡精耕細作、集約化經營，南宋農業生產的長足進步與此不無關係。

手工業的發展也顯出同樣的勢頭。南宋在蘇州、杭州、成都設置了織錦院（官營絲織機構），各有織機數百架、工匠數千人，所生產的絲織品十分精美。私營作坊更多，能織造白緞、紗絹等，吳興（湖州）的樗蒲綾，武康與安吉的絹，安吉和紗，武康的鵝脂綿，均屬上品，嘉善魏塘宓家所織畫絹，遠近聞名。與絲織業中心已由北方移到南方的同時，浙江的龍泉，江西的景德鎮已成為全國著名的製瓷業中心，產品遠銷各地。

由於北方淪陷，對外交往必須通過海道，因此泉州、廣州、明州迅速發展，成為三大對外貿易港口。南宋政府在這些地方設立市舶司，宋高宗在位的晚期，市舶司的收

南宋泉州海船模型

入達200萬貫，超過北宋最高額一倍，約佔南宋政府年度財政總收入的二十分之一。由此可見，南宋的對外貿易的繁盛已超過了北宋，形成了通向日本、高麗、東南亞、印度、波斯、阿拉伯的海上絲綢之路。

這不僅因為中國的絲綢成為外商爭購的商品，而且因為南宋政府為了防止錢幣外流，明令以絹帛、錦綺、瓷器等物交換外國舶來品，絲綢實際上就等於收買外國商品的貨幣（一般等價物）。據《諸蕃誌》記載，由海路傳往占城（越南中部）、真臘（柬埔寨）、三佛齊（蘇門答臘）、細蘭國（斯里蘭卡）、故臨國（印度奎隆）、層拔國（桑給巴爾）等地的絲綢有：絹扇、絹傘、生絲、錦綾、皂綾、白絹、五色絹、絲帛等。

據《嶺外代答》、《諸蕃誌》的記載，當時來南宋通商的國家有五十多個。這些國家的商人每年夏至以後乘海船前來，抵達南宋各貿易港口，十月以後陸續啟航回國。南宋商人去海外貿易的國家達二十多個，大抵每年十一月至十二月由廣州、泉州出發，在蘇門答臘貿易並過冬，然後再橫渡印度洋，抵達波斯灣沿岸的阿拉伯國家。阿拉伯商人從波斯灣航行到中國，要經過兩個轉運中心：一個是印度的港口故臨（印度奎隆），另一個是印度尼西亞的三佛齊（蘇門答臘），海上絲綢之路的興旺發達，使偏安於半壁江山的南宋依然與世界各國保持密切的經濟文化交流，並且在這種交流中保留着舉足輕重的地位。

南宋的首都臨安（今杭州）是當時世界之冠的大都市，馬可·波羅把它看作9～13世紀發生在中國的商業革命、都市革命的標誌。一般著作都說，杭州在北宋時不過是一個39萬人口的中等城市。南宋初年，皇室與中央政府遷至此地，人口一下暴增至124萬，規模超過了北宋的東京開封。需要說明的是：（一）上述統計數字是南宋咸淳間臨安府所屬九縣的戶籍人口：主客戶共39.1萬多戶，124萬多口；至於臨安城即錢塘、仁和兩縣主客戶共18.6萬多戶，43.2萬多口，佔全府人口的三分之一；（二）楊寬在《中國古代都城制度史研究》中指出，宋朝的

“口”是男丁數，每戶平均以5人計，附郭的錢塘、仁和二縣，即杭州城的人口約 90 多萬，如果把駐紮的軍隊及其家屬20多萬統計在內，杭州城的總人口當在120萬左右。日本學者斯波義信《宋代江南經濟史研究》，推定南宋的杭州（城）有150萬人口，其中城內90萬、城外60萬。具體化為：城內有皇族、官戶、吏戶、僧道戶、軍戶、紳衿、工商經營者等74萬人，工商業及雜業勞動者16萬人，城外有軍戶、農戶、官戶、吏戶、僧道戶48萬人，以及職業人口（包括工匠、商業與運輸業勞動者、蔬菜專業農戶）12萬。由此可見，杭州全城的人口已超過100萬是不成問題的。它不僅是南宋的政治中心，也是經濟、文化中心。

金人交鈔銅鈔版

皇城（即大內）建在鳳凰山東麓的案山（即吳徧山），北起鳳山門，西到萬松嶺，東到候潮門，南到江干，號稱“周圍九里”。從大內和寧門往北是一條用石板鋪成的御街。御街與東西向的薦橋街、三橋街相交，與後市街平行，東面又有貫穿全城的市河（小河）、鹽橋運河（大河），因此御街就成為全城最繁華商業街。御街兩側的街面全是商店以及稱為“行”、“市”的商業機構，正如《夢粱錄》所說：“自大街及諸坊巷，大小舖席，連門俱是，即無虛空之屋”；“大抵杭城是行都之處，萬物所聚，諸行百市，自和寧門杈子至觀橋下，無一家不買賣者”。

御街南段的街市，以大內宮廷與中央官署為供應對象。御街中段（從朝天門到壽安坊〔俗稱“官巷”〕）是街市最繁華的處所，據《都城紀勝》說：“以至朝天門、清河坊、中瓦前、灞頭、官巷口、棚心、眾安橋，食物店舖，人煙浩攘。其夜市，除大內前外，諸處亦然，買賣關撲，酒樓歌館，直至四鼓方靜。而五鼓朝馬將動，其有趁賣早市者，復起開張。”御街中段酒樓茶坊雲集，“市”、“行”、“團”等商業組織眾多，有珠子市、花市、方梳行、銷金行、冠子行等，最引人注目的是五間樓至官巷口的金銀鹽鈔引交易舖。這是南宋新設的交易所，與北宋東京的金銀彩帛交易所有所不同。所謂鹽鈔引是官府發給商人支領和運銷鹽茶之類管制商品的證券，持有證券的商人到這裡開設的一百多家金銀鹽鈔引交易舖進行交易，這些交易舖門口陳列金銀器皿和現錢（稱為“看垛錢”），交易後，到官府的榷貨務清算鈔引。御街南段（修文坊、義和坊至觀橋）的街市，稍遜於中段、南段，但眾安橋的下瓦子（俗稱“北瓦子”）是全城最大的瓦子，周圍的商業十分興旺。

城內的市河，鹽橋運河在清河坊以南溝通，向南直達江干的錢塘江，向北與江南運河相連接，成為水上交通線與商品集散地，因此沿河近橋的街市也是一大特色。當時民間諺語把“杭州之日用”概括為“東菜西水南柴北米”（或曰“東門菜，西門水，南門柴，北門米”），都以這些沿河近橋街市為集散地。

作為都城的杭州，定居人口已超過百萬，流動人口更多，服務性行業的規模達到前所未有的程度，酒樓、茶坊、瓦子鱗次櫛比，林林總總。酒樓中少數是官酒庫開設的酒樓，如豐樂酒、和樂樓、春風樓、太和樓，大多是私營酒樓（稱為“市樓”），如武林園、嘉慶樓、聚景樓、花月樓、雙鳳樓、賞心樓、月新樓等。大酒樓門前彩畫歡門，

南宋臨安府錢牌

設紅綠杈子，門口有緋綠簾幕和巾金紅紗燈籠。夜市尤為熱鬧，燈火輝煌，人聲鼎沸。茶坊四壁張掛字畫、安設花架，供應香茗，冬天又有七寶擂茶、蔥茶、鹽豉湯，夏天則有冷飲——雪泡梅花酒、縮脾飲、暑藥冰水。這是藉飲茶品茗之機進行社會交際的公共場所。另有所謂“花茶坊”，帶有歌館（妓館）性質，正如《武林舊事》所說：“清樂茶坊、八仙茶坊、珠子茶坊、潘家茶坊、連三茶坊、連二茶坊……莫不靚妝迎門，爭妍賣笑，朝歌暮絃。”

瓦子，又名“瓦肆”、“瓦舍”，是娛

樂場所。據《武林舊事》記載，杭州城內外共有瓦子23處，城內有5處，其中北瓦最大，有勾欄（百戲演出場地）13座，分別演出史書、小說、戲劇、相撲、傀儡戲（有杖頭傀儡、懸絲傀儡、水鬼傀儡等）、說唱、說諢話和學鄉談（類似相聲、滑稽）、皮影戲、棍棒、教飛禽等，晝夜不息地演出，觀眾多時達千餘人。

杭城西南的西湖風景區，更使杭州博得了人間天堂的美譽，繁華程度遠遠超過了東京開封。時人林升《題臨安邸》詩曰：

山外青山樓外樓，西湖歌舞幾時休。
暖風熏得遊人醉，直把杭州作汴州。

72.朱熹新儒學及其學派遭禁錮

朱熹（公元1130年～公元1200年），字元晦，一字仲晦，號晦庵，徽州婺源人。生活在孝宗至寧宗時代，紹興十八年（公元1149年）進士，曾任泉州同安主簿，任滿後向程頤的再傳弟子李侗學習程學。此後也曾擔任地方官，但主要精力用於著書講學。他完成了儒學的復興，使儒學的更新運動在學術上作出總結，集中了前人（特別是程頤系統）的儒學研究成果，形成了與漢唐經學不同的新儒學體系，後人稱為“理學”、“道學”或“新儒學”。國際學術界認為，朱熹是孔、孟以來中國最大的思想家，也是孔、孟以後綜合了新儒學思想，在新基礎上建立哲學體系的最重要人物。他的思想從14世紀開始產生廣泛的影響，15世紀影響朝鮮，16世紀影響日本，17世紀引起西方注意，公元1714年在歐洲翻譯出版了《朱子全書》。朱熹對儒教世界的影響，可以與托馬斯·阿奎那對基督教世界的影響相提並論。

朱熹是宋朝理學的集大成者，在他之前，周敦頤引用道家思想闡釋儒學，建立理學的宇宙論，其代表作《太極圖說》便是《易經》與道家觀念的混合體。張載則從《易經》出發，解釋宇宙萬事萬物都由“氣”聚合而成，而萬事萬物的形成規律便是所謂“理”（即道）。程顥、程頤兄弟進一步指出，宇宙間有一定不變之“理”，推之四海而皆準。朱熹把“理”作為自己哲學體系的基本範疇，從“理”與“氣”的關係上探討關於天地萬物的哲學意義。他認為“理”先於“氣”，“氣”依“理”而存在；事物的“理”就是該事物最完全的形式與標準；萬物有萬理，萬理的總和就是“太極”。要瞭解“太極”，必須從格物致知做起，多窮一物之理，就能多瞭解事物之理的全體。萬物的形成依賴於“氣”，“氣”是“理”的表現。

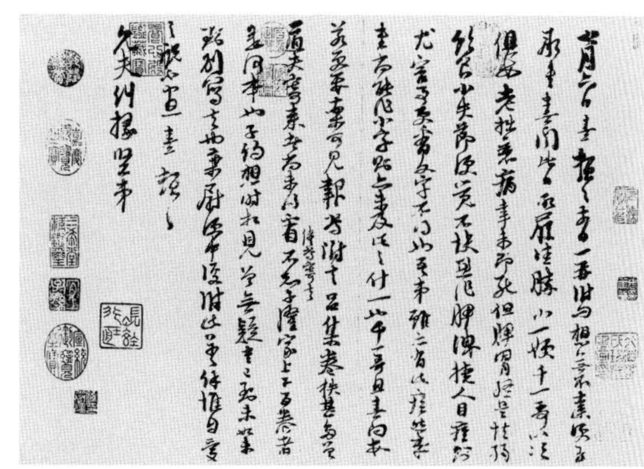

朱熹像及其信札

氣的流動形成陽氣，凝聚形成陰氣，“陰陽是氣，五行是質，有這質所以做得事物出來”。在《朱子語類》中記錄了他與學生關於這方面的問答，既抽像又不乏興味。

其一，問：“太極不是未有天地之先有個渾成之物，是天地之理總名否？”曰：“太極只是天地萬物之理。在天地言，則天地中有太極；在萬物言，則萬物中各有太極。未有天地之先，畢竟是先有此理……”

其二，問：“昨謂未有天地之先，畢竟是先有理，如何？”曰：“未有天地之先，畢竟也只是理。有此理，便有此天地。若無此理，便亦無天地……”

當學生問他究竟是否理在先、氣在後時，他又認為不應該如此簡單化理解。

其三，或問：“必有是理，然後有是氣，如何？”曰：“此本無先後之可言，然必欲推其所從來，則須說先有是理。然理又非別為一物，即存乎是氣之中，無是氣，則是理亦無掛搭處……”

其四，或問：“理在先，氣在後。”曰：“理與氣本無先後之可言，但推上去時，卻如理在先、氣在後相似。”

其五，問：“有是理便有是氣，似不可分先後？”曰：“要之，也先有理。只不可說是今日有是理，明日卻有是氣，也須有先後。且如萬一山河大地都陷了，畢竟理卻只在這裡。”

看來，朱熹關於理與氣的學問奧妙無窮，以往的中國哲學史家據此斷定他是主張意識先於物質的唯心主義者，實在是過分簡單化的做法。朱熹有淵博的學識與精密的分

《 四書集注》書影

析方法，使他在自然科學方面也有創見，例如他從高山上殘留的螺蚌殼論證此處原為海洋，由於地質變遷才隆起為陸地。《朱子語類》中說：“嘗見高山有螺蚌殼，或生石中，此石即舊日之土，螺蚌即水中之物，下者卻變而為高，柔者卻變而為剛。”有如此學養的朱熹，決非冬烘先生，“金木水火”的氣與“仁義禮智”的理的關係，必須從另一層面上給予合理的解釋。陳榮捷在《朱學論集》中指出：理必須用以闡釋事物之本質與普遍性，理為形而上，為一，為永恆與不變，為一致，為事物本質之構成，為不滅。氣則必須用以闡釋形而下，個別性，以及事物之變化，氣為器，為多，為暫時與多變，與眾殊，為事物結構之構成，為可滅。

朱熹把儒學的倫理綱常加以新的闡釋，賦予新的內容。董仲舒那種近乎神學的三綱五常學說，經過朱熹的發揮，才理論化、具體化、通俗化。他把《大學》中所說的“格物致知正心誠意修身齊家治國平天下”，作為理論根據，構建上自皇帝下至各個家庭的一整套周密的社會秩序。

朱熹重視理學的普及化、通俗化，他編著《四書集注》，用理學思想重新解釋《大學》、《中庸》、《論語》、《孟子》，使理學透過四書而深入人心。他編《小學集注》，教育青少年遵循三綱五常的道德規範，他編《論語訓蒙口義》、《童蒙須知》，對兒童的衣着、語言、行為、讀書、寫字、飲食都作了道德規定。例如，穿衣：要頸緊、腰緊、腳緊；說話：凡為人子弟必須低聲下氣、語言詳緩；讀書：要正身體對書冊，詳緩看字；飲食：在長輩面前，必須經嚼緩嚥，不可聞飲食之聲，如此等等。這就是正心、誠意、修身，否則就談不上齊家，更遑論治國、平天下了。

然而朱熹學派在當時被誣為“偽學”，遭到禁錮，成為南宋文化思想界最引人注目的咄咄怪事。用行政命令手段禁錮一個學派、一種思想，一向是排斥異己的政治手段，在以往的歷史上屢有所見，在南宋這個內外交困的時代，就更為敏感了。在此之前，有紹興年間的程學之禁，那是一個官僚對程頤的弟子有意見，上疏聲稱程學“狂言怪語，淫說鄙喻”，請加禁止，高宗採納了。後來又有阿附秦檜的官僚攻擊反對和議的程學、洛學，說是“專門曲學”，應“力加禁絕”。可見禁錮學派並非意識形態上的分歧，不是一般的學派之爭或學術之爭。

對朱熹學派的禁錮也是如此。朱熹從“修政事，攘夷狄”的觀點出發，在淳熙年間對孝宗即位以來的腐敗政治給予抨擊，希望有所轉變，為“復中原滅仇虜”奠定基礎。他在出任地方官時，在權力所及範圍作了種種努力，他連上六章彈劾貪贓枉法的台州知府唐仲友，便是突出一例。唐仲友是宰相王淮的姻親，朱熹此舉得罪了王淮，王淮授意吏部尚書鄭丙攻擊朱熹。朱熹的為政之道無隙可乘，鄭丙便選擇了他的道學（即理學）作為突破口，上疏攻擊朱熹說：“近世士大夫所謂道學者，欺世盜名，不宜信用。”孝宗輕信此言，“道學”之名從此成為一個政治罪狀而貽禍於世。

寧宗即位後，宰相趙汝愚推薦朱熹為侍講，朱熹對寧宗提醒防止左右大臣竊權。韓侂胄由此懷恨，先是把朱熹排擠出宮，又以道學之名打擊，以後又感到道學二字不足以構成罪狀，索性就把道學稱為“偽學”。朝廷大臣憚於清議，不敢顯斥朱熹，韓侂胄不滿，任命親信沈繼祖為監察御史，羅織朱熹的“罪狀”（如霸佔友人死後的家財、引誘兩個尼姑作妾等），使朱熹罷官而去。從此以後，朝中攻擊朱熹日甚一日，甚至有人公然上書要求處死朱熹。在政治高壓下，朱熹上表認罪，違心承認“私故人之財”，“納其尼女”，說要“深省昨非，細尋今是”。他的不少門生朋友惶惶然不可終日，特立不顧者，屏伏丘壑；依阿巽懦者，更名他師，過門不入；更有甚者，變易衣冠，狎遊市肆，以自別其非黨。結果牽連了所謂“偽學逆黨”59人。慶元六年（公元1200年），朱熹在憂心忡忡中病逝，政府還提心吊膽地視朱熹為大敵，預防門人弔喪時會聚，惟恐他們“妄談時人短長，謬議時政得失”。一代大師竟落得這樣的下場，是善良的人們難以想像的。

這場政治風潮持續了幾年。直到韓侂胄死後，朱熹才恢復名譽。淳祐元年（公元1241年），朱熹得以從祀孔廟，從此聲名顯赫。朱熹的學說在他生前並不怎麼行時，由於政治鬥爭關係被作為偽學而遭到禁錮，確實是耐人尋味的。

73.民族危難時期的文化界

在宋金對峙的民族危難時期，文化界的志士仁人都把自己的事業與國家的命運融合在一起，充滿了以天下為己任的憂患意識，葉適、陳亮、辛棄疾、陸游便是其中的佼佼者。

葉適（公元1150年～公元1223年），

字正則，溫州永嘉人，宋孝宗淳熙五年（公元1178年）進士，官至太常博士。他與朱熹的政見較為接近，朱熹主張“修政事，攘夷狄”，葉適也主張為了恢復必須先整頓內政，先修築堡塢，鞏固邊防，徐圖進取。當朱熹被召為兵部郎官以足疾請告時，遭到兵部侍郎林栗攻擊，在“道學”二字上大做文章，說朱熹“本無學術，徒竊張載、程頤之緒餘，為浮誕宗主，謂之道學，妄自推尊”。太常博士葉適主持公道，為朱熹辯護道：“熹素有文學行誼，居官所至有績”，被人誣陷，“眾議所以洶洶不平”，他反駁林栗的奏狀說：“其言熹罪，無一實者，特發其私意，而遂忘其欺耳”，“至於其中‘謂之道學’一語，則無實最甚。利害所繫，不獨於熹，臣不可不力辯。蓋自昔小人殘害忠良，率有指名，或以為好名，或以為立異，或以為植黨，近又創為‘道學’之目。鄭丙創之，陳賈和之，居要津者密相付授，見士大夫有稍慕潔修，粗能操守，輒以道學之名歸之……以道學為大罪，文致語言，逐去一熹。自此遊辭無實，讒口橫生，善良受禍，何所不有。”在韓侂胄禁錮道學時，葉適因附和朱熹，被列入偽學黨籍。寧宗嘉泰二年（公元1202年）解除黨禁，葉適復官，任吏部侍郎，向韓侂胄建議北伐之前宜先加強長江防務。4年後，葉適出任建康知府兼江淮制置使，節制江北諸州，在抗擊金兵南侵的戰爭中，屢次獲勝。韓侂胄開禧北伐失敗後，葉適因“附會用兵”而遭罷官，晚年居住於永嘉城外水心村，潛心研究學問，人稱“水心先生”。

在學術上，葉適和其他學者如呂祖謙、薛季瑄、陳傅良、陳亮等人，被稱為“浙東學派”，在研究學問的途徑上趨向大致相同，從經史百家、禮樂兵刑、典章制度到輿地邊疆、農田水利等，都要“通其委曲，以求見諸事功”，反對空談道德、性命、理氣之類的抽象問題。葉適在《習學紀言》中對董仲舒倡導的“正其誼不謀其利，明其道不計其功”，明確表示不同的見解，說此話“初看極好，細看全疏闊”，“後世儒者行仲舒之論，既無功利，則道義者乃無用之虛語爾”。他對傳統儒學進行全面反思，貫串“以利和義”、利義合一的思想，主張“善為國者，務實而不務虛”。

陳亮（公元1143年～公元1194年），字同甫，婺州（今浙江金華）永康人，乾道五年（公元1169年）向孝宗上《中興五論札子》，對南渡後遵守祖宗舊法，沒有多少改革，極為不滿，建議遷都建康（南京），駐重兵於荊襄，力圖恢復。他認為“江南之不必憂，和議之不必守，虜人之不足畏，而書生之論不足憑”，與朱熹那種不內修政事以固邦本，則恢復無望的估計相比，要樂觀得多，積極得多。淳熙五年（公元1178

年），他又接連3次向孝宗上書，再次建議遷都建康、守備荊襄，武力抗金以收復中原。他在文章中說："陛下勵志復仇……今乃驅委庸人，籠絡小儒，以遷延大有為之歲月，臣不勝憤悱"，孝宗看了頗為感動，打算破格起用。由於陳亮直言無諱，觸怒當政大臣，遭到他們反對，陳亮只得返回家鄉。淳熙九年（公元1182年），他去婺州、衢州訪問朱熹。此後幾年中他與朱熹書信往返，就"王霸義利"展開辯論。朱熹認為夏商周三代是合乎天理的"王道"時代，此後一千五百年是"人慾流行"的"霸道"時代；陳亮反駁道：果真如此，一千五百年間，萬物何以繁盛？天道何以常存？他認為"功到成處便是有德，事到濟處便是有理"，否則漢唐的昌盛便無法理解。他批評一些儒士，自己以"義"和"王道"相標榜，把漢唐時代的成功歸之於"利"和"霸道"，是"義利雙行，王霸並用"，陳亮很欣賞"執賞罰以驅天下"的"霸者之術"，而不欣賞單純的儒家王道主義。這場王霸義利之辯在文化界引起了強烈的反響。

陳亮提倡功利主義，反對空談性命道德，因為那種所謂正心誠意之學，不關心國家的興衰、人民的疾苦。由於他直言無忌，不斷遭到當權者打擊，幾次連遭大獄，科舉功名也與他無緣。他仍一如既往，不改初衷。紹熙四年（公元1193年），51歲的陳亮得中進士第一名，被任命為建康府判官，次年在赴任途中突然發病逝世。

辛棄疾（公元1140年～公元1207年），字幼安，號稼軒，出生於金朝統治下的濟南，後來參加了耿京領導的抗金義軍，紹興三十二年（公元1162年）渡淮投奔南宋，曾兩次上書孝宗，提出抗金方略。他歷任江西提刑、大理寺少卿、江西安撫使、兩浙西路提刑，由於他始終堅持抗金，遭妥協派打擊，於淳熙九年（公元1182年）罷官。他與陳亮相識後，引為志同道合的知己。陳亮說，當今兩個最有名望的人物，文的是朱熹，武的是辛棄疾；辛棄疾則把陳亮比作諸

辛棄疾像

葛亮。兩人作詞互贈，陳詞說："二十五弦多少恨，算世間那有平分月"，"只使君從來與我，話頭多合"；辛詞說："醉裡挑燈看劍，夢回吹角連營。八百里分麾下炙，五十弦翻塞外聲。沙場秋點兵。"

紹熙三年（公元1192年），辛棄疾任福建提刑，到臨安朝見光宗，面奏抗金的方略。在任福建安撫使、福州知州時，整頓吏治，理財備戰，遭到諫官攻擊"殘酷貪饕"，罷官而去。嘉泰四年（公元1204年），辛棄疾到臨安朝見寧宗，認為"金國必亂必亡"，勸寧宗支持韓侂冑北伐。寧宗下詔伐金，辛棄疾作詞讚揚韓侂冑："方談笑，整乾坤。"符離戰敗，65歲的辛棄疾作詞感歎："四十三年，望中猶記，烽火揚州路。""憑誰問，廉頗老矣，尚能飯否？"韓侂冑被殺，投降派又佔上風，辛棄疾已死去，仍被加上"迎合開邊"的罪名，追削爵秩。

辛棄疾發展了蘇軾詞的豪放風格，所寫的詞慷慨激昂，充滿愛國激情，唱出了處在民族危難中英雄豪傑奮發激越的情懷。他的《永遇樂》寫道："想當年，金戈鐵馬，氣吞萬里如虎。元嘉草草，封狼居胥，贏得倉皇北顧。"表示了對宋朝妥協退讓據守半壁江山的無限感慨。他的《摸魚兒》詞，上闋寫惜春，下闋寫宮怨，藉一個女子的口吻，把一種落寞悵惘的心情寫得曲折委婉，被梁啟超譽為"迴腸蕩氣，至於此極，前無古人，後無來者"。

陸游（公元1125年～公元1210年），字務觀，號放翁，越州山陰（今浙江紹興）人，目睹當權者喪權辱國，強烈要求抗敵復仇，收復失地。紹興二十四年（公元1154年）參加進士考試，因議論恢復為秦檜所黜。孝宗即位，出任樞密院編修，賜進士出身，多次上書孝宗建策北伐，移都建康。他暮年追憶此時生活的《訴衷情》詞寫道："當年萬里覓封侯，匹馬戍梁州，關河夢斷何處？塵暗舊貂裘。胡未滅，鬢先秋，淚空流。此生誰料，心在天山，人老滄州！"張濬北伐失敗，陸游遭到彈劾："交結台諫，鼓唱是非"，而被罷官。其後，陸游入川，先後成為王炎、范成大的幕僚。在四川的8年中，他寫下了許多充滿愛國激情的詩篇，《關山月》（作於淳熙四年）便是其中的代表作：

和戎詔下十五年，將軍不戰空臨邊。
朱門沉沉按歌舞，廄馬肥死弓斷弦。
戍樓刁斗催落月，三十從軍今白髮。
笛裡誰知壯士心？沙頭空照征人骨。
中原干戈古亦聞，豈有逆胡傳子孫？
遺民忍死望恢復，幾處今宵垂淚痕！

東還後，陸游歷任提舉福建、江西常平，因發放糧食賑濟災荒，遭彈劾罷官，以

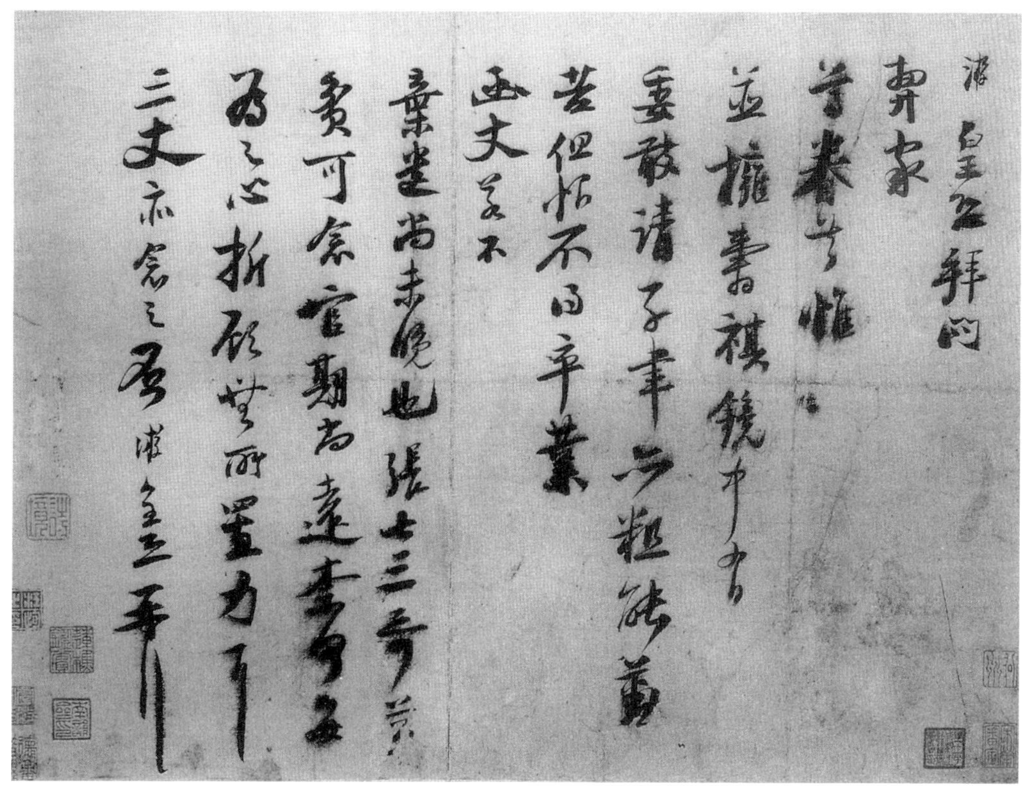

陸游書法

後時起時罷。嘉泰年間召入臨安，編纂孝宗、光宗兩朝實錄，以寶謨閣待制致仕。韓侂冑執政時，陸游對他寄予厚望："吾儕雖益老，忠義傳子孫，征遼詔倘下，從我屬櫜鞬。"寧宗下詔伐金時，陸游激動萬分："中原蝗旱胡運衰，王師北伐方傳詔。一聞戰鼓意氣生，猶能為國平燕趙。"嘉定三年（公元1210年），86歲的陸游病逝，臨死前寫下了千古絕唱《示兒》詩：

死去原知萬事空，但悲不見九州同。

王師北定中原日，家祭無忘告乃翁。

陸游的詩，在南宋四大家中為成就最大，風格雄渾豪放而沉鬱頓挫，洋溢着愛國熱情。

十二・元

——蒙古建立的王朝

74.蒙古的興起與成吉思汗

唐朝時，分佈在大興安嶺北段的室韋諸部中有一支蒙兀室韋部，蒙兀即蒙古的異譯。唐末，蒙古一部遷到斡難河(今蒙古鄂嫩河)上游，進入草原後，蒙古由原先的森林狩獵發展為放牧牲畜，與中原地區的聯繫也日益密切，社會經濟獲得明顯發展。

11及12世紀時，漠北草原上，分佈着許多遊牧部落：蒙古部、塔塔兒部、克烈部、乃蠻部、篾里乞部、弘吉剌部、汪古部。在諸部為了掠奪人口、牲畜和擴大地域的爭戰中，蒙古乞顏氏貴族鐵木真的勢力逐漸強大。

鐵木真(公元1162年～公元1227年)，姓孛兒只斤，其父也速該有"勇士"(蒙語為拔阿禿兒)之稱，在與塔塔兒部的戰爭中，兒子降生，便以俘擄的塔塔兒首領鐵木真的名字為兒子命名。成年的鐵木真脫離了控制蒙古部眾的札木合，建立自己的斡耳朵(即《遼史》所謂斡魯朵，意即行帳、行宮)，約在12世紀80年代，自稱為"汗"。12世紀末～13世紀初，鐵木真在克烈部支持下打敗篾里乞部，又消滅了蒙古部內部的對手，以後陸續降服了塔塔兒部、弘吉剌部、克烈部、汪古部、乃蠻部，完成了漠北草原的統一，從此就統稱草原各部為"蒙古"。

公元1206年，鐵木真在斡難河源頭召開最高部族會議——忽里台大會，樹起九斿白旗，登上蒙古大汗的寶座，被尊為"成吉思汗"，意為有如海洋般強大的蒙古大汗。

新興的蒙古國強烈的擴張慾望，促使成吉思汗把目光瞄準了南面的中原王朝，首當其衝的是西夏。在初戰告捷後，於公元1209年大舉入侵，決黃河堤岸水淹西夏首都中興府(今寧夏銀川)，迫使西夏求和。第二個目標是金朝。蒙古原先臣服於金，成吉思汗即位後仍向金稱臣納貢，當成吉思汗看到庸懦的衛紹王即帝位後，便斷絕了原來的臣服關係，於公元1211年率軍大舉攻金，奪取五十多州縣，逼近其中都燕京(今北京)，金軍雖有"震天雷"、"飛火槍"等新式武器，但當時政治腐敗、經濟凋敝，將領們毫無鬥志，據守野狐嶺的金軍號稱40萬，一觸即潰，在澮河堡戰役、縉山戰役中，金軍精銳主力被全殲。金朝不得不送公主及童男童女，外加馬匹、金銀、綢緞，乞求和平。公元1214年，心有餘悸的金宣宗為了避免後患，從中都(今北京)遷都南京(今河南開封)。成吉思汗藉口金宣宗對他抱懷疑態度，於公元1215年發兵佔領中都。此後，金的領土大大縮小，黃河以北之地幾乎全為蒙古所有，滅金已指日可待。

在此以前，成吉思汗突然把攻擊的矛頭

成吉思汗像

轉向西方，形勢發生了富有戲劇性的變化。成吉思汗命大將木華黎率偏師去對付金朝，自己集中主力準備西征，在滅亡了西遼後，便把矛頭直指中亞細亞的花剌子模。摩訶末國王統治下的花剌子模是一個不穩定軍事政治聯合體，內部矛盾重重，戰爭一開始摩訶末便率先逃跑，在強大的蒙古軍隊凌厲的攻勢下，缺乏統一指揮的孤城，被各個擊破，花剌子模的新都撒麻耳干（今烏茲別克斯坦撒馬爾罕）、舊都玉龍傑赤（今烏茲別克斯坦烏爾根奇）都被蒙古軍隊攻佔。成吉思汗指揮下的蒙古軍隊橫掃中亞細亞至波斯、印度的廣大領域，於公元1224年啟程東歸。

公元1225年，成吉思汗回到漠北，見西夏不屈從於他，決定一舉滅亡它。這時的西夏早已由盛轉衰，面臨來自蒙古的嚴重威脅，而皇室內部一再出現爭奪皇位的事件，為了維持搖搖欲墜的局面，時而附金抗蒙，時而降蒙侵金，終於和金朝一起被蒙古所滅。

然而，成吉思汗滅西夏的戰爭進行得異常艱苦。公元1226年，成吉思汗親率大軍從北路侵入西夏，攻破黑水城、兀剌海城，在進攻沙州時，遇到頑強的抵抗，蒙古大將阿答赤差一點被活捉，經過一個多月的傷亡慘重的攻堅戰，才拿下沙州。肅州、甘州的戰爭也十分酷烈，尤其是成吉思汗親率大軍圍攻靈州之戰，其酷烈的程度為蒙古軍作戰史中所罕見。西夏的末代統治者帝晛（讀xiàn）在中興府被蒙古軍隊圍困達半年之久，於公元1227年6月向蒙古投降，1個月以後獻城，不僅帝晛被殺，全城軍民都遭到了殘酷的屠殺。西夏王朝在歷史上存在了190年，至此宣告滅亡。

成吉思汗就在西夏獻城的前夕，病死於六盤山軍營，結束了他66歲的輝煌一生。他臨死前提出了聯宋滅金的戰略方針。

他的繼承人窩闊台繼承遺志，發兵滅金。窩闊台是成吉思汗第三子，由忽里台大會推舉為蒙古第二代大汗，他在契丹人耶律

《成吉思汗征戰圖》

楚材的輔佐下，制定了堂皇的中國式朝儀制度，奠都於哈剌和林（今蒙古國後杭愛省哈拉和林），然後從南北兩路攻金，北路由孟津渡黃河攻洛陽，南路假道南宋領土，經鄧州抄襲開封。金放棄開封逃往歸德、蔡州。

南宋統治者再次重犯北宋海上之盟“以夷制夷”的錯誤，與蒙古達成協議：聯合進攻金朝，金滅亡後，河南的領土歸宋，河北的領土歸蒙古。此舉顯然中了蒙古的圈套。當宋軍由襄陽攻下唐州，向息州進軍時，竟被小股金軍所擊敗。金哀宗派使節與宋朝和談，一針見血地指出：“蒙古滅國四十，以及西夏，夏亡及於我，我亡必及於宋。唇亡齒寒，自然之理。若與我連和，所以為我也是為宋”，遭宋朝方面拒絕。宋理宗端平元年、金末帝天興三年（公元1234年）正月，蔡州城被蒙古軍攻破，金朝滅亡。其實留着金朝可以作為蒙、宋的緩衝地帶，對南宋有利。金亡，蒙古與南宋接壤，滅宋不過是一個時間問題。

成吉思汗統一了蒙古，發動了西征，使蒙古顯赫一時，還在蒙古地區建立分封制度，頒佈法典《大札撒》，而且命人創造了蒙古文字。可見這個“一代天驕”並非“只識彎弓射大鵰”。

符拉基米爾佐夫的《蒙古社會制度史》指出，在成吉思汗時代，由於戰爭與襲擊的結果，出現了許多被征服的氏族，稱為“孛斡勒”，以後又轉變為兀納罕·孛斡勒，成為貴族個人的附屬人口。兀納罕·孛斡勒可以譯作奴隸，但就此詞的完整意義來說，並非指奴隸。因為他們保有自己的財產，享有部份的人身自由，他們的勞動成果並非全歸主人所有；他們雖然處於從屬地位，但仍過

成吉思汗陵墓

着與領主同樣的氏族生活。兀納罕・孛斡勒實際上是遊牧領主的農奴，他們的義務就是為領主服役，與領主一同遊牧，依照領主的旨意組成古列延和阿寅勒，經營大規模的畜牧經濟。他們與領主的關係，是屬部與宗主的關係，是不能任意解除的。

13世紀，蒙古草原上的牧民與牧地都屬於各級領主。成吉思汗把他所屬的親兵（那可兒）和歸附於他的各部首領分封為萬戶那顏、千戶那顏、百戶那顏。那顏可譯作官人，也可譯作“領主”，他們按照等級有數量不等的牧地和牧民。成吉思汗把分地分封給自己的兒子及近親們，據《元朝秘史》記載，獲得分地的有其正妻孛兒台所生四子，以及諸弟。其四子的分地在按台山以西，總稱西道諸王，後來逐漸擴展，形成長子術赤之子拔都建立欽察汗國，次子察合台建立察合台汗國，三子窩闊台建立窩闊台汗國，四子拖雷之子旭烈兀建立伊利汗國。其諸弟的分地，據一些學者考證，或在興安嶺以西，或在興安嶺以東，或在女真邊牆一帶（即今烏珠穆沁左旗），總稱“東道諸王”。

成吉思汗作為蒙古國的大汗，國家和人民就是他那個氏族的領土領民，也就是說，在蒙古國範圍之內的人民，都是成吉思汗及其氏族的兀納罕・孛斡勒。成吉思汗氏族的男性子孫，就是擁有世襲領地氶民的可卜溫——諸王。可卜溫一詞在蒙古語中原意為兒子，諸王是它的引申義。每一個可卜溫有分地分民的權利，既是分地的領主，又是蒙古大汗的臣子。諸王的分地，包括兩種類型：遊牧民族的嫩禿里（禹兒惕）即遊牧區，以及定居民族的農業區。在遊牧區內，諸王是統治者；在農業區內，大汗通過“治刑政”的札魯忽赤（斷事官）掌管民戶分配和審斷案件，進行統治，諸王只能從札魯忽赤那裡享用分地賦稅的一部份。

成吉思汗在任命左手萬戶、右手萬戶、中軍萬戶作為最高領兵官的同時，又把原來的護衛軍擴充為一萬人，包括一千宿衛，一千箭筒士，八千散班，保衛大汗並跟隨大汗出征，平時分四隊輪番入值，稱為“四怯薛”。大汗直接掌握這支稱為怯薛的護衛軍，成為大汗權力的基礎，加強了對在外諸王及那顏的控制。怯薛由遊牧主的“伴當”演變而來。所謂“伴當”是氏族社會衰落過程中形成的游離份子，服屬於一個遊牧主人。符拉基米爾佐夫認為伴當與主君的地位是平等的，日本北亞史專家護雅夫認為主君與伴當之間存在一種主從關係，這種主從關係來自家產制度，美國社會學家克瑞德（Lawerence Krader）也持有與此近似的看法。成吉思汗在建立以其"黃金家族"為核心的蒙古國時，怯薛的貢獻極大，成為大汗行使其權力的重要手段。蒙古原來沒有文字，成吉思汗征服蒙古草原西部的乃蠻部後，命居留乃蠻部的畏兀兒人塔塔統阿用畏兀兒字拼寫蒙古語，從此有了蒙古文字，用來發佈命令、登記戶口、記錄所斷案件、編寫法律文書。成吉思汗滅克烈部以後，發佈了一系列"札撒"（法令），公元1219年，他召開大會，把以前的法令用蒙古文字記錄成卷，稱《大札撒》，成為蒙古國的法典。

成吉思汗初起時曾說："哥哥弟弟每商量定，取天下了呵，各分土地，共享富貴。"他的繼承者征服金朝後，仿照傳統制度，把農業區的人口和土地分給成吉思汗氏族的諸王、功臣。這種領地，依契丹的用語，稱為"投下"（或"頭下"），有所謂"十投下"、"五投下"之類。太宗窩闊台根據耶律楚材的建議，在此等分地上設置達魯花赤，其地賦稅別由朝廷所遣官吏徵收，年末頒賜領主。

斡耳朵即《遼史》所謂斡魯朵，意即行帳、行宮，是蒙古君長的住地。成吉思汗有4個斡耳朵：第一斡耳朵（大斡耳朵）即臚朐河行宮，第二斡耳朵即薩里川哈老徒行宮，第三斡耳朵即土兀剌河上黑林，第四斡耳朵即斡難河行宮。太宗窩闊台、定宗貴由、憲宗蒙哥都有各自的斡耳朵。世祖忽必烈以前宮殿即斡耳朵，宮殿之外無斡耳朵；世祖以後斡耳朵與宮殿分離，宮殿之外另有斡耳朵，對於蒙古而言，這是一大進步。

75.混一亞歐的大蒙古國

蒙古在滅金後，繼續對外征戰，目標有二：滅南宋和遠征西域。太宗窩闊台與成吉思汗一樣，醉心於西征，暫緩滅亡南宋的進程。

窩闊台是成吉思汗正妻孛兒台所生第三子，一直跟隨成吉思汗南征北戰，戰功顯赫，公元1219年，成吉思汗西征前，被確定為大汗繼承人。成吉思汗率軍西征時，窩闊台與哥哥朮赤、察合台圍困訛答剌城，攻克該城後與成吉思汗會合於撒麻耳干（撒馬爾罕），並受命協調朮赤、察合台兩軍攻克玉龍傑赤（烏爾根奇）。公元1227年，他又隨成吉思汗征西夏。公元1229年，經忽里台大會選舉，他成為蒙古國的第二代大

窩闊台像

汗。滅金後的第二年，即1235年，他召開大會，作出西征的決定：遠征欽察、斡羅思（俄羅斯）、孛烈兒（波蘭）、馬札兒（匈牙利）以及這一帶所有未服之國；要各系宗王長子統兵，萬戶以下各級那顏也以長子從征，以拔都（成吉思汗長子朮赤的次子）為西征軍統帥，大將速不台（成吉思汗親信那可兒）為先鋒；率軍從征的諸王還有窩闊台長子貴由、拖雷長子蒙哥等。

公元1236年秋，拔都命速不台攻下不里阿耳國，屠其都城，又命蒙哥攻欽察、阿速，於次年初擒殺伏爾加河下游的欽察部首領，隨後征服莫爾多瓦國。公元1238年初，攻下斡羅思的莫斯科城；次年冬，攻下阿速國都蔑怯思城；公元1240年秋，攻下乞瓦（今基輔）；公元1241年，拔都分兵兩路向西，一路攻入孛烈兒（今波蘭），另一路攻入馬札兒（今匈牙利）。蒙古遠征軍在里格尼茨（今波蘭南部）大敗波德聯軍，歐洲為之震動。公元1242年，拔都獲悉窩闊台已死，便率軍東返，留駐於伏爾加河下游大營，統治所征服的欽察、斡羅思諸國，建立了東起也兒的石河（額爾齊斯河），西到斡羅思，南起巴爾喀什湖、裡海、黑海，北到北極圈附近的欽察汗國（或稱“金帳汗國”）。這裡原先是成吉思汗劃分給長子朮赤的封地，當時劃定的範圍是：也兒的石河（今額爾齊斯河）以西、花剌子模以北，直至蒙古騎兵所到之處。術赤的次子拔都征服了烏拉爾河以西伏爾加河流域，迫使斡羅斯各公國臣服後，建立起這個龐大的汗國，以伏爾加河上游的拔都薩萊城（今阿斯特拉罕附近）為國都。拔都去世後，其弟繼位，欽察汗國名義上仍對蒙古大汗稱藩，實際已經成為獨立國。

公元1246年，窩闊台長子貴由被立為大汗（蒙古國第三代大汗）。公元1248年，貴由死於討伐拔都的西行途中。公元1251年，成吉思汗幼子拖雷長子蒙哥繼任汗位，成為蒙古國第四代大汗。蒙哥鑒於此前多年中汗位爭奪的激烈，即位後致力於強化大汗的權威，然後任命其弟忽必烈總領漠南漢地軍政事宜，並任命其弟旭烈兀總領波斯之地，統兵西征，於是發動了第三次西征。

公元 1253 年，旭烈兀率西征大軍出發，經過兩年多的戰爭，消滅了伊斯蘭教亦思馬因派在裡海以南的木剌夷國。公元1257年，旭烈兀率軍西進，矛頭直指黑衣大食的首都報達（今伊拉克巴格達）。阿拉伯帝國阿拔斯王朝，崇尚黑色，唐朝史籍稱為“黑衣大食”。報達（今巴格達）不僅是黑衣大食的首都，也是整個伊斯蘭教阿拉伯世界的都城。公元 1258 年，蒙古軍用炮火攻下此城，伊斯蘭教最高教主哈里發投降。公元1259年，旭烈兀又分兵三路，侵入敘利亞。次年春，旭烈兀獲悉蒙哥的死訊，便回師波斯，又獲悉忽必烈已繼任大汗，決定不再東返蒙古，表示擁護忽必烈為汗。忽必烈遣使傳旨，把阿母河以西的波斯國土及其人民劃歸旭烈兀統治。於是旭烈兀建立了又一個汗國，東起阿母河和印度河，西面包括小亞細亞大部份地區，南至波斯灣，北抵高加索。由於旭烈兀自稱“伊利汗”，這個汗國便稱為“伊利汗國”，以蔑剌哈（今阿塞拜疆馬臘格）為首都。

欽察汗國、伊利汗國、察合台汗國、窩闊台汗國，合稱“四大汗國”。察合台汗國是成吉思汗次子察合台的封地——從畏兀兒境一直延伸至河中的草原地區，最盛時其疆域東至吐魯番、羅布泊，西至阿母河，北至塔爾巴哈台，南至興都庫什山。窩闊台汗國是窩闊台後王海都所建的汗國，西至可失哈耳（今新疆喀什）與答剌速河（今塔拉斯河），南至天山南麓諸城，西至哈剌火州（今新疆吐魯番），北至也兒的石河（今額爾齊斯河）上游，以伊犂河與答剌速河流域為中心。它的存在對元朝與西方諸汗國的聯繫，東西方交往都產生了巨大的影響。

察合台汗國銀幣

蒙古軍事遠征的結果，出現了一個橫跨亞歐大陸的大蒙古國。雖然它是一個不穩定的政治軍事聯合的共同體，缺乏統一的社會經濟基礎，不久就演化為若干個相對獨立的國家，但是在整個元朝的對外關係與經濟文化交流中起着明顯的積極作用。

首先，這些汗國仍尊奉元朝皇帝為大汗，稱之為“一切蒙古君主的君主”，“四海萬民之君和成吉思汗家族之長”，它們承認元朝皇帝為其宗主，它們是元朝的“宗藩之國”，朝聘使節往來不絕。這些汗國的汗位承襲，要得到大汗——元朝皇帝的認可，例如伊利汗國的旭烈兀死，遺命由其子阿八哈繼位，阿八哈推辭說：沒有叔父忽必烈的命令他不能即位，直到公元 1270 年，元朝使節抵達後他才舉行即位典禮。現存阿八哈蓋有漢字"輔國安民之寶"方印的敕令，便是忽必烈於公元 1279 年頒賜給他的。這些汗國與元朝保持一種宗主國與藩屬之間的關係，通過賜予和朝貢保持往來。每一批使者其實就是一支龐大的商隊，可以使用官方的驛站交通。早在窩闊台時就設置了通往拔都營帳的驛道，以後這條驛道日趨完善，西方使節、商人東來多通行於此驛道，經過伏爾加河下游的欽察汗國都城薩萊、阿母河下游的玉龍傑赤、河中地區的不花剌、撒麻耳干，抵達阿力麻里，並由此前往嶺北行省的首府和林。薩萊等城市因此成為東西方的交通樞紐，當地與元朝的人才與物資交往十分頻繁。

元急遞舖令牌

其次，從成吉思汗西征以來，大批軍政官員與工匠被擄東來，以後又有大批中亞商販、旅行家絡繹來到元朝，他們中有回回人、西域人、大食人，統稱"色目"人。他們在元朝從政經商，也帶來阿拉伯的科學和文化。例如，忽必烈曾下令頒行的《萬年曆》，編制人是回回天文學家札馬魯丁；元朝在太醫院下設的廣惠司，製作回回藥物，創建者是敘利亞人愛薛；為修建大都城作出貢獻的茶迭兒局諸色人匠總管府達魯花赤也黑迭兒是大食人。在整個元朝，波斯、阿拉伯天文曆法、數學、醫學、史地類書籍大量傳入中國。

由於東西交通的發達，大量蒙古人、漢人遷往中亞、西亞各地。旭烈兀西征時，有上千漢人工匠隨行，其中有使用火藥的炮手，火藥就由此途徑經阿拉伯傳入歐洲。隨旭烈兀西征的天文學家、醫生，後來留在了波斯。伊利汗國丞相拉施都丁編寫歷史名著《史集》時，關於蒙古與元朝的歷史，主要得益於公元 1283 年奉命出使伊利汗國的元朝丞相孛羅。

橫跨亞歐大陸的大蒙古國的建立，僅僅憑藉武力是難以想像的，勢必要高度的文化作支撐，蒙古的草原文化在畏兀兒（回鶻）文明的滲透下發榮滋長。畏兀兒文明傳入蒙古從塔塔統阿開始。塔塔統阿原先是乃蠻太陽汗的掌印官，乃蠻滅亡後投降蒙古，為成吉思汗掌管錢穀，蒙古文字的出現，即與塔塔統阿有關。《元史》說："塔塔統阿畏兀人也，性聰慧，善言論，深通本國文字。乃蠻大敗，可汗尊之為傅，掌其金印及錢穀，帝曰：'汝深知本國文字乎？'塔塔統阿悉以所蘊對，稱旨。遵命教太子諸王以畏兀字書國言。"此後畏兀兒人參與成吉思汗的創業，以及忽必烈的建國。

76.蒙古對中國的統治——元朝

宋與蒙夾擊金，重蹈宋與金夾擊遼的覆轍。宋企圖乘機收復黃河以南之地，搶佔開封、洛陽，蒙軍反撲，宋軍只得退出洛陽，蒙軍又決黃河灌開封城，宋軍棄開封南逃。南宋幫助蒙古滅亡金朝的結果，使自己面臨着更強大的敵手。此後，蒙古軍隊在四川、襄樊、蘄黃以及江淮之間，對南宋展開了全面的攻勢。

蒙哥大汗命其弟忽必烈從吐蕃進攻四川，併吞大理，完成對南宋的包圍。爾後，忽必烈回到漠南，治理漠南漢地民戶。公元1257年，蒙哥率大軍征伐南宋，次年進入四川。公元1259年初，蒙哥包圍合州釣魚山（今四川合川市東），連攻5月，僵持不下。忽必烈奉命率師南下，圍攻鄂州（武漢），南宋權臣賈似道在鄂州向忽必烈求和，表示願意向蒙古稱臣納幣，雙方劃長江為界。此時，忽必烈獲悉蒙哥死於釣魚山下，急欲北返爭奪大汗之位，就秘密與賈似道簽訂和約，撤兵北歸。

中統元年（公元1260年）三月，忽必烈在開平召開忽里台大會，即大汗位，建元中統，建立中書省及負責漢地政務的燕京行中書省，其後不久，以開平為上都，升燕京為中都，鞏固了在中原地區的統治。然後派郝經去南宋要求履行和約。賈似道秘密議和後謊稱大勝蒙古，此時恐真相畢露，把郝經拘留在真州。這就成了蒙古大舉南侵的藉口，定下的戰略方針是，先奪取上游的襄陽、樊城，然後順江而下，攻取杭州，消滅南宋王朝。

至元八年（公元1271年）十一月，忽必烈詔告天下，定國號為"大元"，正式建立元朝。第二年升中都燕京為大都，作為元朝的首都。大都，蒙古人叫做"汗八里"，意即"汗城"。這座新城有宮殿、花園、庫房、湖泊、小山，截然不同於先前的上都。為了保障這座新都城的供給，把大運河由黃河向北延伸至大都，沿大運河由石砌的護岸形成一條官道，從杭州直達大都。

至元十二年（公元1275年），元朝名將伯顏從建康、鎮江分兵三路直插宋都臨安，次年正月，南宋年幼的恭帝投降。早從臨安逃出的宰相陳宜中與張世傑、陸秀夫在福州擁立益王趙昰為端宗，作最後的抗爭；後為元朝軍隊所逼，逃往海中，死在硇州(今廣東吳川縣南海中)。南宋大臣文天祥、陸秀夫繼立衛王趙昺為帝，流徙於南海中的崖山(今廣東新會縣崖門山)。至元十六年(公元1279年)，元朝遣大將張弘範率水師追擊，文天祥抗擊於潮陽，兵敗被俘。張弘範派人要文天祥寫信勸降，文天祥抄自己的詩"人生自古誰無死，留取丹心照汗青"，斷然拒絕。崖山被切斷飲水，陸秀夫揹趙昺投海而死，張世傑也溺水自盡，南宋王朝至此滅亡。被俘的文天祥於至元十九年十二月九日(公元1283年1月9日)在大都(北京)從容就義，臨刑前拒絕了元世祖忽必烈的勸降，坦然答道："天祥為大宋狀元宰相，宋亡，只能死，不能活。"並作《正氣歌》以明志："天地有正氣，雜然賦流形。下則為河嶽，上則為日星。於人曰浩然，沛乎塞蒼冥。"這種浩然正氣是令人敬仰的。

宋亡後，中華大地上再度出現一個王朝統治的格局。元朝是蒙古建立的王朝，不可避免地帶有民族壓迫的色彩，但它繼承並發展了歷代中原王朝的傳統，因而與其他王朝有着承上啟下的一致性，它對中國的治理是卓有成效的。元朝的創建者元世祖忽必烈，在藩王時代便熱心於學習漢文化，向劉秉忠、元好問、張德輝等文士請教儒學治國之道；在擔任總理漠南漢地職務時，加深了對實踐漢法的認識；在即大汗位後，提倡文治，改革蒙古舊制，實行漢法。因此他一手創建的元朝總體上取法於中原王朝的傳統政治體制，當然也保留了一些蒙古舊制。以下對最有特色最有影響的4個方面略作介紹。

(一) 中書省與行中書省 元朝中央政府主要由中書省、樞密院和御史台構成。中書省相當於金朝的尚書省，領六部，總理全國政務，樞密院掌管全國軍事，御史台掌管全國監察。中書省長官中書令由皇太子兼任，未立皇太子時則空缺，所以實際長官是右丞相、左丞相(各一員)，另有平章政事(四員)為副丞相，右丞、左丞(各一員)、參知政事(二員)為執政官。中書省又稱都省，它直轄稱為"腹里"的地區(約相當於今河北、山西及河南、山東、內蒙一部份)，吐蕃地區則由宣政院兼管，此外全國的一級行政區都由中書省的派出機構——行中書省管轄。行中書省簡稱"行省"或"省"，是元朝的創制，一直沿用至今。忽必烈即位初期，有十路宣慰司，又委派重臣以中書省官"行某處省事"名義，到地方行使中書省職權。至後來行省逐漸由臨時性的中央派出機構定型為常設的地方一級行政機構。除了腹里與吐蕃外，全國共設11個行省：陝西行省、甘肅行省、遼陽行省、河南

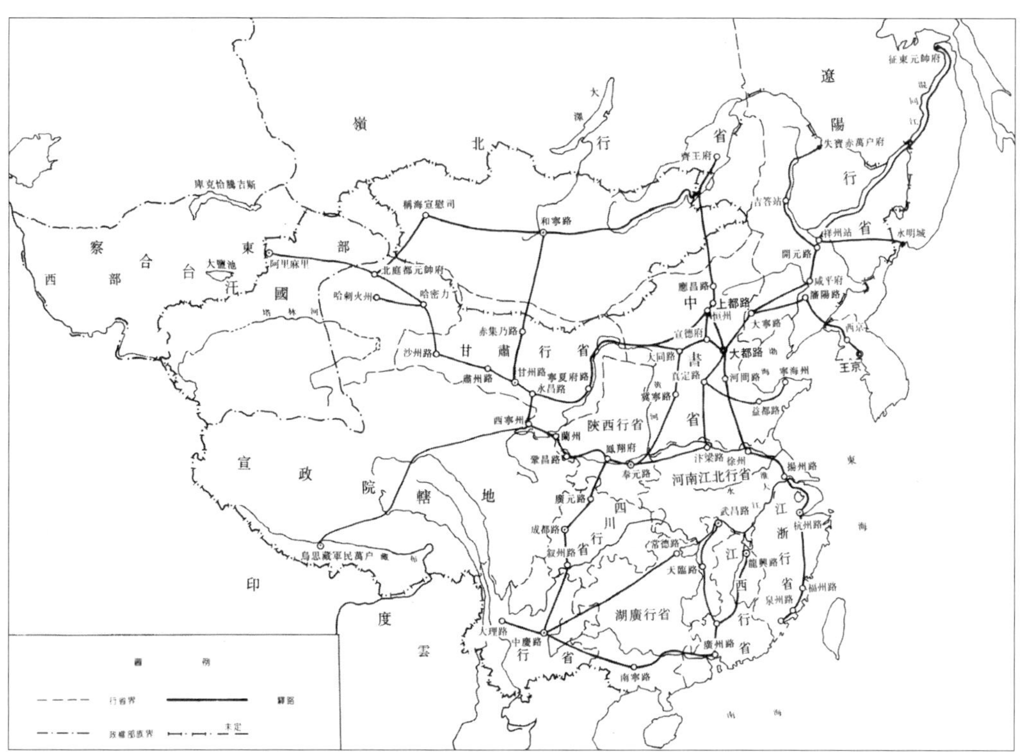

元代驛路分佈圖

江北行省、四川行省、雲南行省、湖廣行省、江浙行省、江西行省、嶺北行省、征東行省。前面的9個行省從其名稱大體可判定其地域範圍，惟後面兩個行省需略加解釋：嶺北行省——其地域相當於今內蒙、新疆一部份和今蒙古國全境、俄羅斯西伯利亞地區；征東行省——設於高麗，行省丞相由高麗國王兼任，保留其原有政權機構和制度，賦稅也不上繳中書省，與其他行省有所不同。

（二）對吐蕃的管轄和邊疆的統一 在蒙古滅金前，吐蕃部份地區已對蒙古表示臣服。滅金後，窩闊台的次子闊端進駐河西走廊，和吐蕃發生密切的接觸。闊端一面派軍隊深入吐蕃地區，一面召請吐蕃宗教領袖，籠絡地方勢力。公元1247年，喇嘛教薩斯迦派首領班彌怛·功喜監藏代表各部僧俗官員在涼州會見闊端，表示歸順蒙古。此後，功嘉監藏通告吐蕃各地，確認吐蕃是蒙古大汗管轄下的領土，要清查戶口，建立驛站。公元1251年，功嘉監藏去世，八思巴（本名羅古羅思監藏）繼為薩斯迦派法主。按照傳說，佛教在8世紀從印度西北部傳入吐蕃，一經傳入就受到吐蕃本地宗教本教的影響，本教中的巫術和占卜術與佛教結合，形成混合型的喇嘛教。中統元年（公元1260年），忽必烈即帝位，封八思巴為帝師，總領天下釋教（佛教）。至元元年（公元1264年），忽必烈又命八思巴掌管總制院，管轄全國佛教和吐蕃政務，這一機構以後改稱“宣政院”。《元史·百官志》說：“宣政院，秩從一品，掌釋教僧徒，及吐蕃之境，而隸治之。遇吐蕃有事，則分院往鎮，亦別有印。如不征伐，則令樞府議。”第一任帝師八思巴喇嘛（blama）入滅後，忽必烈追封他的名號中有“佑國如意，大寶法王，西天佛子，大元帝師”等字樣，表明他是弘揚佛法的西天佛子，也是佑國佑民的法王。《元史·釋老傳》說：“及得西域，世祖以其地廣而險遠，民獷而好鬥，思有以因其俗而柔其人，乃郡縣吐蕃之地，設官分職，而領之於帝師。”元朝中央政府把吐蕃地區作為宣政院轄地，在那裡分設了3個宣慰使司都元帥府，管理前藏、後藏、阿里等3部。宣慰使司都元帥是當時西藏地區的最高官吏，直接由朝廷任命，元朝通過他們推行中原實施的各項制度，清查戶口，制定賦稅，設置驛站。西藏地區在元朝正式成為中國行政區劃的一部份。

元朝對其他邊疆地區的統一也是卓有成效的。蒙古滅大理後，在當地設立了19個萬戶府進行統治；忽必烈即位後，在那裡改設雲南行省，行省之下分別設立宣慰司、宣撫司和路府州縣。雲南地區從南北朝以來長期割據的局面至此結束。在北方蒙古草原，設立和林宣慰司，後改為嶺北行省。在西北的阿力麻里地區，忽必烈派遣自己的兒子鎮守。在哈剌和州（吐魯番）、別失八里（吉木薩爾）和斡端、合失合兒等地，分別設立中央派出的元帥府、宣慰司等機構。在台灣海峽設立了澎湖巡檢司，是中原王朝在澎湖島上設立政權的開始。元朝的統一，使中國廣大地區處於一個中央政權的直接控制之下。

（三）建立民族等級制 元朝的統治帶有濃重的民族歧視色彩，把全國人民按照民族和被征服的先後，區分為4個等級：蒙古人、色目人、漢人、南人。第一等級蒙古人是統治民族，當時稱為“國族”，享有一切特權和自由。第二等級色目人，是指蒙古以外的西北各民族乃至中亞、西亞、歐洲各民族，包括吐蕃、乃蠻、汪古、回回、畏兀兒、欽察、阿速等，其地位、待遇僅次於蒙古人，其中有不少是軍隊將領、政府官員、富商大賈。第三等級漢人（又稱漢兒），是指淮河以北原金朝統治下的漢人、契丹人、女真人，以及高麗人。第四等級南人（又稱蠻子、新附人），是指原南宋統治下的遺民。

這種民族等級制度，也是一種身份制度，正如《至正直記》所說：“色目與北人

勞苦者比照上例斟酌定奪
兄弟子姪做官回避 至元二十一年三月御史臺據監察御史李昂
呈伏見前省官阿合馬郝禎等專任之日恣行己意隳廢典章父兄
居於省部子姪列於州郡牽挽私親樹立黨與莫甚於此即目
朝廷再新制度已經釐正愚謂憲臺清選尤當擇用切恐亦有父兄居
憲臺察院之職子姪為按察司官者或父兄為按察司官子姪於別
道為官有似此類理宜回避合行照勘見數自存一員餘者別所求
仕為此於至元二十一年正月二十五日失列門怯薛第二日
太子香殿裏有時分
啓過事內一件這臺裏行臺裏按察司裏父子哥哥兄弟做官的有那
每根前數一个俺根底別个的交省依体例迁轉呵怎生麽道啓呵奉
令旨那般者敬此本臺除照勘呈省外咨請照驗若有一門之間父子
兄弟叔姪有合回避者照勘完備開具姓名咨來
○色目漢兒相參勾當 至元二十二年二月江西行省准本省左丞伯
顏咨至元二十二年二月十七日緝山有時分
奏過事內一件在先達達回回畏吾兒人蠻子每一處相參委付麽道
聖旨了來如今蠻子田地裏觀着呵城子裏每達達回回畏吾兒每裏一
个家有底也有無的也無那田地裏底事務省得的上頭

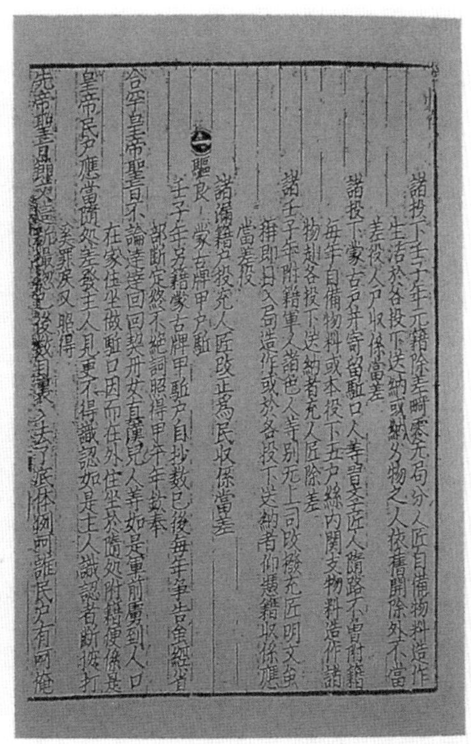

諸投下壬子年元籍除差畸零无局分人匠自備物料造作
生活於各投下送納或納丝物之人依舊開除外不當
差役人户收係當差
諸投下蒙古户并寄留驅口人等曾充匠人隨路不曾附籍
每年自備物料或本投下五户絲內關支物料造作諸
物赴各投下送納者充人匠除差
諸壬子年附籍軍人諸色人等別无上司明文
辨即日入局造作或於各投下送納者仰憑籍收係應
當差役
諸漏籍户投充人匠改正為民收係當差
㊀驅良 蒙古牌甲户驅
壬子年另籍蒙古牌甲驅户自抄數已後每年爭告無經省
部斷定終不絕詞照得甲午年欽奉
合罕皇帝聖旨不論達達回回契丹女直漢兒人等如是軍前虜到人口
在家住坐做驅口因而在外住坐於隨處附籍便係是
皇帝民户應當隨處差發主人見更不得識認如是主人識認者斷按打
奚罪戾又照得
先帝聖旨[illegible]民户有呵俺

元典章中關於四等人制的記載

以右族貴人自居，視南人如奴隸。”中書省的丞相必用蒙古人，平章政事多用蒙古人、色目人；各行省的丞相、平章也大多如此。元朝嚴防漢人掌軍權，樞密院長官除少數色目人外都用蒙古人。在法律面前各等級是不平等的，法律規定：“蒙古、色目毆漢人、南人者不得復”；蒙古人毆死漢人只征燒埋銀、斷罰出征，不必償命。根據至元十七年（公元1280年）的戶口調查，蒙古人、色目人僅佔總戶數的3%，漢人佔15%，南人佔82%，可見享有特權的蒙古色目人是一個很小的數目。

不過佔總戶數的97%的漢人、南人中的上層人物，也是統治階層中的成員。《元典章》所載內外官員於大德年間（公元1297年～公元1307年）的狀況：朝官中蒙古人、色目人938名，漢人、南人1,151名，漢人、南人佔55.23%；京官中蒙古人、色目人155名，漢人、南人351名，漢人、南人佔70.15%；外任官中蒙古人、色目人5,689名，漢人、南人14,216名，漢人、南人佔71.42%。漢人史天澤在公元1261年～公元

1266年曾任中書省右丞相，是中書省最高長官（中書令虛設）；漢人充任各路達路花赤的人數更多。當時人說漢人中的上層人物"無爵邑而有封君之貴，無印節而有官府之權"。這表明，民族問題說到底是一個階級問題，民族歧視本質上是階級歧視。

（四） 寬容的宗教政策 元朝領土遼闊，治下民族眾多，宗教信仰不一，元朝統治者採取兼容並蓄的政策，允許自由傳播與信仰，因此也里可溫、答失蠻、佛、道都十分流行。

也里可溫即基督教，當時也稱"景教"，唐初傳入中原，後遭禁錮，遼金時期僅盛行於西北遊牧民族地區。隨着蒙古西征，大批西方信仰基督教的各色人等進入中國，元初僅大都一地就達三萬多人。之後，天主教徒也大批東來，大都就有教堂兩所。元朝中央政府專設"崇福司"掌管也里可溫。

答失蠻即伊斯蘭教，當時也稱回教。元朝東西交往頻繁，中亞、西亞伊斯蘭教徒大量東來，在各大城市都有他們的聚居區。當時把阿拉伯的穆斯林譯作木速蠻，通常叫做回回。答失蠻、木速蠻與也里可溫、和尚、先生（道士）可以享受豁免賦役的特權。元朝中央政府設"回回哈的司"，掌管伊斯蘭教事務。

也里可溫瓷墓碑

蒙古人原來信奉原始的薩滿教，後來又尊奉喇嘛教（佛教一派），被它那種華麗的儀式和神秘的祈禱所折服。但蒙古人並未因為自己信仰喇嘛教而壓制其他宗教，表現出很寬容的態度。

77.勸課農桑與"棉花革命"

蒙古軍隊南下滅金、滅宋的戰爭，對農業生產破壞很大，中原膏腴之地棄而不耕者十之三四；另一方面，蒙古人進入中原後佔奪民田現象十分嚴重："王公大人之家，或佔民田近於千頃，不耕不稼，謂之草場，專放孳畜”，把農田當作牧場，反映了兩種生產方式、社會形態之間的反差。元世祖忽必烈即位後，蒙古貴族重遊牧、輕農業的政策有所改變，逐漸廢除重遊牧政策，採取重農桑政策。大臣許衡上疏：“北方之有中夏者，必行漢法乃可長久。”基於此，忽必烈認識到“欲保守新附城堡，使百姓安業力農”，於是下詔天下：“國以民為本，民以食為天，食以農桑為本。”

為了勸課農桑，把金朝的村社制度加以改革，於至元七年（公元1270年）建立司農司的同時頒佈立社的法令。從《元典章》勸農立社的記載可以較全面地看到當時立社的一般情況：五十家立一社，推舉年高通曉農事且家有勞力者為社長，專門教勸本社之人勤於農桑，一社之內互助耕種，建立積穀備荒的義倉。以勸課農桑為宗旨的社，強調社內各戶之間、社與社之間農業生產中的互助合作關係，向受災農戶提供的互助勞動是無償的，“社眾各備糧飯、器具”。在北方創始的社，滅宋後，漸次推廣到南方，顯示了元朝政府為了勸課農桑所做的努力。

為了統一蒙古貴族的思想，元世祖採取了一系列措施，例如：

其一，禁止蒙古貴族、軍隊侵佔農田為牧場，下令把一部份牧場恢復為農田。中統元年（公元1260年）正月，禁諸道戍兵及勢家縱犯桑棗禾稼者；四月，又禁征伐軍士及勢官毋縱畜牧傷害其禾稼桑棗；次年七月又申蒙古軍不得以民田為牧地。至元十三年（公元1276年），針對東平布衣趙天麟所上《太平金鏡策》提及蒙古王公大人佔民田為牧場，元世祖特下詔處理此事：“凡軍校及守土官吏有以勢力奪民田廬產業者，各還本主。”

黃道婆像

其二，設立農官，勸課農桑。中統二年（公元1261年）設立勸農司，後又設巡行勸農司，"專以勸課農桑為務"。各地方官吏都以"勸課農桑"繫銜，州縣衙門兩壁都繪製耕織圖，且以勸課農桑成績好壞作為考核官吏的重要標準，勸課農桑無成效者，御史台按察究治。

其三，總結和推廣農業生產技術。至元七年頒佈農桑之制十四條，至元十年以後各類官修、私修農書相繼問世，主要有司農司編的《農桑輯要》、王禎《農書》、魯明善《農桑衣食撮要》、羅文振《農桑撮要》等。

司農司編《農桑輯要》7卷，成書於至元十年（公元1273年），內容有典訓、耕墾、播種、載桑、果實、竹術、藥草、孳畜、歲用典雜事等。除彙編歷代農書如《齊民要術》、《務本新書》、《歲時廣記》，還依據北方農業生產實際經驗予以增訂。司農司派官員巡察各地督促農桑、推廣技術時，主要依據此書，可見這部農書是元朝政府作為恢復、發展農業生產的一項措施而出版的，很受地方政府官員的重視。

魯明善編《農桑衣食撮要》2卷，刊印於延祐元年（公元1314年），仿《四民月令》體例，以月令為綱，分繫條別，按月列舉應做的農事，包括農作物的栽培，家畜、家禽、蠶、蜂的飼養，以及農產品的加工貯藏等，文字通俗，簡明扼要，非常實用。

王禎編《農書》22卷，集中地反映了元朝農業生產所達到的新水平，在當時與後世都有巨大影響。王禎，字伯善，山東東平人，元貞元年（公元1295年）任安徽旌德縣尹，在任6年，大德四年（公元1300年）調任江西永豐縣尹。他在旌德縣尹的任內編成了《農書》，於皇慶二年（公元1313年）刊印。農書是當時親民官必須頒行的書，相當於宋代地方官頒發的勸農文。王禎《農書》在南宋農書、勸農文的基礎上，又吸收了《農桑輯要》的精華，綜合南北方的經驗，使之體系化。全書分三大部份：卷一到卷六是農桑通訣，涉及授時、地利、耕墾、耙勞、播種、鋤治、糞壤、灌溉、收穫等；卷七至卷十是百穀譜，介紹各種農作物、菜蔬、瓜果、竹木等的種植法，其中以棉花的種植與推廣最有價值，反映了當時農業的最新成就；卷十一至卷二十二是農器圖譜，這是《農書》中最具特色、最值得重視的部份，作者繪製了306幅農具、農機、灌溉工具、運輸工具、紡織機械圖，每幅圖後附有文字說明，介紹其結構、性能、使用方法。其中不少是當時創製的新式農具和機械，尤以新興的棉紡織業的桿、彈、紡、織機械最為新穎獨特。其中的"水轉大紡車"最為引人注目，它是一種以水為動力的紡紗機。王禎不僅介紹了它的結構、性能，而且還畫了實物圖像。專家們認為，它比英國的水力紡紗機早出現400年。華裔美國學者趙岡在《中國土地制度史》中說，王禎《農書》集中國傳統農業生產工具之大成，直到民國初年，中國農村使用的農具很難有一兩件是王禎《農書》中所未載者。可見此書在中國農學史上的地位。

元朝農業發展史上最值得大書特書的是棉花種植的推廣。

據《吠陀經》記載，棉花最早種植於印度。大約在公元前2世紀傳入中國，但始終局限於邊疆少數民族地區，直到宋代以前未在中原地區推廣。宋代以降，棉花始由印度次大陸通過兩個途徑傳入中國：陸路由中亞移植於陝西一帶，海路由海南島移植於福建、廣東一帶。清乾隆年間松江府上海縣的棉花專家褚華所寫《木棉譜》提及棉花的傳入，很贊同明朝邱濬的意見，指出："漢唐之世木棉雖入貢，中國未有其種，民未以為服，官未以為調。宋元間傳入其種，關、陝、閩、廣首處其利，蓋閩廣海舶通商，關陝接壤西域故也。"宋朝文獻中關於棉花的記載已零星可見，例如：宋仁宗時四川筠州高安人彭乘《續墨客揮犀》提及福建、嶺南種植棉花並紡織成布的事；宋孝宗時任廣南西路桂林通判的周去非在《嶺外代答》中提及兩廣地區及海南島所生產的棉布質地"絕細而輕軟潔白，服之且耐久"。

宋末元初是棉花種植推廣的重要時期。

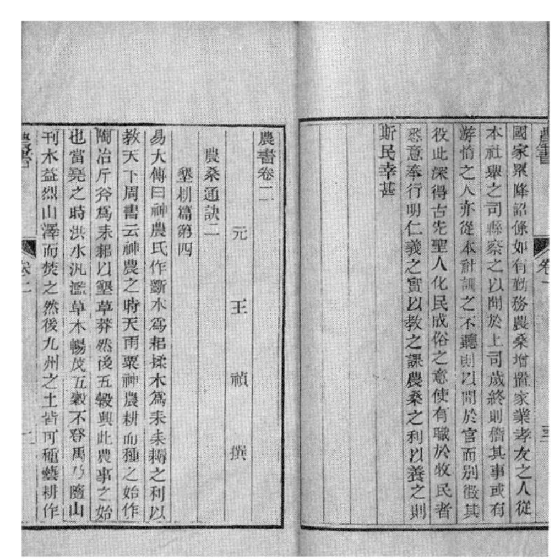
國家累降詔條如有勤務農桑增置家業孝友之人從本社舉之司農察之以聞於上司歲終則稽其事或有游惰之人亦從本社訓之不聽則以聞於官而別徵其役此深得古先聖人化民成俗之意使有職於牧民者悉意奉行明仁義之實以教之課農桑之利以養之則斯民幸甚

農書卷二

元 王禎 撰

農桑通訣二

墾耕篇第四

易大傳曰神農氏作斵木為耜揉木為耒耒耨之利以教天下周書云神農之時天雨粟神農耕而種之始作陶冶斤斧為耒耜以墾草莽然後五穀興此農事之始也當堯之時洪水氾濫草木暢茂五穀不登禹乃隨山刊木益烈山澤而焚之然後九州之土皆可種藝耕作

《農書》書影

《農書》插圖

司農司《農桑輯要》說：“木棉亦西域所產，近歲以來，苧蔴藝於河南，木棉種於陝右，滋茂繁盛，與本土無異。”王禎《農書》說：“（木棉）其種本南海諸國所產，後福建諸縣皆有，近江東、陝右亦多種；其種藝製作之法，駸駸北來，江淮、川蜀既獲其利，至南北混一之後，商販於此，服被漸廣，名曰吉貝，又曰棉布。”可見宋元之際棉花迅速推廣，江東、江淮、陝右、川蜀均已大量種植，棉布作為商品的流傳也漸次擴大。元世祖至元二十六年（公元1289年）設置了浙東、江東、江西、湖廣、福建木棉提舉司，負責每年徵收10萬匹棉布的稅收事宜，反映了當時棉花種植已相當普遍化了。

在這方面頗有建樹的是一代紡織巨匠黃道婆。黃道婆，松江府上海縣烏泥涇鎮人，年輕時流落到海南島崖州（今崖縣）。學習了海南黎族的棉紡織技術，於元成宗元貞年間（公元1295年～公元1297年）返回故里烏泥涇，把黎族先進的棉紡織技術傳授給鄉親，並作了一系列技術革新，使烏泥涇鎮這個貧困之鄉很快走上家給人足之途，成為先進紡織技術的傳播中心，帶動了它所在的松江府及鄰近地區棉紡織業的繁榮，終於掀起了被海外學者所稱譽的持續數百年的“棉花革命”。

烏泥涇一帶在宋末元初從閩、廣引進棉花種子，廣為栽培，因而烏泥涇畔便成了松江府各鄉村中最早栽種棉花的地區。陶宗儀《輟耕錄》稱：“閩廣多種木棉，紡織為布，名曰吉貝。松江府東去五十里許，曰烏泥涇，其地土磽瘠，民食不給，因謀樹藝，以資生業，遂覓種於彼。”褚華《木棉譜》補充道：“邑（指上海縣）產棉花自海嶠來，初於邑之烏泥涇種之，今遍地皆是。”正德《松江府誌》也說：“木棉，宋時鄉人始傳其種於烏泥涇，今沿海高鄉多植之。”因此，把烏泥涇鎮看作“棉花革命”的策源地，是當之無愧的。

刊行於至元二十五年（公元1288年）的《至元嘉禾誌》記載當時松花江府特產除絲綢外，還有木棉與布，還特別注明“布（松江者佳）”。宋末元初，浙江天台人胡三省在給《資治通鑒》作注時，曾寫到江南種植木棉並從事紡紗織布的狀況，然而他也指出江南的布不如閩廣，“自閩廣來者尤為麗密”。烏泥涇的情況便是一個有力的證據，黃道婆返回故里之前的烏泥涇，紡織技術是相當原始的，據陶宗儀親身見聞，當時烏泥涇的棉紡織業：“初無踏車、椎弓之制，率用手剖去籽，線弦、竹弧置案間，振掉成劑，厥功甚艱。”沒有軋花的踏車，也沒有彈花的椎弓，而是用手剝去棉籽，用竹弓繃上線弦，在桌子上彈花，然後搓成棉條，再紡紗、織布，費時費工，十分艱苦。黃道婆推廣了先進技術，教農家“做造桿、彈、紡、織之具，至於錯紗、配色、綜線、挈花，各有其法”。

這具體成果便是當地人王逢《梧溪集》所說的“崖州被”或“烏泥涇被”的生產。所謂“崖州被”，是海南島崖州的一種特色花布，據方勺《泊宅編》說，海南島黎族所織棉布，“上出細字，雜花卉，尤為工巧”，故而王逢有詩讚道：“崖州布被五色繅，組霧川雲燦花草。”黃道婆教烏泥涇鄉民生產“崖州被”，千餘家鄉民仰食於此，生產出品質精良、花色艷麗的棉布遠近聞名，於是更名為“烏泥涇被”。此外還有烏泥涇番布、象眼布、三紗（三梭）布、飛花布等優質棉布。

關鍵在於黃道婆對棉紡織技術作了全面革新，包括桿、彈、紡、織以至於錯紗、配色、綜線、挈花的全過程。例如紡車，據棉紡織專家研究，海南島黎族所用的竹輪紡車直徑為30厘米～40厘米，有一種大輪也只61厘米。黃道婆從崖州引進的就是這種小紡車。她加以改進，成為三錠腳踏紡車，當地稱為“一手三紗，以足運輪，名腳車”。

黃道婆的技術革新帶動了烏泥涇鎮經濟起飛，刺激了鄰近地區對於種植棉花與紡紗織布的積極性。到了元末明初，松江府已經成為全國聞名的棉布產地，所生產的精線綾、三梭布、漆紗方巾、剪絨毯等，“皆為天下第一”，暢銷天南海北，從而形成“綾布二物，衣被天下，雖蘇杭不及”的繁榮景象。

棉布的廣泛種植與棉紡織業的蓬勃興起，導致松江府及其周邊地區農業經濟與農家經營發生了革命性變化，一方面，棉作壓倒稻作，這一地區農作物種植出現了“棉七稻三”乃至“棉九稻一”的新格局；另一方面，棉花的種植以及對棉花的深加工——紡紗、織布，為農家帶來了巨大的經濟效益，其經濟收入日益超過糧食作物，成為農家的主要經濟來源。

78.匠戶，斡脫，鈔法，漕運

成吉思汗和他的繼承者們，對手工業工匠特別重視。在西征中，每攻下一城，照例都要俘虜工匠，在花剌子模都城玉龍傑赤俘工匠10萬，在撒麻耳干俘工匠3萬，全隨蒙古軍隊東返。工匠分為兩種：軍匠專門製造武器，民匠則製造民用工業品，有專門的戶籍，稱為“匠戶”。除臨時拘括一部份工匠暫隸匠籍（工作完畢遣返）外，匠戶都是世襲的。元世祖忽必烈進攻南宋時，向伊利汗國的阿八哈徵調工匠，回回炮手阿老瓦丁、亦思馬因奉命東來。元朝政府從全國各地拘括工匠，成立回回炮手軍匠萬戶符，在阿老

元銅銃

瓦丁、亦思馬因指導下製造回回炮。

滅南宋後，大批搜羅江南民戶為工匠，選其中有技藝的十餘萬戶為匠戶，以後又籍四十多萬戶，立局院七十餘所，在首都、地方分別設諸色人匠總管府及提舉司，管理造作。這類人匠稱為“繫官匠戶”。類似匠戶的是鹽戶（製鹽）、冶戶（冶煉），在官吏監督下從事官手工業生產。

手工業中兵器業尤為發達，上述回回炮，能發射150斤重的巨石，比原有的拋石機性能優良，據《元史・阿老瓦丁傳》說，發射時，“聲震天地，所擊無不摧陷，入地七尺”。金朝已有以紙為筒的火炮，到元朝時製造了以銅為筒的火炮，用火藥在金屬管內爆炸產生的衝力發射彈丸。現存中國國家博物館的元至順三年（公元1332年）製造的銅炮，長35.3厘米，口徑10.5厘米，重6.94公斤，是近代管形火器的先驅。富有蒙古特色的氈毯業也很引人注目。北方遊牧民族用氈毯製作帳幕，入居中原後把氈毯工藝發展到新階段，據記載，諸色人匠總管府製作的地毯質地精良、名目繁多，有剪絨花氈、脫羅氈、雀白氈、半青紅芽氈、染青氈、回回剪線氈等。

蒙古人重視商業。公元1218年，成吉思汗命諸王、大臣各派部屬二三人組成一支450人的大商隊，赴花剌子模貿易，商隊成員全是木速蠻（穆斯林）。隨着西征的勝利，欽察汗國、伊利汗國的建立，驛道的暢通，蒙古對西域商人的種種優惠，商業日趨繁榮。元朝中期商稅收入相當於全國貨幣收入的十分之一，超過以往任何時代。

元朝商業的一大特點是政府對許多商品採取專賣手段壟斷經營。一種形式是政府直接經營，如部份金、銀、銅、鐵、鹽等；一種形式是政府賣給商人經銷，如茶、鉛、錫和部份鹽等；一種形式是商人經營、政府抽分，如酒、醋、農具、竹木及部份礦業等。這是一種站在商人立場上的官營商業，即所謂“官商”，這與歷任財政長官如阿合馬、桑哥、盧世榮都是商人出身或精於商業有密切的關係。

元朝商業的另一特點是斡脫商人活躍。斡脫是蒙古語ortoq（“合夥”）的音譯，後來泛指經營高利貸商業的官商，正如當時人

《盧溝運筏圖》

所說，他們是“見賫聖旨、令旨，隨處做買賣之人”。中亞的木速蠻（穆斯林）素以善於經商聞名，早在蒙古興起之前他們就來往於蒙古、西域與中原之間，操縱貿易。成吉思汗時代，許多木速蠻（穆斯林）商人投充為蒙古貴族的“斡脫”，為之經商放債。當時的高利貸年利率百分之百，次年息轉為本，利上加利，1錠銀於10年後本利可得1,024錠，稱為“羊恙兒息”，或“斡脫錢”，它由政府機構管理，故又稱“斡脫官錢”。斡脫商人從政府那裡獲得許多特權，手持聖旨、令旨，可以使用官方的驛站交通，有官軍護衛，可減免稅收。顯然斡脫官商的橫行是不利民營商業的正常進行的。

中統元寶交鈔

商業的繁榮要求貨幣隨之作適應性變化。蒙古入主中原初期，以銀、絲為貨幣。公元1236年，窩闊台下令發行紙幣——交鈔，忽必烈即位之初，也發行交鈔，這是一種以絲為本位的貨幣。中統元年（公元1260年）正式發行中統元寶交鈔，以銀為本位，鈔2貫等於銀1兩。至元二十四年（公元1287年）改發至元通行寶鈔，鈔10貫等於銀1兩。武宗至大二年（公元1309年）發行至大銀鈔，鈔面用銀計值，不久即廢除，仍通行中統鈔、至元鈔。實行鈔法，是元朝在宋、金紙幣的基礎上的一大創舉，使商品流通順暢，節省大量鑄錢費用，還使政府獲利。民以昏鈔兌換新鈔，收30%手續費；民以鈔兌銀時，按法定比價2貫等於銀1兩之外加價5分。但解決不了貶值問題，至元寶鈔、至大銀鈔的發行，想用抬高票面價值的辦法解決通貨膨脹，沒有什麼效果，關鍵在於無法限制發行數量，導致自身貶值。交鈔最初發行時，每年不超過10萬錠（50貫為1錠），以後逐年增印至一百多萬錠至二百多萬錠，濫發紙幣的結果，使民間鈔不能兌銀，實際成為無本虛鈔。鈔的發行總額在至元二十四年已達飽和狀態，此後仍在不斷增加，鈔法終於崩潰。每日印鈔不可計數，舟車裝運，舳艫相接，通貨膨脹。元末時，京師用鈔10錠（500貫）換不到1斗米。民間交易拒絕用鈔，以物易物，民間歌謠唱道："人吃人，鈔買鈔，何曾見？"

元朝建都於大都（北京），為解決官俸、軍餉及宮廷需求，於至元十九年（公元1282年）初次由海路運送漕糧。海運是由朱清、張宣草創的。朱清為崇明人，張宣為嘉定人，生長於長江口，當過私鹽販、海盜，南宋末聚集一批人航行於沿海地區。元初，丞相伯顏招納了朱、張等人，命他們把宋庫藏圖籍由崇明經海路運往大都。至元十九年，朱、張等人造平底船60艘，運糧46,000餘石，歷時兩個月才抵達直沽（天津）。當時政府還未看到海運的長處，漕糧北運主要是河運；後因新開運河無法滿足京師的需求，才全力從事海運，成為漕運的主要方式。

海運路線，從劉家港（太倉瀏河）入海，至崇明東行，入黑水洋（黃海），由成山角（威海）轉西，到劉家島（威海）、登州（蓬萊）沙門島，於萊州大洋（萊州灣）入界河口至直沽（天津）。如風信有時，不過旬日即達。海運船舶，起初載重大者不過千石、小者三百石，以後有載重八九千石的大海船。每年運糧數量也由四萬餘石增加為三百萬石以上。元朝海運的發達，為明初的海運與遠洋航行奠定了基礎。

與海運相輔而行的是河運。從江南到大都，元初可以經由隋以來所開鑿的運河輾轉北上。淮河以南，邗溝與江南河迭經整治，仍可通行；淮河以北，可由泗水抵達山東境內，又可由御河（衛河）抵達直沽（天津），再由直沽經白河抵達通州。全線獨缺山東境內泗水與御河之間約400里的一大段，以及通州至大都之間50里一小段，沒有河道可通，漕運至此必須由陸路轉運，費力甚艱。至元二十年（公元1283年）開濟州（今濟寧）河150里，河成後，南來漕船自淮溯泗，由此出大青河涉海，趨直沽。至元二十六年（公元1289年）開會通河二百五十餘里，自山東梁山縣北抵臨清，下接濟州河，上由御河（衛河）入津。南來漕船無需遠涉渤海，可直抵通州。至元二十八年（公元1291年）又開通惠河，這是接納水利工程專家郭守敬的建議，並由他親自設計施工的，從通州至大都全長164里，引京西昌平諸水入大都城匯積水潭，東北從通州入白河。這樣就形成了南北大運河的新格局，經過明清兩代的發展一直沿用至今。

79.對外交往的擴大

蒙古三次西征，跨亞歐大陸，東起太平洋，西達波羅的海，南臨波斯灣，蒙古大汗的金牌可直達各地，往昔阻塞不通的道路為之闢通，使東西交往盛極一時。

公元1245年，羅馬教皇英諾森四世派遣天主教聖方濟各會創建人普蘭諾·卡爾平尼（Giovanni de Plano Carpini）大主教，攜帶教皇致蒙古大汗的書信，出使蒙古，於次年7月抵達和林，11月帶着蒙古大汗貴由的覆信西歸。他用拉丁文寫的出使報告《蒙古史》，成為研究早期蒙古史和東西交往史的重要文獻。公元1920年，在梵蒂岡檔案中發現了貴由致英諾森四世的書信原件，用波斯文寫成，上蓋蒙古大汗的印章。

公元1253年，法國國王路易九世派聖方濟各會教士盧布魯克（Guillaume de Rubruquis）前往蒙古境內傳教，先在伏爾加河畔謁見拔都，後在和林南面的冬季行宮謁見蒙哥。次年7月，盧布魯克帶着蒙哥給路易九世的國書西歸。不久，他用拉丁文寫了出使報告——《東方行紀》，成為13世紀蒙古情況的重要文獻。

最有影響的西方使者是意大利人馬可·波羅（Marco Polo，公元1254年～公元1324年）。公元1260年前後，威尼斯人尼哥羅·波羅兄弟至欽察汗國都城薩萊（今阿斯特拉罕附近）、不花剌（今烏茲別克斯坦布哈拉）經商，後隨旭烈兀使臣抵達上都，受到忽必烈的接見與詢問，並派他們出使羅馬教廷。公元1271年，馬可·波羅隨尼哥羅兄弟前往蒙古覆命，沿着絲綢之路東行，於公元1275年到達上都，以後僑居中國17年。他深得元世祖忽必烈賞識，出任元朝官職，奉命出使各地，遊歷了大都、京兆（西安）、成都、昆明、大理、濟南、揚州、杭州、福州、泉州，對所見所聞有生動的記錄。例如他於13世紀末來到昔日南宋都城杭州時，不禁為之驚歎：“世界最名貴富麗之城”。劫後餘生的杭州，當時依然人口眾多、產業發達、市面繁榮，馬可·波羅說：“此城有大街一百六十條，每街有房屋一萬”；“城中有大市十所，小市無數”；“上述十市，周圍建有高屋，屋之下層則為商店，零售各種貨物，其中有香料、首飾、珠寶”。正是由於他的記載在歐洲的傳播，杭州這座花園城市在當時已聞名於世。

公元1289年，伊利汗阿魯渾因元妃死去，派使者至大都請求續娶，元世祖忽必烈命馬可·波羅隨伊利汗的使者一起護送闊闊真公主去伊利汗國。他們一行於公元1291年初從泉州啟程，公元1293年到伊利汗國的阿八哈耳，馬可·波羅等動身回國，於公元1295年抵達威尼斯。

馬可·波羅在威尼斯與熱那亞的戰爭中被俘，在獄中講述遊歷東方的見聞，被同獄小說家記錄成書——《世界的描述》。此書有多種傳抄本，中譯本有《馬可·波羅行記》（馮承鈞譯）。《馬可·波羅行記》記述東方

馬可·波羅

馬可波羅贈謝波哇藩主迪博(Thibaud de Cépoy)鈔本原序

此書是上帝赦宥的(註一)謝波哇藩主迪博騎尉閣下，求之馬可波羅閣下而得的鈔本。馬可波羅是物搦齊亞(Venise)城的市民，曾經久居數國，熟知其風俗習慣。彼欲使世人悉知其所見之事，並爲尊重法蘭西國王王子伐羅洼(Valois)伯爵沙兒勒(Charles)殿下起見，以此書贈給謝波哇藩主，(是爲其書撰成以後之第一鈔本。)願由此富有經驗的賢明之人攜歸法國，出示各地。(註二)謝波哇藩主迪博閣下既將此本攜歸法國後，其長子若望(Jean)以父歿，承襲爲謝波哇藩主，(註三)遂以此攜歸法國之第一鈔本，呈獻於國人所敬畏的伐羅洼殿下。自是以後，其友人有求者，曾以此本付之傳鈔。(註四)

此本即是馬可波羅閣下贈與謝波哇藩主之第一鈔本；鈔本適在謝波哇藩主奉伐羅洼殿下及其妻皇后陛下之命，爲孔士坦丁堡(Constantinople)帝國各部之總代理人，行抵物搦齊亞之時。(註五)

馬可波羅贈謝波哇藩主迪博鈔本原序 一三

《馬可·波羅遊記》漢譯本

各地見聞，其中以中國部份最為詳盡，對忽必烈時期的一些重大政治事件、風俗習慣、宗教信仰、物產商業等都有詳盡記錄。馬可·波羅稱中國為“契丹”，稱南方的漢人為“蠻子”，稱北京為“可汗的大都”，稱杭州為南方漢人的“行在”。他看到紙幣(交鈔、寶鈔)大為驚歎，更驚歎於中國人開採煤炭作為燃料。

公元1981年，英國大英圖書館中文部主任伍芳思(Frances Wood)在《泰晤士報》上發表文章，對馬可·波羅到過中國表示質疑。公元1995年11月13日，她的著作《馬可·波羅到過中國嗎？》在英國出版，其主要論點是：威尼斯商人馬可·波羅從未到過任何接近中國的地方，在歷史上不朽的《馬可·波羅行記》完全是杜撰之作。她關於馬可·波羅從未到過中國的驚人之說，已得到幾位研究中世紀史的專家的支持。

中國的元史專家楊志玖針對《泰晤士報》的文章，在《環球》雜誌1982年第10期發表文章——《馬可·波羅與中國——對〈馬可·波羅到過中國沒有？〉一文的看法》，指出：“中國的歷史書籍中確實到目前為止還沒有發現馬可·波羅的名字，但並不是沒有一些可供考證的材料。”伊利汗阿魯渾(伊朗君主 Argon)的后妃死後，派遣3位使臣到元朝，請忽必烈大汗(元世祖)賜給他一個和亡妃同族的女子為妃。元世祖把一個叫闊闊真（Cocacin）的公主交給他們，三位使臣請馬可．波羅一家作伴，從海道護送他們回伊利汗國。楊志玖從《經世大典．站赤》中找到了阿魯渾所遣三使臣（Oulatai兀魯鰐、Apusca阿必失阿、Coja火者）回國的記載，人名、時間都和馬可．波羅所說相符。伊利汗國歷史學家拉施都丁的《史集》中也有和馬可．波羅書中基本相同的記載。漢文、波斯文與歐洲文的記載完全相同，不是偶然的巧合，馬可．波羅確實到過中國。

此外，還可以找到其他的證據。《馬可．波羅行記》中提到鎮江府有兩所基督教堂是由當時鎮江府長官、基督教徒馬薛里吉思修建的，與《至順鎮江誌》記載相合，他在瓜州看到江中的寺院，便是著名的金山寺，也與《至順鎮江誌》相合。《馬可．波羅行記》有一章專講元朝用樹皮造紙，印製鈔票，通行全國，信用程度之高，"竟與純金無異"，"偽造者處極刑"。這點由公元1963年在河北出土的"至元通行寶鈔"的銅版正中刻有"偽造者處死"五個大字，獲得證實。輕易否定馬可．波羅到過中國是令人難以信服的。

蒙古重用色目人的政策，促進了大食（阿拉伯）商人東來，東西方貿易日趨頻繁。當時泉州對外貿易特別發達，有"蕃舶之饒，雜貨山積"之稱。在泉州經商的大食人蒲壽庚最為有名，世代經營海上貿易，南宋末任泉州提舉市舶使，降元後，先後出任江西行省參知政事、福建行省左丞，負責與海外各國通商事宜。此後蒲壽庚父子擅市舶之利達30年，富甲東南，成為一名傳奇人物，其長子蒲師文任宣慰使左副元帥兼福建道市舶提舉海外諸道宣慰使。當時泉州是與巴格達齊名的世界上最大商港，來往於兩港的阿拉伯商人眾多。南宋時泉州的海外貿易已凌駕於廣州之上，元朝在此設市舶司，城南設番坊，供各國商人、教士居住，當時阿拉伯僑民數以萬計，與當地人通婚，死後安葬在那裡。今日泉州一帶蒲、丁、郭等姓，就是當年阿拉伯人的後裔。

著名的阿拉伯旅行家伊本．拔圖塔（Ibn Battuta）曾訪問泉州、廣州、杭州等地，回國後，奉摩洛哥國王之命口述其旅行見聞，由國王所派書記官伊本．術扎伊用阿拉伯文筆錄，著成《伊本．拔圖塔遊記》一書。對泉、廣、杭這些城市的風貌、民情、海舶、中阿海上交通、貿易往來以及中國製瓷技術等，作了詳細的描述，此書至今仍是研究14世紀中阿交往史的重要歷史文獻。

蒙古與沿海鄰國的關係也是由征服戰爭開始的。

公元1218年，成吉思汗要高麗每年獻納貢賦：糧食一千石，以及大批方物（金

《元寇來襲繪詞》

銀、綢布、獺皮等）。成吉思汗西征時，高麗與蒙古處於絕交狀態。公元1231年，蒙古進兵高麗，在那裡設置了一批達魯花赤（鎮守者）。公元1254年，憲宗蒙哥發動對高麗的戰爭，要求遷都江華島的國王返回原都城，並派太子到蒙古朝廷為人質。忽必烈即位後，致力於改善與高麗的關係，在高麗國王死後，派兵護送太子王倎回國繼位，這就是高麗的元宗。至元十一年（公元1274年）元宗死，子愖繼位，娶忽必烈之女為妻，高麗國王成了忽必烈的駙馬，依附關係加深，此後元朝在高麗設驛站，直至設立征東行省。

至元二年（公元1265年），高麗人趙彝等向忽必烈建議："日本可通"。次年，忽必烈派兵部侍郎黑的（赫德）、禮部侍郎殷弘帶了大蒙古國皇帝致日本國王的詔書，出使日本。詔書雖然強調了"聖人四海為家"，然而使者滯留6個月不得要領而返，激怒了忽必烈，要高麗動員軍隊，造巨船1,000艘。在此期間，忽必烈對日本有過多次"招諭"，第六次前往日本"招諭"的趙良弼於至元十年（公元1273年）歸國時，向忽必烈提出不可攻打日本的建議，他說：舟師渡海，海風無期，禍害莫測。忽必烈不聽，加緊征戰準備，把高麗的濟州島作為遠征日本的基地。至元十一年（公元1274年），元軍第一次遠征日本，元軍在博多、箱崎遭到日本武士頑強的抵抗，又遭到颱風的襲擊，戰艦破損、沉沒，士兵溺死，第一次遠征日本就這樣失敗了。次年，元又派出禮部侍郎杜世忠、兵部郎中何文著為使節前往日本，日本方面以國書的無禮之辭而斬了來使。至元十八年（公元1281年），元朝發動了第二次遠征，由高麗方面出東路軍4萬，慶元(浙江寧波)方面出江南軍10萬。戰爭開始時，元軍以優勢兵力強行登陸。七月末八月初，北九州正處在颱風圈內，強大的颱風摧毀了元軍，日本方面稱為"神風"。

蒙古騎兵在陸上馳騁縱橫，所向披靡，然而海戰卻一敗塗地。忽必烈先後派兵侵入安南、占城、爪哇、緬國，也都以失敗而告終。此後的元朝統治者不得不正視現實，與沿海鄰國保持友好關係，開展正常的經濟文化交往。

元朝慶元(今寧波)市舶司的海外貿易特別繁榮，浙江等地的絲綢、瓷器、茶葉等商品由慶元向東遠銷日本、高麗，向南遠銷東南亞、南亞乃至阿拉伯各國。這些國家的沙金、黃銅、人參、藥材、香料、珠寶、象牙、犀角等珍品也運至慶元港再轉運各地，其繁榮狀況正如當時文人所描寫的那樣："是邦控島夷，走集聚商舸，珠香雜犀象，稅入何其多。"元朝商船經常往來高麗，棉花、火藥武器也於此時傳入高麗。日本商船多至慶元停泊，由市舶司依例抽分後，即許自由買賣。

元人汪大淵所寫《島夷志略》，對中國絲綢瓷器等商品通過南海航路以貿易方式傳播作了詳細記錄，人們把這條傳播絲綢和瓷器的航路稱為"海上絲綢之路"。

80.郭守敬與關漢卿

吸收了希臘和印度學問的伊斯蘭科學，曾有過世界的"最高峰時期"。關於阿拉伯文化的全盛期，歐洲人給予高度評價：光明是從東方來的。阿拉伯文化不僅影響了歐洲，也影響了中國。元世祖忽必烈曾徵召穆斯林星象學家，波斯的著名天文學家札馬魯丁應召來到大都(北京)，向元朝有關部門進獻了7件天文儀器：渾天儀、方位儀、斜拉儀、平律儀、天球儀、地球儀和觀象儀。科技史家哈特納(W. Hartner)在《札馬魯丁的天文儀器與馬拉加天文台的儀器比定及其關係》中指出，這些儀器是伊利汗國的大汗從波斯阿塞拜疆的馬拉加(Maragha)天文台送到中國的。札馬魯丁還進獻了新的紀年法《萬年曆》。這就是《元史．天文志》所說，至元四年(公元1267年)，西域人札馬魯丁"撰進《萬年曆》"、"造西域儀象"。至元八年(公元1271年)，元朝設立回回司天台，以札馬魯丁為提點，吸收了不少西域天文學者在其中工作。札馬魯丁在大都與元朝天文學家郭守敬進行業務交流，因此郭守敬對阿拉伯天文曆法成就已有相當深刻的瞭解。據專家研究，前蘇聯普爾科沃天文台收藏了兩份手抄本，一份是阿拉伯和波斯文，一份是漢文，都是從公元 1024 年算起的日、月、五大行星動行表，很可能是札馬魯丁和郭守敬合作完成的。

郭守敬(公元1231年～公元1316年)，字若思，邢州(今河北邢台)人，祖父郭榮是知名的數學家、水利學家。郭守敬有家學淵源，後又師從天文學家劉秉忠。元初使用遼和金的《大明曆》，誤差很大，劉秉忠因此提出改曆的建議。天文學、地理學泰斗劉秉忠，是郭榮的朋友，郭守敬有機會參與劉秉忠的改曆事業。至元十三年（公元 1276 年），元世祖根據劉秉忠生前建議，命張文謙等主持修訂新曆，郭守敬等奉命進行實測，他提出"曆之本在於測驗，而測驗之器莫先儀表"，製造了簡儀、高表、仰儀、正方案等近20件天文儀器，大大提高了觀測的精確度，其簡儀簡化了渾儀，只保留兩套觀測用環，一個測量赤道坐標，一個測量地平坐標；其圭表比舊表高5倍(高40尺)，使測量日影長度的相對誤差減少到五分之一；其高表設置了景符，能測量到太陽圓面中心的精確位置。至元十六年，太史局(天文台)擴建為太史院，郭守敬任同知太史院事，領導了全國範圍的天文測量，設立 27 個觀測站，地理緯度為北緯15°～65°。，最北的觀測站在西伯利亞，最南的觀測站在西沙群

郭守敬像

島。次年（公元 1280 年），郭守敬繼承傳統曆法並參考了阿拉伯曆法編成新曆，命名為《授時曆》。郭守敬在給元世祖的奏報中說，《授時曆》對天文數據重新測定 7 項，對天文計算改革了 5 項。《授時曆》推算一回歸年長度為365.2425日，這個數據和地球實際繞太陽一週的周期只相差26秒，與南宋統天曆相同，也與現代通用的格里高利曆相同。格里高利曆是公元 1582 年羅馬教皇格里高利十三世時制定的，比《授時曆》晚了 300 年。郭守敬的天文成就與 300 年後的丹麥天文學家第谷（Tycho Brahe，公元 1564 年～公元 1601 年）先後交相輝映，明末來華耶穌會士湯若望（P. J. Adam Schall Von Bell）稱讚郭守敬為"中國的第谷"。其實

郭守敬比第谷早了3個世紀，應該說第谷是歐洲的郭守敬才確切。日本科學史家山田慶兒說，元代的授時曆，“代表了中國天文學的最高水平”。

郭守敬最初是作為水利學家受到忽必烈重用的。中統三年（公元1262年），因劉秉忠的同學、左丞張文謙推薦，向忽必烈面陳水利建議6條，被任命為提舉諸路河渠之職，次年升副河渠使。至元元年(公元1264年)，郭守敬奉命濬治原西夏境內的唐來、漢延等古渠，使當地農田得到灌溉，事成後升任都水少監。以後他又為元大都(今北京)的城市建設奠定了基礎。

根據侯仁之的研究，元大都的興建，放棄了蓮花池水系上歷代相沿的舊址，而在它的東北郊外選擇新址重建新城。新城的城址是以金朝離宮——太宗宮附近湖泊(即今中海和北海)為設計中心。這一片湖泊屬於高梁河水系，選址於此出於都城建設的長遠考慮，一是金中都在戰亂中已遭破壞，二是蓮花池水源供不應求，三是為了解決漕運問題。今日北京的給水工程用京密引水渠，自昌平經昆明湖到紫竹院西北一段，基本上還是沿用郭守敬當初的路線。元朝面臨的漕運比金朝更為繁重，每年要從江南運送數以百萬石計的糧食到大都。在忽必烈到大都(即金中都)的第三年，郭守敬就提出改造舊閘河，另引玉泉山水以通漕運的計劃，得到忽必烈批准後付諸實施，引白浮泉循西山山麓入甕山泊，然後匯入積水潭（今什剎海）再接閘河，其故道所經，正在泰寧宮附近。這就是叫做“通惠河”的新運河。不僅根據大都的地形地貌解決了通惠河的水源，而且按地形地貌變化及水位落差，在運河中設閘壩、斗門，解決了水量和水位問題。

元仰儀

在中國文學史上，漢的賦，唐的詩，宋的詞，元的曲，分別標誌着它們那個時代文學的突出成就。元曲以雜劇（北曲）為主，它來自民間，金末元初，雜劇在院本和諸宮調的基礎上逐漸形成。雜劇的興起與宋、金時代城市經濟文化的繁榮有密切的關係，城市中的瓦子勾欄有固定的演出場所，可供雜劇藝人登台獻藝；更多的雜劇藝人則隨處作場演出，從露天舞台發展到室內舞台，由四面觀發展到一面觀。元朝工商業畸形繁榮，王公貴族、官僚商人群聚城市，為了滿足這些人的文化需求，城市中廣設劇場，為雜劇提供了肥沃的土壤。另一方面，宋朝是科舉至上主義時代，讀書人都把參加科舉考試，進士及第作為夢寐以求的人生目標。蒙古貴族起於漠北，不重視科舉，滅金後，只舉行過一次科舉考試，此後廢去科舉考試近80年。漢族知識份子失去了人生的目標，遭到沉重的打擊。一位經歷了宋、元之際社會變革的學者說："自宋科廢，而遊士多……蓋士負其才氣，必欲見用於世。不用於科則用於遊，此人情之所同。"而且蒙古、色目、漢人、南人的四等級制，使漢族知識份子的地位空前淪落，根據當時文獻的記載，漢族人民又分為10等，其序列是這樣的：一官、二吏、三僧、四道、五醫、六工、七匠、八娼、九儒、十丐。歷來以天下為己任的儒生的地位，在娼妓之下、乞丐之上，排行第九。中國知識份子的"臭老九"帽子，其實在這時已經戴在頭上了。科舉的廢止，知識份子地位的低下，使那些本來可以在傳統文學領域有所作為的一流文人，不得已踏入戲劇行列，創作演出的腳本。雜劇作家輩出，而關漢卿是其中的佼佼者。

方日晷

關漢卿（約公元1220年～公元1300年），號已齋，大都（今北京）人，《錄鬼簿》說他隸籍太醫院戶，大約是系籍醫戶出身，但長期在大都從事雜劇腳本創作，與教坊、勾欄的歌伎、演員如珠簾秀等交往密切，被稱為"雜劇班頭"、"梨園領袖"。他一生寫過六十多種雜劇，保留下來的有《竇娥冤》、《單刀會》、《哭存孝》、《蝴蝶夢》、《調風月》、《救風塵》、《金線池》、《望江亭》、《緋衣夢》、《拜月亭》、《魯齋郎》等18種。其中《竇娥冤》尤為成功，成為幾百年來久演不衰震撼人心的一部悲劇。孤女竇娥因父親欠下高利貸無力償還，被賣給蔡家做童養媳，遇上地痞惡棍張驢兒父子的脅迫與誣陷，又遭昏庸愚蠢、草菅人命的地方官錯判而冤死。反映了關漢卿對當時社會生活的深刻理解，也反映了他卓越的藝術表現能力。他在劇本中對當時腐敗而黑暗的政治進行抨擊："這都是官吏每無心正法，使百姓每有口難言"。他透過竇娥

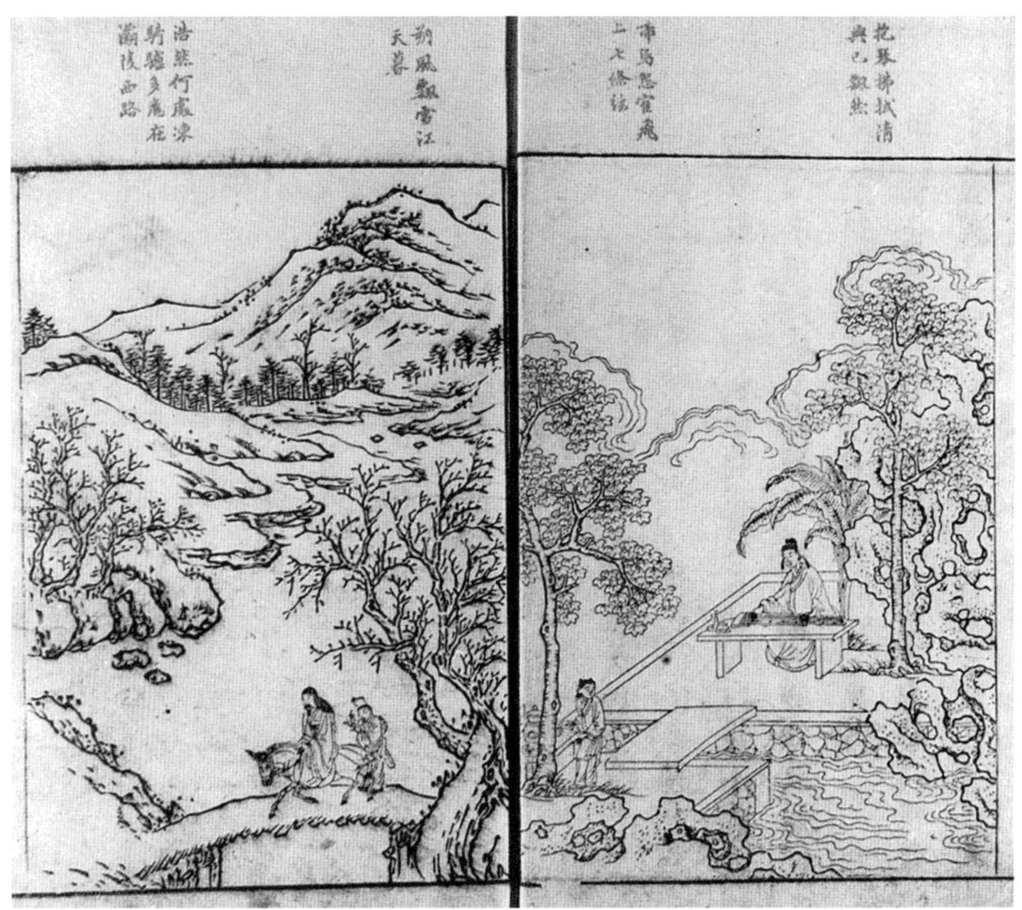

《竇娥冤》插圖

臨刑前憤怒的控訴，對王朝統治支柱的“天地”、“鬼神”表示了極大的否定：

有日月朝暮懸，
有鬼神掌着生死權。
天地也，
只合把清濁分辨，
可怎生糊突了盜跖、顏淵！
為善的，受貧窮更命短，
造惡的，享富貴又壽延。
天地也，
做得個怕硬欺軟，
卻原來也這般順水推船。
地也，你不分好歹何為地！
天也，你錯勘賢愚枉做天！

關漢卿的雜劇觸及時弊，不畏強暴，自稱："我是個蒸不爛煮不熟搥不扁炒不爆響噹噹一粒銅豌豆……你便是落了我牙歪了我嘴瘸了我腿折了我手，天賜與我這幾般兒歹症候，尚兀自不肯休！"是非常難能可貴的。郭沫若說，關漢卿是"人類藝術史上不可企及的一個高峰。其所以不可企及是因為他所處的時代已經一去不復返了，而他卻盡善地把那個時代反映了出來，鑄造了一群那個時代的紀念碑"。公元 1958 年，關漢卿被列為世界文化名人。

與關漢卿一起號稱元曲四大家的還有白樸、馬致遠、鄭光祖。白樸的代表作有：《牆頭馬上》、《梧桐秋雨》，馬致遠的代表作有：《漢宮秋》、《薦福碑》，鄭光祖的代表作有：《倩女離魂》、《傷梅香》。王實甫雖不在四大家之列，但他寫的《西廂記》五本二十一折，是少見的長劇，是元雜劇中影響最大的名作，以董解元的《西廂記諸宮調》為藍本，發展成精緻的典範之作，劇中的張生、崔鶯鶯、紅娘都有鮮明的性格特徵，栩栩如生，以優美的語言渲染出一幕愛情的千古絕唱：

碧雲天，黃花地，
西風緊，北雁南飛。
曉來誰染霜林醉？
總是離人淚。

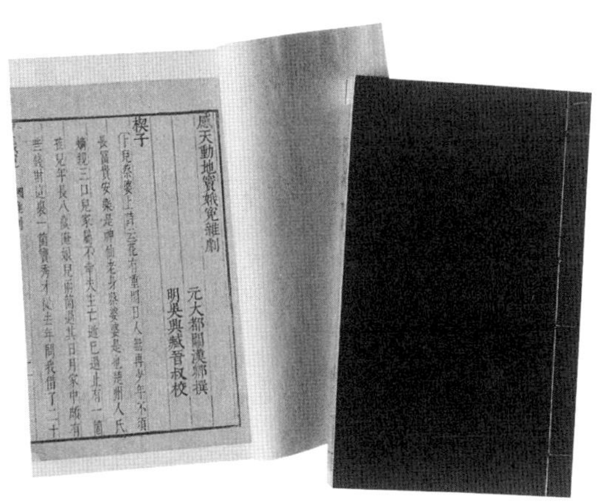
感天動地竇娥冤雜劇
元大都關漢卿撰
明吳興臧晉叔校
楔子
卜兒蔡婆上詩云花有重開日人無再少年不須
長富貴安樂是神仙老身蔡婆婆是也楚州人氏
嫡親三口兒家屬不幸夫主亡逝已過止有一個
孩兒年長八歲俺娘兒兩個過其日月家中頗有
些錢財這裏一個竇秀才從去年間我借了二十

《竇娥冤》書影

十三 · 明

——中華文明的餘暉

81.朱元璋：從遊方僧到開國皇帝

元朝後期，政治腐敗，公元1308年～公元1333年的25年中，換了8個皇帝，統治集團爭權奪利，搞得一團糟。元末一首《醉太平小令》對此作了深刻的揭露：

堂堂大元，奸佞專權。
開河變鈔禍根源，惹紅巾萬千。
官法濫，刑法重，黎民怨。
人吃人，鈔買鈔，何曾見？
賊做官，官做賊，混愚賢，哀哉可憐！

人民不能照舊生活下去了，民謠唱道：“天高皇帝遠，民少相公多，一日三遍打，不反待如何？”

至正十一年（公元1351年），元順帝命工部尚書賈魯徵發汴梁、大名等13路民工，開鑿黃河新道，重役、剋扣、監督，使“河夫多怨”。明教首領韓山童、劉福通，一面散佈民間廣為流傳的民謠：“石人一隻眼，挑動黃河天下反”；一面暗中把背面刻有“莫道石人一隻眼，此物一出天下反”的石人預先埋在將要開挖的河道裡。民工挖得石人大為驚詫，於是聚眾謀反。劉福通推韓山童為首，稱韓為宋徽宗八世孫，當為中國主。韓山童在起義時不幸被捕，劉福通跑到潁州（今安徽阜陽）組織起義軍，因為大家都用紅巾包頭，所以稱為紅巾軍或紅軍。蕭縣芝麻李、蘄水徐壽輝、南陽布王三、襄陽孟海馬、濠州郭子興等紛起響應，幾年時間半個中國已在起義軍控制之下，一首民謠唱道：“滿城都是火，府官四散躲，城裡無一人，紅軍府上坐。”

朱元璋就在此時崛起於起義軍中。朱元璋（公元1328年～公元1398年），祖籍金陵句容（今鎮江句容）朱家巷，祖父朱初一帶兒子朱五一、朱五四逃荒到江北泗州盱眙縣，其後父親朱五四在濠州鍾離縣（今安徽鳳陽）孤莊村定居。他本名重八（兩房中排行第八），後名興宗。十七歲那年，淮北大旱，繼以瘟疫，父、母、兄長先後病死，“殯無棺槨，被體惡裳”。朱元璋因生活困難，便到皇覺寺當了行童（小和尚）。皇覺寺當地人叫於（烏）覺寺，以後改稱“龍興寺”，位於鳳陽城北。皇覺寺長老打發和尚出門雲遊渡荒，朱元璋一頂破笠帽、一個木魚、一個瓦缽，出門做了遊方僧。遊方，即化緣，社會上稱為“叫化”。幾年中，朱元璋走遍了淮西，開了眼界，增長了才幹。

21歲時，他又返回皇覺寺。這時濠州已在紅巾軍佔領之下，為首的是郭子興。朱元璋想去投奔，又怕風險。小時放牛夥伴湯和從紅巾軍中寫信來勸他前往，他有點猶豫不

朱元璋像

至正十二年（公元1352年）閏三月，25歲的朱元璋投奔郭子興部下當兵。他小心謹慎，又敢作敢為，深得郭子興賞識，把撫養的孤女馬氏許配給他為妻，從此有了身份，便起了官名叫“元璋”，字國端。當了小軍官的朱元璋回到老家濠州鍾離去招兵，少年夥伴和同鄉徐達、周德興、費聚、唐鐸、陸仲亨等參了軍。這些淮西人跟着朱元璋出生入死，成為基本隊伍；心腹謀士李善長也是淮西人。郭子興死後，朱元璋任左副元帥，成為事實上的主帥（主帥郭天敘年輕無權）。在此後幾年中，他順利地攻佔皖南、浙東大部份地區，據吳晗《朱元璋傳》的分析，這是因為：

（一）運籌帷幄 軍事上比別部起義軍棋高一着，每攻下一城，就派心腹（義子）與軍將鎮守，例如義子李文忠與胡大海鎮守嚴州；又派有名望的儒生治理州縣，安定社會秩序。

（二）軍紀嚴明 猛將胡大海曾說：“吾人不知書，惟知一事而已：不殺人，不掠婦女，不焚燬廬舍。”胡大海之子犯禁釀酒，朱元璋說：“寧可使大海叛我，不可使我法不行”，毅然下令處死。

（三）禮賢下士 朱元璋網羅社會名流，向他們求教天下大計，大多言聽計從。如李善長勸他學漢高祖劉邦，為人氣量大，看得遠，善用人；朱升勸他“高築牆，廣積

決，又怕走漏風聲，不得已卜卦求助。20年後當了皇帝的他親筆寫了《皇陵碑》（現仍立於鳳陽皇陵邊），回憶這段往事說：

友人寄書，云及趨降，既憂且懼，無可籌詳。旁有覺者，將欲聲揚。當此之際，逼迫而無已。試與知者相商，乃告之曰：果束手以待罪，亦奮臂而相戕？知者為我畫計，且默禱以陰陽。如其言，往卜去守之何祥，神乃陰陽乎有警，其氣郁郁乎洋洋，卜逃卜守則不吉，將就凶而不妨。

糧，緩稱王”。到浙東後，又聘名士劉基、宋濂、章溢、葉琛為四先生，推崇備至。

這就使他能擊敗割據一方的陳友諒、張士誠，據有東南半壁江山，並以此為基礎北上伐元。在“驅逐胡虜，恢復中華”的口號聲中，徐達、常遇春揮師北伐，於至正二十八年（公元 1368 年）八月攻佔大都，推翻了元朝。

在此之前，中書省左丞相李善長率文武百官在應天（南京）上表，請朱元璋即帝位。10天後，朱元璋搬進了新蓋的宮殿，祭告上帝：“諸臣皆曰生民無主，必欲推尊帝號，臣不敢辭，亦不敢不告上帝皇祇……如臣可為生民主，告祭之日，帝祇來臨，天朗氣清。如臣不可，至日當烈風異景，使臣知之。”精通天文地理的劉基早已看好天象，至正二十八年正月初四日天氣晴好，果然“天朗氣清”，朱元璋獲上帝批准，“可為生民主”，當了皇帝，宣佈王朝的國號為大明，改元洪武。據說國號大明是劉基的主意，他折衷了創立明朝的兩股勢力的意願：對於紅巾軍而言，信奉明教，韓山童曾揚言：“彌勒佛下生，明王出世”，其子韓林兒又稱小明王；對於士大夫而言，明是光明，是日、月，明朝取代元朝是以明剋暗。

41歲的朱元璋成了明朝的開國皇帝——明太祖，他的結髮妻，27 歲的馬氏成了皇后。馬氏在軍中教人幫她認字，做了皇后還天天讀書，成為朱元璋的賢內助。洪武十五年（公元 1382 年），馬皇后得病，怕連累醫生，不肯服藥，死時年51歲。朱元璋傷心之極，此後不再立皇后。

朱元璋是中國歷史上出身最為卑賤的皇帝，只有“庶民皇帝”劉邦可以與他相比擬，然而劉邦是亭長出身，朱元璋則一貧如洗，起於社會最底層。他識字不多，卻勤奮好學，對歷史特別愛好，《漢書》、《宋史》都是常讀的書。他自學成才，寫的詩文頗有特色。他起義時寫的《詠菊花》詩：“百花發時我不發，我若發時都嚇殺。要與西風戰一場，遍身穿就黃金甲。”與黃巢的詠菊詩有異曲同工之妙，是否有意唱和不得而知。他的散文也清新明快。有一個叫田興的謀

治隆唐宋碑

士，見朱元璋勝利在望，便悠然告別，浪跡江湖。朱元璋稱帝後，寫信邀他出山："皇帝自是皇帝，元璋自是元璋，元璋不過偶然作皇帝，並非作皇帝便改頭換面，不是朱元璋也。本來我有兄長，並非作皇帝便視兄長如臣民也。願念兄弟之情，莫問君臣之禮。至於明朝事業，兄長能助則助之，否則，聽其自便。只敘兄弟之情，斷不談國家之事……"寫得有情有理，絲毫不裝腔作勢。他寫的公文，常用與眾不同的口語體，如給大將軍徐達的手令："說與大將軍知道：……這是我家中坐着說的，未知軍中便也不便，恁（讀nín，同"您"）只揀軍中便當處便行。"又如給義子李文忠的手令："說與保兒、老兒：……我雖這般說，計量中不如在軍中多知備細，隨機應變的勾當，你也廝活落些兒也，那裡直到我都料定。"文如其人，見其文如見其人。洪武三年（公元1370年），為了建立戶帖制度他下了一道聖旨，也是用這樣文體："說與戶部官知道：如今天下太平了也，止是戶口不明白哩！教中書省置天下戶口的勘合文簿戶帖。你每戶部家出榜，去教那有司官將他們所管的應有百姓，都教入官附名字，寫着他家人口多少，寫得真，著與那百姓一個戶帖……"在他的倡導下，口語公文習慣成自然，成為明朝的一大特色。

美國歷史學家范德（Edward L. Farmer）在《朱元璋與中國文化的復興》中說："明王朝的建立，無論是對中國的政治史還是文化史，都有着意義深遠的影響。在蒙古人統治了近一百年之後，明朝的開國皇帝朱元璋開始着手復興中國的文化傳統價值。在這一復興並重新界定中國文化精髓的過程中，朱元璋制定了一系列旨在指導政府活動與規範社會生活的法律。它的立法不僅強化與穩定了明朝的君主專制體系，而且在中國政治文化上留下了深刻的印痕。"在這方面最突出的工作有兩方面：一是發佈《大明律令》。這部法典包含285條律和145條令，以後又編了《律令直解》使之通俗化。從內容上看，明律顯然是在唐律的基礎上發展而來的；二是恢復傳統的科舉考試。洪武三年，朱元璋在一道詔旨中宣佈即將開科舉，考經義和《四書》，論與策各一道，中

洪武通寶

式者還要經過箭術、馬術、書法、算術、法律知識的測試。

最有成效的是關於恢復經濟的措施與制度建設。經過元末的動亂之後，大量土地荒蕪，所謂“兵革連年，道路皆榛塞，人煙斷絕”，“人皆流亡，地多荒穢”。朱元璋採取獎勵墾荒、永為己業的政策，是明智的、有成效的。他還根據地方官建議，制定了從人口稠密地區遷移農民開墾荒地的政策，給予驗丁給田、官給牛種、減免田賦的優惠條件，不斷向那些久經戰亂、土曠人稀地區移民。與此同時朱元璋令戶部統計浙江等九布政司（大多在南方）的富戶，推行強制性的扶助貧弱、抑制豪強的政策——移徙豪富至北方，江浙一帶豪富之家受到沉重打擊，土地關係因而獲得調整。

在這一背景下，朱元璋下令對傳統農業時代最為關注的戶籍與地籍進行整理，花大力氣清丈耕地、調查戶口，編製了戶籍——黃冊、地籍——魚鱗圖冊。

明初的黃冊是在戶帖的基礎上發展起來的。朱元璋見寧國知府陳灌所創立的戶帖很可取，便於洪武三年下令頒行天下。洪武十三年（公元1380年），朱元璋以賦役不均，下令編造比戶帖更規範化的黃冊。以110戶為1里，推丁多者10戶為里長，每年輪流由一戶為里長，管攝一里之事，餘100戶分為10甲，每甲10戶。每1里編成戶籍1冊，上面記載各戶丁口、田地山塘、畜產、稅糧，每10年重新編造1次，以顯示人丁、田地、稅糧的變化。由於這種戶籍簿冊封面是黃色的，故稱為“黃冊”。

與戶籍黃冊同時編製的還有地籍魚鱗圖冊，兩者相輔相成，不過前者以戶為主，後者以地為主。黃冊在事產目下有田地山塘一項，其面積大小由各戶自行填報。魚鱗圖冊則由政府派員對田地山塘實地踏勘清丈，繪成總圖（田地段丘形狀、面積、四至、業主）、分圖（把總圖田地編號，逐號填寫明細情況：土名、業主、四至）。正如《明史·食貨志》所說：“洪武二十年，命國子生武淳等分行州縣，隨糧定區，區設糧長四人，量度田畝方圓，次以字號，悉書主名及田之丈尺，編類為冊，狀如魚鱗，號曰魚鱗圖冊。”之所以稱為“魚鱗圖冊”，是因為它是對田地丈量後的分類記錄，包括四至、形狀、土質、等級、面積等，由於田土細分的自然狀況極不規則，繪成圖便呈魚鱗狀，故稱“魚鱗圖冊”。一個州、縣，或一個鄉、都，均有魚鱗總圖冊，把轄境內的耕地逐段繪製、排列。總圖之外，還繪製逐段田土分圖，寫明土質、稅則等級，注明土號，由官府逐一按次編號，填寫業主姓名、所在都、圖（里）、甲，及土地買賣過割情況。民間土地契約都以魚鱗圖冊為準，凡提及田畝，大都按照圖冊的編號、稅則、稅額轉抄，作

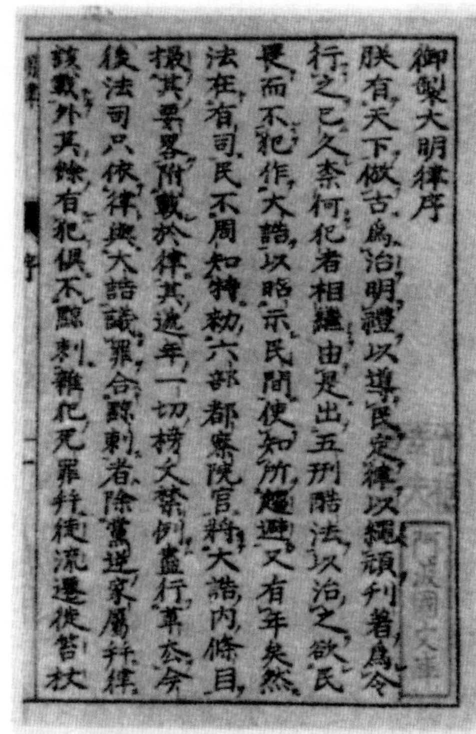

御製大明律序

朕有天下倣古爲治明禮以導民定律以繩頑刊著爲令行之已久奈何犯者相繼由是出五刑酷法以治之欲民畏而不犯作大誥以昭示民間使知所趨避又有年矣然法在有司民不周知特勅六部都察院官將大誥内條目撮其要畧附載於律其遞年一切榜文禁例盡行革去今後法司只依律與大誥議罪合黥刺者除黨逆家屬幷律該載外其餘有犯俱不黥刺雜犯死罪幷徒流遷徙笞杖

《大明律》書影

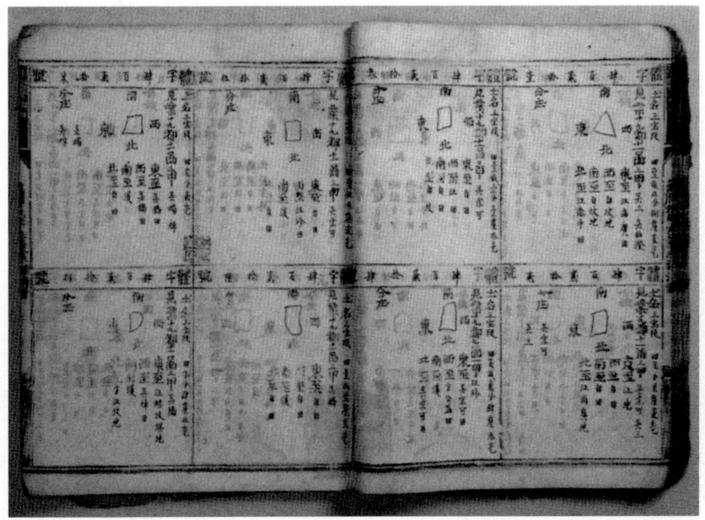

《魚鱗圖冊》書影

為土地所有權讓渡的依據。魚鱗圖冊的編製程序十分複雜，不易複製，所以一般都由地方政府保存，不呈送中央政府，與黃冊上交南京後湖黃冊庫收藏的情況不同。

82."胡藍之獄"與皇權的強化

明太祖朱元璋對全國大小政務都要自己親自處理，惟恐大權旁落，他不僅大權要獨攬，連小權也要獨攬，在面臨皇權與相權、將權的矛盾時，他以一種獨特的方式加以處理。

朱元璋即帝位後，李善長為左丞相，徐達為右丞相，徐達帶兵在外作戰，實權操於李善長之手。由於淮西集團權力過分膨脹，皇權與相權的矛盾逐漸明朗化。朱元璋曾與御史中丞劉基討論另擇丞相人選，提及楊憲、汪廣洋、胡惟庸，劉基都以為不可，朱元璋要劉基為相，劉堅決推辭，說"臣疾惡太甚，又不耐繁劇"，其實他深知在淮西集團當權的情況下，很難在朝廷中站住腳。後來李善長罷相後，汪廣洋雖居相位，卻無實權，李善長仍在遙控，並把自己的親信胡惟庸推薦給朱元璋。洪武十年，朱元璋升胡惟庸為左相，汪廣洋為右相，一方面依靠胡惟庸辦事，另一方面要汪廣洋充當耳目監視胡惟庸。

朱元璋以為胡惟庸是個人才，很寵信他。胡惟庸很會逢迎，"曲謹當上意"，形成了一個獨相的局面，專擅朝政，對於官員生殺升降大事，往往不奏報就獨斷專行；官員向皇帝上疏奏事，必先經他審閱，對自己不利的便押下不送。他權傾一時，四方躁進之徒都向他納巨賄走門路。大將軍徐達深惡其奸，把其劣跡上告朱元璋。胡惟庸得知，利誘徐府門房福壽，企圖陷害徐達。對於這場權力鬥爭，劉基似乎早有預料，他於洪武四年急流勇退，告老還鄉，隱居山中，不預聞政治。胡惟庸獲悉劉基在帝前言其無能，懷恨在心，指使言官誣陷劉基，以後又毒死了他。胡惟庸的大權獨攬、飛揚跋扈，使相權與皇權的矛盾尖銳化。

洪武十三年（公元1353年），朱元璋以"擅權植黨"罪處死了胡惟庸。平心而論，胡惟庸的被殺是咎由自取，但受"胡黨"罪名牽連的功臣們卻是無辜的。隨着胡惟庸罪狀的逐步升級，由擅權枉法到"私通日本"，又到"私通蒙古"，到洪武二十三年，即胡惟庸被殺10年之後，又定胡惟庸串通李善長謀反罪，朱元璋說："善長元勳國戚，知逆謀不發"，"孤疑觀望懷兩端，大逆不道"，於是找到藉口，把淮西集團一網打盡。李善長其時已77歲，一門70餘人被殺。一年

明孝陵

後，有人上書為其伸冤，解縉起草《論韓國公冤事狀》，由郎中王國用冒死呈上，大意是李善長為陛下打天下，為勳臣第一，假使幫胡惟庸成事，也不過如此。況且善長年邁，根本無此精力，何苦如此？朱元璋無話可駁，可見是枉殺。至於葉昇、宋濂之受牽連，更是如此。朱元璋下令肅清逆黨，詞連所及，坐誅者3萬餘人，以《昭示奸黨錄》佈告天下，誅連蔓引數年未清。後世史家對胡惟庸黨案持懷疑態度，王世貞說得較為含蓄，談遷說得很明確："惟庸非叛也"，乃"積疑成獄"，可謂一語道破。

藍玉黨案也是如此。藍玉是開平王常遇春的妻弟，初隸遇春帳下，臨敵勇敢，所向皆捷，多次立功，升為大將軍，進封涼國公。但他居功自傲，驕橫自恣，家中多畜莊奴、義子，霸佔民田，擅自驅逐前來按問的御史，並在軍隊中按己意進退將校，引起朱元璋的極大反感。於是便有洪武二十六年（公元1393年）錦衣衛指揮出面誣告藍玉謀反，說他與景川侯曹震等公侯企圖趁朱元璋出去參加藉田禮儀時起事，這當然也是捕風捉影之說。審訊的結果，連坐族誅者一萬五千多人。朱元璋下詔公佈了《逆臣錄》，列名其中的有一公十三侯二伯。

胡藍二人固然咎自由取，但牽連之廣令人震驚，胡藍之獄使開國功臣幾乎一網打盡。這既反映了新王朝建立後皇權與相權、將權的矛盾，也反映了朱元璋對開國功臣的疑忌。向朱元璋建議"高築牆，廣積糧，緩稱王"的朱升，早就預感到朱元璋疑忌功臣，於洪武二年請老歸山，顧慮到日後父子（朱同）不能老死林下，請朱元璋賜給他們"免死券"。朱升以72歲而善終，其子朱同還是死在朱元璋手下——賜自縊。開國第一功臣徐達，洪武十八年生背疽，忌吃蒸鵝，病重時，朱元璋特賜蒸鵝，徐達流淚當使臣面吃下，不多日就死了。洪武十九年，湯和獲悉朱元璋"不願諸將久典兵"，主動交出兵權，向他請長假："犬馬齒長，願得歸故鄉，營骸骨之墟"。朱元璋大悅，賞給錢鈔，讓湯和告老還鄉。一個遊方僧出身的人當了皇帝，權力慾如此強烈，大張旗鼓地殺戮功臣，實為歷史上所罕見，此人的心態值得細細研究。

殺功臣的根本起因是排除潛在威脅，強化皇權。洪武十三年殺了胡惟庸，朱元璋下了一道詔書，把他的動機暴露無遺："自古三公論道，六卿分職，不聞設立丞相。自秦始置丞相，不旋踵而亡。漢、唐、宋雖多賢相，然其中多小人，專權亂政。今罷丞相，設五府、六部、都察院、通政司、大理寺等衙門，分理天下庶務，事皆朝廷總之。以後嗣君，毋得議置丞相，臣下敢以此請者，置之重典。"顯然是在為廢除中書省、左右丞相尋找藉口，其實要害不在設丞相"不旋踵而亡"，也不在"專權亂政"，而是中書省及丞相權力太大，分割並削弱了皇權。為了強化皇權，朱元璋變更舊制，廢除中書省和丞相，"事皆朝廷總之"，其實是由皇帝兼丞相，大權獨攬。這不僅是變更了元朝的制度，而且是變更了由秦創始經唐、宋完備化的丞相制度，形成空前的君主專制體制。皇帝權力高度集中的結果，使朱元璋成為歷史上最繁忙的皇帝，以洪武十七年九月為例，從十四日到二十一日，要批閱諸司奏章1,660件，平均每天要處理200多件。他曾對侍臣說："朕自即位以來，嘗以勤勵自勉，未旦即臨朝，晡時而後還宮，夜臥不能安席。"

皇帝兼行丞相職權，畢竟難以持久，他的繼承人明成祖朱棣不敢違背祖訓（毋得議置丞相），卻作了一些變通，把朱元璋時期備顧問的殿閣大學士選拔入值文淵閣，在皇帝授意下參與機務、批答奏章，從而確立了明朝通行二百多年的內閣制度。當然這時的內閣，"不置官屬，不得專制諸司，諸司奏事亦不得關白"；其後內閣制度不斷完善，閣臣裁決機宜、票擬諭旨，儼然漢唐宰相，只是沒有相名而已。

推行特務政治，也是朱元璋強化皇權的

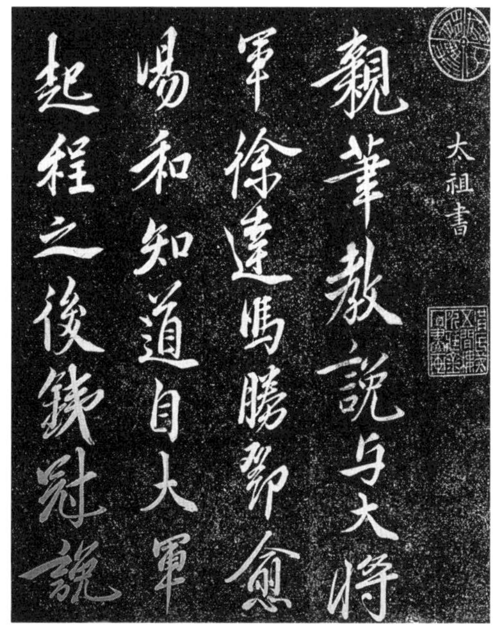

朱元璋書《教說大將軍》

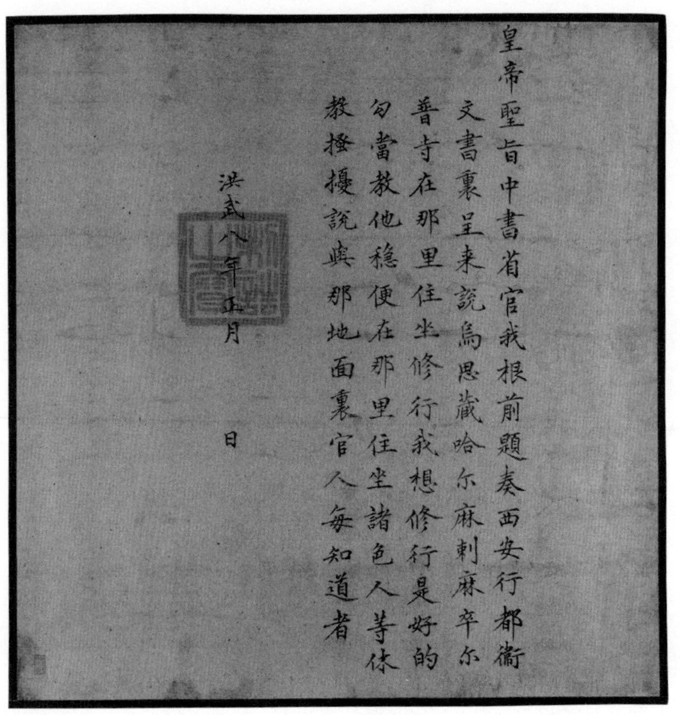
皇帝聖旨中書省官我根前題奏西安行都衛
文書裏呈来說烏思藏哈尔麻剌麻卒尔
普寺在那里住坐修行我想修行是好的
勾當教他穩便在那里住坐諸色人等休
教擾攘說與那地面裏官人每知道者
洪武八年正月　日

明聖旨

一大創舉。在監察機關都察院以外，設立了檢校、錦衣衛，承擔着監視官吏的特殊使命。

檢校的職責是“專主察聽在京大小衙門官吏不公不法，及風聞之事，無不奏聞”，專作告發他人的勾當。朱元璋說：有這幾個人，譬如人家養了惡犬，則人怕。連開國元勳也怕他們，日夜提心吊膽。因為檢校無孔不入，到處刺探，一舉一動都報告皇帝。吳晗講了一個故事：被徵去編《孟子節文》的錢宰，寫打油詩發牢騷：“四鼓鼕鼕起着衣，午門朝見尚嫌遲，何時得遂回園樂，睡到人間飯熟時。”第二天，朱元璋就得知此事，對他說：昨日作的好詩，不過我並沒有“嫌”啊，改作“憂”字如何？嚇得錢宰出了一身冷汗，連連磕頭請罪。

胡惟庸案發後，權力爭奪激化，朱元璋於洪武十五年設立新的特務機構——錦衣衛，掌侍衛、緝捕、刑獄之事，權力凌駕於刑部、大理寺之上，是一個軍事特務機構，由皇帝直接指揮。錦衣衛所設監獄，稱為“詔獄”，意即由皇帝批准逮捕入獄。《明史．刑法志》說：“明錦衣衛獄……幽縶慘酷，害無甚於此者。太祖時，天下重罪逮至京者，收繫獄中，數更大獄，多所斷詔，所誅者為多。”處理胡藍黨案，錦衣衛起了很大作用。

朱元璋以猛治國，推行嚴刑峻法，所謂“以重典馭臣下”。明律簡於唐律、嚴於宋律，又在明律之外，指定條目處以極刑，把案例編為《大誥》，頒給各級學校作為必讀教材，以後又編了《大誥續編》、《大誥三編》。其序言說：“諸司敢不急公而務私者，必窮搜其原，而置之重典。”針對元季官吏貪冒、徇私滅公，所載都是懲治貪官污吏、地方豪強的重大刑事案件，其中凌遲、斬首、族誅的有幾千條，棄市以下萬餘多，大多出於朱元璋親自裁定，用他自己的話來說是"治亂世用重典"，對大臣擅權、武將驕橫給以最嚴厲的打擊。朱元璋下決心嚴懲貪污，說："此弊不革，欲成善政，終不可得"。他於洪武二十五年編《醒貪簡要錄》，頒示天下，官吏貪贓60兩以上即梟首示眾，再處以剝皮之刑。

洪武十五年的空印案，洪武十八年的郭桓案，都是打擊貪官污吏的重大案件，兩案連坐被殺的人數以萬計。

空印案——明初規定，各布政使司（即省）和府、州、縣衙門，每年都得派計吏至戶部核算錢糧、軍需等款項。上計吏照例都備有蓋印空白文冊，遇戶部駁正，隨時改填。洪武十五年，朱元璋發現此弊，嚴令主管長官處死、副長官充軍。

郭桓案——洪武十八年，戶部侍郎郭桓被人揭發與北平二司官串通舞弊，案發後，戶部侍郎以下官吏處死者無數，追贓糧700萬石，供詞牽連各布政使司，被殺者幾萬人，兩浙富戶因追贓而破產者不計其數。

幾起大案，加上嚴刑峻法，凌遲、梟首、族誅之外還有刷洗、秤竿、抽腸、剝皮等酷刑，雖然打擊了貪贓枉法的陋習，但造成了朝廷內外極度恐怖的氣氛。朝官每天黎明上朝，出門前必先與家中妻子訣別，吩咐後事，是否可以平安回家實難預料。

洪武三十一年（公元1398年），朱元璋去世，葬在南京城外鍾山，這就是有名的明孝陵。他在遺詔中說："朕膺天命三十一年，憂危積心，日勤不怠，務有益於民。奈起自寒微，無古人之博知，好善惡惡，不及遠矣。"頗有一點自知之明，他確實"憂危積心，日勤不怠"，但不能"好善惡惡"，過分嚴酷。

83.航海史上的壯舉——鄭和下西洋

明太祖朱元璋生有26個兒子，其中長子立為太子，九子、二十六子早死，其餘二十三子都封王建藩。燕王朱棣、晉王朱棡、寧王朱權等率兵駐守北方，抵禦蒙古，周王朱橚、齊王朱榑等駐於內地各省，監督地方官吏。並且規定，如遇奸臣擅權，藩王可以移文中央索取奸臣並發兵"清君側"。其本意是企圖以藩王加強皇權，殊不知事與願違。洪武三十一年（公元1398年），明太祖死，長孫朱允炆即位（明惠帝或建文帝），感受到身為皇叔的諸王的威脅，便與大臣齊泰、黃子澄、方孝孺計議削藩。燕王朱棣援引祖訓：如遇奸臣專權，藩王可以聲討，以“清君側”——誅齊泰、黃子澄為名，於建文元年（公元1399年）七月起兵，發動“靖難之役”，建文四年（公元1402年）攻下南京，建文帝下落不明（一說焚死，一說逃亡）。朱棣奪取帝位，以翌年為永樂元年。

明成祖朱棣是朱元璋第四子，《明史》說他“智勇有大略”，“智慮絕人，酷類先帝”，先帝朱元璋也對他寄以厚望：“攘外安內、非汝而誰”。他繼承了乃父勤奮、節儉、恤民的長處，摒棄了乃父猜忌、偏信、武斷的短處，主張“用法當以寬”，“待人當以誠”，勵精圖治，注意守成，繼續削藩，強化中央集權體制，積極進行邊疆建設，開展睦鄰外交。他在位22年中，把很大的精力放在防範和解決殘元勢力上，為此逐漸把政治、軍事中心由南方移向北方，把首都從南京遷到北京。他先後7次率師出塞，永樂二十二年（公元1424年）最後一次親征班師之際，在途中病死，年65歲。由於他的努力，出現了“永樂之治”，是15世紀初明朝經濟、文化趨向繁榮，中華文明遠播海外的輝煌時期。鄭和下西洋正是在這一背景下進行的。

從永樂元年（公元1403年）起，明成祖就積極開展外交活動，這一年六月派使臣到安南、暹羅等國訪問；八月派使臣到高麗、占城、琉球、真臘、爪哇、蘇門答剌等國訪問；九月派使臣到滿剌加、爪哇、蘇門答剌、瑣里、柯枝等國訪問。他對主管外事的禮部大臣們說：“太祖高皇帝時，諸番國遣使來朝，一皆待之以誠。其以土物來易者，悉聽其便……今四海一家，正當廣示化外，

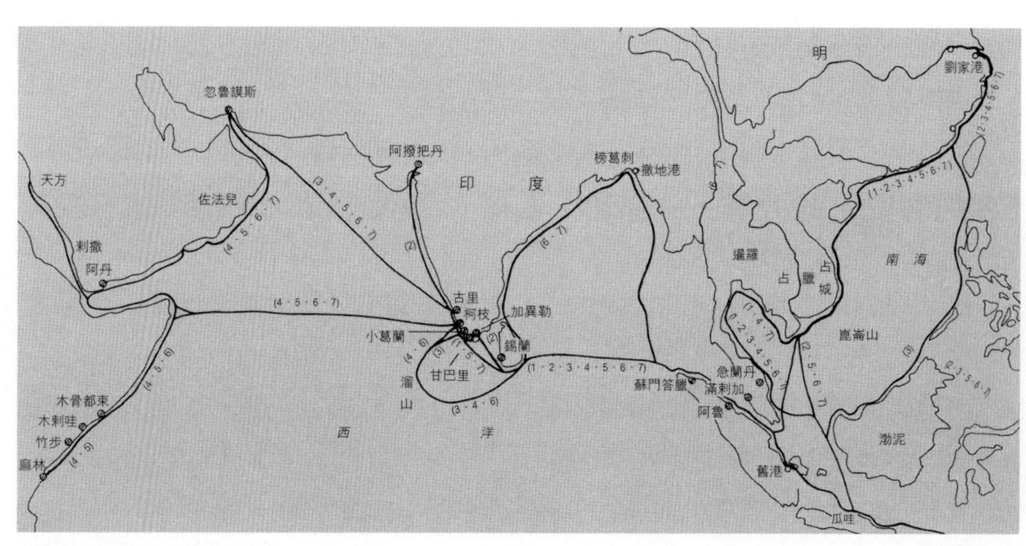

鄭和下西洋航海示意圖

諸國有輸誠來貢者聽。”表明他要遵循太祖奠定的外交方針。太祖把高麗、日本、琉球、真臘、安南、占城、暹羅、三佛齊、爪哇、百花、彭亨、蘇門答剌、渤泥等15個國家，列為“不征之國”，告誡道：“恐吾後世子孫倚中國富強，貪一時戰功，無故興兵，殺傷人命，切記不可。”成祖遵循這一祖訓，對大臣們強調：“朕今休息天下，惟望時和歲豐，百姓安寧。至於外夷，但思有以備之，必不肯自我擾之，以疲生民。”

鄭和寶船模型

鄭和下西洋的主要目的，用明成祖的話來說就是“宣教化於海外諸番國”，用《明史·鄭和傳》的話來說就是“示中國富強”，其政治目的是第一位的，即為了在海外各國擴大政治影響，顯示天朝大國的富庶與強盛。它既不是一次單純的商業貿易活動，也不是一次征服性殖民活動（至於野史傳聞，明成祖派鄭和下西洋是為了尋找建文帝的下落，畢竟過於離奇，令人難以置信）。因此鄭和一行的訪問受到普遍的歡迎。在占城，國王乘大象，其他酋長騎馬，來到城郊迎接鄭和，前後簇擁着一支500人的隊伍，有的拿着鋒刃短槍，有的舞着皮牌，有的打着鼓、吹着椰殼筒，舉行歡迎儀式。在榜葛剌，國王派大臣率幾千人馬到港口迎接，並陪到王宮。王宮門口站着儀仗隊，有穿戴盔甲、手執兵器的士兵，還有一千多人的馬隊，殿前還有一支幾百頭象組成的象隊。國王高坐在殿上，拿着銀柱杖和金柱杖的大臣接引鄭和等人徐徐入殿，雙方互贈禮物後，國王設宴招待鄭和一行。

鄭和，本姓馬，雲南昆陽人，回族。據近年來對《鄭氏家譜》、《賽典赤家譜》的考證，專家們認為，鄭和是元朝政治家、中亞布哈拉貴族賽典赤贍思丁的六世孫。《元史·賽典赤贍思丁傳》說：“賽典赤贍思丁，一名烏馬爾，回回人，別庵伯爾之裔，其國言賽典赤，猶華言貴族也。”據精通阿拉伯文的專家訓釋：賽典赤義為“尊貴的聖裔”，贍思丁義為“宗教的太陽”，烏馬兒義為“長壽”，別庵伯兒義為領袖，專指先知穆罕默德的後裔。美國《百科全書·鄭和條》說：“鄭和家自稱為一名早期蒙古的雲南統轄的後代，並係布哈拉國王穆罕默德的後裔。馬姓來源於中文對穆罕默德的音譯。”是言之有理的。在賽典赤的後裔中，馬氏並

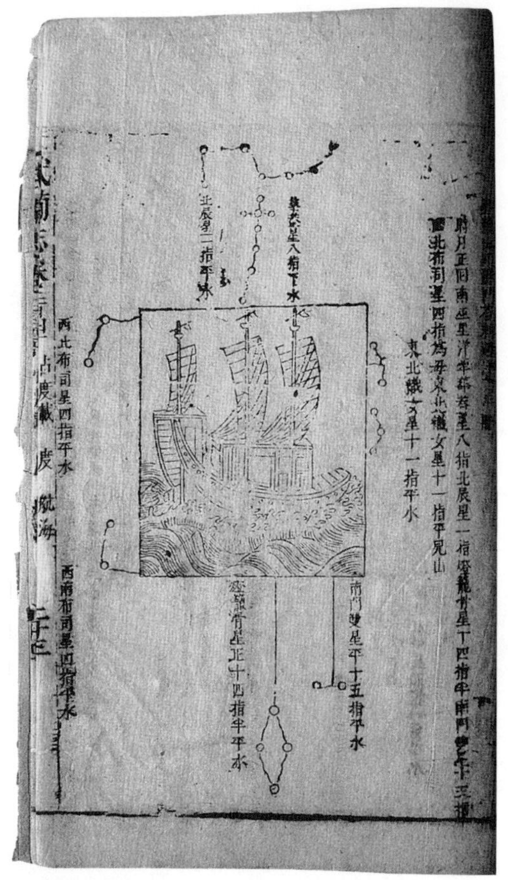

《航海牽星圖》

不顯眼。明軍攻入雲南後，鄭和被俘，送入燕王府為太監，因參加“靖難之役”有功，被明成祖擢為內官監太監，並把馬姓改為鄭姓，別名三寶（三保），也稱“三寶太監”。鄭和下西洋，前後7次，持續達28年之久。永樂三年（公元1405年）六月十五日第一次下西洋，27,800多人，分乘208艘船，由太倉劉家港（今瀏河鎮）出發；宣德五年（公元1431年）閏十二月初六日第七次下西洋，27,550人，分乘61艘船，由南京起航，經劉家港、福建長樂出發，於宣德八年（公元1433年）馳返劉家港。由於操勞過度，在從東非返航到印度古里時，與世長辭，終年62歲。

這裡所說的西洋，是指加里曼丹（婆羅洲）以西海域，正如《明史．婆羅傳》所說：“婆羅名文萊，東洋盡處，西洋所自起也。”它的範圍包括南中國海西部至印度洋的廣大區域。

據隨鄭和出使的馬歡所撰《瀛涯勝覽》、費信所撰《星槎勝覽》、鞏珍所撰《西洋番國志》的記錄，鄭和率領的船隊在28年中到達30多個國家和地區。其中有占城（越南南方）、真臘（柬埔寨）、暹羅（泰國）、渤泥（文萊）、爪哇、舊港、蘇門答剌、阿魯、南渤里（以上5處均屬今印度尼西亞）、蘇祿（菲律賓蘇祿群島）、滿剌加（馬來西亞馬六甲）、錫蘭山（斯里蘭卡）、溜山（馬爾代夫）、榜葛剌（孟加拉）、瑣里、加異勒、柯枝、古里（以上4處均屬今印度）、忽魯謨斯（伊朗霍爾木茲）、剌撒（阿曼灣口）、阿丹（也門亞丁）、祖法兒（阿曼蘇哈爾）、天方（沙特阿拉伯麥加）、卜剌哇（索馬里布臘瓦）、竹步（索馬里準博）、木骨都束（索馬里摩加迪沙）、麻林（肯尼亞馬林迪）。

鄭和每次遠航都到過滿剌加，它控制着

馬六甲海峽，是太平洋與印度洋的交通咽喉，是鄭和船隊屯儲物資、維修船隻、候風待航的停泊基地。據《馬來紀年》記載，明朝曾把公主嫁給滿剌加蘇丹。至今此地仍有三保山、三保井、三保祠、三保亭等古蹟。蘇門答剌（印尼蘇門答臘）是鄭和船隊的轉運中心，是從東南亞往南亞的前進基地。印尼的伊斯蘭學者哈姆加在《鄭和》一文中指出："印尼和馬來西亞伊斯蘭教的發展，與中國的一位穆斯林有着密切的關係，這位穆斯林就是鄭和將軍。"古里（今印度科澤科特）也是鄭和船隊每次都到達的重要中轉站，它是當時印度洋上的繁榮商港。鄭和在此刻石立碑，上寫："其國去中國十萬餘里，民物咸若，熙皞同風，刻石於茲，永示萬世。"費信《星槎勝覽》有詩："古里通西域，山青景色奇。路遺他不拾，家富自無欺。酋長施仁恕，人民重禮義。"鄭和遠航忽魯謨斯前，特邀精通阿拉伯語的西安大清真寺掌教哈三同行。馬歡在《瀛涯勝覽》中對這個國際商業都會給予高度評價，有詩曰："忽魯謨斯近海旁，大宛米息通行商，曾聞博望使絕域，何如當代覃恩光。"

據文獻記載，鄭和寶船大型的長44丈4尺，闊18丈；中型的長37丈，闊15丈。在沒有機器動力的帆船時代，如此龐然大物是令人驚訝的。那種長44丈4尺（138米）、闊18丈（56米）的大型寶船，據船舶專家計算，排水量約為14,000噸，載重量在7,000噸以上。這種遠航巨舶的製造地在南京龍灣的龍江船廠，龍江船廠始建於明初，到永樂時期因建造寶船下西洋，又稱"寶船廠"。據專家在寶船廠遺址考察，該處存在建築寶船的船塢。近年來，探索鄭和寶船之謎的各學科的學者通力合作，成功製作接近當年鄭和寶船原貌的模型。模型按大型寶船長4丈4尺、闊18丈的原體積的百分之一比例製作。船首為虎頭圖案，兩邊雕繪白眉毛金龍與龍目各一；船尾裝飾自上而下彩繪太極圖、鵲鳥、旭日東昇、海浪、吉祥如意。船面九桅十二帆，火炮18門，甲板以上5層艙室，頂部設天妃宮，天妃宮前為點將台，兩側各豎旗桿一根，日掛旗，晚掛燈，作為航行測量天體和指揮標誌。船上裝備4隻舵帽、4隻小艇、1隻大艇、17部絞盤、40台絞棍。

鄭和下西洋不僅留下了文字記錄，而且對航海路線作了詳細描述，繪製了航海圖，即所謂《鄭和航海圖》，原名《自寶船廠開船從龍江關出水直抵外國諸番圖》，載於茅元儀的《武備志》中，有地圖20幅。全圖採用一字展開式，自右至左，首起南京龍江寶船廠，出長江口，向南沿江、浙、閩、粵沿海，最遠到達非洲東岸肯尼亞的慢八撒（今蒙巴薩）、西亞的阿丹（今亞丁）、忽魯謨斯（今霍爾木茲）。據專家們的研究，航海圖是鄭和第六次下西洋後繪製的，以明初的航海實踐和歷代海道圖籍為依據，吸收域外（主要是阿拉伯）海道圖的某些方面，綜合而成。它對航向、航程、停泊港口、暗礁淺灘都作了可靠記錄，是中國第一部航海地圖。

鄭和下西洋是世界航海史的創舉，他的第一次遠航，比哥倫布首航美洲早87年，比達・伽馬開闢東方新航路早93年，比麥哲倫航行菲律賓早116年；他的船隊規模之大，船舶之巨，在當時世界上罕見其匹：哥倫布的船隊，僅88人分乘3艘帆船，最大的"聖瑪利號"載重量只有250噸；達・伽馬的船隊也僅4艘三桅帆船，最大的"聖迦爾利爾號"載重量不過120噸。

湯因比（Arnold Toynbee）《人類與大地母親》如此評價鄭和的航海創舉："在15世紀後期葡萄牙航海家出現之前，這些中國船在世界上是無與倫比的，所到之地的統治者都對之肅然起敬。如果堅持下去的話，中國人的力量能使中國成為名副其實的全球文明世界的'中央之國'。他們本應在葡萄牙人之前就佔有霍爾木茲海峽，繞過好望角；他們本應在西班牙人之前就發現並征服美洲的。"

84.海上走私貿易與倭寇

明朝建立後，實行嚴厲的"海禁"政策，除了政府與海外國家保持朝貢貿易關係外，其他民間海上私人貿易一概禁止。洪武時期一再下令："禁瀕海民不得私出海"；"禁瀕海民私通海外諸國"；"申禁人民無得擅出海與外國互市"。明成祖時稍有鬆動，但依然視"海禁"為祖訓。從永樂到嘉靖年間，海禁時緊時鬆，總的趨勢是以禁為主。隨着商品經濟的發展，海外貿易的需求日益增長，與海禁政策形成了強烈的矛盾。嘉靖二年（公元1523年）發生的"爭貢"事件，使這種矛盾尖銳化。所謂爭貢事件，是日本大內氏貢使與細川氏貢使在嘉靖二年為了爭奪朝貢貿易特權，在寧波港發生械鬥。明朝政府以此為藉口，關閉市舶司，中止日本與明朝的朝貢貿易。正常的官方貿易斷絕，民間走私貿易便取而代之。當時走私貿易的對象以日本為主，向日本人提供棉布、生絲、絲織物、陶瓷器、鐵鍋、水銀、藥材、書籍之類商品，海禁愈嚴，價格愈貴，獲得愈厚，鋌而走險者愈多。嘉靖以前冒禁下海走私貿易的大多是沿海小民與商人，他們為謀生計，秘密與外商在海上交易。嘉靖以後，走私規模擴大，一方面在閩浙大姓勢家操縱下，私梟船主與土豪相結合，挾制官府，包庇窩藏，公然大張旗鼓地走私；另一方面海盜與沿海貧民結舶走私，與上層走私集團遙相呼應。那些大姓勢家不但窩藏私貨，掩護

《明軍抗倭圖》

走私，而且坐索賄賂，要挾私商。私梟船主不堪受其勒索，起而報復，海上走私貿易逐漸與沿海寇亂混而為一。

海上武裝走私與海盜劫掠在東南沿海聲勢大盛，浙江、福建、廣東沿海大批無業遊民、漁民為經濟利益所驅使，紛紛加入走私貿易隊伍，成為社會治安一大問題。嘉靖二十六年（公元 1547 年），浙江巡撫兼福建軍務提督朱紈來此查禁，革渡船，嚴保甲，搜捕奸民，他認為：去外國盜易，去中國盜難，去中國瀕海之盜易，去中國衣冠之盜難，亂源在於閩浙大姓通倭。所謂“衣冠之盜”就是沿海的大姓勢家，他們一方面向走私商人籌借造船經商的資本，另一方面又提供自己的旗號供走私商船張掛，以逃避官府稽查。他捕辦通倭富豪奸商，觸犯了閩浙大姓，遭到朝廷中閩浙籍官僚攻擊。朱紈不久便罷官回家，悲憤自殺。朱紈為官清正，死得有點冤，但他不明時勢一味以禁絕為能事，正如徐光啟在《海防迂說》中所指出的那樣，朱紈“冤則冤矣，海上實情實事果未得其要領，當時處置果未盡合事宜也”。朱紈的失敗，東南海上走私貿易更趨猖獗。嘉靖二十八年（公元 1549 年），明朝政府首次把王直集團騷擾沿海地區，稱為“倭人入寇”，起因於一時不明真相的地方官“倉皇申聞”。嘉靖三十一年（公元 1552 年），明朝政府又在此設巡視大臣，推行嚴厲的海禁政策，走私集團則採取武裝對抗的態度，終於形成了所謂“倭患”。

以往某些史著對"倭寇"一詞望文生義，以為是日本海盜的同義詞，其實是一種誤解，至少是過於表面化、簡單化的解釋。1994年版的《日本史大事典》說：由於時代和地域的不同，倭寇的含義是多樣的，作為連續的歷史事象的倭寇是不存在的。由於時期、地域、構成人員等規準的不同，對倭寇的稱呼是各式各樣的："高麗時代的倭寇"、"朝鮮初期的倭寇"、"麗末鮮初的倭寇"、"元代的倭寇"、"明代的倭寇"、"嘉靖大倭寇"、"萬曆的倭寇"、"呂宋島的倭寇"、"南洋的倭寇"、"葡萄牙人的倭寇"、"王直一黨的倭寇"、"徐海一黨的倭寇"等。

倭寇對中國沿海的騷擾始於元中葉以後，永樂十七年（公元1419年），總兵劉江在望海堝（遼寧蓋縣西南）打擊的倭寇、嘉靖時期東南沿海的倭寇，成份發生了很大的變化。參加平倭的兵部侍郎胡宗憲在《籌海圖編》中說："今之海寇，動計數萬，皆託言倭奴，而其實出於日本者不下數千，其餘則皆中國之赤子無賴者入而附之耳。"南京湖廣道御史屠仲律說，當時所稱"倭夷"，夷人僅佔十分之一，大多是明朝的編戶齊民。清初史家談遷在《國榷》中說："動以倭寇為名，其實真倭無幾"。因此，明朝對於倭寇一詞的使用並不嚴格，把與日本通商的走私貿易商人如王直集團等也稱為倭寇，而真正的日本海盜反而要用"真倭"一詞，以示區別。

從嘉靖時期的倭患看來，倭寇的首領大多是中國人。嘉靖初期有閩人李光頭，歙人許棟，其黨徒有王直、徐惟學、葉宗滿等人；嘉靖中期的倭寇以王直為首，徐海次之；嘉靖後期的倭寇以閩粵的張璉為代表。作為倭寇代表的王直，是徽州海商出身，經營海上走私貿易，嘉靖三十一年（公元1552年）吞併了另一股海盜後，橫行海上，成為海上走私集團的領袖，由於要求通商遭到拒絕，便搶掠浙東沿海。嘉靖三十二年遭官軍圍剿，無法在沿海容身，逃往日本薩摩之松浦津，以五島列島為根據地，還在平戶建造了邸宅，擁有一支龐大的船隊，自稱"五峰船主"，又稱"淨海王"。他不時從日本前往浙閩沿海，以寧波、泉州港外的雙嶼、浯嶼為據點，進行大規模走私貿易和海盜活動。在王直的隊伍中確有一批真倭，他們是受王直集團僱傭的，如《倭志》所說，王直"以財物役屬勇悍倭奴自衛"；《明史·日本志》也說，王直等人"以內地不得逞，悉逸海島為主謀。倭聽指揮，誘之入寇"。因此之故，王守稼在《嘉靖時期的倭患》中說："大量史料證明，歷史的真實情況似乎與以往流行的說法相反，嘉靖時的'真倭'，反而倒是受中國海盜指揮，處於從屬、輔助的地位"。

那麼，為什麼長期以來把倭患說成是日本海盜的入侵呢？原因是複雜的。其一，倭寇中確有一部份真正的日本人，即所謂"真倭”，正如《明史・日本志》所說：“大抵真倭十之三，從倭者十之七”；其二，王直等人有意製造混亂，以假亂真，保護自己。曾參與胡宗憲平倭的茅坤指出，海寇每船約 200 人，首領大多福建及浙江溫州、台州、寧波人，也有徽州人，“所謂倭而椎髻者特十數人”，“此可見諸寇特挾倭以為號而已，而其實皆中州之人”。王直等人每攻掠一地，必放出風聲，詭稱為“島夷”所為，以致明朝官方不明真相，誤以為日本海盜入侵；其三，明朝平倭將領為了冒報戰功，虛張聲勢。在作戰失利時謊稱倭寇進犯，誇大敵情；稍有斬獲，便把一般海盜冒充真倭上報。因為官方規定：擒斬“真倭賊首”一名可升 3 級或賞銀 150 兩，擒斬“真倭從賊”一名可升 1 級或賞銀 50 兩。無怪乎當時人要說：“嘗聞吾軍斬首百餘，其間止有一二為真賊者”；“官兵利於斬倭而得重賞，明知中國人而稱倭夷，以訛傳訛，皆曰倭夷，而不知實中國人也”。

由於倭患嚴重，明朝政府傾全力平定。嘉靖三十三年（公元 1554 年）任命南京兵部尚書張經總督江南、江北、浙江、山東、福建、湖廣諸軍前往征討，在嘉興大鎮王江涇一役取得大勝後，遭督察軍務的嚴嵩親信趙文華與浙江巡撫胡宗憲誣陷，被逮捕入獄。繼任總督胡宗憲設計誘殺了王直、徐海、陳東，但閩浙沿海倭患依然如故。在平

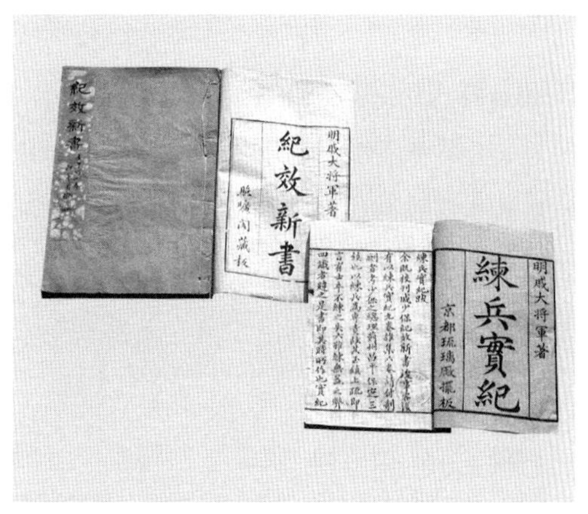

《紀效新書》與《練兵實紀》

倭戰爭中取得決定性勝利的是戚繼光、俞大猷。戚繼光（公元 1528 年～公元 1587 年），字元敬，號南塘，山東登州（今蓬萊）人，出身將門世家，世襲登州衛指揮僉事。嘉靖三十四年調浙江都司充參將，分管寧、紹、台三府，後改台、金、嚴三府，召募金華、義烏剽悍壯丁，練成一軍，教習擊刺法，更新火器兵械，戚家軍因此名聞天下。與倭寇作戰連連告捷，平定浙東倭患後，又進援福建，與總兵俞大猷平定福建倭患，又與俞大猷平定廣東倭患。平倭戰爭終於在嘉靖四十三年（公元 1564 年）宣告結束。

然而真正解決倭患的關鍵，是明朝政府逐步放棄了海禁政策。從某一角度看，嘉靖時期的倭患，從側面反映了海禁與反海禁的鬥爭。當時影響最大的王直集團，因“求通互市，官司弗許”，才從事海上走私、劫掠沿海，成為倭寇的代表；以後他又向政府表

示如果允許通商，可以殺賊自效。主持平倭的胡宗憲、趙文華也認識到"以海禁太嚴，生理日促，轉而從盜"；"濱海細民，本藉採捕為生，後緣海禁過嚴，以致資生無策，相煽以盜"。隨着平倭戰爭的勝利，開放海禁便成為最高當局的惟一選擇。嘉靖四十五年（公元1566年），明世宗去世，成為一個契機，先後繼位的明穆宗、明神宗及其輔政大臣都主張實行比較開放靈活的政策。由於海禁的開放，刺激了海上貿易的發展，私人海上貿易進入了一個新階段，呈現出一片繁榮景象，所謂"倭患"也就煙消雲散。

最突出的例子是福建漳州府的月港。由於海道交通的方便，月港早在海禁時期已成為走私貿易的中心，許多人都從那裡私自出洋前往呂宋（今菲律賓）諸島進行貿易，月港因走私貿易而繁榮，號稱"小蘇杭"。嘉靖四十五年（公元1566年），政府終於承認既成事實，把月港升格為海澄縣的縣治。次年（即隆慶元年），朝廷接受福建巡撫涂澤民的奏請，放棄了沿續達200年之久的海禁政策，正式開放海禁，准許人民航海前往東洋、西洋貿易，由海防同知向商船徵收引稅及關稅，使私人海上貿易合法化。全漢昇《略論新航路發現後的海上絲綢之路》指出：所謂"東洋"，是以菲律賓群島為中心的海洋，往返東洋的人多到菲律賓呂宋島或其中的馬尼拉港，他們運到馬尼拉的貨物以生絲和絲綢為主。當時在中國，1擔值100兩銀子的湖絲（浙江湖州的生絲）運到馬尼拉，至少可以賣到200兩銀子。除了西班牙人，有時日本商人也到馬尼拉採購湖絲，致使湖絲價格猛漲，每擔高達500兩銀子。由於國內和呂宋售價的懸殊，把生絲和絲綢運到那裡賣的中國商人常常得到巨額利潤。中國商人到馬尼拉後在市東北部集中居住，形成一個貿易市場，西班牙商人稱為生絲市場。馬尼拉的生絲市場，小部份在當地銷售或向日本輸出，絕大部份都由大帆船——"絲船"運往美洲。於是形成了一條與往昔不同的海上絲綢之路。

當時政府規定，凡華船下海通番，在出口前應先"請引"，繳納名為引稅的特許金，此外又徵收3種具有關稅性質的水餉、陸餉、加增餉，水餉相當於船鈔，按船的大小徵收；陸餉是貨物進口稅，加增餉是一種特加稅，專向從菲律賓返回的船舶徵收。據全漢昇《明季中國與菲律賓間的貿易》，漳州府海澄縣每年的外貿稅收迅猛增長：隆慶年間（公元1567～公元1572年），銀3,000兩；萬曆初（公元1573年），銀6,000兩；萬曆四年（公元1576年），銀1萬兩；萬曆十一年（公元1583年），銀2萬兩；萬曆二十二年，銀29,000兩。萬曆二十二年的稅收幾乎等於20年前的10倍。這是處理海外貿易成功的一例，與海禁時期相比，其利弊得失不言而喻。中菲貿易的發展，雙方各蒙其利。中國的手工業品及農產品在菲擴展銷路的結果，使國內的工農業能夠轉變為“外向型”——為國外市場而生產，商人能夠為對外貿易而服務，無形中增加了不少就業機會，從而有助於國內相對過剩人口的生計問題的解決。而中國商品向菲律賓大量輸出，賺取西班牙人從美洲運往菲律賓的白銀，滿足了明中葉以來社會對於白銀的大量需求。全漢昇在《明清間美洲白銀的輸入中國》中指出，16世紀末，每年由菲律賓輸入中國的白銀，已超過72萬兩。彭信威《中國貨幣史》也說，從隆慶五年（公元1571年）到明末的七八十年間，經菲律賓流入中國的白銀，可能在四千多萬兩上下。不僅菲律賓如此，中國對東南亞、日本、歐洲的貿易也是如此，對方一般多用白銀換取中國的絲綢、棉布、瓷器、茶葉及各種商品，大量白銀源源不斷地流入中國，對於明清之際商品經濟的繁榮，是一個相當有力的刺激。

85.商品經濟的高水平發展

以蘇州府、松江府、嘉興府、湖州府為中心的長江三角洲地區，從15世紀末、16世紀初以來，農業經濟的商品化傾向以引人注目的態勢發展着，農家植棉、紡紗、織布或栽桑、養蠶、繅絲這種原先的農家副業，逐漸取代種植糧食作物的農家正業，出現了棉作壓倒稻作、蠶桑壓倒稻作的新趨勢。這種經濟的變化，為蘇、松、嘉、湖地區市鎮的發展提供了極大的推動力，而市鎮的發展又反過來促進了農業經濟商品化程度的加深。根據發展經濟學的研究，歷史上的經濟發展經歷了漫長的歷程，首先是擴張式的農業發展，每個生產者的平均生產能力不變，由於人口和耕地的不斷增長而使生產擴張；其後是農業的商業化和技術進步，以及農產品加工業的建立；再往前一步便進入了工業化階段。明中葉以後的長江三角洲的經濟發展正相當於上述的第二階段。

明代初期，松江岡身以東地帶已普遍種植棉花，上海縣人顧彧的《竹枝詞》說：“平川多種木棉花，織布人家罷緝麻，昨日官租科正急，街頭多賣木棉紗。”就是生動的寫照。其後，棉花種植逐漸向岡身以西推移。松江府屬各縣及蘇州府屬嘉定、太倉、崑山、常熟等縣，都成了著名的產棉區，農家“多種木棉”，“專業紡織”，棉作的收入成為農家的主要經濟來源。這種變化對傳統農業經濟是一個很大的衝擊，農家的經濟收益主要仰賴於不供自己消費的棉花及其紡織品，這種產品只有在市場上作為商品出售

《皇都積勝圖卷》局部

後，其收益才能在經濟上獲得實現。當時的地方誌中說："田家收穫輸官償息外，未卒歲室廬已空，其衣食全賴此"；"邑之民業首藉棉布……家之租庸、服食、器用、交際、養生、送死之費，胥從此出"，都反映了這種變化。

顯然，植棉、紡紗、織布的收入是超過了純農業經營的。嘉靖時，松江人徐獻忠說："邑人以布縷為業，農氓之困藉以稍濟。"這與農家經營的商品化有很大的關係。農家把棉花紡成紗帶往市鎮出售，這種出賣棉紗的農家除將自種棉花紡成紗，還從市鎮買回棉花從事加工，紡成紗再出賣，這在松江很普遍："里媪晨抱紗入市，易木棉以歸，明旦復抱紗以出，無頃刻閒"。不少農家紡紗後還織成布，再送到市鎮上出售，通宵達旦，"率日成一匹"。號稱"衣被天下"的松江所產的優質棉布，如尤墩布、三梭布、標布、飛花布、紫花布，以及號稱"蘇布名重四方"的嘉定、常熟一帶所產的藥斑布、棋花布、斜紋布、縑絲布等，都出於農家之手。

明末清初上海縣人葉夢珠對以松江為中心的棉布輸出作了說明，所產棉布有標布、中機、小布等3種。上闊尖細者稱"標布"，以出於三林塘鎮為最精，周浦鎮次之，縣城更次，由陝西、山西商人及徽州商人（新安商人）運銷至秦、晉、京、邊諸路。較標布稍闊而長者稱"中機布"，由徽商運銷至湖廣、江西、兩廣諸路。他說，明代標布盛行，"富商巨賈操重資而來市者，白銀動以數萬計，多或數十萬兩，少亦以萬計，以故牙行奉布商如王侯，而爭布商如對壘"。蘇州府的嘉定、常熟所產棉布也很暢銷，"商賈販鬻，近自杭、歙、清、濟，遠至薊、遼、山、陝"。吳承明在《中國資本主義的萌芽》一書中估計：清中期蘇松地區年產棉布約4,500萬匹，其進入長距離運銷的，總也有4,000萬匹。明朝的情況應該與此相差不遠。

在這種背景下，蘇、松一帶經濟繁榮、規模宏大、商賈雲集的市鎮，大多以經銷棉布為支柱產業。

明青地番蓮紋印花布

朱涇鎮 四鄉盛產棉花，又精於紡織，所產標布質地精細，優於遠近聞名的尤墩布，時人有詩描繪棉布交易的興旺："萬家煙火似都城，元室曾經置大盈，估客往來多滿載，至今人號小臨清。"其自注云："明季多標行，有小臨清之目。"所謂標行，即從事標布貿易的牙行；所謂估客，即各地前來販布的客商，他們挾帶巨資來此購買棉布，使朱涇鎮生意興隆，可以與山東運河沿線的著名商業城市臨清相媲美，故號稱"小臨清"。當地人顧公燮《消夏閒記摘抄》說："前明數百家布號，皆在松江楓涇、朱涇樂業，而染坊、踹坊、商賈悉從之。"

朱家角鎮 萬曆年間已號稱"商賈輳聚，貿易花布，為今巨鎮"，成為標布貿易中心，"京省標客往來不絕"。每當棉布購銷旺季，鎮上"布肆黑夜燃燈為市"，一片興旺景象。全國各地前來購買標布的客商（即所謂"標客"）雲集於此，"東市明紀場，茶樓酒肆，為京洛標客居停之所"。當時人的《衢歌》如此寫道："魚米莊行鬧六市，南橋人避小巡司，兩涇不及珠街閣，看盡圖經總未知。"此處所謂"兩涇"即朱涇鎮與楓涇鎮，珠街閣即朱家角的雅稱，"兩涇不及珠街閣"，並非誇張之詞，《松江府誌》稱它"商賈貿易甲於他鎮"，是與事實相符的。

羅店鎮 明中葉已成為棉布集散中心，"徽商湊集，貿易之盛幾埒南翔"。從萬曆以來，羅店鎮作為一個棉布貿易中心吸引了大批徽州商人，其繁華程度堪與鄰近的南翔鎮相媲美，因此當地人常說："羅店素稱饒富，有金羅店，銀南翔之名"。全鎮交易以棉花、棉布為大宗，經營花、布交易的牙行（花行、布行）遍佈，成為左右經濟發展的樞紐。

其他如七寶鎮、安亭鎮、外岡鎮、婁塘鎮、錢門塘市、金澤鎮、黃渡鎮等也都是以棉布交易為主的商業中心。

湖州府、嘉興府及蘇州府、杭州府一帶是栽桑養蠶的傳統地區。進入明朝以來，蠶桑業、絲織業不僅產量、品種有所增加，而且產地和從業人員範圍也日趨擴大，農家經營的蠶桑壓倒糧食種植，蠶絲之豐歉成為有歲無歲的決定因素。這與洪熙、宣德、成化、弘治年間絲織業由城鎮向鄉村推廣有很大關係，正如乾隆《吳江縣誌》所說："綾綢之業，宋元以前惟郡（指蘇州府）人為之，至明熙、宣間，邑（指吳江縣）民始漸事機絲，猶往往傭郡人織挽；成、弘以後，土人亦有精其業者，相沿成俗。於是，震澤鎮及近鎮各村居民，乃盡逐綾綢之利，有力者傭人織挽，貧者皆自織。"這裡所反映的情況是有代表性的。由於絲織業向鄉村推廣，農家栽桑養蠶外還兼營絲織，這對於絲織業的發展是一個很大的促進因素，同時也必然加深農業經濟的商品化程度。湖州府各地出現了這樣盛況："隆(慶)、萬(曆)以來，機杼之家相沿比業，巧紬百出，有綾有羅，有花紗、縐紗、斗綢之緞，有花有素，有重至十五六兩，有輕至二三兩，有連為數丈，有開為十方……各直省客商雲集貿販，里人賈鬻他方，四時往來不絕。"

從栽桑開始，農家經營就與市場發生密切聯繫，捲入商品經濟中。王道隆《菰城文獻》說："立夏三日，無少長採桑貿葉，名葉市。"此種葉市的價格變動很快，受供求關係與節令制約，朱國禎《湧幢小品》說："其葉價倏貴倏賤，諺至謂'仙人難斷'。"從事桑葉買賣的牙行——青桑葉行，經營桑葉的期貨貿易，稱為現銷或賒銷：其預立約以定價，而俟蠶畢貿絲後償還價款者，叫做"賒銷"；其有預先付款，俟葉大後交易，叫做"現銷"。一般而言，賒銷價要高於現銷價四分之一左右。毫無疑問，絲、綢與市場的關係就更密切了。每到小滿之日，必有新絲上市，於是商賈雲集市鎮，收購名滿天下的優質湖絲，故時人說："湖絲雖遍天下，而湖民身無一縷"。

太湖周邊興起了一大批以絲綢貿易為支柱產業的繁榮市鎮。

南潯鎮　四鄉所產湖絲極負盛名，吸引各地客商，"每當新絲告成，南賈輻輳"，"列肆喧闐，衢路擁塞"。鎮南柵的絲行埭，絲行"列肆購絲"，"商賈駢毗，貿絲者群趨"，一方面"鄉農賣絲爭赴市"，另一方面"客船大賈來行商"，南潯鎮成為湖絲的主要集散中心。

烏青鎮　四鄉所產蠶絲以西鄉為上，號稱"輯里(七里)絲"。小滿新絲上市時，鎮上絲行十分繁忙，"各處大郡商客投行收買"，平時則有震澤、盛澤、雙林等鎮"各地機戶零買經緯自織"，又有販子"貿絲詣各鎮，賣於機戶"。

菱湖鎮　四鄉盛產蠶絲，萬曆《湖州府誌》說，湖絲"屬縣俱有，惟出菱湖洛舍者第一"。小滿後新絲市最盛，列肆喧闐，衢路擁塞，菱湖前後左右三十里內所產蠶絲，由農家搖船運至鎮，牙行臨河收絲，"四五月間，鄉人貨絲船排比而泊"，十分熱鬧。牙行收購後，轉售外來客商，"鎮人大半衣食於此"。

濮院鎮　明初時人口已達萬家，以織綢販綢為業。此地所產濮綢十分著名，萬曆年間，"改土機為紗綢，製作絕工，濮綢之名遂著遠近，自後織作尤盛"，鎮上街巷"接屋連簷，機聲盈耳"。機戶從事絲織業，分工極細，有絡絲搖緯、牽經、運經、刷邊、織手、拽花等。織成後，出售給綢行，必須由"接手"居間介紹。綢行招接來自閩廣、兩湖及北京等地的客商，因而綢行也分為京行、建行、濟寧行、湖廣行等，以京行財力最為雄厚，"京行之貨有琉球、蒙古、關東

明銀元寶

各路之異”。

雙林鎮 是著名的包頭紗（絹）的產地，深受各地婦女喜愛，因而“遍行天下”。成化年間雙林周圍農家都精於織絹，四方商賈紛紛前來收購；隆慶、萬曆以來，“機杼之家巧變百出”，“各直省客商雲集貿販，里人賈鬻他方，四時往來不絕”。

原先曾以全國糧倉聞名天下的蘇、湖二州及太湖流域，由於商品經濟的高度成長，手工業、商業的飛快發展，促使農家經營的商品化傾向日益加劇，大量耕地改種經濟作物（如桑、棉之類），以適應市場不斷增長的需求。農業生產格局於是變為以種植經濟作物為主，使餘糧區逐漸轉化為缺糧區。加上這一地區人口增長較快，形成地狹人稠的壓力，越來越仰賴外來商品糧的輸入。於是大抵在15世紀中葉，湖廣作為天下的糧倉，所產糧食沿江而下，供應江浙各地，“湖廣熟，天下足”的格局，取代了先前的“蘇湖熟，天下足”的格局，這在社會經濟發展中是一個劃時代的變化。

伴隨着商品經濟的高水平發展，明中葉以降，白銀作為貨幣，在市場上廣泛流通，是一個引人注目的現象。政府的財政收支，大多改用銀兩折納與計算；原來以米、鈔支給的官俸，逐步改用銀兩，本色俸米1石以銀2錢5分支給；賦稅也作了相應性變化，把相當大部份折成銀兩收繳，出現了金花銀，以後又把傜役折成銀兩（役銀）；此外商稅、手工業稅、關稅都相應地折成銀兩；在長江三角洲、珠江三角洲等經濟發達地區，農業、手工業與商業傭工，已經用銀兩來支付工價，例如萬曆時，湖州地區農業傭工的工價每年為銀2兩2錢。而隆慶、萬曆以後海禁開放，海外貿易迅猛發展，白銀大量流入中國，滿足了明中葉以來因普遍用銀作為貨幣而對銀的大量需求。

86.耶穌會士與早期“西學東漸”

耶穌會士是16世紀以來進入中國的西方傳教士。以往中國的史家，激於義憤，對他們的評價是有失公允的。其實他們進入中國，不僅傳教，建立教堂，也帶來了西方文藝復興以後的科學與文化，這種早期的“西學東漸”，在東西交往史上是有積極意義的。據統計，明清之際進入中國的耶穌會士可考者約近500人，使中國人透過他們見識了西方的物質文明與精神文明。

伯恩斯和拉爾夫《世界文明史》指出，在歐洲文藝復興的後期，同時發生了另一運動——宗教改革，它包括兩個階段：1517年發生的新教革命，其結果是北歐大多數國家脫離了羅馬教會；1560年達到高峰的天主教改革使中世紀後期的天主教的主要特徵發生了變化。文藝復興與宗教改革在某些方面有着密切的聯繫，兩者都是破壞了 14 世紀及 15 世紀現存秩序的個人主義強大潮流的產物；兩者有着類似的經濟背景：資本主義的發展和資產階級社會的產生。如果沒有耶穌會士的活動，天主教改革不可能徹底成功。耶穌會的創始人是巴斯克地方的一個西班牙貴族伊格那提·德·羅耀拉（Ignadio de Loyola，公元 1491 年～公元 1556 年），他在巴黎由一群虔誠信徒的支持，於 1534 年創立了耶穌會。耶穌會是16世紀宗教狂熱所產生的最富有戰鬥性的修行團，他們用勸說和正確的教義來教誨人們，甚至用更為世俗的辦法來擴散其影響。耶穌會士不滿足於抗擊新教徒和異教徒的進攻，而是急於把信仰傳佈到地球的遙遠角落，包括非洲、美洲、印度、日本和中國。

由於倭寇騷擾沿海，明朝實行嚴厲的海禁政策，受羅馬教皇保羅二世及耶穌會會長羅耀拉派遣的方濟各·沙勿略（Francisco Javier）到了廣東沿海的荒島，無法進入廣州。公元 1578 年，耶穌會印度和日本教務巡閱使范禮安（Alessandro Valignani）從葡萄牙和印度調來了羅明堅（Michaele Ruggieri）、利瑪竇（Matteo Ricci）等四十多名傳教士，到澳門學習中文和中國傳統文化。據說羅明堅學會了12,000個漢字，熟悉中國的禮儀典章，利用每年春秋兩季赴廣州交易之機，隨商隊前往傳教。

利瑪竇（公元1552年～公元1610年），

徐光啟像

利瑪竇與徐光啟

出生於意大利馬塞拉塔城，在羅馬學習法律，並加入耶穌會，繼續學習天文曆算、哲學、神學，後赴印度果阿。萬曆十年（公元1582年），他與羅明堅等被派赴澳門，隨羅明堅來到廣東肇慶傳教。利瑪竇於19歲時加入耶穌會，曾接受赴東方傳教的培訓，對中國儒學有所瞭解，他把傳教與儒學相結合，謂之“合儒”、“補儒”、“趨儒”，一言以蔽之，盡量中國化。他一度剃去頭髮，穿上僧服，以後又脫去僧服，換上儒裝。他不惜修改教規，默認對祖先的崇拜，以聖經附會四書五經，頗受士大夫信仰。因為他瞭解士大夫在中國社會上的地位與影響，要博得他們的信仰，必須熟習儒學。在廣東端州、韶州先後滯留15年，埋首鑽研儒家經典，乃至過目不忘，令士子們大為驚訝，稱他為“西儒利氏”。在韶州時，瞿太素跟他學習西方數學。利瑪竇一面講學，一面傳教，兩年之後瞿太素接受洗禮，成為天主教徒。在士大夫慫恿下，利瑪竇從廣東經江西到南京，萬曆二十八年到達北京，通過太監，把聖經、聖像、十字架、自鳴鐘（時鐘）、《坤輿萬國全圖》獻給明神宗。利瑪竇等人雖未獲得覲見的機會，卻得到了在北京居留與傳教的默許。教徒隊伍迅速擴大，公元1603年有500人，公元1608年為2,000人，其中包括了當時有名的開明人士徐光啟、李之藻、楊廷筠、瞿太素。

利瑪竇調和天主教與儒學的矛盾，直言不諱地說：把孔夫子這位儒教奠基人留下的某些語焉不詳的字句，通過闡釋，為我所用。耶穌會士羅明堅首先把天主教尊奉的尊神“Deus”譯成“天主”。稍後利瑪竇進一步主張中國先秦典籍中的“天”和“上帝”，就是西方所稱的“天主”。他把中國自古崇拜的天神“上帝”與聖經中的“天主”（God）等同；把天主教鱴棄現世物質利益、追求永恆天國，與儒學“重義輕利”，“存天理，滅人慾”等同；並對中國的祭天、祭祖、祭孔等傳統持寬容態度，允許天主教徒家中保留祖宗牌位。因此很受士大夫們好感，風靡追隨。利瑪竇以中文寫成的《天主實義》，把天主教教義與儒家學說相比附，求同存異，他解釋其目的是："八萬里而來，交友請益，但求人與我同，豈願我與人異耶！"馮應京為《天主實義》所寫的序中說："是書也，歷引吾六經之語，以證其實，而深詆譚空之誤。"徐光啟說，他讀了《天主實義》後，竟沒有發現天主教與儒學有任何抵觸之處，"百千萬言中，求一語不合忠孝大旨，求一語無益於人心世道者，竟不可得"。由此可見，利瑪竇以天主教比附儒家學說是成功的。方豪在《明末清初天主教比附儒家學說之研究》中，開宗明義便指出："一個宗教，要從發源地傳播到其他新地區去，如果它不僅希望能在新地區吸收愚夫愚婦，並且也希望獲得新地區的知識份子的信仰，以便在新地區生根，然後發榮滋長，那麼，它必須先吸收當地的文化，迎合當地人的思想、風俗、習慣；第一步，也是最重要的一步，是藉重當地人最敬仰的一位或幾位先哲的言論，以證實新傳入的教義和他們先輩的遺訓、固有的文化，是可以融會貫通的，是可

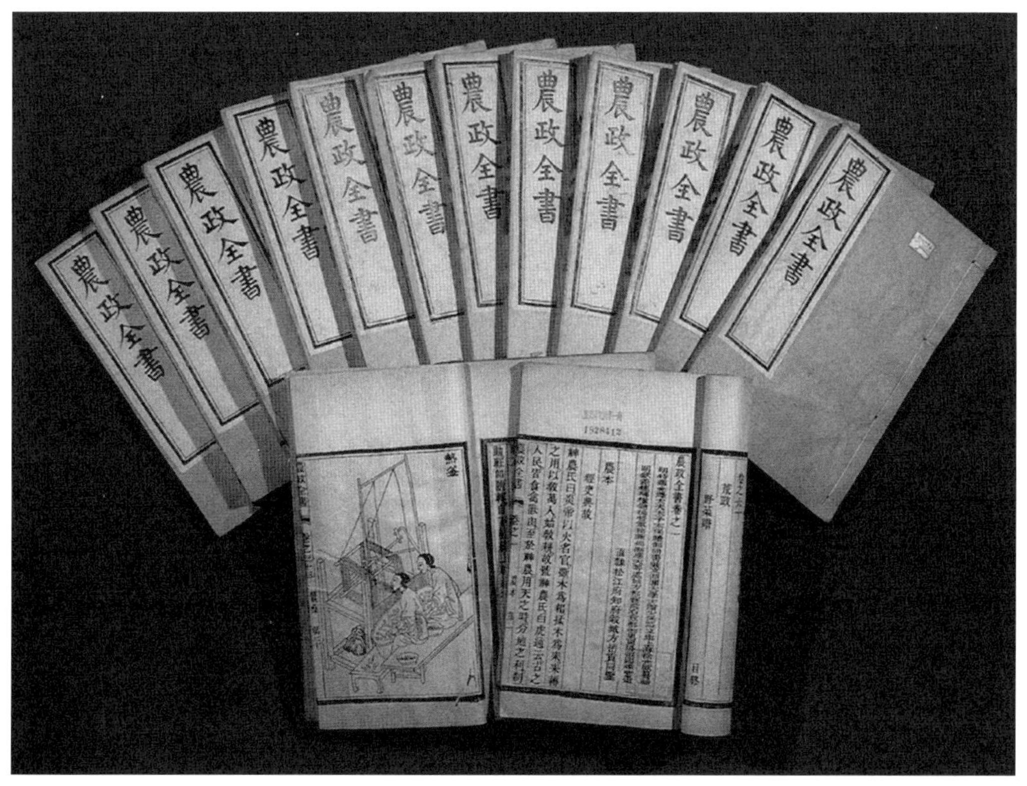

《農政全書》書影

以接受的。”

公元1610年，利瑪竇在北京逝世，明神宗下詔，以陪臣禮安葬於北京阜城門外三塔寺。由耶穌會士龍華民（Nicolus Longobardi，公元1559年～1654年）接替主教職務，主持中國教區工作。他一改對中國傳統寬容的態度，多次著文指出：中國典籍中的上帝（天）並不是聖經中天主（上帝）的對應詞，不得混淆，使矛盾激化。萬曆四十四年（公元1616年）禮部侍郎署南京禮部尚書沈漼上疏排教，以崇正學、黜異端、嚴華夷相號召，提出四條禁止天主教的理由：有窺伺之心，有傷孝道，私習曆法，傷風敗俗。徐光啟挺身而出為天主教辯護，寫《辨學章疏》護教，疏中說：“彼國教人皆務修身以事上主，聞中國聖賢之教，亦皆修身事天，理相符合，是以辛苦艱難，履危蹈險，來相印證，欲使人人為善，以稱上天愛人之意。”沈漼採取行動，發生了“南京教案”。次年，由皇帝下旨封閉天主教堂，放逐教士。

兩年後，情勢有了轉機。明朝軍隊在遼東與後金作戰慘敗，徐光啟上疏請練兵自效，皇帝採納，派人在澳門購買西洋大炮，並把傳教士與葡軍請入北京，協助明軍作戰，使天主教又有了合法的地位。另一有求於傳教士的是修訂曆法。崇禎二年（公元1629年），徐光啟受命督責龍華民、鄧玉函（Joannes Terrens）、湯若望（Joannes Adam Schall von Bell）等耶穌會士修訂《崇禎曆書》。天主教在中國佈道有了強大的依托。

梁啟超在《中國近三百年學術史》中說：“中國知識線與外國知識線相接觸，晉、唐間的佛學是第一次，明末的曆算學便是第二次。”這第二次指的是天主教耶穌會士的“西學東漸”。耶穌會士帶來了西方的科學文化，在晚明的知識界引起了巨大的反響。徐光啟於萬曆十六年（公元1588年）到廣東課讀，在韶州會見耶穌會士郭居靜（Lazarus Cottapeo），初次進教堂。萬曆二十五年舉鄉試第一，萬曆二十八年（公元1600年）在南京與利瑪竇會晤，研究的結果，他認為天主教可以“補儒易佛”。三年後，他再去南京時，利瑪竇已入北京，便向羅如望（Joannes de Rocha）學道，然後領洗，教名保祿。次年徐光啟中進士。從萬曆三十二年至三十九年，徐光啟與利瑪竇在北京常相過從，聽教義之餘，兼習西學。利瑪竇早年師從德國數學家克拉維斯（F. Clavius，公元1537年～公元1612年），精通數學、天文、地理。萬曆三十五年（公元1607年）徐光啟與利瑪竇合譯歐幾里德的《幾何原本》（The Thirteen Books Of Euclids Elements）前半部。歐幾里德是古希臘數學家，他的《幾何原本》是希臘古典時期數學成就的總結性著作。利瑪竇到中國後利用他的老師克拉維斯的拉丁

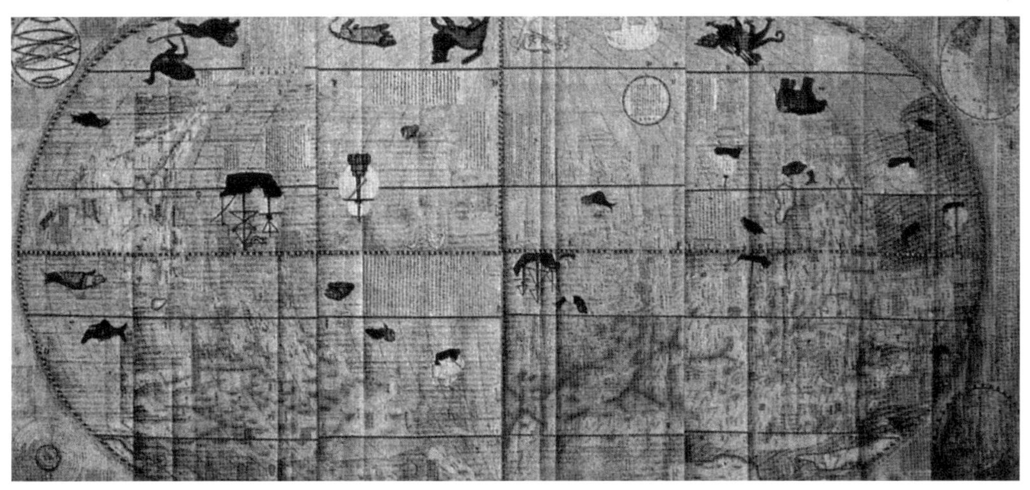

《坤輿萬國全圖》

文譯注《幾何原本》講授數學，並有志於把它譯成中文。萬曆三十四年秋，利瑪竇向徐光啟談及此事，於是由利瑪竇口述、徐光啟筆錄，翻譯了這本書的前半部。已譯的《幾何原本》六卷，涉及三角形、線、圓、圓內外形、比例，每卷都有界說、公論、設題；是第一部譯成中文的西方科學著作。《幾何原本》的價值超出了幾何學本身，被視為人類歷史上真正代表科學理論的教科書，徐光啟在當時就認識到這一點，他指出此書能使理論研究者"祛其浮氣，練其精心"，也能使實踐者"次其定法，發其巧思"，"百年之後，必人人習之"。

《幾何原本》出版不久，利瑪竇又與李之藻合作編譯了《同文算指》，成為第一部系統介紹歐洲筆算的著作。《同文算指》主要根據克拉維斯《實用算術概論》和中國數學家程大位《算法統宗》編譯而成，全書分前編、通編、別編三部份，系統介紹了歐洲筆算，貢獻與影響是不小的，著名數學史家錢寶琮指出："《同文算指》書在西學東漸史中與徐光啟所譯之《幾何原本》六卷皆為極重要之著述，而所收成效尤在《幾何原本》之上。"

西方地理學也隨着耶穌會士傳入中國，使中國人對空間形成新觀念。利瑪竇在中國居留的28年中，繪製了多種世界地圖，其中影響最大、流傳最廣的是萬曆三十年（公元1602年）由李之藻為之刊印的《坤輿萬國全圖》。它是利瑪竇根據三方面資料：公元1570年，歐洲出版的地圖（Abraham Ortelius, Theatrum Orbis Terrarum）、中國輿圖及通志資料、他本人實測與見聞札記繪製而成的，有4種正統版本，10種以上的仿刻本和摹刻本，流傳極廣。利瑪竇編繪的地圖，打破了中國傳統的"天圓地方"觀念，讓人們瞭解到中國只是地球的一小部份，大大開拓了知識份子的眼界。但是利瑪竇也作了一些牽就。《利瑪竇中國札記》寫道："中國人認為天是圓地是平而方的，他們深信他們的國家就在它的中央。他們不喜歡我們把中國推到東方一角的地理概念。他們不能理解那種證實大地是球形，由陸地和海洋所構成的說法，而且球體的本性就是無頭無尾的。"為了迎合中國是世界中央的觀念，他把子午線從世界全圖中央向左移動170度，使中國正好出現在《坤輿萬國全圖》中央。人們目前見到的中國國家博物館收藏的墨線仿繪本《坤輿萬國全圖》、南京博物院收藏的彩色摹本《坤輿萬國全圖》，便是這種變通了的樣子。

明朝欽天監鑒於推算日蝕、月蝕多次不準，主張修改曆法。利瑪竇對天文曆法素有研究，向有關部門提議參加曆法修改工作，未蒙批准。萬曆三十八年（公元1610年），禮部推薦徐光啟、李之藻"同譯西法"，協助改曆，也未付諸實施。直到崇禎二年（公元1629年）七月才正式任命禮部侍郎徐光啟督修曆法。主持此事的徐光啟和李之藻對西方天文學已有深刻的瞭解，確定改曆的方針是以西方曆法為基礎，聘請耶穌會士龍華民、鄧玉函、羅雅谷（Jacobus Rho）、湯若望等參加，中外天文學家一起合作翻譯大量歐洲天文學著作，以西方先進的天文學說來修改郭守敬的大統曆。歷時5年，終於完成了篇幅龐大的《崇禎曆書》，共46種，137卷，嚴格地說，它其實是為改革大統曆而編纂的一部叢書。它詳細地介紹了第谷的《論新天象》、《新編天文學初階》，托勒密的《大綜合論》，哥白尼的《天體運行論》，開普勒的《論火星的運動》。為了進行大規模測算，還根據歐洲數學家的著作，編譯了《大測》、《割圓八線表》、《測量全義》。《崇禎曆書》編成後還來不及刊行，明朝就滅亡了。清初，由耶穌會士湯若望加以刪改，以《西洋新曆法》為名，頒行於世。《崇禎曆書》的意義已越出了曆法修改本身，標誌着中國天文學進入了一個劃時代的新階段。

此外，值得一提的還有：徐光啟與耶穌會士熊三拔（Sabbathinus de Ursis）合作編譯的西方農田水利技術專著——《泰西水法》，進士王徵與耶穌會士鄧玉函合作編譯的西方機械工程學專著——《遠西奇器圖說》。西方的哲學著作也在此時被譯介給中國讀者，例如李之藻與耶穌會士傅泛際合譯的《寰有詮》（亞里士多德的《談天》），耶穌會士安文思譯的托馬斯．阿奎那的哲學著作《超性學要》。其中尤以傅泛際譯義、李之藻達辭的《名理探》影響最為深遠。該書介紹了亞里士多德的《邏輯學》，歷時3年才把這部艱深的著作翻譯完成，為後世留下了一批邏輯學術語，例如把概念、判斷、推論譯作直通、斷通，把演繹、歸納譯作明辯、推辯。

難能可貴的是，在華耶穌會士曾多次回歐洲募集圖書。公元1614年，耶穌會士金尼閣返回羅馬教廷述職時，成功地募集到由教皇保羅五世捐贈的500多冊書，加上他與同伴鄧玉函在歐洲各國收集到的圖書，總數達7,000多冊。公元1618年，金尼閣與另外22名耶穌會士護送這批圖書返回中國，於1629年7月22日抵達澳門。這批圖書後來通過各種途徑進入內地，其中不少被譯成中文，向中國人民宣傳西方科學文化和宗教，在早期西學東漸中發揮了重大影響。這批書的一部份被北京"北堂圖書館"所收藏，現仍可在北京圖書館（已改名為國家圖書館）見到它們的蹤影。人們從這些西文古籍（圈內人士稱為"搖籃本"）身上，緬懷那一段中外文化交流的佳話，是別有一番滋味在心頭的。

早期的西學東漸，為中國人打開了窺視西方的窗戶，大開眼界。當時（公元1632年）有人寫文章把中國與西方相比較，感慨繫之："天載之義，格物之書，象數之用，律曆之解，莫不窮源探委，我中土之學問不如也"；"自鳴之鐘，照遠之鏡，舉重之器，不鼓之樂，莫不精工絕倫，我中土之技巧不如也"；"土地肥沃，百物繁衍，又遍賈萬國，五金山積，我中土之富饒不如也"。人們驚訝之餘，不能不沉思：與先進的西方相比，以老大自居的中國，已經開始落伍了！

87.正統思想與異端思想

明朝前期、中期的思想界沉悶而無新義，科舉取士都以宋儒朱熹的經注作為考試的標準，致使朱學風靡一時，學者們依托於復性與躬行，沒有自覺、自由的思想。物極必反，於是乎有陳獻章、王守仁的理學革命，希望把個人的思想從聖賢經書中解放出來。陳獻章的"小疑則小進，大疑則大進"的主張，開自由思想的先聲；而王守仁以己心為衡量是非的標準，拒絕拜倒在聖賢腳下，更是思想界的一大革命。美國學者狄百瑞（Wm. Thecdore de Bary）說：此後，人才輩出，都以追求思想自由為旨歸，形成波瀾壯闊的個人主義與博愛主義思潮。

王守仁與朱熹不同，他發揮陸九淵的學說，認為"心外無理"，"萬事萬物之理不外於吾心"，"心外無物"，心是天地萬物的本原。朱熹所說的絕對至上的"理"，被王守仁移植到每個人的心中去了，所以這種學說被稱為"心學"。

王守仁（公元1472年～公元1529年），

王守仁像

字伯安，浙江餘姚人，因築陽明洞講學而號陽明子，人稱“陽明先生”。28歲中進士之後，歷任兵部主事、南贛巡撫、南京兵部尚書等職，在任期間是一個頗為幹練的官僚，平定江西、福建、廣東三省邊界“盜賊”，以及寧王朱宸濠叛亂，成為他一生中最突出的“事功”。正如他自己所說，他的一生是“破山中賊”與“破心中賊”的過程，前者是作為一個官僚的職責，後者是作為一個學者的職責。

王守仁受陸九淵、陳獻章的影響很深。陸九淵提出了“宇宙便是吾心，吾心即是宇宙”的命題，成為他的哲學的出發點。陳獻章企圖打破程朱理學對人們思想的束縛，反對在聖賢經書中打圈子，要從靜坐中養出個頭緒來，謂之“靜坐自得，以明本心”。無論陸、陳，都受禪宗影響，禪宗所說“性中萬法皆見，一切法自在性”，性即心，萬法即宇宙。王守仁的思想也大近禪悟。

王守仁提出“心外無物”，“心外無理”，一切都是從“心”中派生出來的。他與友人外遊，友人質問：先生以為“天下無心外之物”，那麼此花樹，在深山中自開自落，與我心有何相關？他答：“你未看此花時，此花與汝心同歸於寂；你來看此花時，則此花顏色一時明白起來，便知此花不在你的心外。”他以這種近乎詭辯的方法來論證“天下無心外之物”。

既然他認為“心外無理”，所以“良知”就是“人心”，是“人人皆有”的，因此“致良知”就是頓悟式的“不假外求”、“向內用心”的靜坐功夫。他說：“心即道，道即天，知心則知道、知天。諸君要實見此道，須從自心上體認，不假外求，始得。”在他看來，認識萬事萬物，就是對存在於“心”中的“良知”的發現或自我體認。一個人求學目的就是“盡心”，“學者，學此心也；求者，求此心也”。

與此相聯繫，他強調“知行合一”，知與行都歸結於心。他反對在心外去求理，當然反對知、行分離；因為“心外無理”，所以必須“求理於吾心”，當然知行合一，都在心中統起來。他說："知之真切篤實處即是行，行之明覺精察處即是知，知行工夫本不可離。"在他那裡，知與行是沒有明確界限的，知到某種程度可以轉化為行，行到某種程度也可以轉化為知。王守仁"知行合一"與"致良知"的提出，都是在他遭到貶謫、訕謗之際，有感於社會政治風氣敗壞，對環境挑戰的一種反應，企圖憑藉此種學說，先完善個人道德，再完善社會道德，根本精神是社會性的，着眼於挽救國家、社會。明末清初的學者王夫之則從純學術的角度批評道，王守仁所說的"知"不是"知"，所說的"行"也不是"行"，"知者非知，然而猶有其知也，亦倘然若有所見也"，"行者非行，則確乎其非行，而以其所知為行也"，"以知為行，則以不行為行"。一語擊中要害，知可以取代行，取消行，行的價值便大成問題了。

王守仁的心學的最可貴之處是，強調"以吾心之是非為是非"，而不必以孔子之是非為是非。他在《答羅整庵少宰書》中說："夫學貴得之心，求之於心而非也，雖其言之出於孔子，不敢以為是也。"又說："夫道，天下之公道也；學，天下之公學也。非朱子可得而私也，非孔子可得而私也。"沉寂、僵化的思想界出現了一股新鮮空氣，令人耳目一新，反對者詆為異端，贊成者奉為新論，心學因而風靡天下。《明史・儒林傳》說："嘉（靖）隆（慶）而後，篤信程朱，不遷異說者，無復幾人矣。"錢穆《中國學術思想史論叢》（七）指出：陽明良知之學，簡易直捷，明白四達，兼掃蕩和會之能事。且陽明以不世出之天姿，演暢比愚夫愚婦與知與能之直理，其自身之道德功業文章，均已冠絕當代，卓立千古，而所至又汲汲以聚徒講學為性命，若飢渴之不能一刻耐。故其學風淹被之廣，漸漬之深，在宋明學者中，乃莫與倫比。

王門弟子王艮，創立泰州學派，把王學的這種傾向加以引申、發展。王艮，字汝止，泰州安豐場人，人稱"心齋先生"。他強調"悟性"，宣揚不睹不聞，不思不慮，"只心有所向便是慾，有所見便是妄；既無所向，又無所見，便是無極而太極（良知）"，認為只要"於眉睫間省覺"，便可當下頓悟"天機"。泰州學派把王學"不師古"、"不稱師"、"流於清談"、"至於縱肆"的傾向，發展到肆無忌憚的地步。王艮為鹽商子弟，對一般人寄予相當的體察與諒解，故而有"孔子亦是凡人"的觀點，他與學生把知識帶到社會大眾之中，使社會大眾接觸到儒學的真諦。他除了繼承王陽明的良知學說外，更加重視實踐，使王學發揚光大。王守仁死後，王學之所以能廣被天下，王艮功不可沒。泰州學派對禮教發起衝擊，到何心隱時，思想已非名教所能羈絡，其言行已如同英雄、俠客，能手縛龍蛇，隨心所欲，從自我抑制中解放出來。因此，泰州學派竟被人們看作“掀翻天地”、“非名教之所能羈絡”的叛逆。

如果說泰州學派是王學左派，那麼李贄便是王學左派中更加激進的一員，被人們稱為“異端之尤”。

李贄（公元1527年～公元1602年），原名載贄，號卓吾，又號篤吾，泉州晉江人。他26歲中鄉試舉人，30歲被任命為河南輝縣教諭，此後歷任國子監博士、禮部司務等小官，51歲出任雲南姚安知府。3年後，任期未滿就力辭不幹，到湖廣麻城龍湖芝佛院隱居著書。在將近20年中，寫出了震動當時思想界的《焚書》、《續焚書》、《藏書》。

李贄像

萬曆十八年（公元1590年），《焚書》在麻城出版。書中收集了書信、論文數十篇，以他特有的玩世不恭、嬉笑怒罵皆成文章的手法，嘲罵理學家都是“口談道德，而心存高官，志在巨富”的兩面派、偽君子，因此他說：“今之講周、程、張、朱者，可誅也。”在《焚書》中發表了他與摯友、曾任福建巡撫的耿定向辯論的7封書信，指出耿定向“所講者未必公之所行，所行者又公之所不講”，“反不如市井小夫，身履是事，口便說是事，作生意者但說生意，力田者但說力田”。

李贄還從理論上駁斥了當時流行的正統觀點——以孔子之是非為是非，言必稱孔子，不敢越雷池一步，他認為這種傳統習慣是沒有出息的，因而反對以孔子為家法。他指出：“夫天生一人，自有一人之用，不待取給於孔子而後足也。若必待取足於孔子，則千古以前無孔子，終不得為人乎？”他又說：“夫惟孔子未嘗以孔子教人學，故其得志也，必不以身為教於天下。”

這種尖銳的論述，使當時的當權者“莫不膽張心動”。當權者誣衊他為“淫僧異道”——“勾引士人妻女，入庵講法”，“一境如狂”，要把他驅逐出境。他凜然回答：“我可殺不可去，我頭可斷而我身不可辱。”

萬曆二十七年（公元1599年），《藏

書》在南京出版。在這部歷史著作中，李贄用史論的形式抒發了他的政治見解，推翻傳統定論，稱頌秦始皇為“千古一帝”，商鞅是“大英雄”，李斯是“知時識主”的“才力名臣”，卓文君私奔為“善擇佳偶”。這種離經叛道之論，被當權者斥為“惑世誣民”。第二年，當權者拆毀了龍湖芝佛院，迫使74歲的李贄前往通州投奔友人。就在這一年，禮科給事中張問達上疏控告李贄的著作“流行海內，惑亂人心”，“以孔子之是非為不足據”，“大都刺謬不經，不可不毀者也”。明神宗批覆：“李贄敢倡亂道，惑世誣民，便令廠衛五城嚴拿治罪，其書籍已刊未刊者，令所在官司盡行燒燬，不許存留。”萬曆三十年（公元1602年），76歲的李贄在獄中自刎而死。

儘管李贄真心誠意地要探尋真道學，反對假道學，他在《初譚集．自序》中說：“善讀儒書而善言德行者，實莫過於卓吾子也”，但是他反對以孔子之是非為是非的種種離經叛道之論，終不能為當權者所容忍，於此恰恰閃現了他的思想光芒與威力。他說：“千百餘年而獨無是非者，豈其人無是非哉？咸以孔子之是非為是非，故未嘗有是非耳。”打破了萬馬齊喑的思想界沉悶氣氛，比王守仁要深刻得多、尖銳得多。

李贄以離經叛道、放蕩不羈的姿態出現於思想界，他反對綱常名教及其具體化的

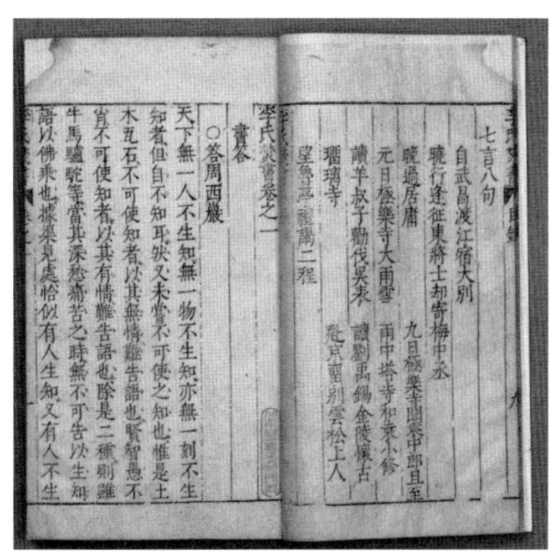

七言八句
自武昌渡江宿大別
曉行逢征東將士却寄梅中丞
曉過居庸　九日極樂寺聞袁中郎且至
元日極樂寺大雨雪　雨中塔寺和袁小修
讀羊叔子勸伐吳表　讀劉禹錫金陵懷古
瑠璃寺　赴京留別雲松上人

李氏焚書卷之一
書答
○答周西巖
天下無一人不生知無一物不生知亦無一刻不生
知者但自不知耳然又未嘗不可使之知也惟是土
木瓦石不可使知者以其無情難告語也賢智愚不
肖不可使知者以其有情難告語也除是二種則雖
牛馬驢駝等當其深愁痛苦之時無不可告以生知
語以佛乘也據渠見處恰似有人生知又有人不生

《焚書》書影

“禮”，認為這種“禮”是外加的、人為的，實際上是“非禮”。而真正的“禮”應該是出於自然，擯棄一切規範，撤盡一切藩籬，完全自由自在，“無蹊徑可尋，無途轍可由，無藩衛可守，無界量可限，無扃鑰可啟”。只有這樣，才能隨心所欲而處處合乎禮。於是他在寺廟裡處理公事，落髮為僧而留鬚，出家而飲酒食肉，嘲弄聖賢先哲。所以他提倡“童心”——“絕假純真，最初一念之本心”，主張“率性”——“以率性之真，推而廣之，與天下為公，乃謂之道”。這就是他追求的真正的道學。這種思想固然有其進步性的一面，但由於摻雜了禪宗的虛寂出世，帶有消極的一面，這就是王夫之所說的“玩物喪志”，“導天下於邪淫”。

王門後學把心學進一步禪學化。一個人

可以用參禪的方式尋求頓悟，頓悟之後所獲得的澄徹超然的樂趣僅限於自身，而對社會的道德倫理則棄之不顧。各人都以直覺為主宰，全然不顧儒家經典，養成了一種崇尚空談心性、不務實事的浮誇學風。一時間士大夫以不讀書，不探討實際學問為時髦，誦語錄、參話頭、背公案的空疏學風氾濫。

"現成良知"成了萬靈的套話，清心靜坐成了一成不變的形式。由於王學門人的執政，政界和學界一樣，都在清談。顧炎武在《日知錄》中評論道："今日之清談，有甚於前代者。昔之清談談老莊，今之清談談孔孟"，"舉夫子論學、論政之大端一切不問"，"以明心見性之空言代修己治人之實學"。終日清談成了官場的流行作風，不議國計民生，以不知錢穀、甲兵為榮，這種流風一直延續到明末，以致後人一言以蔽之：王學以空談誤國，可謂一語中的。

88.張居正與萬曆中興

明中葉，從英宗朱祁鎮即位（正統元年，公元 1436 年），到武宗朱厚照死（正德十六年，公元 1521 年），政治日趨腐敗。皇帝深居內宮，不問政事，很少與大臣商議國事。偶爾談及，也不過片刻，徒具形式而已。皇帝不理朝政，朱批、票擬每每由宦官操縱，為宦官擅權，廠衛(東廠、錦衣衛)橫行提供了條件，先後出了宦官頭子王振、汪直、劉瑾專政的現象，形成天下之人"但知畏汪直而不知畏陛下"，"一個朱皇帝，一個劉（瑾）皇帝"的咄咄怪事。世宗朱厚熜上台後，情況有所好轉，不再有宦官跋扈擅權的情況，卻出現了權奸嚴嵩專擅朝政達20年之久的局面，他利用皇帝醉心於學道成仙，不問朝政之機，把持朝政，把政治搞得一團糟。

穆宗死，神宗朱翊鈞即位，年僅10歲，內閣首輔張居正為了扭轉頹勢，展開了改革。張居正(公元1525年～公元1582年)，字叔大，號太岳，湖廣江陵人，嘉靖二十六年（公元 1547 年）進士。針對嘉靖時期政治形勢的嚴峻，他認為"非得磊落奇偉之士，大破常格，掃除廓清，不足以弭天下之大患"。隆慶二年（公元 1568 年）與李春芳、陳以勤在內閣共事時，張居正向穆宗上《陳六事疏》，全面地闡述了他的治國主張與改革思想。他在這篇著名的奏疏開頭就直率而深刻地指出："近來風俗人情積習生弊，有頹靡不振之漸，有積重難返之幾，若不稍加改易，恐無以新天下之耳目，一天下之心志。"為此提出了省議論、振紀綱、重詔令、核名實、固邦本、飭武備六項措施。但

明神宗像

是內閣首輔李春芳務以安靜稱帝意，不想有所作為，此事終於不了了之。

在內閣的紛爭中，張居正脫穎而出，成為大權在握的首輔，改革的時機成熟了。在神宗的大力支持下，張居正從萬曆元年（公元 1573 年）開始開展了全面的革新，這就是萬曆新政。

首先，集中精力整頓政治，改變頹風。萬曆元年六月，他正式提出了整頓吏治的有力措施——考成法。這是針對官僚主義、文牘主義、形式主義的一項舉措。考成法規定，凡六部、都察院把各類章奏及聖旨，轉行給各該衙門，都事先酌量路程遠近、事情緩急，規定處理程期，並置立文簿存照，每月底予以註銷。如有耽擱拖延，即開列上報，並下各衙門詰問，責令其講明原委。巡撫、巡按拖延耽擱，由六部舉報；六部、都察院在註銷時容隱欺蔽，由六科舉報；六科容隱欺蔽，由內閣舉報。這樣就形成了一個考成系統：以內閣稽查六科，六科稽查六部、都察院，六部、都察院稽查巡撫、巡按。確立起一個健全的行政與公文運作系統。在這個系統中最關鍵的是六科。所謂“六科”，是明初設立的吏、戶、禮、兵、刑、工六科，各設給事中，輔助皇帝處理奏章，稽查駁正六部之違誤。張居正則把六科的這種職能予以擴大，使之直接向內閣負責，成為內閣控制政府的重要助手。

根據戶科在萬曆六年（公元1578年）給事中石應岳的報告中指出：“自考成之法一立，數十年廢弛叢積之政，漸次修舉”，可見考成法的實施是有成效的。從宏觀視角看，考成法只是張居正整頓吏治的一個方面。他按照綜核名實、信賞必罰的原則，強調公銓選、專責成、行久任、嚴考察，在官僚隊伍中造成一種雷厲風行的氣氛，大小臣工，鰓鰓奉職，中外淬礪，莫敢有偷心。

其次，為了革新政治，培養人才，張居正在萬曆三年（公元 1575 年）提出整頓學政振興人才的措施，針對王學徒子徒孫空談心性不務實事的惡習給予打擊，規定各級學校的學官、儒生必須“著實講求，躬行實

張居正像

踐”，不許空談廢業；並下令毀天下書院，把書院改為政府辦公機構，意在提倡實學，防止空談誤國。這一措施顯得有點矯枉過正，激起眾多儒生士人的反感，著名的何心隱事件便是一例。

萬曆新政取得了明顯的成效，但是過於嚴厲，過於操切，引來諸多怨聲，反對聲浪一時甚囂塵上。張居正在神宗的全力支持下，採取了一系列捍衛新政的非常措施，才使新政得以順利進行。

再次，經濟改革。萬曆新政是從政治改革入手的，政治改革取得一定成效後，轉入經濟改革，要面對長期積累下來的國匱民窮的老大難問題，非大動干戈不可。財政困難由來已久，嘉靖、隆慶年間國庫年年虧空。為了擺脫困境，張居正理財思想的宗旨在於開源節流雙管齊下，他從桑弘羊“民不益賦而天下用饒”的原則出發，提出“不加賦而上用足”的方針，具體化為“懲貪污以足民”，“理逋負以足國”，即整治貪污與欠稅兩大漏洞來增加財政收入。與此同時，經濟改革又從以下三個方面展開。

第一，抑制國家財政和宮廷財政的支出，包括削減宮廷織造項目，節約宮廷節慶與宴會開支，抑制大規模工程，削減南京官編制等。

第二，強化對於邊鎮的錢糧與屯田的管理，以減輕邊鎮軍餉日趨增大的財政壓力。

第三，強化戶部的財政事務管理能力，對徵收賦稅的簿冊進行大規模整理，進行邊餉的實態調查，制定邊餉政策，加強地方政府對戶部的財政狀況報告，使戶部能在把握全國財政狀況基礎上運營財政。

經濟方面最重大的改革是清丈田糧，推廣一條鞭法。

張居正對田賦的侵欺拖欠極為不滿，他對應天巡撫宋儀望說：“來翰謂蘇松田賦不均，侵欺拖欠云云，讀之使人扼腕”，“不於此時剔刷宿弊，為國家建經久之策，更待何人”。經過充分醞釀，萬曆六年（公元

1578年）十一月正式以神宗名義下令在福建省首先試行清丈田糧。兩年後，福建清丈完畢，清丈出隱瞞逃稅田地2,315頃，成效是顯著的。於是把福建清丈之法推行於全國，在朝廷強大政治壓力下，從萬曆八年到萬曆十一年，清丈工作在全國各地陸續完成。這是繼明初清丈之後的第二次全國規模的田地稅糧清理工作，成效是很顯著的。

（一）清丈之後，田有定數，賦有定額，部份地改變了稅糧負擔不均的狀況。

（二）清丈出不少隱匿田地，使政府控制的承擔稅糧的耕地面積大幅度增加。如浙江衢州府西安縣，清丈後不僅改變了原先田地缺額、稅糧無着的狀況，而且查出了隱匿田地，補足原額外，還多餘田地113頃28畝。這種情況是全國性的通例，例如山東省清丈後納稅耕地較原額增加40%，江西一省清丈後納稅耕地較原額增加13%。

（三）北方地區在清丈中統一畝制，改變先前存在的大畝、小畝相差懸殊的不合理現象，一律以240步為1畝。南方地區在清丈中統一稅糧科則，改變先前存在的官田、民田科則輕重懸殊的不合理現象，實行官田、民田稅糧科則一元化。

儘管清丈田糧存在不少弊端，但成效是十分顯著的，清查出了大量的隱匿、遺漏田地，使政府控制的納稅田地面積有大幅度增長：清丈後增加了1,828,542.73頃，比清丈前的原額5,182,155.01頃（萬曆六年統計），增加了35.28%。這是一個了不起的成績，雖然其中有一些虛報數字在內，但承擔賦稅的耕地面積大幅度增加是毋庸置疑的事實，對於政府財政收入的增加是有積極意義的。

與清丈田糧相比較，一條鞭法的推廣具

《平番得勝圖》

有更深遠的意義。一條鞭法作為賦役制度的改革早在嘉靖時期已在部份地區出現，其要點是："通將一省丁糧，均派一省徭役"，即把徭役折成銀兩，把役銀向人丁、稅糧均派，把賦稅與徭役簡化為一次編審，即一條鞭編審，故稱"一條鞭法"（或"一條編法"）。張居正認為這是整頓賦役，改善財政的有力措施，極力督促各地方官推行此法。他對湖廣巡按說："此法在南方便，既與民宜，因之可也"；又對山東巡按說："條編之法，近旨已盡事理，其中言不便者，十之一二耳，法當宜民，政以人舉，民苟宜之，何分南北"。到萬曆九年（公元1581年）決定把一條鞭法推廣到全國各地，使它成為全國統一的新賦役制度。這就是《明史・食貨志》所說的："總括一州縣之賦役，量地計丁，丁糧畢輸於官，一歲之役，官為僉募。"把過去按照戶、丁派役的方法，改為按照丁、糧（地）派役，也就是說，把徭役的一部份轉移到稅糧（土地）中去。與此同時，稅糧中除漕糧中的白糧必須徵米外，其他實物都改為折收銀兩，並由官府統一徵收、解運。它部份地改變了過去賦役負擔不均的狀況，由於一條鞭編銀徵收，使政府的徵收簡便而有所保證。

一條鞭法實施後，在江南取得了明顯的效果，時人評論說："行一條鞭法，從此役無偏累，人始有種田之利，而城中富室始肯買田，鄉間貧民始不肯輕棄其田矣。至今田不荒蕪，人不逃竄，錢糧不拖欠。"由於南北經濟情況的差異，一條鞭法推廣到北方後，在短時期內必然會帶來一些不便，但在總體上符合經濟發展趨勢，即使先前認為一條鞭法不便的人，也不得不承認實行此法後，"邑土稱其便"。用歷史的眼光看問題，一條鞭法是賦役制度的一大進步，它把各種徭役折成銀兩，不但與賦稅的貨幣化步調一致，而且以貨幣（銀兩）徵解，使賦役簡單化、一元化，是符合整個社會商品經濟發展趨勢的。

總而言之，萬曆新政的經濟改革的效果是明顯的，財政赤字消失，史稱："太倉粟米可支數年，冏寺（即太僕寺）積金不下四百餘萬"，是有事實根據的。戶部管轄的太倉收入，從嘉靖、隆慶年間每年200萬兩白銀，到萬曆初期激增至300萬兩～400萬兩之間。京師倉庫貯存的糧食700萬石，可支給京營各衛官軍兩年消費。到了萬曆五年，京師倉庫貯存的糧食足可供6年的消費，增加了3倍。

這是萬曆新政所帶來的引人注目的變化。萬曆時期成為明王朝最為富庶的幾十年，決不是偶然的。萬曆二十年（公元1592年）前後出現的"萬曆三大征"：平定寧夏哱拜之亂、平定播州楊應龍叛亂、東征禦倭援朝，則從另一個側面印證了這一點。

89.從東林到復社

萬曆二十年以後，神宗怠於臨朝使中興的局面漸趨消失，官場中黨派林立，門戶之見日盛一日，互相傾軋不遺餘力。當時的吏科給事中張延登向神宗上疏剖析黨爭時指出：“(官員)紛然攻擊，形於章疏揭牘者，不曰蘇脈、浙脈，則曰秦黨、淮黨，種種名色，難以盡述。而目前最水火者，則疑東林與護東林兩言耳。”神宗並沒有意識到問題的嚴重性。到了齊、楚、浙三黨與東林黨之間的紛爭日趨尖銳時，要想扭轉勢頭，已難乎其難了。

萬曆三十八年(公元1610年)，國子監祭酒湯賓尹和翰林院侍講顧天埈，召收黨徒，專與東林作對，因湯是宣城人，顧是崑山人，時人稱為“宣黨”、“崑黨”。到了萬曆四十年，黨爭加劇，形成齊、楚、浙三黨與東林黨相對峙的局面。齊黨以給事中元詩教、周永春、御史韓濬為首，楚黨以給事中官應震、吳亮嗣為首，浙黨以給事中姚宗文、御史劉廷元為首，而湯賓尹之流暗中作為主謀，挑動黨羽相互呼應，務以攻擊東林、排斥異己為能事，新進的言官，無不網羅於門下，當事大臣莫敢攖其鋒。

被齊、楚、浙三黨視為對立面的東林黨，本無所謂“黨”，“黨”的名稱是齊、楚、浙三黨所加的，因為它原先只是削職官員顧憲成與好友高攀龍創立的一個講學場所——東林書院。

顧憲成(公元1550年～公元1612年)，字叔時，號涇陽，常州府無錫縣人。萬曆二十二年（公元1594年），因討論三王並封和會推閣臣王家屏事，與政府意見不合，被革職為民，回到家鄉無錫。在此前後，他的弟弟顧允成、朋友高攀龍也脫離官場回到無錫。仰慕顧憲成名聲的士子們紛紛前來聽他講學，顧憲成兄弟建造了同人堂與學生們講習學問。顧憲成希望有一個理想的講學場所，有意復興宋朝無錫人楊時的書院。時機終於出現了，萬曆三十年常州知府歐陽東鳳復興常州的龍城書院成功，顧憲成便在萬曆三十二年復興了楊時的書院，這就是以後名噪一時的東林書院。東林書院建成後，顧憲成起草了東林會約，反對迂闊、高遠的學問，反對黨同伐異、道聽途說，主張相互切磋琢磨、師友相得，研究學問必須躬行實踐。從此顧憲成兄弟與高攀龍、安希範、劉元珍、史孟麟、陳幼學、葉茂才、張大受、錢一本、王永圖等人在東林書院講學，他們不僅在東林書院活動，而且與鄰近的書院之間形成一種網絡，相互自由地交流學問。

萬曆三十二年(公元1604年)十月初九至十一日，顧憲成等在東林書院大會吳越士友，盛況空前，“上自京口，下至浙江以西同志畢集”。以後每月一小會，每年一大會。次年召開了東林第二次大會，顧憲成在大會上說：“自古未有關門閉戶，獨自做成聖賢。自古聖賢，未有絕類離群，孤立無與的學問”，“群天下之善士講習，即天下之善皆收而為吾之善，而精神充滿乎天下矣”。

東林書院的辦學宗旨，是要糾正王門後學“注腳六經”、“高談闊論”的弊端，繼承儒家正統學脈。東林講會的注意力不在政治，而在儒家經典，東林會約規定：“每會推一人為主，主說四書一章，此外有問則問，有商量則商量”，意在切磋學問。東林書院力戒議論時政，它的院規明確指出：“自今談經論道之外，凡朝廷之上、郡邑之間是非得失，一切有聞不談，有問不答，一味勤修講學。”東林人士強調重整道德的重要性，他們認為：“國之有是，眾所共以為是也，眾論未必皆是，而是不出於眾論之外。”東林書院正是體現這一觀念的清議中心。正如一位美國學者（Charles O. Hucker）所說：明末東林運動的失敗，代表着傳統儒家價值觀念與現實惡劣政治勢力鬥爭的一個典型，他們是一支重整道德的十字軍，但不是一個改革政治的士大夫團體。

顧憲成為了擴大影響聯合淮撫（鳳陽巡撫）李三才。李三才治淮有大略，裁抑礦稅太監，頗得民心，官至戶部尚書。當時適逢內閣缺人，有人提議應起用外僚，意在李三才，因此忌者日眾，謗議四起。顧憲成寫信給內閣輔臣葉向高，力為洗刷。於是言官乘機攻擊東林，使東林捲入了朋黨之爭。李三才多次上疏請求辭職，上了十五疏，才得到神宗批准。然而攻之者惟恐他再次復出，追究他盜用皇木、佔用皇廠土地營建私宅之事，終於在萬曆四十四年（公元1616年）遭到神宗“革職為民”的處分。李三才在狼狽不堪時，還不忘為東林辯白。他上疏神宗，希望消黨禍以安天下，說：“今奸黨仇正之報，不過兩端：曰東林，曰淮撫。東林者乃光祿少卿顧憲成講學東南之所也，憲成忠貞絕世，行義格天，繼往開來，希賢希聖。而從之遊者，如高攀龍、姜士昌、錢一本、劉元珍、安希範、于玉立、黃正賓、樂元聲、薛敷教等皆研究性命、檢束身心，亭亭表表，高世之彥也。異哉此東林也，何負於國家哉！今不稽其操履，不問其才品，偶曰東林也，便行擯斥，順人者以此恣行其奸，讒人者以此橫逞其口。”

到了天啟初年，形勢有了轉機，不少東林人士做了大官，這時的東林盛極一時，由在野轉化為在朝，原先那種開明色彩卻逐漸喪失，斤斤計較朋黨之見，壁壘森嚴，凡是不合己意的都斥為異黨。結果驅使齊、楚、浙三黨投向魏忠賢門下，形成所謂閹黨，與東林作對。

魏忠賢原是肅寧縣的無賴，吃喝嫖賭傾家蕩產，進京自宮為太監。進宮後勾結熹宗乳母客氏，升為司禮監秉筆太監兼總督東廠（特務機構）太監，每每乘熹宗興致勃勃埋首於斧鋸鑿削的雕蟲小技時，從旁傳奏緊急公文。熹宗一邊經營鄙事一邊心不在焉地說："你們用心去行，我已知道了"，聽任大權旁落而不顧。魏忠賢終於操縱自如，儼然成了皇帝的代言人，甚至肆無忌憚地以"九千歲"自居，熹宗對魏忠賢百般容讓，在詔旨中與魏忠賢平起平坐，動輒稱"朕與廠臣"如何如何，所謂"廠臣"即總督東廠的魏忠賢。

東林人士副都御史楊漣有鑒於此，上疏彈劾魏忠賢二十四大罪，指出由於魏忠賢的淫威："內廷畏禍而不敢言，外廷結舌而莫敢奏"，"致掖廷之中，但知有忠賢，不知有陛下；都城之內，亦但知有忠賢，不知有陛下"。東林人士左光斗、魏大中等也都挺身彈劾魏忠賢。天啟五年（公元1625年），副都御史楊漣、僉都御史左光斗、給事中魏大中、御史袁化中、太僕寺少卿周朝瑞、陝

東林遺跡

西副使顧大章等，被逮捕關入錦衣衛鎮撫司監獄。次年應天巡撫周起元、左都御史高攀龍、吏部員外郎周順昌以及繆昌期、李應升、周宗建、黃尊素等人，也因提督蘇杭織造太監誣告而被逮入獄中。楊漣在獄中，“土囊壓身，鐵釘貫耳”，左光斗、魏大中被嚴刑拷打得體無完膚，魏忠賢令獄卒以屍體飼狗。諸如此類的慘狀在黃大煜《碧血錄》、朱長祚《玉鏡新譚》中有詳細記錄，令人不忍卒讀。

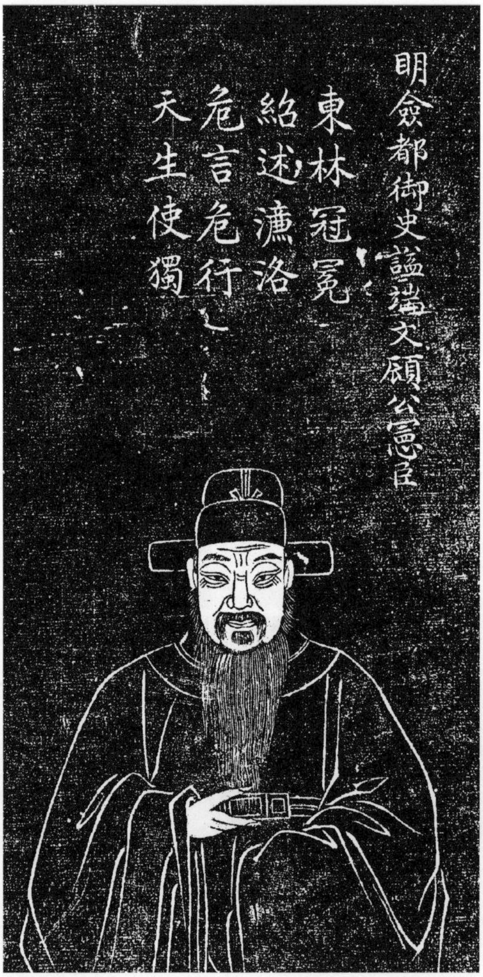

魏忠賢的爪牙編了一部《縉紳便覽》，把凡與閹黨作對的正人君子，都稱為東林黨。王紹徽又編《點將錄》，把一百零八名東林黨人仿《水滸傳》人物名號排列，為首是托塔天王李三才、及時雨葉向高，以下有玉麒麟趙南星、智多星繆昌期、入雲龍高攀龍、神機軍師顧大章、黑旋風魏大中、大刀楊漣、豹子頭左光斗、急先鋒黃尊素等。天啟六年（公元 1626 年），在魏忠賢的授意下，編了 24 卷的《三朝要典》，以重評萬曆、泰昌、天啟三朝發生的梃擊、紅丸、移宮三案，編造種種誣陷不實之詞，攻擊東林黨人。魏忠賢獨攬朝廷大權，儼然太上皇，有五虎、五彪、十狗、十孩兒、四十孫等爪牙，從內閣、六部到四方總督、巡撫，都有他的黨羽。

天啟七年八月，熹宗死於乾清宮懋德殿，年僅 23 歲，由他的五弟信王朱由檢繼位，即明思宗。明思宗撥亂反正，不動聲色地逐元兇、處奸黨，對自稱“九千歲”的魏忠賢、自稱“老祖太太千歲”的客氏，作了果斷處置，魏忠賢在貶往鳳陽的途中在阜城縣懸樑自盡。魏忠賢一死，引起政局的極大震動，閹黨的土崩瓦解指日可待，但已成盤根錯節之勢，不連根剷除、徹底清算，勢必

顧憲成像

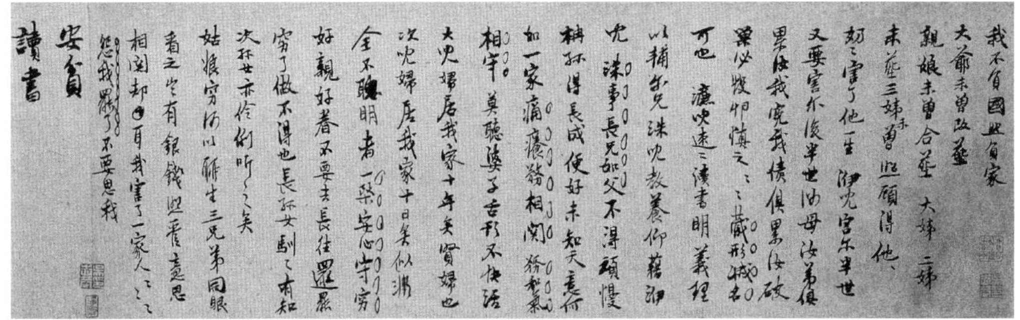

魏大中《絕命書》

貽留後患。在思宗的主持下，毀《三朝要典》，定閹黨逆案，大張旗鼓地展開。崇禎二年（公元1629年），思宗以諭旨形式公佈了欽定逆案，除首逆魏忠賢、客氏已明正典刑，其餘共列7類：首逆同謀6人，結交近侍19人，結交近侍減等11人，逆孽軍犯35人，諂附擁戴軍犯15人，結交近侍又次等128人，祠頌44人，共計258人。思宗排除種種干擾，對閹黨進行最大限度的清算，無論對明朝社稷，抑或對中國歷史而言，都是值得稱道的有聲有色的大手筆。

然而崇禎年間朋黨之爭依然不息，它以復社與閹黨餘孽鬥爭的形式反映出來，復社因此被稱為"小東林"。

復社的創始者是太倉人張溥，他與張采有志於振興文風，被人們稱為"婁東兩張"。魏忠賢敗，諂媚於他的內閣輔臣顧秉謙罷官歸鄉，途經太倉，張溥、張采率士人驅逐，寫檄文聲討，膾炙人口，兩人聲名大振。復社是一個以文會友的文人社團，它原是一個生員的結社，其精力的相當大部份消耗在八股文中，也就是說，它的成員大多是為了制藝，為了科舉考試合格，才來入社的。但是張溥、張采以"興復古學，務為有用"為宗旨，標榜新學。所謂"新學"，主張德與學分離，追求一材一藝的學問，即經世之學，也就是作為"救時之用"的"經世之術"。因此必然追慕東林之餘緒，以學問觸及時事，捲入政治漩渦之中。有的學者把張溥稱為"在野政黨的首領"，未免言過其實，因為復社充其量不過是若干文人社團的聯合體而已。先有拂水文社、匡社、應社，才發展為復社，它作為一個文人社團的聯合體，包括了大江南北好多社團。《復社紀略》說："天如（張溥）乃合諸社為一，而為之立規條，定課程，曰：自世教衰，士子不通經術，但剽耳繪目，幾倖弋獲於有司，登明堂不能致君，長郡邑不知澤民，人材日下，吏治日偷，皆由於此。溥不度德，不量力，期與庶方多士共興復古學，將使異日者務為有用，因名曰復社。”這是聯合許多地方文社作為全國性組織的復社創立時的綱領性宣言。張溥對“登明堂不能致君，長郡邑不知澤民”的狀況極為不滿，與顧憲成對“官輦轂，念頭不在君父上；官封疆，念頭不在百姓上”的不滿，幾乎是同出一轍，無怪乎人們要視復社為“小東林”了。

經過崇禎二年尹山大會、崇禎三年金陵大會、崇禎五年虎丘大會，“復社聲氣遍天下”，其成員張溥、吳偉業、楊廷樞、吳昌時、陳子龍等都成了進士，一般在朝要員也來拉攏復社，士子經復社兩張（溥、采）推薦即可獲得功名。復社領袖也藉擁護者的勢力，全圖涉足政壇，影響朝政，於是復社便由士子讀書會文組織演化為一個政治團體。內閣首輔周延儒的復出便與復社的支持有很大關係，張溥不僅支持他復出，而且給他密信謀畫十餘事，要他再出必行。

著名的晚明四公子：桐城方以智（密之）、陽羨陳貞慧（定生）、歸德侯方域（朝宗）、如皋冒襄（闢疆），都是名家之子，成了復社的著名人物。侯朝宗風流倜儻，冒闢疆慷慨好士，在桃葉渡大會東林被難諸孤，替東林遺孤聲張正義。東林被難遺孤如周順昌之子周茂生、黃尊素之子黃宗羲都成了復社名士。

閹黨餘孽、名列逆案的阮大鋮在懷寧建立中江社，與復社對抗，不久避難入南京，成立群社，招攬名流，他不惜千金，撮合侯朝宗與名妓李香君。復社對他的動機看得十分清楚，崇禎十一年（公元1638年），復社名士吳應箕與顧杲（顧憲成之孫）談及阮大鋮的種種劣跡，顧表示“不惜斧鑕，為南都除此大憝”；吳又與陳定生談及此事，陳也表示“未必於人心無補”。於是吳應箕在陳定生家中起草了聲討檄文，分寄各處徵求復社名士支持。次年，復社人士乘金陵鄉試之機，在冒闢疆的淮清橋桃葉渡河房寓所，召開金陵大會，正式發佈《留都防亂公揭》，聲討阮大鋮，在公揭上簽名的有142人，以顧杲作為東林子弟代表而領銜，以黃宗羲作為天啟被難諸家代表而次之。《留都防亂公揭》揭露阮大鋮逆案禍首的老底，文章寫得慷慨激昂，氣勢奪人：“（阮大鋮）乃在逆案既定之後，愈肆兇惡，增設爪牙，而又每驕語人曰：‘吾將翻案矣，吾將起用矣’。至有司信以為實然，凡大鋮所關說情分，無不立應，彌月之內，多則巨萬，少亦數千，以至地方激變，有‘殺了阮大鋮，安慶始得寧’之謠。意謂大鋮此時亦可以稍懼禍矣。乃逃往南京，其惡愈甚，其燄愈張……日與南北在案諸逆交通不絕，恐喝多端，而留都文武大吏半為搖惑……杲等讀聖人之書，附討賊之義，志動義慨，言與俱憤，但知為國除奸，不惜以身賈禍。”阮大鋮懾於清議的威力，不得不暫避鋒芒。

90.崇禎：攘外與安內的兩難選擇

清朝的建立者稱其族為滿洲，是女真的一支，萬曆四十四年（公元1616年）正式宣告與明朝繼絕關係，在赫圖阿拉（即興京，今遼寧新賓）建立大金，史稱“後金”，定姓為愛新覺羅，在滿語中“愛新”意為金，“覺羅”意為族，表明他們乘金而起，以收拾女真諸部人心。

從此明朝就面臨棘手的遼東問題。由於朝政腐敗，忙於黨爭，戰事連遭挫敗，遼東大小七十餘城全被後金佔領。崇禎九年（公元1636年），努爾哈赤之子皇太極即位，改國號為“清”，建立了與明朝相抗衡的清朝。於是明朝陷入了內外交困之中。天啟末崇禎初爆發於陝北的農民起義，此時已形成以李自成、張獻忠為首的兩大反明武裝集團，馳騁中原。山海關外的清朝正虎視眈眈地窺探着中原的局勢發展，不時地越過長城邊隘，直逼北京。在整個崇禎朝的十多年中始終要面對攘外與安內的兩難選擇。

崇禎二年（公元1629年）十月下旬，皇太極率後金與蒙古兵十萬之眾，突破喜峰口以西長城邊關，乘虛而入，兵臨長城南面的軍事重鎮──遵化城下，京城宣佈戒嚴，戰火很快蔓延到京城外圍。這就是所謂“己巳之變”。此後東北邊防趨於平靜，明思宗（即崇禎帝）便集中全力對付內憂，特別是崇禎八年十月鳳陽祖陵遭農民軍焚燬以後，更是如此。正當他下令洪承疇督剿西北、盧象昇督剿東南之時，崇禎九年六月底，北方的滿洲鐵騎突破長城要塞喜峰口；七月初三日，京師宣佈戒嚴，兵部緊急徵調各路勤王兵入援北京。正在鄖西與農民軍作戰的盧象昇接到調令，以兵部左侍郎兼都察院右僉都御史身份，出任宣大（宣府、大同）總督，由安內轉向攘外。

一場虛驚過後，兵部尚書張鳳翼畏罪自殺。明思宗環顧廷臣無一人通曉軍事可堪中樞之任，便奪情起復正丁憂在家的前任宣大總督楊嗣昌，讓他接任兵部尚書。楊嗣昌出任兵部尚書後向皇帝提出他的治軍方略：第一，必先安內然後才能攘外；第二，必先足食然後才能足兵；第三，必先保民然後才能蕩寇。最關鍵的決策是“必安內方可攘外”。這是一個傳統話題，遠的且不說，張居正在闡述其治國大計時，針對“固邦本”問題，就明確提出“欲攘外者必先安內”的方針。楊嗣昌再次提出這一方針，有着現實意義：崇禎二年與崇禎九年，滿洲武裝兩次南下所構成的外患，與正在蔓延的“流寇”馳騁中原的內憂，兩者之間孰先孰後孰輕孰重，是在戰略決策時無法迴避的抉擇。楊嗣昌的結論是：邊境烽火出現於肩臂之外，乘之甚急；流寇禍亂活躍於腹心之內，中之甚深。急者固然不可緩圖，而深者更不可忽視。之所以說必安內方可攘外，並非緩言攘外，正因為攘外至急，才不得不先安內。如果人們不帶偏見、成見，設身處地從明王朝的視角觀察時局。那麼楊嗣昌提出的攘外必先安內實在是當時惟一可取的戰略方針。

在明思宗的大力支持下，楊嗣昌的攘外必先安內方針取得了明顯的成效。由於熊文燦在湖廣大力招撫，洪承疇、孫傳庭在陝西圍追堵截，張獻忠等部陸續受撫，李自成等部遭受重創，"十年不結之局"似乎可以看到結束的盡頭了。

與此同時，楊嗣昌為了全力對付內亂，傾向於向清朝方面施放和議試探氣球，以緩和邊境壓力。於是遼東巡撫方一藻派遣一名"瞽人賣卜者"周元忠到清方透露口風。周元忠受到使節待遇，清方表示：如有確議，即撤兵東歸。

周元忠帶回皇太極致遼東總監太監高起潛的信，信中說："仍言講款（議和），若不許，夏秋必有舉動。"楊嗣昌接到方一藻報告後，向皇帝對以和議消禍作了說明：必須以和議換回邊境三年平靜，方可集中力量一舉平定內亂。明思宗對此沒明確表態，廷臣又群起而攻之，此次和議終於不了了之。皇太極既然有言在先："若不許，夏秋必有舉動"，果然到了九月間，滿洲兵從長城牆子嶺、青山口南下。不久，京師戒嚴，明思宗下令徵調洪承疇、孫傳庭入衛，使中原"安內"戰場的兵力陷於空虛狀態。

明思宗在攘外與安內的兩難選擇中搖擺不定，猶豫不決，崇禎九年把盧象昇從中原五省總理調任宣大總督已屬失策，時隔兩年之後又把威震陝豫的陝西三邊總督洪承疇、陝西巡撫孫傳庭調往北方邊防線，使楊嗣昌精心策劃的對付李自成、張獻忠的"十面張網"戰略功虧一簣。鑄成大錯的關鍵就在於對"安內"形勢判斷失誤，把李自成息馬商雒、張獻忠偽降谷城，看作內亂已經平定。明思宗因京師戒嚴而徵調洪承疇、孫傳庭入衛，待清兵出塞後，仍不把兩人及所率精兵遣返原地，也反映了這種情緒。乘中原空虛之機，李自成由商雒挺進河南，張獻忠谷城起兵轉戰湖廣、四川，明朝從此在"安內"方面喪失了主動權。當明思宗意識到局勢的嚴重性，於崇禎十二年（公元 1639 年）八月下令楊嗣昌代替總督熊文燦前往湖廣督師

李自成發行的錢幣

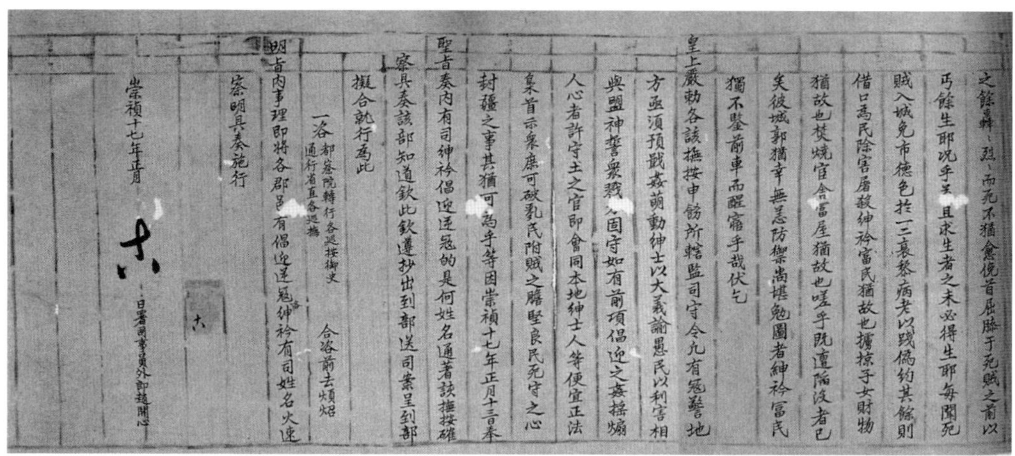
之餘轟轟烈烈而死不猶愈俛首屈膝于死賊之前以
丐餘生耶況乎[illegible]且求生者之未必得生耶每聞死
賊入城免市德色於一二衰黎病老以賤偽約其餘則
借口為民除害屠殺紳衿富民猶故也擄掠子女財物
猶故也焚燒官舍富屋猶故也嗟乎既遭陷沒者已
矣彼城郭猶幸無恙防禦尚堪勉圖者紳衿富民
獨不鑒前車而醒寤乎哉伏乞
皇上嚴勅各該撫按申飭所轄監司守令凡有寇警地
方亟須預戢姦萌動紳士以大義諭愚民以利害相
與盟神誓衆戮力固守如有前項倡迎之姦搖煽
人心者許守土之官即會同本地紳士人等便宜正法
梟首示衆庶可破亂民附賊之膽堅良民死守之心
封疆之事其猶可為乎等因崇禎十七年正月十三日奉
聖旨奏內有司紳衿倡迎逆寇的是何姓名通著該撫按確
察具奏該部知道欽此欽遵抄出到部送司案呈到部
擬合就行為此
一咨 都察院轉行各巡按御史 通行省直各巡撫 合咨前去煩照
明旨內事理即將各郡邑有倡迎逆寇紳衿有司姓名火速
察明具奏施行
崇禎十七年正月 六 日署司事員外郎趙開心

明兵部報告李自成活動的行稿

時，形勢已難以逆轉。洪承疇駐紮在山海關一線，孫傳庭則因政見分歧而下獄，楊嗣昌孤掌難鳴，終於落得個心力交瘁，病死軍中的下場。明思宗除了歎息“督師（楊嗣昌）功雖不成，志亦堪閔”之外，束手無策。

在攘外方面，薊遼總督洪承疇奉旨率13萬精兵，於崇禎十二年五月出山海關，解錦州之圍。洪承疇本擬打一場持久戰，無奈兵部企求速戰速決，終於導致全線崩潰。內閣輔臣謝升與其他閣僚商量後，決定“款建虜（指清朝）以剿寇”。崇禎十五年（公元1742年）正月初一，元旦朝賀完畢，兵部尚書陳新甲向皇帝提出了“款建虜”的建議，明思宗對山海關外松山、錦州兩城的困境一籌莫展，便答道：“可款則款，不妨便宜行事。”與清朝重開和談之事就這樣定了下來。陳新甲得到皇帝的旨意，立即派馬紹愉以兵部郎中二品官銜的身份前往寧遠與清方接洽，這是明、清兩方歷次和談中最具正式規格的一次。

明思宗原本考慮到中原“寇勢正張”，意欲“以金幣姑緩北兵，專力平寇”，為了緩和廷臣的反對，談判是秘密進行的。不料事機洩漏，輿論譁然，內閣首輔周延儒又不肯挺身分擔責任，明思宗不得已改變初衷，屈從輿論，把此次和談的責任全部推到陳新甲身上，把他逮捕法辦。平心而論，明思宗授權陳新甲秘密與清朝議和，在當時內外交困的形勢下，不失為一時權宜之計，對內對外都是利大於弊的。經過此次波瀾，明思宗再不敢與清朝和談。同年十一月，清兵又一次南下，明朝的困境較前更為嚴重。

崇禎十七年（公元1644年）初，李自成在西安稱王，國號大順，年號永昌，正式表明要取明朝而代之，兵分兩路合擊北京。在這種咄咄逼人的形勢下，明思宗與大臣們不得不集中全力，籌劃了出征、南遷、勤王的對策。

所謂“出征”，是由剛入閣不久的李建泰代帝出征山西。明思宗對他寄予厚望，因為他是山西人，為了保衛家鄉定會殊死拚搏，何況此人又是巨富，軍餉不必擔心。不料他剛離開北京，就聽說家鄉(山西曲沃縣)陷落，從此進退失措，徘徊於畿南觀望，還沒有望到三晉大地的影子，就當了農民軍的俘虜（李建泰派中軍郭中傑出城投降）。

所謂“南遷”，是把首都從北京遷往南京，以躲避農民軍的鋒芒，徐圖恢復的應急方案。這一決策如果立即執行，那麼對於明朝擺脫行將覆滅的命運或許不失為一個行之有效的方案，因為長江中游有左良玉，長江下游又有劉澤清、劉良佐、黃得功、高傑等總兵的軍隊，南京比北京要安全得多。況且清朝在山海關外，李自成在陝西、山西，張獻忠在四川。然而內閣、部院大臣中沒有一個人有如此膽識支持南遷之議，終於議而不決，化作泡影。

所謂“勤王”，是把駐紮在山海關外寧遠前線的吳三桂所部關寧勁旅調進關內“助剿”。崇禎十七年正月十九日，明思宗首次向大臣提出這一意向，閣部大臣們深知此舉意味着放棄寧遠及山海關外大片國土，都虛與委蛇，推諉不決。他們藉口“一寸山河一寸金”，反對調吳三桂入關。二月初八日，太原陷落，京師為之震動。薊遼總督王永吉與順天巡撫楊鶚商議：“計莫若撤關外四城而守關，召吳帥三桂之兵亟入，以衛京師”，並聯名上疏提出這一建議，閣臣陳演、魏藻德仍推諉不決。如此這般議來議去，議而不決，貽誤了時機。二月二十七日，明思宗毅然決定下詔徵天下兵馬勤王——保衛北京；三月初四日下詔封遼東總兵吳三桂為平西伯，三月初六日下旨放棄寧遠，調吳三桂、王永吉率兵入衛，但為時已晚。三月上旬，吳三桂徙寧遠五十萬軍民啟程，日行數十里；十六日進入山海關，農民軍已過昌平；等吳三桂二十日趕到豐潤時，北京已於前一日陷落了。

明思宗走投無路，於十八日後半夜，即十九日凌晨，在司禮監太監王承恩陪同下，來到紫禁城北面的煤山(景山)，在壽星亭附近一棵大樹旁上弔自殺，以身殉節。據說他臨死前在衣服上寫下遺詔：“因失江山，無面目見祖宗於天上，不敢終於正寢。”

由此可見，明之亡實亡於內而非亡於外。其中原因很多，最顯而易見的直接原因便是在攘外與安內的兩難選擇中舉棋不定，或者說對楊嗣昌提出的“必安內方可攘外”，缺乏足夠清醒的認識。

康熙初年，張岱在《石匱書後集》中對

崇禎皇帝自縊處

明思宗給予相當富有感情色彩的評價："古來亡國之君不一，有以酒亡者，以色亡者，以暴虐亡者，以奢侈亡者，以窮兵黷武亡者。嗟我先帝，焦心求治，旰食宵衣，恭食辛勤，萬幾無曠，即古之中興令主，無以過之。乃竟以萑苻劇賊，遂致殞身。"他也指出了思宗的兩大失誤：過於吝嗇和朝令夕改，"枉卻此十七年之精勵"。乾隆年間的歷史學家全祖望寫了一篇《莊烈帝論》，對他作了一個客觀的評論："莊烈（即明思宗）之明察濟以憂勤，其不可以謂之亡國之君固也；而性剛愎而自用，怙前一往，則亦有不能辭亡國之咎者"，他認為莊烈之召禍，其中之一是拒絕與清朝議和。孟森《明清史講義》說："熹宗，亡國之君也，而不遽亡，祖澤猶未盡也"；"思宗而在萬曆以前，非亡國之君也，在天啟之後，則必亡而已矣"。明思宗演出了一幕並非亡國之君的亡國悲劇。

十四・清

——末代王朝的興與衰

91.清軍入關與南明抗清運動

崇禎十七年（公元1644年）三月十九日黎明，馬匹喧嘶，人聲鼎沸，李自成領導的農民軍大隊人馬進入北京。中午時分，李自成頭戴氈笠，身穿縹衣，乘烏駁馬，在一百多騎兵簇擁下進入德勝門，太監王德化帶領宮內殘存人員三百人在德勝門歡迎。太監曹化淳引導李自成和他的隨行人員牛金星、宋獻策、宋企郊等，從西長安門進入大內，紫禁城已由大明易主為大順。

李自成為了消滅明朝在北方的殘餘勢力，派明降將唐通帶了犒師銀4萬兩及吳三桂之父吳襄手書，前往山海關招降吳三桂。這封招降家書其實是牛金星寫了底稿讓吳襄謄清的，通篇說理多於抒情："……事機已去，天命難回，吾君已逝，爾父須臾。嗚呼！識時務者亦可心知變計矣。"據說當吳三桂準備統兵入關接受李自成招降時，獲悉其愛妾陳圓圓已被農民軍首領所霸佔而怒不可遏，拔劍擲案，大怒道："逆賊如此無禮，我吳三桂堂堂丈夫，豈肯降此狗子，受萬世唾罵，忠孝不能兩全！"於是從沙河驛縱兵大掠而東，屯兵山海城。這就是"衝冠一怒為紅顏"的由來。

細細揣摩，其中不乏文人墨客的渲染與誇張成份。吳三桂的"衝冠一怒"並不僅僅為了一個紅粉知己，更着眼於為君父報仇這種倫理綱常。這種根深蒂固的忠孝觀念在他給父親的覆信中流露得淋漓盡致："父既不能為忠臣，兒亦安能為孝子乎？兒與父訣，請自今日。父不早圖，賊雖置父鼎俎之旁以誘三桂，不顧也。"吳三桂隨即一舉全殲李自成派往山海關的唐通八千兵馬，及其後援白廣恩，這一戰表明了他"移檄討賊"的開始。他發佈了一篇洋洋千言的"討賊"檄文，亮出的頭銜是已故明思宗冊封的"欽差鎮守遼東等處地方團練總兵官平西伯"，向遠近宣佈他此舉是為了"興兵剿賊，克服神京，奠安宗社"，明白無誤地扛起"請觀今日之域中，仍是朱家之天下"的復辟旗幟。毫無疑問，吳三桂是以先帝欽差官員的身份號召明朝遺民起來復仇，為復辟明朝而戰鬥，這種政治態度決非"衝冠一怒為紅顏"的兒女情長可以涵蓋的。

吳三桂深知，雖有關寧勁旅在手，但要與李自成的幾十萬大軍對抗仍感力量不足，於是，決定向清朝方面"泣血求助"。他寫信給清朝攝政王多爾袞表明了此意，早先投降清朝的舅舅祖大壽、頂頭上司洪承疇又為之從中斡旋，終於一拍即合。農民軍方面傳聞吳三桂不受招撫並發佈聲討檄文後，頓時彷徨失措。密切關注關內動態的清朝迅速作出了反應。四月四日，大學士范文程向攝政的睿親王多爾袞提議，發大軍進關。四月八日，小皇帝清世祖福臨作出決定，命多爾袞統領大軍出動，特地聲明：“此行特掃除亂逆，期於滅賊。”吳三桂的抉擇，正好與此完全契合。四月十五日吳三桂派副將楊坤、游擊郭雲龍從山海關北上遞送“泣血求助”的書信，聲稱“亂臣賊子亦非北朝所宜容也”。這是多爾袞求之不得的，立即於次日作出答覆，讚揚吳三桂“思報主恩，與流賊不共戴天，誠忠臣義士也”，並以明白無誤的語言勸他歸降，並於二十一日率清軍抵達山海關外歡喜嶺。吳三桂披頭散髮、身穿孝服前往清營會晤多爾袞，痛哭哀懇，多爾袞答應發兵十萬相助。

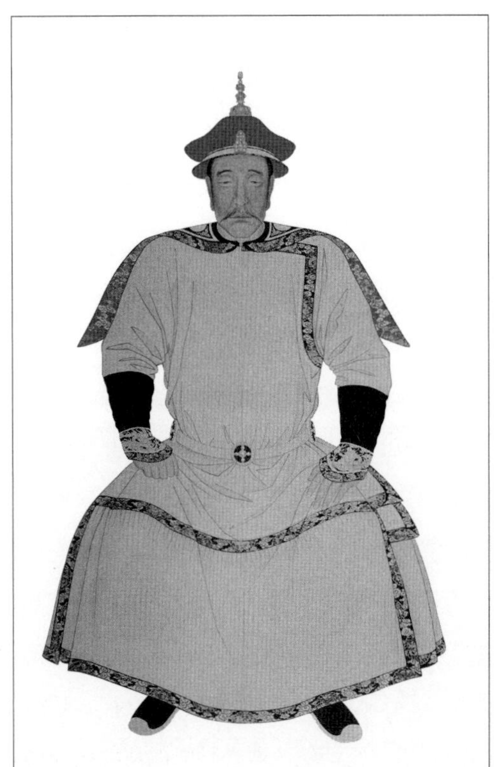

努爾哈赤像

李自成見招降吳三桂不成，於四月七日下令部將劉宗敏、李過率軍出征，但劉、李耽樂已久，殊無鬥志。四月九日，李自成決定親自東征。四月十三日李自成與劉宗敏、李過率步騎兵五萬，從北京出發，隨行的有明朝太子及二王（均為明思宗之子）。四月二十一日，李自成的軍隊抵達山海關，吳三桂軍佯裝失利，作為誘惑之計。次日，以英王阿濟格騎兵二萬為左翼，豫王多鐸二萬騎兵為右翼的清軍，向農民軍發動突然襲擊，農民軍全線崩潰。李自成兵敗後退至永平，吳三桂派人議和，提出以交出太子作為停戰條件。李自成迫於無奈，派山海關防禦使把太子送到吳三桂軍營。吳三桂得到太子，整軍向北京逼來，一路上以明朝名義發佈文告：“義兵不日入城，凡我臣民為先帝服喪，整備迎侯東宮（太子）”；“降賊諸臣，許其反正，立功自贖”。京城內的官僚士紳們互相傳播吳三桂將入京為先帝發喪的消息，加緊趕製素幘，張貼標語，揚言“即日擁戴新主，恢復前朝”。

李自成退回北京後，處死吳襄及其家屬三十多人，並於四月二十九日在武英殿稱帝，次日便開始撤離北京。然而當吳三桂準備進城時，多爾袞卻命令他繞過北京城，向西追擊李自成，不許他護送太子入京。因為多爾袞利用吳三桂的目的是乘機入關進京，由清朝取而代之，而不是恢復明朝。北京城中的官僚士紳們還蒙在鼓裡，滿懷希望地準備迎接“報君父之仇”的吳三桂，他們正在那裡“延頸望太子至”呢！五月三日，人群熙熙攘攘，傳呼着“幸太子至”的喊聲。忽然有人望見遠處的塵埃，於是乎大家一起俯伏在地。殊不知，進入北京的並非太子，而是身穿異樣服裝的清朝攝政王多爾袞及滿洲鐵騎。多爾袞一行乘鑾輿，由騎兵護衛着，進入朝陽門，直奔紫禁城。紫禁城又由大順易主為大清。

五月五日，多爾袞向明朝官民發佈了一個政策聲明：“天下者非一人之天下，軍民者非一人之軍民，有德者主之。我今居此，為爾朝雪君父之仇，破釜沉舟，一賊不滅誓不返轍。”為了籠絡人心，他還發佈告示，要臣民為思宗掛孝哭靈三日，並且為思宗在帝王廟設靈堂，擬議改葬事宜。

現在再回過頭來審視一番思宗之死在江南所激起的迴響。明成祖遷都北京後，南京仍保留了一個形式上的中央政府班子，北京陷落後，南京的動向是關係到明朝國祚能否延續的大問題，因而成為遺民們目光關注的焦點。

南京方面的反應是緩慢而遲鈍的，原因之一是，南北遙距千里，原先的情報傳遞

調兵信牌

系統在戰爭動亂中已運轉不靈，北京事變的消息沿着運河交通線採用最原始的方式向南梯次傳遞，頗費時日。據日本學者岸本美緒的研究，由於北京陷落，“邸報”(當時的官方新聞紙)的發行中斷，關於北京事變的消息首次到達江南的過程，最詳細最重要的情報源首推從北京南下避難者的報導；另一傳播媒體是軍方直接派人探報的“塘報”。

從現有的文獻記載來看，北京事變的消息傳到南北兩京之間的軍事重鎮淮安，大約是在三月二十九日，到了四月九日，這種疑信參半的消息得到了證實，那是京營將校抵達淮安，向巡撫路振飛報告北京陷落及“大行之喪”的消息。北京事變的消息傳到南京，大約是在四月十二日至十四日間。但南京的袞袞諸公們還以為是捕風捉影，沒有採取什麼動作，直到四月二十五日，“北報確信”，南京兵部尚書史可法才約各大臣出議

善後事宜，二十七日，南京文武諸臣才告迎於奉先殿，議立新君。

新君人選有潞王朱常淓、福王朱由崧，前者相比較而言賢能而有人望，後者在皇室世系的親疏關係上佔優勢。史可法傾向於潞王，鳳陽總督馬士英則非福王不立，高傑、劉澤清等統兵將領向路振飛徵求意見，路振飛明確表示“議賢則亂，議親則一”，支持馬士英擁立福王。

五月十五日，福王在南京即皇帝位，以明年為弘光元年，成了南明的第一任統治者。福王對擁戴他的馬士英表示嘉獎，任用他掌兵部，入閣執政。馬士英大權獨攬，飛揚跋扈，把史可法排擠出南京，史可法只得上疏自請督師江上。五月十八日，史可法辭朝赴揚州，立即以督師大學士身份發佈檄文，一方面追懷先帝，另一方面譴責李自成，表明他與馬士英輩雖有矛盾，但在大是大非問題上是見解一致的。

馬士英在五月底建議福王發出詔書，嘉獎吳三桂“借夷破賊”的功勞，封他為薊國公，並發出犒賞銀米。七月間，馬士英與福王更加深信“借夷破賊”之可取，決定派左懋第為正使，陳洪範、馬紹愉為副使，打着“經理河北，聯絡關東軍務”的幌子，北上與清朝議和。為了配合議和，劉澤清、陳洪範、馬紹愉分別寫信給吳三桂，希望他能從中斡旋，透露了南明小朝廷與吳三桂持有完全相同的立場，因此希望吳三桂“勛勷兩國而滅闖（指闖王李自成）”，還提出南明願與清朝“訂盟和好互市”，“兩家一家，同心殺滅逆賊，共享太平”。這畢竟是一廂情願的想法，清朝方面根本不想與南明合作，多爾袞在給史可法的信中明確表示：“國家之撫定燕都，乃得之於闖賊，非取之於明朝也”，要南明“削號稱藩”。史可法在回信中為南明辯護一番後，對清朝表示感謝：“殿下入都，為我先皇帝後發喪成禮，掃清宮闕，撫戢群黎”，“此等舉動振古鑠今，凡為大明臣子無不長跽北向，頂禮加額”，進而請求：“乞伏堅同仇之誼，全始終之德，合師進討，問罪秦中，共梟逆賊之頭，以洩敷天之忿。”

南明使節在北京的談判是徒勞的。十月十三日，清朝禮部官員接見了左懋第一行，三位使節聲明來意：“我朝新天子向貴國借兵破賊，復為先帝發喪成服，今我等賚御賜銀幣前來致謝。”第二天談判時，清朝代表指責南明為何“突立皇帝”？並表示沒有任何討論餘地，將發兵南下。南明的求和活動終於宣告破產。史可法獲悉後，上疏福王，要南明小朝廷團結一致，一面“禦賊”，一面“禦清”，事實證明這是一種幻想。直到清軍渡過黃河大舉南下時，南明小朝廷還在忙於你爭我奪，江北四鎮形同水火，劃分勢力範圍；左良玉突然宣佈以“清君側”為理由，發兵沿江東下。馬士英大驚，下令徵調各路兵馬出動堵截。不久，左良玉暴死於九江，其子左夢庚帶了散亂兵馬撲向南京，此時清軍已佔泗州，渡過淮河，史可法不得已退保揚州，不斷上章告急，要抽調對付左夢庚的軍隊去保衛揚州。馬士英抱定宗旨："北兵至，猶可議款，若左兵得志……我君臣獨死耳"，"寧死北，毋死左"，按兵不動。清軍長驅南下，進抵淮安時，如入無人之境。

五月八日，清軍渡江；九日，攻陷鎮江。十日夜，福王逃出南京前往太平投奔黃得功；次日，馬士英、阮大鋮逃跑，南京城中一片混亂。五月十五日，豫王多鐸進入南京，南明禮部尚書兼文淵閣大學士蔡奕、禮部尚書錢謙益率官僚投降。劉良佐被俘後，為將功贖罪，趕到黃得功軍營索取福王朱由崧，黃得功自刎，朱由崧"乘小轎，衣藍袍，首披包頭，油扇障面"，到南京請降，南明弘光政權壽終正寢。

六月，清軍佔領杭州，潞王朱常淓與巡撫張秉貞投降。閏六月，黃道周、鄭芝龍等在福建奉唐王朱聿鍵為監國，不久稱帝。魯王朱以海也在紹興監國。十月，桂王之子朱由榔在廣東肇慶受兩廣總督丁魁楚、廣西巡撫瞿式耜迎立，稱監國，隨即稱帝，改明年為永曆元年。唐王、魯王都是短命政權，只有桂王政權支撐的時間稍長一點。它們的存在顯示了明朝皇室世系的延續，成為人們抗清鬥爭的精神支柱，而真正的抗清力量卻是接受南明招撫的農民軍餘部，以及東南沿海的鄭氏集團。在順治十八年（公元 1661 年），吳三桂率兵追入緬甸，俘獲桂王，南明滅亡後，以農民軍為主體的抗清鬥爭還在繼續，這就是李來亨、郝搖旗率領的夔東十三家，一直堅持到康熙三年（公元 1664 年）。東南沿海的鄭成功在士大夫張煌言等策動下，順治十六年（公元 1659 年）從海路溯長江，直逼南京，由於孤軍深入而失敗，張煌言被俘遇害。兩年後，鄭成功率部轉移至台灣，與清朝繼續對抗。

92.康熙之治

清朝統治者從明朝滅亡中吸收的教訓，集中到一點，就是明朝末年因"私徵濫派，民不聊生"，終至"國祚隨失"的前車之鑒，深引為戒，為了穩定對中原的統治，必須反其道而行之，應當"蠲者蠲，革者革，庶幾輕徭薄賦，與民休息"。輕徭薄賦，與民休息，可以說是作為清初的國策被確定下來並認真加以執行的。攝政王多爾袞指出，前朝弊政最厲害的就是三餉（遼餉、剿餉、練餉）加派，應該盡行蠲免。進入北京後，清朝大臣有兩種意見：一種主張繼續按明末加派冊籍徵稅，一種主張按加派前的萬曆原額徵稅。范文程支持後一種意見，他說："即此為額，猶慮病民，其可更求乎？"多爾袞也持這種看法，他在順治元年（公元1644年）十月向全國宣佈："地畝錢糧，悉照前明會計錄，自順治元年五月朔起，如額徵解，凡加派遼餉、新餉、練餉、召買等項，俱行蠲免。"以後清世祖福臨也一再重申，蠲免三餉加派，正賦按萬曆年間原額徵收，凡大兵經過地方，免徵一半，順治元年五月以前拖欠稅額一概蠲免。在按照什麼標準徵稅時，他們沒有採取崇禎年間增加了數倍的標準，而是採取小得多的萬曆年間的舊額，從而確定了幾十年遵循的輕徭薄賦方針。

康熙帝像

康熙時期為了使百姓進一步休養生息，繼續推行輕徭薄賦的方針。清聖祖玄燁多次分析明朝滅亡的原因，指出：萬曆以後"賦斂日繁而民心渙散"是一個很重要的方面，他主張"從來與民休息，道不在擾，與其多一事不如省一事"。在他看來，"家給人足，而後世濟"，"欲使群生樂利，比戶豐盈，惟頻行減賦蠲租"，差不多每年都下令蠲免某地錢糧一年或幾年，或蠲免一部份。

清初輕徭薄賦，為什麼"蠲免屢行，而無國計不足之慮"？原因就在於清初統治者比晚明統治者要清明廉潔得多，他們正處在創業時期，富於進取性，較少腐朽性，朝廷各方面開支大幅度減少，例如：宮廷營建，晚明時一年要耗費近百萬兩銀子，清初不過3萬兩而已；光祿寺（皇室膳食），晚明時一年耗費100萬兩銀子，清初不過10萬兩而已；工部開支，晚明一年達200萬兩，清初僅二三十萬兩；宮女太監，晚明時達10萬人，清初減少到500人。因此，儘管順治、康熙時期輕徭薄賦，不斷減免錢糧，戶部的財政庫存仍年年盈餘、節節上升：

康熙十年（公元1671年）

2,488,492 兩

康熙十一年（公元 1672 年）

18,096,850 兩

康熙十二年（公元 1673 年）

21,358,006 兩

康熙二十六年（公元 1687 年）

28,964,499 兩

康熙三十年（公元 1691 年）

31,849,719 兩

康熙三十三年（公元 1694 年）

41,007,790 兩

與此同時，土地關係的調整也取得了明顯的成效。長期的戰爭動亂，到處出現大批無主荒地，必須讓農民盡快回到土地上去，才能消除社會的不安定因素。為了獎勵開墾無主荒地，政府承認已經佔有、墾耕的既成事實，因而收到了“逃民復業，田地墾闢”的實效。順治六年（公元 1649 年）清世祖說：“察本地方無主荒田，州縣官給以印信執照，開墾耕種，永准為業。俟耕至六年之後，有司官親察成熟畝數，撫按勘實，奏請奉旨，方議徵收錢糧，其六年以前，不許開徵。”

清聖祖親政後，又採取了一系列措施。第一步是廢止“圈田令”。清初的“圈田令”給予滿洲貴族指圈近京州縣田地的特權，從順治元年（公元 1644 年）到康熙八年（公元 1669 年）先後圈佔民田十七萬餘頃。康熙八年廢止“圈田令”，對農業生產的恢復與發展是有利的。第二步是延長墾荒的免稅時間，清初曾規定開墾荒田在3年內免稅，以後改為6年內免稅，康熙十一年重申新墾荒田6年後起科，次年改為10年後起科，這種政策刺激了農民開墾荒地的積極性，使耕地面積迅速增加。第三步是更名地政策。由於明末宗室勳戚遭到農民軍的打擊，人多死亡，他們原先霸佔的巨額田產逐漸為農民佔種，所有關係發生了變化。康熙八年（公元 1669年），清聖祖宣佈：“廢藩田產，差部員會同各該督撫，將荒熟田地酌量變價。今思既以地易價，復徵額賦，重為民累，著免其變價，報回所差部員，將見在未變價田地交與該督撫，給與原種之人，令其耕種，照常納糧。”這就是說，原先藩王莊田的佃農，現在可以不必支付田價，照常耕種，成為自耕農。康熙九年明確規定：“更名地內自置土田……著與民田一例輸糧（即土地稅），免其納租（即地租）。”更名地政策把直隸、山西、山東、河南、湖廣、陝西、甘肅等地廢藩田地改為民地，使明末土地兼併的狀況有所改變，自耕農大量湧現。

順治、康熙時期的輕徭薄賦、與民休息政策，自有其不可忽視的積極作用。當時人說“聖朝定鼎以後，明季一切累民之政既盡予黜革，徵之有則，取之有經”，“十年生聚，民稍安集”，並非歌功頌德之詞，而是有事實根據的。各地方志都說："頗多開熟，村煙相接，雞犬相聞"；"環河洛間無曠土，無遊民"。根據官方統計墾田面積有明顯的增長：

順治八年（公元1651年）
2.90億畝
順治十八年（公元1661年）
5.20億畝
康熙十年（公元1671年）
5.40億畝
康熙三十年（公元1691年）
5.90億畝
康熙六十年（公元1721年）
7.30億畝

與此相呼應的是糧價直線下降，從崇禎時的斗米二兩三錢（銀），降至順治時的斗米二錢（銀），再降至康熙時的斗米0.5錢～0.6錢（銀）。糧價的下跌是"農桑遍野，戶口蕃殖"的必然現象，也是太平盛世的一個標誌。

在政治方面，隨着清朝統治者政策的轉換，矛盾也漸趨緩解。清朝軍隊入關、進京，打出"與流寇爭天下"，為明朝"雪君父之仇"的旗號，沒有遇到什麼阻力就順利地實現了改朝換代。清初沿襲明代制度，翻譯《洪武寶訓》，由清世祖寫序後頒行天下，自認為繼承明朝統治，與天下共遵明之祖訓，是歷史上改朝換代所罕見。然而它畢竟是滿族建立的政權，勢必要引起漢族的反感，這種矛盾在江南反映得尤為明顯。清軍席捲江南，遭到具有民族氣節的一些志士仁人的反抗，吳易、吳兆奎起兵於吳江，陸世鑰起兵於蘇州，侯峒曾、黃淳耀起兵於嘉定，沈猶龍起兵於松江，王永祚起兵於崑山，盧象觀起兵於宜興，嚴栻起兵於常熟，錢旃、錢棅起兵於嘉善，雖然人少力弱，持續時間很短，政治影響卻不小。還有一些激進份子，從事密謀策劃，圖謀復辟明朝，順治四年（公元1647年），他們策劃了吳勝兆反正事件，清政府極為震驚，乘機把一些堅決持不合作態度的著名人士如陳子龍、夏完淳一網打盡。但是江南士紳中的不合作傾向依然存在，不僅顧炎武為代表的一派採取不合作態度，就連錢謙益、吳偉業代表的一派，雖然降清，但不願做官，後來被迫出來做官，也鬱鬱不得志，牢騷滿腹。而江南的豪紳在明朝就憑藉特權隱匿土地、逃避賦稅，在明清鼎革之際，又大買田宅，承襲前代特權，規避賦役，與清朝政府之間的矛盾日趨尖銳。

清朝政府必須在江南採取大動作，給予制裁、打擊，"奏銷案"便是一個突破口，實際是上述諸矛盾的總爆發。

順治十五年（公元1658年），清世祖在給戶部的諭旨中，對江南豪紳隱瞞、拖欠錢糧極為不滿，明確宣佈："文武鄉紳、進士、舉人、貢監、生員及衙役，有拖欠錢糧者，各按分數多寡，分別治罪。”於是從順治十七年（公元1660年）開始，派出官吏專門督理拖欠錢糧，對州縣官錢糧奏銷情況進行嚴格追查。次年，在蘇、松、常、鎮四府及江寧府溧陽一縣，查出豪紳拖欠錢糧者13,500多人，衙役拖欠錢糧者240人，革去功名或官職，還要“枷責”，一時間“鞭撲紛紛，衣冠掃地”，進而要“追比”──追交拖欠的錢糧，迫使他們拋售田產。四府一縣受黜革降調處分的鄉紳有2,171名，生員有11,346名，共計13,517名，以至於江南“庠序一空”，保持舉貢、生員頭銜的人寥若晨星。這些人還要提解至京，從重治罪，“一時人皆膽落”。顯然，政府此舉的目的不僅是“追比”，而是迫使江南豪紳、士子就範。

與“奏銷案”相伴隨的是鄉試舞弊案件，即所謂“科場案”。科場舞弊本來是科舉考試中司空見慣的現象，清初統治者大興問罪之師，醉翁之意不在酒，意在與“奏銷

《紀功圖卷》

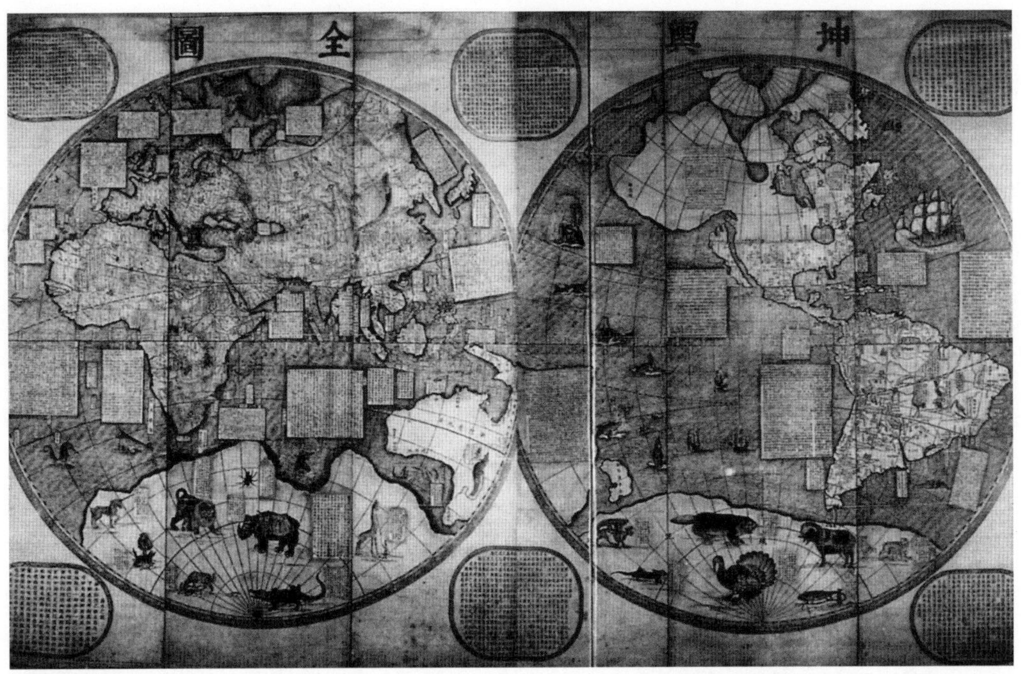

《坤輿全圖》

案”相配合，打擊江南文人。這次揭發了順天、江南、河南、山東、山西等地科場舞弊，其中順天、江南最嚴重，涉及很多江南文人。杜登春《社事始末》回憶此事說：“江浙文人涉丁酉（順治十四年）一案不下百輩，社局於此索然，幾幾乎熄矣。一年之間，為檻車謀行李，為復壁謀衣食者無虛日。”順天鄉試的考官李振鄴等，中式舉人田耜等被殺；南闈正副主考、十六房分考官都被殺，家產抄沒入官，處分比北闈重。爾後又在北京複試，考場有士兵站崗警衛，士子膽戰心驚不能完卷，革去北闈舉人八名，南闈舉人吳兆騫等八人打四十板，家產充公，父母妻子兄弟一併流放寧古塔。可見科場案對於江南豪紳中的書香門第在政治上是一次沉重打擊，杜絕了他們進入官場的途徑。

順治十八年（公元1661年），蘇州吳縣發生的“哭廟案”也是如此。吳縣新任知縣任維初為了徵收欠稅制定了苛刻的措施，引起文人學士不滿，二月初五日他們聚集在孔廟悼念不久前去世的清世祖，藉機發洩積憤，其時江蘇巡撫與許多達官貴人都在場，鬧得好不尷尬。結果帶頭的文人學士中11名領袖人物被監禁，其中有著名的文學評論家金人瑞（聖歎）。五月初在南京初審，八月七日行刑，財產充公，家屬發配滿洲。才華橫溢的金聖歎成了這場政治鬥爭的犧牲品。“奏銷案”起先只限於無錫、嘉定兩縣，“哭廟案”發生後，當局決定擴大到四府一縣，許多頭面人物如吳偉業、徐乾學、徐元文、葉文藹等幾乎全被羅織在內。

隨着形勢的變化，矛盾漸趨緩和。康熙三年（公元1664年）正式下令豁免順治元年至順治十五年的拖欠錢糧，使奏銷問題無形之中淡化，以後又多次減免江南錢糧。康熙二十九年（公元1690年），清聖祖南巡至蘇州，戶部尚書徐元文講到江南欠稅，清聖祖完全採取寬容態度。政治上的籠絡顯得更為明顯，崑山徐家一門三及第，為江南士子津津樂道。徐乾學是康熙九年的探花，官至刑部尚書；徐元文是順治十六年的狀元，康熙九年充經筵講官（皇帝的教師），官至戶部尚書；徐秉義是康熙十二年的探花。這成為清初科舉盛事，王士禎《池北偶談》稱：“同胞三及第，前明三百年所未有也。”除了徐氏三傑之外，受到清廷重視的江南士子還有葉方藹、張廷書等人，康熙十七年的博學鴻詞與康熙十八年的修明史，都是他們促成的。顧炎武的學生潘耒、晚明四公子之一陳定生之子陳維崧以及尤侗、朱彝尊等通過博學鴻詞科而進入官場；黃宗羲之子黃百家、學生萬斯同等進入明史館，奉命修史。這些措施，明顯地改善了清廷與江南文人學士的關係。

清聖祖（康熙帝）是清朝最堪讚譽的賢明君主，武功與文治都無與倫比。他平定了三藩之亂（吳三桂、耿精忠、尚可喜的叛亂）；遏制沙皇俄國的擴張，簽訂了中俄尼布楚條約；武力平定割據台灣的鄭氏集團，使台灣回歸；親征準噶爾部，擊敗噶爾丹，是其武功中之犖犖大者。其文治也令人刮目相看，在他倡導下，編成了收字49,000多的《康熙字典》，以及180卷的《大清會典》，106卷（拾遺106卷）的《佩文韻府》，120卷的《歷代題畫詩類》，900卷的《全唐詩》，並且企劃了1萬卷的《古今圖書集成》，他還派遣耶穌會士到各地測量，製作了中國第一部實測地圖《皇輿全覽圖》。有的歷史學家把清聖祖與俄國彼得大帝相比擬，雖有失牽強，亦不無道理。

93.雍正：“為治之道在於務實”

康熙後期，諸皇子奪嫡爭儲，鬧得不可開交，各樹朋黨，形同仇敵。太子胤礽廢而又立，立而又廢，就是這種紛爭無法調和的結果。清聖祖晚年崇尚政寬事省，無為而治，其實這位一代名君也有不得已的苦衷。到康熙晚年，各皇子的朋黨逐漸分化改組，形成若干小集團，其中皇八子胤禩最強，皇九子胤禟、皇十子胤䄉、皇十四子胤禵為其黨羽；當胤禩為聖祖所嫌棄，繼嗣無望時，此派領袖轉為胤禵。皇四子胤禛，自成一派，皇十三子胤祥為其黨羽。

康熙六十一年（公元1722年）十一月十三日，聖祖在離宮暢春園病逝，遺命由皇四子胤禛繼位，這就是清世宗（雍正帝）。即位之初，宮廷內外就傳言世宗繼序不正，乃矯詔篡立。所謂"矯詔篡立"，據說聖祖原擬"傳位十四子"（胤禵），被世宗改為"傳位於四子"（胤禛）。孟森、王鍾翰、陳捷先、金承藝、楊啟樵等歷史學家都對此作過考證辨析，馮爾《雍正傳》認為：胤禛"盜名改詔篡位說實於理不通"，傳位胤禵的"材料並不可信，很難成立"，他傾向於聖祖在彌留之際決定傳位給胤禛（即清世宗），並從齋所召其至暢春園繼位是完全可能的。

其實，所謂篡立之說是諸皇子奪嫡爭儲鬥爭的產物，其源蓋出於胤禩、胤禟。由於儲位虛懸，諸皇子角逐加劇，即使世宗名正言順即位，出乎政敵胤禩之流的意料，中傷是可以預見的。退一步論，在皇子們爭奪皇位的鬥爭中，皇四子捷足先登，是否算作篡立，也是一個問題，現代歷史學家似乎不必過於糾纏於此。

清世宗胤禛在位執政僅十三年（公元1723年～公元1735年），與其父清聖祖玄燁在位61年、其子清高宗弘曆在位60年相比，為時短暫，但其治績頗值得注意。他嚴禁朋黨，整頓吏治，重視用人，強調務實，在雍正一朝多所建樹，在不少方面實為乃父所不及。

他一即位就宣佈嚴禁朋黨，把打擊朋黨作為他施政綱領中的首要任務，他說：朋黨最為惡習，明季各立門戶，互相陷害，此風至今未息……此朋黨之習，爾諸大臣有則痛改前非，無則永以為戒。"他打擊對皇權威脅最大的胤禩、胤禟、胤禵，並窮治其黨羽，即使被人加以苛刻嚴厲之名，也在所不顧。獨攬陝甘川三省軍政大權的年羹堯，身任提督九門步軍巡捕三營統領、理藩院尚書的隆科多，倚仗擁立世宗的特殊地位，旁若無人，公然結黨營私，也相繼遭到嚴懲。同時，把田文鏡、鄂爾泰等封疆大吏樹為楷模，以澄清吏治。對歷年的錢糧虧空和積欠這個老大難問題，大刀闊斧嚴追不休，查出從康熙五十一年（公元1712年）至雍正四年（公元1726年）積欠稅收一千多萬兩（銀），限時追繳。由於理財有方，雍正時期進入了清朝最富庶的階段，國庫存銀達六千萬兩之多，為乾隆初年國庫存銀六七千萬兩至八千萬兩的盛況奠定了基礎。

清世宗崇尚務實，以"為治之道在於務實，不尚虛名"相標榜，除了上述實政之外，攤丁入地、開豁賤籍、改土歸流最為引人注目。

（一）攤丁入地

清初賦役制度基本上根據晚明的一條鞭法，徵收地銀、丁銀兩項，丁銀的科派是不分等則，一律按人丁攤派，弊端不少，所以順治以來許多地方廣泛採用"以田載丁"、"丁從地起"的方法。康熙五十一年（公元1712年）宣佈"盛世滋生人丁永不加賦"政策，使丁銀總數固定化，為攤丁入地提供了前所未有的條件。康熙五十五年，廣東率先攤丁入地，把全省丁銀按各州縣田畝分攤，每地銀一兩，均攤丁銀一錢六釐四毫（0.1064兩）。對全國範圍攤丁入地影響最大的不是廣東，而是直隸。雍正元年（公元1723年），直隸巡撫李維鈞提出攤丁入地具體方案：直隸地銀二百零三萬餘兩，丁銀四十二萬餘兩，統為核算，把丁銀均攤於地銀之內，每地銀一兩，攤入丁銀二錢七釐。直隸的先例一開，嗣後各省陸續開展了攤丁入地的進程，從雍正二年至雍正七年，各省大體完成，山西、台灣、貴州遲至乾隆年間才開始實行攤丁入地。攤丁入地又叫做"地丁合一"或"地丁併徵"，是"一條鞭法"的進一步發展。其總方針是一致的，但具體做法因地而異，較普遍的做法是把丁銀平均攤入地銀中徵收，另一些地方把丁銀按田地面積平均攤派，有的按全省通融均攤，有的按各州縣分別均攤。由於田地多者分攤到的丁銀也多，負擔丁銀者必有田地，無地少地農民不攤或少攤丁銀，而且又在法律上宣佈取消官僚豪紳優免特權，使賦役負擔一元化、合理化，它顯示了從一條鞭法開始的人丁負擔向土地轉移的發展趨勢的終結。

（二）開豁賤籍

雍正五年，清世宗在給內閣的諭旨中說："朕以移風易俗為心，凡習俗相沿，不能振拔者，咸與以自新之路，如山西之樂戶，浙江之惰民，皆除其賤籍，使為良民，所以厲廉恥而廣風化也。近聞江南徽州府則有伴當，寧國府則有世僕，本地呼為細民，幾與樂戶、惰民相同……若果有之，應於開豁為良，俾得奮興向上，免至污賤終身，累及後裔。"

這裡所謂"賤民"原是特種人身隸屬關係的產物，他們不完全具有人身自由，聽憑主人支配，在法律地位上低於良人一等。世僕、伴當是一種奴僕化佃農，即所謂"佃僕"。佃僕中，徽州府、寧國府的伴當、世僕是很典型的，與其主人有明顯的主僕名份。他們或由於租種主人田地，或由於借住主人房屋，或由於葬主人的墳山，或由於入贅於主人家中，或由於負債典押於主人，而成為伴當、世僕。他們不僅要為主人佃種田地，交納地租，還得終身服役，世代相承。一些莊僕文書表明，他們要為主人看守墳墓、照管山場，在主人家冠婚喪祭及科舉赴考時，要聽喚應役。顯然，他們在法律上屬於賤民之列。

樂戶、惰民是與世僕、伴當屬於同一類型又有差異的賤民。

樂戶又稱“樂籍”，據俞正燮《癸巳類稿》考證，樂戶古已有之，入樂籍即為倡優，其子孫世襲為業。清初所謂“樂戶”，是指山西、陝西等地編入樂籍的賤民，從事歌舞吹打等業，“紳衿、地棍呼召，即來侑酒”。他們不得穿與良人一樣的服裝或持有與其身份不相稱的用品。

惰民，又稱“墮民”，列入賤籍。明清之際的惰民，是指紹興府屬各縣分散居住的一種賤民，數以萬計，其職業卑微，男的充當婚喪禮儀中的幫手、牙儈，女的充當髮結、喜婆、送娘子等，禁止讀書、纏足，不許與良人通婚，不得參加科舉考試。

清世宗的諭旨宣佈把上述這些賤民開豁為良，即除去賤籍成為良人，在法律上承認他們與良人具有同等地位。雍正年間先後開豁為良的賤民，還有蘇州府常熟、昭文兩縣的丐戶，浙江錢塘江上的九姓漁戶，廣東的蜑戶（即“水上居民”）。

賤民開豁為良後，在法律上具有良人的地位，但在實際生活中他們的身份、地位仍受到原先賤民戶籍的影響，捐納、應試為官必須以三代清白為條件。可見人身隸屬關係的消除，不是一二道法令可立時奏效的。但無論如何，雍正年間的開豁為良作為一個開端，其積極作用是不可抹煞的。

（三）改土歸流

元明以來邊疆地區（主要是西南地區）實行土司制度，授予原民族的首領爵祿名號，加封其為世襲官員，對該地區進行統治。明朝中葉以後，開始逐步改土歸流——把土司改為中央政府委派的流官。改土歸流有助於消除土司制度的落後性。土司藉口向朝廷納貢，把負擔加倍攤派到人民頭上，“其徵之私橐不啻百數十倍，而輸之倉庫者，十不及一二，百不及二三”。土司苛索花樣繁多，土司家婚喪、壽誕、生子、蓋房、過節都要徵派，當地百姓咒罵土司是“生補”、“窮補”、“嫁補”、“娶補”直到“死補”。恣意作惡稱霸一方的土司，使得中央政府對該地區只能進行間接統治，所謂“雖在擯馭直隸之內，不過供差發屬羈縻而已，法令所不及也”。地處邊隅的土司，“無事近患腹心，有事遠通外國”，致使西南邊疆的統治十分不穩定。

清世宗為了加強對西南地區的統治，於雍正四年任命鄂爾泰為雲貴廣西三省總督，進行改土歸流，其理由正如他在雍正五年的一道諭旨中所說：“向來雲貴川廣及楚省各土司僻在邊隅，肆為不法，擾害地方，剽掠行旅，且彼此互相仇殺，爭奪不休，而於所轄苗疆尤復任意殘害，草菅人命，罪惡多

雍正帝像

端，不可悉數。是以朕命各省督撫等悉心籌畫，可否令其改土歸流，各遵王化。”

在改土歸流的過程中，一部份地區由於長期的歷史發展增進了民族間的經濟文化交流，當地土民痛恨土司制度，迫切要求改革，籲請早日改土歸流，土司在外有清軍威迫、內有百姓要求之下，被迫放棄土司職位，接受改流。另一部份地區，土司負隅頑抗，不願改流，鄂爾泰以大軍進剿，迫使其就範，這種地區的改土歸流帶有暴力的強制性，留下了政治後遺症。

從雍正四年到雍正九年，改土歸流大體告一段落。湖南地區全部改土歸流，其餘地區還有數量不等的土司保留下來。在改流地區，設置了與中原地區同樣的府、州、縣及鎮、協、營、汛，派駐官兵，以中央委派的流官代替世襲的土司統治，並着手改革許多落後的剝削方式及種種陋規惡習。以湖南為例，改土歸流後的永順府，把以前土司徵收的“火坑錢”、“鋤頭錢”、“煙火錢”等項雜派私徵加以禁革，而代之以與中原劃一的制度，按田地肥瘠分別徵收數量不等的賦稅。改土歸流後在西南地區開闢了若干交通要道，使各族人民交往日趨密切，先進的經濟文化不斷輸入少數民族地區，“久荒之土，畝收數倍”。改土歸流對於統一多民族國家的發展，對於西南邊疆的鞏固，自有其不可低估的意義。

清世宗即位後，積極推行密摺制度，並定下繳批的規則。現存雍正朱批諭旨，就是這樣保存下來的。臣下的密摺，涉及政治、經濟、文化、社會，小至天氣變化、農業收成、米帛價格，而口才雄辯、筆鋒銳利又精於書法的清世宗親拆親閱，用紅筆寫下意見（即硃批），發回具奏人閱後，才繳回朝廷。雍正十年清世宗命臣僚選編其中 30% ～ 40% ，編印成書，即《雍正硃批諭旨》，成為研究雍正朝歷史的基本史料。1949 年，日本京都大學宮崎市定發起《雍正硃批諭旨》研讀會，其後主持人易為佐伯富及小野川秀美。一部書的研究持續近二十年，成果源源不斷，足見其史料價值之高。

94.八旗，議政王大臣會議，軍機處

滿洲入關以後，正規軍隊有八旗兵和綠營兵兩種，稱為“額設制兵”。八旗兵是滿洲在關外原有的軍隊，它源於八旗制度。八旗制度是滿洲早期的兵民合一的社會組織形式，建於努爾哈赤時期。其戶口編制大致是這樣的：每三百人編為一牛錄（滿語“大箭”，漢語譯為“佐領”），五牛錄編為一甲喇（滿語“隊”，漢語譯為“參領”），五甲喇編為一固山，每個固山各有黃、白、紅、藍顏色作旗幟，因此漢語把固山譯為旗。原先人少，只分四固山（旗），以後人口增多，又增加四固山，在原來旗幟周圍鑲一道邊，即鑲黃、鑲白、鑲紅、鑲藍，合起來稱為“八固山”，即八旗，約6萬人，“出則為兵，入則為民”，“無事耕獵，有事徵調”。每旗由一個滿洲貴族管理，稱為“固山額真”，譯成漢語就是“旗主”，以後改稱“固山昂邦”，意即“都統”。滿洲入關時，滿洲、蒙古、漢軍各有八旗，實際已有二十四旗，習慣上仍稱為“八旗”。編入八旗的人稱為“旗人”或“旗下人”。順治以後，八旗中的鑲黃、正黃、正白三旗成為“上三旗”，因為皇帝原是這三旗的旗主，所以這三旗後來號稱“天子自將”，皇帝的警衛也由這三旗的子弟擔任。其他五旗成為“下五旗”，不擔任皇帝的警衛，只管貴族王公的事。

八旗兵入關時，人數不到十萬，戰鬥力很強，統一全國，所向披靡。入關後，八旗有京營（禁旅）與駐防之分，京營任衛戍京師之責，以滿蒙八旗為限；駐防負地方鎮撫之責，與漢人分城而居。開始時僅駐於東北、直隸、山東、山西，後推廣至各省。在軍事重地設置將軍、都統等職。將軍位高權重，可監視總督、巡撫，分駐江寧、杭州、廣州、荊州、成都、西安、寧夏、綏遠。八旗兵大部份集中在北京城內外，約有12萬人，在各省駐防的約有10萬人，合計22萬多人。承平日久，享樂腐化，八旗子弟們遊手好閒，不習武藝。順治七年（公元1650年）以後，八旗滿洲兵、蒙古兵戰鬥力下降，新舊漢軍成為主力，順治十四年（公元1657年）清世祖公開承認“今八旗人民怠於武事，遂至軍旅隳敝，不及曩時”。到了康熙十二年（公元1673年）三藩之亂時，八旗兵已毫無戰鬥力，只得仰賴綠營兵。

綠營兵是入關後改編或新招的漢軍，因軍旗綠色，又稱“綠旗兵”。在北京的稱“巡捕營”，隸屬於步軍統領，列汛分營，約1萬人，各省有60餘萬人，一省多者六七萬，少者萬餘。有各省總督統轄的督標，巡撫統轄的撫標，提督統轄的提標，總兵統轄的鎮

標，將軍統轄的軍標等，標下設協，協下設營，營下設汛。三藩之亂時，清朝統治者先後動員了綠營兵40萬，每遇戰事都是綠營兵在前，八旗兵在後。清中葉以後，綠營兵也不堪戰鬥，不得不依靠各地的鄉勇、團練。

清初，中央政府機構仿照明朝制度，設置內閣、六部、都察院。內閣由中和殿、保和殿、文華殿、武英殿、文淵閣、東閣的殿閣大學士組成，殿閣大學士滿漢各二員，協辦大學士滿漢各一員，它是最高行政機構，其職能主要是對各級衙門的奏章草擬處理意見供皇帝裁決，即所謂“票擬”。雍正初年軍機處成立後，內閣成為虛設機構，有名無實。吏、戶、禮、兵、刑、工等六部各設尚書滿漢各一員，左右侍郎滿漢各一員。意在滿漢官互相牽制，其職權比明朝大為削弱，無權決定大政方針，只限於辦理具體事務。都察院設左都御史滿漢各一員，左副都御史滿漢各二員，右都御史、右副都御史由外省總督、巡撫兼任。其職權也較明朝遜色，已無封駁詔令、巡按各省之權，僅限於稽查官府，糾察有司而已。大理寺設卿，滿漢各一員，少卿滿漢各一員，復審刑部重大疑案，與刑部、都察院合稱“三法司”。此外還有理藩院（掌蒙古、西藏、新疆等地民族事務）、通政使司（掌內外奏章提送）、國子監（太學）、欽天監（掌天文曆法），以及管理皇室事務的太常寺、光祿寺、鴻臚寺、

八旗軍甲衣

詹事務、宗人府等。以上機構大抵與明朝相仿，所不同的是廢除了明朝宦官的二十四衙門，設立內務府，由王公貴族為總管大臣來管理宮廷事務，由上三旗的包衣（家奴）承擔宮內各項差役。

但是有關軍國大事的決策權，由凌駕於內閣之上的議政王大臣會議操縱。議政王大臣會議，也稱“國議”，全由統率八旗的滿

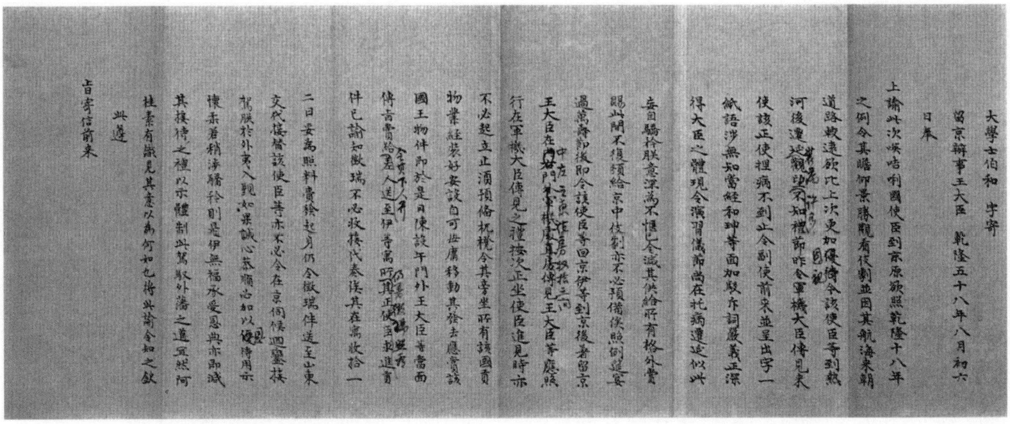
大學士伯和 字寄
留京辦事王大臣 乾隆五十八年八月初六
日奉
上諭此次暎咭唎國使臣到京原欲照乾隆十八年
之例令其瞻仰景勝觀看伎劇並因其航海來朝
道路較遠欲比上次更加優待令該使臣等到熱
河後遣[illegible]知禮節昨令軍機大臣傳見來
使該正使捏病不到止令副使前來並呈出字一
紙語涉無知當經和珅等面加駁斥詞嚴義正深
得大臣之體現令演習儀節尚在托病遷延似此
無知驕矜朕意深為不愜已令減其供給所有格外賞
賜此間不復頒給京中伎劇亦不必預備俟照例筵宴
過萬壽節即令該使臣等回京伊等到京後著留京
王大臣在[illegible]接見王大臣等應照
行在軍機大臣傳見之禮接次正坐使臣進見時亦
不必起立止須預備杌櫈令其旁坐所有該國貢
物業經裝好安設自可毋庸移動其發去應賞該
國王物件即於是日陳設午門外王大臣等當面
傳旨賞給[illegible]至伊等寓所[illegible]正使[illegible]進貢
件已諭知徵瑞不必收拾代奏俟其在寓收拾一
二日妥為照料賞給起身仍令徵瑞伴送至山東
交代據稱該使臣等亦不必令在京伺候迴鑾接
駕朕於外夷入覲如果誠心恭順必加以恩待用示
懷柔若稍涉驕矜則是伊無福承受恩典亦即減
其接待之禮以示體制此駕馭外藩之道宜然阿
桂素有識見其意以為何如也將此諭令知之欽
此遵
旨寄信前來

廷寄

洲王公貴族組成，他們掌握兵權，經過他們研究決定的事，稱“議政王大臣決議”，對皇帝也有約束力，內閣只是一個執行議政大臣決議的辦事機構而已。這種體制很容易滋生議政王大臣擅權跋扈的傾向。

清世祖福臨入關時年僅6歲，由鄭親王濟爾哈朗、睿親王多爾袞輔政。多爾袞運籌帷幄，統一全國，功高權重，被尊稱為“皇父攝政王”，凡決定大政方針，議政王大臣會議均聽其擺佈。順治七年（公元1650年），多爾袞病逝，世祖親政，皇權有所提高，議政王大臣會議的權力也有所擴大。順治十八年（公元1661年），24歲的清世祖去世。民間傳說指世祖因痛悼董貴妃之死，遂前往五台山清涼寺出家，其子清聖祖亦曾5次去五台山尋訪。這些畢竟是傳說，不足憑信。清世祖對於多爾袞的獨裁攝政十分惱怒，臨死前留下遺詔，由4名元老重臣來輔佐清聖祖玄燁，國家大權操縱在輔政的索尼、蘇克薩哈、遏必隆、鼇拜等4名議政王大臣手中。鼇拜與遏必隆聯手對付蘇克薩哈，而索尼採取折衷態度。康熙六年，索尼病死，鼇拜與蘇克薩哈極端對立，發展到後來，鼇拜誣告蘇克薩哈“怨望不欲歸政”，以24條大罪迫使皇帝下令處死了蘇克薩哈。鼇拜終於大權獨攬，擅作威福，黨比營私，根本不把皇帝放在眼裡。

康熙八年（公元1669年），18歲的清聖祖初露雄才大略，果斷地逮捕了鼇拜，以30條罪狀判處他死刑，鑒於他的武功減為終身禁錮，把鼇拜的黨羽一網打盡。清聖祖在翦除鼇拜時依靠了內大臣索額圖，索額圖及其黨羽因而得勢，於是又出現了索額圖擅權的局面，以後又出現了明珠擅權的局面。這使清聖祖深感有必要採取措施削弱議政王大臣的權力，加強皇權，於是他在康熙十六年

(公元1677年)設立南書房，選擇才品兼優的漢人官僚作為詞臣，替皇帝起草諭旨、批答奏章，議政王大臣會議的權力受到削弱。

清世宗即位，繼續削弱議政王大臣會議的權力。首先，為了確保“天無二日，民無二主”，使旗人只知有皇帝不知有旗主，削弱八旗旗主的權力，並對他們進行監督。康熙末年，清聖祖派諸皇子管理八旗事務，清世宗繼承這一做法，明令管理旗務的親王、郡王為都統，把八旗的軍政大權控制在皇帝手中。其次，為了打擊議政王大臣恃權跋扈的氣燄，清世宗在宮內建立軍機房。軍機房是南書房的進一步發展，選擇親信滿漢大臣參與機務，處理軍機大事。以後又把軍機房擴大為軍機處，直接聽從皇帝指揮，總攬全國軍政大權，成為最高決策機構。軍機處由軍機大臣和軍機章京若干人組成。軍機大臣由皇帝在滿漢大學士、尚書、侍郎中挑選；軍機章京從內閣和各衙門中考選。開始時，軍機大臣負責起草詔令，後來改為專由軍機章京承辦。軍機處擬好的詔令，不經過內閣直接發往各地，稱為“廷寄”，直接交中央各部院的稱為“交片”。地方奏摺也不再經過內閣直接送軍機處，由軍機處議覆。軍機處的設立，標誌皇權的進一步強化。清世宗死，子弘曆繼位，即清高宗(乾隆帝)，再無輔政大臣的擅權僭越的威脅。乾隆五十六年(公元1791年)，清高宗為了徹底消除八旗旗主幹政之權，下令取消了議政王大臣會議。

地方行政機構基本上也沿襲明制，省、道、府(州)、縣等4級。全國分18個省和5個特別行政區，十八省是：直隸、河南、山東、山西、陝西、甘肅、四川、貴州、雲南、廣西、廣東、福建、江西、浙江、江蘇、安徽、湖南、湖北；5個稱為藩部的特別行政區是：內蒙古、青海蒙古、喀爾喀蒙古、西藏、新疆。省的最高行政長官是總督或巡撫，總督、巡撫在明朝是中央臨時派往地方的差遣官，清朝成為常駐各省的最高軍政長官。總督一般統轄兩個以上省的軍政和民政，也有單轄一省的(如直隸、四川)；而巡撫一般只統轄一省。總督、巡撫並無上下統屬關係，直接向皇帝負責，有着權力制衡作用。總督、巡撫均為獨任，輔佐人員有參與機要的幕友，及承辦具體事務的六房書吏。各省都設承宣佈政使司(藩司)，管一省的錢糧；提刑按察使司(臬司)，管刑名按察。

道的長官是道員，府的長官是知府，縣的長官是知縣。道下設直隸廳、州，與府平級，府下設的廳、州與縣平級。京師所在地順天府、盛京所在地奉天府，與省平級。

盛京是清朝的發祥地，定都北京後，盛京作為留都設內大臣一員、副都統二員，統轄東北地區。順治三年(公元1646年)，改盛京總管為盛京昂邦章京；康熙元年（公元1662年）又改為鎮守遼東等處將軍。在此期間，又增設寧古塔昂邦章京，統轄吉林、黑龍江地區，後改為寧古塔將軍。

95.多民族國家的鞏固與發展

（一）台灣的回歸

萬曆十八年（公元1590年），葡萄牙商船經過台灣海峽，見台灣山川秀麗，便把它稱為"福爾摩薩"（Formosa），這是西方人知道台灣的開始。天啟四年（公元1624年），荷蘭殖民者侵入台灣。不久在那裡建立了一個駐點——赤嵌城。由於晚明民變蜂起，避難遷往台灣的人日漸增多。明末僑寓日本的走私貿易商人首領李旦死後，眾推鄭芝龍為首，鄭芝龍率百餘艘商船，往返於長崎、馬尼拉、澳門之間，從事長途貿易，成為當時中國東南沿海的海上霸主。崇禎元年，鄭芝龍接受福建巡撫熊文燦招撫，鄭芝龍鑒於福建大旱，向熊文燦建議，遷移飢民去台灣墾荒，漸漸在台灣形成了一些移民城鎮。

鄭成功（公元1624年～公元1662年），福建南安人，是鄭芝龍在日本平戶與日本女子所生，幼名福松，7歲時隨父回歸故鄉福建。南明唐王賜姓朱，更名"成功"，授予總統使、招討大將軍，時人尊稱為"國姓爺"。順治三年（公元1646年），因阻止父親鄭芝龍降清無效，於十二月起兵抗清。順治十六年（公元1659年），為了牽制清軍向雲南桂王政權的進攻，聯合舟山的張煌言，舉兵北伐，一直打到南京城下。兵敗後退回福建沿海，為持久抗清，順治十八年（公元1661年），鄭成功派其子鄭經留守廈門，自己率軍數萬，經澎湖，在台灣禾港寮登陸，圍攻荷蘭總督所在地赤嵌城，擊潰從巴達維亞派出的援軍，並鄭重宣佈："土地為我國所故有，當還我。"並於次年（康熙元年）二月一日迫使荷蘭總督揆一投降。鄭成功收復台灣後，設置承天府，下轄天興、萬年兩縣，組織政府，制定法律，課耕積穀，招徠移民，收容抗清人士，又派兵守金門、廈門，形成犄角之勢。鄭成功死後，其子鄭經繼續堅持抗清鬥爭。

清政府下令"遷界"、"禁海"，從山東到廣東沿海居民一律後撤30～50里，界外的房屋、城堡全部拆除，形成沿海無人地帶，嚴禁人民擅自進入禁區，不許商民船隻下海，違者處死。此後，政府又派靖南王耿繼茂、總督李率泰前往台灣招降，鄭經提出要像琉球、朝鮮那樣，清朝不派軍隊登岸，不剃髮，不易衣冠，不受清朝制約，相對獨

《荷蘭殖民者向鄭成功投降圖》

立，結果招降不成。南明桂王政權被消滅後，鄭經仍用永曆年號，已由支持南明轉化為地方割據。

康熙十三年（公元1674年），三藩之亂爆發，響應吳三桂叛亂的耿精忠割據福建，向鄭經求援，答應以漳、泉兩府為酬，鄭經派軍隊渡海而來，與耿氏集團合攻廣東。後耿精忠違約，鄭經請割漳、泉兩府不得，用兵攻取。耿精忠兵敗後，與清軍合攻鄭氏集團，鄭經退守台灣。康熙二十年（公元1681年），鄭經死，鄭氏集團內訌。清朝抓住時機，發兵出征台灣。康熙二十二年，鄭經次子鄭克塽投降。清朝統一台灣後，在此設台灣府，由福建管轄，台灣府下設台灣、鳳山、諸羅等三縣，設總兵一員、水師副將一員、陸師參將二員。

（二）遏制沙俄擴張的尼布楚條約

16世紀下半葉，沙皇俄國越過烏拉爾山向西伯利亞擴張，17世紀中葉，進入黑龍江流域。1632年，俄國人第一次聽說阿穆爾河（黑龍江）的存在。黑龍江滿語為薩哈連烏拉，達斡爾語為“卡拉穆爾”，意即“黑河”。俄國人最初在黑龍江兩岸碰到的是達斡爾人，從他們那裡知道了這個稱呼，因而把黑龍江稱為“阿穆爾河”。

首先入侵黑龍江流域的，是由俄國雅庫

次克行政長官派出的波雅科夫一行，他們越過外興安嶺，到達黑龍江口。波雅科夫回去後向莫斯科報告，只要300人的武裝就足以征服這個地區。

第二個入侵的是哈巴羅夫。這個西伯利亞富商向雅庫次克行政長官提出，願意自費招募150名武裝哥薩克，承擔窺探黑龍江的使命，並使當地居民向沙皇繳納貢賦。

清朝軍隊與當地人民多次抗擊俄國入侵者：順治九年（公元1652年）烏札拉村之戰，順治十二年（公元1655年）呼瑪爾之戰，順治十五年（公元1658年）松花江之戰，其中以康熙二十四年（公元1685年）、康熙二十五年兩次雅克薩之戰的規模最大。雅克薩是俄國入侵者在黑龍江邊建築的堡壘，經過清軍兩次打擊，迫使俄國同意談判。

清方談判代表為領侍衛內大臣索額圖、都統一等公佟國綱，清聖祖在他們行前指示：尼布楚、雅克薩、黑龍江上下，及通此江之一河一溪，皆我所屬之地，不可少棄之於俄羅斯；與之劃定疆界，准其通使貿易；否則，爾等即還，不便更與彼議和。清朝代表與俄國代表在尼布楚河與黑龍江匯合處的尼布楚城進行。康熙二十八年七月二十四日（公元1689年9月7日）簽訂了尼布楚條約，確定了中俄兩國東段邊界的走向：西南沿額爾古納河、石勒喀河、格爾必齊河為界，北面以外興安嶺為界，東面烏第河以南、外興安嶺以北為待議地區。

沙皇政府對條約是滿意的，因為它不僅劃定了俄國的東西伯利亞新疆界，同時還取得了與中國通商的權利。俄國首席代表柯羅文回國後被封為大貴族，受到沙皇接見與嘉獎，以後還被提升為總理外交事務大臣、海軍大將。對於清朝政府而言，條約的簽訂使北方東段邊界獲得了一百多年的和平，在邊界線上刻石立碑，每年五月、六月由齊齊哈爾、墨爾根、瑷琿派出邊防軍，分三路前往格爾必齊、額爾古納、墨里勒克、楚爾海圖等地進行巡查。清朝的瑷琿將軍（黑龍江將軍）、寧古塔將軍（吉林將軍）負責管轄黑龍江兩岸直至庫頁島的廣大地區。

（三）平定準噶爾部與統一回部

明末，蒙古分為漠南蒙西、漠北喀爾喀蒙古、漠西厄魯特蒙古三大部。清初，漠南蒙古、漠北喀爾喀蒙古全歸順清朝。

漠西厄魯特蒙古，元朝時稱“衛拉特蒙古”，明朝時稱“瓦剌蒙古”，據有阿爾泰山以西、天山以北，直至巴爾喀什湖東岸。它分為四部：和碩特部（烏魯木齊附近）、準噶爾部（伊犂附近）、杜爾伯特部（額爾齊斯河流域）、土爾扈特部（塔爾巴哈台附近）。清初，準噶爾部漸強，準噶爾汗噶爾丹（曾在西藏做喇嘛）於康熙十六年（公元1677年）統一了四部，之後又越過天山，統

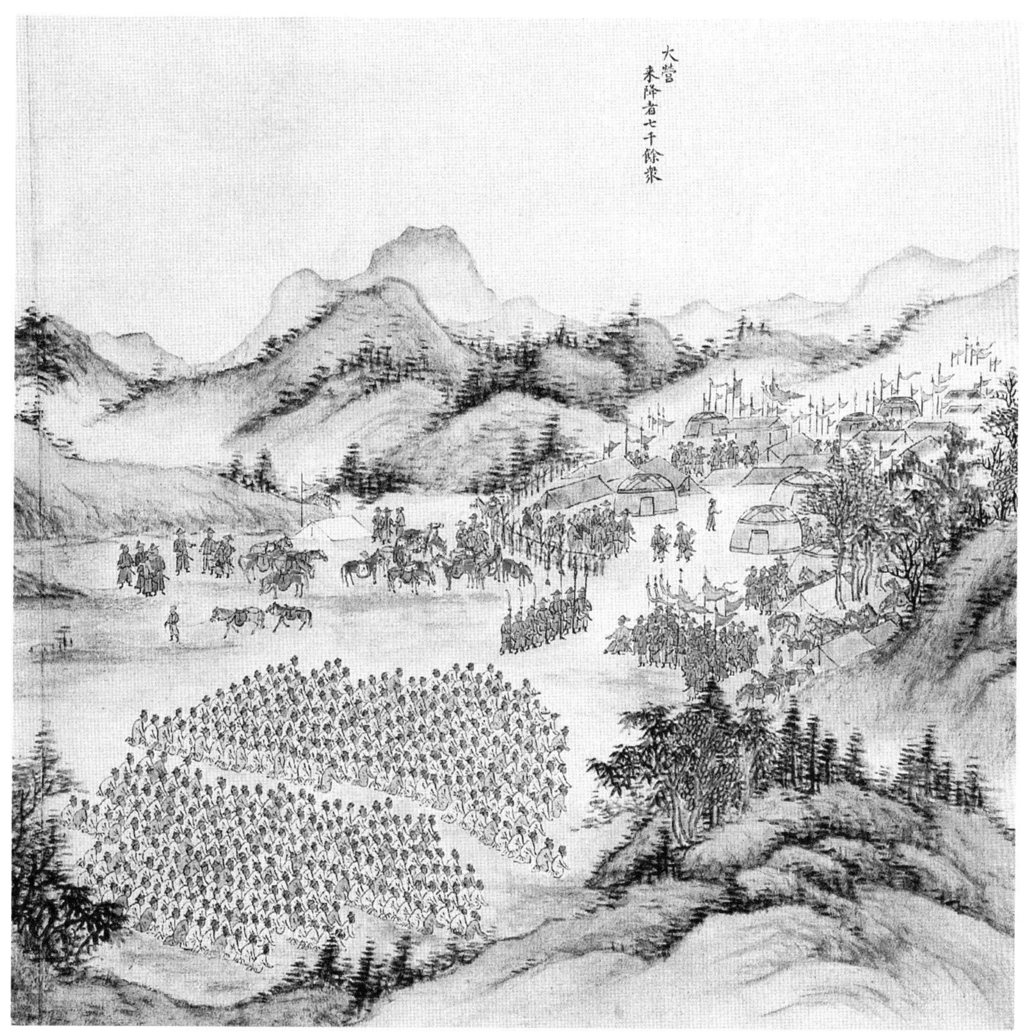

《平定準噶爾圖卷》

一了回部，天山南北全歸噶爾丹控制。他為了進一步控制漠北喀爾喀蒙古，發動了戰爭，在佔領漠北後又進兵漠南。康熙二十九年（公元 1690 年），噶爾丹在俄國支持下率兵兩萬餘，以追喀爾喀為名攻入漠南蒙古烏珠穆沁一帶，又乘勢渡過西拉木倫河，兵鋒抵達烏蘭布通（赤峰附近）。

這一動向引起清聖祖的密切關注，為了維護國家統一，他在康熙二十九年、康熙三十五年、康熙三十六年先後3次率軍親征，取得烏蘭布通、昭莫多戰役的大勝。俄國看到形勢逆轉，拒絕了噶爾丹提出的建立軍事同盟的建議。走投無路的噶爾丹在清軍圍困下，於康熙三十六年（公元 1697 年）三月服毒自殺。

噶爾丹死後，其侄策妄阿拉布坦繼承準噶爾汗，與清朝對抗，一度控制了西藏、青海、喀爾喀。經過雍正時期的連年征戰，繼之以乾隆初年的征戰，準噶爾在西藏、青海、喀爾喀的勢力已陸續肅清。乾隆二十年（公元1755年），清朝軍隊攻佔了準噶爾部的根據地伊犂，兩年後，準噶爾部的叛亂終於平定。清朝隨即在新疆天山北路派駐伊犂將軍、烏魯木齊都統、塔爾巴哈台參贊大臣，又在外蒙古、唐努烏梁海設烏里雅蘇台副將軍、科布多參贊大臣。

新疆天山南路信仰回教的維吾爾族居住區，當時稱為回部，清朝平定準噶爾部後，原來被準部俘虜的大小和卓木返歸回部，舉兵反清。乾隆二十三年（公元 1758 年），清朝軍隊進入回部，於乾隆二十五年統一了天山南路的回部，隨即在喀什噶爾設置參贊大臣，統屬於伊犂將軍。

(四)加強對西藏的治理

順治九年(公元1652年)，達賴五世到北京朝見清世祖，被封為"西天大善自在佛領天下釋教普通瓦赤喇怛喇達賴喇嘛"。康熙二十一年（公元 1682 年），達賴五世圓寂，領主第巴桑結大權獨攬，支持準噶爾汗噶爾丹向喀爾喀進攻，阻撓清軍進攻噶爾丹。

清廷頒發給達賴喇嘛的金印

平定準噶爾部後，桑結陰謀敗露，遭到清廷斥責。桑結不得不擁立達賴六世。藏王拉藏汗反對桑結擅權，桑結殺拉藏汗不成，又想驅逐拉藏汗。康熙四十四年(公元1705年)，拉藏汗殺桑結。康熙五十六年，準噶爾汗策妄阿拉布坦派軍隊入侵西藏，拉藏汗向清廷告急，清朝派安西將軍率兵援救，全軍覆沒。康熙五十九年（公元 1720 年），清軍擊敗準噶爾軍隊，清廷敕封達賴七世，並護送入藏，任命康濟鼐為藏王，共同治理西藏。

雍正四年(公元1726年)，清廷議定在西藏設置駐紮大臣，直接監督西藏政務。次年，大學士僧格、副都統馬拉以首任駐藏大臣身份奉命赴藏，加強中央對西藏的治理。

乾隆十五年(公元1750年)，駐藏大臣

副都統傅清、左都御史拉布敦被殺，清廷命四川總督策楞、提督岳鍾琪率兵平叛。隨後改革西藏政治與宗教制度，提高駐藏大臣地位，確定達賴喇嘛為宗教首領兼政治首領，受命於中央，廢除藏王制度，實行駐藏大臣、達賴、班禪“互參制”，達賴管理康（喀木）、衛（前藏）兩地，班禪管理藏（後藏）、阿里兩地。乾隆五十七年（公元1792年），清軍擊退英國指使的廓爾喀侵略軍，駐藏大臣的權力進一步加強。此後實行金瓶掣籤制，解決大農奴主操縱達賴、班禪的轉世問題，要在駐藏大臣監督下當眾抽籤認定。

清朝把統一的多民族國家發展到一個新階段，奠定了漢唐盛世都難以比擬的疆域，功不可沒。

96.“夕陽無限好”——康雍乾盛世

康熙、雍正、乾隆時代國內的相對和平，刺激了社會經濟的大發展，明清之際改朝換代的動亂時期陷於停滯的農業、手工業、商業，在新的社會安定的環境下獲得了大規模、高速度的發展。

農業生產內部結構的變化呈現出引人注目的態勢。南方各省實行水稻雙季種植，一年三熟（稻、稻、麥），大幅度地提高了土地利用率及單位面積產量。一般地方稻米畝產兩三石已很尋常，南方某些高產地區畝產可達五六石或六七石。明中葉以來出現的“湖廣熟，天下足”的格局，到這一時期顯得更加明朗化了。高產糧食作物番薯、玉米的引進與推廣，在這一時期已大見成效。番薯於公元1576年傳入中國後，首先種植於雲南，稍後傳入福建，成為糧食不足的東南地區農民的一種主食。公元1742年以前，主要在南方傳播，以後才傳向北方。乾隆時期推廣番薯種植很有成效，嘉慶以後又繼續推廣，使它成為主要的糧食作物之一。玉米於公元1531年傳入中國的西南及東南地區，18世紀末及19世紀初，成為西南山區的主要作物。東南移民流入川陝豫鄂山區時，把它推廣種植到那裡，使這一地區玉米獲得意料不到的高產。嘉慶時嚴如熤《三省邊防備覽》說：“近日，遍山漫谷皆包穀（即玉米），包穀高至一丈許，一株常二三包，上收之歲一包結實千粒，中歲每包亦五六百粒，種一收千，其利甚大。”不僅迅速開發了這裡未曾開發的大片山地，而且為源源湧來的移民提供了口糧。

另一方面，農業經濟作物種植面積也有明顯增加，桑、茶、棉、甘蔗、藍靛、煙草都成為當時極重要的商品化的農作物。原來

《姑蘇繁華圖》

很少種植經濟作物的地區，受商品化趨勢的影響，也普遍種植經濟作物，例如河北的冀州、趙州、深州、定州“栽培棉花者佔十之八九”；又如煙草由菲律賓傳入後最初種植於福建，康熙時已傳播到湖廣、廣東、直隸、河南、陝西等地。由於商品作物栽培的日趨專業化，引起了對主要糧食作物不斷增長的需求，形成了一個龐大的糧食銷售網絡：由湖南、湖北、四川、江西、安徽運銷至江蘇、浙江；由台灣、浙江運銷至福建；由湖南、湖北、江西運銷至廣東。從總體上看，依然可以概括為“湖廣熟、天下足”，於是湖南的湘潭、湖北的漢口，形成了興旺的米市，成為商品糧的集散中心。湘潭是湖南內部米糧最大集散地，據乾隆《湘潭縣誌》說：“湖南米穀，自衡州而下，多聚於湘潭。大約視湖北、江南之時價為低昂。”湖南所產米糧集中於湘潭，再由湘潭轉運漢口，沿江而下。漢口為湖南、湖北、四川米糧的最大交易市場，據趙申喬《自治官書》所載康熙四十八年九月的一個奏摺說：“湖南相距江浙甚遠，本處所產之米，運下江浙者多，或在漢口地方出售，或轉賣與江浙貿易之人……且江浙買米商販多在漢口購買，而直抵湖南者無幾，是湖北轉運江浙之米，即係湖南下漢口之米。”《雍正硃批諭旨》中，無論封疆大吏的密摺，還是清世宗的硃批，都不約而同地探討江浙仰給於湖廣的問題。浙江巡撫程元章說：“杭嘉湖三府屬地，地窄人稠，民間以育蠶為主，田地大半植桑，歲產米穀，除辦漕外，即豐收之年尚不敷民食，向藉外江商販接濟。”乾隆十三年，清高宗的上諭也說：“浙西一帶地方所產之米，不足供本地食米之半，全藉江西、湖廣客販米船，由蘇州一路接濟。”

湖廣、四川、江西的商品糧沿長江東下折入運河南下，在長江三角洲最理想的集散地當然是當時全國首屈一指的經濟中心地蘇州，於是形成了以蘇州為中心的米市，其中最主要的便是蘇州閶門西7里的楓橋米市。楓橋米市再轉運長安鎮米市，向浙江各地轉銷，或經由上海縣、乍浦鎮運往福建。據全漢昇《清朝中葉蘇州的米糧貿易》推算，僅雍正十二年一年中，自湖廣運往江浙的食米，為1,000萬石左右。於此可見一斑。據吳承明《中國資本主義的萌芽》估計，鴉片戰爭前全國的商品糧達245億斤，按每石150斤計，合16,333.3萬石，值銀16,333.3萬兩。從中可以窺知糧食商品化的程度以及米糧貿易的盛況，而這種盛況是歷史上前所未見的。

康熙、雍正、乾隆時期，作為農村副業的紡紗、織布與養蠶、繅絲、織綢，都比明朝有所推廣，除了知名的長江三角洲地區外，四川、福建、山東、湖南、廣東等地也正在迅速發展。南京、佛山、廣州等地的絲織業，已可以與蘇州、杭州相媲美，乾隆時南京城內已有織機3萬台，產量相當可觀。雍正時從杭州遷至廣州北郊的絲織業，所產紗綾號稱“甲於天下”、“金陵、蘇、杭皆不及”。

值得注意的是，松江、蘇州一帶生產的優質棉布“衣被天下”的情況較前更勝一籌。松江人欽氏的《松問》說：“冀北巨商，挾資千億，岱隴東西，海關內外，券驢市馬，日夜奔馳，驅車凍河，泛舸長江，風餐水宿，達於蘇常。標號監莊，非松不辦。”據欽氏估計，“松之為郡，售布於秋，日十五萬焉。”松江棉布每天的銷售量達15萬匹，一個秋季（3個月）的銷售量達1,350萬匹。無錫號稱“布碼頭”，由這裡銷往江北淮揚高寶一帶的棉布也相當可觀，《錫金識小錄》說：“一歲交易，不下數十百萬。”據吳承明《中國資本主義的萌芽》估計，鴉片戰爭前國產棉布的商品量為31,517.7萬匹，值銀9,455.3萬兩。

《棉花圖·收販》

這種農家生產的“土布”還成為外貿的重要商品。早在18世紀30年代，東印度公司已經開始運銷“南京棉布”。所謂“南京棉布”是當時洋人對上海及其附近地區所產棉布的通稱，正如一個在上海附近考察的英國植物學家所說：“在上海附近種植的棉花，名曰南京棉花，用它紡織成的棉布，叫做南京棉布。”這些棉布大抵是經上海港運往廣州出口的，與其稱為“南京棉布”，不如稱為“上海棉布”或“松江棉布”更為合適。18世紀30年代，中國的手工織造的棉布(即所謂“土布”)首次由東印度公司運銷英國。18世紀50年代以後，西班牙、荷蘭、法國、丹麥、瑞典等國也開始運銷中國棉布。在北美大陸，早在美國獨立前，就有中國棉布輸入，到19世紀中葉，美國已成為中國棉布的主要買主。著名學者摩爾斯(H. B.Morse)根據東印度公司的檔案，研究18及19世紀歐美商船從廣州輸出的中國棉布的詳細情況：1786年372,020匹，1790年509,900匹，1792年402,200匹，1793年426,000匹，1794年598,000匹，1795年1,005,000匹，1796年820,200匹，1797年573,000匹，1798年2,125,000匹，1799年1,160,000匹……從1798年至1833年由廣州輸出的棉布共計44,622,739匹。

蠶絲一向是中國馳名世界的外貿商品，進入清代以後銷售勢頭愈旺。據乾隆《吳江縣誌》說，從明嘉靖年間到清乾隆年間，絲價由每兩值銀2分增加到銀6分～8分，增長3～4倍。這種情況與國內及國際市場對絲的需求量日益增大有密切的關係。

中國對外出口的商品，就其價值而言，一直到公元1720年為止，絲與綢都是第一位的，公元1720年以後，茶的出口價值才躍居第一位。乾隆時絲雖然成為僅次於茶的出口商品，出口數量卻與日俱增。乾隆二十四年（公元1759年），李侍堯在一個奏摺中說：“外洋各國夷船到粵，販運出口貨物，均以絲貨為重，每年販賣湖絲並綢緞等貨自二十萬餘斤至三十二萬斤不等。統計所買絲貨，一歲之中，價值七八十萬兩，或百餘萬兩。至少之年，亦買價至三十餘萬兩之多。其貨均係江浙等省商民販運來粵，賣與各行商，轉售外夷，載運回國。”

從廣州出口的湖絲，每年價值白銀數十萬兩至百餘萬兩上下。由於有利可圖，太湖周邊絲綢業市鎮出產的湖絲，經由商人之手源源不斷外銷，致使國內市場絲價日趨昂貴，刺激了農民從事湖絲生產的積極性，出現了湖絲的黃金時代。乾隆二十四年，李兆鵬在奏摺中指出：“近年以來，南北絲貨騰貴，價值較往歲增至數倍”，“民間商販希圖重利出賣，洋艘轉運，多至盈千累萬，以致絲價日昂”。鑒於國內市場絲價日益昂貴，政府申令限制出口。乾隆二十七年(公元1762年）清高宗頒發諭旨："前因出洋絲斤過多，內地市價翔踴，是以申明限制，俾裕官民織紝。"所謂"限制"，其實是官樣文章："每船准其配買土絲五千斤，二蠶湖絲三千斤。"兩年後便宣佈弛禁。這固然是考慮到前任浙江巡撫莊有恭的申請：體察杭、嘉、湖三府民情，以絲斤弛禁為便，其實恰恰反映了湖絲出口的經濟趨勢不以官方意志為轉移。此後輸出量與價格都在不斷增長。摩爾斯對康熙、乾隆時期東印度公司購買湖絲的價格有詳細記錄，從中可以看出隨着出口貿易的發展絲價上漲的一般趨勢：1699年每擔絲值銀137兩，1720年漲至150兩，1750年漲至175兩，1755年漲至190兩，1759年漲至198兩，1763年漲至250兩，1768年漲至294兩，1784年漲至310兩。

湖絲集散中心南潯鎮因此生意興隆，一片繁華。南潯鎮的絲行因其銷售對象及經營方式不同，而有京行（莊）、廣行（莊）、經行（莊）、劃行（莊）、鄉行（莊）等，時人有詩曰："閭閻填噎駔儈忙，一榜大書絲經行，就中分列京廣莊，畢集南粵金陵商。"溫豐《南潯絲市行》說"一日貿易數萬全金"，蠶絲貿易的旺季是從小滿到中秋，約四個半月，以每天貿易額數萬兩白銀計，整個旺季的貿易額約為500萬兩～1,000萬兩白銀之間。這一估算可以從另一資料得到證實，徐有珂說：南潯鎮"湖絲極盛時，出洋十萬包"，10萬包絲的售價為白銀1,000萬兩左右。就是說，湖絲極盛時南潯鎮出口額達白銀1,000萬兩左右，由此可見"一日貿易數萬金"，並非誇張之詞。

以上從幾個側面勾畫了康雍乾盛世的景象，社會經濟的發展水平達到了前所未有的高度，但是"夕陽無限好，只是近黃昏"。乾隆晚期出現了清朝由盛轉衰的轉折，財政消耗是一大原因。清高宗模仿他的祖父清聖祖，多次出巡南遊，每處供奉消耗銀兩動輒二三十萬兩，比乃祖多二三十倍。他還大造宮殿園林，是整個清朝建園林最大最多的皇帝，如擴建圓明園，增建長春園、萬春園，其他如避暑山莊七十二所（分佈於熱河承德

《康熙帝南巡圖》

等地），連他的親信大臣也不無嘲諷地說："皇帝之莊真避暑，百姓乃在熱河口"。乾隆六十年中，窮兵黷武，清高宗還自以為得意，誇為"十全武功"、"十全老人"，消耗了大量軍費，單是大小金川（四川西北部）兩次戰事就耗銀7,000萬兩（約當二年財政總收入），十全武功的代價可以想見！

清高宗寵信的大學士和珅擔任軍機大臣二十四年，擅權跋扈，賣官鬻爵，招權納賄，督撫司道畏其氣燄，無不奉迎拍馬，於是官場從上到下糜爛不堪。著名的山東巡撫國泰貪污集團案，造成山東一省財政虧空達數十萬兩白銀；甘肅侵糧冒賑案，牽連官吏達七十多人，其中貪污銀子2萬兩以上被處死的就有22人，皇帝自己也不得不承認是"從來未有之奇貪異事"。然而這些人與和珅相比不免小巫見大巫。和珅在蘇州建造陵墓，立享殿，置隧道，可以與皇陵相比，號稱"和陵"。嘉慶四年（公元1799年），他案發被處死，查抄家產，共109宗，計有赤金580萬兩，生沙金200萬兩，元寶銀940萬兩，當舖75家，銀號42家，古玩舖13家，土地八千餘頃。據說和珅家產總計達白銀二億三千萬兩之多，相當於國庫五年的總收入。學者們以為不可輕信，迄今仍是一個疑案。

盛世必由富、強兩方面構成，富既不再，強也難存，必然成為衰世。嘉慶以後，一代不如一代。一次清仁宗（即嘉慶帝）南巡到杭州閱兵，士兵射箭"箭箭虛發"，練騎術"馳馬人墜地"，這種不祥之兆，預示着衰世已經來臨。

97.文化專制與文字獄

明末，以東林、復社為代表的知識份子投身政治運動，抨擊時政，開拓了新的學問之道。顧炎武、黃宗羲、王夫之等都是對現實具有批判精神的思想家。清初，統治者推行文化專制政策，迫使知識份子疏遠政治。

順治九年（公元1652年），政府宣佈禁止學者創設書院、糾眾結社："各提學官督率教官諸生，著實講求平常所學之經書義理，躬行實踐，不許別創書院，集群作黨，號召地方遊食之徒，空談廢業。"清廷對於書院再度成為在野知識份子政治集會的場所是高度警惕的，為此又宣佈禁止言論與出版自由："說書以宋儒傳注為宗，行文尚典實純正，今後督學以《四書五經》、《性理大全》、《蒙引存義》、《資治通鑒綱目》、《大學衍義》、《歷代名臣奏議》、《文章正宗》等書，責成提調教官，課生儒誦習講解……坊間書賈只許刊成文業有益諸書通

大金榜

行，嚴禁濫刻其他瑣語淫詞及一切窗藝社稿，違者從重治罪。”康熙時期繼承了順治時期的政策，康熙二年（公元1663年），重申順治九年（公元1652年）對書坊的禁令；康熙九年（公元1670年），公佈了取締書坊的罰則規定。雍正時期再次重申取締集會、結社，“文人糾眾結社，大有關係於人心風俗……如生員監生等以文會結社聚眾……該地方官立即拿究申革。遠集各府州縣之人，標榜社盟……照奸徒結盟律分首從定罪”。於是乎，形成了與晚明截然不同的社會風氣，生員階層的政治運動完全萎縮了、沉滯了。

思想箝制的另一方面是，提倡理學，科舉考試以八股取士比前朝更加嚴格，旨在以功名利祿收買漢人，必令俯首帖耳。科舉考試的第一級是童試，三年舉行兩次，通過縣考、省考（院考），即為生員（秀才），全國每次錄取25,000名；第二級是鄉試，每省三年舉行一次，考中第一名者為解元，其餘為舉人，全國每年錄取1,400名；第三級是會試，三年一次在首都舉行，通過禮部考試，第一名為會元，其餘為貢生；接着進行殿試（或廷試），中試的一甲三名（狀元、榜眼、探花），二甲若干名，為進士出身，三甲若干名，為同進士出身，合計約200名左右。這一場場的考試，注重的是背誦高頭講章，以及與國計民生毫不相干的八股文，那些狀元、進士大多並無真才實學，更不知經世致用，其中不乏蠢才、庸才。這種做法本身就是一種文化專制。

還有更令人望而生畏的文字獄接二連三地襲來，以康熙二年（公元1663年）的"明史獄"和康熙五十年（公元1711年）的"南山集獄"最為嚴厲。"明史獄"主犯莊廷鑨早死，也遭戮屍處分，被株連致死者有七十餘人，為莊書作序、校補、刻印以及售書、藏書之人無一倖免於難。"南山集獄"更慘，受株連的達到幾百人，主犯戴名世處斬，方孝標已死被戮屍，他們兩人的祖孫三代直系及旁系親屬，年齡在16歲以上都被斬首，其女性親屬一律罰為功臣家奴僕。

雍正時期，汪景祺、查嗣庭、錢名世、曾靜等，也因文字遭禍。汪景祺是年羹堯的幕僚，其所著《西征隨筆》，不僅譏刺時政，而且對年羹堯大事吹捧，什麼"洗劇數十年之陋習，整頓數千里之封疆"，譽之為罕見之功臣，這構成了年羹堯92條罪狀中的一條。清世宗作為"奸黨"的證據，在懲處年羹堯的同時，把汪景祺照"大不敬律"斬決。禮部侍郎查嗣庭出任江西主考官，被人告發所出試題有譏刺皇帝之意，又查出其日記中有"狂妄悖逆之語"，以侍講錢名世獲罪繫"文字之禍"，清廷定他"腹誹朝政，謗訕君上"，把他關入監獄，死後遭戮屍處分，株連到親屬學生。侍講錢名世因為寫詩為年羹堯稱功頌德，落個革職回籍的處分，清世宗親書"名教罪人"匾額張掛於其宅第加以凌辱。著名的曾靜一案捲入了當時最為敏感的政治尖端——世宗嗣位與諸王紛爭的糾葛之中，從《大義覺迷錄》看來，曾靜的主要罪狀是"遣其徒張熙授書於總督岳鍾琪，勸其謀反，將朕躬肆為誣謗之詞"，所謂"誣謗之詞"是指誣世宗"謀父"、"逼母"、"弒兄"、"屠弟"之類。由曾靜一案引起的呂留良案，影響更大。呂留良在著述中力倡夷夏之別，為反清復明造輿論。曾靜勸岳鍾琪謀反，宣揚呂留良的言論。清世宗下令把早已死去的呂留良戳屍示眾，族人斬首，孫輩流放寧古塔，而曾靜因悔過認罪，並公開寫文章批判呂留良的"逆說"，而免罪釋放。清高宗即位之初，便下令把曾靜等人處死。乾隆三十二年（公元1767年），浙江天台人齊周華刊刻為呂留良鳴不平的文稿及其他"悖逆"著作，而遭凌遲處死，可見此案的餘波一直延續了幾十年，也可見乾隆時文網更加嚴酷。

戴名世處斬後五十多年，乾隆三十二年，清高宗又因"南山集案"大興冤獄，殺了71歲的舉人蔡顯，受牽連的達24人。因為蔡顯刻印了自己的著作《閒閒錄》，被人揭發其中有"怨望訕謗"之詞，所謂"怨望訕謗"之詞，其實是引用古人詠紫牡丹詩句："奪朱非正色，異種盡稱王"，當局以為是影射。蔡顯只得被迫自首，兩江總督高晉、江蘇巡撫明德上報皇帝，擬按大逆罪凌遲處死。清高宗看了奏摺和《閒閒錄》，下旨把蔡顯"從寬改為斬決"，同時對高晉等大加申斥，因為他們沒有發現《閒閒錄》中有"戴名世以《南山集》棄市，錢名世以年（羹堯）案得罪"之類大逆不道的話，是"有心隱曜其詞，甘與惡逆之人為伍"。

乾隆四十二年的"字貫案"更為荒唐，也更蠻不講理。江西舉人王錫侯編了一本字典，名曰《字貫》，刪改了欽定的《康熙字典》，沒有為清朝皇帝人名避諱。結果，不僅王錫侯遭到嚴懲，書版及書冊悉數銷毀，而且牽連江西巡撫海成、兩江總督高晉等，以"失察"治罪。具有諷刺意味的是，海成為乾隆皇帝查辦"禁書"最為得力，不料栽在"字貫案"上，實在是一報還一報。

清高宗對文字挑剔之苛細令人防不勝防，也使那些諂媚奉承的大臣們因馬屁拍在馬腳上而自討沒趣。大理寺卿尹嘉銓已經退休，乾隆四十六年（公元 1781 年），高宗巡幸五台山回京時路過保定，尹嘉銓派其子送上兩本奏摺，其一是皇帝曾有詩褒獎其父尹會一，請皇帝賜給謚號；其二是請求把本朝名臣范文程等與其父尹會一給予從祀孔廟的待遇。高宗大怒，下令革去尹嘉銓的頂戴、交刑部審訊，指定大學士英廉和直隸總督袁守侗負責對尹嘉銓抄家事宜，特別囑咐要留心蒐檢"狂妄字跡、詩冊及書信"。結果斷章取義地查到其文章中有"為帝者師"字樣，高宗咬文嚼字地批駁道："尹嘉銓竟儼然以師傅自居，無論君臣大義不應如此妄語，即以學問而論，內外臣工各有公論，尹嘉銓能否為朕師傅否？"在嚴刑逼供之下，七十多歲的尹嘉銓叩頭認罪："只求皇上將我立置重典，以為天下後世之戒，這就是皇上的恩典。"高宗親自作出裁決：處以絞刑，銷毀其著述及有關書籍 93 種。魯迅在《買小學大全記》中，談到尹嘉銓之獄，議論風生："乾隆時代的一定辦法，是：凡以文字獲罪者，一面拿辦，一面就查抄，這並非着重他的家產，乃在查看藏書和另外的文字，如果別有'狂吠'，便可以一並治罪。因為乾隆的意見，是以為既敢'狂吠'，必不止於一兩聲，非徹底根治不可。"

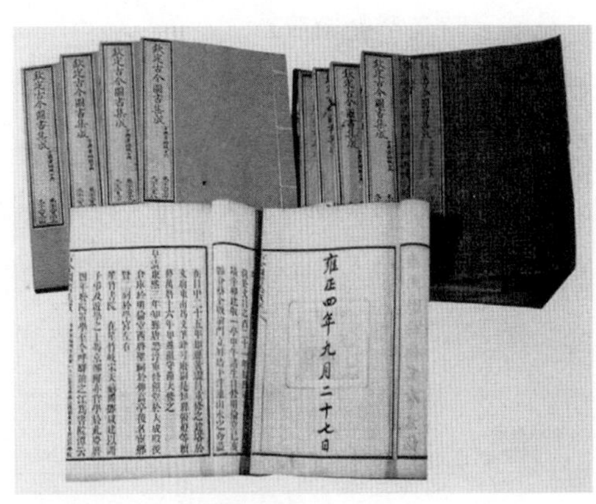

《欽定古今圖書集成》書影

據《清代文字獄檔》所收錄的文字獄檔案，從乾隆六年（公元 1741 年）至乾隆五

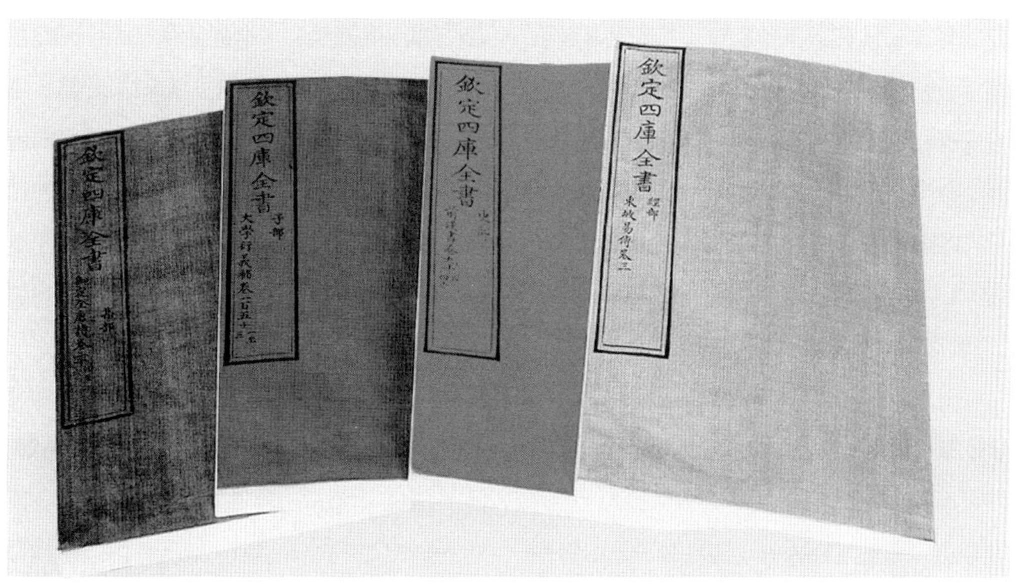

《四庫全書》書影

十三年（公元1788年）的四十多年中，就有文字獄五十三起，幾乎遍及全國，造成一種以文招禍的恐怖氣氛。清高宗由大興文字獄進而發展到全面的禁書、焚書，開館編纂《四庫全書》的過程，就是一個禁書、焚書的過程。《四庫全書》的編纂當然是一大盛舉，分經史子集四大類收集3,457種、79,070卷，裝訂成36,000多冊，成為中國歷史上最大的一部叢書，其中有內府藏本、各地藏書家的進獻本、《永樂大典》的輯本，彌足珍貴。但是，四庫全書館在編書的同時承擔了一項重要使命：禁書與焚書。四庫全書館從各省採進本中查出禁書，送交軍機處，再由翰林院仔細審查，把"悖謬"文字逐條寫成黃籤貼在書眉上，或把應毀原因寫成摘要，由清高宗裁定後，一併送到武英殿前的字紙爐，付之一炬。

為了禁書，首先必須徵書。清高宗通過其親信蒐集江南情報，對江浙著名藏書家瞭如指掌，在乾隆三十八年（公元1773年）給兩江總督高晉、江蘇巡撫薩載、浙江巡撫三寶下旨，要他們對東南藏書最富之家，如崑山徐氏之傳是樓、常熟錢氏之述古堂、嘉興項氏之天籟閣、朱氏之曝書亭、杭州趙氏之小山堂、寧波范氏之天一閣徵求書籍，並聲明："即使將來進到時，其中或有妄誕字句，不應留以貽惑後學者，亦不過將書毀棄，轉諭其家不必收存，與藏書之人並無干涉。"等到徵書已全面展開，禁毀書籍的本意已無須隱晦，清高宗在乾隆三十九年詔諭各地督撫，凡在徵書中發現“字義觸礙者，亦當分別查出奏明，或封固進呈，請旨銷毀；或在外焚棄，將書名奏聞”，而重點是明季野史，錢謙益、呂留良、屈大均、金堡等人的著作，乃至民間流行戲曲劇本諸如崑腔、石牌腔、秦腔、弋陽腔、楚腔等，都要“不動聲色”地查禁。

據海寧陳乃乾《禁書總錄》統計，查禁焚燬書籍：全毀2,453種，抽毀402種，銷毀書版50種，銷毀石刻24種。我們目前所看到的《四庫全書》是付出了如此沉重的代價才保留下來的。

所謂乾隆盛世竟如此色厲內荏，它的由盛轉衰也就不足為怪了。

98.乾嘉學派

國學大師王國維在《觀堂集林》中對清朝的學術作過透闢的分析，並概括為一句話：“國初之學大，乾嘉之學精，而道咸以降之學新。”這種博大、精深、新穎的特點，與各個時期的社會背景有着密切的關係。

明末清初的社會大變動，造就了一代偉人，呼喚出眾多的抱負宏大、視野寬闊的思想家，這是一個輝煌燦爛的時代。

顧炎武力挽狂瀾，反對空談，倡導實學。他處在當時的社會劇變中，對地理沿革、文字音韻等各類有用的學問給予極大的關注，並把它運用到儒家經典的解釋中。在治學方法上，他提倡實事求是，無徵不信，成為後世樸學的始祖。但他比乾嘉學派高明，搞綜合學問，以博大為特色，並不鑽牛角尖；乾嘉學派不敢過問政治，他大膽地從現實政治出發研究學問，求學是為了經世致用。

黃宗羲投身政治洪流，抨擊專制政治，倡導民主思想。其父遭閹黨迫害死於獄中，在父親影響下，研究學問的同時，關注時政，明末領銜簽署《留都防亂公揭》。明亡

王夫之像

後，撰寫明史，總結歷史經驗。他的最大貢獻是民主思想，在政治上，處理君臣關係與君民關係時，以天下為主，以人民為主；在學術上，提倡學術自由："是非決於學校"，提倡百家爭鳴："殊途百慮"，反對依樣畫葫蘆。他撰寫《留書》、《明夷待訪錄》，是為了探討當時社會的"治亂之故"，涉及傳統的政治經濟體制，表現出相當程度的否定性傾向。

王夫之抗清失敗後隱居著書，清算傳統文化與思想，成為古代哲學的集大成者，從各種角度批判王守仁與朱熹，在理與氣的關係上，強調氣（器），"天下唯器"；在知與行的關係上，強調行，反對知行合一、以知代行的觀點。

這就是王國維所說"國初之學大"，它與乾嘉學派的區別，一言以蔽之，一為經世之學，一為逃世之學，這種差別是時代、社會造成的。康、雍、乾時期的文化專制與文字獄，那些論時事、講歷史的人，一旦被認為有礙統治，不是殺，就是流放，其著述被視為悖逆之論，一律嚴禁、銷毀；使一般讀書人、學者不敢議論時政，或故意遠離現實，超脫於時政，埋頭於故紙堆，沉潛於為學問而學問。另一方面，這一時期的統治者大力提倡漢學，也是促使乾嘉學派形成的原因。清聖祖曾對講官張玉書說："終日講理學，而所行之事全與其背謬，豈可謂之理學？若口雖不講，而行事皆與道理吻合，此即真理學也。"又說："凡所貴道學者，必在身體力行，見諸實事，非徒託之空言。"清高宗懲處尹嘉銓這個專門講求義理性命的理學名臣時，善體上意的大學士三寶奉命審訊尹嘉銓，專門以其醜行揭露理學家的假面具（如逼良家女子為妾等）。此舉顯然是警告那些理學家不要沽名釣譽。理學家在康熙時似乎尚有點吃得開，到乾隆時只得偃旗息鼓了。代之而起的是漢學，即漢儒注經的章

黃宗羲像

句之學，亦即樸學、考據學。在學術源流上，乾嘉學派得益於樸學的奠基者顧炎武，以及先驅者閻若璩、胡渭，有着歷史的傳承。

乾學之學精，精就精在“沉潛諸經”這點上。梁啟超《清代學術概論》說乾嘉學派的研究範圍，以“經學為中心，而衍及小學、音韻、史學、天算、水地、典章制度、金石、校勘輯逸等等，而徵引取材，多極於兩漢”，以“無徵不信”為治學的根本準則，強調“通經有家法”，“墨守漢人家法，定從一師而不敢他徙”，甚至不敢以經駁經。

乾嘉學派分為吳派與皖派。

吳派的創始人惠棟（公元 1705 年～公元 1758 年），蘇州吳縣人，字定宇，號松崖，人稱“小紅豆先生”。師承祖父惠周惕、父親惠士奇之學，蒐集漢儒經說、各家野史，加以編輯考訂，以詳博見稱於世，是吳派經學奠基人。他與周圍的學者研究經學從古文字入手，重視聲韻訓詁，即從識字審音而通訓詁，再由訓詁而求義理。他們的另一特點是惟漢是從，其出發點本是針對宋儒對經典的任意穿鑿附會，矯枉過正，走向極端，成為“凡古必真，凡漢皆好”的盲目信奉者。惠棟的代表作《九經古義》、《古文尚書考》、《周易述》、《明堂大道錄》等，陷於為考證而考證，為經學而經學的怪圈之中。然而卻得到清高宗的青睞，大力提倡，要大臣保薦經術之士，刊印《十三經注疏》，漢學由此而聲望大著。

吳派學者成就突出的有沈彤、江聲、王鳴盛、錢大昕等。沈彤（公元 1688 年～公元 1752 年），蘇州吳江人，通經學，尤精三禮，著有《周官祿田考》、《儀禮十疏》，《春秋左傳小疏》等。江聲（公元 1721 年～公元 1799 年），蘇州元和（今吳縣）人，宗漢儒聲說，精研古訓及《說文解字》，著有《尚書集注音疏》、《六書淺說》等。王鳴盛（公元 1722 年～公元 1797 年），蘇州嘉定人，主張“訓詁必以漢儒為宗”，“治經斷不敢駁經”，“墨守漢人家法”，著有《尚書合案》、《十七史商榷》、《蛾術編》等。錢大昕（公元1728年～公元1804年），蘇州嘉定人，王鳴盛妹婿，精通訓詁、詞章、金石、天文、曆算、歷史，曾參與編寫《續文獻通考》、《續通志》等書，著有《廿二史考異》、《十駕齋養新錄》等。

皖派的創始人戴震（公元 1723 年～公元 1777 年），徽州休寧人，字東原，青年時求學於江永。乾隆二十年（公元 1755 年）到北京，結識名士紀昀、朱筠、王鳴盛、錢大昕等，入四庫全書館任纂修，校訂《大戴禮記》、《水經注》。他強調義理之學，把訓詁考證與義理結合起來，因此其考證、注釋經典的廣度與深度都超過了同時期的學者，汪中說：“戴氏出而集其成”。他對經學、訓詁、音韻、天文、曆算、地理都有精

戴震像

深研究，反對師法漢儒，主張學宗原經，著有《孟子字義疏證》、《毛鄭詩考正》、《聲韻考》、《方言疏證》等。他的《孟子字義疏證》反映出考證研究對義理思想的衝擊，其理論衝擊力表現在以《孟子》為批評武器，向當時的正統學說挑戰："尊者以理責卑，長者以理責幼，貴者以理責賤，雖失，謂之順。卑者、幼者、賤者以理爭之，雖得，謂之逆……人死於法，猶百憐之；死於理，其誰憐之。"因為這種關係，美國學者艾爾曼（B. A. Elman）在《從理學到樸學》中把戴震的社會批判定位為"從考證回歸義理"，而感歎於"戴震的社會批判學說的驚人影響為西方漢學界長期忽略"。

皖派學者成就最突出的有段玉裁、王念孫、王引之等。段玉裁（公元1735年～公元1815年），鎮江金壇人，師事戴震，尤精小學、考據、經學、音韻，積數十年之精力，注釋《說文解字》，王念孫在為《說文解字注》所寫的序言中，稱讚段注是"千七百年來無此作"。段玉裁另外還著有《經詩小學》、《古文尚書撰異》、《六書音韻表》等。王念孫（公元1744年～公元1832年）揚州高郵人，師從戴震，擅長文字、音韻、考據，著有《廣雅疏證》、《讀書雜誌》、《古韻譜》等。王引之（公元1766年～公元1834年），揚州高郵人，繼承其父王念孫，研究音韻訓詁學，世稱"高郵王氏父子之學"，著有《經傳釋詞》、《經義述聞》、《周秦古字解詁》、《字典考證》等。章太炎說："高郵王氏以及其絕學，釋姬漢古書，冰解壤分，一無所凝滯。"

乾嘉時代知名學者多達六十餘人，名家輩出，成績卓著。除上述各項學術領域之外，校勘與輯佚古籍也引人注目，《鹽鐵論》、《白虎通義》、《華陽國志》、《水經注》的整理，從《永樂大典》、《藝文類聚》、《太平御覽》、《初學記》中輯出《世本》、《竹書紀年》、《八家後漢書》、《十家晉書》等，都是頗顯功力之作。

乾嘉漢學興盛，考據風行，不免煩瑣細碎，捨本求末，但其"實事求是，無徵不信"的學風是值得稱道的，晚明以來治學空疏之風一掃而盡，把學者穿鑿附會主觀臆斷的浮誇學風轉變為樸實嚴謹的學風是乾嘉派的最大貢獻。

嘉慶以降統治者對思想的統制有所放鬆，於是後生新進顧忌稍減，趙翼《皇朝武功紀盛》、嚴如熤《三省邊防備覽》、《苗防備覽》等都是涉及當代政治事務之作，學者們開始由為學問而學問轉向經世致用。至道光朝，由盛轉衰已十分明顯，政治問題接踵而來，無法迴避，尤其是鹽、漕、河三事成為關注焦點。賀長齡編《皇朝經世文編》，仿《明經世文編》體例，表明學問力圖向經世致用方向轉變。外來擴張勢力敲打中國的大門，知識份子急欲開眼看世界，瞭解外國，何秋濤《朔方備乘》、林則徐譯各國圖志，徐繼畬譯《瀛寰志略》，一改乾嘉學者的鑽故紙堆風氣。

究其原因，嘉道間社會危機加深，人們深深地感受到"日之將夕，悲風驟至"的衰世已經降臨，一些敏感的知識份子首先衝破漢學脫離實際的樊籬及煩瑣考證的枷鎖，面向現實，力圖挽狂瀾於既倒。章學誠、龔自珍、魏源便成為其中的佼佼者。章學誠（公元1738年～公元1801年），紹興會稽人，曾為湖廣總督畢沅幕僚，助纂《續資治通鑒》。一生從事學術研究，精心編纂多部地方志，他提倡"六經皆史"，孔子並非集大成者，在漢學盛行的時代，唱出了反潮流的聲音，反對脫離現實、復古倒退。他認為學術應"持世而救偏"，反對漢學家"趨時而好名，徇末而不知本"的傾向，主張學問應"計其實用"。龔自珍（公元1792年～公元1841年），杭州仁和人，曾從外祖父段玉裁學習古文字學，又從劉逢祿學《春秋公羊傳》，是嘉道間今文經學的重要代表人物，主張通經致用，反對脫離實際的煩瑣考證和空談心性的宋明理學。他反對漢學倡導的脫離社會現實、埋頭考據的學風，主張繼承漢朝今文經學家"微言大義"、"譏切時政"的學風，提倡經世致用。他希望形成朝廷"更法"、"改圖"，知識界"慷慨論天下事"的新風氣。魏源（公元1794年～公元1857年），湖南邵陽人，師從劉逢祿，是與龔自珍齊名的今文經學家。曾受聘於江蘇布政使賀長齡，編《皇朝經世文編》，並協助江蘇巡撫陶澍從事漕運、水利方面的改革。他認為漢學只知訓詁音韻，不知朝章國故為何物，不知漕、鹽、河、兵得失何在，過於迂闊陳腐，以致"錮天下聰明智慧使盡出於無用之途"；他寫《聖武記》，以盛世武功激勵人心；他受林則徐囑託編《海國圖志》，向國人介紹世界，打開眼界。這就是王國維所說"道咸以降之學新"。

99.從海禁到閉關

清朝的對海外貿易的政策，大體上可以劃分為三個階段：第一階段是海禁時期（公元1644年～公元1683年），第二階段是多口通商時期（公元1684年～公元1759年），第三階段是廣州貿易時期（公元1760年～公元1842年）。

從順治元年（公元1644年）到康熙二十二年（公元1683年），清朝執行了比明朝更為嚴厲的海禁政策，這是從當時的政治軍事形勢出發而採取的非常措施。順治十三年（公元1656年）、順治十八年（公元1661年）、康熙四年（公元1665年），清廷一再下令禁止中國商人進行海外貿易，其主要目的是企圖封鎖東南沿海島嶼的反清勢力。康熙二十二年形勢發生了很大的變化，三藩之亂平定，台灣鄭氏集團投降，先前所面臨的反清復明問題已煙消雲散，於是清朝中央政府有必要重新檢討海禁政策。

當時圍繞着是否繼續實行海禁政策展開了一場激烈的辯論。主張開禁的官僚認為，開禁是大勢所趨，於國於民都有利。福建巡撫吳興祚說：“應與西洋、東洋、日本等國出洋貿易，以充軍餉。”左都御史慕天顏說：“自一禁海之後，而此等銀錢（指外貿收入）絕跡不見一文，即此而言，是塞財源之明驗也。”福建、廣東、浙江沿海各省地方官都從繁榮經濟、有利民生着眼，主張開禁。與此對立的守舊派官僚，如明珠、李光地之流反對開禁，他們從政治着眼，為杜絕不安定因素，反對與外國進行貿易。清聖祖畢竟是一個雄才大略的君主，以遠見卓識作出立即開放海禁的決定，他說：“先因海寇，故海禁不開為是，今海氛廓清，更何所待？”他以國計民生為念，毅然於康熙二十三年（公元1684年）宣佈取消海禁、重開海外貿易。

康熙時期的開放範圍是比較廣的，正式指定廣州、漳州、寧波、雲台山（南京）設置海關，允許外國商船前來貿易，並且正式設立海關監督，規定粵海關由內務府派任，閩海關由福州將軍兼任，浙海關及江海關均由兩省巡撫兼任。在這些港口沿線及鄰近地區也都允許進行對外貿易，例如廣東的潮州、高州、雷州、廉州、瓊州等43處，福建的廈門、汀州、台北等30多處，以及浙江、江蘇沿海多處港口都是開放的。這一開放不僅吸引了外商前來貿易，也刺激了中國商船載貨到國外進行貿易，大體上江浙一帶商船多來往於日本長崎和寧波、上海之間，閩粵一帶商船多來往於南洋各地。當時有“商人往東洋者十之一，南洋者十之九”的說法，可見南洋貿易是當時的主流。閩粵沿海人民

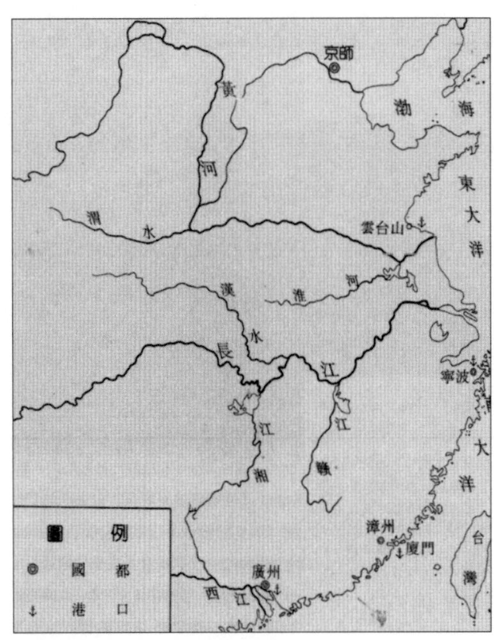

清前期對外貿易港口示意圖

因遠販外洋而活躍了地區經濟，也為政府增加了稅收，據估計康熙時期海關稅銀每年至少在四五十萬兩上下。

然而這種開放畢竟是有限制的。事實上，從康熙二十三年到康熙五十五年，這34年中，與外國的海船貿易曾在浙江的寧波（舟山）、福建的廈門、廣東的廣州、澳門進行；從康熙五十五年起到乾隆二十四年，大部份貿易在廣州進行，廈門貿易只有兩年，寧波貿易只有三年。究其原因是寧波、廈門貿易無章可循，官吏貪污成風，經商十分不便。另一方面，對出海船隻的大小規格有嚴格規定，以防轉資海盜或盜米出洋或偷賣船料。當沿海人民不顧清廷禁令，不斷移民南洋，大批船隻出售給外洋各國之類事件一再發生時，引起了清朝當局的憂慮。康熙五十五年（公元1716年），清聖祖在與大學士、九卿等官僚談及此事時明確表示："海防乃今日之要務"，"朕南巡過蘇州時，見船廠問及，咸云：每年造船出海貿易者多至千餘，回來者不過十之五六，其餘悉賣在海外賫銀而歸"。有鑒於此，他下令："東洋可使貿易，若南洋，商船不可令往。"次年（公元1717年），清政府終於制定了禁止通南洋的政策，即所謂"東洋可去船，南洋不許去船，紅毛（西洋各國）聽其自來"。《康熙五十六年兵部禁止南洋原案》對此作了嚴格的限制："凡客商船隻，仍令照舊在沿海五省及東洋貿易外，南洋呂宋、噶喇吧等處，一概不許商船前去貿易，俱令在南澳、海壇等要緊地方嚴行截住，並令沿海出口之處及浙江定、黃、溫三鎮，並南澳、澎湖、台灣並廣東沿海一帶水師各營，嚴行查拿，從重治罪。其外國夾板船有來貿易者，照舊准其貿易，並令地方文武嚴加防範看守，不許生事。"

這種情況一直持續到雍正五年（公元1727年）。地方官鑒於禁航南洋引起的一系列社會問題，都希望開禁。閩浙總督高其倬向清世宗上疏，指出：為了廣開謀生之路，對地方有益，只有開洋一途，請求弛南洋之禁。廣東方面的地方官也提出一體開洋的請求。清世宗便在雍正五年下詔允准開放南洋貿易。

種種跡象表明，清朝的最高統治者包括清聖祖這樣的明君，對於當時世界的大勢，對於發展外貿與正在崛起的西方各國展開商業競爭，是缺乏足夠認識的，傳統的內陸文明與小農思想指導下的對外政策，進取不足而保守有餘，處處以防範為主，所謂“非我族類，其心必異”，以天朝大國乃世界之中心自居，視外國為蠻夷，居高臨下地加以提防。這種防夷政策幾乎是面面俱到的，第一是嚴禁硝磺、火藥、鐵器外銷，第二是夷商到岸必須起卸武器，第三是務使夷商不能明瞭中國真相；為此規定：不准夷商在廣東“住冬”，不准夷商購買中國書籍，不准夷商學習中國語言文字。清高宗即位以後愈演愈烈，逐漸收縮通商口岸，從粵、閩、江、浙四省減少到廣東一省，從大小百來個口岸減少到廣州一口，是有其必然性的。

乾隆二十二年（公元1757年），清高宗下令關閉江海關、浙海關、閩海關，指定外

廣州十三行

國商船只能在粵海關——廣州一地通商，並對絲綢、茶葉等傳統商品的出口量嚴加限制；對中國商船的出洋貿易，也規定了許多禁令。這就是人們通常所說的閉關政策。乾隆二十四年，發生了英商洪任輝（James Flint）要求自由通商的案件，引起清朝政府更加嚴厲的防範。即使在惟一開放的粵海關，還頒佈了防範外國商人的條款：（一）洋船銷貨後，應飭依期回國，禁止住冬；（二）洋商船毋許漢奸私行交易；（三）內地行商毋許借洋商資本；（四）洋商毋許僱內地廝役；（五）洋船泊處，守備一員督同弁兵彈壓、稽查。

外國商人必須住在廣州城外特別居住區域內的商館，並且必須通過稱為廣東十三行的公行進行交易。公行是洋行的共同組織，洋行和公行承銷一切外國進口貨物，並負責代辦外商所需的中國出口貨物，以及承保、繳納進口稅項。所謂“十三行”是一個俗稱，實際並非13家，他們是官方特許經營外貿的商人，他們的行會組織是會行。成立公行的目的在於共同承擔官府差料、消除內部競爭、統一貨價以及辦理中外交涉事件。行商作為官府與外商的中介，負有照料和管束外商的責任。外商在黃埔上岸後，只能住在廣州城外省河邊的商館，平時不得任意到商館區以外走動，更不准入城。他們經商和生活所需的買辦、通事、僕役，都必須由行商僱傭。外商有事要向官府遞稟交涉，官府有事要通告外商，都經過行商轉達。貿易季節一過，行商有責任催促外商離境，或返回澳門居住，不准在廣州過冬。這種做法固然有利於對外商的控制，把對外交往控制在最低限度，但它顯然與西方資本主義自由貿易制度格格不入。

直到乾隆晚期，中國還是一個出超的國家，大多數年份都有貿易順差，許多外商都要以本國銀洋來支付貿易差額。在來廣州進行貿易的外商中，經過產業革命、經濟蓬勃發展的英國佔一半以上，他們也長期處在逆差之中。乾隆四十六年（公元 1781 年）至乾隆五十五年（公元1790年）的10年間，中國輸往英國的商品，僅茶葉一項即達96,267,832銀元；英國輸往中國的商品（包括毛織品、棉布、棉紗、金屬等）總共才16,871,592銀元。據統計，18世紀整整100年中，英國因購買中國商品而輸往中國的銀元達 2 億多。

英國政府為改變這種狀況，消除限制，締結基於近代條約的國際關係，特派以馬戛爾尼伯爵（George Lord Macartney）為正使、東印度公司大班斯當東為副使的使節團，於乾隆五十八年（公元 1793 年）秋到達渤海灣的大沽海口。其出使目的在於擴大通商與聯絡邦交，其一，英國想在中國沿海獲得如澳門一樣的地區；其二，如中國不願

馬戛爾尼像

租地，就加開通商口岸，減少廣州通商的限制；其三，英國可以遵守中國的鴉片禁令；其四，英國派公使駐北京，並歡迎清公使駐倫敦。對於這個使節團，清廷頗為重視，派官員專程迎接，優禮款待，希望把此次“朝聘”搞成“外夷向化”的盛典。然而雙方一接觸，便發生了覲禮糾紛。馬戛爾尼儘管在進京途中對清方在他的船上掛上“英吉利國貢使”的旗幟佯裝不知，但抵達熱河離宮時，拒絕向清朝皇帝行跪拜禮，要求行英國的覲禮——一足跪地，一手輕握君主之手而親吻。清朝官員經過一番權衡，只同意一半，即一足跪地，而不同意另一半，即親吻皇帝之手。覲見完畢後，清高宗接過馬戛爾尼呈遞的國書，隨即贈給英王一柄“白如意”交給馬戛爾尼。馬戛爾尼隨後提出如下要求：英國派員常駐北京照管商務，允許英商到寧波、舟山、天津等地貿易，在北京建商館貯貨發賣，中國在舟山附近割一小島供英商居住、貯貨，在廣州附近撥一處地方供英商居住並允許其自由出入，減免英商在廣州、澳門的內河運輸稅，允許英國人傳教，免除英國人居住稅並發給許可證等。清朝政府對馬戛爾尼一行給予熱情的招待，卻迴避實質性的交涉。清高宗一方面明確表示“天朝尺土俱歸版籍，疆址森然，即島嶼沙洲亦必劃界分疆，各有所屬”，英船不得駛至浙江、天津等地上岸交易，勿謂言之不預；另一方面，以上諭的形式告知英國：“天朝物產豐盈，無所不有，原不藉外夷貨物，以通有無”，考慮到對方的困難，可以承認作為恩惠的朝貢貿易。馬戛爾尼沒有達到預期的目的，於翌年三月從澳門踏上歸途。

嘉慶二十一年（公元1816年），英國再次派出以阿美士德（William Pitt Lord Amherst）為團長的使節團前來中國。上次馬戛爾尼出使在禮儀上佔了便宜，加深了清朝對於英人“桀驁不馴”的印象，阿美士德出使時，清廷使不再通融了，使節團一到大沽，清朝官員就與他談判禮儀問題，結果雙方陷入僵局，使節團因此被堵在通州。最後，清仁宗不耐煩了，下令招見英使，官員

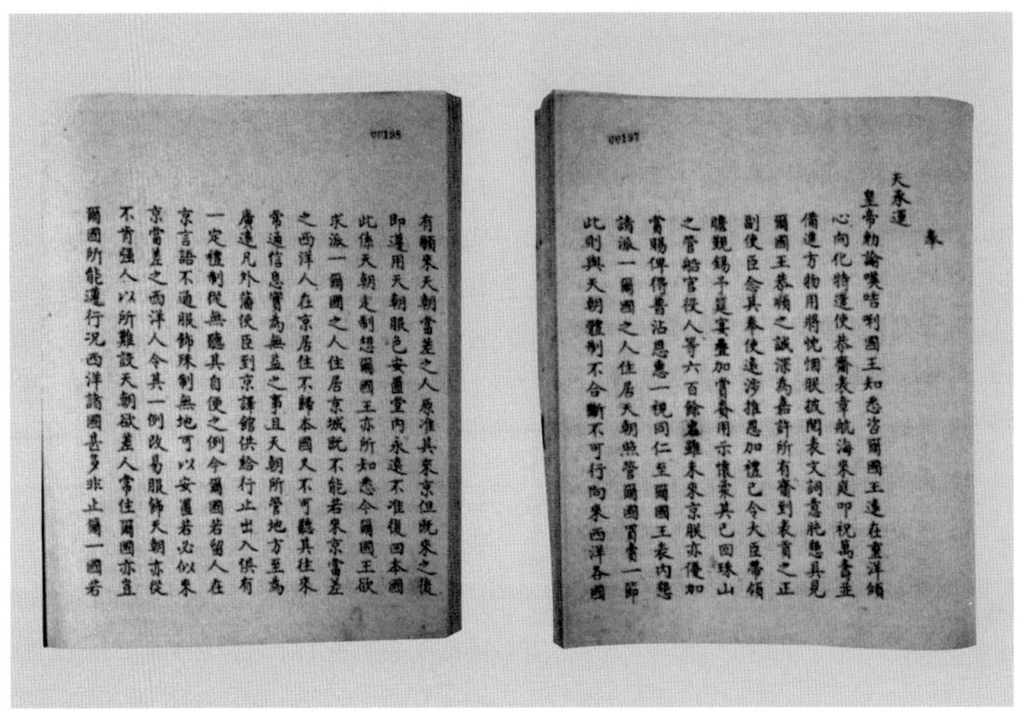

00197

奉

天承運

皇帝勅諭咦咭唎國王知悉咨爾國王遠在重洋傾
心向化特遣使恭齎表章航海來庭叩祝萬壽並
備進方物用將忱悃朕披閱表文詞意肫懇具見
爾國王恭順之誠深為嘉許所有齎到表貢之正
副使臣念其奉使遠涉推恩加禮已令大臣帶領
瞻覲錫予筵宴疊加賞賚用示懷柔其已回珠山
之管船官役人等六百餘名雖未來京朕亦優加
賞賜俾得普沾恩惠一視同仁至爾國王表內懇
請派一爾國之人住居天朝照管爾國買賣一節
此則與天朝體制不合斷不可行向來西洋各國

00198

有願來天朝當差之人原准其來京但既來之後
即遵用天朝服色安置堂內永遠不准復回本國
此係天朝定制想爾國王亦所知悉今爾國王欲
求派一爾國之人住居京城既不能若來京當差
之西洋人在京居住不歸本國又不可聽其往來
常通信息實為無益之事且天朝所管地方至為
廣遠凡外藩使臣到京譯館供給行止出入俱有
一定體制從無聽其自便之例今爾國若留人在
京言語不通服飾殊制無地可以安置若必似來
京當差之西洋人令其一例改易服飾天朝亦從
不肯強人以所難設天朝欲差人常住爾國亦豈
爾國所能遵行況西洋諸國甚多非止爾一國若

乾隆帝給英國王上的上諭檔

連夜用車把他送往北京，當英使抵達圓明園時，藉口疲憊不堪要求改日覲見，不顧清方官員勸阻，拂袖而去。英使如此無禮，清仁宗大怒，下令驅逐英使，並且在給英國國王的敕諭裡宣佈：英國遣使前來中國，“禮義不能諳習，重勞唇舌，非所樂聞”，“嗣後無庸遣使遠來，徒煩跋涉”。當然，阿美士德原先準備提出的要求，諸如開放寧波、天津、舟山讓英商貿易，並在北京設立商館，允許英商全年在廣州城內自由貿易等，也因為雙方禮儀爭執不決，而根本無從談起——談判還未開始已告決裂。

此後，清朝的閉關政策更加嚴厲，道光十一年（公元1831年）訂了8條章程，把原來作為慣例的不准夷婦住館、不准外商坐轎、不准外商私帶槍炮進省等項嚴格地規定下來。以後又規定了防範貿易洋人的酌增章程8條，禁止外商僱傭中國員工，禁止外商進內河，外商與官府交涉須經行商（公行商人）轉稟等。而英國方面為了扭轉貿易逆差，進行極為卑下的鴉片走私貿易，據東印度公司報告，嘉慶二十五年（公元1820年）向中國走私鴉片4,570箱，道光十年（公元1830年）增加至19,956箱，道光十五年（公元1835年）、道光十八年（公元1838年）又分別增加至30,202箱、40,200箱。中國與英國之間的矛盾不斷加劇，非法的鴉片貿易成為矛盾的焦點。

西方已進入資本主義時代，急於打開中國的大門，這便與閉關政策發生尖銳的衝突，以何種方式打開中國大門，只是一個時間問題。卡爾·馬克思當時在英國發表的時評中說，閉關自守的中國，就像一具木乃伊，一直密閉在棺材中，不與外界接觸，一旦與新鮮空氣接觸，就立即腐爛。後來的事態發展，充分證實了這一論斷。

100.人口壓力與社會危機

中國歷代政府都很注意控制人口，因為人口對賦稅、徭役有直接關係，但往往關注人口中的某一部份，即所謂"丁"(成年勞動力)，由於這種關係，歷代人口統計一般都偏低於實際數字。自漢至明，官方統計的人口在6,000萬上下徘徊，一方面顯示了農業社會人口增長緩慢，另一方面也顯示統計中的誤差。何炳棣《1368～1953年中國人口研究》首次指出，北宋的總人口已有1億，南宋和金的總人口為1.1億。珀金斯（Dwight H.Perkins）在《中國農業的發展（1368～1968）》中指出：從東漢王朝到明朝的建立，只有很少幾個世紀才有持續的人口增長，而這種難得出現的增長又被蒙古人入侵的暴力毀滅殆盡。與此相反，14世紀以後，人口以平均每年0.4%的速度緩慢增長。他在何炳棣《1368～1953年中國人口研究》的基礎上，對明清兩代的官方人口統計數字作了修正，提出如下數據：

公元1393年（洪武二十六年）
65～80（百萬）
公元1600年（萬曆二十八年）
120～200（百萬）
公元1650年（順治七年）
100～150（百萬）
公元1750年（乾隆十五年）
200～250（百萬）
公元1850年（道光三十年）
410（±25）(百萬)

葛劍雄主編的《中國人口史》進一步指出：明洪武二十六年(1393年)全國總人口達0.727億，明末全國總人口達1.525億，清乾隆時全國總人口突破了3億大關，1644～1851年兩個多世紀中，中國人口的平均增長率為0.49%。在傳統農業時代，主要生產資料與生活資料的增長是緩慢的，不可能每隔一個世紀就增長1倍，於是便形成了人口的相對過剩，即人口壓力。

《欽定授衣廣訓》插圖

清朝前期兩個世紀中人口迅猛增長的原因，是一個複雜的問題。它很難以生產力發展來解釋，因為這兩個世紀中生產力並無突飛猛進般的發展，不可能導致人口爆炸；它也很難以社會相對和平穩定來解釋，因為中國歷史上類似的相對和平穩定時期曾多次出現，何以沒有出現人口爆炸？它也很難以疆域擴大來解釋，因為清朝比明朝擴大的疆域都是人口稀少的邊緣地區，在全國人口總數中只佔微不足道的比例。顯然，人口迅猛增長的原因應從其他方面去尋找。

首先，康熙五十一年（公元1712年）"盛世滋生人丁永不加賦"政策與雍正元年（公元1723年）"攤丁入地"政策的相繼頒佈、執行，刺激了人口的增長。以前人丁的增加意味着賦稅徭役的隨之增加，具體而言，丁銀的負擔出於人頭。因而隱瞞真實人口、年齡，便成為逃避負擔的一種手段，人口的統計必然大大低於實際數字。5年一度的編審，不可能把實際增加的人丁全部登記入丁銀徵收冊籍。宣佈盛世滋生人丁永不加賦、攤丁入地以後，把人丁的負擔（丁銀）全部平均攤派到土地的負擔（地銀）上，人丁的負擔以法律形式宣佈取消，這一政策的社會影響是很大的。一方面，使長期隱匿的人口不再隱匿，政府的人口統計接近於實際狀況；另一方面，人口增加不再帶來人頭稅，刺激了人口的迅猛滋生。

其次，在農業生產技術近於停滯，土地關係又無多大變化的社會中，要提高土地的產量，主要的途徑就是不斷地增加投入單位面積土地的勞動，因而人口增長是勞動力增加、農業生產發展最便捷最重要的手段。珀金斯研究明清以來中國農業史的結論之一，就是人口增加是農業生產力提高的主要動力。他說，人類歷史上農業從粗放走向集約化經營的過程，是一個因人口增加而集約化程度不斷提高的過程，在農業經濟中人是最主要的生產力。這一點對於理解人口迅猛增長是一個很值得探討的層面。

再次，由於人口增長主要在農村，所以這一時期農業的發展中有幾個方面是值得注意的。第一是清朝政府獎勵墾荒地政策的持續貫徹，取得明顯的成效，促使耕地面積不斷擴大。從順治年間到雍正年間，人口增長與耕地增長大體是相近的：

（一）晉、冀、魯、豫、陝、甘，人口增長 59.44% ，耕地增長 64.24% ；

（二）蘇、皖、川、粵，人口增長 30.30% ，耕地增長 22.49% ；

（三）浙、贛、湘、鄂、閩，人口增長 6.4% ，耕地增長 9.64% ；

（四）奉、吉、新、桂、雲、貴，人口增長 3.77% ，耕地增長 3.63% 。

這就為乾隆時期人口突破3億大關提供了一個物質基礎。

農業生產本身的發展彌補了耕地面積的不足，這主要是乾、嘉、道三朝水稻的雙季種植化，以及高產作物蕃薯、玉米的推廣（前面已有敘述，此處不再重複），為新增人口提供了新的糧食來源。布羅代爾（Fernand Braudel）《15至18世紀的物質文明、經濟和資本主義》指出：山藥、芋頭、白薯、木薯、土豆、玉米等原產美洲的作物，在發現新大陸後才渡海進入中國，直到18世紀才真正得到推廣，那時候由於人口的急劇增長，不得不在平原地區之外開墾荒山野嶺，使南北部份的人口相對地重趨平衡。

但是人口的迅猛增長畢竟給社會帶來了巨大的壓力，特別是乾隆五十五年（公元1790年），人口達到3.0148億時，這種壓力愈來愈明顯了。乾隆五十八年（公元1793年），清高宗就感到人口壓力之沉重，他說："承平日久，生齒日繁，蓋藏自不能如前充裕……生之者寡，食之者眾，朕甚憂之……然為之計及久遠，非野無曠土，家有贏糧，未易享昇平之福。"無獨有偶，面對同樣的社會問題，著名學者洪亮吉也在這一年提出了他的人口論，可以概括為以下3點：（一）耕地的增長不及人口增長的速度；（二）他主張以“天地調劑之法”與“君相調劑之法”來解決過剩人口，即水旱瘟疫等災害的自然淘汰，政府人為調整與救濟，如移民、開荒等；（三）他認為聽任人口激增會引起社會動亂。

洪亮吉的人口論比英國經濟學家馬爾薩斯（T.R. Malthus）1798年發表《人口論》早了5年。馬爾薩斯認為，人口增長快於生活資料的增長，如不遇到阻礙，人口按幾何級數增長，而生活資料即使在最有利的生產條件下，也只能按算術級數增長，所以人口增長的速度超過生活資料增長的速度，減少人口使之與生活資料相適應的決定性因素是貧困、饑饉、瘟疫、繁重勞動和戰爭，主張採取各種措施限制人口的繁殖。洪亮吉的人口論雖然不及馬爾薩斯那麼系統、嚴密，但已敏感到人口問題的嚴重性，無論如何是難能可貴的。

隨着清朝的由盛轉衰，經濟衰退，政府的財政收入與儲備都在減少，人口壓力的消極作用就更加突出了。

其一，人均耕地面積日趨減少，從17世紀中葉到19世紀中葉的200年中，人均耕地減少了一半：

年代	人口（億）	耕地（億畝）	人均耕地（畝／人）
1650	1.00～1.50	6.00	6.00～4.00
1750	2.00～2.50	9.00	4.50～3.60
1850	4.10	12.10	2.95

洪亮吉說：“每人四畝即可得生計。”我們不妨把人均四畝視作“溫飽常數”，低於此數，社會陷於動亂是不可避免的。

其二，由於人均耕地面積下降，每人所得糧食數量也日益減少，導致糧食價格上漲。如果以17世紀後半期糧價指數為100，那麼其後的糧價指數：18世紀前半期為132.00；18世紀後半期為264.82；19世紀前半期為532.08；19世紀後半期為513.35。19世紀的糧價比17世紀上漲了5倍多，糧食匱乏與糧荒日趨嚴重，一遇自然災害，就出現大規模飢荒與人口死亡，不可避免地引起各種抗糧、抗租暴動和搶米風潮。不斷的災荒、戰亂，使咸豐以後到清末民初，人口不再繼續增長，從咸豐初年的4億多下降至同治初年的近3億，再由光緒初年的3億多回升到清末民初的4億多。人口相對過剩已構成社會動亂的一個因素，而社會動亂又反過來制約人口漫無邊際的增長，反映了社會危機的一個惡性循環。

乾隆末、嘉慶初川楚白蓮教起義，可以看作人口壓力與社會危機的一個標誌。它的背景可以追溯到明中葉荊襄地區的流民問題。大量流民進入荊襄地區，使這一地區得到開發，農業人口的相對過剩在這裡獲得暫時的緩解。農業人口從已開發地區向未開發地區或開發中地區流動，是當時的一個普遍現象，荊襄地區流民問題作為一個典型來剖析是很有意義的。到清中葉，這一地區的人口也達到了它所能容納的最大限度，乾隆末、嘉慶初的川楚白蓮教起義爆發在這裡不是偶然的。流民的生活是不穩定的，一旦遭到災荒，或失去生活來源，就淪為流氓無產者，成為社會的破壞力量，這在荊襄山區尤為顯著，官府對此感到十分頭痛：“既聚之眾，不能復散，紛紛多事，防範最難”。這種特殊的社會環境提供了宗教迷信、神秘主義的土壤，白蓮教在流民中的傳播是很自然的，他們自發地形成一種鬆散的互助組織，白蓮教傳入後，一拍即合，所謂“教匪之煽惑山民，稱持咒唸經可免劫餘，立登仙佛，愚民無知，共相崇信，故入教者多”。白蓮教在組織內部提倡並實行平均主義，他們“戒貪戒淫，可以成佛成仙，所取給米為數無多，而成教之人，又彼黨夥，不攜資糧，穿衣吃飯不分你我”。一遇災荒，謀生無着，他們就倡導“吃大戶”或聚眾謀反。當地官吏說：“倘遇旱澇之時，糧價昂貴，則傭工無資，一二奸民倡之以‘吃大戶’為名。而蟻附蜂起，無所畏懼。”

一旦“蟻附蜂起”後，局勢很難控制，“虜脅日眾，不整隊，不迎戰，不走平原，惟數百為群，忽分忽合，忽南忽北”。這種零星的武裝鬥爭終於釀成了乾隆六十年（公元1795年）冬，荊州、宜昌地區白蓮教組織的大規模武裝起義，他們以白布纏頭，白旗為號，與襄陽，鄖陽一帶教徒相聯絡，分頭舉事。嘉慶元年（公元1796年）二月，起義軍圍房縣，克保康、竹山，竹溪、鄖縣、鄖西一帶流民紛起響應，匯成一場聲勢浩大的群眾性武裝反抗運動。這場鬥爭的爆發，實際上已充分顯示出相對過剩人口對社會的壓力了。這場起義前後持續了九年零四個月，至嘉慶十年（公元1805年）五月失敗，參加人數達幾十萬，席捲了湖北、四川、陝西、河南、甘肅五省。政府徵調了16個省的軍隊，消耗軍費2億兩銀子，才把它平定下去。這一事變使清朝的由盛轉衰的趨勢愈益明朗化，從此盛世不再。

從嘉慶元年（公元1796年）到道光二十年（公元1840年）的44年中，《東華錄》所記錄的武裝暴動、民眾起義，達93次；從道光二十一年到道光二十九年的9年中，這類暴動、起義竟達110次之多，其後更加風起雲湧。由於地方官無法收拾，只得隱匿不報，事實上太平天國起義前各地起事者大小約一百四五十股。19世紀五六十年代的太平天國運動雖然並不完全出於人口壓力與糧食失調，但多少反映出人口壓力下社會危機的一個側面。這場持續十多年的全國性大動亂，以幾千萬人死亡而告終。人口壓力以這種形式得以緩解，以及隨之而來的所謂"同光中興"，有如曇花一現，並不能改變年復一年的社會動盪狀態。

社會日益貧困化，是危機的一種表現。晚清社會喉舌《申報》對此曾作過深刻的評述："乾隆年間，非徒帑庫充盈，而且各省鹽商與廣東洋商富能敵國者不可勝數"；"至嘉慶時，雖不能如乾隆以前之盛，然亦尚未聞患貧之說"；"道光初年，而天下之繁富雖不如昔，亦不似今"；咸豐以後"民間之貧又見"；到光緒初年，"中國貧多富少，故金銀一入富室，更難望有出時，是以共覺天下愈貧也"。這種天下愈貧的趨勢，一方面反映按人口平均的社會財富日趨遞減，另一方面反映社會財富分配的不均，即"富者愈富，貧者愈貧"，"富者則坐擁數十萬者亦有之，而貧者常至家無擔石之儲"。在這種大背景下，社會的動亂是無可避免的。

附錄　歷代帝王建元簡表

朝　代	廟　號	帝王原名	年　號	公　元
秦	始皇帝	嬴　政		前221～前210
	二　世	嬴胡亥		前209～前207
		嬴子嬰		前207
漢	高　祖	劉　邦		前206～前195
	惠　帝	劉　盈		前194～前188
	高　后	呂　雉		前187～前180
	文　帝	劉　恆	前　元	前179～前164
			後　元	前163～前157
	景　帝	劉　啟	前　元	前156～前150
			中　元	前149～前144
			後　元	前143～前141
	武　帝	劉　徹	建　元	前140～前135
			元　光	前134～前129
			元　朔	前128～前123
			元　狩	前122～前117
			元　鼎	前116～前110
			元　封	前110～前105
			太　初	前104～前101
			天　漢	前100～前97
			太　始	前96～前93
			征　和	前92～前89
			後　元	前88～前87
	昭　帝	劉弗陵	始　元	前86～前80

朝代	廟號	帝王原名	年號	公元
			元鳳	前80～前75
			元平	前74
	宣帝	劉詢	本始	前73～前70
			地節	前69～前66
			元康	前65～前62
			神爵	前61～前58
			五鳳	前57～前54
			甘露	前53～前50
			黃龍	前49
	元帝	劉奭	初元	前48～前44
			永光	前43～前39
			建昭	前38～前34
			竟寧	前33
	成帝	劉驁	建始	前32～前29
			河平	前28～前25
			陽朔	前24～前21
			鴻嘉	前20～前17
			永始	前16～前13
			元延	前12～前9
			綏和	前8～前7
	哀帝	劉欣	建平	前6～前3
			太初元將	前5
			元壽	前2～前1
	平帝	劉衎(kàn)	元始	1～5
	孺子嬰		居攝	6～8
			初始	8
新		王莽	始建國	9～13
			天鳳	14～19

朝代	廟號	帝王原名	年號	公元
			地皇	20～23
東漢	光武帝	劉秀	建武	25～56
			中元	56～57
	明帝	劉莊	永平	58～75
	章帝	劉炟	建初	76～84
			元和	84～87
			章和	87～88
	和帝	劉肇	永元	89～105
			元興	105
	殤帝	劉隆	延平	106
	安帝	劉祜(hù)	永初	107～113
			元初	114～120
			永寧	120～121
			建光	121～122
			延光	122～125
	順帝	劉保	永建	126～132
			陽嘉	132～135
			永和	136～141
			漢安	142～144
			建康	144
	冲帝	劉炳	永嘉	145
	質帝	劉纘(zuǎn)	本初	146
	桓帝	劉志	建和	147～149
			和平	150
			元嘉	151～153
			永興	153～154
			永壽	155～158
			延熹	158～167
			永康	167

朝代	廟號	帝王原名	年號	公元
	靈帝	劉宏	建寧	168～172
			熹平	172～178
			光和	178～184
			中平	184～189
	少帝	劉辯	光熹	189
			昭寧	189
	獻帝	劉協	永漢	189
			中平	189
			初平	190～193
			興平	194～195
			建安	196～220
			延康	220
三國				
魏	文帝	曹丕	黃初	220～226
	明帝	曹叡	太和	227～233
			青龍	233～237
			景初	237～239
	齊王	曹芳	正始	240～249
			嘉平	249～254
	高貴鄉公	曹髦	正元	254～256
			甘露	256～260
	元帝	曹奐	景元	260～264
			咸熙	264～265
蜀	昭烈帝	劉備	章武	221～223
	後主	劉禪	建興	223～237
			延熙	238～257
			景耀	258～263
			炎興	263

朝代	廟號	帝王原名	年號	公元
吳	大帝	孫權	黃武	222～229
			黃龍	229～231
			嘉禾	232～238
			赤烏	238～251
			太元	251～252
			神鳳	252
	會稽王	孫亮	建興	252～253
			五鳳	254～256
			太平	256～258
	景帝	孫休	永安	258～264
	末帝	孫皓	元興	264～265
			甘露	265～266
			寶鼎	266～269
			建衡	269～271
			鳳凰	272～274
			天冊	275
			天璽	276
			天紀	277～280
晉	武帝	司馬炎	泰始	265～274
			咸寧	275～280
			太康	280～289
			太熙	290
	惠帝	司馬衷	永熙	290～291
			永平	291
			元康	291～299
			永康	300～301
			永寧	301～302
			太安	302～304

朝代	廟號	帝王原名	年號	公元
			永安	304
			建武	304
			永興	304～306
			光熙	306
	懷帝	司馬熾	永嘉	307～313
	愍帝	司馬鄴	建興	313～317
東晉	元帝	司馬睿	建武	317～318
			大興	318～321
			永昌	322～323
	明帝	司馬紹	太寧	323～326
	成帝	司馬衍	咸和	326～334
			咸康	335～342
	康帝	司馬岳	建元	343～344
	穆帝	司馬聃	永和	345～356
			升平	357～361
	哀帝	司馬丕	隆和	362～363
			興寧	363～365
	廢帝	司馬奕	太和	366～371
	簡文帝	司馬昱	咸安	371～372
	孝武帝	司馬曜	寧康	373～375
			太元	376～396
	安帝	司馬德宗	隆安	397～401
			元興	402
			大亨	402
			元興	403～404
			義熙	405～418
	恭帝	司馬德文	元熙	419～420

朝代	廟號	帝王原名	年號	公元
南朝				
宋	武帝	劉裕	永初	420～422
	少帝	劉義符	景平	423～424
	文帝	劉義隆	元嘉	424～453
	孝武帝	劉駿	孝建	454～456
			大明	457～464
	前廢帝	劉子業	永光	465
			景和	465
	明帝	劉彧	泰始	465～471
			泰豫	472
	後廢帝	劉昱	元徽	473～477
	順帝	劉準	昇明	477～479
齊	高帝	蕭道成	建元	479～482
	武帝	蕭賾(zé)	永明	483～493
	郁林王	蕭昭業	隆昌	494
	海陵王	蕭昭文	延興	494
	明帝	蕭鸞	建武	494～498
			永泰	498
	東昏侯	蕭寶卷	永元	499～501
	和帝	蕭寶融	中興	501～502
梁	武帝	蕭衍	天監	502～519
			普通	520～527
			大通	527～529
			中大通	529～534
			大同	535～546
			中大同	546～547
			太清	547～549
	簡文帝	蕭綱	大寶	550～551
	豫章王	蕭棟	天正	551

朝代	廟號	帝王原名	年號	公元
	武陵王	蕭紀	天正	552
	元帝	蕭繹	承聖	552～555
	貞陽侯	蕭淵明	天成	555
	敬帝	蕭方智	紹泰	555～556
			太平	556～557
陳	武帝	陳霸先	永定	557～559
	文帝	陳蒨	天嘉	560～566
			天康	566
	廢帝	陳伯宗	光大	567～568
	宣帝	陳頊(xū)	太建	569～582
	後主	陳叔寶	至德	583～586
			禎明	587～589
北朝				
魏	道武帝	拓跋珪	登國	386～396
			皇始	396～398
			天興	398～404
			天賜	404～409
	明元帝	拓跋嗣	永興	409～413
			神瑞	414～416
			泰常	416～423
	太武帝	拓跋燾	始光	424～428
			神䴥	428～431
			延和	432～434
			太延	435～440
			太平真君	440～451
			正平	451～452
	文成帝	拓跋濬	興安	452～454
			興光	454～455

朝代	廟號	帝王原名	年號	公元
			太安	455～459
			和平	460～465
	獻文帝	拓跋弘	天安	466～467
			皇興	467～471
	孝文帝	拓跋宏	延興	471～476
		（元宏）	承明	476
			太和	477～499
	宣武帝	元恪	景明	500～503
			正始	504～508
			永平	508～512
			延昌	512～515
	孝明帝	元詡	熙平	516～518
			神龜	518～520
			正光	520～525
			孝昌	525～527
			武泰	528
	孝莊帝	元子攸	建義	528
			永安	528～530
	長廣王	元曄	建明	530～531
	節閔帝	元恭	普泰	531～532
	安定王	元朗	中興	531～532
	孝武帝	元修	太昌	532
			永興	532
			永熙	532～534
東魏	孝靜帝	元善見	天平	534～537
			元象	538～539
			興和	539～542
			武定	543～550
西魏	文帝	元寶炬	大統	535～551

朝代	廟號	帝王原名	年號	公元
	廢帝	元欽		552～554
	恭帝	元廓		554～556
齊	文宣帝	高洋	天保	550～559
	廢帝	高殷	乾明	560
	孝昭帝	高演	皇建	560～561
	武成帝	高湛	太寧	561～562
			河清	562～565
	後主	高緯	天統	565～569
			武平	570～576
			隆化	576～577
	幼主	高恆	承光	577
周	孝閔帝	宇文覺		557
	明帝	宇文毓		557～558
			武成	559～560
	武帝	宇文邕	保定	561～565
			天和	566～572
			建德	572～578
			宣政	578
	宣帝	宇文贇(yūn)	大成	579
	靜帝	宇文衍	大象	579～580
			大定	581
隋	文帝	楊堅	開皇	581～600
			仁壽	601～604
	煬帝	楊廣	大業	605～617
	恭帝	楊侑	義寧	617～618
唐	高祖	李淵	武德	618～626
	太宗	李世民	貞觀	627～649

朝代	廟號	帝王原名	年號	公元
	高宗	李治	永徽	650～655
			顯慶	656～661
			龍朔	661～663
			麟德	664～665
			乾封	666～668
			總章	668～670
			咸亨	670～674
			上元	674～676
			儀鳳	676～679
			調露	679～680
			永隆	680～681
			開耀	681～682
			永淳	682～683
			弘道	683
	中宗	李顯	嗣聖	684
	睿宗	李旦	文明	684
	則天后	武曌(zhaò)	光宅	684
			垂拱	685～688
			永昌	689
			載初	689～690
周	聖神皇帝	武曌	天授	690～692
			如意	692
			長壽	692～694
			延載	694
			證聖	695
			天冊萬歲	695～696
			萬歲登封	696
			萬歲通天	696～697
			神功	697

朝代	廟號	帝王原名	年號	公元
			聖曆	698～700
			久視	700
			大足	701
			長安	701～704
			神龍	705
唐	中宗	李顯	神龍	705～707
			景龍	707～710
	睿宗	李旦	景雲	710～711
			太極	712
			延和	712
	玄宗	李隆基	先天	712～713
			開元	713～741
			天寶	742～756
	肅宗	李亨	至德	756～758
			乾元	758～760
			上元	760～762
	代宗	李豫	寶應	762～763
			廣德	763～764
			永泰	765～766
			大曆	766～769
	德宗	李適	建中	780～783
			興元	784
			貞元	785～805
	順宗	李誦	永貞	805
	憲宗	李純	元和	806～820
	穆宗	李恆	長慶	821～824
	敬宗	李湛	寶曆	825～827
	文宗	李昂	大和	827～835
			開成	836～840

朝代	廟號	帝王原名	年號	公元
	武宗	李炎	會昌	841～846
	宣宗	李忱	大中	847～860
	懿宗	李漼(cuī)	咸通	860～874
	僖宗	李儇(xuān)	乾符	874～879
			廣明	880～881
			中和	881～885
			光啟	885～888
			文德	888
	昭宗	李曄	龍紀	889
			大順	890～891
			景福	892～893
			乾寧	894～898
			光化	898～901
			天復	901～904
			天祐	904
	哀帝	李柷(zhù)	天祐	905～907
五代				
梁	太祖	朱溫	開平	907～911
			乾化	911～912
	庶人	朱友珪	鳳曆	913
	末帝	朱友貞	乾化	913～915
			貞明	915～921
			龍德	921～923
唐	莊宗	李存勗(xù)	同光	923～926
	明宗	李嗣源	天成	926～930
			長興	930～933
	閔帝	李從厚	應順	934
	末帝	李從珂	清泰	934～936

朝代	廟號	帝王原名	年號	公元
晉	高祖	石敬瑭	天福	936～941
	出帝	石重貴	天福	942～944
			開運	944～946
漢	高祖	劉知遠	天福	947
			乾祐	948
	隱帝	劉承祐	乾祐	948～950
周	太祖	郭威	廣順	951～953
			顯德	954
	世宗	柴榮	顯德	954～959
	恭帝	郭宗訓	顯德	959～960
宋	太祖	趙匡胤	建隆	960～963
			乾德	963～968
			開寶	968～976
	太宗	趙光義	太平興國	976～984
			雍熙	984～987
			端拱	988～989
			淳化	990～994
			至道	995～997
	真宗	趙恆	咸平	998～1003
			景德	1004～1007
			大中祥符	1008～1016
			天禧	1017～1021
			乾興	1022
	仁宗	趙禎	天聖	1023～1032
			明道	1032～1033
			景祐	1034～1038
			寶元	1038～1040
			康定	1040～1041

朝代	廟號	帝王原名	年號	公元
			慶曆	1041～1048
			皇祐	1049～1054
			至和	1054～1056
			嘉祐	1056～1063
	英宗	趙曙	治平	1064～1067
	神宗	趙頊(xū)	熙寧	1068～1077
			元豐	1078～1085
	哲宗	趙煦	元祐	1086～1094
			紹聖	1094～1098
			元符	1098～1100
	徽宗	趙佶	建中靖國	1101
			崇寧	1102～1106
			大觀	1107～1110
			政和	1111～1118
			重和	1118～1119
			宣和	1119～1125
	欽宗	趙桓	靖康	1126～1127
南宋	高宗	趙構	建炎	1127～1130
			紹興	1131～1162
	孝宗	趙昚	隆興	1163～1164
			乾道	1165～1173
			淳熙	1174～1189
	光宗	趙惇	紹熙	1190～1194
	寧宗	趙擴	慶元	1195～1200
			嘉泰	1201～1204
			開禧	1205～1207
			嘉定	1208～1224
	理宗	趙昀	寶慶	1225～1227

朝代	廟號	帝王原名	年號	公元
			紹定	1228～1233
			端平	1234～1236
			嘉熙	1237～1240
			淳祐	1241～1252
			寶祐	1253～1258
			開慶	1259
			景定	1260～1264
	度宗	趙禥	咸淳	1265～1274
	恭帝	趙㬎(xiǎn)	德祐	1275～1276
	端宗	趙昰(shì)	景炎	1276～1278
	帝昺	趙昺	祥興	1278～1279
遼	太祖	耶律阿保機		907～916
			神冊	916～921
			天贊	922～926
			天顯	926
	太宗	耶律德光	天顯	927～938
			會同	938～947
			大同	947
			(注：此年建國號大遼)	
	世宗	耶律阮	天祿	947～951
	穆宗	耶律璟	應曆	951～969
	景宗	耶律賢	保寧	969～979
			乾亨	979～983
	聖宗	耶律隆緒	統和	983～1012
			開泰	1012～1021
			太平	1021～1031
	興宗	耶律宗真	景福	1031～1032

朝代	廟號	帝王原名	年號	公元
			重熙	1032～1055
	道宗	耶律洪基	清寧	1055～1064
			咸雍	1065～1074
			大康	1075～1084
			大安	1085～1094
			壽昌	1095～1101
	天祚帝	耶律延禧	乾統	1101～1110
			天慶	1111～1120
			保大	1121～1125
金	太祖	完顏旻（即完顏阿骨打）	收國	1115～1116
			天輔	1117～1123
	太宗	完顏晟	天會	1123～1135
	熙宗	完顏亶	天會	1135～1137
			天眷	1138～1140
			皇統	1141～1149
	海陵王	完顏亮	天德	1149～1153
			貞元	1153～1156
			正隆	1156～1161
	世宗	完顏雍	大定	1161～1189
	章宗	完顏璟	明昌	1190～1196
			承安	1196～1200
			泰和	1201～1208
	衛紹王	完顏永濟	大安	1209～1211
			崇慶	1212～1213
			至寧	1213
	宣宗	完顏珣	貞祐	1213～1217
			興定	1217～1222

朝代	廟號	帝王原名	年號	公元
			元光	1222～1223
	哀宗	完顏守緒	正大	1224～1232
			開興	1232
			天興	1232～1234
	末帝	完顏承麟	盛昌	1234
			天興	1234
元	太祖	鐵木真		1206～1227
	睿宗	拖雷		1228
	太宗	窩闊台		1229～1241
	太宗后	乃馬真氏		1242～1245
	定宗	貴由		1246～1248
	定宗后	海迷失氏		1249～1250
	憲宗	蒙哥		1251～1260
	世祖	忽必烈	中統	1260～1264
			至元	1264～1294
		（注：至元八年建國號大元）		
	成宗	鐵穆耳	元貞	1295～1297
			大德	1297～1307
	武宗	海山	至大	1308～1311
	仁宗	愛育黎拔 力八達	皇慶	1312～1313
			延祐	1314～1320
	英宗	碩德八剌	至治	1321～1323
	泰定帝	也孫鐵木耳	泰定	1324～1328
			致和	1328
	天順帝	阿速吉八	天順	1328
	明宗	和世㻋(là)	天曆	1329
	文宗	圖帖睦耳	天曆	1328～1330

朝 代	廟 號	帝王原名	年 號	公 元
			至 順	1330～1332
	寧 宗	懿璘質班	至 順	1332
	順 帝	妥懽帖睦爾	至 順	1333
			元 統	1333～1335
			至 元	1335～1340
			至 正	1341～1368
明	太 祖	朱元璋	洪 武	1368～1398
	惠 帝	朱允炆	建 文	1399～1402
	成 祖	朱 棣	洪 武	1402
			永 樂	1403～1424
	仁 宗	朱高熾	洪 熙	1425
	宣 宗	朱瞻基	宣 德	1426～1435
	英 宗	朱祁鎮	正 統	1436～1449
	代 宗	朱祁鈺	景 泰	1450～1456
	英 宗	朱祁鎮	天 順	1457～1464
	憲 宗	朱見深	成 化	1465～1487
	孝 宗	朱祐樘(chēng)	弘 治	1488～1505
	武 宗	朱厚照	正 德	1506～1521
	世 宗	朱厚熜	嘉 靖	1522～1566
	穆 宗	朱載坖(hòu)	隆 慶	1567～1572
	神 宗	朱翊鈞	萬 曆	1573～1620
	光 宗	朱常洛	泰 昌	1620
	熹 宗	朱由校	天 啟	1621～1627
	思 宗	朱由檢	崇 禎	1628～1644
南 明	福 王	朱由崧	弘 光	1645
	唐 王	朱聿鍵	隆 武	1645～1646
		朱聿𨮁	紹 武	1646
	魯 王	朱以海	庚 寅	1646～1655

朝代	廟號	帝王原名	年號	公元
	桂王	朱由榔	永曆	1647～1661
清	太祖	努爾哈赤		1583～1615
			天命	1616～1626
		（注：天命元年定國號金）		
	太宗	皇太極	天聰	1627～1636
			崇德	1636～1643
		（注：崇德元年改國號大清）		
	世祖	福臨	順治	1644～1661
	聖祖	玄燁	康熙	1662～1722
	世宗	胤禛	雍正	1723～1735
	高宗	弘曆	乾隆	1736～1795
	仁宗	顒琰	嘉慶	1796～1820
	宣宗	旻寧	道光	1821～1850
	文宗	奕詝	咸豐	1851～1861
	穆宗	載淳	同治	1862～1874
	德宗	載湉	光緒	1875～1908
		溥儀	宣統	1909～1911

後記

近些年來，我一直在復旦大學為文史哲三系及文科一年級學生開中國歷史（上）的課程（按照傳統的說法即中國古代史），所使用的是一本發行量大、頗有聲譽的教材。這本教材初編於20世紀60年代，80年代初作了修訂，出於多位史學界前輩之手，較之於現在通行的其他同類教材，明顯地高出一籌。然而在教學實踐中，歷屆學生都對它反映冷漠，甚至反感，上了一學期的課，從不看教材的並非個別學生。這是值得深思的。

有鑒於此，教務處要我編一本新教材，供一學期之用，以適應當前大學本科通才教育的改革趨勢。對於編教材，我一向敬而遠之，從不涉足。三十多年的教學生涯使我逐漸領悟，編教材是一項吃力不討好的工作，看似容易，其實頗為不易，要編出一本深受學生歡迎的教材尤其不易。猶如教師人人都會上課，但要講得令學生拍手叫好、津津樂道，實在是不容易達到的境界。

編教材，不僅要求編者對本學科領域有精深的研究、獨到的見解，而且要求編者以自己的教學經驗，對教學內容駕輕就熟，用深入淺出的方式表達出來，這只是最起碼的要求。

教材要全面、系統地介紹本學科的基本理論、基本知識，最容易形成面面俱到、四平八穩、平鋪直敘的格局。對中國歷史而言更是如此。上下五千年的文明史，內容極為豐富，頭緒繁多，要在一個學期內學完，並非輕而易舉的事。不下一番刪繁就簡、去粗存精的功夫，是難以奏效的。如果把多卷本的中國通史加以壓縮，成了綱目式的骨架堆砌，而沒有了血肉，不但枯燥乏味，而且使人不知所云。這就需要編者兼具“直通”（通史）與“橫通”（斷代史）兩方面的學識涵養，作出最優化的排列組合。

基於這樣的考慮，決定擯棄傳統教材的社會發展史模式、高頭講章的八股體裁，從結構、體系、內容、形式各個方面都力求創新，給人以耳目一新之感，從而喜聞樂見，引人入勝。確定以宏觀的視野展現中華文明史的主線，設一百個專題，按時代分成 14 章，連貫起來，點、線、面相得益彰，勾勒出簡單明瞭的歷史脈絡。與其面面俱到而結果面面俱不到，還不如有所捨棄，突出重點，給人留下較深的印象，便算大功告成了。

一本理想的教材，必須反映本學科領域的最新研究成果，以及它所達到的前沿水平。以往的教材，在這方面下功夫不深，給人以“炒冷飯”的陳舊感。中國歷史早已成為國際漢學界的研究熱門，名家輩出，成果纍纍，對此當然不能漠然視之。在目前這個改革開放的時代，強調同國際“接軌”，經濟上如此，學術上何嘗不是如此！為了反映新水平，本書大量吸收了近一二十年來國內外學術界的最新研究成果，有些頗具影響的重要徵引在文中盡量注明，但每一處都要注明勢必行文艱澀；簡明教材的體例，又難以容納大量注釋。希望讀者能夠諒解：並非編者有意掠人之美，秘而不宣。

本教材編寫的後期階段，我被韓國高麗大學聘請為客座教授，為該校的本科生、研究生開設東洋史特講、中國社會經濟史、江南市鎮研究三門課程。於是我在 1997 年 8 月中旬把本教材以《新編國史大綱》為題，打印出來，首先在高麗大學“東洋史特講”課上使用。這純粹是一個巧合，為復旦大學編寫的教材，首先在高麗大學使用。它給了我一個機會，充分利用高麗大學圖書館吸收以前無法看到的海外研究成果，對書稿作了全面的修訂，以期增加其新穎度與精深度。

本書雖是大學教材，但編寫時注意到它的普遍適應性，以滿足一般讀者（包括海外讀者）瞭解中國歷史、提高文化素養的願望。有此一冊，放在案邊手頭，閒來瀏覽，不能自誇開卷有益，總可以看出 20 世紀 90 年代歷史學家對歷史的一種新的解讀方式，或許不無啟迪。

本書的許多精彩之處在於我吸收了本校同仁的研究成果，因而它反映的決不是我個人的水平，而是復旦大學的水平。

本書的編寫、出版，得到了復旦大學教務處、復旦大學出版社的大力支持，在此一併表示謝意！

樊樹志

1997 年聖誕之夜於韓國

高麗大學外國人宿舍

插圖修訂本
後記

本書自2000年由三聯書店（香港）有限公司出版以來，多次重印，許多學校採用為教材，令我十分感動。

三聯書店方面為了適應讀者的需求，來電和我商量出版插圖本的意向。我當即欣然同意。

為了精益求精，我徵得三聯書店方面的同意，利用出插圖本的機會，對全書作一些修訂。有的地方重寫，有的地方增補一些內容，有的地方改正一些文字。

香港三聯書店歷來有做插圖本的成功經驗，此次改版，使本書增光添彩，也使讀者讀此書時更加賞心悅目。

感謝這些年來香港及海外讀者的關愛，感謝香港三聯書店的敬業精神！

樊樹志

2004年9月

於上海復旦大學